《上市公司环境绩效评估报告（2018 年）》

编 委 会

上市公司环境绩效评估报告（2018年）

China's Listed Company Environmental Performance Assessment Report 2018

李晓亮　张　炳　葛察忠　王　琪　王　青　等/著

中国环境出版集团・北京

图书在版编目（CIP）数据

上市公司环境绩效评估报告. 2018 年/李晓亮等著.
—北京：中国环境出版集团，2020.12
ISBN 978-7-5111-4611-3

Ⅰ. ①上… Ⅱ. ①李… Ⅲ. ①上市公司—企业环境管理—企业绩效—评估—研究报告—中国—2018
Ⅳ. ①F279.246②X322.202

中国版本图书馆 CIP 数据核字（2020）第 270090 号

出 版 人 武德凯
责任编辑 陈金华 曹 玮
责任校对 任 丽
封面设计 彭 杉

出版发行 中国环境出版集团
（100062 北京市东城区广渠门内大街 16 号）
网 址：http://www.cesp.com.cn
电子邮箱：bjgl@cesp.com.cn
联系电话：010-67112765（编辑管理部）
010-67113412（第二分社）
发行热线：010-67125803，010-67113405（传真）
印 刷 北京中科印刷有限公司
经 销 各地新华书店
版 次 2020 年 12 月第 1 版
印 次 2020 年 12 月第 1 次印刷
开 本 787×1092 1/16
印 张 31.25
字 数 586 千字
定 价 109.00 元

目　录

图目录

表目录

第1章 概 述

企业环境绩效评价是评估相关市场主体环境守法水平、绿色发展程度的重要任务，也是推进和完善企业环境信用评价、完善绿色金融制度的重要基础性工作。而上市公司是我国国民经济的主力军，是环境政策优先试用对象和生态文明建设创新引领者，也是污染排放重要贡献者。所以，以上市公司为主体完善企业环境绩效评价理论体系和技术方法，开展系统全面的评价实践工作，对进一步完善我国企业环境管理、促进提升企业环境守法与绿色创新水平、构建有利于绿色创新的制度体系与市场机制，进而为生态文明建设提供持久不竭的动力具有重要意义。

1.1 上市公司环境管理的重要性

人类生存的空间及其可以直接或间接影响人类生活和发展的各种自然因素统称为环境。按环境的属性，通常将环境分为自然环境和人文环境。自然环境，通常指未经过人的加工改造而天然存在的环境，是客观存在的各种自然因素的总和。人类生活的自然环境，按环境要素又可分为大气环境、水环境、土壤环境、地质环境和生物环境等。本研究主要关注的是企业同其所处的自然环境的关系。

环境质量已经成为当今社会发展的一个重要课题。习近平总书记指出："我们既要绿水青山，也要金山银山。宁要绿水青山，不要金山银山，而且绿水青山就是金山银山。"然而我国的环境污染十分严重，《全国生态保护"十三五"规划纲要》显示，我国化学需氧量、SO_2等主要污染物排放量仍然处于 2 000 万 t 左右的高位，环境承载能力超过或接近上限；78.4%的城市空气质量未达标，公众反映强烈的重度及以上污染天数比例占 3.2%，部分地区冬季空气重污染频发高发；饮用水水源安全保障水平亟须提升，排污布局与水环境承载能力不匹配，城市建成区黑臭水体大量存在，湖库富营养化问题依然突出，部分流域水体污染依然较重；全国土壤点位超标率达 16.1%，耕地土壤点位超标率达 19.4%，工矿废弃地土壤污染问题突出。显然，在当前严峻的环境形势下，采取措施改善环境质量具有非常迫切的必要性。

党的十九大报告中，环境问题占了相当的篇幅：要提供更多优质生态产品以满足人民日益增长的优美生态环境需要。着力解决突出环境问题。提高污染排放标准，强化排污者责任，健全环保信用评价、信息强制性披露、严惩重罚等制度。可见国家已经把解决环境问题摆在了突出的位置，不但设定了环境改善的总体目标，而且指明了实现的方向。污染物的源头控制是实现环境改善最为重要的环节；在诸多污染源中，工业企业又是最主要的部分，因此，实现改善生态环境的目标，强化对企业环境行为的监管，尤其是企业废水、废气等污染物的排放，是贯彻落实党的十九大报告精神的必然要求。

中国企业环境管理的发展大体经历了 3 个主要阶段[①]：

第一阶段，从中华人民共和国成立初期到改革开放前。在这一阶段，政府认为环境污染都是资本主义惹的祸，社会主义是不会产生环境问题的；企业的职能就是在政府的计划下搞生产，无须考虑环境问题。那时候根本就没有企业知道环境管理是什么。

第二阶段，从改革开放到 20 世纪 90 年代中期。在这一阶段，政府已经意识到治理工业污染的重要性，并推出了不少污染控制的法律法规，只是执行的情况不尽如人意。一方面，企业多是在完全被动的情况下接受管理，主观不情愿，钻法律空子的情况很多；另一方面，出于财政收入的考虑，一些地方政府执法不严、纵容偷排漏排行为。这个阶段，企业的环境管理基本上只是挂在嘴边，缺乏真正的行动。

第三阶段，20 世纪 90 年代中后期至今。在这一阶段，工业污染已经到了非治不可的境地，政府态度相当坚决，并以“关停并转”的手段，使企业不得不采取切实措施加强管理、控制污染。这时候，一些企业才开始正视环境管理的问题。

在探讨上市公司的环境管理的重要性前，有必要先从一般意义上分析企业环境管理的必要性：

（1）从宏观层面来看，企业环境管理是构建“人类命运共同体”、推进全球可持续发展、完善全球治理体系的内在需要。我国发展完善企业环境管理，是推进绿色发展、完善全球治理的切实行动，顺应了全球治理体系变革的内在要求，彰显了同舟共济、权责共担的命运共同体意识。

（2）同发达国家现存的差距，逐渐倒逼我国企业环境管理实践的探索。发达国家的企业环境管理实践起步较早，渐趋成熟，形成了较为完备的体系。企业环境管理的有效实践所释放的巨大红利已在发达国家得以印证。党的十八大以来，随着生态文明建设的稳步推进，我国企业环境管理的构建与完善就显得尤为必要。与此同时，借助“一带一

① 援引郭沛源《中国企业环境管理的新展望》中观点。郭沛源是清华大学管理学博士、中国企业社会责任和社会责任的专家、资讯网站商道纵横的创建人之一。

路”建设，我国企业环境管理的探索实践亦可为其他发展中国家提供先进经验与参考。

（3）国家治理的必然要求。改革开放以来，随着我国工业经济的发展突飞猛进，环境治理压力日益凸显。企业环境管理，是国家环境治理的终端和关键一环。从产业分布状况来看，我国是制造业大国，工业企业数量众多，火电、钢铁、煤炭等重污染行业占据了相当高的比例，且污染物排放规模巨大，如果不能有效进行环境管理，将给环境带来巨大的威胁；从环境执法情况来看，环境政策效果的实现依赖于基层的充分落实。如果实施效果不佳，不仅达不到既定的目标，还有可能诱发企业的“寻租”行为，导致资源配置的扭曲和环境质量的进一步恶化。因此，要实现国家环境建设的目标，需要对企业环境管理行为进行有力的监督和治理，遏制企业的环境违法行为。加快企业环境管理步伐，不仅是建设美丽中国的内在需要，也有利于助推乡村振兴；同时，企业环境管理的日益完善，也有利于推动我国绿色金融的发展。

（4）从企业自身层面来看，企业环境管理既是企业社会责任感的践行，也在一定程度上有利于提升企业经济效益。企业对自身排污状况进行有效管理、公开，以及践行环境保护行动，是企业社会责任感的体现。企业承担环境保护的社会责任，本是一件天经地义的事情，但是由于认识的模糊和企业社会责任感的长期缺失，以及现今中国对企业的责任约束还没有一个权威有力的法律条文或规章，于是，企业一方面巧借责任追求广告效应，另一方面，环境责任事件却层出不穷。其实，企业投入人力物力到环境管理中，从长远来看，有利于完善企业形象，甚至有利于提升品牌效应进而提升企业经济效益。已有诸多实践表明，企业主动践行社会责任、纳入环境管理工具、开展环境管理工作，能够实现经济效益、环境效益和组织管理效益的多赢。总之，企业承担起环境保护社会责任，是推动社会进步，维护社会和谐、生态和谐的必然要求[1, 2]。

而对于上市公司来说，环境管理更有特殊的重要意义。

（1）上市公司是市场经济的微观主体，在经济发展和公众中的影响较大。上市公司对资源的利用和污染物排放一直是社会关注的焦点，重点排污上市公司清单中，采矿、冶炼、化工、造纸、电力等传统行业占较大比重，对上市公司的环境管理既有利于试点探索，也对环境治理成效贡献显著。特别是近年来，受国家宏观调控的经济政策和产业结构调整的影响，一些上市公司因工艺设备落后遭淘汰关停、因环境污染被“限批”或受经济处罚带来的资本风险加大，损害了广大投资者的利益，也不利于证券市场和国民经济的健康、稳定发展。

（2）对上市公司环境管理活动进行综合的、系统的审查分析和对提高企业环境管理绩效提出相关建议，有助于督促上市公司履行社会责任，促进其改进环境表现，从而树立企业良好的自身形象。

（3）在某种程度上，环境管理可以刺激上市公司技术创新。通过环境管理，上市公司往往可以调配更多的资源，具备更好的企业生态。环境管理前期虽然以投入资本为主，但随着管理水平的提升、企业形象和声誉的改善、排污状况的梳理，公司生产技术也会经过螺旋式上升的过程。

（4）有利于增强上市公司的合规意识。目前，大多上市公司的规范意识和风险意识不足，违法违规现象时有发生，个案风险比较突出。部分企业内部治理规范性较差，对规范运作认识不足、行动不实。尤其在经济下行压力加大、企业发展面临困难的情况下，违法违规运作问题突出，财务造假、资金占用、违规减持等问题又有所抬头。部分上市公司股东风险管控不力，期限错配过度负债，股票质押面临平仓或个人债务到期无法清偿，对市场流动性造成冲击。尽管部分个案已经成功处置，但后续风险依然不容忽视。

1.2 构建企业环境绩效指标体系的重要性

企业环境绩效关系到经济增长、生态环境和居民健康等一系列问题。大气和水中的污染物会对人体健康造成严重的危害，显著增加心肺疾病、消化系统疾病的发病率和死亡率，提高医疗成本，降低居民的社会福利。同时，健康水平的下降导致人力资本的流失和工作效率下降，最终会影响经济的可持续发展。随着企业数量和生产规模不断扩大，企业成为污染物一个非常重要的排放来源，给企业环境监管和治理工作带来了新的挑战。因此，我们需要对企业的环境绩效有全面综合的了解，并在此基础上进一步通过经济和政治手段开展企业的环境管理工作。上市公司环境绩效评估，是指有关机构选择适当的指标体系，运用一定的评估方法，对上市公司的环境保护行为和绩效做出总结、评价，最终得出各公司或所在行业的环境绩效综合得分的过程。上市公司环境绩效评估是生态环境主管部门对上市公司的环境绩效进行综合评价的一种手段，也是帮助管理者和社会公众对证券市场和上市企业的环境绩效进行决策的过程，具有重要意义。

当前我国在污染监管方面的力度逐年加强，并形成了包括排污许可、监督性监测、环境违法处罚以及在线监测等在内的多种环境监管数据，但是如何通过这些环境监管数据评价企业的环境绩效却依然存在很多问题：①不同数据存在判别标准不一致的现象。以监督性监测和在线监测为例，经统计分析，废水国控企业、废气国控企业以及污水处理厂分别有 29.33%、37.00%以及 31.11%的排放口因子排放产生两套数据，过程中使用的排放标准不一致，这会导致同一时间同一排放口在不同的系统内是否达标可能存在矛盾[3]。②不同的监管数据分别从不同的角度反映企业的环境绩效水平，如果从多个角度综合使用不同的监管数据来评价企业的环境绩效可以得到更加全面合理的结果。但是目前国内有关综合评价企业环境绩效的研究相对较少。在政策的制定和执行层面，通过综合评价企业的环境绩效表现可以了解不同地区、不同特性企业之间的环境绩效差异，并进一步探究差异的形成原因，运用经济手段和行政手段引导企业的环境行为，同时也为环境政策执行和监管行为提供信息支持[4]。

目前我国的环境监管数据质量逐步提升，且可通过企业基本信息实现互相匹配。一方面，我国的环境监管体系建设愈加完善，覆盖范围逐步扩大，数据质量稳步提升。以在线监控为例，国控重点污染源基本上实现了在线监控设备全覆盖和全部联网，大量省控源、市控源和重点排污单位已经或正在纳入在线监控范围，并逐步与生态环境部门联网。另一方面，不同的监管体系均对企业诸如名称、社会信用代码、组织机构代码等基本信息进行了记录，确保不同体系之间企业可以得到有效匹配，保证了这一研究的可行性。

有效利用这些数据为环境监测、监察和其他环境管理服务，需要分别对排污许可、监督性监测、环境违法处理和在线监测数据进行系统、完整的分析，并结合相关研究和现实情况构建企业环境绩效评价指标体系[3, 5]。这一工作可以综合评价企业的环境绩效水平，可以帮助监管部门锁定重点监管对象，同时也可以促进企业综合改善各方面的环境表现，因此对于提高监管效率，进一步促进企业环境表现的改善很有必要。

1.3　当前研究进展及存在的问题

随着区域经济的不断发展，全国各区域的环境问题日益严重，以雾霾天气、水污染为代表的环境污染问题直接影响了人们的生产和生活。放眼全球，环境保护已经成为人们倡导的主流，环境问题受到了前所未有的关注。

尽管我国在污染控制上的监管力度逐年加强，但是超标排放现象依然严重。2018 年，全国实施环境行政处罚案件 18.6 万件，罚款数额 152.8 亿元，比 2017 年上升 32%，是 2014 年修订通过的新《环境保护法》实施前的 4.8 倍。各地侦破环境犯罪刑事案件 8 000 余起。各级人民法院共受理社会组织和检察机关提起的环境公益诉讼案件 1 800 多件。

针对当前环境违法行为增长的现状，生态环境部门出台了一系列规章制度、督察措施和行动目标。环境保护部发布的《关于实施工业污染源全面达标排放计划的通知》，要求到 2017 年年底完成钢铁、火电、水泥等 8 个行业超标问题整治任务，到 2020 年年底，各类工业污染源持续保持达标排放。2018 年是生态环境部开展《环境保护法》实施年活动的第四年，生态环境部的通报也表明，要将从严治理“散乱污”企业作为强化督查的重点内容之一，对无法实现达标排放的企业，2017 年 9 月底前一律关闭，这对超标排污企业的打击力度是空前的。为了确保各级生态环境部门对政策的落实，督察工作也在不断加强。例如，2017 年年初，时任环境保护部部长陈吉宁表示，2017 年要实现中央环保督察“全覆盖”，并将适时组织开展督察“回头看”。从 2017 年 6 月起，环境保护部在山西、广东、山东、江苏、四川等多个省份开始了督察行动，并且把工业污染源达标排放和大气污染防治作为督察重点。这要求地方环保部门针对偷排偷放、数据造假、不正常运行污染防治设施、严重超标排放等环境违法行为进行全面整治。

转变经济增长方式，走可持续发展之路。我国自 1978 年改革开放以来，一直坚持“以经济建设为中心”，直到 2012 年党的十八大首次将“生态文明建设”纳入社会主义现代化建设“五位一体”的总体布局，时间已过去了 34 年。在此期间，中国经济的增长方式是粗放式的，即以 GDP 和财政收入为导向，以高投资、高出口、高资源能源消耗、低土地成本和劳动力成本为路径，是不可持续的。日本从 20 世纪 50 年代的“产业优先”到 80 年代的“环境保护与经济发展同等重要”，再到 21 世纪的“环境保护先行”和“环境立国”，大致经过了 50 年的时间。从日本的经验来看，中国应加快转变经济增长方式：一方面，政府要把可持续发展作为环境保护的核心价值，政府、环保组织通过环境教育、文化导向、舆论引导、伦理规范、道德感召等，唤醒全民的环境保护意识，真正将环境保护意识全面贯穿到经济社会发展以及人们的生活之中；另一方面，要通过技术进步、结构升级、法制约束、社会规范等，大力促进经济增长方式转型。①

2015 年 1 月 1 日新修订的《环境保护法》开始施行。同时环境保护首次被纳入我国五年规划，国民经济和社会发展第十三个五年规划指出：要以“绿色”发展为理念，把生态环境保护建设作为我国经济社会发展的要义，建设“美丽中国”。目前中国大部分企业环境保护意识不强，企业偷排漏排现象依然严重。随着公众环保意识的增强及国家实施相关的管制措施，企业不得不面对环境绩效问题，因此企业环境绩效问题是一个非常必要的研究课题。企业环境绩效是企业环境活动的一系列结果，而企业环境活动并不能对企业在环境方面取得的效果进行直接和客观的反映，所以需要通过建立一系列指标才能对企业环境绩效进行直观的反映和评价。

然而我国目前企业环境绩效评价体系的研究尚处于初始阶段，仍存在一些问题：①目前国外关于企业环境绩效评价指标的研究主要以非营利组织机构颁布的标准为主，其设计的指标往往具有全球性的特点，对不同地区实际情况的考虑不足；②企业环境绩效评价体系的研究大多只注重研究指标的构建，而对于指标的实际运用、结果的分析和改进研究较少。②

在环境监察的过程中，杜绝超标排污、环境违法行为并非易事。从监管对象来看，当前企业数量众多，生产规模不断扩大。部分城市具有上万家工业企业，但是污染物排放自动监控系统并不完善，很难通过工作人员一一现场督查来实现达标排放常态化；从生态环境部门自身来看，地方生态环境部门用于日常监管的人力和财力有限。定期开展的监督性监测、自动监控设备的正常运转所必需的维护、居民对污染排放投诉建议的及

① 卢洪友. 发达国家环境治理经验的中国借鉴[J]. 人民论坛 • 学术前沿，2013（15）.

② 黄波. 基于 PDCA 企业环境绩效评估体系研究[D]. 南昌：华东交通大学，2018.

时处理等工作都具有很高的成本。在人力不足的情况下，企业很容易趁机偷排或者毁灭证据，导致监管失效；从宏观环境来看，实际情况的复杂性对环境管理提出了新的要求。具体表现在，我国区域发展水平存在很大的差异，不同地区在经济基础、制度环境、能源结构等方面存在明显的异质性，不同行业、规模、技术水平的企业在污染排放方面也不尽相同。这就对生态环境保护督察提出了更高的要求：仅仅依靠传统的经验不足以应对多变的现实情况，照搬发达国家的经验也不能完全适应我国的特殊问题，因此需要生态环境部门提高日常监管的工作效率和科学决策的能力。

为实现“十三五”期间全面达标排放目标，环境保护部的一系列文件指出了具体的改进方向，其中一个重要的内容是强化科技在环境监管执法中的应用，推进大数据等技术手段与环境执法工作深度融合应用，推动环境执法工作科学化、精准化和规范化。《国家环境保护“十三五”环境与健康工作规划》指出，当前我国环境与健康问题基础数据缺乏，技术支撑不足问题依然突出，要发挥大数据在支撑环境管理科学决策中的作用。当前全国范围内企业自动监测设备建设运营正在逐步完善，对于国控重点污染源基本实现了实时监测，为运用大数据优化监管提供了数据基础。但是对相关数据的开发和利用的工作较少，还需要进一步加以完善。

我国改革开放初期，最重要的目标是发展经济，GDP 增速成为政府官员升迁的最重要指标，以环境保护为代表的企业社会责任并不受到重视，经济的高速增长以生态和环境资源的透支为代价。根据中国科学院牛文元教授 2002 年的计算，中国经济成长的 GDP 中，至少有 18%是依靠资源和生态环境的“透支”获得的，这种代价至今仍存在于我们的经济发展之中。虽然政府已经认识到这个问题，《环境保护法》也于 1989 年生效，但鉴于我国政府官员晋升的考核机制，效果并不明显，因为政府最重要的目标是保持经济的高速增长。只有当政府的战略方针发生重大变化，才有可能引起我国经济发展、企业运营情况的变化。黎文靖（2012）指出，2006 年构建社会主义和谐社会成为党和国家的执政政策，这对我国企业社会责任的兴起和推广有重要意义。从经济增长和企业经营层面上看，可持续发展和企业社会责任与构建和谐社会目标一脉相承，因此企业社会责任受到政府的高度重视。地方政府与企业均开始重视社会责任，社会责任逐步成为企业经营决策的一个重要部分。以社会责任报告为例，2001—2005 年企业发布的社会责任报告仅为 24 份，而 2006 年一年时间就发布了 33 份社会责任报告，到 2010 年社会责任报告已经达到了 663 份。在环境保护方面，2005 年国家发展改革委、国家环境保护总局与国家统计局联合下发通知，从 2006 年开始实施 GDP 能耗指标公报制度，其中，一个最重要的变化是试图将能耗和环境保护纳入政府官员政绩考核体系中。总体而言，自 2006 年以来，以环境保护为代表的企业社会责任已经成为政府与社会各界关注的热点，社会责任方面的表现可能会影响企业价值。[①]

1.4 本研究的意义

自 2004 年 9 月党的十六届四中全会审议通过了的《中共中央关于加强党的执政能力建设的决定》首次完整提出“构建社会主义和谐社会”的概念以来，企业社会责任已经成为企业经营决策中非常重要的部分，而环境保护又是社会责任的重中之重。考虑到中国目前环境状况的严峻态势，各级政府开始重视生态环境保护，对企业的环境行为与环境绩效提出了更高的要求。在我国现行情况下，政府的重视使得企业环境绩效可能对企业价值产生重要的影响，进而影响机构投资者的投资决策。但目前从理论和实践层面，我们尚不能清楚地回答以下问题：我国机构投资者做出投资决策时是否会考虑企业的环境绩效？什么类型的机构投资者更倾向于投资环境绩效较好的公司？环境绩效较好的公司能否带来更高的回报？为什么环境绩效较好的公司能够带来更高的回报？找到上述问题的答案，能够深入理解我国机构投资者的投资行为，对监管机构合理引导机构投资者的投资决策，使其更好地发挥引导投资和稳定市场的作用，具有重要的理论与实践意义。[①]

切实改善环境质量，推进绿色富国、绿色惠民，进而推进经济社会更有质量、更有效益、更加可持续地发展。企业基层是创新的沃土，探索是创新的火花。绿色发展任务越重，越要重视基层探索实践，越需加大经验的交流推广，这是不断加强环境保护、推进绿色发展的重要方法。

（1）本研究是践行绿色发展理念、建设美丽中国的有益探索，更是生态文明建设的应有之义。绿色是大自然无限生机的象征和丰富资源的底蕴，生态环境是人类生产、生活须臾不离的前提条件。坚持绿色发展，着力改善生态环境，大力推进生态文明建设，是关系中国特色社会主义发展全局的深刻变革和战略抉择。党的十八大以来，以习近平同志为核心的党中央从坚持和发展中国特色社会主义全局出发，把生态文明建设作为实现中华民族伟大复兴中国梦的重要内容，坚持绿色发展，推动生态文明建设在重点突破中实现整体推进。党的十八届五中全会首次提出“绿色发展理念”，要求“形成人与自然和谐发展现代化建设新格局”。党的十九大进一步提出，坚持人与自然和谐共生，形成绿色发展方式和生活方式，坚定走生产发展、生活富裕、生态良好的文明发展道路，建设美丽中国。2018 年 5 月 18 日，习近平总书记在全国生态环境保护大会上强调，绿色发展是构建高质量现代化经济体系的必然要求，是解决污染问题的根本之策。这使我

① 黎文靖，路晓燕. 机构投资者关注企业的环境绩效吗？——来自我国重污染行业上市公司的经验证据[J]. 金融研究，2015（12）.

们党对生态文明建设的认识提升到一个新的高度，是新时代我国社会主义生态文明建设的科学指南与行动纲领。贯彻绿色发展理念任重道远。生态文明建设写入了党章，解决生态环境问题是党的宗旨的重要组成部分。深入贯彻习近平新时代中国特色社会主义思想和党的十九大精神，统筹推进“五位一体”总体布局、协调推进“四个全面”战略布局，抓好绿色发展，建设美丽中国，满足人民日益增长的优美生态环境需要，这是沉甸甸的政治责任。

（2）本研究通过对企业环境绩效进行评价与排序，为生态环境部门的监管决策提供了信息支持，将显著提高监管的效率。我国当前的现状对监管工作效率提出了新的要求：①部分城市具有上万家工业企业，但是污染物排放自动监控系统并不完善，很难通过工作人员一一现场督查来实现达标排放常态化；②地方生态环境部门用于日常监管的人力和财力有限，定期开展的监督性监测、自动监控设备的正常运转所必需的维护、居民对污染排放投诉建议的及时处理等工作都具有很高的成本，在人力不足的情况下，企业很容易趁机偷排或者毁灭证据，导致监管失效；③实际情况的复杂性对环境管理提出了新的要求，我国区域发展水平存在很大的差异，不同地区在经济基础、制度环境、能源结构等方面存在明显的异质性，而且不同行业、规模、技术水平的企业在污染排放方面也不尽相同。因此，充分了解实际情况，抓住工作的重点，提升发现超标违规行为的能力，对于实现全面达标排放十分必要。

（3）本研究通过对企业环境绩效进行评价，剖析其超标排污的原因，提供针对性的解决方案。企业超标排污的原因往往存在一定差异。内部因素包括企业生产过程控制不佳、设施老化处理效果不好、工程人员稀缺不能及时处理异常、生产和治污工艺落后等。外部因素包括天气状况和自然灾害、政府监管力度不足、公众监督和环境信息公开水平低下等。对于企业主观上钻监管的漏洞造成的超标排污，可通过提高监督能力和违法成本加以遏制；对于客观技术上的不足则应敦促企业改进生产、治污设备或及时淘汰落后产能。因此，针对不同原因“对症下药”才能有效遏制超标排污，同时起到节约监管成本和减轻企业负担的效果。

（4）本研究可以对生态环境部门的决策和日常监管工作提出相应的优化建议，对解决具体问题有较大帮助。在了解超标排污的规律和原因之后，还应该进一步思考如何采取合理措施对超标排污加以解决。在深入了解超标现状和深层原因之后，本研究不局限于定性的结论，而是根据数据估计得到模型参数，从而预测出在各个时间点企业超标排污的概率。在给定条件下（如生态环境部门，工业企业类型和数量）计算出最佳人力分配方案，重点解决主要问题，从而提升方案的实用性。

综上所述，本研究对我国环境保护具有重要的支持与推动作用。习近平总书记指出，“环境就是民生”，保护生态环境关系到人民的根本利益和民族发展的长远利益。推动企业建立环境绩效评价体系，深入分析企业超标排污行为的规律及原因，乃为当务之急，具有重要的现实意义。

第2章　企业环境绩效评价指标体系的构建

在分析企业环境绩效与企业环境信用评价出发点、理论体系、技术指标等不同方面的基础上，基于企业环境绩效与环境信用评价国内外相关研究和政策实践进展，提出与界定了上市公司环境绩效评价的目标、原则、指标体系、权重比例、评估方法和工作流程。同时，为了紧扣绩效评价的出发点与关注点，建立能够充分反映、细致区分不同企业“结果型”“表现型”“关键性”绩效差异的指标体系（而非“投入型”“过程性”“描述型”），基于数据与“绩效表现”间的关系以及数据可获得性，提出了以监督性监测、在线监测、环境处罚等数据为主的绩效评价指标体系，以及相应的环境绩效等级划分方法。

2.1　企业环境绩效评价与企业环境信用评价之间的比较

2.1.1　企业环境信用评价的内涵

企业环境信用评价，是指生态环境部门根据环境政策法规，依照规定的指标、方法与程序，对企业环境行为进行信用评价，确定信用等级，并且向社会公开，供公众监督和有关部门、机构及组织应用的环境管理手段。其目的是根据评估结果进行“差别化”选择，更多使用环境信用好的企业的商品，从而引导企业提高环境绩效。企业环境信用评价是推动环境管理转型的重要手段，为环境政策法规提供保障和支撑。我国目前的企业环境信用评价主要与银行征信工作（如绿色信贷等政策）相结合，企业环境信用信息系统开始并接入全国统一的信用信息共享交换平台。2013 年 12 月环境保护部联合国家发展改革委等部门先后印发实施《企业环境信用评价办法（试行）》，2015 年 11 月环境保护部、国家发展改革委联合印发了《关于加强企业环境信用评价体系建设的指导意见》，2016 年 9 月国家发展改革委、环境保护部等部门联合印发了《关于对环境保护领域失信生产经营单位及其有关人员开展联合惩戒的合作备忘录》，完善环境信用评价顶层设计，指导地方开展环境信用评价，对生态环境领域存在严重失信行为的生产经营单位及其有关人员开展联合惩戒。截至 2017 年年底，江苏、浙江、安徽、福建、湖北、湖南、广东、重庆、四川、甘肃、宁夏 11 个省份各级环境保护部门已公开发布近 4.6 万家企业环保信用评价结果，广东、贵州两省份环境保护部门公开发布了环境保护失信黑名单信息，并与金融监管部门、征信机构建立信息共享机制。截至 2019 年，全国已有 20 多个省份开展环境信用评价，并将评价结果与全国信用信息平台进行对接。

然而，目前我国企业环境信用评价中存在的主要问题有以下几个方面：

（1）企业环境信用评价的内涵和外延有所不足。目前企业环境信用评价体系的设计仍主要停留在企业的污染控制程度、执行环保法律法规情况等环境行为是否符合要求，而对企业环境效益方面的改进所做出的努力考量不足，环境信用评价的真正含义还没有得到很好体现。此外，当前我国环境信用评价大多围绕排放达标这一标准进行，容易使该评价变成以我国污染物排放标准为主导的环境管理制度的延伸，难以发挥引领环境质量持续改善的作用。社会参与的主体也因此会存在局限性，倾向于集中在污染较严重地区，而对于环境质量已有很大改进或成效显著地区，则会缺乏驱动力，阻碍环境质量的持续改进。

（2）企业环境信用评价的社会化程度不高。环境信用评价的出发点，还是运用企业环境绩效的事后评价这一手段去激励并持续改进企业的环境行为，相关措施的开展需要得到全社会的支持，不仅包括生态环境部门，还应当包括金融机构、上下游企业和公众等。虽然目前开展环境信用评价的大部分省份出台的管理办法总体结构完整，包含动态管理、分类管理等各类措施，但在实际工作中往往只重视参评企业评级过程，忽略了评价结果的动态管理，主要表现在应用评价结果时大多依赖生态环境部门对企业一次性的环境信用评价结果，而没有在全社会多主体的框架下对企业环境信用进行持续性管理，环境信用评价结果向全社会发布的力度不大，难以通过该结果影响企业与所有利益相关者的关系。

（3）评价结果对企业行为缺乏硬约束。当前，对于环境信用评价结果差的企业，各地规定大多在评优、监测等方面有明确的惩处措施，而在经济惩罚上的力度较弱，大多局限在“建议金融机构不予提供贷款支持、保险机构提高环境污染责任保险费率”“按行政处罚自由裁量同档次的上限处罚”等极其有限的经济处罚上，这种做法实际上是将环境信用评价结果与环境信用评价激励效果分离开来，难以将环境信用评价落到实处，企业的外部环境成本依然很难得到内部化。

实际上，《企业环境信用评价办法（试行）》的核心目标之一，便是督促企业持续改进环境行为。企业环境行为的改进有两层含义，第一层含义是由不达标向达标转变，或由局部不达标向全面达标转变；第二层含义是在污染物排放已经达标的基础上，向更高的环境绩效转变。

2.1.2　企业环境绩效评价的内涵

环境绩效（environmental performance），在我国也曾经被翻译为环境表现、环境行为等。著名英国会计学家 R.H. Gray（1993）从信息披露视角着眼，界定了环境绩效的定义。他提出企业的环境绩效应当包含 5 个方面的内容：企业的环境政策（policy）、企业的环境计划与框架（plans and structure）、发生的环境活动（activity）、涉及的财务事项（financial）以及可持续发展方面的管理（sustainable management）[6]。Klassen 和 McLaughlin（1996）从环境绩效同经济绩效间的关联出发理解环境绩效，将环境绩效定义为企业在环境及环境问题方面有关联的财务成果和在提升环境状况方面所获取效果的总和[7]。Corbett 和 Pan（2002）从企业行为与环境间联系的角度出发，提出企业环境绩效是企业在环境治理方面获得的成果，即一家企业在把环境的影响控制到最小化过程中取得的结果。他认为环境绩效应当涉及的内容有：①企业在正常的生产活动中对环境所造成的影响；②企业在文化、制度等方面所表现出的环保意识[8]。

环境绩效评价（environmental performance evaluation，EPE），亦被翻译为环境表现评估或环境绩效评测等，指帮助管理者对组织的环境绩效进行决策的过程，包括选择参数、收集和分析数据、依据环境绩效准则进行信息评价、报告和交流，并针对过程本身进行定期评审和改进。它既是组织对内、对外沟通环境绩效的一项程序和工具，也是组织进行环境管理的重要工具之一。ISO 14001 标准将环境绩效评价定义为对环境管理所取得效果进行测量的一系列过程，从指标选择、信息收集、数据分析到评测结果与改进分析等[9]。Tyteca（1997）将环境绩效定义概括为企业在对资源进行利用和对污染进行治理等方面，通过管理所取得的成效，而环境绩效评价是指对不同企业取得的环境成效进行评测与比较[10]。谢芳和李慧明（2005）在《企业的环境责任与环境绩效评估》中指出：环境绩效评估是反映环境管理成效的过程，将环境管理的效果通过指标及数据评测出来，让企业及外部信息使用者可以更直观地了解环境状况[11]。

就环境绩效及评价的内涵界定，国内外诸多学者从多种不同的视角进行了阐述：有基于信息披露的角度，有基于企业行为与环境关系的角度，有基于财务绩效和环境绩效展开的，也有参照国际标准等的。但是，这些研究从根本上说都在强调企业在环境方面所获得的成绩。

目前，国内外对环境绩效与环境绩效评价的定义还没有达成共识，虽然侧重点不同，但实质上都可以总结为：环境绩效是企业在环境管理方面所取得的成果，而环境绩效评价是对该成果的衡量。从环境绩效评价标准来看，我国在环境绩效方面还没有统一的准则，这种现象导致了企业不重视环境绩效，相关环境监管部门也无法进行统一管理。如今我国经济处于飞速发展阶段，而环境问题制约了经济发展，在完善经济体制的同时也应完善信息披露制度与环境管理制度，制定环境绩效评价相关标准，为企业管理与政府监督提供依据。

2.1.3 环境绩效评价与环境信用评价之间的差异

目前，有关企业环境信用评价的工作已经得到了广泛的开展，其工作同环境绩效评价之间存在密切的关联，但同时也存在很大的差异，主要体现在以下 3 个方面：

（1）背景意义或评价的出发点不同。企业环境信用评价，是指生态环境部门根据企业环境行为信息，按照规定的指标、方法和程序，对企业遵守环保法律法规与履行环保社会责任等方面的实际表现，进行环境信用评价，确定其信用等级，并向社会公开，供公众监督和有关部门、金融等机构应用的环境管理手段。开展企业环境信用评价，是生态环境部门提供的一项公共服务，通过企业环境信用等级这一直观的方式，向公众披露企业环境行为实际表现，方便公众参与环境监督；还可以帮助银行等市场主体了解企业的环境信用和环境风险，作为其审查信贷等商业决策的重要参考；同时，相关部门、工会和协会可以在行政许可、公共采购、评先创优、金融支持、资质等级评定、安排和拨付有关财政补贴专项资金中，充分应用企业环境信用评价结果，共同构建环境保护“守信激励”和“失信惩戒”机制，解决环保领域“违法成本低”的不合理局面。

环境信用评价，立足点在于构建环境保护“守信激励”和“失信惩戒”机制，建立完善环境保护的社会信用体系。环境信用评价，更多服务于企业外部对企业的考量，主要为公众监督、政府决策及金融机构决策服务；而企业环境绩效评价，不同于信用评价宽泛的等级设定，有具体的评价分数，并且除为生态环境等相关部门的决策服务外，更多地侧重于对企业的内部环境管理，可看作对其内在环境管理的评价。

（2）涵盖范围不同。环境信用评价的范围主要包括生态环境部公布的国家重点监控企业，地方生态环境部门公布的重点监控企业，重污染行业内企业，产能严重过剩行业内企业，可能对生态环境造成重大影响的企业，污染物排放超标、超总量企业，使用有毒、有害原料或者排放有毒、有害物质的企业，上一年度发生较大以上突发环境事件的企业，上一年度被处以 5 万元以上罚款、暂扣或者吊销许可证、责令停产整顿、挂牌督办的企业；而上市公司环境绩效评价整合了在线监测数据、排污许可数据、监督性监测数据以及环境违法处罚数据，既涵盖了重点排污单位企业，也包括了非重点排污单位企业。

（3）评价指标存在差异。环境信用评价指标主要包括污染防治、生态保护、环境监理、社会监督 4 方面 21 项。而环境绩效评价指标以在线监测系统、排污许可系统、监督性监测系统以及环境违法处罚系统 4 大方面 9 项指标为主。9 项指标分别是：企业年度超标率、污染物平均超标倍数、企业最大连续超标时长、排污许可执行报告发布情况、企业自行监测执行及公开情况、企业超标次数、污染物平均超标倍数、违法处罚次数和重大环境违法处罚次数。不难发现，不同于信用评价的多元化，环境绩效评价更加聚焦于企业当年度的环境表现，对企业适时调整自身的环境管理方案更具指导意义。

2.2　国内外企业环境绩效评估指标研究进展

我国对企业环境绩效评价的研究起步较晚，尚未确定一套统一的标准来对我国企业的环境绩效进行量化评价。下面对国际上已发布的涉及企业环境绩效的评估和排名进行了汇总。

2.2.1　最具可持续性公司排名（The World's Most Sustainable Companies）

该排名由加拿大一家专业媒体和投资研究公司 Corporate Knights（以下简称 CK）编制，其中包括约 7 500 家公司，这些公司的年收入均超过 10 亿美元。CK 公司主要有三大业务系统：①*Corporate Knights* 杂志，主要负责管理运营世界上最大的流通杂志，专注于可持续发展业务，覆盖全球 43.5 万名最具影响力的商业和政治决策者；②CK Research，提供一系列企业可持续发展评级，投资产品评级和工具，为几个外部研究项目提供支持（如新闻周刊绿色排名、碳排放清洁 200、可持续证券交易所排名和全球绿色金融指数）；③清洁资本理事会，主要推动智能和有效的公共政策，与领先的公共政策制定者合作。

排名主要基于公开披露的数据（如财务报告、可持续发展报告），在项目完成之前，会联系候选名单上的公司进行数据验证。排名方法基于最多 21 个关键绩效指标（KPI），涵盖资源管理、员工管理、财务管理、清洁收入和供应商绩效等方面。

每年 1 月的达沃斯世界经济论坛，CK 都会发布最新版本的最具可持续性公司排名。2019 年是该排名连续发布的第 15 年。2019 年全球 100 强中，排名第一的丹麦科汉森公司（分数 82.99%），具备 130 多年菌种研究历史，是全球领先的自有营养健康中心益生菌供应商，拥有世界上最大、生产能力最强的菌种工厂；排名第二的法国开云集团（分数 81.55%），拥有古驰（Gucci）、圣罗兰（Yves Saint Laurent）和亚历山大·麦昆（Alexander McQueen）等奢侈品牌，特别是从经过认证的可持续来源采购 40%以上的产品；排名第三的是总部位于芬兰的石油炼制和营销公司 Neste（分数 80.92%），其在 2018 年全球排名第二，生物燃料业务占其利润的 50%。中国大陆没有企业进入百强榜单。

2.2.2　《新闻周刊》绿色排名（*Newsweek* Green Rankings）

美国的《新闻周刊》绿色排名是全球公认的企业环境绩效评估之一，由《新闻周刊》与 Corporate Knights（Research）、HIP 投资公司联合发布。该项目对美国 500 强和全球

500 强上市公司分别进行了排名。该项目最新的 2017 年版本共包含 8 个关键绩效指标（KPI），分别为综合能源生产率得分（15%）、综合温室气体生产率得分（15%）、综合水生产率得分（15%）、综合废弃物生产率得分（15%）、绿色收入百分比范围（20%）、可持续发展薪酬（10%）、可持续发展委员会（5%）、环境相关的审计指标（5%）。此外，该评估方法还包含两个减分项目：①已付或应付的罚款（最高扣除额为 5%）。如果公司的罚款占销售额的百分比与 GICS 行业同行相比处于最低四分位数，则扣除 5%。②产品或服务类别（最高扣除 5%）。从煤炭经营、烟草和武器制造中获得大部分收入的公司会获得 5%的扣除额。

项目分析数据来自 Bloomberg、FactSet、汤森路透和碳信息披露项目。一旦获得所有可用数据，联系所有公司进行数据验证，但需视公众提供的电子联系方式而定。2017 版的《新闻周刊》绿色排名中，全球排名前三的分别是法国欧莱雅公司（GICS 基本消费品，分数为 89.90%）、英国森特理克公司（GICS 公共事业，分数为 88.70%）、加拿大恩桥天然气公司（GICS 能源，分数为 86.00%）。而中国排名第一的是联想集团（GICS 信息科技，分数为 58.80%），全球排名第 67。

2.2.3 美国国家环境保护局的绿色电力伙伴关系（The Green Power Partnership）

绿色电力伙伴关系是美国国家环境保护局（EPA）发起的一项自愿性计划，鼓励组织使用绿色电力作为减少与传统电力使用相关的环境影响的方法。该合作伙伴目前拥有 1 700 多个合作组织，每年自愿使用数十亿千瓦时的绿色电力。合作伙伴包括各种领先的组织，如财富 500 强公司、中小企业、州和联邦政府以及高等院校等。每年，EPA 评估其自愿计划，并审查与参与这些计划相关的环境成果和产出。

2018 年 10 月发布的最新财富 500 强合作伙伴名单中，共有 76 家上市公司，每年使用近 260 亿 kW·h 的绿色电力，相当于近 240 万个美国家庭的用电量。这些上市公司清洁能源的主要来源是风能和太阳能。前三家均是信息科技公司，分别是微软（绿色电力比重为 100%）、英特尔（绿色电力比重为 100%）和谷歌（绿色电力比重为 53%）。

2.2.4 国际标准化组织（ISO）的 ISO 14000 系列标准

国际标准化组织（ISO）的 ISO 14000 系列标准是关于组织“环境管理”的指南，其目的是促使组织把经济活动对环境的不利影响降到最低，并持续提高环境绩效。自 1994 年后 ISO 陆续制定了一系列有关环境绩效评价的国际标准，并于 1999 年 11 月发布环境绩效评价指南（ISO 14031），为组织内部实施环境绩效评价提供指南，促使组织发现并阻止未遵守环境法律法规的事项。环境绩效评价是对组织环境绩效进行测量与评估的一种内部系统程序和管理工具，依据环境绩效准则进行信息评价、报告和交流，并针对组织的内部业务流程进行定期评审和改进（ISO 14031，1999）。ISO 14031 环境绩效评价是利用适当的指标，将组织的环保业绩转化为易懂信息的过程，是对组织的环境绩效进行测量与评价的一套系统程序。ISO 14031 的实施过程是企业的环境保护投资及企业环境绩效改善过程。依据 ISO 14031 标准，环境绩效评价指标（EPIs）可分为内部的环境绩效指标和组织外围的环境状况指标。组织内部的 EPIs 又可再细分为管理绩效指标以及操作绩效指标。

2.2.5　中国生态环境部环境规划院上市公司绩效评估

环境保护部环境规划院（现生态环境部环境规划院）自 2006 年以来一直开展与环境绩效评估相关的工作，分别在 2009 年、2011 年和 2012 年对上市公司开展环境绩效评估。其中评估指标选择的依据主要包括 ISO 14301 环境绩效评估标准、生态绩效评估指标体系、道琼斯可持续发展指数编制指南、《关于对申请上市的企业和申请再融资的上市企业进行环境保护核查的通知》（环发〔2003〕101 号）等。评估最终筛选了 13～16 项指标，其中环境守法指标 6 项、环境管理指标 4 项、环境效果指标 3～6 项。具体指标解释如下，环境守法指标包括：①新、改、扩建项目环评和“三同时”手续是否齐全；②排污许可的合法性；③主要污染物总量减排的要求是否得到落实；④污染物排放超标率；⑤环保设施稳定运转率；⑥排污费是否按规定缴纳。环境管理指标包括：①环境管理体系的建立；②环境信息披露情况；③年度相关投诉件数；④环境事故发生情况。环境效果指标根据行业不同略有区别，分为造纸和化工行业、纺织和食品饮料行业、钢铁和建材行业及火电行业，指标主要有新鲜水耗系数及综合能耗系数等。

以 2012 年评估的报告为例，15 个重污染行业 342 家上市公司的环境绩效信息披露得分整体不高。其中，环境绩效信息披露得分在 90 分以上的企业仅有 2 家，得分在 10 分及 10 分以下的企业数量达 168 家。从行业对比来看，钢铁行业企业的环境绩效信息披露评估平均综合得分最高，采矿行业和冶金也较高；建材、制革以及制糖和植物油加工行业企业对环境绩效信息披露程度较低。

基于这样的背景，本研究希望能够利用已有数据，通过构建我国的企业环境绩效评价指标体系，更加综合全面地了解企业现有的环境表现水平，为今后有关部门对企业的环境管理与监督提供借鉴与参考。

2.3　企业环境绩效评价指标体系构建目标

目前，排污许可、自动监测、监督性监测、环境执法作为我国环境管理的 4 个重要维度，各自被用于对企业环境绩效的表征和度量，但它们其实反映的都是企业环境表现的一个方面，因此，如何能够综合 4 个维度对企业环境绩效进行更加全面的评价显得非常重要。本研究以 2017 年度企业环境绩效评价工作为基础，利用上市公司企业在线监测数据、排污许可平台公开端的公开数据、监督性监测数据以及环境违法处罚数据构建企业环境绩效评价指标体系，并结合数据分别对属于重点排污单位的上市公司以及不属于重点排污单位的上市公司的 2018 年度环境绩效进行评价，以期能够较为客观、全面地反映企业的环境表现。此外，同 2017 年度评价相一致的，为了使属于重点排污单位的上市公司与不属于重点排污单位的上市公司最终的环境绩效得分具有可比性，我们对属于重点排污单位的上市公司与不属于重点排污单位的上市公司构建了相同的环境绩效评价指标体系。

2.4 评价指标体系构建原则

结合国家相关标准和研究文献[15, 16]，在制定环境绩效评价指标体系的过程中，我们主要依据的原则有以下几点。

2.4.1 科学性原则

环境绩效评价指标体系中所选用和设置的评价指标，要能客观、充分地反映企业的环境表现状况，真实、客观、完整、科学地评价企业的环境绩效水平，保证环境绩效评价内容的完整性和评价结果的准确性，指标包含的内容应当全面、客观，能够反映重点企业环境表现的内容及其在环境行为方面的表现情况。

2.4.2 可操作性原则

指标体系应该具有可操作性和实践价值。对于企业来说，运用该指标能够反映重点企业在环境行为方面的优势与不足，以及还应当努力的方向。同时，指标体系要抓住影响企业环境表现的重点和关键环节，反映出影响环境表现的主导因素，利用对环境表现产生的指标体系来进行描述和评价，这样才能表征出企业环境表现最本质的特征。对于每一项指标，应该是能够量化的、能够搜集数据进行处理的。

2.4.3 可比性原则

可比性主要包含两层含义：一是指不同类型、不同性质和规模的企业是可以运用同一个指标体系评价并可以相互之间进行比较的；二是同一家企业在不同的时间，运用这个指标体系能反映不同时间环境行为的差异性。因此，在选择指标时需要充分考虑各类企业的客观条件的差异。

2.4.4　实用性原则

评价标准的确立应当具有政策和法规上的依据，避免指标确立上的随意性；只有与政策的指导性及具体的环境管理实务相结合，才能促进环境管理工作的开展；结合公众的环境诉求，有利于提升公众参与在环境管理中的效果。

2.4.5　严格性原则

企业环境绩效评价指标体系的构建，一方面是为了能够全面综合地了解企业的环境表现现状，另一方面是为了明确企业目前环境表现的不足之处和提升空间。此外，目前我国对环境质量要求越来越高，政府对企业环境管理的力度越来越大，可以预见在未来企业的环境表现水平会得到进一步的提升，为了使评价指标体系能够在长时间尺度范围内适用，我们在制定标准时需要以更加严格批判的眼光对企业环境绩效评价指标体系进行构建。

2.5　指标体系构建

2.5.1　指标选取

我们在确定指标的过程中，主要是从目前我国环境管理的 4 个主要维度（自动监测、排污许可、监督性监测以及环境执法监察）出发对在线监测数据、排污许可执行情况数据、监督性监测数据和企业环境违法数据进行了匹配整合，从污染物排放状况、报告发布情况和违法处罚方面对企业的环境绩效进行评估。一方面污染物排放直接反映了企业生产活动对环境的影响，另一方面企业的违法处罚行为是企业合规性的直接反映。企业往往为了降低生产成本，逃避环境治理的投入，从而导致污染物超标排放和环境违法事件发生。基于此，本研究建立了由目标层（企业环境绩效指标体系）、准则层（在线监测系统、排污许可系统、监督性监测系统、企业环境违法处罚系统）、措施层（企业环境表现评估二级指标）组成的阶梯层次模型，从企业年度超标率、企业超标程度、企业执行报告和自行监测发布情况、企业违法频率、企业违法程度等多个方面对企业环境绩效进行了尽可能综合全面的评价。[17]本研究构建的企业环境绩效评价指标体系见表 2-1。

表 2-1 企业环境绩效评价指标体系

目标层	准则层	权重	措施层	权重
企业环境绩效综合评估	在线监测系统	30	企业年度超标率	10
			污染物日均浓度平均超标倍数	10
			企业最大连续超标时长	10
	排污许可系统	20	企业执行报告发布情况	10
			企业自行监测执行情况	10
	监督性监测系统	20	企业超标总次数	10
			污染物最大平均超标倍数	10
	企业环境违法处罚系统	30	重大行政处罚次数	20
			一般行政处罚次数	10

表 2-1 中措施层各二级指标的定义如下：

- 企业年度超标率：指该企业 5 种主要污染物［烟（粉）尘、SO_2、NO_x、COD、NH_3-N］全年小时浓度超标次数之和（某一排放口小时浓度超标 1 次计 1 次，有其他排放口小时均值同时超标可累积计）÷该企业（所有排放口）全年有效监测次数之和，以此来表征企业的超标频率，超标率越高，说明企业违规排放的行为越频繁，产生的环境损害就越大。
- 污染物日均浓度平均超标倍数：指该企业 5 种主要污染物日均浓度/浓度标准的平均值，以此来表征企业的日均浓度的平均超标严重程度。
- 企业最大连续超标时长：指该企业当年 5 种主要污染物监测浓度连续超标小时数的最大值，以此来表征企业超标排放的连续性。在实际生产中，超标情况的高发可能有多重原因。例如，每天生产设备启动的时候，机器未能稳定运行，产生少量超标记录；或者由于设备故障或者操作错误，导致零星的超标。而另一些企业则长期持续超标排放污染物，则说明企业故意逃避环境责任，没有遵循达标排放标准，因此我们通过企业最大连续超标时长来表征企业的排放合规情况。
- 企业执行报告发布情况：指企业在排污许可平台公开端中公布的实际公开执行报告数量/应公开执行报告数量，进一步细分为月报、季报、半年报和年报，以此来表征企业的排污许可执行报告要求的执行情况。
- 企业自行监测执行情况：指企业按照排污许可要求定期对污染物展开自行监测并进行公开的要求的执行情况，以此来表征企业在排污许可自行监测方面的合规程度。
- 企业超标总次数：指该企业当年监督性监测超标记录次数，以此来表征在监督性监测系统中企业的超标频数。

- 污染物最大平均超标倍数：指该企业当年各污染物监督性监测平均超标倍数中的最大值，以此来表征企业监督性监测超标情况的严重程度。
- 重大行政处罚次数：综合现有一系列中央和地方的规定，本研究中所指的重大环境违法处罚是指该企业当年被责令停产、相关负责人被拘留、吊销许可证以及单次罚款金额 10 万元以上的次数，以此来表征在环境违法处罚系统中企业重大违法处罚的情况。
- 一般行政处罚次数：指该企业当年受到的除重大行政处罚以外的其他环境违法处罚的次数，以此来表征在环境违法处罚系统中企业的违法频数。

2.5.2　评价方法

本研究的评价采取百分制评分，各企业的最后综合评价得分以百分制计，各评估项目单项基础得分总和为 100 分。措施层中各项指标的得分系数参考《企业绩效评价操作细则（修订）》将其划分为 5 个档次水平（表 2-2），并根据匹配得到的最终评价所需数据集，分别对在线监测系统、排污许可系统、监督性监测系统和环境违法处罚系统内各二级指标进行描述性统计，按照数据的分布情况对档次水平进行划分，但考虑到未来该标准的适用性和严格性原则，档次水平的划分可能需要合理地略微严格。

表 2-2　企业环境绩效评价档次水平划分

等级	A	B	C	D	E
得分系数	1	0.8	0.6	0.4	0.2

企业环境表现指数的计分方法如下所示：

单项指标得分=单项指标权重×得分系数

准则层得分=Σ准则层内单项指标得分

总得分=准则层得分×准则层权重

本次评价中所使用的监督性监测数据是开展的所有监督性监测中的超标记录，其同环境违法处罚数据一样仅包含了存在违规现象的企业而非所有目标企业，因此这两个数据集中所包含的数据量相对较小，在得分评价过程中，在对 4 个系统的得分进行匹配汇总时，如果企业存在准则层得分缺失的情况，笔者则认为该企业的该项得分应得分数为满分。

与此同时，在线监测系统中涉及了不同污染物的超标情况，因此对于在线监测系统，本研究拟分别对 5 种主要污染物因子计算其单项指标得分，并根据严格性原则取各项污染物因子得分中的最低得分作为该企业该单项指标的最终得分。

在计算出总得分的基础之上，本研究进一步根据总得分将企业划分为以下 5 个等级。

- 优（A）：评价得分达到 85 分以上（含 85 分），其中 85 ~ 90 分为 A，91 ~ 95 分为 A^{+}，96 ~ 100 分为 A^{++}。
- 良（B）：评价得分达到 70 ~ 85 分（含 70 分），其中 70 ~ 74 分为 B^{-}，75 ~ 79 分为 B，80 ~ 84 分为 B^{+}。
- 中（C）：评价得分达到 50 ~ 70 分（含 50 分），其中 50 ~ 59 分为 C^{-}，60 ~ 69 分分为 C。
- 低（D）：评价得分在 40 ~ 50 分（含 40 分）。
- 差（E）：评价得分在 40 分以下。

本研究的评价流程见图 2-1。

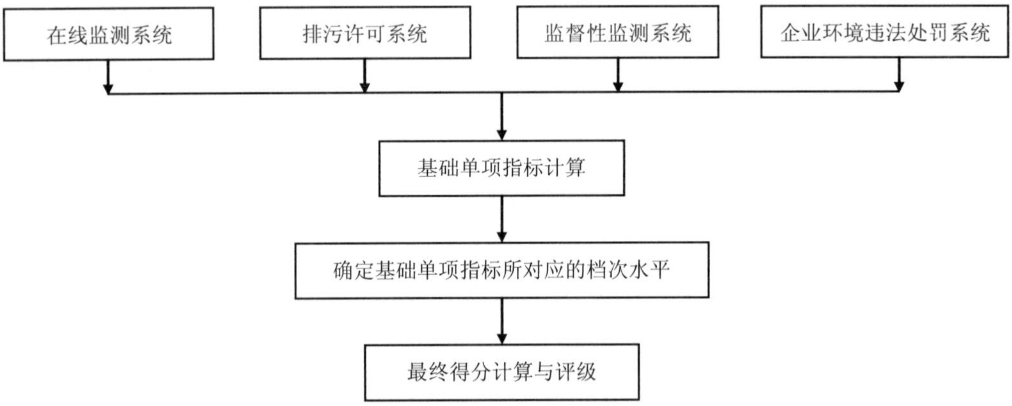

图 2-1　企业环境绩效指标体系评价流程

第 3 章　数据结构、整合及分布情况

系统介绍了监督性监测、在线监测、环境处罚等数据来源的特性、数据处理过程，以及上述 3 种数据来源的 2018 年基本情况。介绍了纳入实证评估的上市公司范围及筛选过程，对于数据加工、清晰、处理和可视化过程进行了详细描述。对于纳入评估的上市公司的地区、行业、规模、所有制等分布情况进行了描述性统计与分析。对监督性监测、在线监测、环境处罚三者的环境绩效档次水平分别进行了划分，对总体的环境绩效水平档次汇总结果情况进行了详细介绍。

3.1　数据来源及数据清理

笔者在企业环境绩效指标体系评价的过程中用到了非常多不同来源的数据，因此首先对包括企业在线监测数据、企业排污许可平台公开端数据、企业监督性监测数据、企业环境违法处罚数据和企业外部环境数据在内的不同数据及其清理过程进行介绍和说明。

3.1.1　企业在线监测数据

笔者所用到的企业在线监测数据是生态环境部提供的 2018 年固定污染源在线监测数据库。

首先使用 SQL Server 2014 软件对数据进行导出。笔者拥有原始的数据库文件（bak 格式），据此进行数据整合。最初要把原始的备份文件还原成 mdf 格式和 ldf 格式的文件，并将 mdf 格式文件附加到数据库中，这样就可以看到原始监控记录构成的表格，随后将需要用到的包括排口信息表、排放标准表、在线监测小时数据表、停产信息表、企业基础信息表等在内的数据表导出为 csv 格式，并进一步导出为 STATA 文件格式（dta 格式），并用 STATA 软件进行后续的处理操作。处理步骤如下：首先，从小时监测数据表中提

取出包括污染源编码、排口编码、污染物编码、监测时间、监测浓度、排放量、数据来源在内的关键变量，并筛选保留 2018 年的监测数据。其次，笔者还对停产时间表进行了数据格式转换，并对排放标准表进行了整理，具体来说，对于标准数据当中的异常值，首先观察是否能够转化为正常值。例如，排放标准值中有“无标准”“烧结机/球团 50”的取值，对于前者我们转化为空值处理，对于后者我们根据字面意思取值为 50。若不能转化成正常值，如记录为“国标”“无标准”“无记录”，则视为空值，不纳入计算范围。在此基础上，我们对小时监测数据进行了进一步的筛选与处理，根据江苏省生态环境厅的访问调查，得知目前生态环境部门已经不再对在线监测数据的有效性进行审核，企业需要对自己上报的在线监测数据的有效性负责，因此在本年度的在线监测数据处理过程中，不再对监测数据的有效性进行判别，仅通过停产时间表和数据来源（datasource=4 意味着机器修约数据缺乏凭证，修约得到的排放浓度无效）来筛选出有效数据，对于废气小时监测数据，需要首先以企业编码和排放口编码为关键词将其同排放口信息表相匹配，以此对企业是否属于烧结厂加以识别，如果排放口属于烧结厂则以实测小时数据为准，如果排放口不属于烧结厂则需以折算小时数据为准。在此基础上，进一步以企业编码、排放口编码和污染物编码为准将小时监测数据表与排放标准表相匹配以得到最终需要使用的数据集。整理得到的在线监测小时数据集中包括了污染源编码（pscode）、排放口编码（output code）、监测污染物类型（pollutant code）、在线监测时间（monitor time）、污染物浓度（revised strength）、污染物标准值（standard value）等变量，通过对污染物标准值和污染物浓度之间的比较，就可以判断出该企业、该排放口、该污染物、该监测时间是否超标排放。

除此之外，该数据库中的企业基本信息表还录入了包括经度（longitude）、纬度（latitude）、所属地区（region code）、企业规模（psscale code）、所属行业（industrytype code）、注册类型（registtype code）等在内的企业基本信息，通过这些变量可以进一步对不同性质企业的环境绩效情况及特征加以分析。

3.1.2 排污许可数据

笔者利用在线监测数据和上市公司数据筛选出需要评价的上市公司，并以此为基础找出与评价上市公司相对应的排污许可系统企业清单，通过全国排污许可证管理信息平台公开端[①]查找这些企业的执行报告发布要求与实际执行情况，以及企业自行监测的开展要求和实际执行情况，从而形成评价所需的排污许可数据。

① http：//permit.mee.gov.cn/permitExt/defaults/default-index!getInformation.action.

3.1.3　企业监督性监测数据

所用到的企业监督性监测数据是生态环境部提供的 2018 年全国监督性监测超标记录数据，该数据中包含了 2018 年污水处理厂、国控废气和国控废水企业全部的 5 000 余条监督性监测存在超标情况的记录。

笔者将原始文件（xlsx 文件）中的污水处理厂、国控废水、国控废气 3 张工作表分别导入至 STATA 中（dta 格式），以便后续指标的计算与回归分析。整理得到的监督性监测数据集中分别包含了污水处理厂、国控废气和国控废水企业的监测日期、企业名称、监测设备、监测项目、污染物浓度以及超标倍数等信息。

3.1.4　企业环境违法处罚数据

所用到的企业环境违法处罚数据是生态环境部提供的 2018 年全国企业环境违法处罚记录数据，该数据中包含了 2018 年企业一般处罚、按日计罚、查封扣押、行政拘留、涉嫌犯罪、申请法院强制执行、停产整顿和限制生产的全部记录 20 余万条。

同样地，将原始文件（xlsx 文件）导入至 STATA 中（dta 格式）以便后续指标的计算与回归分析。整理得到的环境违法处罚数据集中包含了企业名称、处罚依据、处罚类型、罚款金额、处罚主体以及企业基本信息等。

3.1.5　其他环境数据

在对企业环境绩效进行评价的基础上，笔者需要进一步对不同性质企业的环境绩效特征及其影响因素进行进一步的探究与分析，因此这需要进一步通过不同渠道尽可能更加完整地获取企业的相关数据。在研究中，笔者进一步利用爬虫软件在百度企业信用网站中提取了评价企业的省份、所有制类型、所属行业、注册资本、具体地址等信息，并将这些信息纳入企业环境绩效的分析中。

3.2　数据整合与可视化

3.2.1　评价对象选取

在研究过程中，笔者依据不同的需求分别对属于重点排污单位的上市公司、不属于重点排污单位的上市公司以及汇总至股票代码级别的上市公司的企业环境绩效进行了评价，评价对象选取过程不尽相同，因此其评价范围存在差异。

在对属于重点排污单位的上市公司进行评价的过程当中，笔者首先对上市公司与重点排污单位的名称进行核对，从中选出属于重点排污单位的上市公司。根据筛选的结果，属于重点排污单位的共有 4 412 家上市公司企业，其中包括仅母公司为重点排污单位的企业 311 家，母公司和至少 1 家子公司均为重点排污单位的企业 2 169 家，以及仅子公司属于重点排污单位的企业 1 932 家；由于企业环境绩效的评价是以在线监测系统为基础的，因此为进一步将这些属于重点排污单位的企业清单同在线监测系统进行匹配，最终评价了 2 144 家属于重点排污单位的上市公司（母公司及其子公司）的企业环境绩效，这相较于 2017 年度的 620 家，本年度有了极大的增长，这主要是由于更多的上市公司被纳入重点排污单位所导致的（由 2017 年的 1 092 家增长到 2018 年的 2 144 家）。

在对属于非重点排污单位的上市公司进行评价的过程中，笔者首先从上市公司清单中剔除属于重点排污单位的上市公司，并将剩余的被参控公司/母公司名称同 2018 年在线监测数据库相匹配，最终得到有效匹配与评价的不属于重点排污单位的上市公司（母公司及其子公司）共有 207 家，这相较于 2017 年度有显著的下降，这同样是由于有大量的上市公司被纳入重点排污单位所导致的。

在此基础上，笔者将重点排污单位企业和非重点排污单位企业合并，在得到 2 351 家被参控公司/母公司环境绩效得分情况的基础上，以相同股票代码下企业的注册资本占比情况对其赋予权重，通过加权平均的方式得到了 2 351 家被参控公司/母公司所属的 844 家股票代码级别上市公司的环境绩效得分。

全部评价企业及其所属公司、股票代码等基本信息见附录 A 表 A.1。

3.2.2 数据整合

在确定了需要评价环境绩效的企业清单之后，需要将其同在线监测数据库、监督性监测数据库以及环境违法数据库进行匹配。由于同一家企业在不同数据库内的企业名称可能会存在差异，这种差异的存在将导致无法对同一家企业在不同数据库内进行有效的识别，因此笔者首先需要对企业名称进行核对和校正。基于此，生态环境部环境规划院分析了上市公司与在线监测数据库、排污许可数据库、监督性监测数据库与环境违法处罚数据库中企业名称对比的结果，得出了被参控公司/母公司的名称、最匹配公司、同名部分以及匹配度 4 个变量。其中被参控公司/母公司是上市公司的名称、最匹配公司是目标数据库（在线监测数据库、排污许可数据库、监督性监测数据库、环境违法处罚数据库）中名称与上市公司名称最接近的企业名称，同名部分是上市公司名称与目标数据库中最匹配公司相同的部分，而匹配度则是指同名部分字符个数同被参控公司/母公司名称字符总个数的比值。

在数据整合之前，首先对生态环境部环境规划院提供的对比结果进行了进一步的核查，对于其中匹配度为 1 的企业，笔者认为其在两个系统中企业名称完全匹配，而对于匹配度在 0.5 以下的企业，则认为该企业没有匹配成功，而对于匹配度在 0.5～1 的企业，用人工对两个系统间企业名称进行了比较核查从而进一步确认该企业是否匹配成功。另外，将人工核对的结果与匹配度为 1 的企业进行整合，形成最终的对比结果数据集，表 3-1 展示了人工核对之后上市公司与各数据库中企业名称匹配成功的企业个数。从表 3-1 的结果来看，在线监测数据库、排污许可数据库以及企业环境违法数据库所匹配到的上市公司个数较多，均匹配到了 2 000 家以上，其中在线监测更是高达近 3 000 家，而监督性监测数据库相较而言所匹配到的企业个数则相对较少，仅有不到 200 家，这是因为监督性监测超标属于特殊情况，因此匹配到的企业个数相对较少，属于正常现象。

表 3-1 上市公司与各数据库匹配情况

数据库名称	匹配企业个数/家
在线监测数据	2 978
排污许可数据	2 038
监督性监测数据	195
企业环境违法处罚数据	2 162

在数据整合的过程中，要以在线监测为基础仅保留有在线监测数据的上市公司，得到可以进行评价的上市公司清单，然后分别将排污许可数据库、监督性监测数据库以及环境违法处罚数据库的对比结果同上市公司评价清单进行匹配与整合；此外，在此基础上，要根据需求将上市公司评价清单同属于重点排污单位的上市公司清单进行匹配，识别出属于重点排污单位的上市公司和不属于重点排污单位的上市公司，以方便后续的分类分析。其具体流程见图 3-1。

数据匹配与整合后与各数据库可以成功匹配并计算出指标得分的 2018 年属于重点排污单位上市公司的企业个数见表 3-2。

从表 3-2 的结果来看，在线监测数据库中所匹配到的企业个数是最多的，有 2 000 余家企业，其次为排污许可数据库，匹配到了 1 000 多家企业，而监督性监测数据库和环境违法处罚数据库所匹配到的企业个数则相对少很多，这是因为监督性监测属于常规监测，企业在检查之前会有所准备，同时监督性监测在一次监测发现超标后会连续监测多次，若多次均超标才算超标，因此监督性监测超标情况非常少；而企业环境违法数据库相较而言所匹配到的企业个数则相对较少，这是因为由于环境违法受到处罚属于特殊情况，匹配到的企业个数相对较少属于正常现象。另外，排污许可系统中企业自行监测执行状况匹配到的企业个数为 0，这是因为在全国排污许可管理系统公开端中并没有查到有任何企业发布了自行监测的有关信息，因此这一项所有企业均以 0 分记。

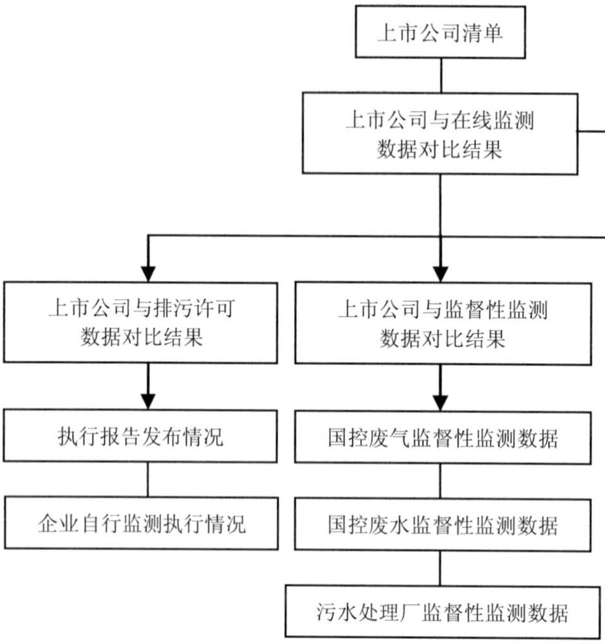

图 3-1 数据匹配与整合流程

表 3-2 能够匹配并计算出各项指标的企业个数

准则层	措施层	匹配企业个数/家
在线监测系统	企业年度超标率	2 351
	污染物日均浓度平均超标倍数	2 351
	企业最大连续超标时长	2 351
排污许可系统	企业执行报告发布情况	1 081
	企业自行监测执行情况	0
监督性监测系统	企业超标总次数	130
	污染物最大平均超标倍数	130
企业环境违法处罚系统	重大行政处罚次数	314
	一般行政处罚次数	217

3.2.3 数据可视化

在对数据进行清理与整合之后，还需要对数据进行可视化操作，使之能够更加直观、简洁地反映其中所蕴含的信息。对于企业特征分布情况，我们通过利用 STATA 绘制条形图、直方图、饼图等方式对其加以展示；而对于企业地级市水平特征的描述则通过使用 ArcGIS 来实现：首先利用 STATA 对所要进行可视化描述的变量进行处理与汇总，其次将所需变量的数据根据爬取到的企业基本信息汇总至地级市一级，并利用 ArcGIS 在中国地级市界矢量地图上将 STATA 数据与 ArcGIS 矢量地图属性表通过地级市名称进行匹配，最后通过 ArcGIS 中 Layer Properties 操作下 Quantities 中的 Graduated colors 选项选取要进行可视化描述的变量，按照其取值范围在不同地级市区域中用不同的颜色进行表征。其中没有数据的地级市统一用白色来进行表示。图 3-2 展示了数据可视化工作的详细流程。

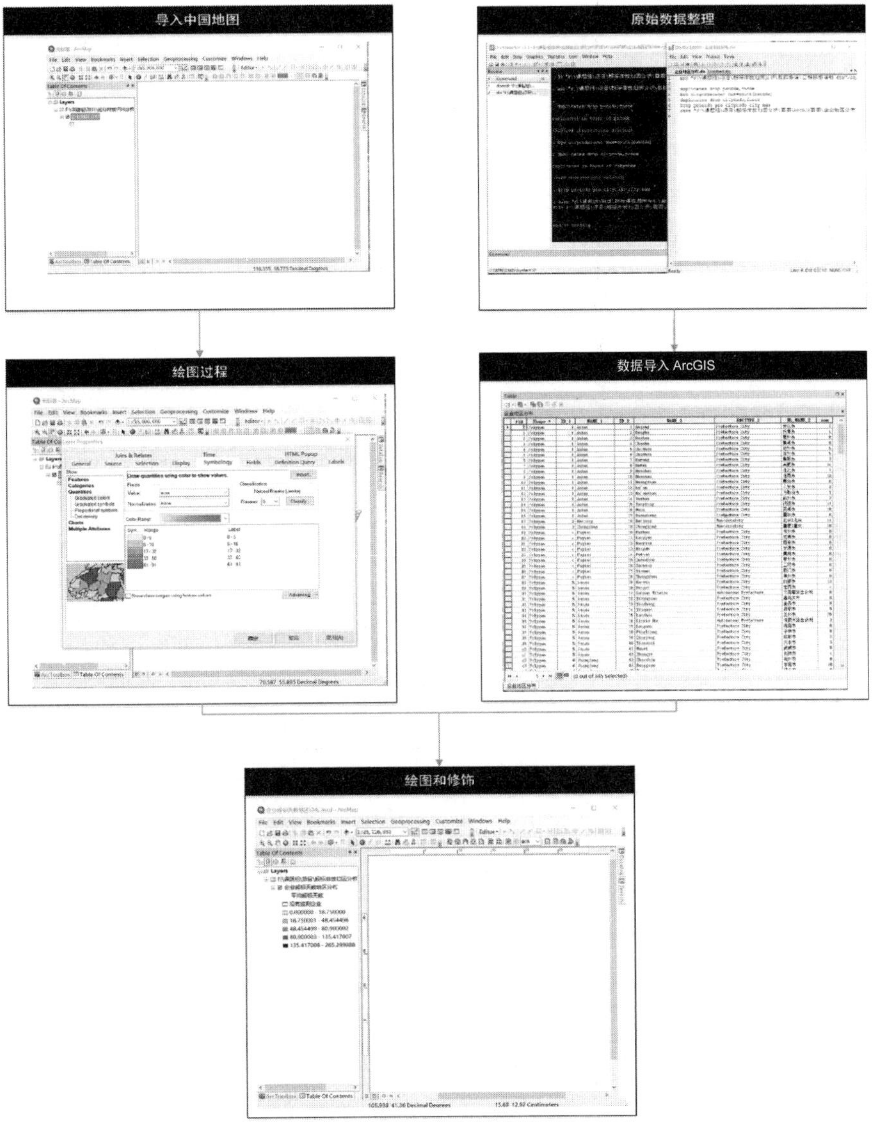

图 3-2　数据可视化流程

3.3 企业分布

在完成了数据清理与整合的基础之上，首先要对评价企业的特征和分布情况加以了解。笔者利用爬虫软件在百度企业信用网站中提取了评价企业的省份、所有制类型、所属行业、注册资本、具体地址等信息，并将这些信息纳入企业环境绩效的分析中，对其分布情况加以描述与刻画。

3.3.1 企业地区分布情况

依据利用爬虫软件在百度企业信用网站中提取的企业基本信息，综合利用企业名称和企业地址，通过百度地图利用 Xgeocoding 软件爬取到了系统内几乎所有企业的地理位置信息（经度与纬度），各地区企业分布数量见表 3-3。

表 3-3 企业分省统计

序号	省份	企业数量/家	所占百分比/%	序号	省份	企业数量/家	所占百分比/%
1	浙江	238	10.12	18	云南	51	2.17
2	山东	180	7.66	19	陕西	46	1.96
3	安徽	161	6.85	20	重庆	44	1.87
4	江苏	158	6.72	21	贵州	40	1.70
5	广东	143	6.08	22	甘肃	39	1.66
6	河北	128	5.44	23	黑龙江	36	1.53
7	湖北	124	5.27	24	吉林	33	1.40
8	河南	122	5.19	25	天津	33	1.40
9	内蒙古	89	3.79	26	广西	29	1.23
10	四川	86	3.66	27	北京	27	1.15
11	新疆	81	3.45	28	宁夏	23	0.98
12	辽宁	78	3.32	29	青海	18	0.77
13	江西	70	2.98	30	海南	15	0.64
14	湖南	69	2.93	31	西藏	0	0.00
15	山西	69	2.93	32	台湾	0	0.00
16	上海	67	2.85	33	澳门	0	0.00
17	福建	54	2.30	34	香港	0	0.00

由表 3-3 可知，评价企业绝大部分分布于东部和中部地区，西部较少，且涵盖的企业数量呈现由西向东渐进增多的规律。同时可以发现，西南地区几乎尚未纳入在线监测体系，“两北”（东北、西北）地区纳入的企业数量相对东南地区也较少。

总体来看，2018 年纳入在线监测体系的企业共 2 351 家，与 2017 年纳入在线监测体系的 976 家企业相比，增加了 1.4 倍。2018 年各省份中，浙江、山东、安徽、江苏被纳入在线监测数据库中的企业数量最多，分别为 238 家、180 家、161 家、158 家，占比分别达到 10.12%、7.66%、6.85%、6.72%，总占比高达 31.35%；而 2017 年被纳入在线监测数据库企业数量最多的 4 个省份是山东、江苏、浙江、河北，分别为 74 家、69 家、69 家、65 家，占比分别达到 7.58%、7.07%、7.07%、6.66%，总占比高达 28.38%。可以发现，有 8 个省份的企业数量超过了 100 家，这与该地区的工业企业较多有较大关联。同时，西藏及港、澳、台地区尚未被纳入在线监测数据库。海南持续两年纳入企业数量均最少，分别为 5 家和 15 家。2018 年少于等于 20 家企业的省份仅有海南和青海，占比 1.4%；而 2017 年少于等于 20 家企业的省份有 12 个，占比为 16.8%。

更具体地，我们在市级层面根据不同地级市企业数量的个数，划分了 5 个等级，对纳入在线监测数据库的企业的分布情况进行了统计，企业数量所在城市的分布情况见表 3-4。

表 3-4　企业所在城市（直辖市和地级市）的分布情况

企业数量	城市名称
1～4	自贡市、张掖市、玉溪市、宜春市、孝感市、湘西土家族苗族自治州、西双版纳傣族自治州、桐乡市、四平市、双鸭山市、汕尾市、三亚市、钦州市、黔东南苗族侗族自治州、宁国市、牡丹江市、临夏回族自治州、临沧市、凉山彝族自治州、丽江市、乐昌市、莱芜市、来宾市、克拉玛依市、金昌市、揭阳市、佳木斯市、怀化市、鹤岗市、河源市、哈密市、甘南藏族自治州、定西市、迪庆藏族自治州、楚雄彝族自治州、毕节市、本溪市、白山市、白城市、鞍山市、阿坝藏族羌族自治州、周口市、张家界市、鹰潭市、伊春市、阳泉市、阳江市、延安市、信阳市、忻州市、梧州市、铜仁市、铜川市、遂宁市、随州市、绥化市、三门峡市、七台河市、普洱市、莆田市、萍乡市、盘锦市、辽源市、克孜勒苏柯尔克孜自治州、酒泉市、鸡西市、鹤壁市、河池市、桂林市、广元市、鄂州市、崇左市、潮州市、巴中市、阿拉善盟、玉林市、益阳市、延边朝鲜族自治州、许昌市、武威市、通化市、日照市、清远市、平凉市、攀枝花市、宁德市、南平市、茂名市、柳州市、连云港市、丽水市、和田地区、汉中市、海东市、广安市、恩施土家族苗族自治州、德宏傣族景颇族自治州、儋州市、丹东市、大理白族自治州、保山市、百色市、安顺市、遵义市、驻马店市、珠海市、舟山市、中山市、肇庆市、昭通市、漳州市、云浮市、永州市、营口市、吴忠市、吐鲁番市、铁岭市、泰安市、朔州市、邵阳市、三明市、南充市、泸州市、娄底市、陇南市、六安市、临汾市、喀什市、锦州市、呼伦贝尔市、阜新市、抚州市、抚顺市、博尔塔拉蒙古自治州、北海市、白银市

企业数量	城市名称
5～10	株洲市、中卫市、通辽市、天水市、塔城市、秦皇岛市、黔西南布依族苗族自治州、黔南布依族苗族自治州、南阳市、梅州市、眉山市、吕梁市、晋中市、嘉峪关市、红河哈尼族彝族自治州、佛山市、德阳市、达州市、赤峰市、常德市、巴彦淖尔市、镇江市、长治市、张家口市、湛江市、宣城市、新乡市、锡林郭勒盟、乌兰察布市、乌海市、文山壮族苗族自治州、渭南市、威海市、泰州市、石嘴山市、汕头市、南宁市、绵阳市、漯河市、龙岩市、六盘水市、晋城市、葫芦岛市、菏泽市、海西蒙古族藏族自治州、池州市、朝阳市、常州市、沧州市、运城市、岳阳市、宿州市、宿迁市、新余市、湘潭市、齐齐哈尔市、平顶山市、辽阳市、开封市、景德镇市、荆州市、荆门市、黄冈市、东莞市、大庆市、滁州市、承德市、宝鸡市、包头市、巴音郭楞蒙古自治州、安庆市、枣庄市、银川市、宜宾市、咸阳市、西安市、十堰市、韶关市、濮阳市、兰州市、淮安市、衡阳市、阜阳市、大连市、郴州市、扬州市、邢台市、西宁市、商丘市、厦门市、曲靖市、聊城市、江门市、济南市、邯郸市、亳州市、阿克苏市、长沙市、榆林市、烟台市、上饶市、乐山市、昆明市、焦作市、吉林市、淮南市、哈尔滨市、安阳市
11～20	乌鲁木齐市、泉州市、临沂市、廊坊市、海口市、蚌埠市、长春市、伊犁哈萨克自治州、温州市、铜陵市、南昌市、马鞍山市、九江市、惠州市、黄石市、衡水市、福州市、东营市、襄阳市、咸宁市、湖州市、贵阳市、赣州市、大同市、滨州市、无锡市、青岛市、淮北市、保定市、芜湖市、太原市、苏州市、洛阳市、衢州市、南通市、呼和浩特市、德州市、淄博市、石家庄市、金华市、昌吉回族自治州、广州市、济宁市
21～37	潍坊市、盐城市、宁波市、郑州市、徐州市、绍兴市、南京市、宜昌市、沈阳市、成都市、武汉市、鄂尔多斯市、北京市、唐山市、合肥市、天津市、嘉兴市、深圳市、台州市
38～67	重庆市、杭州市、上海市

由表 3-4 可知，整体看来，2018 年大部分地级市被纳入在线监测数据库的企业数量都在 10 家以下。共有 65 个地级市有超过 10 家企业，主要位于东部和中部地区；而 2017 年只有重庆、上海、唐山纳入在线监测数据库的企业数量超过了 10 家。此外，台州、重庆、杭州、上海 4 个城市纳入在线监测数据库的企业数量达到或超过了 37 家，根据统计情况，分别为 37 家、44 家、55 家、67 家企业。

3.3.2　企业行业分布情况

依据企业基本信息中的行业类别编码这一变量，结合《国民经济行业分类》(GB/T 4754—2017) [①]对精确到两位行业代码的企业行业分类进行统计的结果见表 3-5。

① http://www.stats.gov.cn/tjsj/tjbz/hyflbz/201710/t20171012_1541679.html.

表 3-5 精确至两位行业代码的企业行业分类统计

行业代码	行业类型	企业个数/家	所占百分比/%
1	农业	6	0.26
2	林业	3	0.13
3	畜牧业	10	0.43
4	渔业	1	0.04
5	农、林、牧、渔专业及辅助性活动	2	0.09
6	煤炭开采和洗选业	26	1.11
7	石油和天然气开采业	3	0.13
8	黑色金属矿采选业	3	0.13
9	有色金属矿采选业	18	0.77
10	非金属矿采选业	7	0.30
11	开采专业及辅助性活动	1	0.04
12	其他采矿业	4	0.17
13	农副食品加工业	43	1.83
14	食品制造业	63	2.69
15	酒、饮料和精制茶制造业	89	3.79
17	纺织业	36	1.53
18	纺织服装、服饰业	7	0.30
19	皮革、毛皮、羽毛及其制品和制鞋业	3	0.13
20	木材加工和木、竹、藤、棕、草制品业	4	0.17
22	造纸和纸制品业	41	1.75
25	石油、煤炭及其他燃料加工业	39	1.66
26	化学原料和化学制品制造业	233	9.93
27	医药制造业	152	6.48
28	化学纤维制造业	23	0.98
29	橡胶和塑料制品业	20	0.85
30	非金属矿物制品业	254	10.83
31	黑色金属冶炼和压延加工业	44	1.88
32	有色金属冶炼和压延加工业	61	2.60
33	金属制品业	22	0.94
34	通用设备制造业	16	0.68
35	专用设备制造业	17	0.72
36	汽车制造业	51	2.17
37	铁路、船舶、航空航天和其他运输设备制造业	14	0.60
38	电气机械和器材制造业	28	1.19
39	计算机、通信和其他电子设备制造业	65	2.77
40	仪器仪表制造业	3	0.13
41	其他制造业	20	0.85
42	废弃资源综合利用业	7	0.30

行业代码	行业类型	企业个数/家	所占百分比/%
43	金属制品、机械和设备修理业	2	0.09
44	电力、热力生产和供应业	444	18.93
45	燃气生产和供应业	2	0.09
46	水的生产和供应业	86	3.67
48	土木工程建筑业	4	0.17
49	建筑安装业	3	0.13
50	建筑装饰、装修和其他建筑业	3	0.13
51	批发业	72	3.07
52	零售业	23	0.98
53	铁路运输业	2	0.09
55	水上运输业	1	0.04
56	航空运输业	2	0.09
59	装卸搬运和仓储业	2	0.09
64	互联网和相关服务	1	0.04
65	软件和信息技术服务业	7	0.30
66	货币金融服务	6	0.26
67	资本市场服务	2	0.09
70	房地产业	3	0.13
71	租赁业	2	0.09
72	商务服务业	28	1.19
73	研究和试验发展	14	0.60
74	专业技术服务业	23	0.98
75	科技推广和应用服务业	30	1.28
76	水利管理业	6	0.26
77	生态保护和环境治理业	104	4.43
78	公共设施管理业	18	0.77
80	居民服务业	1	0.04
81	机动车、电子产品和日用产品修理业	10	0.43
82	其他服务业	5	0.21
84	卫生	1	0.04

由表 3-5 可知，企业的行业类型分布较为广泛且一些行业在数据库中包含的数量非常少，因此为了方便展示与描述，进一步对行业分类进行了一定的修改，具体操作如下：将水的生产和供应业，生态保护和环境治理业，化学原料和化学制品制造业，非金属矿物制品业，黑色金属冶炼和压延加工业，有色金属冶炼和压延加工业，批发业，零售业，农副食品加工业，食品制造业，酒、饮料和精制茶制造业以及电力、热力生产和供应业以外的其他行业类型的企业全部归类为“其他”，并将批发业、零售业合并为批发零售业，将农副食品加工业，食品制造业，酒、饮料和精制茶制造业合并为饮食加工制造业，将黑色金属冶炼和压延加工业、有色金属冶炼和压延加工业合并为黑色金属和有色金属

冶炼和压延加工业，在此基础上绘制企业行业分布，见图 3-3。

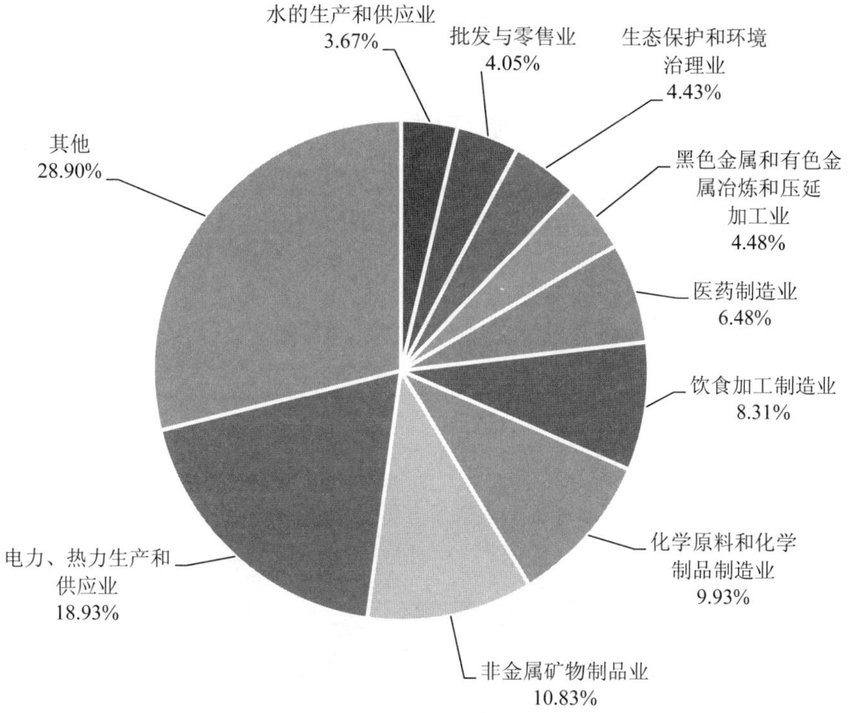

图 3-3　行业分布统计

从图 3-3 中可以看到，在可以对所属行业进行识别的 2 346 家企业中，电力、热力生产和供应业共有企业 444 家，在所有行业中占比最大，高达 18.93%；其次非金属矿物制品业与化学原料和化学制品制造业的企业数量较多，分别有 254 家和 233 家，占到了总体的 10.83%和 9.93%，而饮食加工制造业、医药制造业、黑色金属和有色金属冶炼和压延加工业、批发与零售业以及水的生产和供应业的企业数量相对较少，分别为 195 家、152 家、105 家、95 家和 86 家企业，其占总体的比例分别仅为 8.31%、6.48%、4.48%、4.05%和 3.67%。

3.3.3　企业所有制特征分布情况

为了展示需评价企业的所有制分布情况，我们需要对企业的所有制类型进行划分。2006 年中国国家统计局发布的《关于划分企业登记注册类型的规定》①以工商行政部门对企业登记注册的类型为依据，将在工商行政管理机关登记注册的各类企业划分为内资企业，港、澳、台商投资企业和外商投资企业三大类，并对每一种大类进行了进一步的

① http://www.stats.gov.cn/statsinfo/auto2073/201310/t20131031_450535.html.

细分。根据企业登记注册类型及其代码识别得到的所有制类型具有清晰透明的优点，因此目前有大量的研究根据企业的登记注册类型对企业的所有制类型进行分类，我们以这些研究为依据，通过整合后的企业基本信息中登记注册代码这一变量对企业的所有制类型进行了区分。

具体的分类方法是：将登记注册代码为 110 和 151 的企业识别为国有企业；将登记注册代码小于 200 的非公有制企业识别为其他内资企业；将登记注册代码为 210、220 和 230 的企业识别为港、澳、台商投资企业；将登记注册代码为 310、320、330 以及 340 的企业识别为外商投资企业；其余企业也识别为其他内资企业。通过这种方式对企业所有制类型进行划分后的企业所有制分布情况见图 3-4。

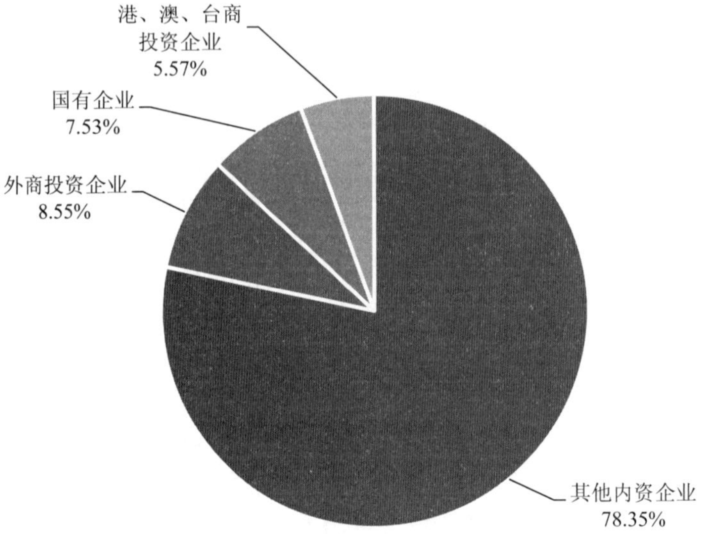

图 3-4 所有制结构分布

具体的企业所有制类型分布表见表 3-6。

表 3-6 企业所有制分布统计

所有制类型代码	所有制类型	企业个数/家	所占百分比/%
110	国有企业	173	7.36
140	联营企业	1	0.04
150	有限责任公司	122	5.19
151	国有独资公司	4	0.17
159	其他有限责任公司	477	20.29
160	股份有限公司	265	11.27

所有制类型代码	所有制类型	企业个数/家	所占百分比/%
173	私营有限责任公司	913	38.83
174	私营股份有限公司	64	2.72
210	合资经营企业（港或澳、台资）	122	5.19
220	合作经营企业（港或澳、台资）	3	0.13
230	港、澳、台商独资经营企业	6	0.26
310	中外合资经营企业	141	6.00
320	中外合作经营企业	2	0.09
330	外资企业	49	2.08
340	外商投资股份有限公司	9	0.38

由表 3-6 和图 3-4 可知，在得到最终得分的 2 351 家企业中，其他内资企业占到了绝大多数，共有 1 842 家企业，占到了总体的 78.35%，其中尤以私营有限责任公司的个数最多，达到了 913 家，占到了所有企业的 38.83%，其次为外商投资企业，共有 201 家，占到了总体的 8.55%，而国有企业和港、澳、台商投资企业的个数则相对较少，分别有 177 家与 131 家，占所有企业的 7.53%和 5.57%。

3.3.4　企业规模分布情况

进一步地，我们对评价企业的企业规模分布情况加以了解与刻画，根据企业的注册资金这一变量，对企业注册资金的分布情况进行的统计与描述见表 3-7 和图 3-5。

表 3-7　企业注册资金分布统计

注册资金范围/万元	企业个数/家	所占百分比/%
≤1 000	82	3.49
1 001～3 000	132	5.61
3 001～10 000	422	17.95
10 001～30 000	513	21.82
30 001～100 000	669	28.46
100 001～200 000	281	11.95
＞200 000	252	10.72

由表 3-7 和图 3-5 可知，在所评价的 2 351 家企业中，注册资金为 30 001 万～100 000 万元的企业数量最多，有 669 家，占总企业个数的 28.46%。其次是注册资金为 10 001 万～30 000 万元和注册资金为 3 001 万～10 000 万元的企业，分别为 513 家和 422 家，占企业总数的 21.82%和 17.95%。注册资金为 100 001 万～200 000 万元和注册资金在 3 000 万元以下的企业个数都比较少，均不足企业总数的 12%。相对而言，在注册资金 3 000 万元以下的企业仅有 214 家，占企业总数的 9.1%。

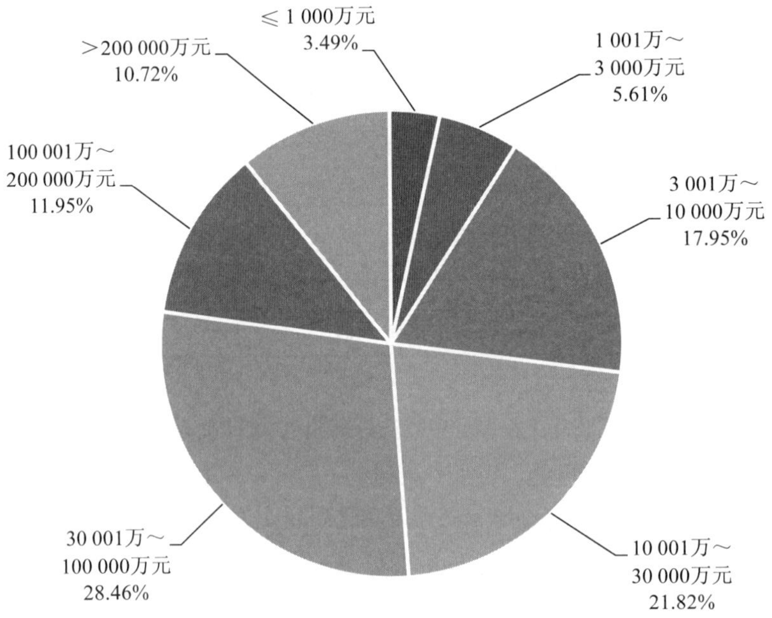

图 3-5 企业注册资金分布

3.4 企业环境绩效档次水平划分

正如之前在评价方法部分所提到的，在评价企业环境绩效之前笔者需要对企业的环境绩效档次水平进行合理的划分，而这种划分要以企业环境绩效各项指标计算结果的分布情况为依据。因此，在计算出企业环境绩效措施层各项指标结果的基础上对各指标结果的分布情况进行分析和统计，并对各项指标的评价档次水平进行划分。

3.4.1 在线监测系统

在线监测系统中一共涉及企业年度超标率、污染物平均超标倍数以及企业最大连续超标时长三项指标的计算，接下来分别对这三项指标计算结果的分布情况和档次水平划分结果进行说明。

3.4.1.1 企业年度超标率

企业年度超标率指该企业特定污染物全年小时浓度超标次数之和（某一排放口小时浓度超标 1 次计 1 次，有其他排放口小时均值同时超标可累积计）同该企业（所有排放口、所有因子）全年有效监测次数之和的比值，计算出该指标后分污染物绘制分布图的结果见图 3-6～图 3-10。

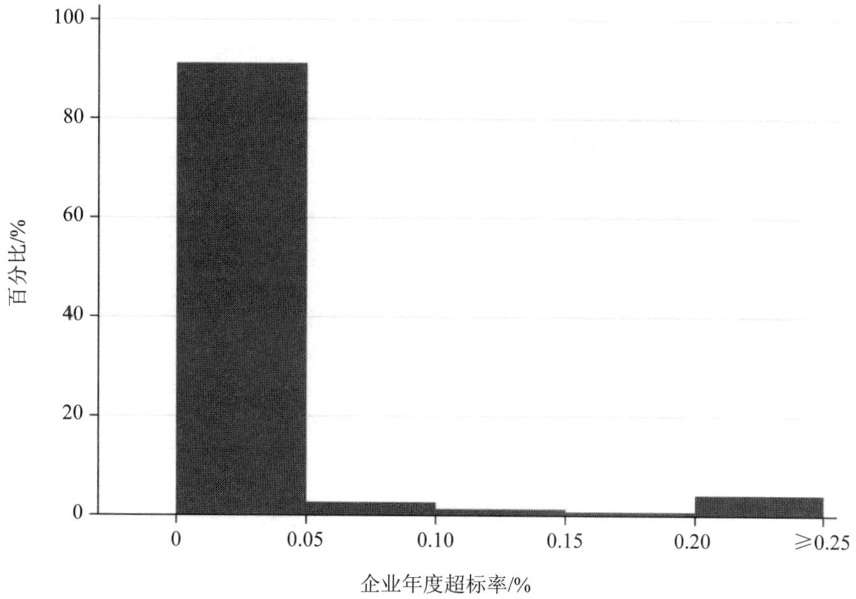

图 3-6　企业烟（粉）尘年度超标率分布

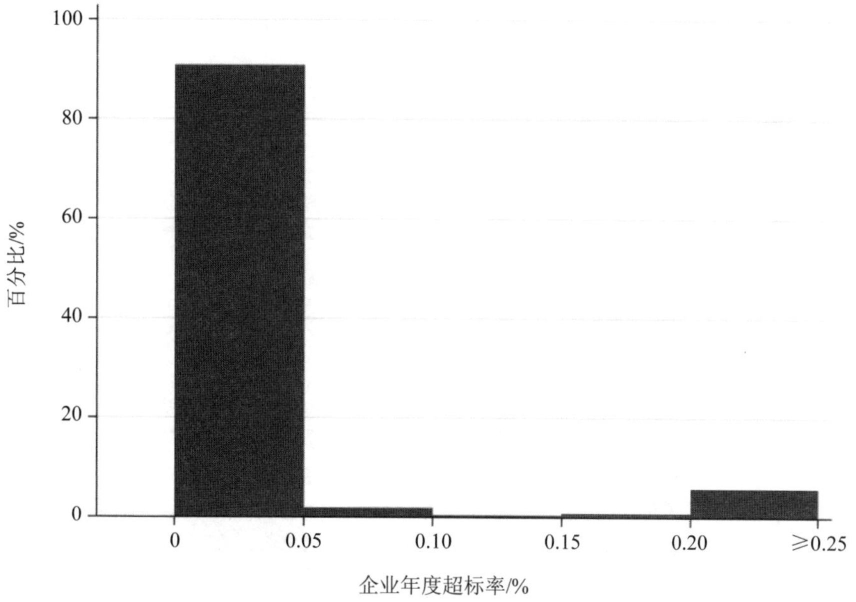

图 3-7　企业 SO_2 年度超标率分布

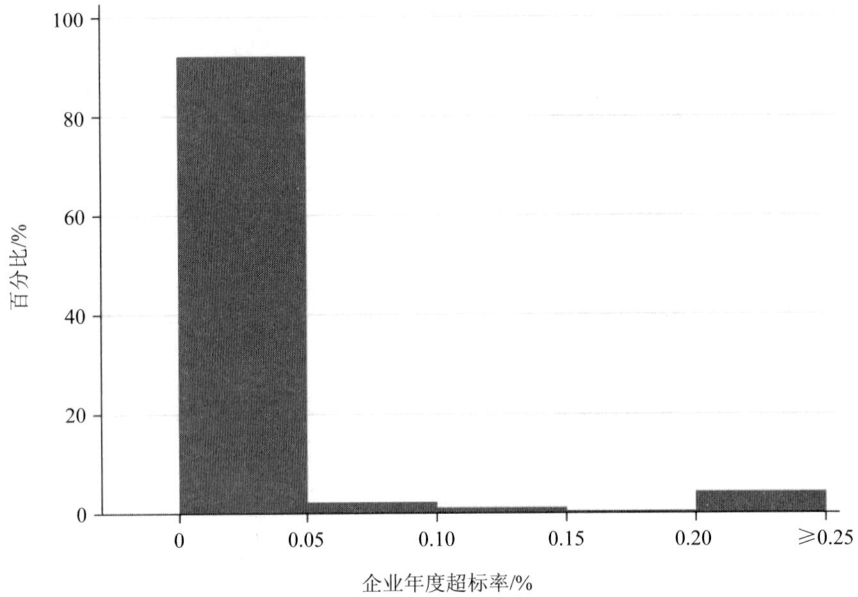

图 3-8 企业 NO_x 年度超标率分布

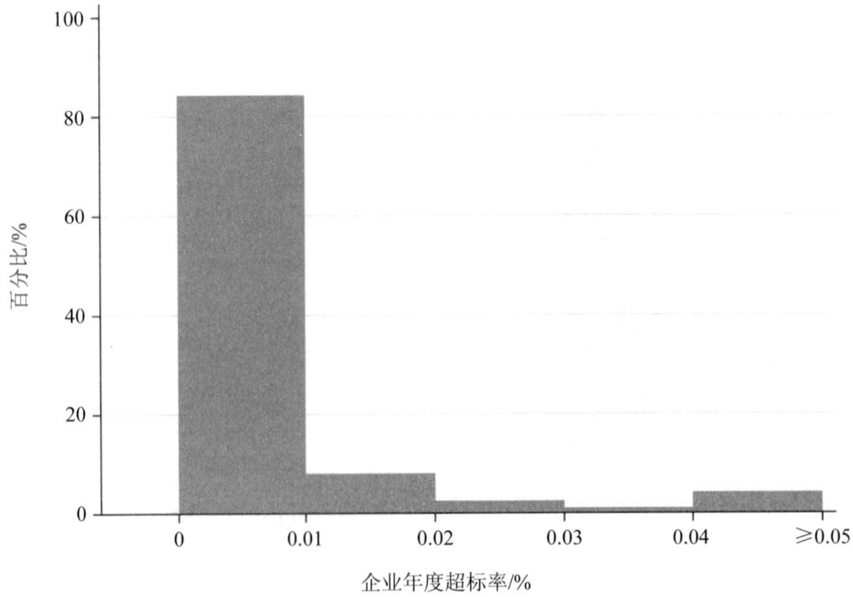

图 3-9 企业 COD 年度超标率分布

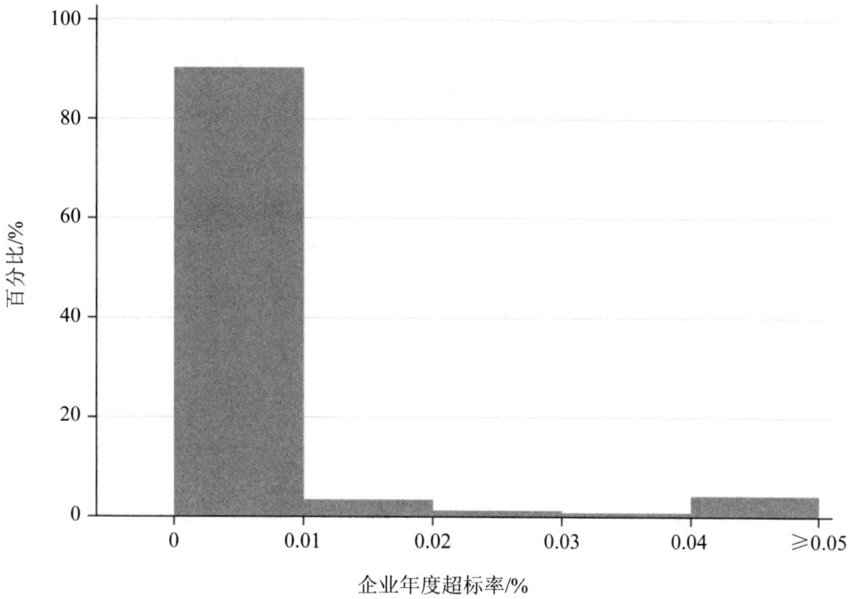

图 3-10　企业 NH_3-N 年度超标率分布

由图 3-6～图 3-10 可知，不同污染物的企业年度超标率分布非常相似，即大多数企业的年度超标率都非常小，同时随着年度超标率的提高企业个数呈现出明显的下降趋势，可见以企业年度超标率表征的企业环境表现总体而言较为良好。具体的指标档次水平结果见表 3-8。

表 3-8　企业年度超标率档次水平划分

污染物类别	得分等级	年度超标率/%	企业个数/家	所占百分比/%
烟（粉）尘	A	=0	270	18.66
	B	＞0，≤0.1	355	24.53
	C	＞0.1，≤1	485	33.52
	D	＞1，≤5	209	14.44
	E	＞5	128	8.85
SO_2	A	=0	341	23.31
	B	＞0，≤0.1	427	29.19
	C	＞0.1，≤0.3	212	14.49
	D	＞0.3，≤1	206	14.08
	E	＞1	299	18.93
NO_x	A	=0	433	26.73
	B	＞0，≤0.1	281	17.35
	C	＞0.1，≤0.3	301	18.58

污染物类别	得分等级	年度超标率/%	企业个数/家	所占百分比/%
NO_x	D	＞0.3，≤1	349	21.54
	E	＞1	256	15.80
COD	A	=0	433	26.73
	B	＞0，≤0.2	441	27.22
	C	＞0.2，≤0.5	304	18.77
	D	＞0.5，≤1	186	11.48
	E	＞1	256	15.8
NH_3-N	A	=0	727	49.02
	B	＞0，≤0.1	320	21.58
	C	＞0.1，≤0.5	220	14.83
	D	＞0.5，≤1	72	4.86
	E	＞1	144	9.71

3.4.1.2 污染物平均超标倍数

污染物平均超标倍数是指该企业当年特定污染物小时监测浓度同小时监测浓度标准的比值的平均值，计算出该指标后分污染物绘制分布图的结果见图 3-11～图 3-15。

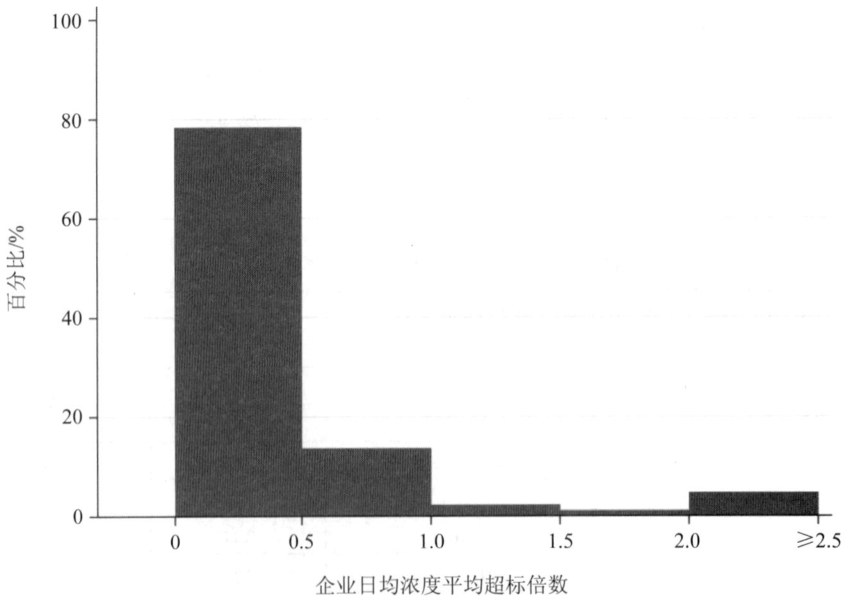

图 3-11 企业烟（粉）尘平均超标倍数分布

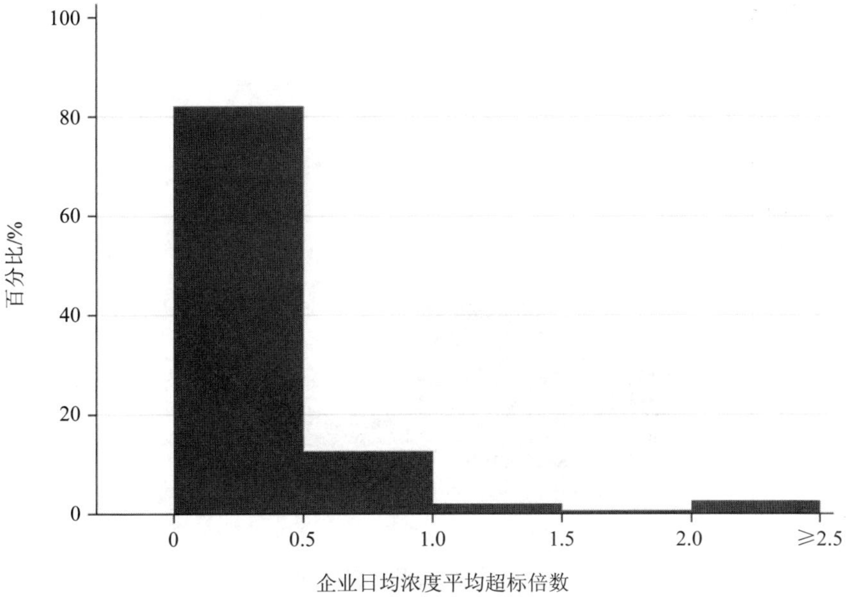

图 3-12　企业 SO_2 平均超标倍数分布

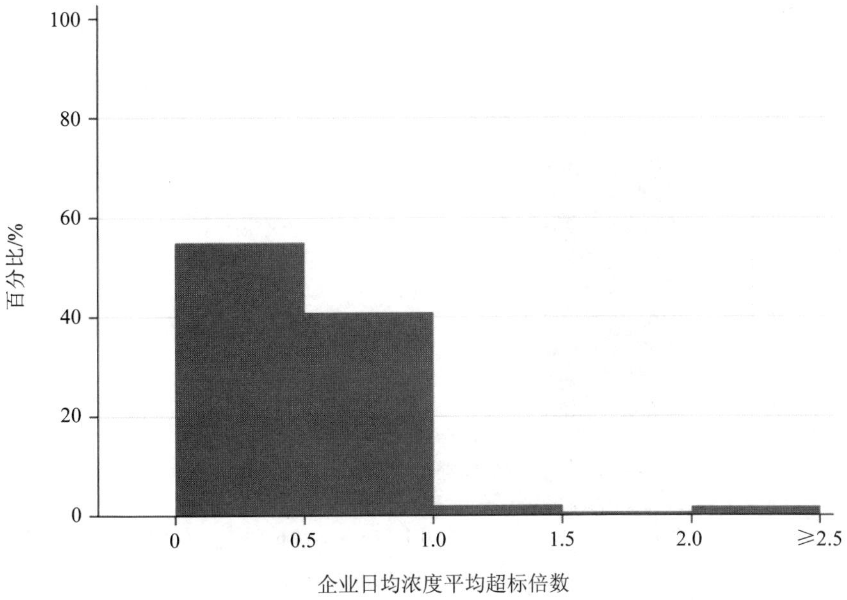

图 3-13　企业 NO_x 平均超标倍数分布

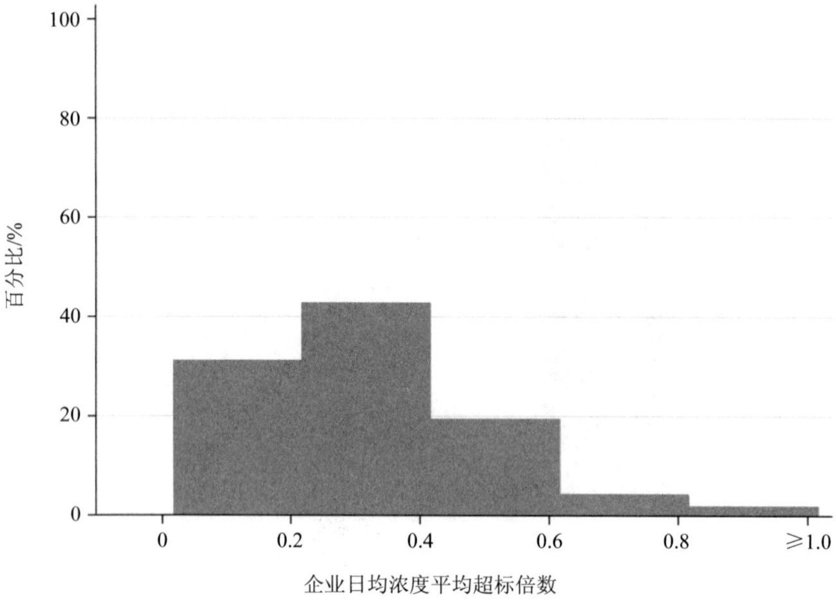

图 3-14　企业 COD 平均超标倍数分布

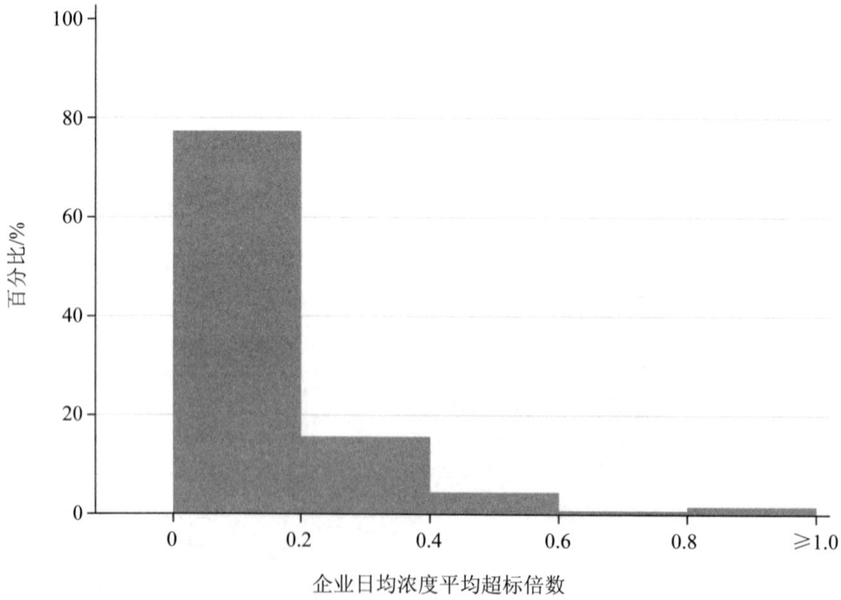

图 3-15　企业 NH_3-N 平均超标倍数分布

由图 3-11～图 3-15 可知，除 COD 之外，其他 4 种污染物平均超标倍数的分布非常相似，随着平均超标倍数的升高企业个数均呈现出明显的下降趋势；而 COD 平均超标倍数的分布情况则较为特殊，即平均超标倍数位于中间位置 0.2～0.4 的企业数量最多，而平均超标倍数较小和较大的企业数量则相对较少。此外，烟（粉）尘和氨氮的平均超标倍数相对较大。具体的指标档次水平结果见表 3-9。

表 3-9　企业平均超标倍数档次水平划分

污染物类别	得分等级	平均超标倍数	企业个数/家	所占百分比/%
烟（粉）尘	A	≤0	0	11.92
	B	＞0，≤0.5	1 133	78.3
	C	＞0.5，≤2	246	17
	D	＞2，≤10	39	2.7
	E	＞10	29	2
SO_2	A	≤0	0	0
	B	＞0，≤0.3	876	59.88
	C	＞0.3，≤1	509	34.79
	D	＞1，≤5	57	3.9
	E	＞5	21	1.44
NO_x	A	≤0	0	0
	B	＞0，≤0.2	177	12.11
	C	＞0.2，≤0.5	623	42.64
	D	＞0.5，≤3	642	43.94
	E	＞3	19	1.3
COD	A	≤0	0	0
	B	＞0，≤0.2	443	27.35
	C	＞0.2，≤0.5	923	56.98
	D	＞0.5，≤1	236	14.57
	E	＞1	18	1.11
NH_3-N	A	≤0	0	0
	B	＞0，≤0.5	1 426	96.16
	C	＞0.5，≤5	48	3.24
	D	＞5，≤10	1	0.07
	E	＞10	8	0.54

3.4.1.3　企业最大连续超标时长

企业最大连续超标时长是指该企业当年特定污染物监测浓度连续超标小时数的最大值，计算出该指标后分污染物绘制分布图的结果见图 3-16～图 3-20。

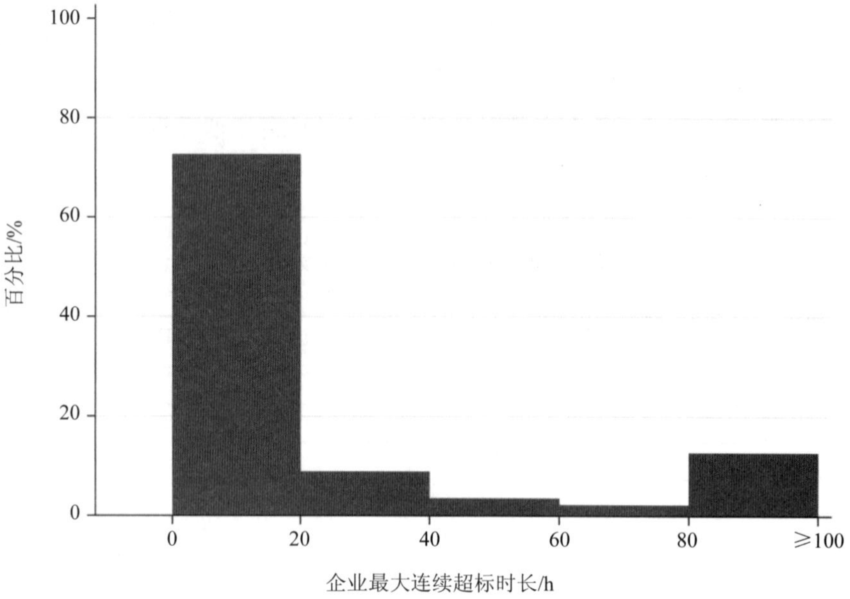

图 3-16　企业烟（粉）尘最大连续超标时长分布

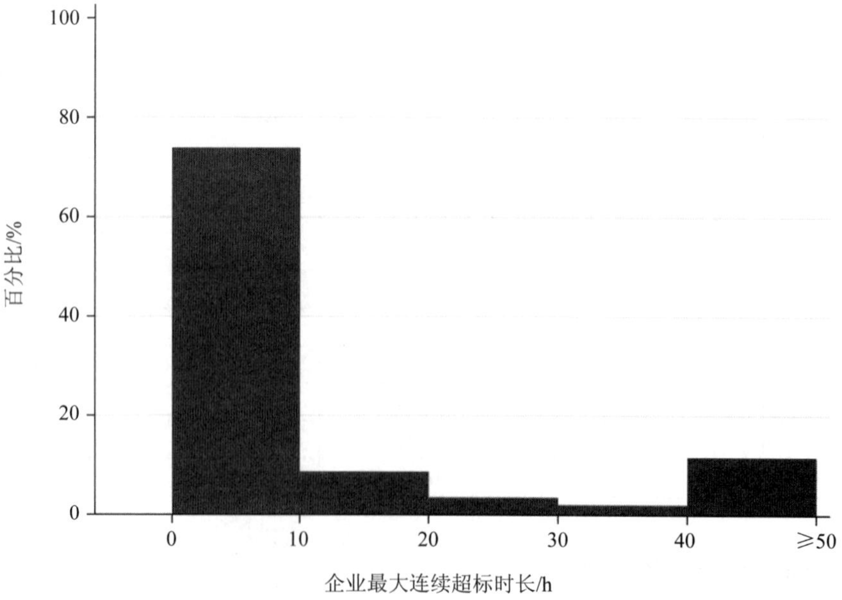

图 3-17　企业 SO_2 最大连续超标时长分布

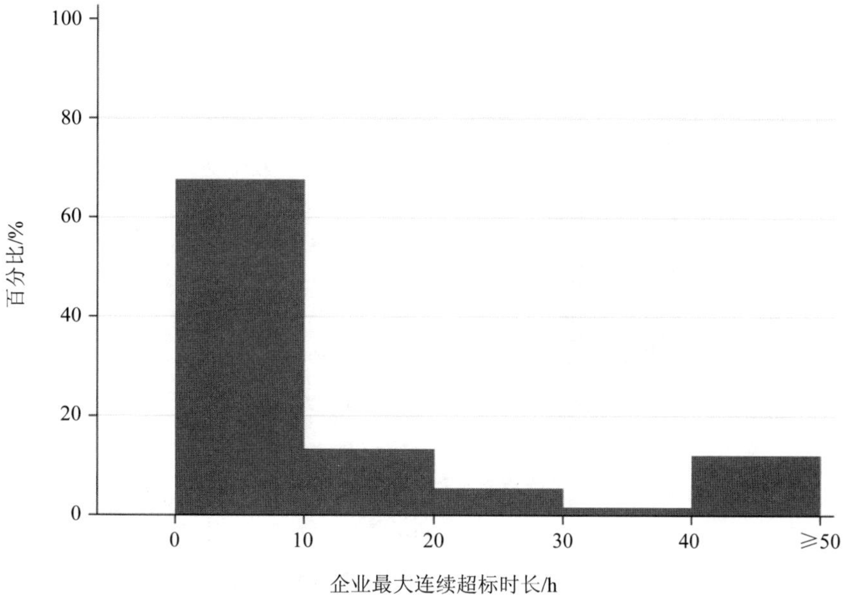

图 3-18　企业 NO_x 最大连续超标时长分布

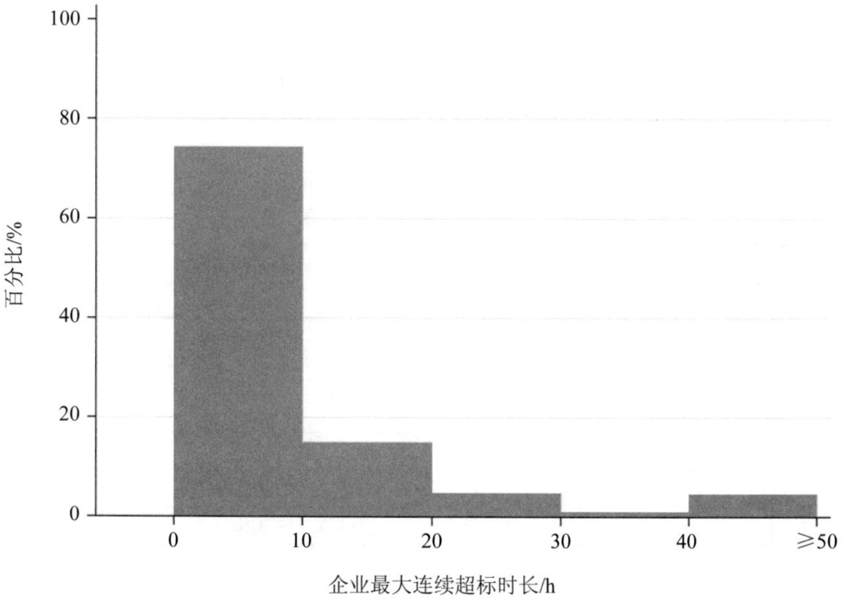

图 3-19　企业 COD 最大连续超标时长分布

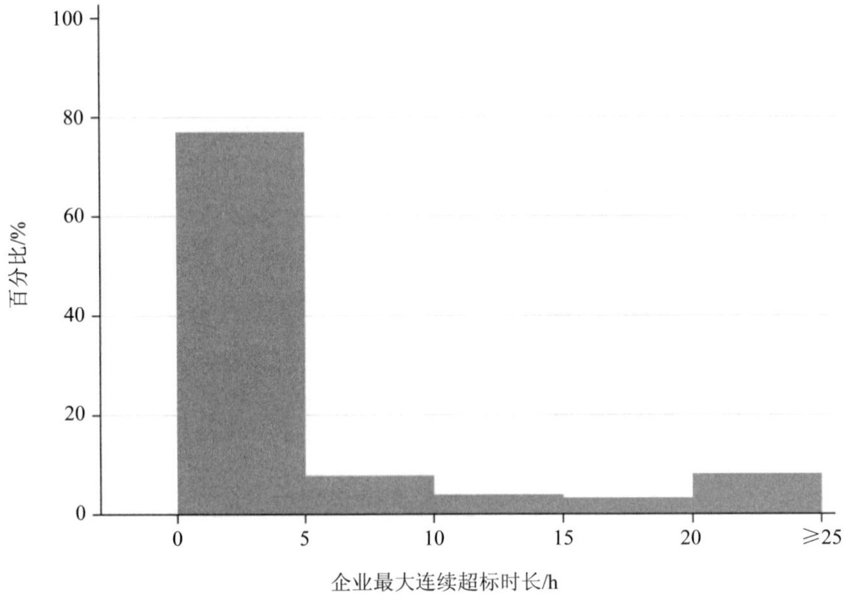

图 3-20 企业 NH_3-N 最大连续超标时长分布

由图 3-16～图 3-20 可知，同样地，不同污染物的企业最大连续超标时长分布非常相似，即大多数企业的最大连续超标时长都非常低，同时随着最大连续超标时长的增加，企业个数呈现明显的下降趋势，可见以企业最大连续超标时长表征的企业环境表现总体而言较为良好。具体的指标档次水平结果见表 3-10。

表 3-10 企业最大连续超标时长档次水平划分

污染物类别	得分等级	最大连续超标时长/h	企业个数/家	所占百分比/%
烟（粉）尘	A	=0	270	18.66
	B	＞0，≤3	359	24.81
	C	＞3，≤9	244	16.86
	D	＞9，≤24	236	16.31
	E	＞24	338	23.36
SO_2	A	=0	341	23.31
	B	＞0，≤3	488	33.36
	C	＞3，≤9	252	17.22
	D	＞9，≤24	160	10.94
	E	＞24	222	15.17
NO_x	A	=0	284	19.44
	B	＞0，≤2	295	20.19
	C	＞2，≤6	286	19.58

污染物类别	得分等级	最大连续超标时长/h	企业个数/家	所占百分比/%
NO_x	D	＞6，≤12	201	13.76
	E	＞12	395	27.04
COD	A	=0	433	26.73
	B	＞0，≤2	292	18.02
	C	＞2，≤6	365	22.53
	D	＞6，≤12	200	12.35
	E	＞12	330	20.37
NH_3-N	A	=0	727	49.02
	B	＞0，≤2	298	20.09
	C	＞2，≤6	188	12.68
	D	＞6，≤12	79	5.33
	E	＞12	191	12.88

3.4.2　排污许可系统

根据全国排污许可证管理信息[①]所提供的企业信息，得到企业实发月报、季报、半年报、年报与企业应发月报、季报、半年报、年报的比例，进而得到如图 3-21～图 3-24 所示的分布结果。

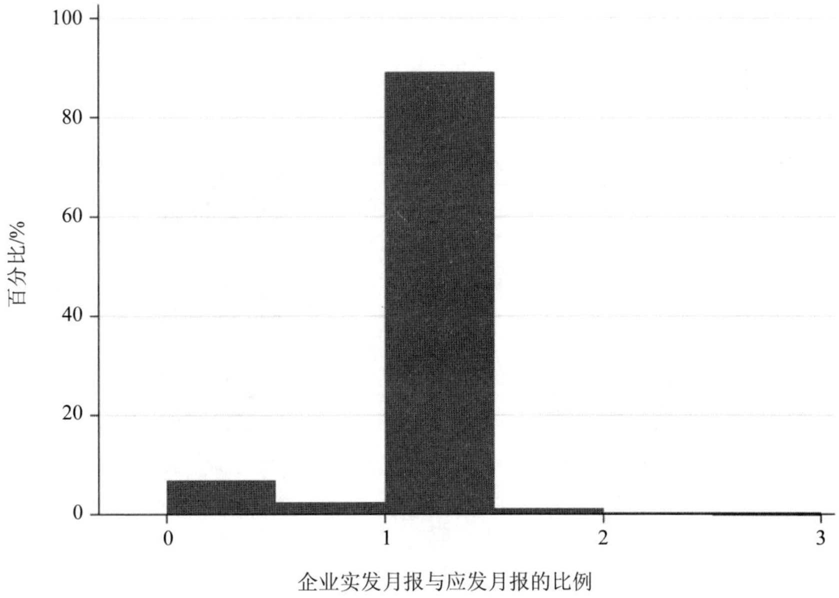

图 3-21　企业实发月报与应发月报的比例分布

① http://permit.mee.gov.cn/permitExt/defaults/default-index!getInformation.action.

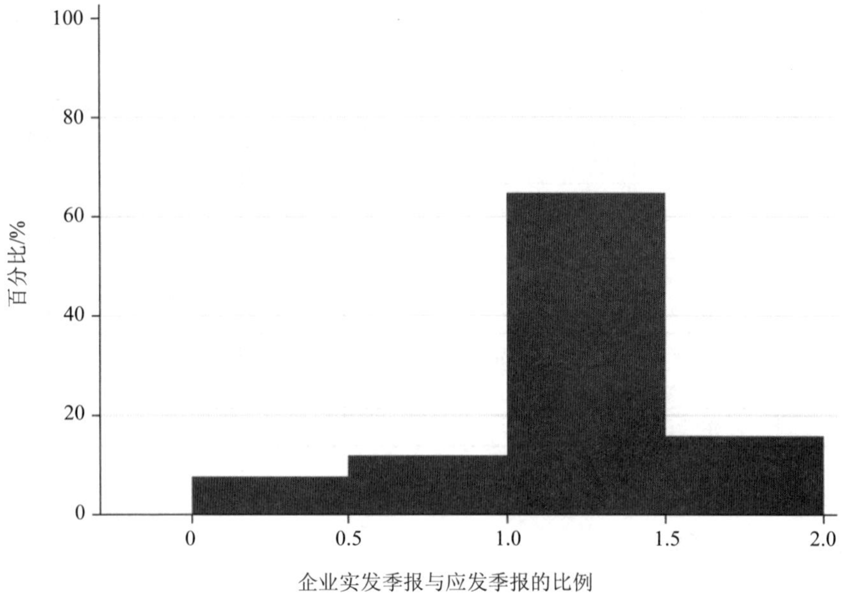

图 3-22　企业实发季报与应发季报的比例分布

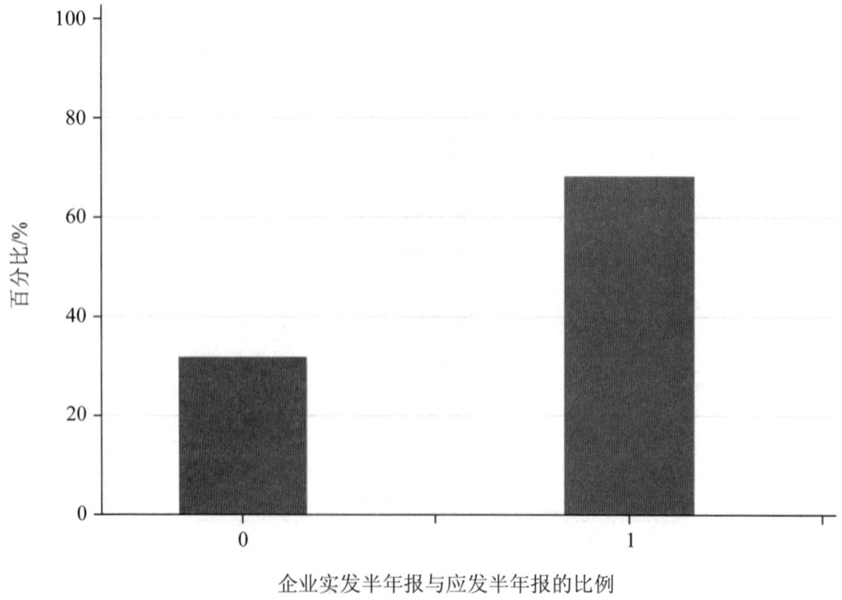

图 3-23　企业实发半年报与应发半年报的比例分布

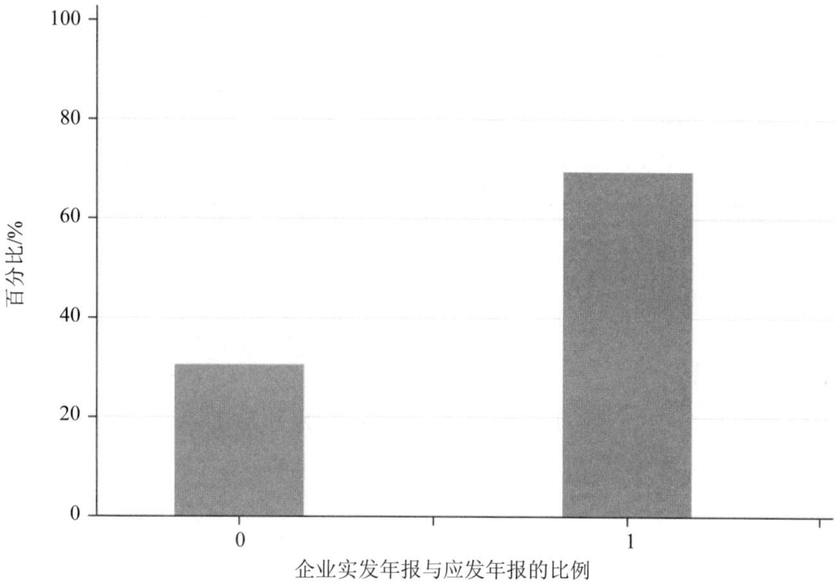

图 3-24　企业实发年报与应发年报的比例分布

由图 3-21～图 3-24 可知，大部分企业的实发月报与应发月报的比例以及实发季报与应发季报的比例均大于 1，说明大部分企业基本上都满足了汇报月报和汇报季报的要求；而年报与半年报的汇报情况较差。具体的指标档次水平结果见表 3-11。

表 3-11　企业实发报告与应发报告比例的档次水平划分

报告类别	得分等级	实发报告与应发报告比例	企业个数/家	所占百分比/%
月报	A	≥1	1 087	90.66
	B	≥0.75，＜1	20	1.67
	C	≥0.5，＜0.75	9	0.75
	D	≥0.25，＜0.5	10	0.83
	E	＜0.25	73	6.09
季报	A	≥1	966	80.57
	B	=0.75	122	10.18
	C	＞0.25，＜0.75	23	1.92
	D	=0.25	22	1.83
	E	=0	66	5.50
半年报	A	=1	818	68.22
	B	—	—	—
	C	—	—	—
	D	—	—	—
	E	=0	381	31.78

报告类别	得分等级	实发报告与应发报告比例	企业个数/家	所占百分比/%
年报	A	=1	833	69.47
	B	—	—	—
	C	—	—	—
	D	—	—	—
	E	=0	366	30.53

3.4.3 监督性监测系统

3.4.3.1 企业超标次数

企业超标次数是指该企业的特定污染物一整年超标次数的总和，计算出该指标后分污染物绘制分布图的结果见图 3-25。

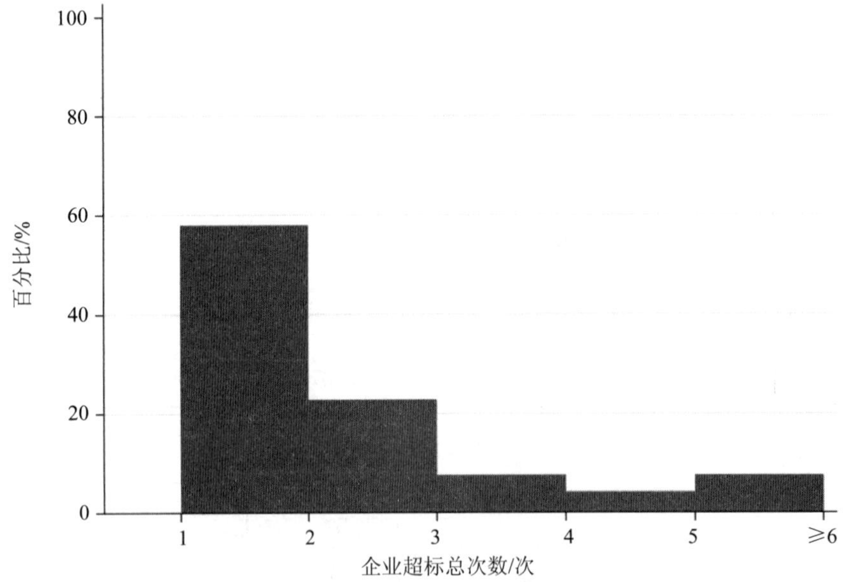

图 3-25　企业超标总次数分布

由图 3-25 可知，大多数企业的超标次数都非常低，大多集中在 1 次或 2 次。由此可见，以企业超标次数表征的企业环境表现总体而言较为良好。具体的指标档次水平结果见表 3-12。

表 3-12　企业超标次数档次水平划分

得分等级	企业超标总次数/次	企业个数/家	所占百分比/%
A	=0	0	0.00
B	＞0，≤1	84	57.93

得分等级	企业超标总次数/次	企业个数/家	所占百分比/%
C	＞1，≤2	33	22.76
D	＞2，≤3	11	7.59
E	＞3	17	11.72

3.4.3.2　企业污染物最大超标倍数

污染物最大超标倍数是指该企业当年特定污染物小时监测浓度同小时监测浓度标准的比值的最大值，计算出该指标后分污染物绘制分布图的结果见图 3-26。

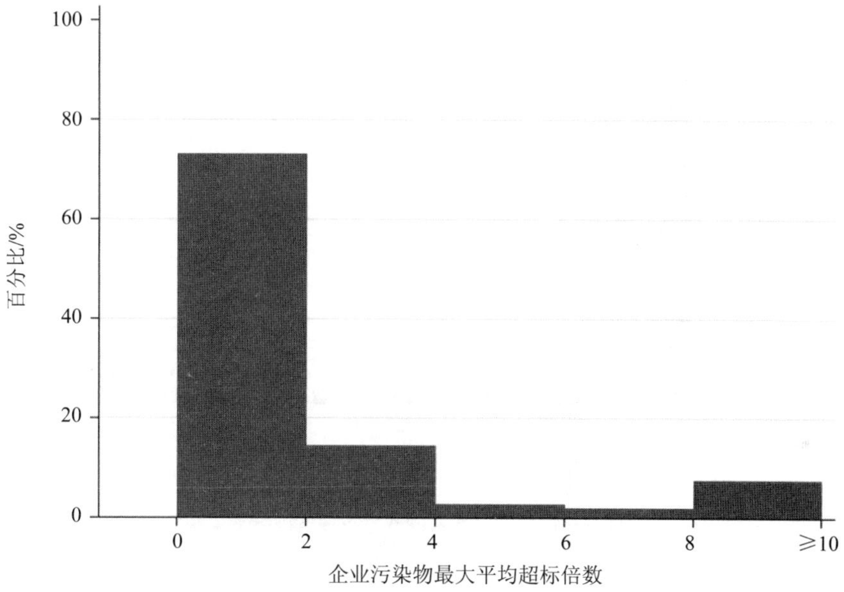

图 3-26　企业污染物最大超标倍数分布

由图 3-26 可知，大多数企业的最大超标倍数都比较低，2 倍以下的企业个数最多。由此可见，以企业最大超标倍数表征的企业环境表现总体而言较为良好。具体的指标档次水平结果见表 3-13。

表 3-13　企业污染物最大超标倍数档次水平划分

得分等级	企业最大超标倍数	企业个数/家	所占百分比/%
A	=0	0	0.00
B	＞0，≤0.5	52	35.86
C	＞0.5，≤1	31	21.38
D	＞1，≤2	23	15.86
E	＞2	39	26.9

3.4.4 行政处罚系统

3.4.4.1 重大行政处罚次数

企业重大行政处罚次数是指该企业当年重大行政处罚次数的加总，该指标的分布情况见图 3-27。

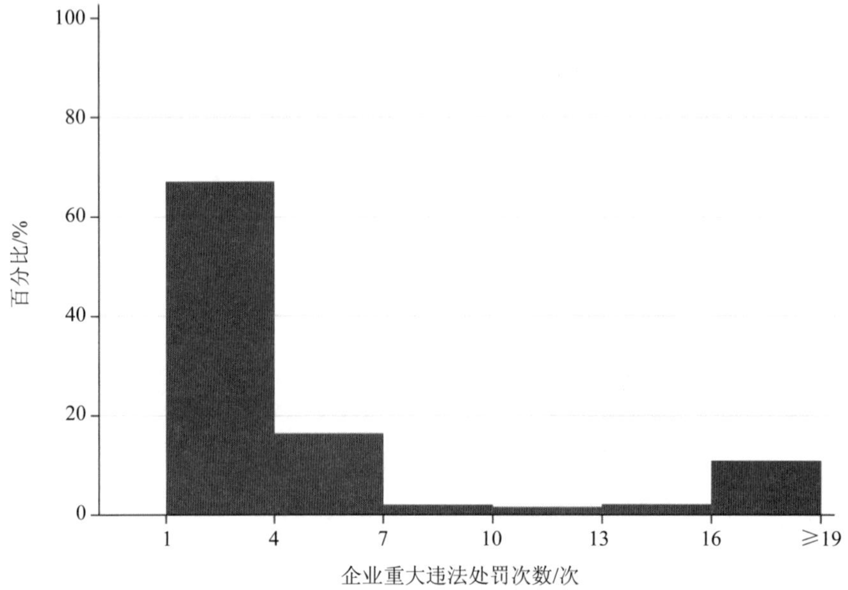

图 3-27 企业重大行政处罚次数分布

由图 3-27 可知，多数企业的违法处罚次数都比较少，只有极少数企业大于 7 次，但也存在一些企业重大行政处罚次数超过 19 次。由于存在重大行政处罚说明该公司的环境表现非常差，所以在评价过程中将存在重大行政处罚的企业直接归为 E 类。具体的指标档次水平结果见表 3-14。

表 3-14 企业重大行政处罚次数档次水平划分

得分等级	企业违法处罚数/次	企业个数/家	所占百分比/%
A	=0	0	0.00
E	＞0	713	100

3.4.4.2 企业一般行政处罚次数

企业一般行政处罚次数是指该企业当年环境一般行政处罚次数的加总，该指标的分布情况见图 3-28。

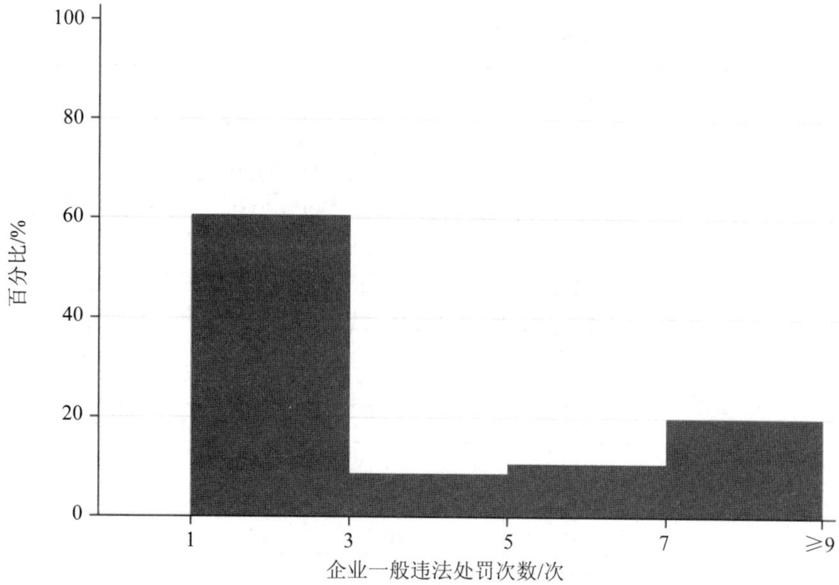

图 3-28　企业一般行政处罚次数分布

由图 3-28 可知，多数企业的处罚次数都比较少，只有少数企业大于 3 次，也有部分企业超过 9 次。具体的指标档次水平结果见表 3-15。

表 3-15　企业一般行政处罚次数档次水平划分

得分等级	企业违法处罚数/次	企业个数/家	所占百分比/%
A	=0	0	0.00
B	>0，≤1	181	40.49
C	>1，≤2	90	20.13
D	>2，≤5	69	15.44
E	>5	107	23.94

3.4.5　环境绩效档次水平划分汇总

对上述所划分的各项环境绩效措施层指标档次水平进行汇总的结果见表 3-16，其中由于排污许可公开平台中并没有看到有企业公开其自行监测结果，因此这一项所有企业均以 0 分计。

表 3-16　环境绩效措施层各项指标档次水平划分

准则层	措施层	污染物类别	档次水平划分				
			A	B	C	D	E
在线监测系统	企业年度超标率	烟（粉）尘	=0	＞0，≤0.1%	＞0.1%，≤1%	＞1%，≤5%	＞5%
		SO_2	=0	＞0，≤0.1%	＞0.1%，≤0.3%	＞0.3%，≤1%	＞1%
		NO_x	=0	＞0，≤0.1%	＞0.1%，≤0.3%	＞0.3%，≤1%	＞1%
		COD	=0	＞0，≤0.2%	＞0.2%，≤0.5%	＞0.5%，≤1%	＞1%
		NH_3-N	=0	＞0，≤0.1%	＞0.1%，≤0.5%	＞0.5%，≤1%	＞1%
	平均超标倍数	烟（粉）尘	≤0	＞0，≤0.5	＞0.5，≤2	＞2，≤10	＞10
		SO_2	≤0	＞0，≤0.3	＞0.3，≤1	＞1，≤5	＞5
		NO_x	≤0	＞0，≤0.2	＞0.2，≤0.5	＞0.5，≤3	＞3
		COD	≤0	＞0，≤0.2	＞0.2，≤0.5	＞0.5，≤1	＞1
		NH_3-N	≤0	＞0，≤0.5	＞0.5，≤5	＞5，≤10	＞10
	最大连续超标时长	烟（粉）尘	=0	＞0，≤3	＞3，≤9	＞9，≤24	＞24
		SO_2	=0	＞0，≤3	＞3，≤9	＞9，≤24	＞24
		NO_x	=0	＞0，≤2	＞2，≤6	＞6，≤12	＞12
		COD	=0	＞0，≤2	＞2，≤6	＞6，≤12	＞12
		NH_3-N	=0	＞0，≤2	＞2，≤6	＞6，≤12	＞12
排污许可系统	执行报告发布情况	月报	≥1	≥0.75，＜1	≥0.5，＜0.75	≥0.25，＜0.5	＜0.25
		季报	≥1	=0.75	＞0.25，＜0.75	=0.25	=0
		半年报	=1	—	—	—	=0
		年报	=1	—	—	—	=0
监督性监测系统	企业超标总次数		=0	＞0，≤1	＞1，≤2	＞2，≤3	＞3
	最大平均超标倍数		=0	＞0，≤0.5	＞0.5，≤1	＞1，≤2	＞2
企业环境违法处罚系统	重大行政处罚次数		=0	—	—	—	＞0
	一般行政处罚次数		=0	＞0，≤1	＞1，≤2	＞2，≤5	＞5

第 4 章　上市公司环境绩效评价结果分析

根据前文中所提到的评价方法以及通过对企业分布情况统计得到的档次水平划分标准，对企业环境绩效得分进行了计算，其中各企业准则层及其对应措施层的详细得分情况和对应得分等级在附录 B 给出，而各企业准则层以及环境绩效总得分的详细得分情况则在附录 C 中给出。在这一部分，将分别从整体以及分特征的角度，对属于重点排污单位和非重点排污单位的企业环境绩效评价结果进行分析。

4.1　基本得分情况

4.1.1　总得分情况

（1）重点排污上市公司。在本次评估当中最终计算出得分的企业共有 2 144 家上市公司（包含母公司及其子公司），其环境绩效的均分为 76.56 分（满分 90 分），标准差为 9.89。总体来看，企业的环境绩效水平较为良好，但环境绩效在不同企业间的差异非常大，在所有评价企业中，有部分表现非常良好的企业能得到满分，而总得分最低的企业仅有 22.5 分。为了更清晰地展示企业环境绩效得分的分布情况，笔者分别统计了各分段企业个数的分布表（表 4-1）并绘制了总得分的分布图（图 4-1）。

表 4-1　各分段重点企业个数分布

得分段	企业个数/家	所占百分比/%	累积百分比/%
≤40	7	0.33	0.33
41～50	35	1.63	1.96
51～60	141	6.58	8.54
61～70	262	12.22	20.76

得分段	企业个数/家	所占百分比/%	累积百分比/%
71～80	938	43.75	64.51
81～90	761	35.49	100
91～100	0	0	0

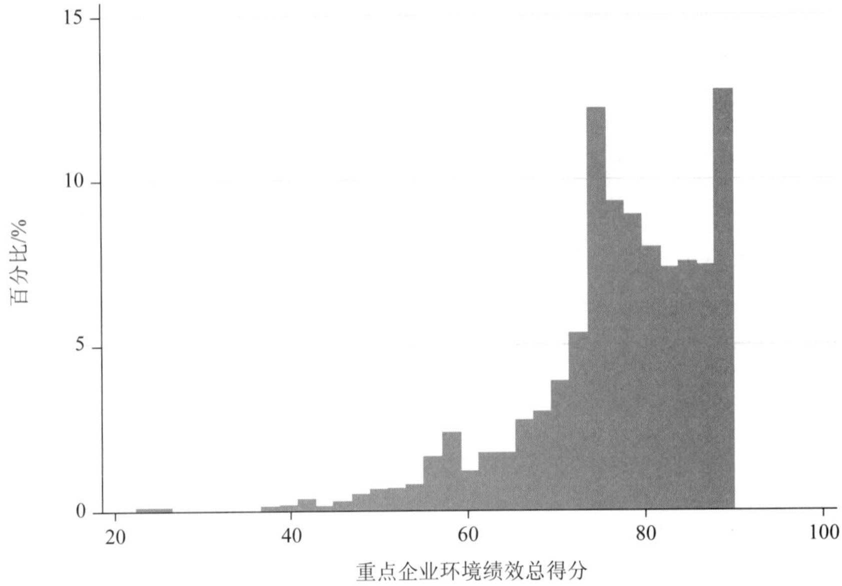

图 4-1　重点企业环境绩效得分分布

由表 4-1 和图 4-1 可知，大量企业的环境绩效得分集中在 70 分以上，其中尤以 71～80 分的企业个数最多。此外，绝大部分企业的得分能达到 60 分以上的水平，这表明就评价的 2 144 家企业而言，环境绩效水平较为良好，但需要注意的是，仍有少数企业的环境绩效得分在 60 分以下，甚至有极个别企业的环境绩效得分不到 40 分，应该重点加强对这些企业的环境监督与管理，以实现其环境绩效水平的提高与改善。

更进一步地，根据前文中提到的企业划分等级，通过企业环境绩效总得分将企业划分为 A～E，即优、良、中、低、差 5 个等级，具体分布情况见图 4-2。

由图 4-2 可知，绝大多数企业的环境绩效得分等级都在中及以上，其中得分等级为良的企业大约占 2/3，其次得分为优的企业大约占 1/6，而其余企业得分等级大多数为中，仅有个别企业的得分等级为差或者低。因此总体来看，参与评价的企业的环境绩效水平较为良好，整体处于较高的水平，但仍有个别企业的环境绩效水平极低，对这些企业环境管理水平的提升工作仍然不能懈怠。

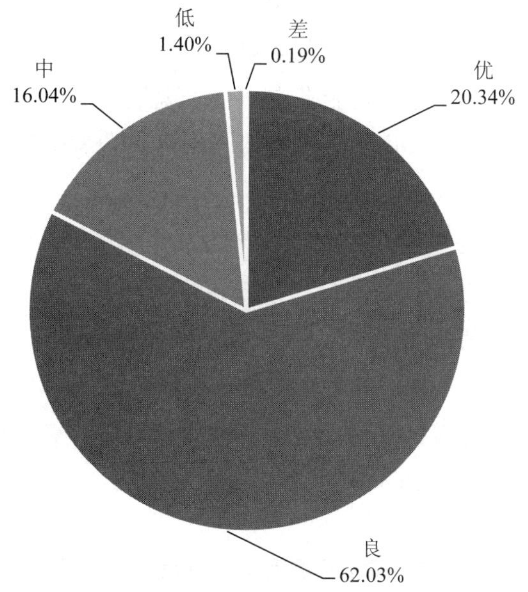

图 4-2　重点企业环境绩效得分等级分布

表 4-2 列出了得分等级为差的 4 家企业名单。所有重点排污企业当中得分最低的企业为中国石油天然气股份有限公司，其总得分仅有 22.5 分，且得分最低的 4 家企业中，分别有两家所属行业是石油和天然气开采业，一家所属行业是黑色金属冶炼和压延加工业以及一家所属行业是化学原料和化学制品制造业。这 4 家企业中有 2 家来自北京，其余分别为内蒙古包头和山西运城，这些省份的政府及环境管理部门应当提高对这些企业环境水平的要求，加强其环境管理的力度，努力实现其环境绩效的改善。

表 4-2　环境绩效得分等级为低的企业名单

企业名称	环境绩效得分	得分等级
山西阳煤丰喜肥业（集团）有限责任公司	38	E
中国石油化工股份有限公司	37.5	E
内蒙古包钢钢联股份有限公司	26	E
中国石油天然气股份有限公司	22.5	E

绩效总得分为满分（90 分）的企业有 225 家，不再一一列出，这些企业在所有企业当中环境绩效水平最高，应当制定合理的奖励机制对其进行嘉奖，同时这些企业也可以成为其他企业学习和借鉴的对象，以推动和实现所有企业整体环境绩效水平的改善与提高。根据统计结果，得分为满分数量最多的行业是医药制造业，汽车制造业和计算机、通信和其他电子设备制造业，分别有 29 家、20 家和 20 家。在这 225 家企业中，有 38

家来自广东省，有 36 家来自浙江省，有 20 家来自安徽省，而陕西省和云南省则各有 1 家入选。因此对于地方环境管理相关部门来讲，一方面应当在地区内部开展宣传教育活动，形成有效的奖惩机制，使地区内企业向环境表现最为良好的企业看齐；另一方面应当借鉴包括广东省、浙江省等在内的企业环境表现突出的省份的优秀经验，更进一步地推动本地区企业环境绩效水平的改善和提高。

在前文所提到的得分等级划分标准中，除优、良、中、低、差 5 个等级之外，在每个得分等级内部还进行了进一步的细分，其分布情况见表 4-3。由表 4-3 可知，在所有参与评价的企业中，得分等级为 B^+的企业个数最多，有 482 家企业，其次分别为 B^-、A、和 B，企业个数分别为 440 家、436 家和 408 家；与之相对应的，得分等级较低的企业个数则比较少，且得分等级越低企业个数越少，得分等级为 C、C^-、D 和 E 的企业分别有 220 家、124 家、30 家和 4 家。

表 4-3　重点企业环境绩效得分等级分布情况统计

得分等级	得分段	企业个数/家	所占百分比/%
A^{++}	96～100	0	0
A^+	91～95	0	0
A	85～90	436	20.34
B^+	80～84	482	22.48
B	75～79	408	19.03
B^-	70～74	440	20.52
C	60～69	220	10.26
C^-	50～59	124	5.78
D	40～49	30	1.4
E	＜40	4	0.19

（2）非重点排污上市公司。在本次评估中最终计算出得分的企业共有 207 家上市公司（包含母公司及其子公司），其环境绩效的均分为 77.64 分（满分 90 分），标准差为 8.43。总体来看，企业的环境绩效水平较为良好，但环境绩效在不同企业间的差异非常大，在所有评价企业中，有部分表现非常良好的企业能得到满分，而总得分最低的企业仅有 32 分。为了更清晰地展示企业环境绩效得分的分布情况，分别统计了各分段企业个数的分布表（表 4-4）并绘制了总得分的分布图（图 4-3）。

表 4-4　各分段非重点企业个数分布

得分段	企业个数/家	所占百分比/%	累积百分比/%
≤40	1	0.48	0.48
41～50	0	0	0
51～60	7	3.38	3.86
61～70	21	10.14	14.01
71～80	109	52.66	66.67
81～90	69	33.33	100.00
91～100	0	0	100.00

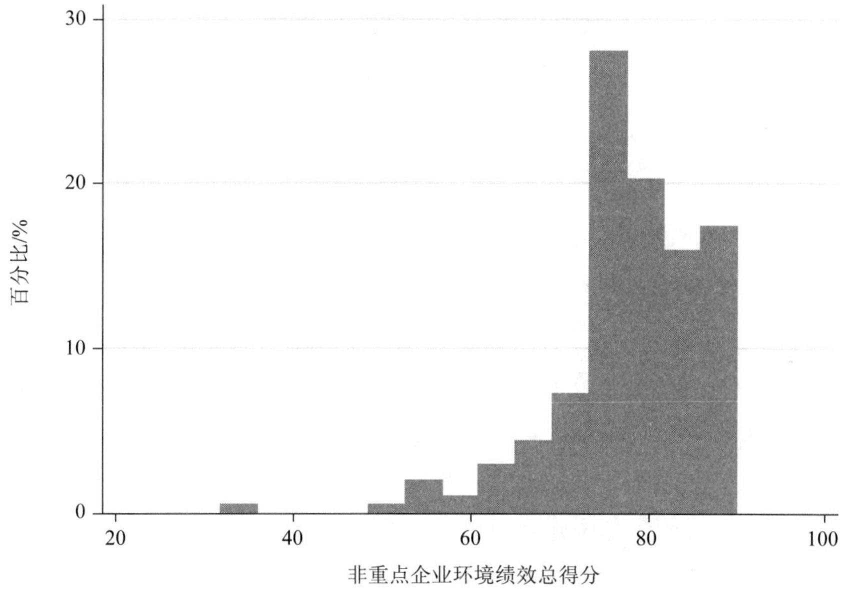

图 4-3　非重点企业环境绩效得分分布

大量企业的环境绩效得分集中在 70 分以上，其中尤以 71～80 分的企业个数最多。此外，绝大部分企业的得分能达到 60 分以上的水平，这表明就评价的 207 家企业而言，环境绩效水平较为良好，但需要注意的是，仍有少数企业的环境绩效得分在 60 分以下，并且有 1 家企业的环境绩效得分不到 40 分，应该重点加强对这些企业的环境监督与管理，以实现其环境绩效水平的提高与改善。

更进一步地，笔者根据前文中提到的企业划分等级，通过企业环境绩效总得分将企业划分为 A～E，即优、良、中、低、差 5 个等级，其具体分布情况见图 4-4。

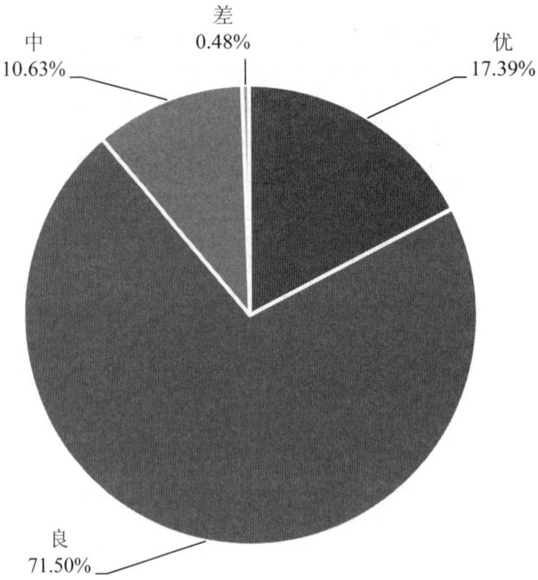

图 4-4　非重点企业环境绩效得分等级分布

由图 4-4 可知，绝大多数企业的环境绩效得分等级都在中及以上，其中得分等级为良的企业大约占 3/4，其次得分为优的企业大约占 1/6，而其余企业得分等级大多数为中，仅有个别企业的得分等级为差，没有企业得分等级为低。因此总体来看，参与评价企业的环境绩效水平较为良好，整体处于较高的水平，但仍有个别企业的环境绩效水平极低，对这些企业环境管理水平的加强仍然不能懈怠。

表 4-5 列出了得分等级为中和差的 7 家企业名单。所有非重点排污企业当中得分最低的企业为中国石油天然气股份有限公司，其总得分仅有 32 分。这 7 家企业中有 2 家来自河北，其余来自上海、山西、广东、新疆和陕西等省份，这些省份的政府及环境管理部门应当提高对这些企业环境水平的要求，加强其环境管理的力度，努力实现其环境绩效的改善。

表 4-5　环境绩效得分等级为中和差的企业名单

公司名称	得分	得分等级
中国石油天然气股份有限公司	32	E
华润电力唐山丰润有限公司	52	C^-
上海振华重工（集团）股份有限公司	54	C^-
陕西兴化化学股份有限公司	55.5	C^-
开滦（集团）蔚州矿业有限责任公司	56	C^-
新兴铸管新疆控股集团有限公司	56	C^-
宝钢特钢韶关有限公司	58	C^-

在前文所提到的得分等级划分标准中，除优、良、中、低、差 5 个等级之外，在每个得分等级内部我们还进行了进一步的细分，其分布情况见表 4-6。由表可知，在所有参与评价的企业中，得分等级为 B^+的企业个数最多，有 482 家企业，其次分别为 B^-、A、和 B，企业个数分别为 440、436 和 408；与之相对应的，得分等级较低的企业个数则比较少，且得分等级越低企业个数越少，得分等级为 C、C^-、D 和 E 的企业分别有 220 家、124 家、30 家和 4 家。

表 4-6　企业环境绩效得分等级分布情况统计

得分等级	得分段	企业个数/家	所占百分比/%
A^{++}	96～100	0	0
A^+	91～95	0	0
A	85～90	436	20.34
B^+	80～84	482	22.48
B	75～79	408	19.03
B^-	70～74	440	20.52
C	60～69	220	10.26
C^-	50～59	124	5.78
D	40～49	3	1.40
E	＜40	4	0.19

绩效总得分为满分（90 分）的企业有 26 家（表 4-7），这些企业在所有企业中环境绩效水平最高，应当制定合理的奖励机制对其进行嘉奖，同时这些企业也可以成为其他企业学习和借鉴的对象，以推动和实现所有企业整体环境绩效水平的改善与提高。根据统计结果，得分为满分数量最多的行业是医药制造业、批发业和水的生产和供应业，均有 3 家。在这 26 家企业中，有 4 家来自江苏，有 3 家来自新疆，其余出现在名单中的省份都只有 2 家或 1 家。因此对于地方环境管理相关部门来讲，一方面应当在地区内部开展宣传教育活动，形成有效的奖惩机制，使地区内企业向环境表现最为良好的企业看齐；另一方面应借鉴包括江苏等在内的企业环境表现突出省份的优秀经验，更进一步地推动本地区企业环境绩效水平的改善和提高。

表 4-7　绩效得分满分的企业名单

公司名称	省份	所属行业
上海正广和饮用水有限公司	上海市	水的生产和供应业
乌鲁木齐伊利食品有限责任公司	新疆维吾尔自治区	批发业
云南锡业股份有限公司	云南省	有色金属冶炼和压延加工业
信质电机（长沙）有限公司	湖南省	通用设备制造业

公司名称	省份	所属行业
兰州三毛实业股份有限公司	甘肃省	—
台山市新宁制药有限公司	广东省	医药制造业
天津中环半导体股份有限公司	天津市	电气机械和器材制造业
太极集团重庆桐君阁药厂有限公司	重庆市	医药制造业
广元首创水务有限公司	四川省	水的生产和供应业
新疆和田阿华阿胶有限公司	新疆维吾尔自治区	食品制造业
新疆天泰纤维有限公司	新疆维吾尔自治区	纺织业
无锡神龙汽车销售服务有限公司	江苏省	批发业
江苏双沟酒类运营有限公司	江苏省	批发业
江苏国泰盐城污水处理有限公司	江苏省	水的生产和供应业
江苏长电科技股份有限公司	江苏省	计算机、通信和其他电子设备制造业
河南科伦药业有限公司	河南省	医药制造业
浙江金科文化产业股份有限公司	浙江省	化学原料和化学制品制造业
海信（山东）冰箱有限公司	山东省	电气机械和器材制造业
潍柴重机股份有限公司	山东省	通用设备制造业
燕京啤酒（驻马店）有限公司	河南省	酒、饮料和精制茶制造业
福州东旭光电科技有限公司	福建省	科技推广和应用服务业
蚌埠国显科技有限公司	安徽省	计算机、通信和其他电子设备制造业
铜陵有色金属集团铜冠新技术有限公司	安徽省	专业技术服务业
阳煤化工股份有限公司	山西省	化学原料和化学制品制造业
青岛啤酒（韶关）有限公司	广东省	专业技术服务业
齐齐哈尔伊利乳业有限责任公司	黑龙江省	食品制造业

4.1.2 各项指标得分情况

（1）重点排污上市公司。在对总得分的整体分布情况进行分析的基础上，进一步对措施层各项指标的得分情况进行了描述性统计，其结果见表 4-8。

表 4-8 各项指标得分描述性统计

准则层	措施层	平均值	标准差	最小值	最大值
在线监测系统	企业年度超标率	5.43	2.85	2	10
	污染物日均浓度平均超标倍数	9.57	1.56	2	10
	企业最大连续超标时长	5.14	2.94	2	10
排污许可系统	企业执行报告发布情况	9.22	1.41	2	10
	企业自行监测执行情况	0.00	0.00	0	0
监督性监测系统	企业超标总次数	9.80	0.96	2	10
	污染物最大平均超标倍数	9.75	1.21	2	10
企业环境违法处罚系统	重大行政处罚次数	17.92	5.38	4	20
	一般行政处罚次数	9.74	0.97	2	10

为了更直观地展示措施层各项指标的得分情况，我们进一步绘制了措施层指标得分均分的分布图（图 4-5）。

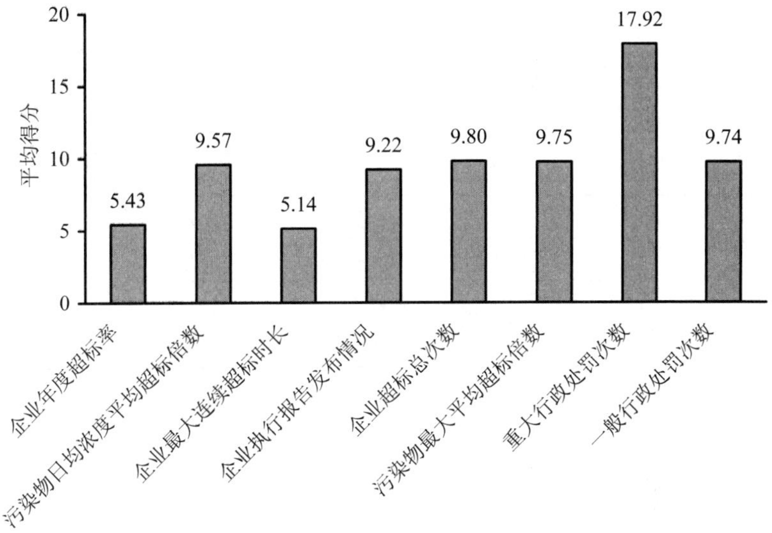

图 4-5　措施层各项得分均分比较

由表 4-8 和图 4-5 可知，在所有的 9 项措施层指标中（“企业自行监测执行情况”指标均为 0，故在图中未显示），均分最高的是“重大行政处罚次数”，为 17.92 分（满分 20 分），其次分别为“企业超标总次数”“污染物最大平均超标倍数”“一般行政处罚次数”，这 3 项指标的平均分分别为 9.80 分、9.75 分、9.74 分（满分 10 分），但在这 4 项指标中，“重大行政处罚次数”指标标准差为 5.38，其他 3 项分别为 0.96、1.21、0.97。这表明各企业“重大行政处罚次数”指标得分情况并不理想且得分高低差异大，而其他 3 项相对分数分布更加均匀。不难发现，均分最高的 4 项指标分别来自监督性监测系统和行政处罚系统，正如前文中所提到的，这两个数据库中记录的均是存在违规现象的企业，而非所有目标企业，这表明存在违规现象的企业违规程度总体而言比较低；与此相对应的，平均得分最低的两项指标分别为“企业年度超标率”和“企业最大连续超标时长”。其平均得分均比满分（10 分）的一半左右稍高一些，分别为 5.43 分和 5.14 分，这两项指标均来自在线监测系统，而在线监测系统中另外一项指标“污染物日均浓度平均超标倍数”的平均得分为 9.57 分，相对而言得分较高，这说明虽然总体来讲以污染物日均浓度平均超标倍数表征的企业超标浓度方面表现较为良好，但其在超标的频率与时长方面则较为严重，需要得到进一步的治理与改善。

（2）非重点排污上市公司。在对总得分的整体分布情况进行分析的基础上，进一步对措施层各项指标的得分情况进行了描述性统计，其结果见表 4-9。

表 4-9 各项指标得分描述性统计

准则层	措施层	平均值	标准差	最小值	最大值
在线监测系统	企业年度超标率	5.39	2.81	2	10
	污染物日均浓度平均超标倍数	9.64	1.41	2	10
	企业最大连续超标时长	4.99	2.95	2	10
排污许可系统	企业执行报告发布情况	9.61	1.06	4	10
	企业自行监测执行情况	0.00	0.00	0	0
监督性监测系统	企业超标总次数	9.92	0.43	6	10
	污染物最大平均超标倍数	9.83	1.05	2	10
企业环境违法处罚系统	重大行政处罚次数	18.45	4.74	4	20
	一般行政处罚次数	9.82	0.73	4	10

为了更直观地展示措施层各项指标的得分情况，进一步绘制了措施层指标得分均分的分布图（图 4-6）。

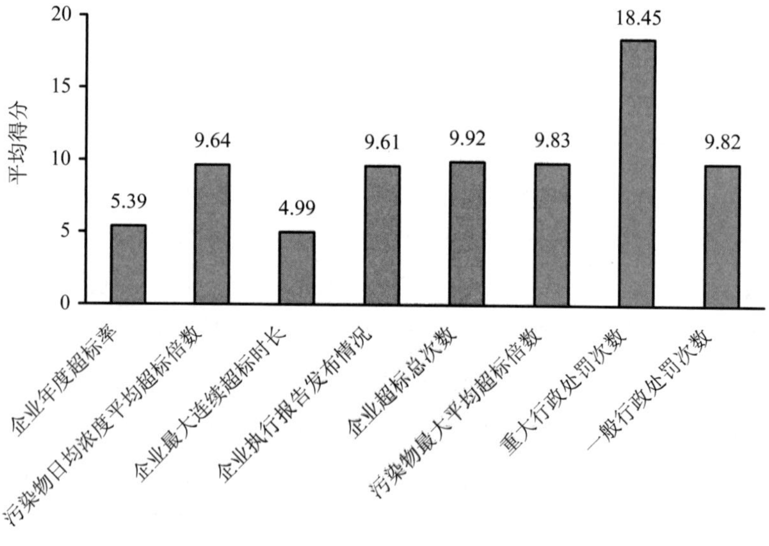

图 4-6 措施层各项得分均分比较

由表 4-9 和图 4-6 可知，在所有 9 项措施层指标中（“企业自行监测执行情况”指标均为 0，故在图中未显示），均分最高的是“重大行政处罚次数”，为 18.45 分，比重点企业的该项指标 17.92 分更高，但是该项满分为 20 分且标准差为 4.74，这表明各企业“重大行政处罚次数”指标得分情况并不理想且得分差异大。其余指标如“污染物日均浓度平均超标倍数”“企业执行报告发布情况”“企业超标总次数”“污染物最大平均超标倍数”和“一般行政处罚次数”平均分都在 9.61～9.92，标准差依次为 1.41、1.06、0.43、1.05 和 0.73，总体差异不大。这表明这 5 项指标的相对分数分布更加均匀。而平均得分最低的两项指标分别为“企业年度超标率”和“企业最大连续超标时长”，其平均得分均比满分（10 分）的一半稍高一点，分别为 5.39 分和 4.99 分，均低于重点排污企业对应的指标均分。和重点排污企业一样，这两项指标均来自在线监测系统，而在线监测系统中另外一项指标“污染物日均浓度平均超标倍数”的平均得分为 9.64 分，相对而言得分较高，这说明虽然总体来讲以污染物日均浓度平均超标倍数表征的企业超标浓度方面表现较为良好，但其在超标的频率与时长方面则较为严重，需要得到进一步的治理与改善。

4.2　地区分布

（1）重点排污上市公司。由于不同省份在产业结构、经济发展、福利水平、居民受教育程度等方面存在很大的差异，这些因素有可能会使不同省份间企业的环境绩效水平出现差异。因此，依据企业所在省份的代码，对企业环境绩效总得分情况进行了描述性统计，其结果见表 4-10。

表 4-10　按照地区分类的企业得分情况的描述性统计

省份	企业个数/家	平均值	标准差	最小值	最大值
上海市	63	78.28	11.87	46	90
云南省	47	78.39	6.63	60	90
内蒙古自治区	86	69.38	12.83	26	90
北京市	26	72.40	16.31	22.5	90
吉林省	33	77.62	6.40	66	90
四川省	68	77.10	8.33	56	90
天津市	31	79.00	10.53	48	90
宁夏回族自治区	22	77.52	6.88	66	90
安徽省	152	78.54	9.81	40	90
山东省	166	77.95	7.97	56	90
山西省	62	68.19	12.57	38	90
广东省	136	81.00	8.22	52	90
广西壮族自治区	28	74.73	9.01	57.5	90
新疆维吾尔自治区	71	74.30	8.41	54	90

省份	企业个数/家	平均值	标准差	最小值	最大值
江苏省	147	76.82	10.28	42	90
江西省	63	76.38	10.20	40	90
河北省	119	72.11	10.66	42	90
河南省	87	75.01	8.39	50	90
浙江省	228	79.53	8.53	40	90
海南省	13	74.35	11.06	54	90
湖北省	117	76.57	9.53	42	90
湖南省	65	79.59	7.12	56	90
甘肃省	33	73.64	8.37	52	86
福建省	49	79.93	6.29	66	90
贵州省	36	74.15	11.61	42	90
辽宁省	74	75.81	7.83	52	90
重庆市	36	74.94	9.49	48	90
陕西省	39	74.26	11.29	48	90
青海省	17	74.76	7.97	57.5	84
黑龙江省	30	76.73	6.35	63	86

更进一步地，为了更直观地展示各省份的差异，我们绘制了各省份内企业环境绩效的平均得分的比较图，其结果见图 4-7。

由表 4-10 和图 4-7 可知，企业环境绩效得分排名前五的省份分别为广东、福建、湖南、浙江和天津，得分分别为 81.00 分、79.93 分、79.59 分、79.53 分和 79.00 分，其中广东省、浙江省是拥有评价企业最多的省份之一，分别有 136 家、228 家企业，它们的方差也相对较小，分别仅有 8.22 和 8.53，这表明尽管这两省的企业众多，但它们的环境绩效水平总体而言均处在较高的水平。与此相对应的，企业环境绩效得分排名最后五名的省份分别为甘肃、北京、河北、内蒙古和山西，得分分别为 73.64 分、72.40 分、72.11 分、69.38 分和 68.19 分。这 5 个省份除北京与河北之外大多位于我国的中部和西部地区，因此环境管理相关部门应当加强对包括这几个省份在内的中西部地区环境绩效的提高与改善，以实现中部与西部地区经济与环境的共同发展。

更进一步地，我们对地级市一级的企业环境绩效平均得分进行了统计，并将平均得分划分为 4 个等级，企业环境绩效平均得分分布情况见表 4-11。

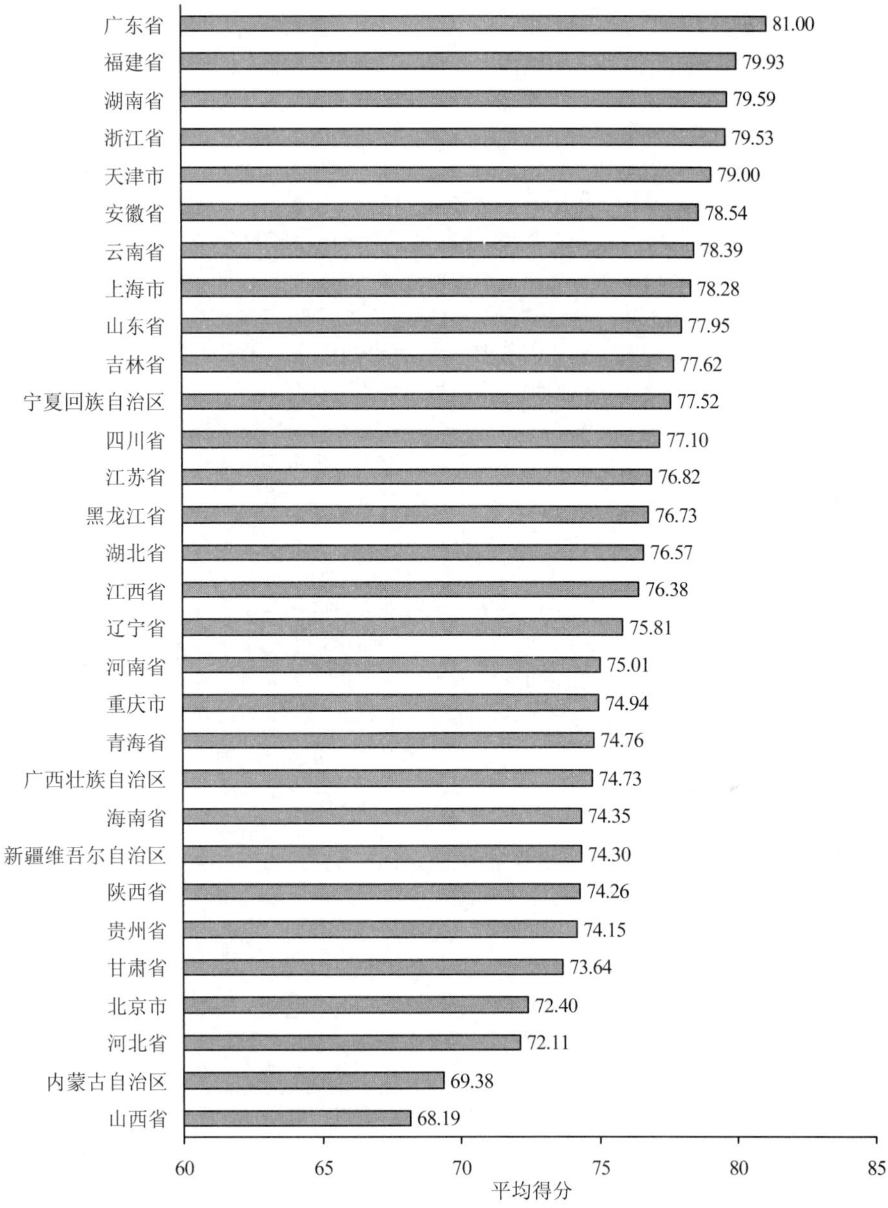

图 4-7　各省份企业环境绩效平均得分情况比较

表 4-11　重点企业环境绩效平均得分地区分布

得分	城市名称
48～67	鹰潭市、延安市、自贡市、阳泉市、运城市、三门峡市、乌兰察布市、吕梁市、宜春市、毕节市、朔州市、包头市、呼伦贝尔市、迪庆藏族自治州、崇左市、鹤岗市、乌海市、晋城市、益阳市、黔南布依族苗族自治州、石家庄市、长治市、巴彦淖尔市、承德市、秦皇岛市、沧州市、邯郸市

得分	城市名称
68～75	扬州市、白银市、晋中市、河池市、信阳市、汉中市、黔西南布依族苗族自治州、榆林市、阿拉善盟、克孜勒苏柯尔克孜自治州、梧州市、北海市、临夏回族自治州、伊犁哈萨克自治州、嘉峪关市、玉溪市、萍乡市、陇南市、盐城市、鄂尔多斯市、巴音郭楞蒙古自治州、太原市、海西蒙古族藏族自治州、桂林市、铜陵市、朝阳市、荆州市、铁岭市、阿克苏市、六盘水市、商丘市、邢台市、临汾市、宜宾市、怀化市、本溪市、玉林市、绵阳市、肇庆市、莱芜市、儋州市、梅州市、淮南市、北京市、平凉市、保定市、铜川市、鹤壁市、枣庄市、景德镇市、沈阳市、大理白族自治州、宿州市、平顶山市、哈尔滨市、新乡市、黄冈市、锡林郭勒盟、和田市、哈密市、喀什市、张家口市、汕尾市、牡丹江市、甘南藏族自治州、白城市、葫芦岛市、酒泉市、阿坝藏族羌族自治州、宜昌市、淮安市、银川市、恩施土家族苗族自治州、漳州市、马鞍山市、濮阳市、济宁市、遵义市、延边朝鲜族自治州、攀枝花市、滁州市、唐山市、东莞市、淄博市、安阳市、重庆市、海口市
76～80	泸州市、阜阳市、营口市、茂名市、三明市、十堰市、抚顺市、驻马店市、洛阳市、南阳市、吉林市、通辽市、巴中市、潮州市、呼和浩特市、乌鲁木齐市、佳木斯市、保山市、克拉玛依市、四平市、娄底市、揭阳市、武威市、漯河市、遂宁市、钦州市、潍坊市、南昌市、海东市、滨州市、西安市、百色市、阜新市、新余市、德宏傣族景颇族自治州、许昌市、中卫市、台州市、福州市、昌吉回族自治州、吐鲁番市、曲靖市、池州市、衡阳市、锦州市、成都市、西宁市、岳阳市、济南市、赣州市、南京市、徐州市、常德市、蚌埠市、赤峰市、武汉市、七台河市、常州市、焦作市、鞍山市、郑州市、大庆市、辽阳市、贵阳市、淮北市、东营市、邵阳市、咸阳市、伊春市、兰州市、咸宁市、大同市、定西市、广安市、抚州市、河源市、衡水市、温州市、青岛市、渭南市、上海市、宝鸡市、文山壮族苗族自自治州、南通市、临沂市、杭州市、黄石市、廊坊市、襄阳市、舟山市、德州市、泰州市、天津市、宁德市、普洱市、泰安市、湛江市、盘锦市、莆田市、辽源市、衢州市、荆门市、德阳市、达州市、泉州市、齐齐哈尔市、乐山市、天水市、长春市、镇江市、九江市、嘉兴市、通化市、绍兴市、周口市、开封市、昭通市、来宾市、桐乡市、白山市、眉山市、阳江市、上饶市、宣城市、昆明市、日照市、清远市、石嘴山市、无锡市、云浮市、吴忠市、塔城地区、宿迁市、绥化市、鸡西市、宁波市、株洲市、广州市、惠州市、红河哈尼族彝族自治州、南宁市、连云港市、安庆市、珠海市、湘潭市、汕头市、湖州市、江门市、龙岩市、中山市、铜仁市、合肥市、芜湖市、郴州市、菏泽市、丹东市、安顺市、南平市、永州市、鄂州市、随州市、苏州市、博尔塔拉蒙古自治州、烟台市、深圳市、丽水市、南充市、双鸭山市、西双版纳傣族自治州、长沙市、佛山市、金华市
81～95	柳州市、大连市、威海市、临沧市、凉山彝族自治州、宁国市、广元市、忻州市、湘西土家族苗族自治州、聊城市、亳州市、六安市、厦门市、张家界市、乐昌市、楚雄彝族自治州、韶关市、黔东南苗族侗族自治州

从表 4-11 中可以更加清晰地看到，环境绩效平均得分相对较低的地区集中分布在我国的中部与西部，而环境绩效平均得分相对较高的地区则集中在东南沿海地区，这表明我国的企业环境表现水平存在明显的地区差异，且东南沿海地区企业的环境表现水平显著高于中部和西部地区的企业，这更进一步地表明了环境管理相关部门应当将环境表现水平改善的重点聚焦于我国的中部和西部地区，努力实现中西部地区企业环境绩效的改善与提高。

（2）非重点排污上市公司。由于不同省份在产业结构、经济发展、福利水平、居民受教育程度等方面存在很大的差异，这些因素有可能会使得不同省份间企业的环境绩效水平出现差异。因此，依据企业所在省份的代码，对企业环境绩效总得分情况进行了描述性统计，其结果见表 4-12。

表 4-12　按照地区分类的企业得分情况的描述性统计

省份	企业个数/家	平均值	标准差	最小值	最大值
上海市	4	71.50	15.26	54	90
云南省	4	79.25	7.27	74	90
内蒙古自治区	3	72.67	2.31	70	74
北京市	1	86.00	0.00	86	86
四川省	18	77.33	5.66	68	90
天津市	2	87.00	4.24	84	90
宁夏回族自治区	1	80.00	0.00	80	80
安徽省	9	80.89	8.61	62	90
山东省	14	78.71	8.40	60	90
山西省	7	70.29	17.98	32	90
广东省	7	79.43	12.04	58	90
广西壮族自治区	1	78.00	0.00	78	78
新疆维吾尔自治区	10	81.60	10.36	56	90
江苏省	11	84.36	5.35	74	90
江西省	7	76.50	3.88	72	82
河北省	9	70.67	10.00	52	78
河南省	35	78.49	6.39	64	90
浙江省	10	76.40	6.17	66	90
海南省	2	75.00	1.41	74	76
湖北省	7	75.93	3.37	71.5	80
湖南省	4	77.00	10.89	64	90
甘肃省	6	77.00	7.56	70	90
福建省	5	82.40	5.73	74	90
贵州省	4	74.00	4.90	68	80
辽宁省	4	73.50	6.40	68	80
重庆市	8	75.31	9.73	62	90
陕西省	7	75.36	9.67	55.5	84
青海省	1	73.50	0.00	73.5	73.5
黑龙江省	6	80.00	6.69	74	90

更进一步地，为了更直观地展示各省份的差异，绘制了各省份内企业环境绩效的平均得分的比较图，其结果见图 4-8。

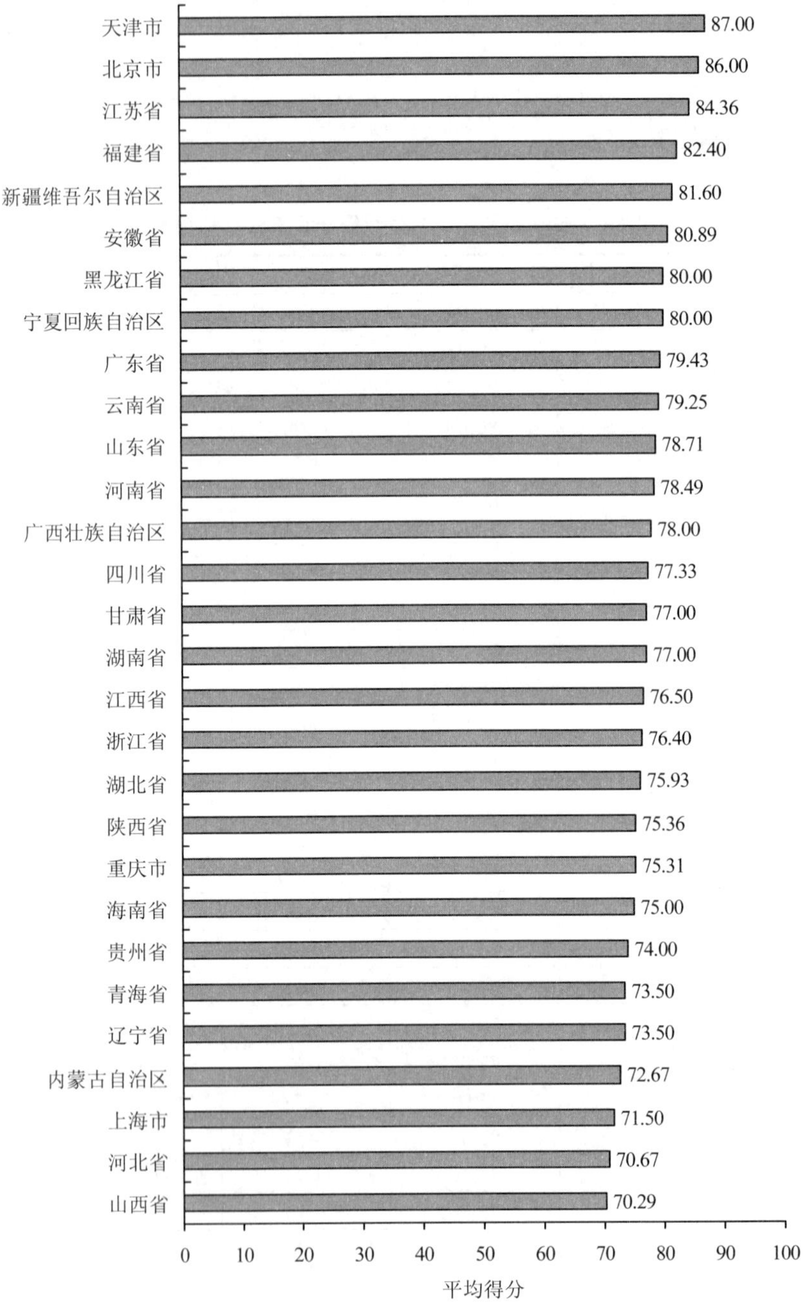

图 4-8　各省份非重点企业环境绩效平均得分情况比较

由表 4-12 和图 4-8 可知，企业环境绩效得分排名前五的省份分别为天津、北京、江苏、福建和新疆，得分分别为 87.00 分、86.00 分、84.36 分、82.40 分和 81.60 分，均高于重点排污企业前五名省份的绩效得分。其中江苏和新疆是拥有参与评价的非重点排污企业最多的省份之一，但是它们的方差分别为 5.35 和 10.36，这表明尽管江苏的环境绩效水平总体均处在较高的水平，但新疆的环境绩效水平总体而言差别较大。北京、福建和天津参与评价的企业数量很少，因此环境绩效得分平均分并无实际意义。与此相对应的，企业环境绩效得分排名最后五名的省份分别为辽宁、内蒙古、上海、河北和山西。除了山西，这 4 个省份参评企业数量均小于 4 家，因此绩效平均分也没有实际意义。环境管理相关部门应当加强对山西地区非重点排污企业环境绩效的提高与改善，以实现地区经济与环境的共同发展。

更进一步地，对地级市一级的企业环境绩效平均得分进行了统计，并将平均得分划分为 4 个等级，企业环境绩效平均得分分布情况见表 4-13。

表 4-13　非重点企业环境绩效平均得分地区分布

得分	城市名称
54～66	大同市、张家口市、唐山市、宿州市、张家界市、濮阳市、咸阳市、丽水市
67～77	黔西南布依族苗族自治州、临沂市、平顶山市、鄂尔多斯市、酒泉市、上海市、襄阳市、天水市、武汉市、沈阳市、绍兴市、运城市、太原市、西宁市、安阳市、三亚市、保山市、南昌市、厦门市、呼和浩特市、常州市、延安市、张掖市、烟台市、益阳市、眉山市、赣州市、邢台市、金昌市、锡林郭勒盟、阜阳市、鹰潭市、重庆市、韶关市、临颍县、伊犁哈萨克自治州、保定市、咸宁市、宁波市、德州市、忻州市、成都市、济宁市、海口市、衢州市、贵阳市、丽江市、宜宾市
78～85	承德市、乌鲁木齐市、博尔塔拉蒙古自治州、大连市、宜昌市、开封市、沧州市、泰州市、潍坊市、玉林市、荆州市、九江市、郑州市、乐山市、西安市、哈尔滨市、嘉兴市、孝感市、湘潭市、石嘴山市、齐齐哈尔市、杭州市、安庆市、青岛市、洛阳市、宁德市、广州市、榆林市、武威市、汉中市、汕头市、泉州市、滨州市、商丘市、南京市、昆明市、苏州市、东营市、扬州市、昌吉回族自治州、淮北市、聊城市、塔城市
86～90	北京市、驻马店市、天津市、福州市、铜陵市、兰州市、和田市、宿迁市、广元市、无锡市、江门市、盐城市、蚌埠市、长沙市、阳泉市

从表 4-13 中可以清晰地看到，总体来讲，环境绩效平均得分相对较为平均地分布于我国的各个地区，这表明我国的非重点排污企业环境表现水平并不存在明显的地区差异，但各地区内部仍然存在显著差异，全国各地区环境管理相关部门都应该着重加强企业环境表现较差地区的环境管理，努力实现非重点排污企业环境绩效的改善与提高。

在此基础上，我们将属于重点和非重点排污单位的评价企业进行了合并，并进一步结合企业基本信息中的地区编码得到了各地级市内企业环境绩效得分的平均情况，以此对地级市环境表现水平进行排名，具体情况如附录 D 中表 D.1 所示。

4.3 行业分布

（1）重点排污上市公司。不同行业企业的生产性质、生产特征存在差异，因此其受环境管理相关部门关注的程度有所不同，清洁生产水平也不尽相同，并最终有可能导致不同行业企业的环境绩效水平存在显著差异。因此，对不同行业企业环境绩效平均得分情况进行了统计，并绘制分行业企业平均得分情况图（图 4-9），其详细的描述性统计结果如表 4-14 所示。

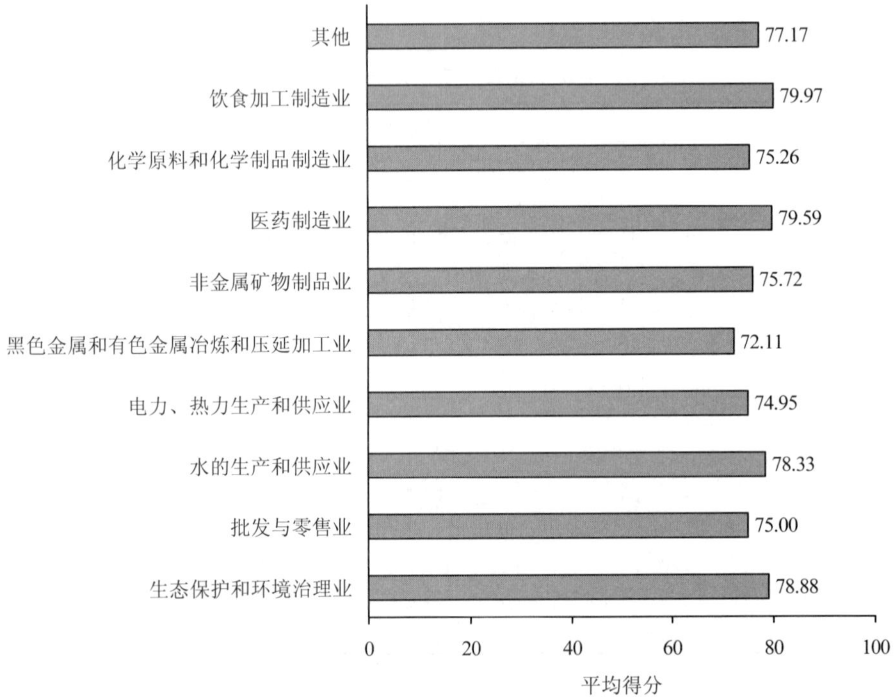

图 4-9　分行业企业平均得分情况

表 4-14　按照行业分类的描述性统计

行业类型	企业个数/家	平均值	标准差	最小值	最大值
饮食加工制造业	175	79.97	8.31	50	90
化学原料和化学制品制造业	216	75.26	10.85	42	90
医药制造业	139	79.59	9.61	46	90
非金属矿物制品业	239	75.72	7.13	51.5	90
黑色金属和有色金属冶炼和压延加工业	98	72.11	12.98	26	90

行业类型	企业个数/家	平均值	标准差	最小值	最大值
电力、热力生产和供应业	424	74.95	9.20	40	90
水的生产和供应业	73	78.33	7.36	54	90
批发与零售业	81	75.00	11.89	38	90
生态保护和环境治理业	95	78.88	8.46	50	90
其他	604	77.17	10.42	22.5	90

由图 4-9 与表 4-14 可知，在根据行业代码和分布情况对行业类别进行汇总所得到的 10 个行业分类中，得分最高的前 4 个行业分别为饮食加工制造业、医药制造业、生态保护和环境治理业、水的生成和供应业，其企业环境绩效平均得分分别为 79.97 分、79.59 分、78.88 分以及 78.33 分；而这 10 个行业分类中得分最低的行业为黑色金属和有色金属冶炼和压延加工业，其均分仅有 72.11 分，相较于排名倒数第二的电力、热力生产和供应业的 74.95 分低了 2.84 分，与第一名相比低了 7.86 分，因此有关部门应该提高对黑色金属和有色金属冶炼和压延加工业企业的重视程度，通过定期督查、突击检查、限期治理、清洁生产等多种渠道和方式促进其环境表现水平的提高。

（2）非重点排污上市公司。分行业来看，对不同行业非重点排污单位企业环境绩效平均得分情况进行了统计，并绘制了分行业非重点排污单位企业平均得分情况图（图 4-10），其详细的描述性统计结果见表 4-15。

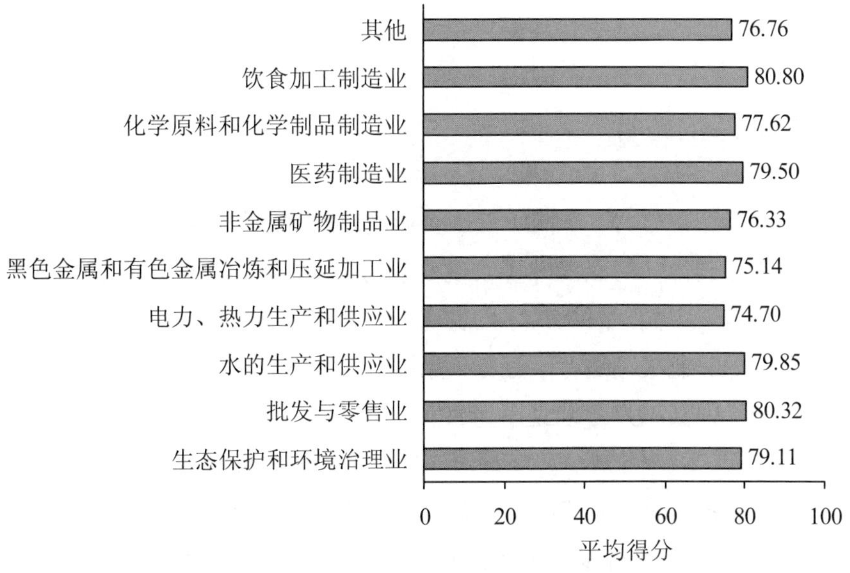

图 4-10　非重点排污单位企业分行业企业平均得分情况

表 4-15　非重点排污单位企业按照行业分类的描述性统计

行业类型	企业个数/家	平均值	标准差	最小值	最大值
饮食加工制造业	20	80.80	5.85	70	90
化学原料和化学制品制造业	17	77.62	9.03	55.5	90
医药制造业	13	79.50	9.01	64	90
非金属矿物制品业	15	76.33	6.00	62	86
黑色金属和有色金属冶炼和压延加工业	7	75.14	9.72	58	90
电力、热力生产和供应业	20	74.70	7.95	52	86
水的生产和供应业	13	79.85	8.58	60	90
批发与零售业	14	80.32	8.45	64	90
生态保护和环境治理业	9	79.11	3.48	74	84
其他	79	76.76	9.35	32	90

由图 4-10 与表 4-15 可知，在根据行业代码和分布情况对行业类别进行汇总所得到的 10 个行业分类中，得分最高的前 3 个行业分别为饮食加工制造业、批发与零售业以及水的生产和供应业，其企业环境绩效平均得分分别为 80.80 分、80.32 分以及 79.85 分；这 10 个行业分类中得分最低的两类行业为电力、热力生产和供应业及黑色金属和有色金属冶炼和压延加工业，其均分仅有 74.70 分和 75.14 分。因此有关部门应该提高对以上企业的重视程度，通过定期督查、突击检查、限期治理、清洁生产等多种渠道和方式促进其环境表现水平的提高。此外，与重点排污单位企业相比，非重点排污单位之间差异并没有那么明显且环境绩效评的平均水平整体而言在十大行业中表现更优。

4.4　所有制特征分布

（1）重点排污上市公司。不同所有制企业受政府管理与控制的程度有所不同，因此面对政府和环境管理部门对企业环境表现要求的提出，不同所有制类型的企业的响应和合规程度可能会有所不同，因此其环境表现可能会存在显著的差异。根据企业的登记注册代码对企业的所有制类型进行了划分，并对不同所有制类型企业环境绩效的平均得分进行了描述性统计，其结果分别见图 4-11 和表 4-16。

由图 4-11 与表 4-16 可知，在 4 种所有制类型中，外商投资企业的环境绩效平均得分最高，为 78.34 分，其次为其他内资企业以及港、澳、台商投资企业，平均得分分别为 76.66 分和 75.67 分；得分最低的为国有企业，平均得分为 74.22 分，因此企业应当积极向外资企业学习环境管理方面的经验与知识，同时国有企业环境表现的改善应当成为接下来环境管理相关部门所关注的重点。

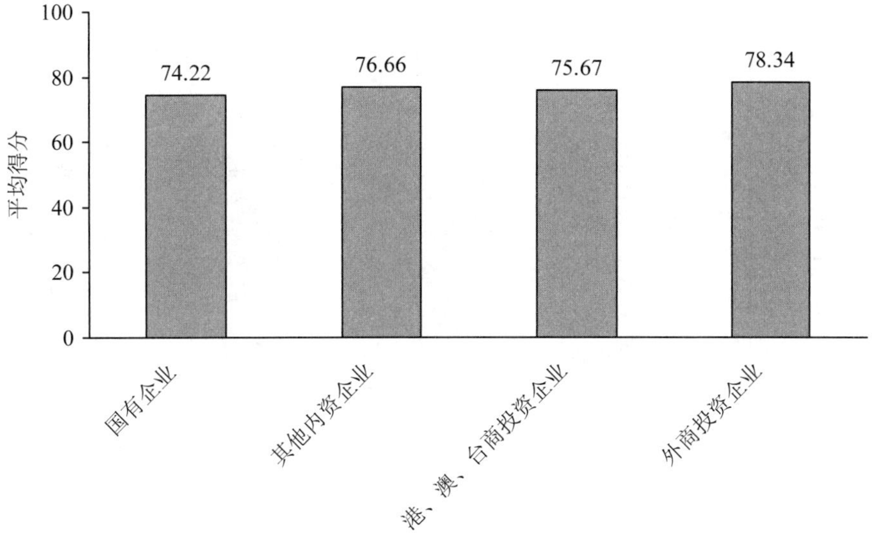

图 4-11　按照所有制分类的企业平均得分情况

表 4-16　按照企业所有制分类的描述性统计

所有制类型	企业个数/家	平均值	标准差	最小值	最大值
国有企业	167	74.22	10.54	22.5	90
其他内资企业	1 663	76.66	9.86	26	90
港、澳、台商投资企业	125	75.67	10.67	48	90
外商投资企业	189	78.34	8.67	48	90

（2）非重点排污上市公司。从所有制来看，根据企业的登记注册代码对企业的所有制类型进行了划分，并对非重点排污单位不同所有制类型企业环境绩效的平均得分进行了描述性统计，其结果分别见图 4-12 和表 4-17。

由图 4-12 与表 4-17 可知，在 4 种所有制类型中，在非重点排污单位企业中，国有企业的环境绩效平均得分最高，为 78.20 分；其次为其他内资企业，平均得分为 77.88 分；而与此相对的，港、澳、台商投资企业和外资企业的环境绩效得分相对较低，分别为 74.33 分和 75.33 分。通过与重点排污单位企业的对比不难发现，非重点排污单位企业中国有企业和内资企业环境表现更加优秀；而外商企业虽然在重点排污企业均分中排第一名，但在非重点排污企业中排倒数第二名，需要引起重视；另外，港、澳、台商投资企业无论在重点排污企业还是非重点排污企业中的环境表现都不佳。不难看出，不同所有制类型的企业在重点排污单位和非重点排污单位中表现差异非常大，其背后的原因值得进一步探索，以便为环境管理提供帮助与支持。

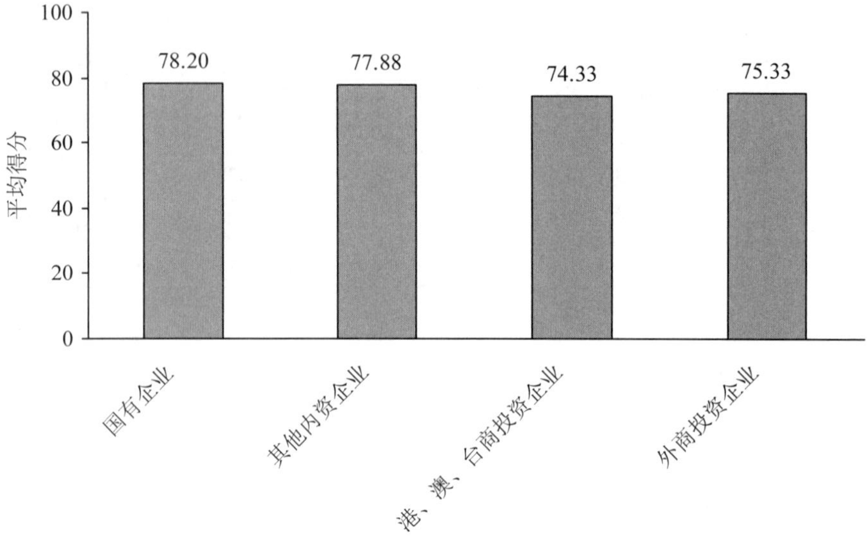

图 4-12　非重点排污单位企业按照所有制分类的企业平均得分情况

表 4-17　非重点排污单位按照企业所有制分类的描述性统计

所有制类型	企业个数/家	平均值	标准差	最小值	最大值
国有企业	10	78.20	9.68	56	90
其他内资企业	179	77.88	8.09	32	90
港、澳、台商投资企业	6	74.33	11.69	52	86
外商投资企业	12	75.33	11.00	54	90

4.5　企业规模分布

（1）重点排污上市公司。不同规模企业的生产效率、对环境管理的重视程度等可能存在差异，因此它们所表现出来的环境绩效可能也会有所不同。我们利用企业注册资金这一变量，对不同规模企业的环境绩效进行了描述性统计，其结果见图 4-13 和表 4-18。

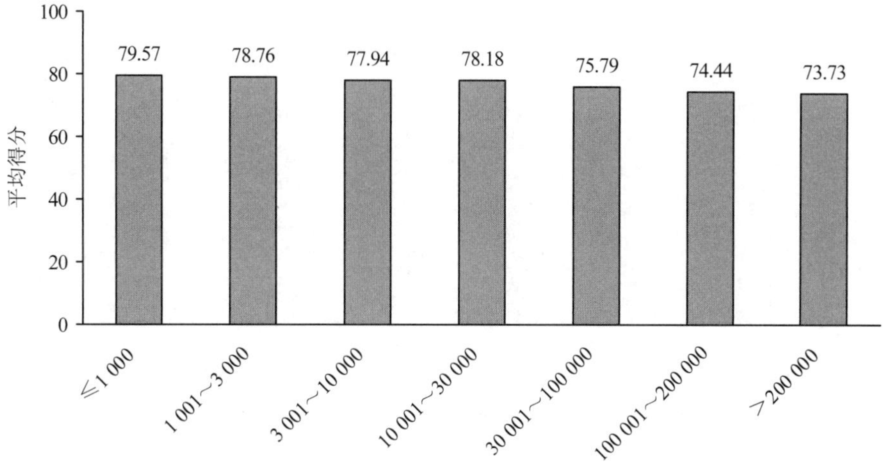

图 4-13　按照注册资金分类的企业平均得分情况

表 4-18　按照企业注册资金分类的描述性统计

注册资金范围/万元	企业个数/家	平均值	标准差	最小值	最大值
≤1 000	63	79.57	9.24	46	90
1 001～3 000	112	78.76	7.33	56	90
3 001～10 000	375	77.94	8.35	48	90
10 001～30 000	468	78.18	8.78	40	90
30 001～10 0000	629	75.79	10.01	38	90
100 001～200 000	262	74.44	10.59	42	90
＞200 000	235	73.73	12.69	22.5	90

由图 4-13 和表 4-18 可知，在 7 个分类中，≤1 000 万元注册资金的企业环境绩效平均得分最高，为 79.57 分，其次为 1 001 万～3 000 万元注册资金的企业、10 001 万～30 000 万元注册资金的企业以及 3 001 万～10 000 万元注册资金的企业，平均得分分别为 78.76 分、78.18 分和 77.94 分，而 30 001 万～100 000 万元注册资金的企业和 100 001 万～200 000 万元注册资金的企业环境绩效平均得分则较低，平均得分分别为 75.79 分和 74.44 分，规模较大的企业并没有像我们预想的那样环境表现更好，反而呈现下降的趋势，因此对规模较大的企业的环境表现应予以更多的重视与关注，探究其背后环境表现有所下滑的深层原因。

（2）非重点排污上市公司。从规模分布情况来看，利用企业注册资金这一变量，对非重点排污单位中的不同规模企业的环境绩效进行了描述性统计，其结果见图 4-14 和表 4-19。

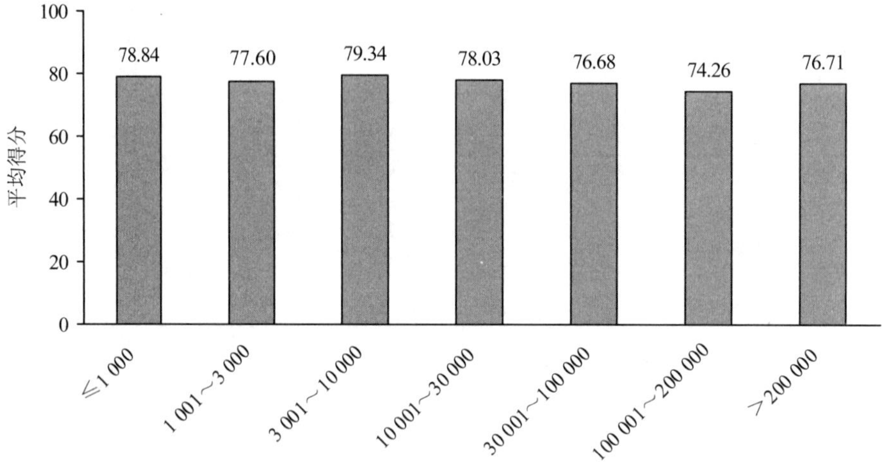

图 4-14　非重点排污单位企业按照规模分类的企业平均得分情况

表 4-19　非重点排污单位企业按照企业规模分类的描述性统计

注册资金范围/万元	企业个数/家	平均值	标准差	最小值	最大值
≤1 000	19	78.84	6.58	64	90
1 001～3 000	20	77.60	9.26	60	90
3 001～10 000	47	79.34	5.75	68	90
10 001～30 000	45	78.03	6.90	62	90
30 001～100 000	40	76.67	7.94	52	90
100 001～200 000	19	74.26	11.45	55.5	90
＞200 000	17	76.71	14.52	32	90

由图 4-14 和表 4-19 可知，对于非重点排污单位，在 7 种规模类型中，3 001 万～10 000 万元注册资金的企业环境绩效平均得分最高，为 79.34 分，其次为注册资金≤1 000 万元的企业和注册资金为 10 001 万～30 000 万元注册资金的企业，平均得分分别为 78.84 分和 78.03 分，而注册资金＞30 000 万元的企业环境绩效相对较低，注册资金为 30 001 万～100 000 万元和注册资金＞200 000 万元的企业平均得分分别为 76.67 分和 76.71 分，而注册资金为 100 001 万～200 000 万元的企业平均得分只有 74.26 分，其分布同重点排污单位中的企业相类似。同样地，非重点排污单位中的企业环境绩效在规模分布上也整体优于重点排污单位中的企业。

4.6 重点排污单位类型分布

在重点排污单位里，部分企业只有母公司被划分为重点排污单位，部分企业只有子公司被划分为重点排污单位，其余母公司与子公司均为重点排污单位，由于重点排污单位所属级别的差异，这些企业对环境管理的重视程度可能存在差异，因此它们所表现出来的环境绩效可能也会有所不同。我们利用重点排污单位类型这一变量，对以上 3 种企业的环境绩效进行了描述性统计，其结果见图 4-15 和表 4-20。

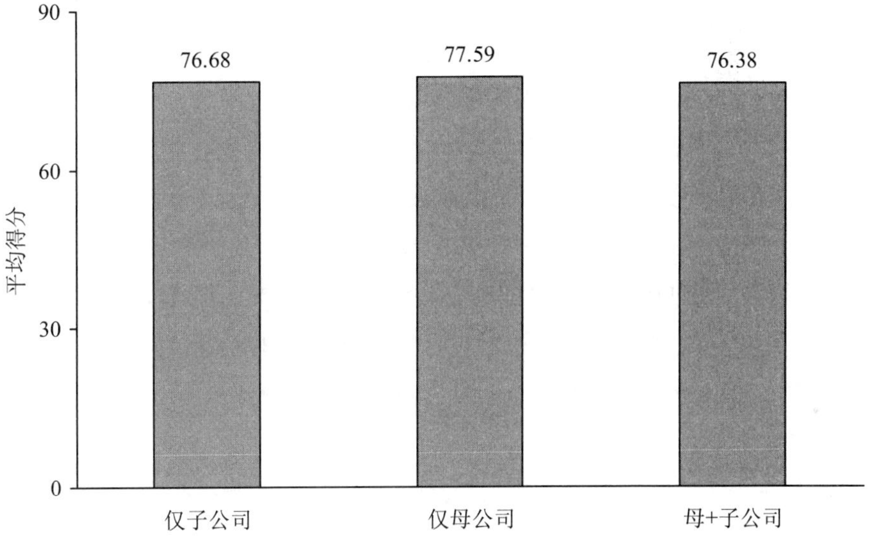

图 4-15 重点排污单位类型（母、子、母+子）得分

表 4-20 重点排污单位类型描述性统计

重点排污单位类型	企业个数/家	平均值	标准差	最小值	最大值
仅子公司为重点排污单位	796	76.68	9.65	26	90
仅母公司为重点排污单位	125	77.59	10.17	44	90
子、母公司均为重点排污单位	1 223	76.38	10.02	22.5	90

由图 4-15 和表 4-20 可知，在 3 个分类中，仅母公司为重点排污单位的企业平均得分最高，为 77.59 分；其次为仅子公司为重点排污单位的企业，平均得分为 76.68 分；而子、母公司均为重点排污单位时，得分最低，为 76.38 分；但这 3 类企业的平均得分差距不大，最高分与最低分仅相差 1.21 分。

4.7 不同因素对企业得分影响分析

为了能更好地分析不同因素对企业环境绩效得分的影响，进一步通过多元线性回归的方式，综合了属于重点排污单位的上市公司企业以及不属于重点排污单位的上市公司企业，以企业环境绩效得分为因变量，以各项影响因素作为自变量进行回归分析，具体的模型如下：

$$S_i = \alpha + \beta_1 R_i + \beta_2 I_i + \beta_3 O_i + \beta_4 G_i + \beta_5 Z_i + \varepsilon_i$$

式中：S_i—— 企业 i 的环境绩效总得分；

R_i—— 企业 i 的所在地区的虚拟变量（东部、中部、西部）[①]；

I_i—— 企业 i 所属的行业类别的虚拟变量；

O_i—— 企业 i 的所有制类型（公有制企业、其他内资企业、港澳台商投资企业、外商投资企业）的虚拟变量；

G_i—— 企业 i 按照注册资金分类（≤1 000 万元、1 001 万～3 000 万元、3 001 万～10 000 万元、10 001 万～30 000 万元、30 001 万～100 000 万元、100 001 万～200 000 万元、＞200 000 万元）的虚拟变量；

Z_i—— 企业 i 属于重点排污单位还是非重点排污单位的虚拟变量；

ε_i—— 残差项。

表 4-21 展示了回归分析的结果，从表中看到，在控制了所有的变量之后，不同地区企业的环境绩效得分依然存在显著差异，也就是说地区因素对企业环境绩效得分具有不同影响。其中，东部地区环境表现最好，中部地区环境表现最差。在计算各地区企业环境绩效平均得分后，东部地区得分水平最高为 77.63 分，其次西部地区为 75.79 分，中部地区的环境绩效得分则最低，仅为 75.69 分；同样，行业类别对企业环境绩效得分也具有不同影响，饮食加工制造业同医药制造业、生态保护和环境治理业的环境绩效得分不存在显著差异，而化学原料和化学制品制造业，非金属矿物制品业，黑色金属和有色金属冶炼和压延加工业，电力、热力生产和供应业，批发与零售业，其他行业企业的环境绩效相对于饮食加工制造业而言水平显著较高，而水的生产和供应业的环境绩效水平则最低，因此要加强对水生产和供应业的监督与执法；所有制类型因素中，只有外商

① https: //baike.baidu.com/item/%E7%BB%8F%E6%B5%8E%E5%9C%B0%E5%B8%A6/10769946？fr=aladdin，中国“七五”计划（1986—1990 年）提出，东部沿海地带（包括辽宁、北京、天津、上海、河北、山东、江苏、浙江、福建、广东、广西、海南 12 个省份），中部地带（包括黑龙江、吉林、山西、内蒙古、安徽、河南、湖北、湖南、江西 9 个省份），西部地带（包括重庆、四川、云南、贵州、西藏、陕西、甘肃、青海、宁夏、新疆 10 个省份）。

投资企业的环境绩效水平显著最高，其他 3 种不同所有制类型企业之间环境绩效不存在显著差异，因此其他所有制类型的企业应当借鉴外商投资企业的宝贵经验，实现自身环境绩效水平的提高；而就企业注册资本因素而言，注册资金为 30 001 万～100 000 万元、100 001 万～200 000 万元与＞200 000 万元的企业的环境绩效得分随着企业规模的增加而显著下降，而其他注册资金＜30 000 万元的企业之间环境绩效得分并不存在显著差异。这些结果表明，不同地区因素、行业因素、所有制类型因素与规模因素都会对企业环境绩效水平产生显著影响，相关部门在对企业环境表现管理的过程中，应当综合考虑不同企业各种影响因素的差异，针对中西部地区、传统重污染行业与大规模企业进行重点监督，鼓励企业学习外商投资企业环境管理经验，尽可能制定科学合理的方案来进行差别化的监督、整治与管理，以期能够有效地促进整体企业环境绩效水平的提升与改善。

表 4-21　各因素对企业得分影响分析

影响因素	得分
1 001 万～3 000 万元	−0.476（1.349）
3 001 万～10 000 万元	−0.761（1.172）
10 001 万～30 000 万元	−0.513（1.176）
30 001 万～100 000 万元	-2.411^{**}（1.171）
100 001 万～200 000 万元	-3.635^{***}（1.254）
＞200 000 万元	-3.888^{***}（1.276）
中部	-1.965^{***}（0.450）
西部	-1.554^{***}（0.564）
化学原料和化学制品制造业	-4.037^{***}（0.934）
医药制造业	−0.455（1.034）
非金属矿物制品业	-3.556^{***}（0.919）
黑色金属和有色金属冶炼和压延加工业	-5.809^{***}（1.188）
电力、热力生产和供应业	-4.189^{***}（0.839）
水的生产和供应业	-2.087^{*}（1.265）
批发与零售业	-3.599^{***}（1.200）
生态保护和环境治理业	−1.639（1.185）
其他行业	-2.220^{***}（0.783）
其他内资企业	0.671（0.767）
港、澳、台商投资企业	−0.853（1.116）
外商投资企业	1.998^{**}（0.998）
重点排污单位	−0.619（0.705）
常数项	82.12^{***}（1.602）
N	2 351
R^2	0.066

注：该回归分别以东部地区、饮食加工制造业、国有企业以及注册资金≤1 000 万元、非重点排污单位的企业为参照组。标准误差在括号内给出，$^{*}p<0.1$，$^{**}p<0.05$，$^{***}p<0.01$。

4.8 2017 年与 2018 年重点排污上市公司企业环境绩效比较

在 2017 年度的评估中最终计算出得分的企业共有 976 家上市公司（包含母公司及其子公司），其环境绩效的均分为 83.08 分（满分 100 分），标准差为 10.69；而 2018 年度的评估当中最终计算出得分的企业共有 2 144 家上市公司（包含母公司及其子公司），其环境绩效的均分为 76.56 分（满分 90 分），标准差为 9.89。总体来看，新增排污许可系统中企业自行监测的得分均为 0，因此 2018 年度的得分情况相较于 2017 年有所下降。

将 2017 年 1 487 家被参控公司/母公司环境绩效得分数据清单与 2 351 家被参控公司/母公司环境绩效得分数据清单合并得到包含 990 家（既有 2017 年环境绩效得分又有 2018 年环境绩效得分）公司的目录，对其 2017 年与 2018 的环境绩效得分进行对比，有 238 家公司的环境绩效得分增加，63 家公司的环境绩效得分不变，689 家公司的环境绩效得分减少。

由于两年度的环境绩效指标不同，2018 年的环境绩效评价指标中增加了排污许可层面的指标，并删去了罚款金额等指标，同时也修改了各指标所占的比重，所以为了更准确地反映 990 家企业的环境绩效变化情况，接下来利用两次环境绩效报告的相同指标进行比较，如在线监测系统（企业年度超标率、污染物日均浓度平均超标倍数、企业最大连续超标时长）、监督性监测系统（企业超标总次数、污染物最大平均超标倍数）以及行政处罚层面（一般行政处罚次数、重大行政处罚次数）涉及的指标。

经过对比，在线监测表现层面整体得分情况 2018 年企业环境表现比 2017 年企业环境表现更好，其他指标上两年度差别不大，具体来说，990 家企业中有 522 家企业在线监测系统层面得分有所提高，具体表现在有 358 家企业的年度超标率下降，有 927 家企业的污染物日均浓度平均超标倍数减少，有 318 家企业的最大连续超标时长减少；监督性监测系统层面 990 家企业中有 920 家企业的超标总次数保持为 0，有 21 家企业的超标总次数减少，其他 49 家企业的超标总次数增加，但变化幅度不大；在行政处罚层面，对于一般行政处罚指标，990 家企业中有 841 家企业保持一般行政处罚次数不变，有 50 家企业一般行政处罚次数相较于 2017 年的一般行政处罚次数有所减少，但有 99 家企业一般行政处罚次数增加；对于重大行政处罚指标，990 家企业中有 784 家企业保持一般行政处罚次数不变，有 77 家企业一般行政处罚次数相较于 2017 年的一般行政处罚次数有所减少，但有 129 家企业一般行政处罚次数增加，整体变化幅度不大。

4.9　汇总至股票代码级别的得分情况

在计算出重点排污单位上市公司及非重点排污单位上市公司的企业环境绩效得分的基础上，进一步以各被参控公司/母公司的注册资本为权重将得分汇总至股票代码级别，得到各股票代码下的企业环境绩效得分。首先，将之前收集到的企业注册资本按照股票代码进行汇总，并进一步计算出每家被参控公司/母公司的注册资本占股票代码级别注册资本的比例，并以此作为权重通过加权平均的方式计算出了汇总至股票代码级别的上市公司环境绩效得分，具体的得分情况在附录 D 表 D.2 中给出。接下来将对汇总后的上市公司企业环境绩效得分情况进行描述与分析。

在本次评估中最终计算出得分的上市公司共有 837 家，包括已退市的 1 家企业，该企业名称是上海幻影显示技术有限公司，代码是 600680.SH。所有 837 家企业的环境绩效的均分为 76.85 分（满分 90 分），标准差为 9.49。总体来看，上市公司的环境绩效平均水平较为良好，但其在不同上市公司间的差异同样非常大，在所有评价公司中，有部分表现非常良好的公司能得到满分，而总得分最低的公司仅有 23.06 分，但需要注意的是，由于上市公司的环境绩效得分是通过企业加权汇总的，所以最终的上市公司环境绩效得分很大程度上会受相同股票代码下评价企业个数及其环境表现的影响，对于某些上市公司来讲，该得分可能并不具有代表性。在评价的所有上市公司中，有 413 家来自上海证券交易所，而有 423 家来自深圳证券交易所，其中上海证券交易所中上市公司的环境绩效总得分平均为 76.01 分，而深圳证券交易所中上市公司的环境绩效总得分平均为 77.64 分，标准差为 9.09，比上海证券交易所的标准差 9.82 略低，总体而言，两个证券交易所环境绩效水平差异较小，深圳证券交易所中上市公司的环境绩效水平要稍微优于上海证券交易所。其具体情况见表 4-22。

表 4-22　按照证券交易所分类的描述性统计

证券交易所	企业个数/家	平均分	标准差	最小值	最大值
上海	413	76.01	9.82	23.06	90
深圳	423	77.64	9.09	26	90

为了更清晰地展示股票级别上市公司环境绩效得分的分布情况，分别统计了各分段上市公司个数的分布表并绘制了总得分的分布（图 4-16）。

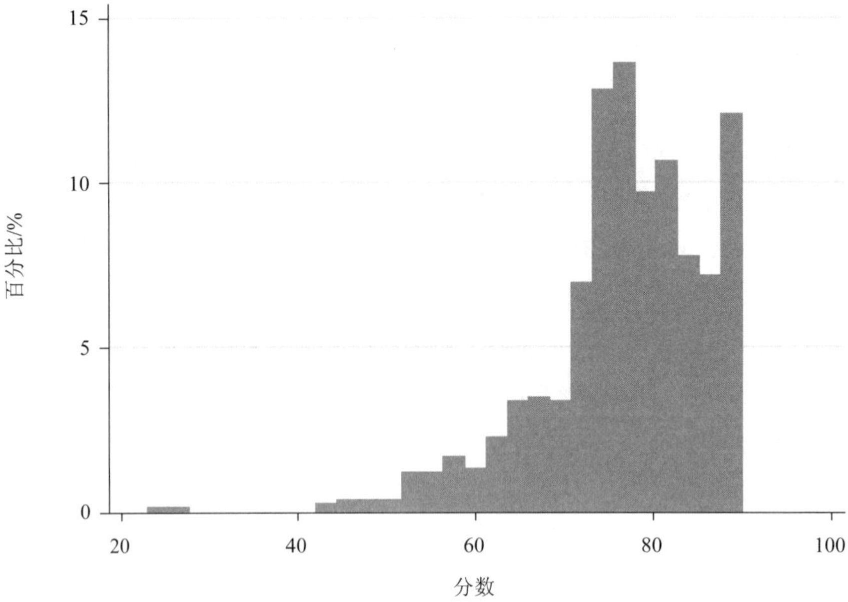

图 4-16　上市公司环境绩效得分分布

表 4-23　上市公司各分段企业个数分布

得分段	企业个数/家	所占百分比/%	累积百分比/%
＜40	2	0.24	0.24
40～50	10	1.19	1.43
51～60	39	4.66	6.09
61～70	107	12.78	18.88
71～80	355	42.41	61.29
81～90	324	38.71	100

由表 4-23 和图 4-16 可知，大量上市公司的环境绩效得分集中在 71～90 分段，其中尤以 71～80 分的企业个数最多。此外，大部分上市公司的得分能达到 60 分以上的水平，这表明就评价的 837 家上市公司而言，环境绩效水平较为良好，但仍有少数公司的环境绩效得分在 60 分以下，甚至有极个别企业的环境绩效得分不到 40 分，环境管理有关部门在工作中应当着重加强对这些公司的管理与监督。

更进一步地，同样将这些上市公司环境绩效总得分划分为了 A～E，即优、良、中、低、差 5 个等级，其具体分布情况见图 4-17。

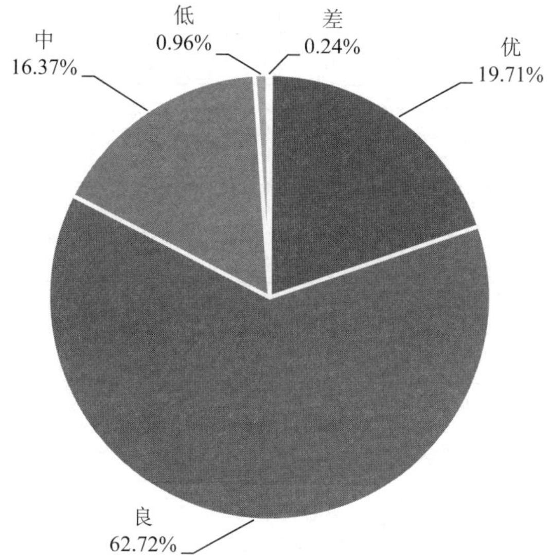

图 4-17　上市公司环境绩效得分等级分布

从图 4-17 中可以看出，绝大多数上市公司的环境绩效得分等级都在中及以上，其中得分等级为良的上市公司占比在 60%左右，其次得分等级为优的上市公司也占到了所有评价上市公司数量的 20%左右，而得分等级为中和低的企业则较少，上市公司的得分等级为差的比例最低，实际上仅有 2 家。总体来看，参与评价的上市公司的环境绩效水平较为良好，整体处于较高的水平，但仍有个别上市公司的环境绩效水平极低，应当引起有关管理部门的重视。

除此之外，同样地，在每个得分等级内部进行了进一步的细分，其分布情况如表 4-24 所示。由表可知，同企业环境绩效得分等级分布情况相类似的，在所有参与评价的上市公司中，得分等级为 B^+的上市公司个数最多，有 187 家，其次分别为 B、A 和 B^-，公司个数分别为 174 家、165 家和 164 家；而得分等级越低，上市公司数量相对越少，得分等级为 C 和 C^-的公司分别有 100 家和 37 家，而得分等级为 D 和 E 的公司则分别仅有 8 家和 2 家。

表 4-24　上市公司环境绩效得分等级分布情况统计

得分等级	得分段	企业个数/家	所占百分比/%
A^{++}	96～100	0	0
A^+	91～95	0	0
A	85～90	165	19.71

得分等级	得分段	企业个数/家	所占百分比/%
B^+	80～84	187	22.34
B	75～79	174	20.79
B^-	70～74	164	19.59
C	60～69	100	11.95
C^-	50～59	37	4.42
D	40～49	8	0.96
E	＜40	2	0.24

更进一步地，笔者列出了评价的上市公司中环境绩效表现最差（环境绩效得分低于50分）的公司清单（表4-25）。

表4-25　环境绩效得分低于50分的上市公司名单

代码	名称（简称）	公司全称	环境绩效得分
601005.SH	重庆钢铁	重庆钢铁股份有限公司	48
600731.SH	湖南海利	湖南海利化工股份有限公司	48
600575.SH	皖江物流	安徽皖江物流（集团）股份有限公司	48
000630.SZ	铜陵有色	铜陵有色金属集团股份有限公司	46.65
600010.SH	包钢股份	内蒙古包钢钢联股份有限公司	46.61
601001.SH	大同煤业	大同煤业股份有限公司	45.89
002597.SZ	金禾实业	安徽金禾实业股份有限公司	44
600461.SH	洪城水业	江西洪城水业股份有限公司	43.52
000627.SZ	天茂集团	天茂实业集团股份有限公司	26
601857.SH	中国石油	中国石油天然气股份有限公司	23.06

从表4-25中可以看出，在所有评价的上市公司中共有10家的环境绩效总得分低于50分，其中有3家上市公司来自深圳证券交易所，有7家公司来自上海证券交易所。其中得分最低的2家上市公司分别来自深圳证券交易所与上海证券交易所，依次为天茂实业集团股份有限公司和中国石油天然气股份有限公司，其总得分分别为 26 分与 23.06 分，对于这些环境绩效得分较低的上市公司，生态环境有关部门和公司管理人员应当予以高度重视，通过定期抽查、清洁生产等方式敦促其实现环境表现的改善。

在对总得分的整体分布情况进行分析的基础上，进一步对4项系统指标的得分情况进行了描述性统计，其结果见表4-26。

表 4-26 得分描述性统计

系统指标	平均值	标准差	最小值	最大值
在线监测系统得分	20.64	5.69	6	30
排污许可系统得分	9.36	1.22	2	10
监督性监测系统得分	19.55	1.78	4.16	20
企业环境违法系统得分	27.31	5.50	6	30

从表 4-26 中可以看出，在 4 项系统指标中，均分最高的是“环境违法系统得分”，为 27.31 分，其次“在线监测系统得分”“监督性监测系统得分”较为接近，分别为 20.64 分、19.55 分，“排污许可系统得分”最低，为 9.36 分。但是这 4 项指标满分相对应的依次为 30 分、30 分、20 分、10 分（“排污许可系统得分”指标得分最大值为 10 分，因为这项系统指标的措施层“企业自行监测执行情况”全部为 0 分）。这表明“在线监测系统”指标得分情况实际最差，而其他 3 项得分均较为接近，情况也较好。不难发现，“在线监测系统”与“企业环境违法系统”标准差均大于 5，而“排污许可系统得分”与“监督性监测系统得分”标准差均小于 2，这表明总体而言，企业的排污许可表现与监督性监测表现更加相近，而在线监测表现与环境违法行为表现差异较大。

由于不同省份在产业结构、经济发展、福利水平、居民受教育程度等方面存在很大的差异，这些因素有可能会使得不同省份间企业的环境绩效水平出现差异。因此，我们依据企业所在省份的省份代码，对企业环境绩效总得分情况进行了描述性统计，其结果见表 4-27。

表 4-27 按照地区分类的企业得分情况的描述性统计

省份	企业个数/家	平均值	标准差	最小值	最大值
广东省	84	80.63	8.29	52	90
福建省	24	80.00	7.75	56	90
浙江省	116	79.29	8.38	53.33	90
宁夏回族自治区	6	78.63	7.88	70	90
贵州省	10	78.59	7.98	68.75	90
天津市	11	78.42	8.46	62	90
西藏自治区	3	78.00	7.21	70	84
江苏省	67	77.63	9.22	52	90
新疆维吾尔自治区	18	77.40	5.93	68	88
黑龙江省	11	77.39	5.56	68.5	90
山东省	62	77.16	8.01	57.03	90
吉林省	12	77.08	9.32	58	90
四川省	34	76.77	6.95	62.97	88

省份	企业个数/家	平均值	标准差	最小值	最大值
上海市	40	76.53	9.27	54	90
重庆市	18	76.51	10.78	48	90
云南省	8	75.95	10.67	60	87.19
江西省	16	75.51	10.15	43.52	86
湖南省	20	75.39	10.64	48	90
安徽省	40	75.32	11.77	44	90
河南省	34	75.19	7.55	56	87.64
海南省	9	75.11	6.25	66	90
甘肃省	10	75.05	9.72	55.09	90
北京市	52	74.98	12.29	23.06	90
陕西省	10	74.89	12.24	50	90
辽宁省	22	74.67	9.39	52	89.74
湖北省	28	74.17	11.71	26	90
河北省	26	73.90	9.81	52	90
广西壮族自治区	9	73.07	10.54	57.5	90
青海省	5	72.29	7.74	62	82
内蒙古自治区	13	70.11	12.74	46.61	86
山西省	18	69.38	10.11	45.89	90

更进一步地，为了更直观地展示各省份之间的差异，绘制了各省份内企业环境绩效的平均得分的比较图，其结果见图 4-18。

由表 4-27 和图 4-18 可知，企业环境绩效得分排名前五的省份分别为广东、福建、浙江、宁夏和贵州，得分分别为 80.63 分、80.00 分、79.29 分、78.63 分和 78.59 分，其中广东和浙江分别拥有 84 家和 116 家企业，而另外 3 个省份参与评价的企业数量均小于 30 家，因此其环境绩效得分平均分可能存在缺乏代表性的问题。其他企业数量大于 50 家的省份按绩效得分由高到低分别为江苏、山东和北京，得分依次为 77.63 分、77.16 分和 74.98 分。与全部省份得分排名相比，江苏与山东处于中上水平，而北京处于中下水平。但是这 3 个省份的标准差均大于 8，这表明这 3 个省份企业环境绩效差异较大，需要环境管理相关部门加强对该地区环境绩效落后企业的重点整治，以实现地区环境均衡发展。环境绩效得分最低的省份按从低到高排列为山西、内蒙古、青海、广西和河北。其中河北省参与评价企业数量最多，为 28 家，其余省份参评企业均小于 20 家，因此其环境绩效得分平均水平仅供参考，而并不一定具有地区代表性。

进一步地，为了探讨不同上市板的上市公司环境绩效是否存在差异，我们利用上市板这一变量，将上市公司分为“中小企业板”“主板”“创业板”三大类，得到平均得分分布情况见图 4-19 和表 4-28。

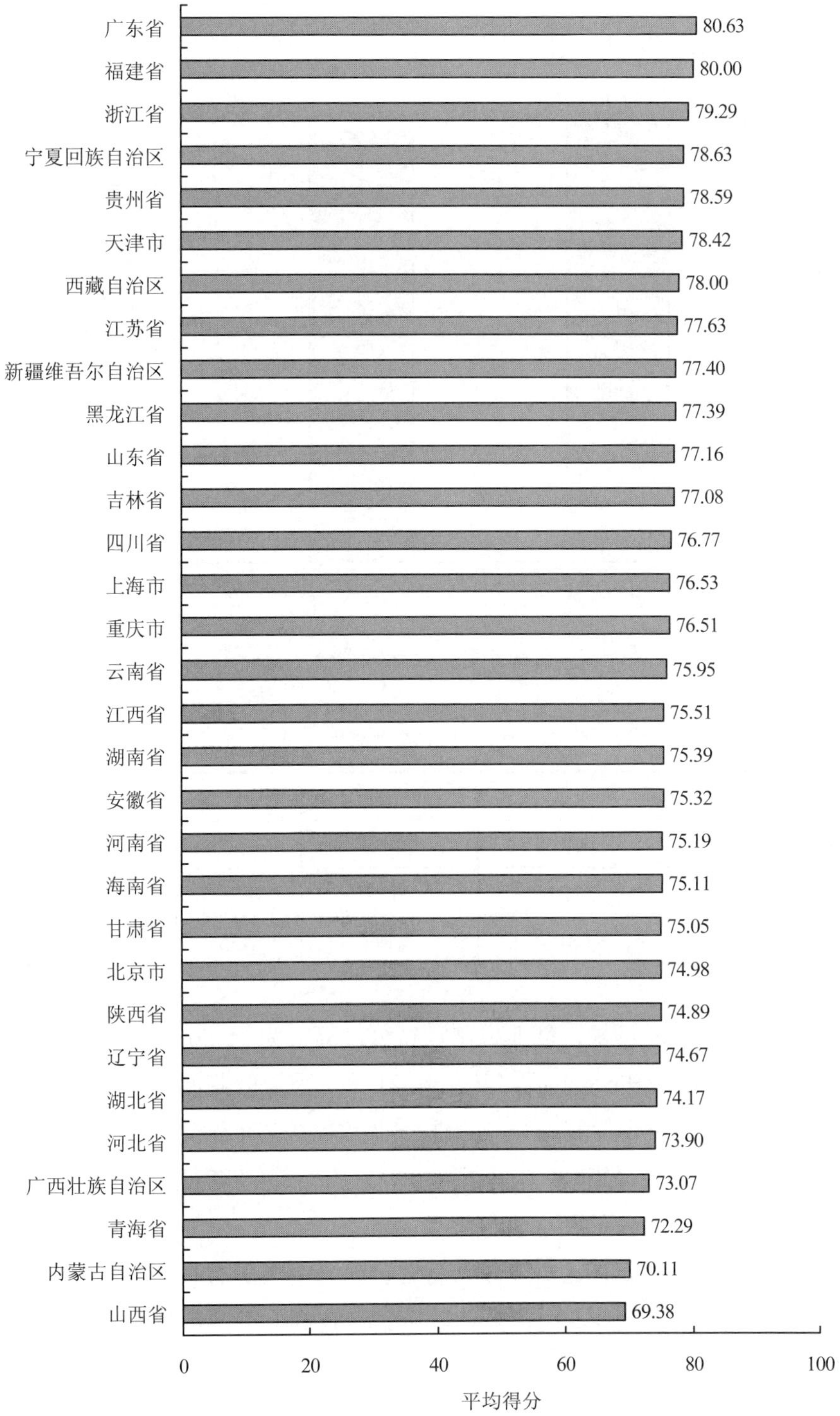

图 4-18　各省企业环境绩效平均得分情况比较

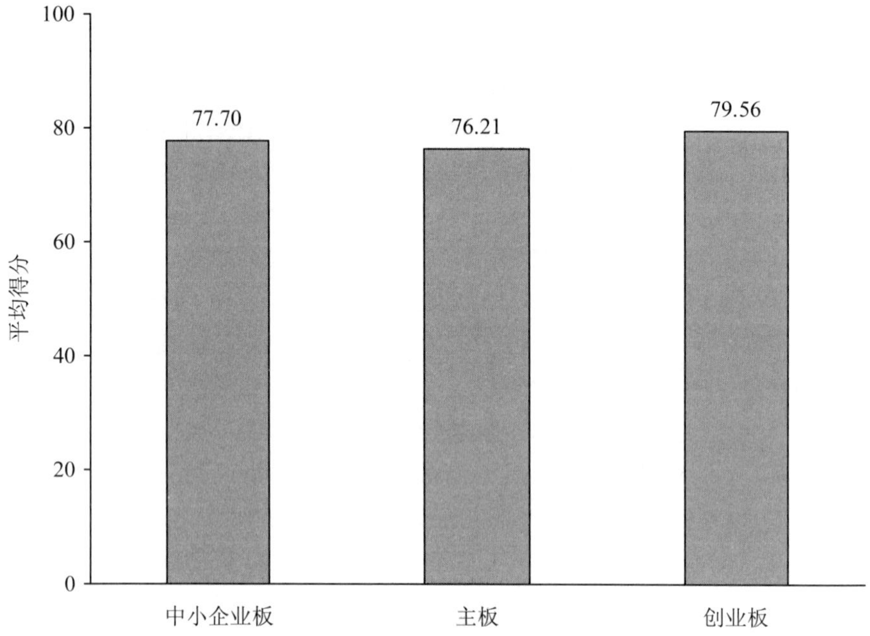

图 4-19 上市板得分

表 4-28 上市板描述性统计

上市板类型	企业个数/家	平均值	标准差	最小值	最大值
中小企业板	197	77.70	9.12	44	90
主板	571	76.21	9.76	23.06	90
创业板	68	79.56	7.35	62	90

由图 4-19 和表 4-28 可知，创业板平均得分最高，为 79.56 分，比第二名中小企业板高出 1.86 分；表现最差的是主板，仅有 76.21 分。因为创业板是专为暂时无法在主板上市的创业型企业、中小企业和高科技产业企业等需要进行融资和发展的企业提供融资途径和成长空间的证券交易市场，有助于有潜力的中小企业获得融资机会，所以可以看到这些具有潜力的中小企业的环保积极性更高。

随后，我们利用公司属性这一变量，将公司分为中央国有企业、公众企业、其他企业、地方国有企业、外资企业、民营企业以及集体企业七类，其统计分析结果见图 4-20 和表 4-29。

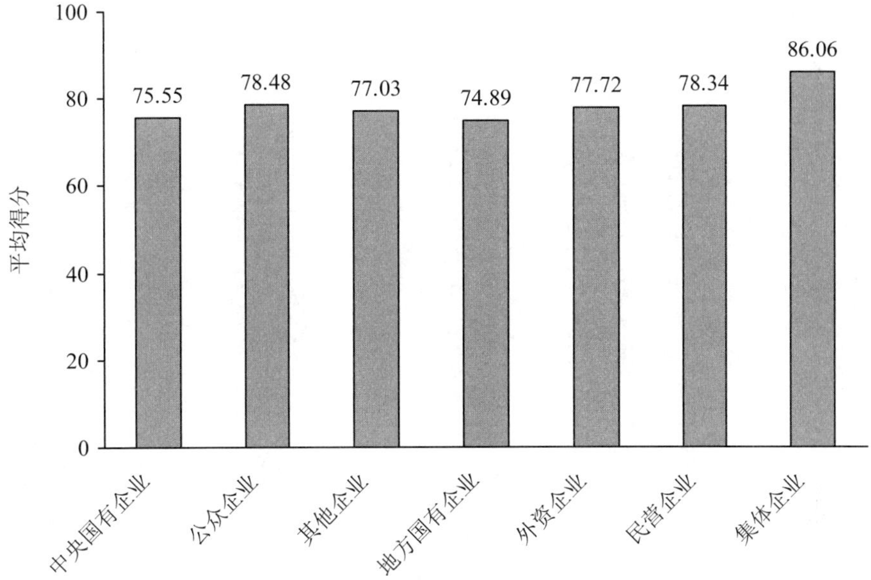

图 4-20　公司属性得分

表 4-29　公司属性描述性统计

公司属性	企业个数/家	平均值	标准差	最小值	最大值
中央国有企业	131	75.55	10.83	23.06	90
公众企业	26	78.48	8.54	55.09	90
其他企业	10	77.03	12.27	48	90
地方国有企业	254	74.89	9.83	43.52	90
外资企业	22	77.73	6.90	57.5	90
民营企业	392	78.34	8.62	26	90
集体企业	1	86.06		86.06	86.06

由图 4-20 和表 4-29 可知，在所有公司属性中，集体企业得分最高，为 86.06 分，但因为其企业个数仅有 1 家，所以并不具有代表性；位于其次的是公众企业和民营企业，平均得分分别为 78.48 分和 78.34 分；表现最差的是地方国有企业，平均得分仅为 74.89 分。造成这种现象的原因可能是地方保护主义，地方国有企业的环保积极性相较于公众企业与民营企业有所下降。

同样地，为了探讨不同规模上市公司之间环境绩效的差异，我们利用公司注册资本这一变量，对不同注册资本范围的企业环境绩效进行了描述性统计，其结果见图 4-21 和表 4-30。

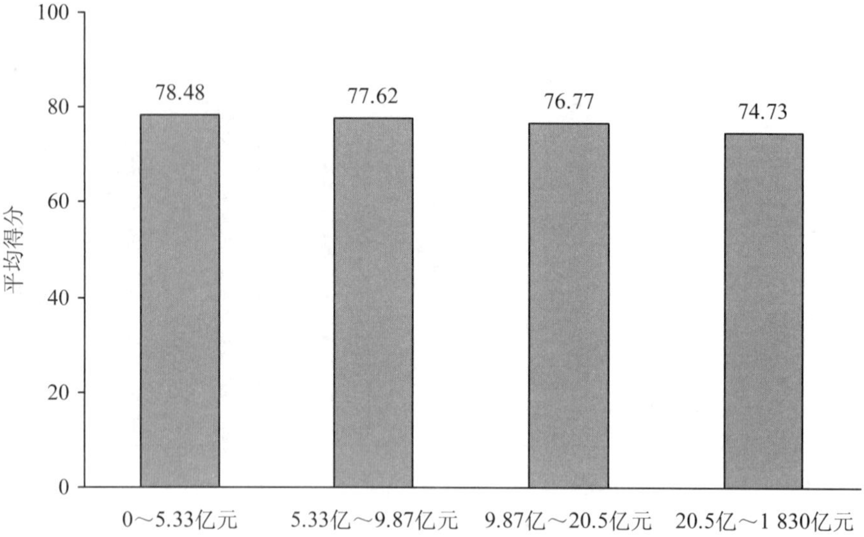

图 4-21　企业按照注册资本分类的企业平均得分情况

表 4-30　企业按照注册资本分类的企业平均得分描述性统计

注册资本范围/亿元	企业个数/家	平均值	标准差	最小值	最大值
0～5.33	209	78.48	8.83	48	90
5.33～9.87	209	77.62	9.11	43.52	90
9.87～20.5	208	76.77	8.54	45.89	90
20.5～1 830	209	74.73	10.29	26	90

由图 4-21 和表 4-30 可知，在 4 种注册资本范围中，随着注册资本的增加，企业的平均得分逐渐下降，其中 0～5.33 亿元注册资本的企业环境绩效平均得分最高，为 78.48 分，环境绩效评分最差的则是注册资本为 20.5 亿～1 830 亿元的公司，其平均分为 74.73 分。其原因可能是注册资本较大的公司规模大，在管理效率上相对较低，从而导致了环境管理方面存在疏忽与不足。

因希望能够进一步探究不同行业上市公司的环境绩效是否同样存在差异，我们尝试对上市公司的经营范围进行分析归类，发现所统计公司的经营范围较为宽泛、涉猎较广，无法对其进行有效的分类，因此我们暂时没有对不同行业上市公司的环境绩效差异进行分析，在接下来需要尝试其他途径来明确上市公司所属行业并进行进一步的补充与完善。

第 5 章　政策建议

基于前述对企业环境绩效得分情况的分析，不同特征企业之间的环境表现水平存在显著差异，针对这样的情况，本章对政府部门及相关企业提出一些政策建议。

5.1　对政府部门的政策建议

5.1.1　建立统一的环境绩效评价体系，定期对企业进行环境绩效考核

我国关于环境绩效的研究起步较晚，通过文献综述部分可以发现，目前的环境绩效评价标准都是国外的机构组织发布的，我国没有统一的标准与体系，这种现象导致了企业不重视环境绩效，相关环境监管部门也无法对企业进行统一的评价与管理。如今我国的经济处于飞速发展阶段，而环境问题制约了经济的发展，在完善经济体制的同时也应完善环境管理制度，建立一个系统化的环境绩效评价体系，为环境管理与监督提供依据。此外，政府应定期对企业进行绩效考核，调动企业进行环境管理的积极性，充分发挥企业的作用，维护正常的市场秩序，提高社会整体水平，促进社会的可持续发展。

5.1.2　完善环境信息披露制度，加大环境信息披露力度

当前我国对环境信息披露没有清晰的法律界定与强制性要求，很多企业站在自身利益的角度，考虑到成本、社会影响等因素，往往不会自愿披露环境信息。上市公司被要求披露的社会责任报告中，也只是对环境情况进行了整体说明，披露的环境数据不规范、不全面。没有真实详细的环境信息作支撑，有关部门无法对环境绩效进行客观公正的评价。鉴于我国环境信息披露制度不完善的现状，政府部门的首要任务是完善信息披露制度，加大企业的环境信息披露力度，让企业更好地接受社会与公众的监督。此外，在本年度企业环境绩效评价过程中，发现排污许可系统内企业自行监测一栏均未录入监测数

据，这与排污许可制度的要求背道而驰，同时也限制了公众对企业的监督，这一问题亟须加以解决与改进。

5.1.3 合理布局、优化监督企业的“布控”范围

从前文分析来看，现有监测系统内的上市公司，在区域分布、行业分布、所有制分布及规模分布上，均呈现不平衡的态势。在未来工作安排上，应当对监督企业的分布进行合理优化，兼顾不同地区和不同类型企业。例如，应适度增加对中西部地区企业、国有企业的监督力度，将更多此类企业纳入监督系统。唯有此，才能对我国上市公司的环境绩效有更为全面、客观的评价。

5.1.4 进行差异化管理，重点强化环境绩效落后企业的监督力度

我国上市公司的环境绩效情况在区域、行业、所有制和规模上均存在明显的不均衡现象。由前述分析可知，在区域上，重点排污单位最差的前 5 个省份：甘肃得分 73.64 分，北京得分 72.4 分，河北得分 72.11 分，内蒙古得分 69.38 分，山西得分 68.19 分；非重点排污单位最差的前 5 个省份：山西得分 70.29 分，河北得分 70.67 分，上海得分 71.5 分，内蒙古得分 72.67 分，辽宁得分 73.5 分，可知环境绩效较低的地区集中分布于我国的中部与西部，应重点加强对内蒙古、山西和河北的监管力度。在行业上，重点排污单位中饮食加工制造业得分 79.97 分，医药制造业得分 79.59 分，生态保护和环境治理业得分 78.88 分，水的生产和供应业得分 78.33 分，其他行业得分 77.17 分，非金属矿物制品业得分 75.72 分，化学原料和化学制品制造业得分 75.26 分，批发与零售业得分 75 分，电力、热力生产和供应业得分 74.95 分，黑色金属和有色金属冶炼和压延加工业得分 72.11 分；非重点排污单位中饮食加工制造业得分 80.80 分，批发与零售业得分 80.32 分，水的生产和供应业得分 79.85 分，医药制造业得分 79.50 分，生态保护和环境治理业得分 79.11 分，化学原料和化学制品制造业得分 77.62 分，其他行业得分 76.76 分，非金属矿物制品业得分 76.33 分，黑色金属和有色金属冶炼和压延加工业得分 75.11 分，电力、热力生产和供应业得分 74.70 分，可知得分最低的行业为黑色金属和有色金属冶炼和压延加工业以及电力、热力生产和供应业，应重点关注这两个行业环境绩效落后的企业。在所有制上，重点排污单位中外商投资企业得分 78.34 分，其他内资企业得分 76.66 分，港、澳、台商投资企业得分 75.67 分，国有企业得分 74.22 分，其中国有企业的环境绩效得分较低，需要对重点排污单位的国有企业加强监管；非重点排污单位中国有企业得分 78.20 分，其他内资企业得分 77.88 分，外商投资企业得分 75.33 分，港、澳、台商投资企业得分 74.33 分，其中外商投资企业的环境绩效得分相对较低，需要对非重点排污单位的外商投资企业加强监管。在规模上，重点排污单位中注册资

金≤1 000 万元的企业得分 79.57 分，注册资金为 1 001 万～3 000 万元的企业得分 78.76 分，注册资金为 10 001 万～30 000 万元的企业得分 78.18 分，注册资金为 3 001 万～10 000 万元的企业得分 77.94 分，注册资金为 30 001 万～100 000 万元的企业得分 75.79 分，注册资金为 100 001 万～200 000 万元的企业得分 74.44 分，注册资金＞200 000 万元的企业得分 73.73 分；非重点排污单位中注册资金为 3 001 万～10 000 万元的企业得分 79.34 分，注册资金≤1 000 万元的企业得分 78.84 分，注册资金为 10 001 万～30 000 万元的企业得分 78.03 分，注册资金为 1 001 万～3 000 万元的企业得分 77.60 分，注册资金＞200 000 万元的企业得分 76.71 分，注册资金为 30 001 万～100 000 万元的企业得分 76.67 分，注册资金为 100 001 万～200 000 万元的企业得分 74.26 分，总体而言，规模较大的企业的环境表现劣于规模较小的企业，因此，在下一阶段的监督管理工作中，有关部门应当着重加强对较大规模企业的监管力度。综合上述分析，应建立完善重点监督企业名录，强化环境监管的针对性和有效性。

5.1.5　制定环境绩效奖励与惩罚机制，调动企业进行环境管理的积极性

为了提高企业环境管理水平，仅仅靠强制性的制度并不能达到长期高效的作用，必须让企业从根本上意识到进行环境管理的重要性，主动进行环境信息披露与提高环境绩效水平，从而树立良好的企业形象，提高企业竞争力。此外，为了把环境绩效评价落实到实处，政府应该制定环境绩效评价奖惩机制，对环境信息披露及时、全面或环境绩效表现好的企业给予奖励与支持，对披露不及时、不全面或绩效水平差的企业给予警告与处罚，从而形成较好的约束机制。①树立标杆企业。对环境绩效水平较高的企业，制定合理的奖励机制，并通过开展宣传教育活动，推广其先进经验，以推动和实现所有企业整体环境绩效水平的改善与提高。②细化惩罚机制。一方面对环境绩效水平较差的企业进行重点跟踪式监督，另一方面对惩罚机制进行细化，通过具体针对性惩罚条款督促其提升环境绩效。

5.2　对企业的政策建议

5.2.1　培育企业环保文化理念，重视环境管理

企业应将环境问题融入管理决策中，将绿色环保的理念，贯彻落实在生产经营的每一个环节中。改变高投入、低效率的粗放式生产经营模式，在生产经营过程中引入节能减排的新设备、新技术，提高资源的利用率，减少环境污染，达到经济与环境的协调发展。同时，企业应当重视创新和环保企业文化的培育，以符合组织需要的企业文化熏陶

企业的员工，使他们建立起相应的创新及可持续发展理念，并用这些理念指导自身的日常工作行为。在创新和环保等符合组织要求的企业文化指导下，组织内将会出现积极向上的氛围，全体员工将有统一的努力方向并为之付出自己的努力，最终最大限度提升企业价值。

5.2.2 聚焦核心环保技术的研发与创新

有些行业或企业虽然投入了大量的能源与资金，但因为使用效率低，导致环境效率低下。此时不应一味地追求产量而盲目扩张，应该努力提高环境管理水平，避免环境管理不经济而带来的环境规模不经济。在环境治理方面，技术创新能力的提升是影响企业核心竞争力的关键要素。这一重要性体现在技术创新带动企业环保工艺的优化，使新工艺更加符合企业的发展要求，从而提高企业的环保能力，最终在经济发展的同时提升环境效益。因此，企业应当重视环保技术创新能力的提升，树立创新意识，积极参与实践，以实现企业在环境管理方面的竞争优势。

5.2.3 定期披露环境信息，积极进行环境绩效评价

企业应认识到环境管理的重要性，响应政府号召，主动披露企业的环境信息，供相关部门及其他利益相关者查看与监督。企业应积极进行环境绩效评价，找到自身环境管理的薄弱环节，主动进行调整，排除环境风险，从而树立起良好的企业绿色形象，增强企业的整体竞争力，实现企业经济效益与社会责任的统一。

5.2.4 建立并完善企业环境绩效反馈机制

企业的环境保护情况需要定期对其进行分析，分析出企业在环境保护方面上的不足之处，从而在以后的工作中对其不足做出改正，更好地为企业的发展提供指导。企业内部除了要大力建设评估机制、落实监管责任外，还要形成反馈机制，根据反馈结果，调整环境经营战略，推进环境管理工作的开展。在评估结果的反馈工作中，企业可以安排专门的人员对结果进行分析整理，形成环境绩效评价结果报告书，不仅要对当次的评估结果做出分析，列出对环境绩效有重大影响的因素并给予关注，还要进行纵向比较与横向比较，与本企业前期开展环境管理工作的成果和目前领域领先企业作对比分析，详细指出这个期间改进工作取得的成效和出现的新问题，认清企业自身实际管理状况，有针对性地制定企业下期环境管理工作的目标和策略，确定企业以后环境管理工作的开展方向。对于评估工作中发现的环境管理问题，要进行结果公示和限期调整，反馈工作要及时，执行要有力度，以最快的效率采取相应改进措施，提高企业环境管理效率。

第 6 章　研究不足与展望

虽然本研究对企业环境表现水平的评价工作在前人的基础上进行了进一步的补充与完善，但其目前仍然存在一定的缺陷与问题，主要体现在 3 个方面。

（1）相较于 2017 年度的企业环境绩效评价工作，2018 年度进一步将排污许可系统纳入评价体系框架，但目前的工作做得还不够充足，一方面仅对 2017 年度颁证企业和 2018 年度新增颁证行业企业进行了评价，而 2017 年度颁证行业和 2018 年度新增企业的数据缺失，因此在排污许可系统的评价过程中遗失了一些需要评价的企业，这导致排污许可系统这一部分的评价结果可能同现实存在一定的偏差；另一方面，排污许可系统公开端目前尚未公开企业自行监测的数据，因此在排污许可自行监测这一部分我们都以 0 分计入，未来随着平台的不断完善和数据的更新，我们可以进一步对自行监测的执行情况和企业排污水平进行进一步的补充与评价。

（2）虽然在 2018 年度的评价工作中我们新增了排污许可系统这一部分的数据，但公众参与作为目前环境管理自下而上倒逼企业改善环境表现的一个重要组成部分，在目前的评价体系中并未予以考虑。随着“12369”数据的收集、处理与挖掘，在接下来的评价工作中我们可以进一步把公众参与这一部分纳入指标体系，从更加全面和综合的角度来评价企业的环境表现。

（3）由于现阶段数据在不断追加与更新，评价体系在不断改进与完善，目前 2017 年度和 2018 年度的企业环境绩效得分并不具有可比性，在未来数据完善、评价指标体系相对成熟的条件下，可以采用相同的方法和权重计算不同年份企业环境绩效得分，以提高企业环境绩效得分的纵向可比性。

参考文献

[1] 黎文靖，路晓燕. 机构投资者关注企业的环境绩效吗？—— 来自我国重污染行业上市公司的经验证据[J]. 金融研究，2015（12）：97-112.

[2] 崔春. 企业环境责任评价模式与效应研究[J]. 技术经济与管理研究，2018（8）：56-60.

[3] 李平，黄嘉慧，王玉乾. 公司治理影响环境绩效的实证研究[J]. 管理现代化，2015，35（2）：81-83.

[4] 武剑锋，叶陈刚，刘猛. 环境绩效、政治关联与环境信息披露——来自沪市 A 股重污染行业的经验证据[J]. 山西财经大学学报，2015，37（7）：99-110.

[5] 唐蕾. 新能源行业上市公司的政府补助、研发投入与环境绩效[D]. 重庆：重庆工商大学，2018.

[6] MARLIN J T. Accounting for pollution[J]. Journal of Accountancy（pre-1986），1973，135（2）：41.

[7] KLASSEN R D，MCLAUGHLIN C P. The impact of environmental management on firm performance[J]. Management Science，1996，42（8）：1199-1214.

[8] CORBETT C J，PAN J-N. Evaluating environmental performance using statistical process control techniques[J]. European Journal of Operational Research，2002，139（1）：68-83.

[9] 王军武. 工程建设项目绩效评价研究[M]. 武汉：武汉理工大学出版社，2015.

[10] TYTECA D. Linear programming models for the measurement of environmental performance of firms—concepts and empirical results[J]. Journal of Productivity Analysis，1997，8（2）：183-197.

[11] 谢芳，李慧明. 企业的环境责任与环境绩效评估[J]. 现代财经：天津财经大学学报，2005，25（1）：40-42.

[12] 联合国贸易与发展会议发布. 生态效率指标编制者和使用者手册[M]. 北京：中国财政经济出版社，2005.

[13] EPSTEIN M J，WISNER P. Good neighbours：implementing social and environmental strategies with the BSC[J]. Balanced Scorecard Report，2001，3（3）：8-11.

[14] SARKIS J，TALLURI S. Ecoefficiency measurement using data envelopment analysis：research and practitioner issues[J]. Journal of Environmental Assessment Policy and Management，2004，6（1）：91-123.

[15] 宋铁君. 企业环境绩效评价指标体系的构建及其应用[D]. 北京：北方工业大学，2007.

[16] 贾钦然. 低碳经济背景下我国钢铁企业环境绩效评价研究[D]. 北京：北京交通大学，2014.

[17] 周曙东. 企业环境行为绩效综合评价指标体系研究[J]. 中国国情国力，2011（11）：52-55.

附录 A

表 A.1　所有评价企业基本信息

序号	代码	名称（简称）	被参控公司/母公司	子/母公司
1	000009.SZ	中国宝安	宜宾金石新材料科技有限公司	子公司
1	000009.SZ	中国宝安	广州市新豪精密五金制品有限公司	子公司
1	000009.SZ	中国宝安	深圳市贝特瑞新能源材料股份有限公司	子公司
2	000012.SZ	南玻 A	东莞南玻太阳能玻璃有限公司	子公司
2	000012.SZ	南玻 A	宜昌南玻硅材料有限公司	子公司
2	000012.SZ	南玻 A	河北视窗玻璃有限公司	子公司
2	000012.SZ	南玻 A	河北南玻玻璃有限公司	子公司
2	000012.SZ	南玻 A	咸宁南玻玻璃有限公司	子公司
2	000012.SZ	南玻 A	成都南玻玻璃有限公司	子公司
3	000016.SZ	深康佳 A	广东兴达鸿业电子有限公司	子公司
4	000021.SZ	深科技	深圳长城开发精密技术有限公司	子公司
5	000027.SZ	深圳能源	深能保定发电有限公司	子公司
5	000027.SZ	深圳能源	国电深能四川华蓥山发电有限公司	子公司
5	000027.SZ	深圳能源	满洲里达赉湖热电有限公司	子公司
5	000027.SZ	深圳能源	深圳妈湾电力有限公司	子公司
5	000027.SZ	深圳能源	惠州深能源丰达电力有限公司	子公司
5	000027.SZ	深圳能源	河北西柏坡发电有限责任公司	子公司
5	000027.SZ	深圳能源	东莞深能源樟洋电力有限公司	子公司
5	000027.SZ	深圳能源	深圳能源集团股份有限公司	母公司
5	000027.SZ	深圳能源	国电织金发电有限公司	子公司
5	000027.SZ	深圳能源	库尔勒新隆热力有限责任公司	子公司
5	000027.SZ	深圳能源	国电南宁发电有限责任公司	子公司
5	000027.SZ	深圳能源	深能合和电力（河源）有限公司	子公司
6	000028.SZ	国药一致	深圳万乐药业有限公司	子公司
6	000028.SZ	国药一致	国药集团致君（深圳）坪山制药有限公司	子公司
6	000028.SZ	国药一致	国药集团致君（深圳）制药有限公司	子公司
7	000030.SZ	富奥股份	富奥汽车零部件股份有限公司	母公司
8	000035.SZ	中国天楹	启东天楹环保能源有限公司	子公司
8	000035.SZ	中国天楹	滨州天楹环保能源有限公司	子公司
8	000035.SZ	中国天楹	海安天楹环保能源有限公司	子公司
8	000035.SZ	中国天楹	太和县天楹环保能源有限公司	子公司
8	000035.SZ	中国天楹	福州天楹环保能源有限公司	子公司
8	000035.SZ	中国天楹	深圳市天楹环保能源有限公司	子公司
8	000035.SZ	中国天楹	莒南天楹环保能源有限公司	子公司
8	000035.SZ	中国天楹	辽源天楹环保能源有限公司	子公司

序号	代码	名称（简称）	被参控公司/母公司	子/母公司
8	000035.SZ	中国天楹	如东天楹环保能源有限公司	子公司
9	000037.SZ	深南电A	深圳南山热电股份有限公司	母公司
9	000037.SZ	深南电A	深南电（东莞）唯美电力有限公司	子公司
9	000037.SZ	深南电A	深南电（中山）电力有限公司	子公司
10	000043.SZ	中航善达	深圳市正章干洗有限公司	子公司
11	000045.SZ	深纺织A	深圳市盛波光电科技有限公司	子公司
12	000050.SZ	深天马A	成都天马微电子有限公司	子公司
12	000050.SZ	深天马A	厦门天马微电子有限公司	子公司
12	000050.SZ	深天马A	上海中航光电子有限公司	子公司
12	000050.SZ	深天马A	上海天马微电子有限公司	子公司
12	000050.SZ	深天马A	武汉天马微电子有限公司	子公司
13	000059.SZ	华锦股份	锦西天然气化工有限责任公司	子公司
13	000059.SZ	华锦股份	盘锦北方沥青股份有限公司	子公司
13	000059.SZ	华锦股份	北方华锦化学工业股份有限公司	母公司
14	000060.SZ	中金岭南	深圳市中金岭南有色金属股份有限公司	母公司
15	000068.SZ	华控赛格	迁安市华控环境投资有限责任公司	子公司
16	000096.SZ	广聚能源	深圳妈湾电力有限公司	子公司
16	000096.SZ	广聚能源	深圳南山热电股份有限公司	子公司
17	000100.SZ	TCL集团	武汉华星光电技术有限公司	子公司
17	000100.SZ	TCL集团	深圳市华星光电技术有限公司	子公司
18	000153.SZ	丰原药业	安徽丰原利康制药有限公司	子公司
18	000153.SZ	丰原药业	安徽丰原药业股份有限公司	母公司
19	000338.SZ	潍柴动力	潍柴动力股份有限公司	母公司
20	000401.SZ	冀东水泥	冀东水泥阿巴嘎旗有限责任公司	子公司
20	000401.SZ	冀东水泥	冀东水泥重庆江津有限责任公司	子公司
20	000401.SZ	冀东水泥	冀东海德堡（泾阳）水泥有限公司	子公司
20	000401.SZ	冀东水泥	内蒙古伊东冀东水泥有限公司	子公司
20	000401.SZ	冀东水泥	唐山冀东水泥股份有限公司	母公司
20	000401.SZ	冀东水泥	冀东水泥重庆合川有限责任公司	子公司
20	000401.SZ	冀东水泥	冀东水泥凤翔有限责任公司	子公司
20	000401.SZ	冀东水泥	米脂冀东水泥有限公司	子公司
20	000401.SZ	冀东水泥	冀东水泥铜川有限公司	子公司
20	000401.SZ	冀东水泥	包头冀东水泥有限公司	子公司
20	000401.SZ	冀东水泥	冀东海德堡（扶风）水泥有限公司	子公司
20	000401.SZ	冀东水泥	辽阳冀东水泥有限公司	子公司
20	000401.SZ	冀东水泥	吴堡冀东特种水泥有限公司	子公司
20	000401.SZ	冀东水泥	内蒙古亿利冀东水泥有限责任公司	子公司
20	000401.SZ	冀东水泥	冀东水泥丰润有限责任公司	子公司
20	000401.SZ	冀东水泥	冀东水泥璧山有限责任公司	子公司
20	000401.SZ	冀东水泥	冀东水泥黑龙江有限公司	子公司
20	000401.SZ	冀东水泥	临澧冀东水泥有限公司	子公司

序号	代码	名称（简称）	被参控公司/母公司	子/母公司
20	000401.SZ	冀东水泥	冀东水泥（烟台）有限责任公司	子公司
20	000401.SZ	冀东水泥	内蒙古冀东水泥有限责任公司	子公司
21	000413.SZ	东旭光电	上海申龙客车有限公司	子公司
21	000413.SZ	东旭光电	四川旭虹光电科技有限公司	子公司
21	000413.SZ	东旭光电	福州东旭光电科技有限公司	子公司
22	000418.SZ	小天鹅A	合肥美的洗衣机有限公司	子公司
23	000420.SZ	吉林化纤	吉林奇峰化纤股份有限公司	子公司
24	000421.SZ	南京公用	华润电力唐山丰润有限公司	子公司
25	000422.SZ	ST 宜化	内蒙古华电乌达热电有限公司	子公司
25	000422.SZ	ST 宜化	青海宜化化工有限责任公司	子公司
25	000422.SZ	ST 宜化	宜昌宜化太平洋热电有限公司	子公司
25	000422.SZ	ST 宜化	湖北宜化肥业有限公司	子公司
25	000422.SZ	ST 宜化	湖北宜化化工股份有限公司	母公司
25	000422.SZ	ST 宜化	贵州宜化化工有限责任公司	子公司
25	000422.SZ	ST 宜化	内蒙古鄂尔多斯联合化工有限公司	子公司
26	000423.SZ	东阿阿胶	东阿阿胶股份有限公司	母公司
26	000423.SZ	东阿阿胶	新疆和田阿华阿胶有限公司	子公司
27	000425.SZ	徐工机械	徐州天裕燃气发电有限公司	子公司
27	000425.SZ	徐工机械	徐州徐工液压件有限公司	子公司
28	000488.SZ	晨鸣纸业	江西晨鸣纸业有限责任公司	子公司
28	000488.SZ	晨鸣纸业	湛江晨鸣浆纸有限公司	子公司
28	000488.SZ	晨鸣纸业	武汉晨鸣乾能热电有限责任公司	子公司
28	000488.SZ	晨鸣纸业	吉林晨鸣纸业有限责任公司	子公司
28	000488.SZ	晨鸣纸业	山东晨鸣纸业集团股份有限公司	母公司
28	000488.SZ	晨鸣纸业	寿光美伦纸业有限责任公司	子公司
28	000488.SZ	晨鸣纸业	武汉晨鸣汉阳纸业股份有限公司	子公司
29	000510.SZ	金路集团	四川岷江电化有限公司	子公司
29	000510.SZ	金路集团	四川省金路树脂有限公司	子公司
30	000513.SZ	丽珠集团	古田福兴医药有限公司	子公司
30	000513.SZ	丽珠集团	丽珠集团福州福兴医药有限公司	子公司
30	000513.SZ	丽珠集团	珠海保税区丽珠合成制药有限公司	子公司
31	000525.SZ	红太阳	南京红太阳股份有限公司	母公司
31	000525.SZ	红太阳	重庆华歌生物化学有限公司	子公司
31	000525.SZ	红太阳	南京红太阳生物化学有限责任公司	子公司
31	000525.SZ	红太阳	安徽国星生物化学有限公司	子公司
32	000528.SZ	柳工	广西柳工机械股份有限公司	母公司
33	000531.SZ	穗恒运A	广州恒运热电（D）厂有限责任公司	子公司
33	000531.SZ	穗恒运A	广州恒运东区热力有限公司	子公司
33	000531.SZ	穗恒运A	广州恒运企业集团股份有限公司	母公司
34	000532.SZ	华金资本	东营中拓水质净化有限公司	子公司
35	000539.SZ	粤电力A	广东红海湾发电有限公司	子公司

序号	代码	名称（简称）	被参控公司/母公司	子/母公司
35	000539.SZ	粤电力A	深圳市广前电力有限公司	子公司
35	000539.SZ	粤电力A	广东粤电大埔发电有限公司	子公司
35	000539.SZ	粤电力A	茂名臻能热电有限公司	子公司
35	000539.SZ	粤电力A	广东粤电靖海发电有限公司	子公司
35	000539.SZ	粤电力A	广东惠州平海发电厂有限公司	子公司
35	000539.SZ	粤电力A	广东电力发展股份有限公司	母公司
35	000539.SZ	粤电力A	广东惠州天然气发电有限公司	子公司
35	000539.SZ	粤电力A	广东国华粤电台山发电有限公司	子公司
35	000539.SZ	粤电力A	湛江中粤能源有限公司	子公司
35	000539.SZ	粤电力A	湛江电力有限公司	子公司
36	000543.SZ	皖能电力	皖能合肥发电有限公司	子公司
36	000543.SZ	皖能电力	皖能铜陵发电有限公司	子公司
36	000543.SZ	皖能电力	阜阳华润电力有限公司	子公司
36	000543.SZ	皖能电力	皖能马鞍山发电有限公司	子公司
36	000543.SZ	皖能电力	安徽钱营孜发电有限公司	子公司
36	000543.SZ	皖能电力	淮北申皖发电有限公司	子公司
36	000543.SZ	皖能电力	临涣中利发电有限公司	子公司
36	000543.SZ	皖能电力	淮北国安电力有限公司	子公司
36	000543.SZ	皖能电力	淮北涣城发电有限公司	子公司
37	000544.SZ	中原环保	中原环保郑州上街水务有限公司	子公司
37	000544.SZ	中原环保	郑州市郑东新区水务有限公司	子公司
37	000544.SZ	中原环保	中原环保伊川水务有限公司	子公司
37	000544.SZ	中原环保	中原环保水务登封有限公司	子公司
38	000545.SZ	金浦钛业	徐州钛白化工有限责任公司	子公司
38	000545.SZ	金浦钛业	南京钛白化工有限责任公司	子公司
39	000546.SZ	金圆股份	青海互助金圆水泥有限公司	子公司
39	000546.SZ	金圆股份	青海宏扬水泥有限公司	子公司
39	000546.SZ	金圆股份	江西新金叶实业有限公司	子公司
40	000550.SZ	江铃汽车	江铃汽车股份有限公司	母公司
41	000552.SZ	靖远煤电	靖煤集团白银热电有限公司	子公司
42	000559.SZ	万向钱潮	万向通达股份公司	子公司
43	000568.SZ	泸州老窖	泸州老窖股份有限公司	母公司
44	000571.SZ	*ST大洲	内蒙古牙克石五九煤炭（集团）有限责任公司	子公司
45	000572.SZ	*ST海马	海马新能源汽车有限公司	子公司
46	000576.SZ	广东甘化	江门市北街（联营）发电厂	子公司
47	000589.SZ	贵州轮胎	贵州轮胎股份有限公司	母公司
48	000590.SZ	启迪古汉	启迪古汉集团衡阳中药有限公司	子公司
49	000592.SZ	平潭发展	中福海峡（平潭）水务工程有限公司	子公司
50	000596.SZ	古井贡酒	安徽龙瑞玻璃有限公司	子公司
50	000596.SZ	古井贡酒	安徽古井贡酒股份有限公司	母公司
51	000597.SZ	东北制药	东北制药集团供销有限公司	子公司

序号	代码	名称（简称）	被参控公司/母公司	子/母公司
52	000598.SZ	兴蓉环境	成都市兴蓉再生能源有限公司	子公司
53	000599.SZ	青岛双星	青岛双星轮胎工业有限公司	子公司
54	000600.SZ	建投能源	河北西柏坡第二发电有限责任公司	子公司
54	000600.SZ	建投能源	邢台国泰发电有限责任公司	子公司
54	000600.SZ	建投能源	国电承德热电有限公司	子公司
54	000600.SZ	建投能源	河北大唐国际王滩发电有限责任公司	子公司
54	000600.SZ	建投能源	河北邯峰发电有限责任公司	子公司
54	000600.SZ	建投能源	河北国华沧东发电有限责任公司	子公司
54	000600.SZ	建投能源	承德龙新热力有限责任公司	子公司
54	000600.SZ	建投能源	建投邢台热电有限责任公司	子公司
54	000600.SZ	建投能源	河北建投沙河发电有限责任公司	子公司
54	000600.SZ	建投能源	国电河北龙山发电有限责任公司	子公司
54	000600.SZ	建投能源	河北建投宣化热电有限责任公司	子公司
54	000600.SZ	建投能源	河北衡丰发电有限责任公司	子公司
54	000600.SZ	建投能源	河北建投任丘热电有限责任公司	子公司
54	000600.SZ	建投能源	衡水恒兴发电有限责任公司	子公司
54	000600.SZ	建投能源	河北西柏坡发电有限责任公司	子公司
55	000601.SZ	韶能股份	韶能集团耒阳电力实业有限公司	子公司
55	000601.SZ	韶能股份	广东韶能集团股份有限公司	母公司
55	000601.SZ	韶能股份	张家界市桑梓综合利用发电厂有限责任公司	子公司
55	000601.SZ	韶能股份	韶能集团新丰旭能生物质发电有限公司	子公司
55	000601.SZ	韶能股份	韶能集团韶关市日升生物质发电有限公司	子公司
56	000605.SZ	渤海股份	天津市润达环境治理服务有限公司	子公司
56	000605.SZ	渤海股份	新乐市诚润污水处理有限公司	子公司
56	000605.SZ	渤海股份	天津市润达金源水务有限公司	子公司
57	000612.SZ	焦作万方	焦作万方铝业股份有限公司	母公司
57	000612.SZ	焦作万方	焦作煤业集团赵固（新乡）能源有限责任公司	子公司
58	000615.SZ	京汉股份	湖北金环新材料科技有限公司	子公司
59	000623.SZ	吉林敖东	吉林敖东洮南药业股份有限公司	子公司
59	000623.SZ	吉林敖东	吉林敖东工业园公用资产管理有限公司	子公司
59	000623.SZ	吉林敖东	吉林敖东药业集团延吉股份有限公司	子公司
60	000625.SZ	长安汽车	重庆长安汽车股份有限公司	母公司
60	000625.SZ	长安汽车	合肥长安汽车有限公司	子公司
60	000625.SZ	长安汽车	重庆长安跨越车辆有限公司	子公司
60	000625.SZ	长安汽车	长安标致雪铁龙汽车有限公司	子公司
60	000625.SZ	长安汽车	长安福特汽车有限公司	子公司
61	000627.SZ	天茂集团	内蒙古包钢钢联股份有限公司	子公司
62	000629.SZ	攀钢钒钛	攀枝花东方钛业有限公司	子公司
62	000629.SZ	攀钢钒钛	攀钢集团钛业有限责任公司	子公司
62	000629.SZ	攀钢钒钛	攀钢集团钒钛资源股份有限公司	母公司
63	000630.SZ	铜陵有色	张家港联合铜业有限公司	子公司

序号	代码	名称（简称）	被参控公司/母公司	子/母公司
63	000630.SZ	铜陵有色	金隆铜业有限公司	子公司
63	000630.SZ	铜陵有色	赤峰金剑铜业有限责任公司	子公司
63	000630.SZ	铜陵有色	铜陵有色金属集团股份有限公司	母公司
63	000630.SZ	铜陵有色	铜陵有色金属集团铜冠新技术有限公司	子公司
63	000630.SZ	铜陵有色	铜陵有色股份凤凰山矿业有限公司	子公司
63	000630.SZ	铜陵有色	合肥铜冠国轩铜材有限公司	子公司
63	000630.SZ	铜陵有色	铜陵有色股份天马山黄金矿业有限公司	子公司
64	000635.SZ	英力特	宁夏英力特化工股份有限公司	母公司
65	000650.SZ	仁和药业	江西制药有限责任公司	子公司
66	000651.SZ	格力电器	格力电器（郑州）有限公司	子公司
66	000651.SZ	格力电器	格力电器（合肥）有限公司	子公司
67	000652.SZ	泰达股份	天津泰达环保有限公司	子公司
68	000655.SZ	金岭矿业	喀什金岭球团有限公司	子公司
69	000672.SZ	上峰水泥	博乐市上峰水泥有限公司	子公司
69	000672.SZ	上峰水泥	怀宁上峰水泥有限公司	子公司
69	000672.SZ	上峰水泥	铜陵上峰水泥股份有限公司	子公司
69	000672.SZ	上峰水泥	浙江上峰建材有限公司	子公司
70	000677.SZ	恒天海龙	恒天海龙股份有限公司	母公司
71	000683.SZ	远兴能源	锡林郭勒苏尼特碱业有限公司	子公司
71	000683.SZ	远兴能源	内蒙古博大实地化学有限公司	子公司
71	000683.SZ	远兴能源	河南中源化学股份有限公司	子公司
72	000685.SZ	中山公用	中山市珍家山污水处理有限公司	子公司
72	000685.SZ	中山公用	济宁中山公用水务有限公司	子公司
72	000685.SZ	中山公用	中山市污水处理有限公司	子公司
73	000690.SZ	宝新能源	广东宝丽华电力有限公司	子公司
74	000692.SZ	惠天热电	沈阳市第二热力供暖公司	子公司
74	000692.SZ	惠天热电	沈阳金廊热力有限公司	子公司
74	000692.SZ	惠天热电	沈阳惠天热电股份有限公司	母公司
74	000692.SZ	惠天热电	沈阳惠天棋盘山供热有限责任公司	子公司
75	000695.SZ	滨海能源	天津泰达能源发展有限责任公司	子公司
75	000695.SZ	滨海能源	国华能源发展（天津）有限公司	子公司
76	000698.SZ	沈阳化工	沈阳化工股份有限公司	母公司
76	000698.SZ	沈阳化工	沈阳石蜡化工有限公司	子公司
77	000700.SZ	模塑科技	沈阳道达汽车饰件有限公司	子公司
78	000703.SZ	恒逸石化	浙江恒逸高新材料有限公司	子公司
78	000703.SZ	恒逸石化	海南逸盛石化有限公司	子公司
78	000703.SZ	恒逸石化	浙江巴陵恒逸已内酰胺有限责任公司	子公司
78	000703.SZ	恒逸石化	浙江恒逸聚合物有限公司	子公司
78	000703.SZ	恒逸石化	浙江双兔新材料有限公司	子公司
78	000703.SZ	恒逸石化	浙江逸盛石化有限公司	子公司
79	000705.SZ	浙江震元	浙江震元制药有限公司	子公司

序号	代码	名称（简称）	被参控公司/母公司	子/母公司
80	000709.SZ	河钢股份	唐山中厚板材有限公司	子公司
80	000709.SZ	河钢股份	唐钢青龙炉料有限公司	子公司
80	000709.SZ	河钢股份	河北钢铁集团滦县司家营铁矿有限公司	子公司
80	000709.SZ	河钢股份	河钢承德钒钛新材料有限公司	子公司
80	000709.SZ	河钢股份	邯钢集团邯宝钢铁有限公司	子公司
81	000713.SZ	丰乐种业	安徽丰乐农化有限责任公司	子公司
82	000717.SZ	韶钢松山	宝钢特钢韶关有限公司	子公司
83	000723.SZ	美锦能源	唐钢美锦（唐山）煤化工有限公司	子公司
83	000723.SZ	美锦能源	山西美锦煤焦化有限公司	子公司
84	000725.SZ	京东方 A	北京京东方显示技术有限公司	子公司
84	000725.SZ	京东方 A	北京京东方光电科技有限公司	子公司
84	000725.SZ	京东方 A	成都京东方光电科技有限公司	子公司
84	000725.SZ	京东方 A	合肥鑫晟光电科技有限公司	子公司
84	000725.SZ	京东方 A	合肥京东方光电科技有限公司	子公司
84	000725.SZ	京东方 A	福州京东方光电科技有限公司	子公司
84	000725.SZ	京东方 A	重庆京东方光电科技有限公司	子公司
85	000726.SZ	鲁泰 A	鲁泰纺织股份有限公司	母公司
85	000726.SZ	鲁泰 A	鲁丰织染有限公司	子公司
85	000726.SZ	鲁泰 A	淄博鑫胜热电有限公司	子公司
86	000727.SZ	华东科技	南京中电熊猫平板显示科技有限公司	子公司
87	000729.SZ	燕京啤酒	燕京啤酒（河南月山）有限公司	子公司
87	000729.SZ	燕京啤酒	燕京啤酒（玉林）有限公司	子公司
87	000729.SZ	燕京啤酒	燕京啤酒（通辽）有限责任公司	子公司
87	000729.SZ	燕京啤酒	新疆燕京啤酒有限公司	子公司
87	000729.SZ	燕京啤酒	燕京啤酒（山东无名）股份有限公司	子公司
87	000729.SZ	燕京啤酒	燕京啤酒（贵州）有限公司	子公司
87	000729.SZ	燕京啤酒	燕京啤酒（浙江仙都）有限公司	子公司
87	000729.SZ	燕京啤酒	沈阳燕京啤酒有限公司	子公司
87	000729.SZ	燕京啤酒	燕京啤酒内蒙古金川有限公司	子公司
87	000729.SZ	燕京啤酒	燕京啤酒（驻马店）有限公司	子公司
87	000729.SZ	燕京啤酒	河北燕京玻璃制品有限公司	子公司
87	000729.SZ	燕京啤酒	广东燕京啤酒有限公司	子公司
87	000729.SZ	燕京啤酒	燕京啤酒（赣州）有限责任公司	子公司
87	000729.SZ	燕京啤酒	燕京啤酒（衡阳）有限公司	子公司
87	000729.SZ	燕京啤酒	河北燕京啤酒有限公司	子公司
87	000729.SZ	燕京啤酒	四川燕京啤酒有限公司	子公司
87	000729.SZ	燕京啤酒	燕京啤酒（湘潭）有限公司	子公司
87	000729.SZ	燕京啤酒	北京燕京啤酒股份有限公司	母公司
87	000729.SZ	燕京啤酒	燕京惠泉啤酒（抚州）有限公司	子公司
87	000729.SZ	燕京啤酒	燕京啤酒（桂林漓泉）股份有限公司	子公司
87	000729.SZ	燕京啤酒	福建燕京惠泉啤酒福鼎有限公司	子公司

序号	代码	名称（简称）	被参控公司/母公司	子/母公司
88	000731.SZ	四川美丰	四川美丰化工科技有限责任公司	子公司
88	000731.SZ	四川美丰	新疆美丰化工有限公司	子公司
89	000735.SZ	罗牛山	海南罗牛山食品集团有限公司	子公司
90	000737.SZ	ST 南风	四川同庆南风有限责任公司	子公司
91	000739.SZ	普洛药业	浙江普洛康裕制药有限公司	子公司
91	000739.SZ	普洛药业	浙江普洛得邦制药有限公司	子公司
91	000739.SZ	普洛药业	浙江普洛家园药业有限公司	子公司
92	000751.SZ	锌业股份	葫芦岛锌业股份有限公司	母公司
93	000753.SZ	漳州发展	漳州东墩污水处理有限公司	子公司
94	000756.SZ	新华制药	山东新华制药股份有限公司	母公司
94	000756.SZ	新华制药	新华制药（寿光）有限公司	子公司
95	000758.SZ	中色股份	赤峰中色锌业有限公司	子公司
96	000761.SZ	本钢板材	本钢板材股份有限公司	母公司
96	000761.SZ	本钢板材	本钢板材辽阳球团有限责任公司	子公司
97	000767.SZ	漳泽电力	山西漳电国电王坪发电有限公司	子公司
97	000767.SZ	漳泽电力	秦皇岛秦热发电有限责任公司	子公司
97	000767.SZ	漳泽电力	山西漳泽电力股份有限公司	母公司
97	000767.SZ	漳泽电力	山西漳电大唐塔山发电有限公司	子公司
97	000767.SZ	漳泽电力	中铝山西新材料有限公司	子公司
97	000767.SZ	漳泽电力	山西临汾热电有限公司	子公司
97	000767.SZ	漳泽电力	山西漳电同达热电有限公司	子公司
97	000767.SZ	漳泽电力	山西漳电同华发电有限公司	子公司
97	000767.SZ	漳泽电力	山西漳泽电力河曲新能源有限公司	子公司
97	000767.SZ	漳泽电力	山西漳电大唐热电有限公司	子公司
98	000768.SZ	中航飞机	中航飞机汉中航空零组件制造有限公司	子公司
99	000778.SZ	新兴铸管	拜城县峰峰煤焦化有限公司	子公司
99	000778.SZ	新兴铸管	新兴铸管新疆控股集团有限公司	子公司
99	000778.SZ	新兴铸管	黄石新兴管业有限公司	子公司
99	000778.SZ	新兴铸管	芜湖新兴铸管有限责任公司	子公司
99	000778.SZ	新兴铸管	新兴铸管股份有限公司	母公司
100	000779.SZ	三毛派神	兰州三毛实业股份有限公司	母公司
101	000782.SZ	美达股份	广东新会美达锦纶股份有限公司	母公司
102	000786.SZ	北新建材	故城北新建材有限公司	子公司
102	000786.SZ	北新建材	广安北新建材有限公司	子公司
102	000786.SZ	北新建材	北新集团建材股份有限公司	母公司
102	000786.SZ	北新建材	湖北北新建材有限公司	子公司
102	000786.SZ	北新建材	泰山石膏（陕西）有限公司	子公司
102	000786.SZ	北新建材	泰山石膏（湖北）有限公司	子公司
102	000786.SZ	北新建材	泰山石膏（襄阳）有限公司	子公司
102	000786.SZ	北新建材	淮南北新建材有限公司	子公司
102	000786.SZ	北新建材	泰山石膏有限公司	子公司

序号	代码	名称（简称）	被参控公司/母公司	子/母公司
102	000786.SZ	北新建材	北新建材（嘉兴）有限公司	子公司
102	000786.SZ	北新建材	阜新泰山石膏建材有限公司	子公司
103	000789.SZ	万年青	江西赣州南方万年青水泥有限公司	子公司
103	000789.SZ	万年青	江西万年青水泥股份有限公司	母公司
103	000789.SZ	万年青	江西三环水泥有限公司	子公司
103	000789.SZ	万年青	江西兴国南方万年青水泥有限公司	子公司
103	000789.SZ	万年青	江西玉山万年青水泥有限公司	子公司
103	000789.SZ	万年青	江西于都南方万年青水泥有限公司	子公司
103	000789.SZ	万年青	江西瑞金万年青水泥有限责任公司	子公司
103	000789.SZ	万年青	江西锦溪水泥有限公司	子公司
104	000792.SZ	*ST 盐湖	青海盐湖镁业有限公司	子公司
104	000792.SZ	*ST 盐湖	青海盐湖海纳化工有限公司	子公司
104	000792.SZ	*ST 盐湖	青海盐湖工业股份有限公司	母公司
104	000792.SZ	*ST 盐湖	青海水泥股份有限公司	子公司
105	000799.SZ	酒鬼酒	酒鬼酒股份有限公司	母公司
106	000800.SZ	一汽轿车	一汽轿车股份有限公司	母公司
107	000807.SZ	云铝股份	云南文山铝业有限公司	子公司
107	000807.SZ	云铝股份	云南铝业股份有限公司	母公司
107	000807.SZ	云铝股份	云南云铝润鑫铝业有限公司	子公司
107	000807.SZ	云铝股份	云南云铝涌鑫铝业有限公司	子公司
108	000815.SZ	美利云	中冶美利云产业投资股份有限公司	母公司
109	000818.SZ	航锦科技	航锦科技股份有限公司	母公司
110	000822.SZ	山东海化	山东海化盛兴热电有限公司	子公司
110	000822.SZ	山东海化	山东海化股份有限公司	母公司
111	000823.SZ	超声电子	汕头超声印制板（二厂）有限公司	子公司
112	000825.SZ	太钢不锈	山西太钢不锈钢股份有限公司	母公司
112	000825.SZ	太钢不锈	天津太钢天管不锈钢有限公司	子公司
112	000825.SZ	太钢不锈	山西太钢不锈钢钢管有限公司	子公司
113	000826.SZ	启迪桑德	保山桑德环境工程有限公司	子公司
113	000826.SZ	启迪桑德	亳州永康医疗废物处置有限公司	子公司
113	000826.SZ	启迪桑德	昌邑紫光水业有限公司	子公司
113	000826.SZ	启迪桑德	荆门桑德夏家湾水务有限公司	子公司
113	000826.SZ	启迪桑德	临清德运环保能源有限公司	子公司
113	000826.SZ	启迪桑德	明光桑德康清环保有限公司	子公司
113	000826.SZ	启迪桑德	襄阳桑德汉水水务有限公司	子公司
113	000826.SZ	启迪桑德	包头鹿城水务有限公司	子公司
113	000826.SZ	启迪桑德	崇阳天清水务有限公司	子公司
113	000826.SZ	启迪桑德	大冶桑德清波水务有限公司	子公司
113	000826.SZ	启迪桑德	肇源紫光水业有限公司	子公司
113	000826.SZ	启迪桑德	重庆绿能新能源有限公司	子公司
113	000826.SZ	启迪桑德	宜昌桑德三峡水务有限公司	子公司

序号	代码	名称（简称）	被参控公司/母公司	子/母公司
113	000826.SZ	启迪桑德	枝江桑德枝清水务有限公司	子公司
113	000826.SZ	启迪桑德	咸宁淦清水务有限公司	子公司
113	000826.SZ	启迪桑德	嘉鱼嘉清水务有限公司	子公司
113	000826.SZ	启迪桑德	泰州紫光水业有限公司	子公司
113	000826.SZ	启迪桑德	南昌桑德象湖水务有限公司	子公司
113	000826.SZ	启迪桑德	长阳桑德水务有限公司	子公司
113	000826.SZ	启迪桑德	巨鹿县聚力环保有限公司	子公司
113	000826.SZ	启迪桑德	咸宁桑德甘源水务有限公司	子公司
113	000826.SZ	启迪桑德	襄阳桑德汉清水务有限公司	子公司
113	000826.SZ	启迪桑德	淮南市康德医疗废物处置有限公司	子公司
113	000826.SZ	启迪桑德	开封浦华紫光水业有限公司	子公司
113	000826.SZ	启迪桑德	淮安紫光水业有限公司	子公司
113	000826.SZ	启迪桑德	富裕桑德佳源水务有限公司	子公司
113	000826.SZ	启迪桑德	亳州洁能电力有限公司	子公司
113	000826.SZ	启迪桑德	老河口桑德清源水务有限公司	子公司
113	000826.SZ	启迪桑德	宜都桑德宜清水务有限公司	子公司
113	000826.SZ	启迪桑德	瑞安紫光水业有限公司	子公司
113	000826.SZ	启迪桑德	桦南桑德净源水务有限公司	子公司
113	000826.SZ	启迪桑德	讷河启润环保有限公司	子公司
113	000826.SZ	启迪桑德	兰陵兰清环保能源有限公司	子公司
113	000826.SZ	启迪桑德	鄂州桑德鄂清水务有限公司	子公司
113	000826.SZ	启迪桑德	淮南淮清环保有限公司	子公司
113	000826.SZ	启迪桑德	宜昌桑德环保科技有限公司	子公司
114	000830.SZ	鲁西化工	山东聊城鲁西化工第五化肥有限公司	子公司
114	000830.SZ	鲁西化工	山东聊城鲁西硝基复肥有限公司	子公司
114	000830.SZ	鲁西化工	山东聊城鲁西化工第六化肥有限公司	子公司
114	000830.SZ	鲁西化工	鲁西化工集团股份有限公司	母公司
115	000833.SZ	粤桂股份	云浮联发化工有限公司	子公司
115	000833.SZ	粤桂股份	广东广业云硫矿业有限公司	子公司
116	000848.SZ	承德露露	河北承德露露股份有限公司	母公司
116	000848.SZ	承德露露	郑州露露饮料有限公司	子公司
117	000858.SZ	五粮液	四川省宜宾五粮液集团财务有限公司	子公司
118	000860.SZ	顺鑫农业	北京顺鑫农业股份有限公司	母公司
119	000868.SZ	*ST 安凯	安徽安凯福田曙光车桥有限公司	子公司
120	000875.SZ	吉电股份	白山热电有限责任公司	子公司
120	000875.SZ	吉电股份	通化市恒泰热力有限公司	子公司
120	000875.SZ	吉电股份	吉林电力股份有限公司	母公司
120	000875.SZ	吉电股份	吉林松花江热电有限公司	子公司
121	000876.SZ	新希望	山东新希望六和集团有限公司	子公司
122	000877.SZ	天山股份	吐鲁番天山水泥有限责任公司	子公司
122	000877.SZ	天山股份	喀什天山水泥有限责任公司	子公司

序号	代码	名称（简称）	被参控公司/母公司	子/母公司
122	000877.SZ	天山股份	若羌天山水泥有限责任公司	子公司
122	000877.SZ	天山股份	溧阳天山水泥有限公司	子公司
122	000877.SZ	天山股份	新疆阜康天山水泥有限责任公司	子公司
122	000877.SZ	天山股份	新疆米东天山水泥有限责任公司	子公司
122	000877.SZ	天山股份	洛浦天山水泥有限责任公司	子公司
122	000877.SZ	天山股份	宜兴天山水泥有限责任公司	子公司
122	000877.SZ	天山股份	新疆天山水泥股份有限公司	母公司
122	000877.SZ	天山股份	哈密天山水泥有限责任公司	子公司
122	000877.SZ	天山股份	新疆和静天山水泥有限责任公司	子公司
122	000877.SZ	天山股份	叶城天山水泥有限责任公司	子公司
122	000877.SZ	天山股份	克州天山水泥有限责任公司	子公司
122	000877.SZ	天山股份	阿克苏天山多浪水泥有限责任公司	子公司
123	000878.SZ	云南铜业	易门铜业有限公司	子公司
123	000878.SZ	云南铜业	楚雄滇中有色金属有限责任公司	子公司
123	000878.SZ	云南铜业	云南铜业股份有限公司	母公司
123	000878.SZ	云南铜业	赤峰云铜有色金属有限公司	子公司
124	000880.SZ	潍柴重机	潍柴重机股份有限公司	母公司
125	000883.SZ	湖北能源	湖北能源东湖燃机热电有限公司	子公司
125	000883.SZ	湖北能源	新疆楚星能源发展有限公司	子公司
126	000895.SZ	双汇发展	阜新双汇肉类加工有限公司	子公司
126	000895.SZ	双汇发展	湖北武汉双汇食品有限公司	子公司
126	000895.SZ	双汇发展	华懋双汇实业（集团）有限公司	子公司
126	000895.SZ	双汇发展	山东德州双汇食品有限公司	子公司
126	000895.SZ	双汇发展	上海双汇大昌有限公司	子公司
126	000895.SZ	双汇发展	沈阳双汇食品有限公司	子公司
126	000895.SZ	双汇发展	郑州双汇食品有限公司	子公司
126	000895.SZ	双汇发展	唐山双汇食品有限责任公司	子公司
126	000895.SZ	双汇发展	宜昌双汇食品有限责任公司	子公司
126	000895.SZ	双汇发展	济源双汇食品有限公司	子公司
126	000895.SZ	双汇发展	芜湖双汇食品有限公司	子公司
126	000895.SZ	双汇发展	南昌双汇食品有限公司	子公司
126	000895.SZ	双汇发展	漯河双汇肉业有限公司	子公司
126	000895.SZ	双汇发展	南宁双汇食品有限公司	子公司
127	000898.SZ	鞍钢股份	鞍钢集团朝阳钢铁有限公司	子公司
128	000902.SZ	新洋丰	荆门新洋丰中磷肥业有限公司	子公司
128	000902.SZ	新洋丰	宜昌新洋丰肥业有限公司	子公司
129	000908.SZ	景峰医药	贵州景诚制药有限公司	子公司
129	000908.SZ	景峰医药	上海景峰制药有限公司	子公司
130	000910.SZ	大亚圣象	大亚木业（茂名）有限公司	子公司
130	000910.SZ	大亚圣象	大亚木业（江西）有限公司	子公司
131	000911.SZ	*ST 南糖	南宁糖业宾阳大桥制糖有限责任公司	子公司

序号	代码	名称（简称）	被参控公司/母公司	子/母公司
131	000911.SZ	*ST 南糖	南宁糖业股份有限公司	母公司
132	000912.SZ	泸天化	四川泸天化股份有限公司	母公司
132	000912.SZ	泸天化	宁夏和宁化学有限公司	子公司
133	000913.SZ	钱江摩托	浙江钱江摩托股份有限公司	母公司
134	000921.SZ	海信家电	海信（山东）冰箱有限公司	子公司
135	000928.SZ	中钢国际	中钢设备（呼伦贝尔）水务有限公司	子公司
136	000929.SZ	兰州黄河	青海黄河嘉酿啤酒有限公司	子公司
136	000929.SZ	兰州黄河	天水黄河嘉酿啤酒有限公司	子公司
137	000930.SZ	中粮生化	中粮生物化学（安徽）股份有限公司	母公司
137	000930.SZ	中粮生化	安徽中粮生化燃料酒精有限公司	子公司
137	000930.SZ	中粮生化	马鞍山中粮生物化学有限公司	子公司
137	000930.SZ	中粮生化	中粮生化能源（榆树）有限公司	子公司
137	000930.SZ	中粮生化	广西中粮生物质能源有限公司	子公司
137	000930.SZ	中粮生化	中粮生化能源（衡水）有限公司	子公司
137	000930.SZ	中粮生化	武汉中粮食品科技有限公司	子公司
137	000930.SZ	中粮生化	宿州中粮生物化学有限公司	子公司
137	000930.SZ	中粮生化	中粮生化能源（肇东）有限公司	子公司
137	000930.SZ	中粮生化	吉林燃料乙醇有限责任公司	子公司
137	000930.SZ	中粮生化	中粮融氏生物科技有限公司	子公司
137	000930.SZ	中粮生化	黄龙食品工业有限公司	子公司
137	000930.SZ	中粮生化	中粮生化能源（龙江）有限公司	子公司
137	000930.SZ	中粮生化	中粮生化能源（公主岭）有限公司	子公司
138	000932.SZ	华菱钢铁	衡阳华菱钢管有限公司	子公司
138	000932.SZ	华菱钢铁	湖南华菱涟源钢铁有限公司	子公司
138	000932.SZ	华菱钢铁	湖南华菱湘潭钢铁有限公司	子公司
139	000933.SZ	神火股份	河南省新郑煤电有限责任公司	子公司
139	000933.SZ	神火股份	河南省许昌新龙矿业有限责任公司	子公司
139	000933.SZ	神火股份	新疆神火煤电有限公司	子公司
139	000933.SZ	神火股份	河南神火煤电股份有限公司	母公司
139	000933.SZ	神火股份	河南有色汇源铝业有限公司	子公司
139	000933.SZ	神火股份	河南神火发电有限公司	子公司
139	000933.SZ	神火股份	河南神火兴隆矿业有限责任公司	子公司
139	000933.SZ	神火股份	国电民权发电有限公司	子公司
140	000935.SZ	四川双马	四川双马宜宾水泥制造有限公司	子公司
141	000937.SZ	冀中能源	金牛天铁煤焦化有限公司	子公司
141	000937.SZ	冀中能源	邢台金隅咏宁水泥有限公司	子公司
142	000939.SZ	*ST 凯迪	德安县凯迪绿色能源开发有限公司	子公司
142	000939.SZ	*ST 凯迪	庐江县凯迪绿色能源开发有限公司	子公司
142	000939.SZ	*ST 凯迪	京山县凯迪绿色能源开发有限公司	子公司
142	000939.SZ	*ST 凯迪	洪雅凯迪绿色能源开发有限公司	子公司
142	000939.SZ	*ST 凯迪	汪清凯迪绿色能源开发有限公司	子公司

序号	代码	名称（简称）	被参控公司/母公司	子/母公司
142	000939.SZ	*ST 凯迪	赤壁凯迪绿色能源开发有限公司	子公司
142	000939.SZ	*ST 凯迪	蚌埠市凯迪绿色能源开发有限公司	子公司
142	000939.SZ	*ST 凯迪	南陵县凯迪绿色能源开发有限公司	子公司
142	000939.SZ	*ST 凯迪	淮南市凯迪绿色能源开发有限公司	子公司
142	000939.SZ	*ST 凯迪	谷城县凯迪绿色能源开发有限公司	子公司
142	000939.SZ	*ST 凯迪	崇阳凯迪生物质发电有限公司	子公司
142	000939.SZ	*ST 凯迪	郑州煤炭工业（集团）杨河煤业有限公司	子公司
142	000939.SZ	*ST 凯迪	监利县凯迪绿色能源开发有限公司	子公司
142	000939.SZ	*ST 凯迪	安仁县凯迪绿色能源开发有限公司	子公司
142	000939.SZ	*ST 凯迪	隆回县凯迪绿色能源开发有限公司	子公司
142	000939.SZ	*ST 凯迪	临澧县凯迪绿色能源开发有限公司	子公司
142	000939.SZ	*ST 凯迪	蕲春县凯迪绿色能源开发有限公司	子公司
142	000939.SZ	*ST 凯迪	祁阳县凯迪绿色能源开发有限公司	子公司
142	000939.SZ	*ST 凯迪	鄱阳县凯迪绿色能源开发有限公司	子公司
142	000939.SZ	*ST 凯迪	益阳市凯迪绿色能源开发有限公司	子公司
142	000939.SZ	*ST 凯迪	松滋市凯迪生物质发电有限公司	子公司
142	000939.SZ	*ST 凯迪	江陵县凯迪绿色能源开发有限公司	子公司
143	000949.SZ	新乡化纤	新乡化纤股份有限公司	母公司
143	000949.SZ	新乡化纤	新疆白鹭纤维有限公司	子公司
144	000951.SZ	中国重汽	中国重汽集团济南卡车股份有限公司	母公司
144	000951.SZ	中国重汽	中国重汽集团济南桥箱有限公司	子公司
145	000952.SZ	广济药业	湖北广济药业股份有限公司	母公司
145	000952.SZ	广济药业	湖北惠生药业有限公司	子公司
146	000953.SZ	*ST 河化	广西河池化工股份有限公司	母公司
147	000957.SZ	中通客车	中通客车控股股份有限公司	母公司
148	000958.SZ	东方能源	石家庄良村热电有限公司	子公司
149	000959.SZ	首钢股份	迁安中化煤化工有限责任公司	子公司
149	000959.SZ	首钢股份	首钢京唐钢铁联合有限责任公司	子公司
149	000959.SZ	首钢股份	北京首钢冷轧薄板有限公司	子公司
150	000960.SZ	锡业股份	云南锡业股份有限公司	母公司
150	000960.SZ	锡业股份	云南华联锌铟股份有限公司	子公司
150	000960.SZ	锡业股份	云南云铜锌业股份有限公司	子公司
150	000960.SZ	锡业股份	郴州云湘矿冶有限责任公司	子公司
151	000962.SZ	东方钽业	宁夏东方钽业股份有限公司	母公司
152	000963.SZ	华东医药	杭州中美华东制药有限公司	子公司
152	000963.SZ	华东医药	华东医药（西安）博华制药有限公司	子公司
153	000966.SZ	长源电力	国电长源荆门发电有限公司	子公司
154	000967.SZ	盈峰环境	阜南绿色东方环保有限公司	子公司
154	000967.SZ	盈峰环境	仙桃绿色东方环保发电有限公司	子公司
155	000970.SZ	中科三环	天津三环乐喜新材料有限公司	子公司
156	000982.SZ	*ST 中绒	宁夏中银绒业股份有限公司	母公司

序号	代码	名称（简称）	被参控公司/母公司	子/母公司
157	000983.SZ	西山煤电	山西焦化股份有限公司	子公司
157	000983.SZ	西山煤电	武乡西山发电有限责任公司	子公司
157	000983.SZ	西山煤电	古交西山发电有限公司	子公司
157	000983.SZ	西山煤电	山西西山煤电股份有限公司	母公司
157	000983.SZ	西山煤电	山西西山热电有限责任公司	子公司
157	000983.SZ	西山煤电	山西西山煤气化有限责任公司	子公司
157	000983.SZ	西山煤电	山西兴能发电有限责任公司	子公司
158	000990.SZ	诚志股份	陕西长青能源化工有限公司	子公司
158	000990.SZ	诚志股份	南京诚志清洁能源有限公司	子公司
159	000999.SZ	华润三九	华润三九（郴州）制药有限公司	子公司
159	000999.SZ	华润三九	深圳华润九新药业有限公司	子公司
159	000999.SZ	华润三九	安徽华润金蟾药业股份有限公司	子公司
159	000999.SZ	华润三九	华润三九（南昌）药业有限公司	子公司
159	000999.SZ	华润三九	华润三九医药股份有限公司	母公司
159	000999.SZ	华润三九	沈阳三九药业有限公司	子公司
160	001896.SZ	豫能控股	鹤壁丰鹤发电有限责任公司	子公司
160	001896.SZ	豫能控股	南阳天益发电有限责任公司	子公司
160	001896.SZ	豫能控股	南阳鸭河口发电有限责任公司	子公司
160	001896.SZ	豫能控股	鹤壁鹤淇发电有限责任公司	子公司
160	001896.SZ	豫能控股	华能沁北发电有限责任公司	子公司
160	001896.SZ	豫能控股	新乡中益发电有限公司	子公司
161	002001.SZ	新和成	浙江新和成股份有限公司	母公司
161	002001.SZ	新和成	浙江春晖环保能源股份有限公司	子公司
161	002001.SZ	新和成	山东新和成药业有限公司	子公司
161	002001.SZ	新和成	上虞新和成生物化工有限公司	子公司
162	002002.SZ	鸿达兴业	内蒙古中谷矿业有限责任公司	子公司
162	002002.SZ	鸿达兴业	内蒙古蒙华海勃湾发电有限责任公司	子公司
163	002003.SZ	伟星股份	浙江伟星实业发展股份有限公司	母公司
164	002004.SZ	华邦健康	江西禾益化工股份有限公司	子公司
164	002004.SZ	华邦健康	江苏常隆农化有限公司	子公司
164	002004.SZ	华邦健康	盐城南方化工有限公司	子公司
164	002004.SZ	华邦健康	陕西汉江药业集团股份有限公司	子公司
164	002004.SZ	华邦健康	上虞颖泰精细化工有限公司	子公司
164	002004.SZ	华邦健康	山东福尔有限公司	子公司
164	002004.SZ	华邦健康	杭州颖泰生物科技有限公司	子公司
165	002005.SZ	*ST 德豪	蚌埠三颐半导体有限公司	子公司
166	002010.SZ	传化智联	杭州传化精细化工有限公司	子公司
166	002010.SZ	传化智联	浙江传化合成材料有限公司	子公司
167	002012.SZ	凯恩股份	浙江凯丰特种纸业有限公司	子公司
167	002012.SZ	凯恩股份	浙江凯丰新材料股份有限公司	子公司
167	002012.SZ	凯恩股份	浙江凯恩特种纸业有限公司	子公司

序号	代码	名称（简称）	被参控公司/母公司	子/母公司
167	002012.SZ	凯恩股份	衢州八达纸业有限公司	子公司
168	002013.SZ	中航机电	贵州枫阳液压有限责任公司	子公司
169	002019.SZ	亿帆医药	杭州鑫富科技有限公司	子公司
169	002019.SZ	亿帆医药	重庆鑫富化工有限公司	子公司
170	002020.SZ	京新药业	上虞京新药业有限公司	子公司
171	002025.SZ	航天电器	贵州航天电器股份有限公司	母公司
172	002032.SZ	苏泊尔	武汉苏泊尔炊具有限公司	子公司
173	002034.SZ	旺能环境	汕头市澄海洁源垃圾发电厂有限公司	子公司
173	002034.SZ	旺能环境	兰溪旺能环保能源有限公司	子公司
173	002034.SZ	旺能环境	丽水旺能环保能源有限公司	子公司
173	002034.SZ	旺能环境	监利旺能环保能源有限公司	子公司
173	002034.SZ	旺能环境	安吉旺能再生资源利用有限公司	子公司
173	002034.SZ	旺能环境	德清旺能环保能源有限公司	子公司
173	002034.SZ	旺能环境	台州旺能环保能源有限公司	子公司
173	002034.SZ	旺能环境	荆州旺能环保能源有限公司	子公司
173	002034.SZ	旺能环境	湖州南太湖环保能源有限公司	子公司
174	002040.SZ	南京港	南京港扬州石化仓储有限公司	子公司
175	002042.SZ	华孚时尚	九江标新纤维有限公司	子公司
175	002042.SZ	华孚时尚	江苏标尚纤维有限公司	子公司
175	002042.SZ	华孚时尚	浙江社标纤维有限公司	子公司
176	002050.SZ	三花智控	浙江三花制冷集团有限公司	子公司
176	002050.SZ	三花智控	浙江三花智能控制股份有限公司	母公司
177	002051.SZ	中工国际	邳州市中工水务有限责任公司	子公司
178	002054.SZ	德美化工	绍兴柯桥德美化工有限公司	子公司
178	002054.SZ	德美化工	辽宁奥克化学股份有限公司	子公司
178	002054.SZ	德美化工	濮阳市中炜精细化工有限公司	子公司
179	002056.SZ	横店东磁	杞县东磁新能源有限公司	子公司
179	002056.SZ	横店东磁	横店集团东磁股份有限公司	母公司
180	002061.SZ	浙江交科	浙江江山化工有限公司	子公司
181	002064.SZ	华峰氨纶	浙江华峰氨纶股份有限公司	母公司
182	002066.SZ	瑞泰科技	瑞泰科技股份有限公司	母公司
183	002067.SZ	景兴纸业	浙江景兴纸业股份有限公司	母公司
183	002067.SZ	景兴纸业	浙江景兴板纸有限公司	子公司
184	002068.SZ	黑猫股份	济宁黑猫炭黑有限责任公司	子公司
184	002068.SZ	黑猫股份	太原黑猫炭黑有限责任公司	子公司
184	002068.SZ	黑猫股份	唐山黑猫炭黑有限责任公司	子公司
184	002068.SZ	黑猫股份	韩城黑猫炭黑有限责任公司	子公司
185	002073.SZ	软控股份	抚顺伊科思新材料有限公司	子公司
186	002075.SZ	沙钢股份	江苏沙钢集团淮钢特钢股份有限公司	子公司
187	002078.SZ	太阳纸业	山东太阳纸业股份有限公司	母公司
187	002078.SZ	太阳纸业	山东太阳宏河纸业有限公司	子公司

序号	代码	名称（简称）	被参控公司/母公司	子/母公司
188	002080.SZ	中材科技	泰山玻璃纤维有限公司	子公司
189	002083.SZ	孚日股份	孚日集团股份有限公司	母公司
189	002083.SZ	孚日股份	高密万仁热电有限公司	子公司
190	002084.SZ	海鸥住工	广州海鸥住宅工业股份有限公司	母公司
191	002086.SZ	ST 东海洋	山东东方海洋科技股份有限公司	母公司
192	002087.SZ	新野纺织	河南新野纺织股份有限公司	母公司
193	002091.SZ	江苏国泰	江苏国泰盐城污水处理有限公司	子公司
194	002092.SZ	中泰化学	新疆中泰化学阜康能源有限公司	子公司
194	002092.SZ	中泰化学	新疆新冶能源化工股份有限公司	子公司
194	002092.SZ	中泰化学	新疆美克化工股份有限公司	子公司
194	002092.SZ	中泰化学	新疆华泰重化工有限责任公司	子公司
194	002092.SZ	中泰化学	新疆中泰矿冶有限公司	子公司
194	002092.SZ	中泰化学	新疆中泰化学托克逊能化有限公司	子公司
194	002092.SZ	中泰化学	新疆圣雄能源股份有限公司	子公司
194	002092.SZ	中泰化学	阿拉尔市富丽达纤维有限公司	子公司
194	002092.SZ	中泰化学	新疆富丽达纤维有限公司	子公司
194	002092.SZ	中泰化学	新疆天泰纤维有限公司	子公司
195	002098.SZ	浔兴股份	上海浔兴拉链制造有限公司	子公司
196	002099.SZ	海翔药业	台州市振港染料化工有限公司	子公司
196	002099.SZ	海翔药业	台州市前进化工有限公司	子公司
196	002099.SZ	海翔药业	浙江海翔药业股份有限公司	母公司
196	002099.SZ	海翔药业	盐城市瓯华化学工业有限公司	子公司
196	002099.SZ	海翔药业	浙江海翔川南药业有限公司	子公司
197	002100.SZ	天康生物	新疆天康食品有限责任公司	子公司
198	002101.SZ	广东鸿图	四维尔丸井（广州）汽车零部件有限公司	子公司
199	002106.SZ	莱宝高科	深圳莱宝高科技股份有限公司	母公司
199	002106.SZ	莱宝高科	重庆莱宝科技有限公司	子公司
200	002109.SZ	兴化股份	陕西兴化化学股份有限公司	母公司
200	002109.SZ	兴化股份	陕西延长石油兴化化工有限公司	子公司
201	002110.SZ	三钢闽光	福建三钢国贸有限公司	子公司
201	002110.SZ	三钢闽光	福建天尊新材料制造有限公司	子公司
201	002110.SZ	三钢闽光	福建泉州闽光钢铁有限责任公司	子公司
202	002112.SZ	三变科技	三变科技股份有限公司	母公司
203	002114.SZ	罗平锌电	云南罗平锌电股份有限公司	母公司
204	002122.SZ	*ST 天马	成都天马铁路轴承有限公司	子公司
205	002124.SZ	天邦股份	安徽汉世伟猪业育种有限公司	子公司
205	002124.SZ	天邦股份	新余艾格菲畜牧有限公司	子公司
206	002125.SZ	湘潭电化	湘潭市污水处理有限责任公司	子公司
206	002125.SZ	湘潭电化	靖西湘潭电化科技有限公司	子公司
206	002125.SZ	湘潭电化	湘潭电化科技股份有限公司	母公司
207	002126.SZ	银轮股份	浙江银轮机械股份有限公司	母公司

序号	代码	名称（简称）	被参控公司/母公司	子/母公司
208	002128.SZ	露天煤业	通辽霍林河坑口发电有限责任公司	子公司
209	002129.SZ	中环股份	内蒙古中环光伏材料有限公司	子公司
209	002129.SZ	中环股份	天津中环半导体股份有限公司	母公司
209	002129.SZ	中环股份	天津中环领先材料技术有限公司	子公司
210	002131.SZ	利欧股份	利欧集团股份有限公司	母公司
211	002132.SZ	恒星科技	河南恒星科技股份有限公司	母公司
212	002134.SZ	天津普林	天津普林电路股份有限公司	母公司
213	002136.SZ	安纳达	安徽安纳达钛业股份有限公司	母公司
214	002140.SZ	东华科技	东至东华水务有限责任公司	子公司
214	002140.SZ	东华科技	合肥王小郢污水处理有限公司	子公司
215	002144.SZ	宏达高科	宏达高科控股股份有限公司	母公司
216	002145.SZ	中核钛白	安徽金星钛白（集团）有限公司	子公司
216	002145.SZ	中核钛白	甘肃和诚钛业有限公司	子公司
217	002152.SZ	广电运通	赣州中联环保科技开发有限公司	子公司
218	002155.SZ	湖南黄金	湖南辰州矿业有限责任公司	子公司
219	002163.SZ	中航三鑫	中航三鑫太阳能光电玻璃有限公司	子公司
219	002163.SZ	中航三鑫	海南中航特玻材料有限公司	子公司
220	002170.SZ	芭田股份	贵州芭田生态工程有限公司	子公司
220	002170.SZ	芭田股份	徐州市芭田生态有限公司	子公司
221	002171.SZ	楚江新材	清远楚江铜业有限公司	子公司
221	002171.SZ	楚江新材	安徽楚江高新电材有限公司	子公司
222	002172.SZ	澳洋健康	阜宁澳洋科技有限责任公司	子公司
222	002172.SZ	澳洋健康	玛纳斯澳洋科技有限责任公司	子公司
223	002182.SZ	云海金属	巢湖云海镁业有限公司	子公司
224	002185.SZ	华天科技	天水华天科技股份有限公司	母公司
225	002194.SZ	*ST 凡谷	鄂州富晶电子技术有限公司	子公司
226	002202.SZ	金风科技	金风环保有限公司	子公司
227	002206.SZ	海利得	浙江海利得新材料股份有限公司	母公司
228	002210.SZ	*ST 飞马	大同富乔垃圾焚烧发电有限公司	子公司
229	002216.SZ	三全食品	河南全惠食品有限公司	子公司
230	002217.SZ	合力泰	山东合力泰化工有限公司	子公司
231	002225.SZ	濮耐股份	濮阳濮耐高温材料（集团）股份有限公司	母公司
231	002225.SZ	濮耐股份	濮阳市濮耐功能材料有限公司	子公司
232	002233.SZ	塔牌集团	福建塔牌水泥有限公司	子公司
232	002233.SZ	塔牌集团	惠州塔牌水泥有限公司	子公司
232	002233.SZ	塔牌集团	梅州市塔牌集团蕉岭鑫达旋窑水泥有限公司	子公司
232	002233.SZ	塔牌集团	梅州金塔水泥有限公司	子公司
232	002233.SZ	塔牌集团	广东塔牌集团股份有限公司	母公司
233	002237.SZ	恒邦股份	杭州建铜集团有限公司	子公司
233	002237.SZ	恒邦股份	山东恒邦冶炼股份有限公司	母公司
234	002246.SZ	北化股份	四川北方硝化棉股份有限公司	母公司

序号	代码	名称（简称）	被参控公司/母公司	子/母公司
235	002250.SZ	联化科技	江苏联化科技有限公司	子公司
235	002250.SZ	联化科技	联化科技股份有限公司	母公司
235	002250.SZ	联化科技	联化科技（德州）有限公司	子公司
235	002250.SZ	联化科技	联化科技（盐城）有限公司	子公司
235	002250.SZ	联化科技	联化科技（台州）有限公司	子公司
236	002255.SZ	海陆重工	张家港市清泉水处理有限公司	子公司
236	002255.SZ	海陆重工	张家港市清源水处理有限公司	子公司
237	002258.SZ	利尔化学	利尔化学股份有限公司	母公司
237	002258.SZ	利尔化学	湖南比德生化科技股份有限公司	子公司
237	002258.SZ	利尔化学	江油启明星氯碱化工有限责任公司	子公司
238	002262.SZ	恩华药业	江苏恩华药业股份有限公司	母公司
239	002273.SZ	水晶光电	浙江水晶光电科技股份有限公司	母公司
240	002284.SZ	亚太股份	安吉亚太制动系统有限公司	子公司
241	002286.SZ	保龄宝	保龄宝生物股份有限公司	母公司
242	002294.SZ	信立泰	山东信立泰药业有限公司	子公司
242	002294.SZ	信立泰	深圳信立泰药业股份有限公司	母公司
243	002304.SZ	洋河股份	江苏洋河酒厂股份有限公司	母公司
243	002304.SZ	洋河股份	贵州贵酒包装有限公司	子公司
243	002304.SZ	洋河股份	江苏双沟酒类运营有限公司	子公司
244	002307.SZ	北新路桥	新疆生产建设兵团交通建设有限公司	子公司
245	002311.SZ	海大集团	高州市三和牧业有限公司	子公司
245	002311.SZ	海大集团	睢县豫粮海鼎饲料有限公司	子公司
246	002321.SZ	华英农业	河南华英农业发展股份有限公司	母公司
247	002326.SZ	永太科技	江西富祥药业股份有限公司	子公司
247	002326.SZ	永太科技	滨海永太科技有限公司	子公司
247	002326.SZ	永太科技	浙江永太科技股份有限公司	母公司
247	002326.SZ	永太科技	佛山手心制药有限公司	子公司
248	002330.SZ	得利斯	诸城市同路热电有限公司	子公司
249	002332.SZ	仙琚制药	浙江省仙居县阳光生物制品有限公司	子公司
249	002332.SZ	仙琚制药	浙江仙琚制药股份有限公司	母公司
249	002332.SZ	仙琚制药	浙江天台药业有限公司	子公司
249	002332.SZ	仙琚制药	台州仙琚药业有限公司	子公司
250	002333.SZ	*ST 罗普	苏州罗普斯金铝业股份有限公司	母公司
251	002342.SZ	巨力索具	保定巨力供热有限公司	子公司
252	002349.SZ	精华制药	精华制药集团南通有限公司	子公司
253	002355.SZ	兴民智通	咸宁兴民钢圈有限公司	子公司
254	002365.SZ	永安药业	潜江永安药业股份有限公司	母公司
255	002370.SZ	亚太药业	浙江亚太药业股份有限公司	母公司
256	002378.SZ	章源钨业	崇义章源钨业股份有限公司	母公司
257	002384.SZ	东山精密	德丽科技（珠海）有限公司	子公司
258	002386.SZ	天原集团	宜宾海丰和锐有限公司	子公司

序号	代码	名称（简称）	被参控公司/母公司	子/母公司
259	002387.SZ	维信诺	云谷（固安）科技有限公司	子公司
260	002390.SZ	信邦制药	贵州信邦制药股份有限公司	母公司
261	002391.SZ	长青股份	江苏长青农化南通有限公司	子公司
261	002391.SZ	长青股份	江苏长青农化股份有限公司	母公司
262	002394.SZ	联发股份	江苏联发环保新能源有限公司	子公司
263	002399.SZ	海普瑞	深圳市天道医药有限公司	子公司
263	002399.SZ	海普瑞	深圳市海普瑞药业集团股份有限公司	母公司
264	002408.SZ	齐翔腾达	淄博齐翔腾达化工股份有限公司	母公司
265	002409.SZ	雅克科技	响水雅克化工有限公司	子公司
266	002418.SZ	康盛股份	中植一客成都汽车有限公司	子公司
267	002422.SZ	科伦药业	山东科伦药业有限公司	子公司
267	002422.SZ	科伦药业	四川科伦药业股份有限公司	母公司
267	002422.SZ	科伦药业	伊犁川宁生物技术有限公司	子公司
267	002422.SZ	科伦药业	四川新开元制药有限公司	子公司
267	002422.SZ	科伦药业	河南科伦药业有限公司	子公司
268	002423.SZ	中原特钢	河南中原特钢装备制造有限公司	子公司
269	002424.SZ	贵州百灵	贵州百灵企业集团和仁堂药业有限公司	子公司
269	002424.SZ	贵州百灵	贵州百灵企业集团制药股份有限公司	母公司
270	002428.SZ	云南锗业	云南临沧鑫圆锗业股份有限公司	母公司
271	002435.SZ	长江润发	海南海灵化学制药有限公司	子公司
271	002435.SZ	长江润发	上海益威实业有限公司	子公司
272	002437.SZ	誉衡药业	山西普德药业有限公司	子公司
273	002440.SZ	闰土股份	浙江迪邦化工有限公司	子公司
273	002440.SZ	闰土股份	浙江闰土热电有限公司	子公司
274	002442.SZ	龙星化工	龙星化工股份有限公司	母公司
274	002442.SZ	龙星化工	焦作龙星化工有限责任公司	子公司
275	002448.SZ	中原内配	南京飞燕活塞环股份有限公司	子公司
276	002455.SZ	百川股份	南通百川新材料有限公司	子公司
277	002460.SZ	赣锋锂业	江西赣锋锂业股份有限公司	母公司
278	002461.SZ	珠江啤酒	河北珠江啤酒有限公司	子公司
278	002461.SZ	珠江啤酒	广西珠江啤酒有限公司	子公司
278	002461.SZ	珠江啤酒	广州南沙珠江啤酒有限公司	子公司
278	002461.SZ	珠江啤酒	湖南珠江啤酒有限公司	子公司
279	002463.SZ	沪电股份	沪士电子股份有限公司	母公司
279	002463.SZ	沪电股份	黄石沪士电子有限公司	子公司
280	002470.SZ	金正大	金正大生态工程集团股份有限公司	母公司
280	002470.SZ	金正大	金正大诺泰尔化学有限公司	子公司
281	002476.SZ	宝莫股份	山东宝莫生物化工股份有限公司	母公司
282	002477.SZ	*ST 雏鹰	雏鹰农牧集团股份有限公司	母公司
283	002479.SZ	富春环保	常州市新港热电有限公司	子公司
283	002479.SZ	富春环保	江苏富春江环保热电有限公司	子公司

序号	代码	名称（简称）	被参控公司/母公司	子/母公司
283	002479.SZ	富春环保	浙江清园生态热电有限公司	子公司
283	002479.SZ	富春环保	浙江富春江环保热电股份有限公司	母公司
283	002479.SZ	富春环保	衢州东港环保热电有限公司	子公司
284	002483.SZ	润邦股份	沾化绿威生物能源有限公司	子公司
285	002486.SZ	嘉麟杰	上海嘉麟杰纺织品股份有限公司	母公司
286	002493.SZ	荣盛石化	浙江盛元化纤有限公司	子公司
286	002493.SZ	荣盛石化	逸盛大化石化有限公司	子公司
286	002493.SZ	荣盛石化	浙江逸盛石化有限公司	子公司
286	002493.SZ	荣盛石化	宁波中金石化有限公司	子公司
286	002493.SZ	荣盛石化	海南逸盛石化有限公司	子公司
287	002496.SZ	辉丰股份	盐城新宇辉丰环保科技有限公司	子公司
287	002496.SZ	辉丰股份	江苏辉丰生物农业股份有限公司	母公司
288	002507.SZ	涪陵榨菜	重庆市垫江县坪山榨菜食品有限公司	子公司
288	002507.SZ	涪陵榨菜	四川省惠通食业有限责任公司	子公司
289	002511.SZ	中顺洁柔	中顺洁柔（云浮）纸业有限公司	子公司
289	002511.SZ	中顺洁柔	浙江中顺纸业有限公司	子公司
289	002511.SZ	中顺洁柔	中顺洁柔（四川）纸业有限公司	子公司
290	002513.SZ	蓝丰生化	宁夏蓝丰精细化工有限公司	子公司
290	002513.SZ	蓝丰生化	江苏蓝丰生物化工股份有限公司	母公司
291	002521.SZ	齐峰新材	淄博市临淄区朱台热力有限公司	子公司
291	002521.SZ	齐峰新材	淄博欧木特种纸业有限公司	子公司
292	002526.SZ	山东矿机	昌乐洁源金属表面处理有限公司	子公司
293	002532.SZ	新界泵业	新界泵业集团股份有限公司	母公司
294	002534.SZ	杭锅股份	江西乐浩综合利用电业有限公司	子公司
295	002535.SZ	林州重机	林州重机铸锻有限公司	子公司
295	002535.SZ	林州重机	林州重机林钢钢铁有限公司	子公司
296	002538.SZ	司尔特	亳州司尔特生态肥业有限公司	子公司
296	002538.SZ	司尔特	安徽省司尔特肥业股份有限公司	母公司
296	002538.SZ	司尔特	贵州路发实业有限公司	子公司
297	002539.SZ	云图控股	应城市新都化工塑业有限公司	子公司
297	002539.SZ	云图控股	嘉施利（宜城）化肥有限公司	子公司
297	002539.SZ	云图控股	嘉施利（宁陵）化肥有限公司	子公司
297	002539.SZ	云图控股	嘉施利（平原）化肥有限公司	子公司
298	002562.SZ	兄弟科技	江苏兄弟维生素有限公司	子公司
298	002562.SZ	兄弟科技	兄弟科技股份有限公司	母公司
298	002562.SZ	兄弟科技	江西兄弟医药有限公司	子公司
299	002571.SZ	德力股份	安徽德力日用玻璃股份有限公司	母公司
300	002578.SZ	闽发铝业	福建省闽发铝业股份有限公司	母公司
301	002579.SZ	中京电子	惠州中京电子科技有限公司	子公司
302	002582.SZ	好想你	好想你健康食品股份有限公司	母公司
303	002588.SZ	史丹利	史丹利化肥宁陵有限公司	子公司

序号	代码	名称（简称）	被参控公司/母公司	子/母公司
303	002588.SZ	史丹利	史丹利化肥遂平有限公司	子公司
304	002594.SZ	比亚迪	比亚迪汽车有限公司	子公司
304	002594.SZ	比亚迪	比亚迪精密制造有限公司	子公司
305	002596.SZ	海南瑞泽	肇庆市金岗水泥有限公司	子公司
306	002597.SZ	金禾实业	安徽金禾实业股份有限公司	母公司
307	002600.SZ	领益智造	深圳市合力通电子有限公司	子公司
308	002601.SZ	龙蟒佰利	襄阳龙蟒钛业有限公司	子公司
308	002601.SZ	龙蟒佰利	龙蟒佰利联集团股份有限公司	母公司
308	002601.SZ	龙蟒佰利	四川龙蟒钛业股份有限公司	子公司
309	002603.SZ	以岭药业	石家庄以岭药业股份有限公司	母公司
310	002604.SZ	*ST 龙力	山东龙力生物科技股份有限公司	母公司
311	002608.SZ	江苏国信	江苏国信扬州发电有限责任公司	子公司
311	002608.SZ	江苏国信	江苏射阳港发电有限责任公司	子公司
311	002608.SZ	江苏国信	江苏淮阴发电有限责任公司	子公司
311	002608.SZ	江苏国信	江苏新海发电有限公司	子公司
311	002608.SZ	江苏国信	江苏国信仪征热电有限公司	子公司
311	002608.SZ	江苏国信	扬州第二发电有限责任公司	子公司
311	002608.SZ	江苏国信	江苏国信协联燃气热电有限公司	子公司
311	002608.SZ	江苏国信	江苏国信靖江发电有限公司	子公司
312	002615.SZ	哈尔斯	浙江哈尔斯真空器皿股份有限公司	母公司
313	002616.SZ	长青集团	鱼台长青环保能源有限公司	子公司
313	002616.SZ	长青集团	广东长青（集团）满城热电有限公司	子公司
313	002616.SZ	长青集团	沂水长青环保能源有限公司	子公司
314	002626.SZ	金达威	厦门金达威维生素有限公司	子公司
315	002629.SZ	*ST 仁智	四川仁智石化科技有限责任公司	子公司
316	002630.SZ	华西能源	华西能源张掖生物质发电有限公司	子公司
317	002643.SZ	万润股份	中节能万润股份有限公司	母公司
318	002646.SZ	青青稞酒	青海互助青稞酒股份有限公司	母公司
319	002648.SZ	卫星石化	浙江卫星石化股份有限公司	母公司
319	002648.SZ	卫星石化	平湖石化有限责任公司	子公司
320	002650.SZ	加加食品	郑州加加味业有限公司	子公司
320	002650.SZ	加加食品	衡阳华亚玻璃制品有限公司	子公司
321	002653.SZ	海思科	四川海思科制药有限公司	子公司
322	002661.SZ	克明面业	延津县克明面业有限公司	子公司
323	002664.SZ	长鹰信质	信质电机（长沙）有限公司	子公司
324	002672.SZ	东江环保	东江环保股份有限公司	母公司
324	002672.SZ	东江环保	深圳市龙岗区东江工业废物处置有限公司	子公司
324	002672.SZ	东江环保	江西东江环保技术有限公司	子公司
324	002672.SZ	东江环保	东莞市虎门绿源水务有限公司	子公司
324	002672.SZ	东江环保	惠州东江威立雅环境服务有限公司	子公司
324	002672.SZ	东江环保	衡水睿韬环保技术有限公司	子公司

序号	代码	名称（简称）	被参控公司/母公司	子/母公司
325	002674.SZ	兴业科技	徐州兴宁皮业有限公司	子公司
325	002674.SZ	兴业科技	兴业皮革科技股份有限公司	母公司
326	002688.SZ	金河生物	内蒙古金河环保科技股份有限公司	子公司
326	002688.SZ	金河生物	金河生物科技股份有限公司	母公司
327	002693.SZ	双成药业	海南双成药业股份有限公司	母公司
328	002695.SZ	煌上煌	江西煌上煌集团食品股份有限公司	母公司
329	002696.SZ	百洋股份	海南佳德信食品有限公司	子公司
330	002701.SZ	奥瑞金	湖北奥瑞金饮料工业有限公司	子公司
330	002701.SZ	奥瑞金	河南元阳食品有限公司	子公司
330	002701.SZ	奥瑞金	中粮包装控股有限公司	子公司
330	002701.SZ	奥瑞金	湖北奥瑞金包装有限公司	子公司
331	002709.SZ	天赐材料	九江天赐高新材料有限公司	子公司
331	002709.SZ	天赐材料	江西云锂材料股份有限公司	子公司
332	002716.SZ	金贵银业	郴州市金贵银业股份有限公司	母公司
333	002725.SZ	跃岭股份	浙江跃岭股份有限公司	母公司
334	002728.SZ	特一药业	台山市新宁制药有限公司	子公司
335	002734.SZ	利民股份	利民化工股份有限公司	母公司
335	002734.SZ	利民股份	江苏新河农用化工有限公司	子公司
336	002737.SZ	葵花药业	葵花药业集团湖北武当有限公司	子公司
336	002737.SZ	葵花药业	葵花药业集团（衡水）得菲尔有限公司	子公司
336	002737.SZ	葵花药业	葵花药业集团（冀州）有限公司	子公司
336	002737.SZ	葵花药业	葵花药业集团（唐山）生物制药有限公司	子公司
337	002738.SZ	中矿资源	江西东鹏新材料有限责任公司	子公司
338	002742.SZ	三圣股份	辽源市百康药业有限责任公司	子公司
338	002742.SZ	三圣股份	重庆三圣实业股份有限公司	母公司
339	002748.SZ	世龙实业	江西世龙实业股份有限公司	母公司
340	002749.SZ	国光股份	四川润尔科技有限公司	子公司
341	002755.SZ	奥赛康	南京海润医药有限公司	子公司
342	002783.SZ	凯龙股份	湖北晋煤金楚化肥有限责任公司	子公司
343	002798.SZ	帝欧家居	景德镇欧神诺陶瓷有限公司	子公司
344	002805.SZ	丰元股份	山东丰元化学股份有限公司	母公司
345	002815.SZ	崇达技术	深圳崇达多层线路板有限公司	子公司
345	002815.SZ	崇达技术	江门崇达电路技术有限公司	子公司
346	002859.SZ	洁美科技	浙江洁美电子信息材料有限公司	子公司
347	002863.SZ	今飞凯达	浙江今飞凯达轮毂股份有限公司	母公司
348	002868.SZ	绿康生化	绿康生化股份有限公司	母公司
349	002895.SZ	川恒股份	贵州川恒化工股份有限公司	母公司
350	002913.SZ	奥士康	奥士康精密电路（惠州）有限公司	子公司
351	002915.SZ	中欣氟材	浙江中欣氟材股份有限公司	母公司
352	002918.SZ	蒙娜丽莎	蒙娜丽莎集团股份有限公司	母公司
353	002938.SZ	鹏鼎控股	鹏鼎控股（深圳）股份有限公司	母公司

序号	代码	名称（简称）	被参控公司/母公司	子/母公司
353	002938.SZ	鹏鼎控股	宏启胜精密电子（秦皇岛）有限公司	子公司
353	002938.SZ	鹏鼎控股	宏恒胜电子科技（淮安）有限公司	子公司
354	002940.SZ	昂利康	浙江昂利康制药股份有限公司	母公司
355	002942.SZ	新农股份	浙江新农化工股份有限公司	母公司
355	002942.SZ	新农股份	江苏新农化工有限公司	子公司
356	002946.SZ	新乳业	四川新希望奶牛养殖有限公司	子公司
356	002946.SZ	新乳业	重庆市天友乳业股份有限公司	子公司
356	002946.SZ	新乳业	河北新希望天香乳业有限公司	子公司
357	002950.SZ	奥美医疗	奥美医疗用品股份有限公司	母公司
358	300006.SZ	莱美药业	重庆莱美隆宇药业有限公司	子公司
359	300009.SZ	安科生物	安徽安科恒益药业有限公司	子公司
360	300026.SZ	红日药业	湖州展望天明药业有限公司	子公司
360	300026.SZ	红日药业	湖北亿诺瑞生物制药有限公司	子公司
361	300054.SZ	鼎龙股份	湖北鼎龙控股股份有限公司	母公司
362	300055.SZ	万邦达	吉林省固体废物处理有限责任公司	子公司
363	300067.SZ	安诺其	东营北港环保科技有限公司	子公司
364	300068.SZ	南都电源	界首市南都华宇电源有限公司	子公司
364	300068.SZ	南都电源	安徽华铂再生资源科技有限公司	子公司
365	300070.SZ	碧水源	太原碧水源水务有限公司	子公司
365	300070.SZ	碧水源	赤峰锦源环保科技有限公司	子公司
365	300070.SZ	碧水源	十堰京水环境科技有限公司	子公司
365	300070.SZ	碧水源	北京碧海环境科技有限公司	子公司
365	300070.SZ	碧水源	宝丰县碧水源水处理有限公司	子公司
365	300070.SZ	碧水源	宽城碧水源环保有限公司	子公司
365	300070.SZ	碧水源	秦皇岛碧水源环境科技有限公司	子公司
365	300070.SZ	碧水源	汕头市碧水源环境科技有限公司	子公司
365	300070.SZ	碧水源	吉林市碧水源环保科技有限公司	子公司
365	300070.SZ	碧水源	通化市碧水源环保科技有限公司	子公司
365	300070.SZ	碧水源	益阳国开碧水源水务有限公司	子公司
365	300070.SZ	碧水源	天津蓟源水处理有限公司	子公司
365	300070.SZ	碧水源	天津市碧水源环境科技有限公司	子公司
366	300072.SZ	三聚环保	沈阳三聚凯特催化剂有限公司	子公司
367	300080.SZ	易成新能	河南易成环保科技有限公司	子公司
367	300080.SZ	易成新能	河南易成新能源股份有限公司	母公司
368	300082.SZ	奥克股份	辽宁奥克化学股份有限公司	母公司
368	300082.SZ	奥克股份	吉林奥克新材料有限公司	子公司
369	300088.SZ	长信科技	芜湖长信科技股份有限公司	母公司
370	300090.SZ	盛运环保	伊春中科环保电力有限公司	子公司
370	300090.SZ	盛运环保	济宁中科环保电力有限公司	子公司
370	300090.SZ	盛运环保	宣城中科环保电力有限公司	子公司
370	300090.SZ	盛运环保	桐庐盛运环保电力有限公司	子公司

序号	代码	名称（简称）	被参控公司/母公司	子/母公司
371	300102.SZ	乾照光电	厦门乾照光电股份有限公司	母公司
372	300106.SZ	西部牧业	新疆石河子花园乳业有限公司	子公司
372	300106.SZ	西部牧业	新疆西牧乳业有限责任公司	子公司
373	300111.SZ	向日葵	浙江向日葵光能科技股份有限公司	母公司
374	300119.SZ	瑞普生物	湖北龙翔药业科技股份有限公司	子公司
375	300121.SZ	阳谷华泰	山东阳谷华泰化工股份有限公司	母公司
376	300132.SZ	青松股份	福建青松股份有限公司	母公司
377	300134.SZ	大富科技	安徽省大富光电科技有限公司	子公司
377	300134.SZ	大富科技	深圳市大富科技股份有限公司	母公司
378	300136.SZ	信维通信	伊高得表面处理（深圳）有限公司	子公司
379	300145.SZ	中金环境	浙江金泰莱环保科技有限公司	子公司
380	300158.SZ	振东制药	山西振东泰盛制药有限公司	子公司
380	300158.SZ	振东制药	山西振东制药股份有限公司	母公司
381	300169.SZ	天晟新材	中铁轨道交通装备有限公司	子公司
382	300172.SZ	中电环保	贵阳中电环保科技有限公司	子公司
382	300172.SZ	中电环保	江苏联丰环保产业发展有限公司	子公司
382	300172.SZ	中电环保	中电环保股份有限公司	母公司
383	300180.SZ	华峰超纤	上海华峰超纤材料股份有限公司	母公司
384	300185.SZ	通裕重工	山东省禹城市新园热电有限公司	子公司
385	300187.SZ	永清环保	衡阳永清环保能源有限公司	子公司
385	300187.SZ	永清环保	新余永清环保能源有限公司	子公司
386	300190.SZ	维尔利	江苏维尔利环保科技有限公司	子公司
387	300194.SZ	福安药业	广安凯特制药有限公司	子公司
387	300194.SZ	福安药业	福安药业集团宁波天衡制药有限公司	子公司
387	300194.SZ	福安药业	福安药业集团烟台只楚药业有限公司	子公司
387	300194.SZ	福安药业	福安药业集团重庆博圣制药有限公司	子公司
388	300197.SZ	铁汉生态	周口市锦源环保产业有限公司	子公司
389	300199.SZ	翰宇药业	甘肃成纪生物药业有限公司	子公司
389	300199.SZ	翰宇药业	深圳翰宇药业股份有限公司	母公司
390	300218.SZ	安利股份	安徽安利材料科技股份有限公司	母公司
391	300233.SZ	金城医药	山东汇海医药化工有限公司	子公司
391	300233.SZ	金城医药	山东金城医药化工有限公司	子公司
392	300239.SZ	东宝生物	包头东宝生物技术股份有限公司	母公司
393	300254.SZ	仟源医药	山西仟源医药集团股份有限公司	母公司
394	300256.SZ	星星科技	浙江星星科技股份有限公司	母公司
395	300262.SZ	巴安水务	郓城县天源污水处理有限公司	子公司
396	300267.SZ	尔康制药	湖南尔康明胶有限公司	子公司
397	300268.SZ	佳沃股份	青岛国星食品股份有限公司	子公司
398	300334.SZ	津膜科技	东营津膜环保科技有限公司	子公司
399	300363.SZ	博腾股份	重庆博腾制药科技股份有限公司	母公司
400	300381.SZ	溢多利	河南利华制药有限公司	子公司

序号	代码	名称（简称）	被参控公司/母公司	子/母公司
401	300388.SZ	国祯环保	湖南国祯环保科技有限责任公司	子公司
401	300388.SZ	国祯环保	富宁县国祯污水处理有限公司	子公司
401	300388.SZ	国祯环保	兰考国祯水务运营有限公司	子公司
401	300388.SZ	国祯环保	衡水国祯污水处理有限公司	子公司
401	300388.SZ	国祯环保	云南国祯环保科技有限责任公司	子公司
401	300388.SZ	国祯环保	安徽国祯环保节能科技股份有限公司	母公司
401	300388.SZ	国祯环保	即墨市污水处理有限公司	子公司
401	300388.SZ	国祯环保	和县国祯污水处理有限公司	子公司
401	300388.SZ	国祯环保	砚山县国祯污水处理有限公司	子公司
401	300388.SZ	国祯环保	芜湖国祯环保科技有限公司	子公司
401	300388.SZ	国祯环保	郎溪国祯水务运营有限公司	子公司
401	300388.SZ	国祯环保	遵化国祯污水处理有限公司	子公司
401	300388.SZ	国祯环保	泗阳县华海水处理有限公司	子公司
401	300388.SZ	国祯环保	怀远县国祯污水处理有限公司	子公司
401	300388.SZ	国祯环保	徐州国祯水务运营有限公司	子公司
401	300388.SZ	国祯环保	南陵国祯环保科技有限公司	子公司
401	300388.SZ	国祯环保	繁昌县城市污水处理有限责任公司	子公司
401	300388.SZ	国祯环保	汨罗市国祯水处理有限公司	子公司
401	300388.SZ	国祯环保	随州市国祯污水处理有限公司	子公司
401	300388.SZ	国祯环保	淮北蓝海水处理有限公司	子公司
401	300388.SZ	国祯环保	东至国祯水处理有限公司	子公司
401	300388.SZ	国祯环保	故城国祯污水处理有限公司	子公司
401	300388.SZ	国祯环保	云南陆良县国祯污水处理有限公司	子公司
401	300388.SZ	国祯环保	望江国祯水务有限公司	子公司
401	300388.SZ	国祯环保	彬县国祯水处理有限公司	子公司
401	300388.SZ	国祯环保	淮北中联环水环境有限公司	子公司
401	300388.SZ	国祯环保	亳州国祯污水处理有限公司	子公司
401	300388.SZ	国祯环保	东莞市松山湖天地环科水务有限公司	子公司
401	300388.SZ	国祯环保	涡阳国祯污水处理有限公司	子公司
401	300388.SZ	国祯环保	昆明市东川区国祯污水处理有限公司	子公司
401	300388.SZ	国祯环保	衡山国祯水处理有限公司	子公司
401	300388.SZ	国祯环保	合肥朱砖井污水处理有限公司	子公司
401	300388.SZ	国祯环保	江门市国祯污水处理有限公司	子公司
401	300388.SZ	国祯环保	东莞市万江区天地信达水务有限公司	子公司
401	300388.SZ	国祯环保	江门市新会区龙泉污水处理有限公司	子公司
402	300401.SZ	花园生物	杭州下沙生物科技有限公司	子公司
403	300405.SZ	科隆股份	辽宁科隆精细化工股份有限公司	母公司
404	300408.SZ	三环集团	潮州三环（集团）股份有限公司	母公司
405	300425.SZ	环能科技	宜宾市南溪区四通水务投资有限公司	子公司
406	300433.SZ	蓝思科技	蓝思科技股份有限公司	母公司
406	300433.SZ	蓝思科技	蓝思科技（长沙）有限公司	子公司

序号	代码	名称（简称）	被参控公司/母公司	子/母公司
407	300437.SZ	清水源	洛阳同生水务有限公司	子公司
407	300437.SZ	清水源	濮阳同生中宇水务有限公司	子公司
408	300452.SZ	山河药辅	安徽山河药用辅料股份有限公司	母公司
409	300459.SZ	金科文化	浙江金科文化产业股份有限公司	母公司
410	300476.SZ	胜宏科技	胜华电子（惠阳）有限公司	子公司
410	300476.SZ	胜宏科技	胜宏科技（惠州）股份有限公司	母公司
411	300481.SZ	濮阳惠成	濮阳惠成电子材料股份有限公司	母公司
412	300497.SZ	富祥股份	山东潍坊奥通药业有限公司	子公司
412	300497.SZ	富祥股份	江西富祥药业股份有限公司	母公司
413	300498.SZ	温氏股份	广东温氏佳润食品有限公司	子公司
413	300498.SZ	温氏股份	肇庆大华农生物药品有限公司	子公司
414	300554.SZ	三超新材	南京三超新材料股份有限公司	母公司
415	300575.SZ	中旗股份	江苏中旗科技股份有限公司	母公司
416	300583.SZ	赛托生物	山东赛托生物科技股份有限公司	母公司
417	300596.SZ	利安隆	利安隆（中卫）新材料有限公司	子公司
418	300637.SZ	扬帆新材	江西扬帆新材料有限公司	子公司
419	300664.SZ	鹏鹞环保	景德镇鹏鹞水务有限公司	子公司
419	300664.SZ	鹏鹞环保	丹阳鹏鹞污水处理有限公司	子公司
419	300664.SZ	鹏鹞环保	萧县鹏鹞污水处理有限公司	子公司
419	300664.SZ	鹏鹞环保	岳阳鹏鹞水务有限公司	子公司
419	300664.SZ	鹏鹞环保	周口鹏鹞水务有限公司	子公司
419	300664.SZ	鹏鹞环保	长沙望城鹏鹞水务有限公司	子公司
419	300664.SZ	鹏鹞环保	南昌鹏鹞水务有限公司	子公司
420	300673.SZ	佩蒂股份	佩蒂动物营养科技股份有限公司	母公司
421	300692.SZ	中环环保	安庆市清源水务有限公司	子公司
421	300692.SZ	中环环保	桐城市清源水务有限公司	子公司
421	300692.SZ	中环环保	舒城清源水务有限公司	子公司
421	300692.SZ	中环环保	兰考县荣华水业有限公司	子公司
421	300692.SZ	中环环保	宁阳清源水务有限公司	子公司
421	300692.SZ	中环环保	寿县清源水务有限公司	子公司
421	300692.SZ	中环环保	夏津县中环水务有限公司	子公司
421	300692.SZ	中环环保	全椒县清源水务有限公司	子公司
422	300699.SZ	光威复材	威海拓展纤维有限公司	子公司
423	300702.SZ	天宇股份	浙江天宇药业股份有限公司	母公司
423	300702.SZ	天宇股份	临海天宇药业有限公司	子公司
424	300721.SZ	怡达股份	吉林怡达化工有限公司	子公司
425	300739.SZ	明阳电路	深圳明阳电路科技股份有限公司	母公司
425	300739.SZ	明阳电路	九江明阳电路科技有限公司	子公司
426	300758.SZ	七彩化学	东营北港环保科技有限公司	子公司
427	300765.SZ	新诺威	石药集团新诺威制药股份有限公司	母公司
428	600004.SH	白云机场	广州白云国际机场股份有限公司	母公司

序号	代码	名称（简称）	被参控公司/母公司	子/母公司
429	600006.SH	东风汽车	东风汽车股份有限公司	母公司
430	600008.SH	首创股份	恩施首创水务有限公司	子公司
430	600008.SH	首创股份	成都陡沟河污水处理有限责任公司	子公司
430	600008.SH	首创股份	凡和（葫芦岛）水务投资有限公司	子公司
430	600008.SH	首创股份	定陶首创水务有限公司	子公司
430	600008.SH	首创股份	阜阳首创水务有限责任公司	子公司
430	600008.SH	首创股份	九江首创利池环保有限公司	子公司
430	600008.SH	首创股份	安阳首创水务有限公司	子公司
430	600008.SH	首创股份	屏山首创水务有限责任公司	子公司
430	600008.SH	首创股份	淮南市顺通污水处理有限责任公司	子公司
430	600008.SH	首创股份	大连首创水务有限公司	子公司
430	600008.SH	首创股份	呼和浩特首创春华水务有限责任公司	子公司
430	600008.SH	首创股份	临猗首创水务有限责任公司	子公司
430	600008.SH	首创股份	定州市中诚水务有限公司	子公司
430	600008.SH	首创股份	绍兴市嵊新首创污水处理有限公司	子公司
430	600008.SH	首创股份	东营首创水务有限公司	子公司
430	600008.SH	首创股份	黄石伊高水务有限公司	子公司
430	600008.SH	首创股份	临沂首创博瑞水务有限公司	子公司
430	600008.SH	首创股份	临沂首创水务有限公司	子公司
430	600008.SH	首创股份	青岛首创瑞海水务有限公司	子公司
430	600008.SH	首创股份	菏泽首创水务有限公司	子公司
430	600008.SH	首创股份	太原首创污水处理有限责任公司	子公司
430	600008.SH	首创股份	漯河首创格威特水务有限公司	子公司
430	600008.SH	首创股份	安庆首创水务有限责任公司	子公司
430	600008.SH	首创股份	广元首创水务有限公司	子公司
430	600008.SH	首创股份	北京首创东坝水务有限责任公司	子公司
431	600010.SH	包钢股份	内蒙古包钢庆华煤化工有限公司	子公司
431	600010.SH	包钢股份	内蒙古包钢钢联股份有限公司	母公司
431	600010.SH	包钢股份	包钢集团固阳矿山有限公司	子公司
431	600010.SH	包钢股份	内蒙古包钢还原铁有限责任公司	子公司
432	600011.SH	华能国际	华能曲阜热电有限公司	子公司
432	600011.SH	华能国际	洛阳阳光热电有限公司	子公司
432	600011.SH	华能国际	华能济南黄台发电有限公司	子公司
432	600011.SH	华能国际	华能青岛热电有限公司	子公司
432	600011.SH	华能国际	华能新华发电有限责任公司	子公司
432	600011.SH	华能国际	华能苏州热电有限责任公司	子公司
432	600011.SH	华能国际	华能嘉祥发电有限公司	子公司
432	600011.SH	华能国际	华能伊春热电有限公司	子公司
432	600011.SH	华能国际	江苏南通发电有限公司	子公司
432	600011.SH	华能国际	华能荆门热电有限责任公司	子公司
432	600011.SH	华能国际	华能（苏州工业园区）发电有限责任公司	子公司

序号	代码	名称（简称）	被参控公司/母公司	子/母公司
432	600011.SH	华能国际	华能济宁运河发电有限公司	子公司
432	600011.SH	华能国际	华能瑞金发电有限责任公司	子公司
432	600011.SH	华能国际	华能太仓发电有限责任公司	子公司
432	600011.SH	华能国际	华能榆社发电有限责任公司	子公司
432	600011.SH	华能国际	华能左权煤电有限责任公司	子公司
432	600011.SH	华能国际	华能临港（天津）燃气热电有限公司	子公司
432	600011.SH	华能国际	华能安源发电有限责任公司	子公司
432	600011.SH	华能国际	华能渑池热电有限责任公司	子公司
432	600011.SH	华能国际	华能临沂发电有限公司	子公司
432	600011.SH	华能国际	华能沁北发电有限责任公司	子公司
432	600011.SH	华能国际	华能济宁高新区热电有限公司	子公司
432	600011.SH	华能国际	华能大庆热电有限公司	子公司
432	600011.SH	华能国际	华能太原东山燃机热电有限责任公司	子公司
432	600011.SH	华能国际	华能威海发电有限责任公司	子公司
432	600011.SH	华能国际	华能南京热电有限公司	子公司
432	600011.SH	华能国际	深圳能源集团股份有限公司	子公司
432	600011.SH	华能国际	华能罗源发电有限责任公司	子公司
432	600011.SH	华能国际	华能营口仙人岛热电有限责任公司	子公司
432	600011.SH	华能国际	华能洛阳热电有限责任公司	子公司
432	600011.SH	华能国际	华能辛店发电有限公司	子公司
432	600011.SH	华能国际	天津华能杨柳青热电有限责任公司	子公司
432	600011.SH	华能国际	山东华能莱芜热电有限公司	子公司
432	600011.SH	华能国际	华能巢湖发电有限责任公司	子公司
432	600011.SH	华能国际	华能平凉发电有限责任公司	子公司
432	600011.SH	华能国际	华能山东发电有限公司	子公司
432	600011.SH	华能国际	华能海南发电股份有限公司	子公司
432	600011.SH	华能国际	华能沾化热电有限公司	子公司
432	600011.SH	华能国际	华能湖南岳阳发电有限责任公司	子公司
432	600011.SH	华能国际	华能武汉发电有限责任公司	子公司
432	600011.SH	华能国际	华能重庆珞璜发电有限责任公司	子公司
432	600011.SH	华能国际	华能国际电力股份有限公司	母公司
432	600011.SH	华能国际	华能吉林发电有限公司	子公司
432	600011.SH	华能国际	华能上海石洞口发电有限责任公司	子公司
432	600011.SH	华能国际	华能上海燃机发电有限责任公司	子公司
432	600011.SH	华能国际	河北邯峰发电有限责任公司	子公司
432	600011.SH	华能国际	华能重庆两江燃机发电有限责任公司	子公司
432	600011.SH	华能国际	云南滇东雨汪能源有限公司	子公司
432	600011.SH	华能国际	华能鹤岗发电有限公司	子公司
432	600011.SH	华能国际	华能营口热电有限责任公司	子公司
432	600011.SH	华能国际	华能北京热电有限责任公司	子公司
432	600011.SH	华能国际	华能南京金陵发电有限公司	子公司

序号	代码	名称（简称）	被参控公司/母公司	子/母公司
432	600011.SH	华能国际	山东华能聊城热电有限公司	子公司
432	600011.SH	华能国际	华能云南滇东能源有限责任公司	子公司
433	600019.SH	宝钢股份	武汉钢铁集团财务有限责任公司	子公司
433	600019.SH	宝钢股份	中国平煤神马能源化工集团有限责任公司	子公司
433	600019.SH	宝钢股份	上海梅山钢铁股份有限公司	子公司
433	600019.SH	宝钢股份	武汉平煤武钢联合焦化有限公司	子公司
433	600019.SH	宝钢股份	广州 JFE 钢板有限公司	子公司
433	600019.SH	宝钢股份	宝山钢铁股份有限公司	母公司
433	600019.SH	宝钢股份	宝钢湛江钢铁有限公司	子公司
433	600019.SH	宝钢股份	武汉钢铁有限公司	子公司
434	600021.SH	上海电力	国家电投集团江苏电力有限公司	子公司
434	600021.SH	上海电力	上海吴泾第二发电有限责任公司	子公司
434	600021.SH	上海电力	江苏阚山发电有限公司	子公司
434	600021.SH	上海电力	盐城热电有限责任公司	子公司
434	600021.SH	上海电力	上海外高桥发电有限责任公司	子公司
434	600021.SH	上海电力	上海上电漕泾发电有限公司	子公司
434	600021.SH	上海电力	上海漕泾热电有限责任公司	子公司
434	600021.SH	上海电力	浙江浙能长兴天然气热电有限公司	子公司
434	600021.SH	上海电力	上海申能临港燃机发电有限公司	子公司
434	600021.SH	上海电力	上海吴泾发电有限责任公司	子公司
434	600021.SH	上海电力	上海外高桥第三发电有限责任公司	子公司
434	600021.SH	上海电力	浙江浙能镇海天然气发电有限责任公司	子公司
434	600021.SH	上海电力	上海外高桥第二发电有限责任公司	子公司
435	600022.SH	山东钢铁	山东钢铁集团日照有限公司	子公司
436	600023.SH	浙能电力	浙江浙能镇海燃气热电有限责任公司	子公司
436	600023.SH	浙能电力	浙江浙能北仑发电有限公司	子公司
436	600023.SH	浙能电力	浙江浙能嘉兴发电有限公司	子公司
436	600023.SH	浙能电力	宁夏枣泉发电有限责任公司	子公司
436	600023.SH	浙能电力	浙江浙能长兴发电有限公司	子公司
436	600023.SH	浙能电力	国电浙江北仑第三发电有限公司	子公司
436	600023.SH	浙能电力	浙江浙能嘉华发电有限公司	子公司
436	600023.SH	浙能电力	浙江浙能中煤舟山煤电有限责任公司	子公司
436	600023.SH	浙能电力	浙江浙能兰溪发电有限责任公司	子公司
436	600023.SH	浙能电力	浙江浙能镇海发电有限责任公司	子公司
436	600023.SH	浙能电力	浙江浙能镇海天然气发电有限责任公司	子公司
436	600023.SH	浙能电力	浙江国华浙能发电有限公司	子公司
436	600023.SH	浙能电力	浙江浙能乐清发电有限责任公司	子公司
436	600023.SH	浙能电力	浙江浙能绍兴滨海热电有限责任公司	子公司
436	600023.SH	浙能电力	浙能阿克苏热电有限公司	子公司
436	600023.SH	浙能电力	浙江浙能金华燃机发电有限责任公司	子公司
436	600023.SH	浙能电力	浙江浙能台州第二发电有限责任公司	子公司

序号	代码	名称（简称）	被参控公司/母公司	子/母公司
436	600023.SH	浙能电力	浙江镇海联合发电有限公司	子公司
437	600027.SH	华电国际	华电滕州新源热电有限公司	子公司
437	600027.SH	华电国际	华电漯河发电有限公司	子公司
437	600027.SH	华电国际	韶关市坪石发电厂有限公司（B 厂）	子公司
437	600027.SH	华电国际	华电淄博热电有限公司	子公司
437	600027.SH	华电国际	安徽华电六安电厂有限公司	子公司
437	600027.SH	华电国际	华电新乡发电有限公司	子公司
437	600027.SH	华电国际	华电潍坊发电有限公司	子公司
437	600027.SH	华电国际	安徽华电宿州发电有限公司	子公司
437	600027.SH	华电国际	华电章丘发电有限公司	子公司
437	600027.SH	华电国际	河北华电石家庄鹿华热电有限公司	子公司
437	600027.SH	华电国际	天津华电南疆热电有限公司	子公司
437	600027.SH	华电国际	杭州华电江东热电有限公司	子公司
437	600027.SH	华电国际	安徽华电芜湖发电有限公司	子公司
437	600027.SH	华电国际	华电龙口发电股份有限公司	子公司
437	600027.SH	华电国际	杭州华电下沙热电有限公司	子公司
437	600027.SH	华电国际	华电宁夏灵武发电有限公司	子公司
437	600027.SH	华电国际	四川广安发电有限责任公司	子公司
437	600027.SH	华电国际	华电渠东发电有限公司	子公司
437	600027.SH	华电国际	华电青岛发电有限公司	子公司
437	600027.SH	华电国际	河北华电石家庄裕华热电有限公司	子公司
437	600027.SH	华电国际	石家庄华电供热集团有限公司	子公司
437	600027.SH	华电国际	华电莱州发电有限公司	子公司
437	600027.SH	华电国际	华电湖北发电有限公司	子公司
437	600027.SH	华电国际	华电国际电力股份有限公司	母公司
437	600027.SH	华电国际	天津华电福源热电有限公司	子公司
437	600027.SH	华电国际	河北华电石家庄热电有限公司	子公司
438	600028.SH	中国石化	中国石化青岛炼油化工有限责任公司	子公司
438	600028.SH	中国石化	中国石化上海高桥石油化工有限公司	子公司
438	600028.SH	中国石化	中国石化长城能源化工有限公司	子公司
438	600028.SH	中国石化	上海赛科石油化工有限责任公司	子公司
438	600028.SH	中国石化	中天合创能源有限责任公司	子公司
438	600028.SH	中国石化	中国石化海南炼油化工有限公司	子公司
438	600028.SH	中国石化	中国石化催化剂有限公司	子公司
438	600028.SH	中国石化	中国石化青岛石油化工有限责任公司	子公司
438	600028.SH	中国石化	中国石化扬子石油化工有限公司	子公司
438	600028.SH	中国石化	中沙（天津）石化有限公司	子公司
438	600028.SH	中国石化	扬子石化-巴斯夫有限责任公司	子公司
438	600028.SH	中国石化	福建联合石油化工有限公司	子公司
438	600028.SH	中国石化	中韩（武汉）石油化工有限公司	子公司
438	600028.SH	中国石化	中国石化仪征化纤有限责任公司	子公司

序号	代码	名称（简称）	被参控公司/母公司	子/母公司
438	600028.SH	中国石化	中国石化北海炼化有限责任公司	子公司
438	600028.SH	中国石化	中国石化上海石油化工股份有限公司	子公司
438	600028.SH	中国石化	中国石油化工股份有限公司	母公司
439	600031.SH	三一重工	三一汽车制造有限公司	子公司
440	600038.SH	中直股份	惠阳航空螺旋桨有限责任公司	子公司
441	600051.SH	宁波联合	宁波经济技术开发区热电有限责任公司	子公司
442	600056.SH	中国医药	天方药业有限公司	子公司
443	600059.SH	古越龙山	绍兴女儿红酿酒有限公司	子公司
443	600059.SH	古越龙山	浙江古越龙山绍兴酒股份有限公司	母公司
444	600062.SH	华润双鹤	华润双鹤药业股份有限公司	母公司
444	600062.SH	华润双鹤	湖南省湘中制药有限公司	子公司
444	600062.SH	华润双鹤	浙江新赛科药业有限公司	子公司
444	600062.SH	华润双鹤	双鹤药业（商丘）有限责任公司	子公司
445	600063.SH	皖维高新	内蒙古蒙维科技有限公司	子公司
445	600063.SH	皖维高新	广西广维化工有限责任公司	子公司
445	600063.SH	皖维高新	安徽皖维高新材料股份有限公司	母公司
446	600064.SH	南京高科	南京高科水务有限公司	子公司
447	600066.SH	宇通客车	郑州宇通客车股份有限公司	母公司
448	600069.SH	银鸽投资	河南银鸽实业投资股份有限公司	母公司
448	600069.SH	银鸽投资	漯河银鸽生活纸产有限公司	子公司
449	600070.SH	浙江富润	浙江富润印染有限公司	子公司
449	600070.SH	浙江富润	诸暨富润服饰有限公司	子公司
449	600070.SH	浙江富润	浙江富润纺织有限公司	子公司
450	600073.SH	上海梅林	上海正广和饮用水有限公司	子公司
450	600073.SH	上海梅林	上海梅林食品有限公司	子公司
451	600075.SH	新疆天业	天伟化工有限公司	子公司
452	600078.SH	澄星股份	云南宣威磷电有限责任公司	子公司
453	600079.SH	人福医药	宜昌三峡制药有限公司	子公司
453	600079.SH	人福医药	湖北竹溪人福药业有限责任公司	子公司
453	600079.SH	人福医药	宜昌人福药业有限责任公司	子公司
454	600089.SH	特变电工	特变电工能源建设有限公司	子公司
454	600089.SH	特变电工	新疆众和股份有限公司	子公司
455	600096.SH	云天化	呼伦贝尔金新化工有限公司	子公司
455	600096.SH	云天化	重庆云天化天聚新材料有限公司	子公司
455	600096.SH	云天化	云南天安化工有限公司	子公司
455	600096.SH	云天化	云南水富云天化有限公司	子公司
456	600098.SH	广州发展	广州珠江天然气发电有限公司	子公司
456	600098.SH	广州发展	佛山恒益发电有限公司	子公司
456	600098.SH	广州发展	广州发展鳌头分布式能源站投资管理有限公司	子公司
456	600098.SH	广州发展	广州中电荔新电力实业有限公司	子公司
456	600098.SH	广州发展	广州珠江电力有限公司	子公司

序号	代码	名称（简称）	被参控公司/母公司	子/母公司
456	600098.SH	广州发展	广东红海湾发电有限公司	子公司
457	600100.SH	同方股份	迁安市华控环境投资有限责任公司	子公司
457	600100.SH	同方股份	淮安同方水务有限公司	子公司
458	600103.SH	青山纸业	福建省青山纸业股份有限公司	母公司
459	600104.SH	上汽集团	上汽大众汽车有限公司	子公司
459	600104.SH	上汽集团	上汽通用汽车有限公司	子公司
459	600104.SH	上汽集团	上汽通用五菱汽车股份有限公司	子公司
459	600104.SH	上汽集团	上汽依维柯红岩商用车有限公司	子公司
460	600110.SH	诺德股份	青海电子材料产业发展有限公司	子公司
461	600111.SH	北方稀土	甘肃稀土新材料股份有限公司	子公司
461	600111.SH	北方稀土	全南包钢晶环稀土有限公司	子公司
461	600111.SH	北方稀土	淄博包钢灵芝稀土高科技股份有限公司	子公司
462	600115.SH	东方航空	东方航空食品投资有限公司	子公司
463	600116.SH	三峡水利	重庆市万州区供热有限公司	子公司
464	600117.SH	西宁特钢	青海江仓能源发展有限责任公司	子公司
464	600117.SH	西宁特钢	西宁特殊钢股份有限公司	母公司
465	600121.SH	郑州煤电	郑州煤电股份有限公司	母公司
465	600121.SH	郑州煤电	河南省新郑煤电有限责任公司	子公司
465	600121.SH	郑州煤电	郑煤集团（河南）白坪煤业有限公司	子公司
466	600123.SH	兰花科创	山西兰花丹峰化工股份有限公司	子公司
466	600123.SH	兰花科创	山西华润大宁能源有限公司	子公司
466	600123.SH	兰花科创	山西兰花煤化工有限责任公司	子公司
466	600123.SH	兰花科创	山西兰花科技创业股份有限公司	母公司
466	600123.SH	兰花科创	山西兰花清洁能源有限责任公司	子公司
467	600126.SH	杭钢股份	临海市富春紫光污水处理有限公司	子公司
467	600126.SH	杭钢股份	襄阳富春紫光污水处理有限公司	子公司
467	600126.SH	杭钢股份	开化富春紫光水务有限公司	子公司
467	600126.SH	杭钢股份	浦江富春紫光水务有限公司	子公司
467	600126.SH	杭钢股份	象山富春紫光污水处理有限公司	子公司
467	600126.SH	杭钢股份	宿迁洋河新区富春紫光环保有限公司	子公司
467	600126.SH	杭钢股份	宁波钢铁有限公司	子公司
467	600126.SH	杭钢股份	常山富春紫光污水处理有限公司	子公司
467	600126.SH	杭钢股份	凤阳县富春紫光污水处理有限公司	子公司
467	600126.SH	杭钢股份	盱眙富春紫光污水处理有限公司	子公司
467	600126.SH	杭钢股份	宣城富春紫光污水处理有限公司	子公司
467	600126.SH	杭钢股份	福州富春紫光污水处理有限公司	子公司
467	600126.SH	杭钢股份	宿迁富春紫光污水处理有限公司	子公司
468	600129.SH	太极集团	太极集团重庆桐君阁药厂有限公司	子公司
468	600129.SH	太极集团	太极集团四川南充制药有限公司	子公司
468	600129.SH	太极集团	西南药业股份有限公司	子公司
468	600129.SH	太极集团	重庆西南药业销售有限公司	子公司

序号	代码	名称（简称）	被参控公司/母公司	子/母公司
469	600132.SH	重庆啤酒	重庆啤酒股份有限公司	母公司
469	600132.SH	重庆啤酒	湖南重庆啤酒国人有限责任公司	子公司
469	600132.SH	重庆啤酒	重庆啤酒宜宾有限责任公司	子公司
469	600132.SH	重庆啤酒	重庆啤酒西昌有限责任公司	子公司
470	600133.SH	东湖高新	武汉市阳逻污水处理有限公司	子公司
470	600133.SH	东湖高新	湖北房县科亮环保科技有限公司	子公司
470	600133.SH	东湖高新	德清县钟管科亮环保科技有限公司	子公司
470	600133.SH	东湖高新	钟祥东海水务有限公司	子公司
471	600141.SH	兴发集团	宜都兴发化工有限公司	子公司
471	600141.SH	兴发集团	重庆兴发金冠化工有限公司	子公司
471	600141.SH	兴发集团	湖北泰盛化工有限公司	子公司
471	600141.SH	兴发集团	湖北兴发化工集团股份有限公司	母公司
471	600141.SH	兴发集团	内蒙古腾龙生物精细化工有限公司	子公司
471	600141.SH	兴发集团	湖北吉星化工集团有限责任公司	子公司
472	600149.SH	ST 坊展	廊坊市广炎供热有限责任公司	子公司
473	600153.SH	建发股份	四川永丰浆纸股份有限公司	子公司
474	600156.SH	华升股份	湖南华升株洲雪松有限公司	子公司
474	600156.SH	华升股份	湖南华升洞庭麻业有限公司	子公司
475	600157.SH	永泰能源	郑州裕中能源有限责任公司	子公司
475	600157.SH	永泰能源	张家港沙洲电力有限公司	子公司
476	600160.SH	巨化股份	巨化集团财务有限责任公司	子公司
476	600160.SH	巨化股份	浙江晋巨化工有限公司	子公司
476	600160.SH	巨化股份	浙江巨化股份有限公司	母公司
476	600160.SH	巨化股份	浙江衢化氟化学有限公司	子公司
477	600161.SH	天坛生物	成都蓉生药业有限责任公司	子公司
478	600166.SH	福田汽车	北京福田戴姆勒汽车有限公司	子公司
478	600166.SH	福田汽车	北京宝沃汽车有限公司	子公司
479	600167.SH	联美控股	沈阳新北热电有限责任公司	子公司
479	600167.SH	联美控股	沈阳国润低碳热力有限公司	子公司
479	600167.SH	联美控股	国惠环保新能源有限公司	子公司
479	600167.SH	联美控股	沈阳浑南热力有限责任公司	子公司
480	600168.SH	武汉控股	武汉市城市排水发展有限公司	子公司
481	600176.SH	中国巨石	巨石集团成都有限公司	子公司
481	600176.SH	中国巨石	巨石集团有限公司	子公司
482	600177.SH	雅戈尔	嵊州雅戈尔毛纺织有限公司	子公司
483	600182.SH	S 佳通	福建佳通轮胎有限公司	子公司
484	600183.SH	生益科技	生益电子股份有限公司	子公司
485	600187.SH	国中水务	东营国中环保科技有限公司	子公司
485	600187.SH	国中水务	宁阳磁窑中环水务有限公司	子公司
485	600187.SH	国中水务	鄂尔多斯市国中水务有限公司	子公司
485	600187.SH	国中水务	国中（秦皇岛）污水处理有限公司	子公司

序号	代码	名称（简称）	被参控公司/母公司	子/母公司
485	600187.SH	国中水务	国水（马鞍山）污水处理有限公司	子公司
485	600187.SH	国中水务	涿州中科国益水务有限公司	子公司
485	600187.SH	国中水务	太原豪峰污水处理有限公司	子公司
486	600188.SH	兖州煤业	兖州煤业榆林能化有限公司	子公司
486	600188.SH	兖州煤业	陕西未来能源化工有限公司	子公司
486	600188.SH	兖州煤业	兖州煤业股份有限公司	母公司
486	600188.SH	兖州煤业	兖煤菏泽能化有限公司	子公司
486	600188.SH	兖州煤业	山东华聚能源股份有限公司	子公司
486	600188.SH	兖州煤业	兖州煤业鄂尔多斯能化有限公司	子公司
486	600188.SH	兖州煤业	兖矿集团唐村实业有限公司	子公司
487	600190.SH	锦州港	锦州港股份有限公司	母公司
488	600195.SH	中牧股份	内蒙古中牧生物药业有限公司	子公司
489	600196.SH	复星医药	苏州二叶制药有限公司	子公司
489	600196.SH	复星医药	锦州奥鸿药业有限责任公司	子公司
490	600197.SH	伊力特	伊犁青松南岗建材有限责任公司	子公司
490	600197.SH	伊力特	新疆伊力特实业股份有限公司	母公司
491	600201.SH	生物股份	金宇保灵生物药品有限公司	子公司
492	600207.SH	安彩高科	河南安彩高科股份有限公司	母公司
492	600207.SH	安彩高科	河南省海川电子玻璃有限公司	子公司
493	600210.SH	紫江企业	上海紫泉饮料工业有限公司	子公司
494	600212.SH	江泉实业	山东华宇合金材料有限公司	子公司
494	600212.SH	江泉实业	山东江泉实业股份有限公司	母公司
495	600216.SH	浙江医药	浙江医药股份有限公司	母公司
496	600220.SH	江苏阳光	大丰阳光热电有限公司	子公司
496	600220.SH	江苏阳光	江苏阳光璜塘热电有限公司	子公司
496	600220.SH	江苏阳光	江苏阳光新桥热电有限公司	子公司
497	600226.SH	瀚叶股份	浙江拜克生物科技有限公司	子公司
497	600226.SH	瀚叶股份	河北圣雪大成制药有限责任公司	子公司
498	600227.SH	圣济堂	贵州赤天化桐梓化工有限公司	子公司
499	600230.SH	沧州大化	沧州大化 TDI 有限责任公司	子公司
500	600231.SH	凌钢股份	凌源钢铁股份有限公司	母公司
501	600232.SH	金鹰股份	浙江金鹰股份有限公司	母公司
502	600235.SH	民丰特纸	民丰特种纸股份有限公司	母公司
503	600236.SH	桂冠电力	贵州兴义电力发展有限公司	子公司
503	600236.SH	桂冠电力	大唐桂冠合山发电有限公司	子公司
504	600238.SH	ST 椰岛	海南椰岛酒业发展有限公司	子公司
505	600248.SH	延长化建	陕西延长石油化建股份有限公司	母公司
506	600251.SH	冠农股份	国投新疆罗布泊钾盐有限责任公司	子公司
507	600252.SH	中恒集团	广西梧州制药（集团）股份有限公司	子公司
508	600256.SH	广汇能源	新疆广汇新能源有限公司	子公司
508	600256.SH	广汇能源	甘肃宏汇能源化工有限公司	子公司

序号	代码	名称（简称）	被参控公司/母公司	子/母公司
509	600267.SH	海正药业	浙江海正药业股份有限公司	母公司
509	600267.SH	海正药业	海正药业（杭州）有限公司	子公司
510	600273.SH	嘉化能源	浙江嘉化能源化工股份有限公司	母公司
510	600273.SH	嘉化能源	浙江嘉化新材料有限公司	子公司
511	600277.SH	亿利洁能	亿利洁能科技（金乡）有限公司	子公司
511	600277.SH	亿利洁能	亿利洁能科技（乐陵）有限公司	子公司
511	600277.SH	亿利洁能	亿利洁能科技（武威）有限公司	子公司
511	600277.SH	亿利洁能	内蒙古亿利冀东水泥有限责任公司	子公司
511	600277.SH	亿利洁能	亿利洁能科技（沂水）有限公司	子公司
511	600277.SH	亿利洁能	亿利洁能科技（广饶）有限公司	子公司
511	600277.SH	亿利洁能	长沙天宁热电有限公司	子公司
511	600277.SH	亿利洁能	神华亿利能源有限责任公司	子公司
511	600277.SH	亿利洁能	内蒙古亿利化学工业有限公司	子公司
512	600282.SH	南钢股份	南京钢铁有限公司	子公司
513	600283.SH	钱江水利	宁海县兴海污水处理有限公司	子公司
514	600290.SH	华仪电气	国家电投集团宁夏落石滩风力发电有限公司	子公司
515	600292.SH	远达环保	朝阳远达环保水务有限公司	子公司
515	600292.SH	远达环保	凌源远达水务有限公司	子公司
516	600293.SH	三峡新材	湖北三峡新型建材股份有限公司	母公司
516	600293.SH	三峡新材	新疆普耀新型建材有限公司	子公司
517	600295.SH	鄂尔多斯	鄂尔多斯市鄂尔多斯双欣电力有限公司	子公司
517	600295.SH	鄂尔多斯	内蒙古鄂尔多斯资源股份有限公司	母公司
517	600295.SH	鄂尔多斯	内蒙古鄂尔多斯联合化工有限公司	子公司
517	600295.SH	鄂尔多斯	内蒙古鄂尔多斯热电有限责任公司	子公司
518	600298.SH	安琪酵母	安琪酵母（德宏）有限公司	子公司
518	600298.SH	安琪酵母	安琪酵母股份有限公司	母公司
518	600298.SH	安琪酵母	安琪酵母（伊犁）有限公司	子公司
518	600298.SH	安琪酵母	安琪酵母（滨州）有限公司	子公司
518	600298.SH	安琪酵母	安琪酵母（崇左）有限公司	子公司
518	600298.SH	安琪酵母	安琪酵母（睢县）有限公司	子公司
518	600298.SH	安琪酵母	安琪酵母（柳州）有限公司	子公司
519	600300.SH	维维股份	维维食品饮料股份有限公司	母公司
519	600300.SH	维维股份	济南维维乳业有限公司	子公司
519	600300.SH	维维股份	徐州维维金澜食品有限公司	子公司
520	600303.SH	曙光股份	丹东黄海汽车有限责任公司	子公司
520	600303.SH	曙光股份	安徽安凯福田曙光车桥有限公司	子公司
520	600303.SH	曙光股份	辽宁曙光汽车集团股份有限公司	母公司
521	600307.SH	酒钢宏兴	甘肃酒钢集团宏兴钢铁股份有限公司	母公司
521	600307.SH	酒钢宏兴	酒钢集团榆中钢铁有限责任公司	子公司
521	600307.SH	酒钢宏兴	新疆昕昊达矿业有限责任公司	子公司
522	600308.SH	华泰股份	山东华泰纸业股份有限公司	母公司

序号	代码	名称（简称）	被参控公司/母公司	子/母公司
522	600308.SH	华泰股份	东营华泰清河实业有限公司	子公司
522	600308.SH	华泰股份	东营华泰化工集团有限公司	子公司
522	600308.SH	华泰股份	日照华泰纸业有限公司	子公司
522	600308.SH	华泰股份	安徽华泰林浆纸有限公司	子公司
522	600308.SH	华泰股份	河北华泰纸业有限公司	子公司
523	600309.SH	万华化学	万华化学（宁波）有限公司	子公司
523	600309.SH	万华化学	宁波榭北热电有限公司	子公司
523	600309.SH	万华化学	万华化学集团股份有限公司	母公司
523	600309.SH	万华化学	万华化学（宁波）热电有限公司	子公司
524	600313.SH	农发种业	中农发河南农化有限公司	子公司
525	600316.SH	洪都航空	江西洪都航空工业股份有限公司	母公司
526	600319.SH	亚星化学	潍坊亚星化学股份有限公司	母公司
527	600320.SH	振华重工	上海振华重工（集团）股份有限公司	母公司
528	600321.SH	ST 正源	四川鸿腾源实业有限公司	子公司
528	600321.SH	ST 正源	四川嘉瑞源实业有限公司	子公司
529	600323.SH	瀚蓝环境	创冠环保（廊坊）有限公司	子公司
530	600327.SH	大东方	无锡神龙汽车销售服务有限公司	子公司
531	600328.SH	兰太实业	阿拉善经济开发区污水处理有限责任公司	子公司
531	600328.SH	兰太实业	中盐青海昆仑碱业有限公司	子公司
531	600328.SH	兰太实业	内蒙古兰太钠业有限责任公司	子公司
532	600330.SH	天通股份	天通控股股份有限公司	母公司
532	600330.SH	天通股份	浙江嘉康电子股份有限公司	子公司
533	600331.SH	宏达股份	剑川益云有色金属有限公司	子公司
534	600332.SH	白云山	广州白云山医药集团股份有限公司	母公司
535	600340.SH	华夏幸福	固安九通基业公用事业有限公司	子公司
535	600340.SH	华夏幸福	大厂回族自治县鼎鸿投资开发有限公司	子公司
535	600340.SH	华夏幸福	廊坊市荣华建设投资开发有限公司	子公司
536	600346.SH	恒力股份	苏州苏盛热电有限公司	子公司
536	600346.SH	恒力股份	恒力石化（大连）有限公司	子公司
537	600350.SH	山东高速	山东高速环保科技有限公司	子公司
538	600351.SH	亚宝药业	亚宝药业集团股份有限公司	母公司
539	600352.SH	浙江龙盛	杭州龙山化工有限公司	子公司
539	600352.SH	浙江龙盛	绍兴市上虞金冠化工有限公司	子公司
540	600356.SH	恒丰纸业	牡丹江恒丰纸业股份有限公司	母公司
540	600356.SH	恒丰纸业	湖北恒丰纸业有限责任公司	子公司
541	600360.SH	华微电子	吉林华微电子股份有限公司	母公司
542	600362.SH	江西铜业	江西铜业集团银山矿业有限责任公司	子公司
542	600362.SH	江西铜业	江西铜业股份有限公司	母公司
542	600362.SH	江西铜业	江西铜业（德兴）化工有限公司	子公司
542	600362.SH	江西铜业	浙江江铜富冶和鼎铜业有限公司	子公司
542	600362.SH	江西铜业	江西省江铜-瓮福化工有限责任公司	子公司

序号	代码	名称（简称）	被参控公司/母公司	子/母公司
543	600367.SH	红星发展	贵州红星发展大龙锰业有限责任公司	子公司
543	600367.SH	红星发展	贵州红星发展股份有限公司	母公司
544	600370.SH	三房巷	江阴新源热电有限公司	子公司
545	600375.SH	华菱星马	安徽华菱汽车有限公司	子公司
545	600375.SH	华菱星马	安徽星马专用汽车有限公司	子公司
546	600378.SH	天科股份	黎明化工研究设计院有限责任公司	子公司
546	600378.SH	天科股份	中昊晨光化工研究院有限公司	子公司
547	600379.SH	宝光股份	陕西宝光真空电器股份有限公司	母公司
548	600380.SH	健康元	深圳太太药业有限公司	子公司
548	600380.SH	健康元	焦作金冠嘉华电力有限公司	子公司
548	600380.SH	健康元	焦作健康元生物制品有限公司	子公司
548	600380.SH	健康元	深圳市海滨制药有限公司	子公司
549	600389.SH	江山股份	南通江山农药化工股份有限公司	母公司
550	600392.SH	盛和资源	乐山盛和稀土股份有限公司	子公司
551	600395.SH	盘江股份	贵州盘江精煤股份有限公司	母公司
551	600395.SH	盘江股份	国投盘江发电有限公司	子公司
552	600396.SH	*ST 金山	丹东金山热电有限公司	子公司
552	600396.SH	*ST 金山	沈阳华润热电有限公司	子公司
552	600396.SH	*ST 金山	辽宁华电铁岭发电有限公司	子公司
552	600396.SH	*ST 金山	阜新金山煤矸石热电有限公司	子公司
552	600396.SH	*ST 金山	白音华金山发电有限公司	子公司
552	600396.SH	*ST 金山	沈阳金山能源股份有限公司	母公司
553	600399.SH	ST 抚钢	抚顺特殊钢股份有限公司	母公司
554	600400.SH	红豆股份	无锡后墅污水处理有限公司	子公司
555	600401.SH	退市海润	合肥海润光伏科技有限公司	子公司
556	600408.SH	ST 安泰	山西安泰集团股份有限公司	母公司
557	600409.SH	三友化工	唐山三友集团兴达化纤有限公司	子公司
557	600409.SH	三友化工	唐山三友远达纤维有限公司	子公司
557	600409.SH	三友化工	唐山三友硅业有限责任公司	子公司
557	600409.SH	三友化工	唐山三友化工股份有限公司	母公司
557	600409.SH	三友化工	青海五彩碱业有限公司	子公司
558	600418.SH	江淮汽车	安徽江淮专用汽车有限公司	子公司
558	600418.SH	江淮汽车	安徽江淮安驰汽车有限公司	子公司
558	600418.SH	江淮汽车	安徽江淮汽车集团股份有限公司	母公司
558	600418.SH	江淮汽车	合肥同大江淮汽车车身有限公司	子公司
558	600418.SH	江淮汽车	四川江淮汽车有限公司	子公司
559	600419.SH	天润乳业	沙湾盖瑞乳业有限责任公司	子公司
559	600419.SH	天润乳业	新疆天润生物科技股份有限公司	子公司
560	600420.SH	现代制药	上海天伟生物制药有限公司	子公司
560	600420.SH	现代制药	上海现代哈森（商丘）药业有限公司	子公司
560	600420.SH	现代制药	国药集团川抗制药有限公司	子公司

序号	代码	名称（简称）	被参控公司/母公司	子/母公司
560	600420.SH	现代制药	国药集团工业有限公司	子公司
560	600420.SH	现代制药	国药集团致君（深圳）制药有限公司	子公司
560	600420.SH	现代制药	国药集团威奇达药业有限公司	子公司
560	600420.SH	现代制药	青海制药（集团）有限责任公司	子公司
560	600420.SH	现代制药	国药集团致君（深圳）坪山制药有限公司	子公司
561	600425.SH	青松建化	库车青松水泥有限责任公司	子公司
561	600425.SH	青松建化	克州青松水泥有限责任公司	子公司
561	600425.SH	青松建化	巴州青松绿原建材有限责任公司	子公司
561	600425.SH	青松建化	新疆青松建材化工（集团）股份有限公司	母公司
561	600425.SH	青松建化	和田青松建材有限责任公司	子公司
561	600425.SH	青松建化	伊犁青松南岗建材有限责任公司	子公司
561	600425.SH	青松建化	塔城南岗建材有限责任公司	子公司
562	600426.SH	华鲁恒升	山东华鲁恒升化工股份有限公司	母公司
563	600429.SH	三元股份	北京三元食品股份有限公司	母公司
563	600429.SH	三元股份	迁安三元食品有限公司	子公司
563	600429.SH	三元股份	河北三元食品有限公司	子公司
564	600433.SH	冠豪高新	湛江冠豪纸业有限公司	子公司
564	600433.SH	冠豪高新	广东冠豪高新技术股份有限公司	母公司
565	600438.SH	通威股份	四川永祥股份有限公司	子公司
565	600438.SH	通威股份	通威太阳能（合肥）有限公司	子公司
565	600438.SH	通威股份	通威（海南）水产食品有限公司	子公司
565	600438.SH	通威股份	四川永祥新材料有限公司	子公司
566	600449.SH	宁夏建材	宁夏青铜峡水泥股份有限公司	子公司
566	600449.SH	宁夏建材	宁夏赛马水泥有限公司	子公司
566	600449.SH	宁夏建材	乌海赛马水泥有限责任公司	子公司
566	600449.SH	宁夏建材	宁夏中宁赛马水泥有限公司	子公司
566	600449.SH	宁夏建材	天水中材水泥有限责任公司	子公司
566	600449.SH	宁夏建材	中材甘肃水泥有限责任公司	子公司
566	600449.SH	宁夏建材	乌海市西水水泥有限责任公司	子公司
567	600452.SH	涪陵电力	重庆市蓬威石化有限责任公司	子公司
568	600460.SH	士兰微	杭州士兰集成电路有限公司	子公司
568	600460.SH	士兰微	成都士兰半导体制造有限公司	子公司
569	600461.SH	洪城水业	萍乡市洪城水业环保有限责任公司	子公司
569	600461.SH	洪城水业	九江市蓝天碧水环保有限公司	子公司
569	600461.SH	洪城水业	江西洪城水业环保有限公司	子公司
569	600461.SH	洪城水业	温州洪城水业环保有限公司	子公司
570	600466.SH	蓝光发展	成都迪康药业股份有限公司	子公司
571	600469.SH	风神股份	风神轮胎股份有限公司	母公司
572	600470.SH	六国化工	安徽六国化工股份有限公司	母公司
573	600475.SH	华光股份	无锡友联热电股份有限公司	子公司
573	600475.SH	华光股份	无锡惠联垃圾热电有限公司	子公司

序号	代码	名称（简称）	被参控公司/母公司	子/母公司
573	600475.SH	华光股份	江阴热电有限公司	子公司
573	600475.SH	华光股份	无锡惠联热电有限公司	子公司
574	600482.SH	中国动力	唐山风帆宏文蓄电池有限公司	子公司
575	600483.SH	福能股份	华润电力（六枝）有限公司	子公司
575	600483.SH	福能股份	福建省南平新南针有限公司	子公司
575	600483.SH	福能股份	福建晋江天然气发电有限公司	子公司
575	600483.SH	福能股份	国电泉州热电有限公司	子公司
575	600483.SH	福能股份	福建省鸿山热电有限责任公司	子公司
575	600483.SH	福能股份	福建省石狮热电有限责任公司	子公司
576	600486.SH	扬农化工	江苏优嘉植物保护有限公司	子公司
576	600486.SH	扬农化工	江苏优士化学有限公司	子公司
577	600488.SH	天药股份	天津天药药业股份有限公司	母公司
578	600489.SH	中金黄金	中国黄金集团江西金山矿业有限公司	子公司
578	600489.SH	中金黄金	河南中原黄金冶炼厂有限责任公司	子公司
578	600489.SH	中金黄金	湖北三鑫金铜股份有限公司	子公司
579	600493.SH	凤竹纺织	福建凤竹纺织科技股份有限公司	母公司
580	600497.SH	驰宏锌锗	云南驰宏资源综合利用有限公司	子公司
580	600497.SH	驰宏锌锗	彝良驰宏矿业有限公司	子公司
580	600497.SH	驰宏锌锗	云南驰宏锌锗股份有限公司	母公司
581	600498.SH	烽火通信	藤仓烽火光电材料科技有限公司	子公司
582	600500.SH	中化国际	江苏扬农化工集团有限公司	子公司
583	600501.SH	航天晨光	航天晨光股份有限公司	母公司
584	600507.SH	方大特钢	方大特钢科技股份有限公司	母公司
585	600508.SH	上海能源	上海大屯能源股份有限公司	母公司
586	600509.SH	天富能源	新疆天富垃圾焚烧发电有限责任公司	子公司
586	600509.SH	天富能源	新疆天富阳光生物科技有限公司	子公司
586	600509.SH	天富能源	新疆天富能源股份有限公司	母公司
587	600511.SH	国药股份	宜昌人福药业有限责任公司	子公司
587	600511.SH	国药股份	青海制药（集团）有限责任公司	子公司
588	600513.SH	联环药业	江苏联环药业股份有限公司	母公司
589	600515.SH	海航基础	三亚凤凰国际机场货运有限公司	子公司
590	600516.SH	方大炭素	方大喜科墨（江苏）针状焦科技有限公司	子公司
590	600516.SH	方大炭素	方大炭素新材料科技股份有限公司	母公司
590	600516.SH	方大炭素	合肥炭素有限责任公司	子公司
591	600518.SH	ST 康美	康美保宁（四川）制药有限公司	子公司
592	600519.SH	贵州茅台	贵州茅台酒股份有限公司	母公司
593	600521.SH	华海药业	浙江华海致诚药业有限公司	子公司
593	600521.SH	华海药业	浙江华海天诚药业有限公司	子公司
593	600521.SH	华海药业	临海市华南化工有限公司	子公司
593	600521.SH	华海药业	浙江华海药业股份有限公司	母公司
594	600526.SH	*ST 菲达	衢州市清泰环境工程有限公司	子公司

序号	代码	名称（简称）	被参控公司/母公司	子/母公司
595	600528.SH	中铁工业	中铁轨道交通装备有限公司	子公司
596	600529.SH	山东药玻	山东省药用玻璃股份有限公司	母公司
597	600531.SH	豫光金铅	河南豫光金铅股份有限公司	母公司
598	600535.SH	天士力	天津天士力圣特制药有限公司	子公司
599	600539.SH	ST 狮头	太原狮头水泥股份有限公司	母公司
600	600540.SH	新赛股份	博乐市正大钙业有限公司	子公司
600	600540.SH	新赛股份	新疆乌苏新赛油脂有限公司	子公司
600	600540.SH	新赛股份	新疆普耀新型建材有限公司	子公司
601	600549.SH	厦门钨业	福建省长汀金龙稀土有限公司	子公司
601	600549.SH	厦门钨业	厦门钨业股份有限公司	母公司
601	600549.SH	厦门钨业	江西都昌金鼎钨钼矿业有限公司	子公司
602	600552.SH	凯盛科技	蚌埠国显科技有限公司	子公司
603	600559.SH	老白干酒	河北衡水老白干酒业股份有限公司	母公司
603	600559.SH	老白干酒	承德乾隆醉酒业有限责任公司	子公司
603	600559.SH	老白干酒	曲阜孔府家酒业有限公司	子公司
604	600566.SH	济川药业	济川药业集团有限公司	子公司
605	600567.SH	山鹰纸业	浙江山鹰纸业有限公司	子公司
605	600567.SH	山鹰纸业	福建省联盛纸业有限责任公司	子公司
606	600569.SH	安阳钢铁	安阳钢铁股份有限公司	母公司
606	600569.SH	安阳钢铁	安钢集团永通球墨铸铁管有限责任公司	子公司
607	600572.SH	康恩贝	贵州拜特制药有限公司	子公司
607	600572.SH	康恩贝	江西康恩贝中药有限公司	子公司
607	600572.SH	康恩贝	浙江金华康恩贝生物制药有限公司	子公司
607	600572.SH	康恩贝	江西珍视明药业有限公司	子公司
608	600573.SH	惠泉啤酒	燕京惠泉啤酒（抚州）有限公司	子公司
608	600573.SH	惠泉啤酒	福建燕京惠泉啤酒福鼎有限公司	子公司
609	600575.SH	皖江物流	淮南矿业集团发电有限责任公司	子公司
610	600578.SH	京能电力	内蒙古大唐国际托克托第二发电有限责任公司	子公司
610	600578.SH	京能电力	内蒙古京能盛乐热电有限公司	子公司
610	600578.SH	京能电力	内蒙古华宁热电有限公司	子公司
610	600578.SH	京能电力	京能（赤峰）能源发展有限公司	子公司
610	600578.SH	京能电力	内蒙古京隆发电有限责任公司	子公司
610	600578.SH	京能电力	山西京玉发电有限责任公司	子公司
610	600578.SH	京能电力	国电电力大同发电有限责任公司	子公司
610	600578.SH	京能电力	宁夏京能宁东发电有限责任公司	子公司
610	600578.SH	京能电力	山西漳山发电有限责任公司	子公司
610	600578.SH	京能电力	内蒙古大唐国际托克托发电有限责任公司	子公司
610	600578.SH	京能电力	内蒙古岱海发电有限责任公司	子公司
610	600578.SH	京能电力	内蒙古京能康巴什热电有限公司	子公司
610	600578.SH	京能电力	内蒙古京泰发电有限责任公司	子公司
610	600578.SH	京能电力	三河发电有限责任公司	子公司

序号	代码	名称（简称）	被参控公司/母公司	子/母公司
610	600578.SH	京能电力	华能北京热电有限责任公司	子公司
610	600578.SH	京能电力	河北涿州京源热电有限责任公司	子公司
610	600578.SH	京能电力	内蒙古上都发电有限责任公司	子公司
611	600581.SH	八一钢铁	新疆八一钢铁股份有限公司	母公司
612	600584.SH	长电科技	江苏长电科技股份有限公司	母公司
613	600585.SH	海螺水泥	贵阳海螺盘江水泥有限责任公司	子公司
613	600585.SH	海螺水泥	安徽铜陵海螺水泥有限公司	子公司
613	600585.SH	海螺水泥	池州海螺水泥股份有限公司	子公司
613	600585.SH	海螺水泥	湖南益阳海螺水泥有限责任公司	子公司
613	600585.SH	海螺水泥	兴安海螺水泥有限责任公司	子公司
613	600585.SH	海螺水泥	乾县海螺水泥有限责任公司	子公司
613	600585.SH	海螺水泥	平凉海螺水泥有限责任公司	子公司
613	600585.SH	海螺水泥	巴中海螺水泥有限公司	子公司
613	600585.SH	海螺水泥	龙陵海螺水泥有限责任公司	子公司
613	600585.SH	海螺水泥	双峰海螺水泥有限公司	子公司
613	600585.SH	海螺水泥	济宁海螺水泥有限责任公司	子公司
613	600585.SH	海螺水泥	陕西铜川凤凰建材有限公司	子公司
613	600585.SH	海螺水泥	赣州海螺水泥有限责任公司	子公司
613	600585.SH	海螺水泥	云南壮乡水泥股份有限公司	子公司
613	600585.SH	海螺水泥	巢湖海螺水泥有限责任公司	子公司
613	600585.SH	海螺水泥	湖南海螺水泥有限公司	子公司
613	600585.SH	海螺水泥	礼泉海螺水泥有限责任公司	子公司
613	600585.SH	海螺水泥	贵州六矿瑞安水泥有限公司	子公司
613	600585.SH	海螺水泥	安徽海螺水泥股份有限公司	母公司
613	600585.SH	海螺水泥	千阳海螺水泥有限责任公司	子公司
613	600585.SH	海螺水泥	分宜海螺水泥有限责任公司	子公司
613	600585.SH	海螺水泥	广东清新水泥有限公司	子公司
613	600585.SH	海螺水泥	隆安海螺水泥有限责任公司	子公司
613	600585.SH	海螺水泥	宿州海螺水泥有限责任公司	子公司
613	600585.SH	海螺水泥	铜仁海螺盘江水泥有限责任公司	子公司
613	600585.SH	海螺水泥	遵义海螺盘江水泥有限责任公司	子公司
613	600585.SH	海螺水泥	建德海螺水泥有限责任公司	子公司
613	600585.SH	海螺水泥	扶绥新宁海螺水泥有限责任公司	子公司
613	600585.SH	海螺水泥	水城海螺盘江水泥有限责任公司	子公司
613	600585.SH	海螺水泥	江华海螺水泥有限责任公司	子公司
613	600585.SH	海螺水泥	梁平海螺水泥有限责任公司	子公司
613	600585.SH	海螺水泥	贵定海螺盘江水泥有限责任公司	子公司
613	600585.SH	海螺水泥	兴业葵阳海螺水泥有限责任公司	子公司
613	600585.SH	海螺水泥	广元海螺水泥有限责任公司	子公司
613	600585.SH	海螺水泥	祁阳海螺水泥有限责任公司	子公司
613	600585.SH	海螺水泥	临夏海螺水泥有限责任公司	子公司

序号	代码	名称（简称）	被参控公司/母公司	子/母公司
613	600585.SH	海螺水泥	安徽宣城海螺水泥有限公司	子公司
613	600585.SH	海螺水泥	芜湖海螺水泥有限公司	子公司
613	600585.SH	海螺水泥	重庆海螺水泥有限责任公司	子公司
613	600585.SH	海螺水泥	四川南威水泥有限公司	子公司
613	600585.SH	海螺水泥	弋阳海螺水泥有限责任公司	子公司
613	600585.SH	海螺水泥	北流海螺水泥有限责任公司	子公司
613	600585.SH	海螺水泥	临湘海螺水泥有限责任公司	子公司
613	600585.SH	海螺水泥	石门海螺水泥有限责任公司	子公司
613	600585.SH	海螺水泥	安徽荻港海螺水泥股份有限公司	子公司
613	600585.SH	海螺水泥	安徽怀宁海螺水泥有限公司	子公司
613	600585.SH	海螺水泥	达州海螺水泥有限责任公司	子公司
613	600585.SH	海螺水泥	文山海螺水泥有限公司	子公司
613	600585.SH	海螺水泥	昆明海螺水泥有限公司	子公司
613	600585.SH	海螺水泥	英德海螺水泥有限责任公司	子公司
613	600585.SH	海螺水泥	全椒海螺水泥有限责任公司	子公司
613	600585.SH	海螺水泥	盈江县允罕水泥有限责任公司	子公司
613	600585.SH	海螺水泥	阳春海螺水泥有限责任公司	子公司
613	600585.SH	海螺水泥	淮北矿业相山水泥有限责任公司	子公司
613	600585.SH	海螺水泥	黔西南州发展资源开发有限公司	子公司
613	600585.SH	海螺水泥	邵阳市云峰新能源科技有限公司	子公司
613	600585.SH	海螺水泥	广西凌云通鸿水泥有限公司	子公司
613	600585.SH	海螺水泥	保山海螺水泥有限责任公司	子公司
614	600586.SH	金晶科技	廊坊金彪玻璃有限公司	子公司
614	600586.SH	金晶科技	山东金晶科技股份有限公司	母公司
614	600586.SH	金晶科技	山东海天生物化工有限公司	子公司
614	600586.SH	金晶科技	滕州金晶玻璃有限公司	子公司
615	600594.SH	益佰制药	贵州益佰制药股份有限公司	母公司
615	600594.SH	益佰制药	贵州益佰制药股份有限公司	子公司
615	600594.SH	益佰制药	海南长安国际制药有限公司	子公司
615	600594.SH	益佰制药	淮南朝阳医院	子公司
616	600595.SH	*ST 中孚	林州市林丰铝电有限责任公司	子公司
616	600595.SH	*ST 中孚	大唐林州热电有限责任公司	子公司
617	600596.SH	新安股份	浙江开化合成材料有限公司	子公司
617	600596.SH	新安股份	镇江江南化工有限公司	子公司
618	600597.SH	光明乳业	上海乳品四厂有限公司	子公司
618	600597.SH	光明乳业	天津光明梦得乳品有限公司	子公司
618	600597.SH	光明乳业	武汉光明乳品有限公司	子公司
618	600597.SH	光明乳业	光明乳业（德州）有限公司	子公司
618	600597.SH	光明乳业	黑龙江省光明松鹤乳品有限责任公司	子公司
619	600600.SH	青岛啤酒	北京青岛啤酒三环有限公司	子公司
619	600600.SH	青岛啤酒	青岛啤酒（徐州）有限公司	子公司

序号	代码	名称（简称）	被参控公司/母公司	子/母公司
619	600600.SH	青岛啤酒	青岛啤酒汉斯宝鸡有限公司	子公司
619	600600.SH	青岛啤酒	青岛啤酒（九江）有限公司	子公司
619	600600.SH	青岛啤酒	青岛啤酒（甘肃）农垦股份有限公司	子公司
619	600600.SH	青岛啤酒	青岛啤酒（福州）有限公司	子公司
619	600600.SH	青岛啤酒	青岛啤酒（济南）有限公司	子公司
619	600600.SH	青岛啤酒	青岛啤酒（菏泽）有限公司	子公司
619	600600.SH	青岛啤酒	青岛啤酒上海松江制造有限公司	子公司
619	600600.SH	青岛啤酒	青岛啤酒（成都）有限公司	子公司
619	600600.SH	青岛啤酒	青岛啤酒（荣成）有限公司	子公司
619	600600.SH	青岛啤酒	青岛啤酒汉中有限责任公司	子公司
619	600600.SH	青岛啤酒	山东新银麦啤酒有限公司	子公司
619	600600.SH	青岛啤酒	青岛啤酒（黄石）有限公司	子公司
619	600600.SH	青岛啤酒	青岛啤酒（厦门）有限公司	子公司
619	600600.SH	青岛啤酒	青岛啤酒（薛城）有限公司	子公司
619	600600.SH	青岛啤酒	青岛啤酒（珠海）有限公司	子公司
619	600600.SH	青岛啤酒	青岛啤酒（杭州）有限公司	子公司
619	600600.SH	青岛啤酒	青岛啤酒（滕州）有限公司	子公司
619	600600.SH	青岛啤酒	青岛啤酒（长沙）有限公司	子公司
619	600600.SH	青岛啤酒	深圳青岛啤酒朝日有限公司	子公司
619	600600.SH	青岛啤酒	青岛啤酒（郴州）有限公司	子公司
619	600600.SH	青岛啤酒	青岛啤酒武威有限责任公司	子公司
619	600600.SH	青岛啤酒	青岛啤酒上海闵行有限公司	子公司
619	600600.SH	青岛啤酒	北京五星青岛啤酒有限公司	子公司
619	600600.SH	青岛啤酒	青岛啤酒（日照）有限公司	子公司
619	600600.SH	青岛啤酒	青岛啤酒（马鞍山）有限公司	子公司
619	600600.SH	青岛啤酒	青岛啤酒（韶关）有限公司	子公司
619	600600.SH	青岛啤酒	山东绿兰莎啤酒有限公司	子公司
619	600600.SH	青岛啤酒	青岛啤酒榆林有限责任公司	子公司
619	600600.SH	青岛啤酒	青岛啤酒（寿光）有限公司	子公司
619	600600.SH	青岛啤酒	青岛啤酒（洛阳）有限公司	子公司
619	600600.SH	青岛啤酒	青岛啤酒西安汉斯集团有限公司	子公司
619	600600.SH	青岛啤酒	青岛啤酒渭南有限责任公司	子公司
619	600600.SH	青岛啤酒	青岛啤酒（连云港）有限公司	子公司
620	600601.SH	方正科技	珠海方正科技高密电子有限公司	子公司
621	600614.SH	*ST 鹏起	郴州丰越环保科技有限公司	子公司
622	600616.SH	金枫酒业	上海石库门酿酒有限公司	子公司
623	600618.SH	氯碱化工	上海氯碱化工股份有限公司	母公司
624	600623.SH	华谊集团	上海华谊能源化工有限公司	子公司
624	600623.SH	华谊集团	上海华谊集团华原化工有限公司	子公司
624	600623.SH	华谊集团	安徽华谊化工有限公司	子公司
624	600623.SH	华谊集团	双钱集团（新疆）昆仑轮胎有限公司	子公司

序号	代码	名称（简称）	被参控公司/母公司	子/母公司
624	600623.SH	华谊集团	双钱集团（江苏）轮胎有限公司	子公司
624	600623.SH	华谊集团	上海杜邦农化有限公司	子公司
624	600623.SH	华谊集团	上海申星化工有限公司	子公司
624	600623.SH	华谊集团	卡博特化工（天津）有限公司	子公司
624	600623.SH	华谊集团	上海试四化学品有限公司	子公司
624	600623.SH	华谊集团	双钱集团（重庆）轮胎有限公司	子公司
625	600626.SH	申达股份	上海新纺联汽车内饰有限公司	子公司
626	600635.SH	大众公用	徐州源泉污水处理有限公司	子公司
626	600635.SH	大众公用	沛县源泉水务运营有限公司	子公司
626	600635.SH	大众公用	邳州源泉水务运营有限公司	子公司
626	600635.SH	大众公用	上海大众嘉定污水处理有限公司	子公司
626	600635.SH	大众公用	徐州大众水务运营有限公司	子公司
627	600642.SH	申能股份	上海申能崇明发电有限公司	子公司
627	600642.SH	申能股份	淮北申皖发电有限公司	子公司
627	600642.SH	申能股份	华能上海燃机发电有限责任公司	子公司
627	600642.SH	申能股份	华能上海石洞口发电有限责任公司	子公司
627	600642.SH	申能股份	上海申能临港燃机发电有限公司	子公司
627	600642.SH	申能股份	上海吴泾第二发电有限责任公司	子公司
627	600642.SH	申能股份	申能吴忠热电有限责任公司	子公司
627	600642.SH	申能股份	上海漕泾热电有限责任公司	子公司
627	600642.SH	申能股份	上海外高桥第三发电有限责任公司	子公司
627	600642.SH	申能股份	上海外高桥第二发电有限责任公司	子公司
628	600660.SH	福耀玻璃	重庆万盛浮法玻璃有限公司	子公司
628	600660.SH	福耀玻璃	福耀玻璃工业集团股份有限公司	母公司
628	600660.SH	福耀玻璃	福耀集团（上海）汽车玻璃有限公司	子公司
628	600660.SH	福耀玻璃	福耀集团通辽有限公司	子公司
629	600664.SH	哈药股份	哈药集团股份有限公司	母公司
629	600664.SH	哈药股份	哈药集团中药有限公司	子公司
629	600664.SH	哈药股份	哈药集团世一堂中药饮片有限责任公司	子公司
630	600668.SH	尖峰集团	云南尖峰水泥有限公司	子公司
630	600668.SH	尖峰集团	大冶尖峰水泥有限公司	子公司
630	600668.SH	尖峰集团	浙江尖峰药业有限公司	子公司
631	600673.SH	东阳光	乳源东阳光氟有限公司	子公司
631	600673.SH	东阳光	宜昌东阳光长江药业股份有限公司	子公司
631	600673.SH	东阳光	乳源东阳光电化厂	子公司
631	600673.SH	东阳光	乳源瑶族自治县东阳光化成箔有限公司	子公司
632	600674.SH	川投能源	四川川投能源股份有限公司	母公司
633	600676.SH	交运股份	上海英提尔交运汽车零部件有限公司	子公司
634	600677.SH	航天通信	宁波中鑫毛纺集团有限公司	子公司
635	600678.SH	四川金顶	四川金顶（集团）股份有限公司	母公司
636	600680.SH	*ST 上普	上海山崎电路板有限公司	子公司

序号	代码	名称（简称）	被参控公司/母公司	子/母公司
637	600686.SH	金龙汽车	厦门金龙联合汽车工业有限公司	子公司
638	600688.SH	上海石化	上海化学工业区发展有限公司	子公司
638	600688.SH	上海石化	中国石化上海石油化工股份有限公司	母公司
638	600688.SH	上海石化	上海赛科石油化工有限责任公司	子公司
639	600691.SH	阳煤化工	山西阳煤丰喜泉稷能源有限公司	子公司
639	600691.SH	阳煤化工	阳煤化工股份有限公司	母公司
639	600691.SH	阳煤化工	阳煤集团寿阳化工有限责任公司	子公司
639	600691.SH	阳煤化工	山西阳煤丰喜肥业（集团）有限责任公司	子公司
639	600691.SH	阳煤化工	沧州正元化肥有限公司	子公司
639	600691.SH	阳煤化工	阳煤集团深州化工有限公司	子公司
639	600691.SH	阳煤化工	石家庄柏坡正元化肥有限公司	子公司
639	600691.SH	阳煤化工	阳煤平原化工有限公司	子公司
640	600692.SH	亚通股份	上海华润大东船务有限公司	子公司
641	600703.SH	三安光电	安徽三安光电有限公司	子公司
641	600703.SH	三安光电	天津三安光电有限公司	子公司
641	600703.SH	三安光电	福建晶安光电有限公司	子公司
642	600707.SH	彩虹股份	咸阳彩虹光电科技有限公司	子公司
642	600707.SH	彩虹股份	彩虹（合肥）液晶玻璃有限公司	子公司
643	600714.SH	金瑞矿业	重庆庆龙精细锶盐化工有限公司	子公司
644	600720.SH	祁连山	漳县祁连山水泥有限公司	子公司
644	600720.SH	祁连山	青海祁连山水泥有限公司	子公司
644	600720.SH	祁连山	酒钢（集团）宏达建材有限责任公司	子公司
644	600720.SH	祁连山	民和祁连山水泥有限公司	子公司
644	600720.SH	祁连山	成县祁连山水泥有限公司	子公司
644	600720.SH	祁连山	文县祁连山水泥有限公司	子公司
644	600720.SH	祁连山	永登祁连山水泥有限公司	子公司
644	600720.SH	祁连山	夏河祁连山安多水泥有限公司	子公司
644	600720.SH	祁连山	古浪祁连山水泥有限公司	子公司
644	600720.SH	祁连山	陇南祁连山水泥有限公司	子公司
644	600720.SH	祁连山	平凉祁连山水泥有限公司	子公司
644	600720.SH	祁连山	甘谷祁连山水泥有限公司	子公司
645	600722.SH	金牛化工	河北金牛旭阳化工有限公司	子公司
646	600724.SH	宁波富达	蒙自瀛洲水泥有限责任公司	子公司
646	600724.SH	宁波富达	宁波科环新型建材股份有限公司	子公司
647	600726.SH	*ST 华源	中国华电集团哈尔滨发电有限公司	子公司
647	600726.SH	*ST 华源	哈尔滨热电有限责任公司	子公司
647	600726.SH	*ST 华源	黑龙江华电齐齐哈尔热电有限公司	子公司
647	600726.SH	*ST 华源	沈阳金山能源股份有限公司	子公司
648	600727.SH	鲁北化工	山东鲁北化工股份有限公司	母公司
649	600731.SH	湖南海利	海利贵溪化工农药有限公司	子公司
650	600735.SH	新华锦	青岛中绵针织有限公司	子公司

序号	代码	名称（简称）	被参控公司/母公司	子/母公司
651	600736.SH	苏州高新	苏州高新污水处理有限公司	子公司
652	600737.SH	中粮糖业	营口长宜热力有限公司	子公司
652	600737.SH	中粮糖业	中粮屯河伊犁新宁糖业有限公司	子公司
652	600737.SH	中粮糖业	新疆四方实业股份有限公司	子公司
652	600737.SH	中粮糖业	中粮屯河北海糖业有限公司	子公司
652	600737.SH	中粮糖业	中粮屯河吉木萨尔番茄制品有限公司	子公司
652	600737.SH	中粮糖业	中粮屯河乌什果蔬制品有限公司	子公司
652	600737.SH	中粮糖业	中粮（唐山）糖业有限公司	子公司
652	600737.SH	中粮糖业	中粮屯河新源糖业有限公司	子公司
652	600737.SH	中粮糖业	中粮屯河额敏番茄制品有限公司	子公司
652	600737.SH	中粮糖业	中粮梁河糖业有限公司	子公司
653	600740.SH	山西焦化	山西焦化股份有限公司	母公司
654	600741.SH	华域汽车	华域视觉科技（上海）有限公司	子公司
654	600741.SH	华域汽车	上海中国弹簧制造有限公司	子公司
655	600742.SH	一汽富维	长春一汽富维高新汽车饰件有限公司	子公司
655	600742.SH	一汽富维	长春富维安道拓汽车饰件系统有限公司	子公司
656	600744.SH	华银电力	大唐湘潭发电有限责任公司	子公司
656	600744.SH	华银电力	大唐华银攸县能源有限公司	子公司
656	600744.SH	华银电力	大唐华银电力股份有限公司	母公司
656	600744.SH	华银电力	大唐华银株洲发电有限公司	子公司
657	600746.SH	江苏索普	江苏索普化工股份有限公司	母公司
658	600750.SH	江中药业	江中药业股份有限公司	母公司
659	600755.SH	厦门国贸	福建三钢国贸有限公司	子公司
660	600758.SH	红阳能源	沈阳焦煤股份有限公司	子公司
660	600758.SH	红阳能源	灯塔市红阳热电有限公司	子公司
660	600758.SH	红阳能源	辽宁沈煤红阳热电有限公司	子公司
661	600761.SH	安徽合力	安徽合力股份有限公司	母公司
662	600779.SH	水井坊	四川水井坊股份有限公司	母公司
663	600780.SH	通宝能源	山西阳光发电有限责任公司	子公司
664	600781.SH	辅仁药业	辅仁药业集团医药有限公司	子公司
664	600781.SH	辅仁药业	开封制药（集团）有限公司	子公司
665	600783.SH	鲁信创投	山东龙力生物科技股份有限公司	子公司
665	600783.SH	鲁信创投	山东东岳氟硅材料有限公司	子公司
666	600784.SH	鲁银投资	鲁银集团禹城羊绒纺织有限公司	子公司
666	600784.SH	鲁银投资	中节能万润股份有限公司	子公司
667	600789.SH	鲁抗医药	山东鲁抗中和环保科技有限公司	子公司
667	600789.SH	鲁抗医药	山东鲁抗生物制造有限公司	子公司
667	600789.SH	鲁抗医药	山东鲁抗医药股份有限公司	母公司
668	600790.SH	轻纺城	会稽山绍兴酒股份有限公司	子公司
669	600792.SH	云煤能源	师宗煤焦化工有限公司	子公司
670	600793.SH	宜宾纸业	宜宾纸业股份有限公司	母公司

序号	代码	名称（简称）	被参控公司/母公司	子/母公司
671	600795.SH	国电电力	国电宣威发电有限责任公司	子公司
671	600795.SH	国电电力	宁夏英力特化工股份有限公司	子公司
671	600795.SH	国电电力	国电大武口热电有限公司	子公司
671	600795.SH	国电电力	国电电力发展股份有限公司	母公司
671	600795.SH	国电电力	山西漳电国电王坪发电有限公司	子公司
671	600795.SH	国电电力	国电宿州第二热电有限公司	子公司
671	600795.SH	国电电力	国电泰州发电有限公司	子公司
671	600795.SH	国电电力	国电库车发电有限公司	子公司
671	600795.SH	国电电力	甘肃大唐国际连城发电有限责任公司	子公司
671	600795.SH	国电电力	国电浙江北仑第三发电有限公司	子公司
671	600795.SH	国电电力	国电浙江北仑第一发电有限公司	子公司
671	600795.SH	国电电力	国电蚌埠发电有限公司	子公司
671	600795.SH	国电电力	国电哈密煤电开发有限公司	子公司
671	600795.SH	国电电力	国电电力酒泉发电有限公司	子公司
671	600795.SH	国电电力	河北邯郸热电股份有限公司	子公司
671	600795.SH	国电电力	国电常州发电有限公司	子公司
671	600795.SH	国电电力	国电石嘴山第一发电有限公司	子公司
671	600795.SH	国电电力	国电内蒙古晶阳能源有限公司	子公司
671	600795.SH	国电电力	国电铜陵发电有限公司	子公司
671	600795.SH	国电电力	上海外高桥第三发电有限责任公司	子公司
671	600795.SH	国电电力	国电克拉玛依发电有限公司	子公司
671	600795.SH	国电电力	北京太阳宫燃气热电有限公司	子公司
671	600795.SH	国电电力	浙江浙能乐清发电有限责任公司	子公司
671	600795.SH	国电电力	国电江苏谏壁发电有限公司	子公司
671	600795.SH	国电电力	国电宿迁热电有限公司	子公司
671	600795.SH	国电电力	国电内蒙古东胜热电有限公司	子公司
671	600795.SH	国电电力	国电电力酒泉热力有限公司	子公司
671	600795.SH	国电电力	浙江浙能北仑发电有限公司	子公司
671	600795.SH	国电电力	国电宁夏石嘴山发电有限责任公司	子公司
671	600795.SH	国电电力	国电新疆红雁池发电有限公司	子公司
671	600795.SH	国电电力	国电电力朝阳热电有限公司	子公司
671	600795.SH	国电电力	上海外高桥第二发电有限责任公司	子公司
671	600795.SH	国电电力	国电建投内蒙古能源有限公司	子公司
671	600795.SH	国电电力	国电电力大同发电有限责任公司	子公司
671	600795.SH	国电电力	国电电力大连庄河发电有限责任公司	子公司
672	600796.SH	钱江生化	海宁东山热电有限公司	子公司
672	600796.SH	钱江生化	浙江钱江生物化学股份有限公司	母公司
673	600801.SH	华新水泥	华新水泥股份有限公司	母公司
673	600801.SH	华新水泥	华新水泥（大冶）有限公司	子公司
673	600801.SH	华新水泥	华新水泥（郴州）有限公司	子公司
673	600801.SH	华新水泥	华新水泥（阳新）有限公司	子公司

序号	代码	名称（简称）	被参控公司/母公司	子/母公司
673	600801.SH	华新水泥	华新水泥（红河）有限公司	子公司
673	600801.SH	华新水泥	华新水泥（富民）有限公司	子公司
673	600801.SH	华新水泥	重庆华新盐井水泥有限公司	子公司
673	600801.SH	华新水泥	华新水泥（长阳）有限公司	子公司
673	600801.SH	华新水泥	华新水泥（赤壁）有限公司	子公司
673	600801.SH	华新水泥	华新水泥（渠县）有限公司	子公司
673	600801.SH	华新水泥	华新红塔水泥（景洪）有限公司	子公司
673	600801.SH	华新水泥	华新水泥（冷水江）有限公司	子公司
673	600801.SH	华新水泥	华新水泥（云龙）有限公司	子公司
673	600801.SH	华新水泥	华新水泥（昭通）有限公司	子公司
673	600801.SH	华新水泥	华新水泥（株洲）有限公司	子公司
673	600801.SH	华新水泥	武汉武钢华新水泥有限责任公司	子公司
673	600801.SH	华新水泥	云南华新东骏水泥有限公司	子公司
673	600801.SH	华新水泥	华新水泥（宜昌）有限公司	子公司
673	600801.SH	华新水泥	华新贵州顶效特种水泥有限公司	子公司
673	600801.SH	华新水泥	华新水泥重庆涪陵有限公司	子公司
673	600801.SH	华新水泥	华新水泥（黄石）有限公司	子公司
673	600801.SH	华新水泥	华新水泥（丽江）有限公司	子公司
673	600801.SH	华新水泥	华新水泥（秭归）有限公司	子公司
673	600801.SH	华新水泥	华新水泥（迪庆）有限公司	子公司
673	600801.SH	华新水泥	重庆华新地维水泥有限公司	子公司
673	600801.SH	华新水泥	重庆华新参天水泥有限公司	子公司
673	600801.SH	华新水泥	华新水泥（剑川）有限公司	子公司
673	600801.SH	华新水泥	华新水泥（道县）有限公司	子公司
673	600801.SH	华新水泥	华新水泥（房县）有限公司	子公司
673	600801.SH	华新水泥	华新水泥（桑植）有限公司	子公司
673	600801.SH	华新水泥	华新水泥（万源）有限公司	子公司
673	600801.SH	华新水泥	华新水泥（武穴）有限公司	子公司
673	600801.SH	华新水泥	湖南华新湘钢水泥有限公司	子公司
673	600801.SH	华新水泥	华新水泥（河南信阳）有限公司	子公司
673	600801.SH	华新水泥	华新水泥（恩平）有限公司	子公司
673	600801.SH	华新水泥	华新水泥（恩施）有限公司	子公司
673	600801.SH	华新水泥	华新水泥（鹤峰）民族建材有限公司	子公司
673	600801.SH	华新水泥	贵州水城瑞安水泥有限公司	子公司
673	600801.SH	华新水泥	华新水泥（襄阳）有限公司	子公司
673	600801.SH	华新水泥	华新金龙水泥（郧县）有限公司	子公司
674	600802.SH	福建水泥	福建安砂建福水泥有限公司	子公司
674	600802.SH	福建水泥	福建永安建福水泥有限公司	子公司
674	600802.SH	福建水泥	福建省建福南方水泥有限公司	子公司
674	600802.SH	福建水泥	福建省永安金银湖水泥有限公司	子公司
674	600802.SH	福建水泥	福建省海峡水泥股份有限公司	子公司

序号	代码	名称（简称）	被参控公司/母公司	子/母公司
675	600803.SH	新奥股份	新能凤凰（滕州）能源有限公司	子公司
675	600803.SH	新奥股份	新能能源有限公司	子公司
676	600805.SH	悦达投资	江苏国华陈家港发电有限公司	子公司
677	600808.SH	马钢股份	马鞍山钢铁股份有限公司	母公司
677	600808.SH	马钢股份	盛隆化工有限公司	子公司
677	600808.SH	马钢股份	安徽长江钢铁股份有限公司	子公司
677	600808.SH	马钢股份	河南金马能源股份有限公司	子公司
678	600809.SH	山西汾酒	山西杏花村汾酒厂股份有限公司	母公司
679	600810.SH	神马股份	神马实业股份有限公司	母公司
679	600810.SH	神马股份	河南神马尼龙化工有限责任公司	子公司
679	600810.SH	神马股份	中国平煤神马集团财务有限责任公司	子公司
680	600811.SH	东方集团	锦州港股份有限公司	子公司
681	600812.SH	华北制药	河北华药环境保护研究所有限公司	子公司
682	600819.SH	耀皮玻璃	天津耀皮玻璃有限公司	子公司
683	600844.SH	丹化科技	通辽金煤化工有限公司	子公司
684	600845.SH	宝信软件	东北特殊钢集团股份有限公司	子公司
684	600845.SH	宝信软件	金川集团信息与自动化工程有限公司	子公司
685	600846.SH	同济科技	平乡县瑞盈环境科技有限公司	子公司
685	600846.SH	同济科技	宝鸡市同济水务有限公司	子公司
685	600846.SH	同济科技	肇庆市禄步同济水务有限公司	子公司
685	600846.SH	同济科技	枣庄市同安水务有限公司	子公司
686	600851.SH	海欣股份	南京海欣丽宁长毛绒有限公司	子公司
686	600851.SH	海欣股份	陕西海欣庆华医药化工有限公司	子公司
687	600863.SH	内蒙华电	内蒙古国华准格尔发电有限责任公司	子公司
687	600863.SH	内蒙华电	内蒙古岱海发电有限责任公司	子公司
687	600863.SH	内蒙华电	包头东华热电有限公司	子公司
687	600863.SH	内蒙华电	内蒙古丰泰发电有限公司	子公司
687	600863.SH	内蒙华电	内蒙古丰电能源发电有限责任公司	子公司
687	600863.SH	内蒙华电	内蒙古大唐国际托克托发电有限责任公司	子公司
687	600863.SH	内蒙华电	内蒙古大唐国际托克托第二发电有限责任公司	子公司
687	600863.SH	内蒙华电	内蒙古上都发电有限责任公司	子公司
688	600864.SH	哈投股份	哈尔滨哈投投资股份有限公司	母公司
688	600864.SH	哈投股份	黑龙江岁宝热电有限公司	子公司
689	600866.SH	星湖科技	广东肇庆星湖生物科技股份有限公司	母公司
690	600871.SH	石化油服	中石化中原石油工程有限公司	子公司
691	600872.SH	中炬高新	广东厨邦食品有限公司	子公司
692	600873.SH	梅花生物	新疆梅花氨基酸有限责任公司	子公司
692	600873.SH	梅花生物	通辽梅花生物科技有限公司	子公司
693	600874.SH	创业环保	天津静海创业水务有限公司	子公司
693	600874.SH	创业环保	杭州天创水务有限公司	子公司
693	600874.SH	创业环保	安国创业水务有限公司	子公司

序号	代码	名称（简称）	被参控公司/母公司	子/母公司
693	600874.SH	创业环保	文登创业水务有限公司	子公司
693	600874.SH	创业环保	天津津宁创环水务有限公司	子公司
693	600874.SH	创业环保	天津创业环保集团股份有限公司	母公司
693	600874.SH	创业环保	武汉天创环保有限公司	子公司
693	600874.SH	创业环保	内蒙古巴彦淖尔创业水务有限责任公司	子公司
694	600875.SH	东方电气	东方电气集团东方汽轮机有限公司	子公司
694	600875.SH	东方电气	东方电气集团东方电机有限公司	子公司
695	600876.SH	洛阳玻璃	中建材（合肥）新能源有限公司	子公司
695	600876.SH	洛阳玻璃	洛玻集团龙门玻璃有限责任公司	子公司
696	600881.SH	亚泰集团	亚泰集团哈尔滨水泥有限公司	子公司
696	600881.SH	亚泰集团	吉林亚泰明城水泥有限公司	子公司
696	600881.SH	亚泰集团	亚泰集团哈尔滨水泥（阿城）有限公司	子公司
696	600881.SH	亚泰集团	辽宁富山水泥有限公司	子公司
696	600881.SH	亚泰集团	亚泰集团铁岭水泥有限公司	子公司
696	600881.SH	亚泰集团	亚泰集团通化水泥股份有限公司	子公司
696	600881.SH	亚泰集团	长春亚泰热力有限责任公司	子公司
696	600881.SH	亚泰集团	亚泰集团伊通水泥有限公司	子公司
696	600881.SH	亚泰集团	吉林亚泰水泥有限公司	子公司
697	600883.SH	博闻科技	新疆众和股份有限公司	子公司
698	600886.SH	国投电力	徐州华润电力有限公司	子公司
698	600886.SH	国投电力	国投伊犁能源开发有限公司	子公司
698	600886.SH	国投电力	国投哈密风电有限公司	子公司
698	600886.SH	国投电力	国投钦州发电有限公司	子公司
698	600886.SH	国投电力	靖远第二发电有限公司	子公司
698	600886.SH	国投电力	国投盘江发电有限公司	子公司
698	600886.SH	国投电力	厦门华夏国际电力发展有限公司	子公司
698	600886.SH	国投电力	国投宣城发电有限责任公司	子公司
698	600886.SH	国投电力	铜山华润电力有限公司	子公司
698	600886.SH	国投电力	国投北部湾发电有限公司	子公司
698	600886.SH	国投电力	福建太平洋电力有限公司	子公司
698	600886.SH	国投电力	江苏利港电力有限公司	子公司
698	600886.SH	国投电力	天津国投津能发电有限公司	子公司
698	600886.SH	国投电力	淮北国安电力有限公司	子公司
699	600887.SH	伊利股份	乌鲁木齐伊利食品有限责任公司	子公司
699	600887.SH	伊利股份	张北伊利乳业有限责任公司	子公司
699	600887.SH	伊利股份	广东伊利乳业有限责任公司	子公司
699	600887.SH	伊利股份	辽宁伊利乳业有限责任公司	子公司
699	600887.SH	伊利股份	杜尔伯特伊利乳业有限责任公司	子公司
699	600887.SH	伊利股份	内蒙古金山乳业有限责任公司	子公司
699	600887.SH	伊利股份	黑龙江伊利乳业有限责任公司	子公司
699	600887.SH	伊利股份	天津伊利乳品有限责任公司	子公司

序号	代码	名称（简称）	被参控公司/母公司	子/母公司
699	600887.SH	伊利股份	湖北黄冈伊利乳业有限责任公司	子公司
699	600887.SH	伊利股份	内蒙古伊利实业集团股份有限公司	母公司
699	600887.SH	伊利股份	宁夏伊利乳业有限责任公司	子公司
699	600887.SH	伊利股份	济源伊利乳业有限责任公司	子公司
699	600887.SH	伊利股份	廊坊伊利乳品有限公司	子公司
699	600887.SH	伊利股份	成都伊利乳业有限责任公司	子公司
699	600887.SH	伊利股份	内蒙古金海伊利乳业有限责任公司	子公司
699	600887.SH	伊利股份	济南伊利乳业有限责任公司	子公司
699	600887.SH	伊利股份	巴彦淖尔伊利乳业有限责任公司	子公司
699	600887.SH	伊利股份	林甸伊利乳业有限责任公司	子公司
699	600887.SH	伊利股份	齐齐哈尔伊利乳业有限责任公司	子公司
699	600887.SH	伊利股份	浙江伊利乳业有限公司	子公司
699	600887.SH	伊利股份	合肥伊利乳业有限责任公司	子公司
699	600887.SH	伊利股份	阜新伊利乳品有限责任公司	子公司
699	600887.SH	伊利股份	锡林浩特伊利乳品有限责任公司	子公司
700	600888.SH	新疆众和	新疆众和股份有限公司	母公司
701	600889.SH	南京化纤	江苏金羚纤维素纤维有限公司	子公司
701	600889.SH	南京化纤	兰精（南京）纤维有限公司	子公司
701	600889.SH	南京化纤	南京法伯耳纺织有限公司	子公司
702	600894.SH	广日股份	日立电梯（中国）有限公司	子公司
703	600900.SH	长江电力	四川川投能源股份有限公司	子公司
704	600929.SH	湖南盐业	湖南省湘衡盐化有限责任公司	子公司
704	600929.SH	湖南盐业	江西九二盐业有限责任公司	子公司
704	600929.SH	湖南盐业	湖南省湘澧盐化有限责任公司	子公司
705	600960.SH	渤海汽车	滨州渤海活塞有限公司	子公司
706	600962.SH	国投中鲁	云南国投中鲁果汁有限公司	子公司
706	600962.SH	国投中鲁	富平中鲁果蔬汁有限公司	子公司
707	600966.SH	博汇纸业	山东博汇纸业股份有限公司	母公司
707	600966.SH	博汇纸业	江苏博汇纸业有限公司	子公司
708	600969.SH	郴电国际	湖南郴电格瑞环保科技有限公司	子公司
708	600969.SH	郴电国际	中国水电建设集团圣达水电有限公司	子公司
709	600971.SH	恒源煤电	安徽钱营孜发电有限公司	子公司
709	600971.SH	恒源煤电	安徽恒力电业有限责任公司	子公司
709	600971.SH	恒源煤电	淮北新源热电有限公司	子公司
709	600971.SH	恒源煤电	安徽省皖北煤电集团财务有限公司	子公司
710	600976.SH	健民集团	健民集团叶开泰国药（随州）有限公司	子公司
711	600982.SH	宁波热电	金华宁能热电有限公司	子公司
711	600982.SH	宁波热电	宁波光耀热电有限公司	子公司
712	600983.SH	惠而浦	惠而浦（中国）股份有限公司	母公司
713	600985.SH	淮北矿业	淮北矿业集团投资有限公司	子公司
713	600985.SH	淮北矿业	淮北申皖发电有限公司	子公司

序号	代码	名称（简称）	被参控公司/母公司	子/母公司
713	600985.SH	淮北矿业	安徽省亳州煤业有限公司	子公司
713	600985.SH	淮北矿业	淮北涣城发电有限公司	子公司
713	600985.SH	淮北矿业	淮北矿业股份有限公司	子公司
713	600985.SH	淮北矿业	临涣焦化股份有限公司	子公司
713	600985.SH	淮北矿业	临涣中利发电有限公司	子公司
714	600987.SH	航民股份	杭州航民热电有限公司	子公司
714	600987.SH	航民股份	杭州澳美印染有限公司	子公司
714	600987.SH	航民股份	杭州航民小城热电有限公司	子公司
714	600987.SH	航民股份	杭州钱江印染化工有限公司	子公司
714	600987.SH	航民股份	浙江航民股份有限公司	母公司
714	600987.SH	航民股份	杭州航民达美染整有限公司	子公司
714	600987.SH	航民股份	杭州航民美时达印染有限公司	子公司
715	600989.SH	宝丰能源	宁夏宝丰能源集团股份有限公司	母公司
716	600990.SH	四创电子	安徽四创电子股份有限公司	母公司
717	600997.SH	开滦股份	迁安中化煤化工有限责任公司	子公司
717	600997.SH	开滦股份	唐山中润煤化工有限公司	子公司
717	600997.SH	开滦股份	唐山中浩化工有限公司	子公司
717	600997.SH	开滦股份	开滦能源化工股份有限公司	母公司
717	600997.SH	开滦股份	承德中滦煤化工有限公司	子公司
718	601001.SH	大同煤业	同煤大唐塔山煤矿有限公司	子公司
718	601001.SH	大同煤业	大同煤矿集团财务有限责任公司	子公司
719	601002.SH	晋亿实业	晋亿实业股份有限公司	母公司
720	601005.SH	重庆钢铁	重庆钢铁股份有限公司	母公司
721	601011.SH	宝泰隆	宝泰隆新材料股份有限公司	母公司
722	601012.SH	隆基股份	隆基绿能科技股份有限公司	母公司
723	601015.SH	陕西黑猫	陕西黑猫焦化股份有限公司	母公司
723	601015.SH	陕西黑猫	陕西龙门煤化工有限责任公司	子公司
724	601058.SH	赛轮轮胎	沈阳亨通能源有限公司	子公司
724	601058.SH	赛轮轮胎	赛轮金宇集团（香港）有限公司	子公司
725	601088.SH	中国神华	神华神东电力有限责任公司	子公司
725	601088.SH	中国神华	国华徐州发电有限公司	子公司
725	601088.SH	中国神华	河北国华沧东发电有限责任公司	子公司
725	601088.SH	中国神华	神华国华（舟山）发电有限责任公司	子公司
725	601088.SH	中国神华	河北国华定州发电有限责任公司	子公司
725	601088.SH	中国神华	国华太仓发电有限责任公司	子公司
725	601088.SH	中国神华	神华四川能源有限责任公司	子公司
725	601088.SH	中国神华	内蒙古亿利化学工业有限公司	子公司
725	601088.SH	中国神华	神华北电胜利能源有限公司	子公司
725	601088.SH	中国神华	浙江浙能嘉华发电有限公司	子公司
725	601088.SH	中国神华	四川广安发电有限责任公司	子公司
725	601088.SH	中国神华	神华准格尔能源有限责任公司	子公司

序号	代码	名称（简称）	被参控公司/母公司	子/母公司
725	601088.SH	中国神华	绥中发电有限责任公司	子公司
725	601088.SH	中国神华	浙江国华浙能发电有限公司	子公司
725	601088.SH	中国神华	陕西国华锦界能源有限责任公司	子公司
725	601088.SH	中国神华	广东国华粤电台山发电有限公司	子公司
726	601101.SH	昊华能源	鄂尔多斯市昊华国泰化工有限公司	子公司
727	601106.SH	中国一重	中国第一重型机械股份公司	母公司
728	601117.SH	中国化学	合肥王小郢污水处理有限公司	子公司
729	601118.SH	海南橡胶	海南天然橡胶产业集团金橡有限公司	子公司
729	601118.SH	海南橡胶	江城嘉禾橡胶有限责任公司	子公司
730	601127.SH	小康股份	东风小康汽车有限公司	子公司
731	601138.SH	工业富联	富泰华精密电子（郑州）有限公司	子公司
731	601138.SH	工业富联	鸿富锦精密电子（天津）有限公司	子公司
731	601138.SH	工业富联	富泰华精密电子（济源）有限公司	子公司
732	601158.SH	重庆水务	重庆市渝东水务有限公司	子公司
732	601158.SH	重庆水务	重庆市大足区清溪水务有限公司	子公司
732	601158.SH	重庆水务	重庆市三峡水务有限责任公司	子公司
733	601168.SH	西部矿业	内蒙古双利矿业有限公司	子公司
733	601168.SH	西部矿业	青海西豫有色金属有限公司	子公司
734	601179.SH	中国西电	西安西电开关电气有限公司	子公司
735	601199.SH	江南水务	江阴市恒通排水设施管理有限公司	子公司
736	601200.SH	上海环境	漳州环境再生能源有限公司	子公司
736	601200.SH	上海环境	上海友联竹园第一污水处理投资发展有限公司	子公司
736	601200.SH	上海环境	威海环境再生能源有限公司	子公司
736	601200.SH	上海环境	上海阳晨排水运营有限公司	子公司
736	601200.SH	上海环境	洛阳环洛再生能源有限公司	子公司
736	601200.SH	上海环境	上海天马再生能源有限公司	子公司
736	601200.SH	上海环境	上海环城再生能源有限公司	子公司
736	601200.SH	上海环境	青岛环境再生能源有限公司	子公司
736	601200.SH	上海环境	上海东石塘再生能源有限公司	子公司
736	601200.SH	上海环境	上海金山环境再生能源有限公司	子公司
737	601208.SH	东材科技	四川东材科技集团股份有限公司	母公司
738	601212.SH	白银有色	甘肃厂坝有色金属有限责任公司	子公司
738	601212.SH	白银有色	白银有色集团股份有限公司	母公司
739	601216.SH	君正集团	内蒙古北方蒙西发电有限责任公司	子公司
739	601216.SH	君正集团	鄂尔多斯市君正能源化工有限公司	子公司
739	601216.SH	君正集团	内蒙古君正化工有限责任公司	子公司
740	601225.SH	陕西煤业	陕西黄陵二号煤矿有限公司	子公司
740	601225.SH	陕西煤业	陕西有色榆林铁路运销公司	子公司
740	601225.SH	陕西煤业	隆基绿能科技股份有限公司	子公司
740	601225.SH	陕西煤业	陕西陕煤黄陵矿业有限公司	子公司
741	601233.SH	桐昆股份	嘉兴石化有限公司	子公司

序号	代码	名称（简称）	被参控公司/母公司	子/母公司
741	601233.SH	桐昆股份	桐昆集团浙江恒盛化纤有限公司	子公司
741	601233.SH	桐昆股份	桐昆集团股份有限公司	母公司
741	601233.SH	桐昆股份	桐昆集团浙江恒通化纤有限公司	子公司
741	601233.SH	桐昆股份	桐昆集团浙江恒腾差别化纤维有限公司	子公司
742	601238.SH	广汽集团	广州汽车集团乘用车有限公司	子公司
743	601311.SH	骆驼股份	骆驼集团襄阳蓄电池有限公司	子公司
743	601311.SH	骆驼股份	骆驼集团华南蓄电池有限公司	子公司
743	601311.SH	骆驼股份	湖北金洋冶金股份有限公司	子公司
744	601330.SH	绿色动力	常州绿色动力环保热电有限公司	子公司
744	601330.SH	绿色动力	乳山绿色动力再生能源有限公司	子公司
744	601330.SH	绿色动力	平阳绿色动力再生能源有限公司	子公司
744	601330.SH	绿色动力	安顺绿色动力再生能源有限公司	子公司
744	601330.SH	绿色动力	永嘉绿色动力再生能源有限公司	子公司
744	601330.SH	绿色动力	天津绿色动力再生能源有限公司	子公司
744	601330.SH	绿色动力	海宁绿色动力再生能源有限公司	子公司
744	601330.SH	绿色动力	蚌埠绿色动力再生能源有限公司	子公司
744	601330.SH	绿色动力	泰州绿色动力再生能源有限公司	子公司
744	601330.SH	绿色动力	惠州绿色动力环保有限公司	子公司
744	601330.SH	绿色动力	武汉绿色动力再生能源有限公司	子公司
744	601330.SH	绿色动力	句容绿色动力再生能源有限公司	子公司
745	601339.SH	百隆东方	宁波海德针织漂染有限公司	子公司
745	601339.SH	百隆东方	余姚百利特种纺织染整有限公司	子公司
746	601579.SH	会稽山	会稽山绍兴酒股份有限公司	母公司
746	601579.SH	会稽山	乌毡帽酒业有限公司	子公司
747	601599.SH	鹿港文化	张家港市塘桥镇污水处理有限公司	子公司
748	601600.SH	中国铝业	抚顺铝业有限公司	子公司
748	601600.SH	中国铝业	中铝中州铝业有限公司	子公司
748	601600.SH	中国铝业	华电宁夏灵武发电有限公司	子公司
748	601600.SH	中国铝业	中铝宁夏能源集团有限公司	子公司
748	601600.SH	中国铝业	中国铝业股份有限公司	母公司
748	601600.SH	中国铝业	广西华银铝业有限公司	子公司
748	601600.SH	中国铝业	山东华宇合金材料有限公司	子公司
748	601600.SH	中国铝业	山西华兴铝业有限公司	子公司
748	601600.SH	中国铝业	包头铝业有限公司	子公司
748	601600.SH	中国铝业	山西中铝华润有限公司	子公司
748	601600.SH	中国铝业	中铝集团山西交口兴华科技股份有限公司	子公司
748	601600.SH	中国铝业	贵州华锦铝业有限公司	子公司
748	601600.SH	中国铝业	山西华圣铝业有限公司	子公司
748	601600.SH	中国铝业	遵义铝业股份有限公司	子公司
748	601600.SH	中国铝业	中铝矿业有限公司	子公司
748	601600.SH	中国铝业	中铝山西新材料有限公司	子公司

序号	代码	名称（简称）	被参控公司/母公司	子/母公司
749	601606.SH	长城军工	安徽红星机电科技股份有限公司	子公司
749	601606.SH	长城军工	安徽神剑科技股份有限公司	子公司
750	601607.SH	上海医药	广东天普生化医药股份有限公司	子公司
750	601607.SH	上海医药	上海上药第一生化药业有限公司	子公司
750	601607.SH	上海医药	辽宁美亚制药有限公司	子公司
751	601618.SH	中国中冶	石钢京诚装备技术有限公司	子公司
752	601633.SH	长城汽车	天津博信汽车零部件有限公司	子公司
753	601636.SH	旗滨集团	漳州旗滨玻璃有限公司	子公司
753	601636.SH	旗滨集团	株洲醴陵旗滨玻璃有限公司	子公司
753	601636.SH	旗滨集团	绍兴旗滨玻璃有限公司	子公司
754	601666.SH	平煤股份	平顶山天安煤业股份有限公司	母公司
754	601666.SH	平煤股份	中国平煤神马集团财务有限责任公司	子公司
755	601677.SH	明泰铝业	河南明泰铝业股份有限公司	母公司
756	601678.SH	滨化股份	中海沥青股份有限公司	子公司
756	601678.SH	滨化股份	山东滨化燃料有限公司	子公司
756	601678.SH	滨化股份	山东滨化热力有限责任公司	子公司
756	601678.SH	滨化股份	滨化集团股份有限公司	母公司
756	601678.SH	滨化股份	黄河三角洲（滨州）热力有限公司	子公司
757	601689.SH	拓普集团	四川迈高汽车部件有限公司	子公司
757	601689.SH	拓普集团	浙江拓为汽车部件有限公司	子公司
758	601699.SH	潞安环能	山西天脊潞安化工有限公司	子公司
758	601699.SH	潞安环能	山西潞安焦化有限责任公司	子公司
758	601699.SH	潞安环能	山西潞安环能五阳弘峰焦化有限公司	子公司
759	601717.SH	郑煤机	亚新科噪声与振动技术（安徽）有限公司	子公司
759	601717.SH	郑煤机	郑州煤矿机械集团股份有限公司	母公司
760	601718.SH	际华集团	辽宁际华三五二三特种装备有限公司	子公司
760	601718.SH	际华集团	际华三五四三针织服饰有限公司	子公司
760	601718.SH	际华集团	咸阳际华新三零印染有限公司	子公司
761	601727.SH	上海电气	上海锅炉厂有限公司	子公司
761	601727.SH	上海电气	上海电气电站设备有限公司	子公司
761	601727.SH	上海电气	上海电气集团上海电机厂有限公司	子公司
762	601766.SH	中国中车	中车长春轨道客车股份有限公司	子公司
763	601777.SH	力帆股份	重庆力帆乘用车有限公司	子公司
764	601800.SH	中国交建	上海振华重工（集团）股份有限公司	子公司
765	601857.SH	中国石油	大连西太平洋石油化工有限公司	子公司
765	601857.SH	中国石油	中国石油天然气股份有限公司	母公司
766	601865.SH	福莱特	安徽福莱特光伏玻璃有限公司	子公司
766	601865.SH	福莱特	浙江嘉福玻璃有限公司	子公司
766	601865.SH	福莱特	福莱特玻璃集团股份有限公司	母公司
767	601898.SH	中煤能源	内蒙古中煤蒙大新能源化工有限公司	子公司
767	601898.SH	中煤能源	中煤鄂尔多斯能源化工有限公司	子公司

序号	代码	名称（简称）	被参控公司/母公司	子/母公司
767	601898.SH	中煤能源	中天合创能源有限责任公司	子公司
767	601898.SH	中煤能源	中煤陕西榆林能源化工有限公司	子公司
767	601898.SH	中煤能源	河北中煤旭阳焦化有限公司	子公司
767	601898.SH	中煤能源	中煤平朔集团有限公司	子公司
767	601898.SH	中煤能源	上海大屯能源股份有限公司	子公司
767	601898.SH	中煤能源	陕西延长中煤榆林能源化工有限公司	子公司
768	601899.SH	紫金矿业	紫金矿业集团股份有限公司	母公司
768	601899.SH	紫金矿业	福建马坑矿业股份有限公司	子公司
768	601899.SH	紫金矿业	紫金铜业有限公司	子公司
768	601899.SH	紫金矿业	新疆天龙矿业股份有限公司	子公司
768	601899.SH	紫金矿业	瓮福紫金化工股份有限公司	子公司
768	601899.SH	紫金矿业	巴彦淖尔紫金有色金属有限公司	子公司
769	601918.SH	新集能源	中煤新集能源股份有限公司	母公司
769	601918.SH	新集能源	国投宣城发电有限责任公司	子公司
769	601918.SH	新集能源	中煤新集刘庄矿业有限公司	子公司
769	601918.SH	新集能源	中煤新集阜阳矿业有限公司	子公司
770	601958.SH	金钼股份	金堆城钼业股份有限公司	母公司
771	601966.SH	玲珑轮胎	山东玲珑橡胶科技有限公司	子公司
771	601966.SH	玲珑轮胎	德州玲珑轮胎有限公司	子公司
772	601968.SH	宝钢包装	上海宝翼制罐有限公司	子公司
772	601968.SH	宝钢包装	河北宝钢制罐北方有限公司	子公司
773	601969.SH	海南矿业	海南矿业股份有限公司	母公司
774	601988.SH	中国银行	四川泸天化股份有限公司	子公司
775	601989.SH	中国重工	武昌船舶重工集团有限公司	子公司
775	601989.SH	中国重工	山西平阳重工机械有限责任公司	子公司
775	601989.SH	中国重工	大连船舶重工集团有限公司	子公司
775	601989.SH	中国重工	武汉重工铸锻有限责任公司	子公司
775	601989.SH	中国重工	青岛北海船舶重工有限责任公司	子公司
776	601991.SH	大唐发电	江西大唐国际新余发电有限责任公司	子公司
776	601991.SH	大唐发电	江苏大唐国际吕四港发电有限责任公司	子公司
776	601991.SH	大唐发电	江西大唐国际抚州发电有限责任公司	子公司
776	601991.SH	大唐发电	同煤大唐塔山第二发电有限责任公司	子公司
776	601991.SH	大唐发电	辽宁大唐国际沈东热电有限责任公司	子公司
776	601991.SH	大唐发电	辽宁调兵山煤矸石发电有限责任公司	子公司
776	601991.SH	大唐发电	山西大唐国际神头发电有限责任公司	子公司
776	601991.SH	大唐发电	同煤大唐塔山煤矿有限公司	子公司
776	601991.SH	大唐发电	内蒙古大唐国际托克托发电有限责任公司	子公司
776	601991.SH	大唐发电	大唐清苑热电有限公司	子公司
776	601991.SH	大唐发电	广东大唐国际潮州发电有限责任公司	子公司
776	601991.SH	大唐发电	内蒙古大唐国际再生资源开发有限公司	子公司
776	601991.SH	大唐发电	大唐双鸭山热电有限公司	子公司

序号	代码	名称（简称）	被参控公司/母公司	子/母公司
776	601991.SH	大唐发电	甘肃大唐国际连城发电有限责任公司	子公司
776	601991.SH	大唐发电	大唐武安发电有限公司	子公司
776	601991.SH	大唐发电	重庆大唐国际石柱发电有限责任公司	子公司
776	601991.SH	大唐发电	大唐鸡西热电有限责任公司	子公司
776	601991.SH	大唐发电	天津大唐国际盘山发电有限责任公司	子公司
776	601991.SH	大唐发电	大唐鸡西第二热电有限公司	子公司
776	601991.SH	大唐发电	大唐绥化热电有限公司	子公司
776	601991.SH	大唐发电	山西大唐国际临汾热电有限责任公司	子公司
776	601991.SH	大唐发电	大唐国际发电股份有限公司	母公司
776	601991.SH	大唐发电	宁夏大唐国际大坝发电有限责任公司	子公司
776	601991.SH	大唐发电	山西大唐国际运城发电有限责任公司	子公司
776	601991.SH	大唐发电	山西漳电大唐塔山发电有限公司	子公司
776	601991.SH	大唐发电	辽宁大唐国际锦州热电有限责任公司	子公司
776	601991.SH	大唐发电	福建大唐国际宁德发电有限责任公司	子公司
776	601991.SH	大唐发电	马鞍山当涂发电有限公司	子公司
776	601991.SH	大唐发电	河北大唐国际丰润热电有限责任公司	子公司
776	601991.SH	大唐发电	河北大唐国际张家口热电有限责任公司	子公司
776	601991.SH	大唐发电	河北大唐国际王滩发电有限责任公司	子公司
776	601991.SH	大唐发电	河北大唐国际唐山热电有限责任公司	子公司
776	601991.SH	大唐发电	内蒙古大唐国际呼和浩特热电有限责任公司	子公司
776	601991.SH	大唐发电	山西大唐国际云冈热电有限责任公司	子公司
776	601991.SH	大唐发电	江苏大唐国际如皋热电有限责任公司	子公司
776	601991.SH	大唐发电	辽宁大唐国际沈抚热力有限责任公司	子公司
776	601991.SH	大唐发电	大庆龙唐供热有限公司	子公司
776	601991.SH	大唐发电	大唐河北发电有限公司	子公司
776	601991.SH	大唐发电	浙江大唐国际绍兴江滨热电有限责任公司	子公司
776	601991.SH	大唐发电	深圳大唐宝昌燃气发电有限公司	子公司
776	601991.SH	大唐发电	开滦（集团）蔚州矿业有限责任公司	子公司
776	601991.SH	大唐发电	云南大唐国际红河发电有限责任公司	子公司
776	601991.SH	大唐发电	内蒙古大唐国际托克托第二发电有限责任公司	子公司
776	601991.SH	大唐发电	大唐七台河发电有限责任公司	子公司
776	601991.SH	大唐发电	浙江大唐乌沙山发电有限责任公司	子公司
777	601992.SH	金隅集团	冀东海德堡（泾阳）水泥有限公司	子公司
777	601992.SH	金隅集团	左权金隅水泥有限公司	子公司
777	601992.SH	金隅集团	保定太行和益水泥有限公司	子公司
777	601992.SH	金隅集团	北京金隅琉水环保科技有限公司	子公司
777	601992.SH	金隅集团	邯郸涉县金隅水泥有限公司	子公司
777	601992.SH	金隅集团	天津耀皮玻璃有限公司	子公司
777	601992.SH	金隅集团	唐山冀东水泥股份有限公司	子公司
777	601992.SH	金隅集团	沁阳市金隅水泥有限公司	子公司
777	601992.SH	金隅集团	涿鹿金隅水泥有限公司	子公司

序号	代码	名称（简称）	被参控公司/母公司	子/母公司
777	601992.SH	金隅集团	鞍山冀东水泥有限责任公司	子公司
777	601992.SH	金隅集团	冀东海德堡（扶风）水泥有限公司	子公司
777	601992.SH	金隅集团	天津金隅振兴环保科技有限公司	子公司
777	601992.SH	金隅集团	岚县金隅水泥有限公司	子公司
777	601992.SH	金隅集团	宣化金隅水泥有限公司	子公司
777	601992.SH	金隅集团	赞皇金隅水泥有限责任公司	子公司
777	601992.SH	金隅集团	陵川金隅水泥有限公司	子公司
777	601992.SH	金隅集团	邢台金隅咏宁水泥有限公司	子公司
778	601996.SH	丰林集团	安徽池州丰林木业有限公司	子公司
779	603020.SH	爱普股份	爱普香料集团股份有限公司	母公司
780	603026.SH	石大胜华	山东石大胜华化工集团股份有限公司	母公司
781	603027.SH	千禾味业	千禾味业食品股份有限公司	母公司
782	603033.SH	三维股份	浙江三维橡胶制品股份有限公司	母公司
783	603043.SH	广州酒家	广州酒家集团利口福食品有限公司	子公司
784	603055.SH	台华新材	台华高新染整（嘉兴）有限公司	子公司
785	603077.SH	和邦生物	四川和邦生物科技股份有限公司	母公司
785	603077.SH	和邦生物	四川武骏特种玻璃制品有限公司	子公司
785	603077.SH	和邦生物	乐山和邦农业科技有限公司	子公司
785	603077.SH	和邦生物	四川顺城盐品股份有限公司	子公司
786	603079.SH	圣达生物	浙江圣达生物药业股份有限公司	母公司
786	603079.SH	圣达生物	浙江新银象生物工程有限公司	子公司
787	603086.SH	先达股份	山东先达农化股份有限公司	母公司
788	603105.SH	芯能科技	浙江芯能光伏科技股份有限公司	母公司
789	603113.SH	金能科技	金能科技股份有限公司	母公司
790	603156.SH	养元饮品	河北养元智汇饮品股份有限公司	母公司
791	603165.SH	荣晟环保	浙江荣晟环保纸业股份有限公司	母公司
792	603188.SH	亚邦股份	宁夏亚东化工有限公司	子公司
792	603188.SH	亚邦股份	连云港市赛科废料处置有限公司	子公司
793	603198.SH	迎驾贡酒	安徽迎驾贡酒股份有限公司	母公司
794	603225.SH	新凤鸣	新凤鸣集团湖州中石科技有限公司	子公司
794	603225.SH	新凤鸣	桐乡市中维化纤有限公司	子公司
795	603228.SH	景旺电子	深圳市景旺电子股份有限公司	母公司
796	603238.SH	诺邦股份	杭州诺邦无纺股份有限公司	母公司
797	603259.SH	药明康德	上海合全药业股份有限公司	子公司
798	603260.SH	合盛硅业	合盛硅业股份有限公司	母公司
798	603260.SH	合盛硅业	新疆西部天富合盛热电有限公司	子公司
798	603260.SH	合盛硅业	新疆西部合盛硅业有限公司	子公司
799	603288.SH	海天味业	佛山市海天（高明）调味食品有限公司	子公司
800	603299.SH	苏盐井神	江苏瑞洪盐业有限公司	子公司
801	603308.SH	应流股份	安徽应流铸业有限公司	子公司
802	603337.SH	杰克股份	杰克缝纫机股份有限公司	母公司

序号	代码	名称（简称）	被参控公司/母公司	子/母公司
803	603345.SH	安井食品	福建安井食品股份有限公司	母公司
804	603369.SH	今世缘	江苏今世缘酒业股份有限公司	母公司
805	603379.SH	三美股份	浙江三美化工股份有限公司	母公司
806	603385.SH	惠达卫浴	唐山达丰焦化有限公司	子公司
806	603385.SH	惠达卫浴	惠达卫浴股份有限公司	母公司
806	603385.SH	惠达卫浴	唐山惠达（集团）洁具有限公司	子公司
807	603386.SH	广东骏亚	广东骏亚电子科技股份有限公司	母公司
807	603386.SH	广东骏亚	龙南骏亚电子科技有限公司	子公司
808	603456.SH	九洲药业	浙江瑞博制药有限公司	子公司
808	603456.SH	九洲药业	江苏瑞科医药科技有限公司	子公司
808	603456.SH	九洲药业	浙江九洲药业股份有限公司	母公司
809	603477.SH	振静股份	四川振静股份有限公司	母公司
810	603520.SH	司太立	浙江司太立制药股份有限公司	母公司
810	603520.SH	司太立	浙江台州海神制药有限公司	子公司
811	603538.SH	美诺华	浙江美诺华药物化学有限公司	子公司
811	603538.SH	美诺华	浙江燎原药业股份有限公司	子公司
812	603558.SH	健盛集团	贵州鼎盛服饰有限公司	子公司
812	603558.SH	健盛集团	浙江俏尔婷婷服饰有限公司	子公司
813	603568.SH	伟明环保	温州伟明环保能源有限公司	子公司
813	603568.SH	伟明环保	浙江伟明环保股份有限公司	母公司
813	603568.SH	伟明环保	玉环伟明环保能源有限公司	子公司
813	603568.SH	伟明环保	苍南玉苍伟明环保能源有限公司	子公司
813	603568.SH	伟明环保	昆山鹿城垃圾发电有限公司	子公司
813	603568.SH	伟明环保	瑞安市伟明环保能源有限公司	子公司
813	603568.SH	伟明环保	温州永强垃圾发电有限公司	子公司
813	603568.SH	伟明环保	永康市伟明环保能源有限公司	子公司
813	603568.SH	伟明环保	临海市伟明环保能源有限公司	子公司
814	603588.SH	高能环境	贵州宏达环保科技有限公司	子公司
814	603588.SH	高能环境	阳新鹏富矿业有限公司	子公司
814	603588.SH	高能环境	宁波大地化工环保有限公司	子公司
815	603589.SH	口子窖	安徽口子酒业股份有限公司	母公司
816	603599.SH	广信股份	安徽东至广信农化有限公司	子公司
817	603601.SH	再升科技	宣汉正原微玻纤有限公司	子公司
818	603603.SH	博天环境	绵竹博华水务有限公司	子公司
819	603609.SH	禾丰牧业	沈阳华康肉禽有限公司	子公司
819	603609.SH	禾丰牧业	葫芦岛九股河食品有限公司	子公司
819	603609.SH	禾丰牧业	濮阳禾丰食品有限公司	子公司
819	603609.SH	禾丰牧业	北票市宏发食品有限公司	子公司
819	603609.SH	禾丰牧业	平原禾丰食品加工有限公司	子公司
820	603612.SH	索通发展	嘉峪关索通炭材料有限公司	子公司
820	603612.SH	索通发展	索通发展股份有限公司	母公司

序号	代码	名称（简称）	被参控公司/母公司	子/母公司
820	603612.SH	索通发展	嘉峪关索通预焙阳极有限公司	子公司
821	603639.SH	海利尔	山东海利尔化工有限公司	子公司
822	603650.SH	彤程新材	彤程化学（中国）有限公司	子公司
823	603669.SH	灵康药业	海南灵康制药有限公司	子公司
824	603683.SH	晶华新材	浙江晶鑫特种纸业有限公司	子公司
825	603685.SH	晨丰科技	景德镇市宏亿电子科技有限公司	子公司
826	603693.SH	江苏新能	江苏国信如东生物质发电有限公司	子公司
826	603693.SH	江苏新能	江苏国信盐城生物质发电有限公司	子公司
827	603730.SH	岱美股份	舟山岱美汽车零部件有限公司	子公司
828	603733.SH	仙鹤股份	河南仙鹤特种浆纸有限公司	子公司
828	603733.SH	仙鹤股份	浙江夏王纸业有限公司	子公司
829	603766.SH	隆鑫通用	隆鑫通用动力股份有限公司	母公司
830	603797.SH	联泰环保	汕头市联泰苏南水务有限公司	子公司
830	603797.SH	联泰环保	长沙市联泰水质净化有限公司	子公司
830	603797.SH	联泰环保	广东联泰环保股份有限公司	母公司
830	603797.SH	联泰环保	汕头市联泰苏北水务有限公司	子公司
830	603797.SH	联泰环保	邵阳联泰水质净化有限公司	子公司
831	603799.SH	华友钴业	衢州华友钴新材料有限公司	子公司
831	603799.SH	华友钴业	浙江华友钴业股份有限公司	母公司
832	603810.SH	丰山集团	江苏丰山集团股份有限公司	母公司
833	603817.SH	海峡环保	福建榕北海峡环保有限公司	子公司
834	603823.SH	百合花	百合花集团股份有限公司	母公司
835	603861.SH	白云电器	东芝白云真空开关管（锦州）有限公司	子公司
836	603866.SH	桃李面包	成都市桃李食品有限公司	子公司
837	603876.SH	鼎胜新材	江苏鼎胜新能源材料股份有限公司	母公司
838	603889.SH	新澳股份	浙江新中和羊毛有限公司	子公司
838	603889.SH	新澳股份	浙江厚源纺织股份有限公司	子公司
839	603903.SH	中持股份	焦作中持水务有限公司	子公司
839	603903.SH	中持股份	襄城中州水务污水处理有限公司	子公司
840	603920.SH	世运电路	广东世运电路科技股份有限公司	母公司
841	603938.SH	三孚股份	唐山三孚硅业股份有限公司	母公司
842	603968.SH	醋化股份	南通醋酸化工股份有限公司	母公司
843	603977.SH	国泰集团	江西新余国泰特种化工有限责任公司	子公司
844	603980.SH	吉华集团	杭州吉华江东化工有限公司	子公司
844	603980.SH	吉华集团	江苏吉华化工有限公司	子公司

附录 B

表 B.1　在线监测系统得分情况统计表

被参控公司/母公司	企业年度超标率			日均浓度平均超标倍数			最大连续超标时长			在线监测系统得分
	污染物	超标率	得分	污染物	倍数	得分	污染物	超标时长	得分	
汕头市联泰苏北水务有限公司	氨氮	0.00	10	COD	0.00	10	氨氮	0	10	30
安徽山河药用辅料股份有限公司	COD	0.00	10	COD	0.00	10	氨氮	0	10	30
贵州益佰制药股份有限公司	COD	0.00	10	氨氮	0.00	10	COD	0	10	30
山东聊城鲁西化工第六化肥有限公司	二氧化硫	0.00	10	二氧化硫	0.00	10	二氧化硫	0	10	30
青岛北海船舶重工有限责任公司	氨氮	0.00	10	氨氮	0.00	10	氨氮	0	10	30
伊高得表面处理（深圳）有限公司	COD	0.00	10	氨氮	0.00	10	COD	0	10	30
重庆市垫江县坪山榨菜食品有限公司	COD	0.00	10	COD	0.00	10	氨氮	0	10	30
佛山市海天（高明）调味食品有限公司	烟（粉）尘	0.00	10	氨氮	0.00	10	氨氮	0	10	30
江苏新农化工有限公司	COD	0.00	10	COD	0.00	10	COD	0	10	30
深圳信立泰药业股份有限公司	COD	0.00	10	COD	0.00	10	氨氮	0	10	30
合盛硅业股份有限公司	氨氮	0.00	10	COD	0.00	10	COD	0	10	30
浙江金科文化产业股份有限公司	COD	0.00	10	COD	0.00	10	氨氮	0	10	30
湖南华升株洲雪松有限公司	氨氮	0.00	10	氨氮	0.00	10	COD	0	10	30
山东福尔有限公司	COD	0.00	10	COD	0.00	10	氨氮	0	10	30
福建安井食品股份有限公司	COD	0.00	10	COD	0.00	10	COD	0	10	30
江西新金叶实业有限公司	二氧化硫	0.00	10	烟（粉）尘	0.00	10	二氧化硫	0	10	30
沈阳化工股份有限公司	COD	0.00	10	氨氮	0.00	10	COD	0	10	30
乳源东阳光电化厂	COD	0.00	10	COD	0.00	10	COD	0	10	30
青岛啤酒（长沙）有限公司	氨氮	0.00	10	COD	0.00	10	COD	0	10	30
广州海鸥住宅工业股份有限公司	氨氮	0.00	10	COD	0.00	10	COD	0	10	30

被参控公司/母公司	企业年度超标率			日均浓度平均超标倍数			最大连续超标时长			在线监测系统得分
	污染物	超标率	得分	污染物	倍数	得分	污染物	超标时长	得分	
潍柴重机股份有限公司	氨氮	0.00	10	氨氮	0.00	10	氨氮	0	10	30
天津市碧水源环境科技有限公司	COD	0.00	10	氨氮	0.00	10	氨氮	0	10	30
新疆天康食品有限责任公司	氨氮	0.00	10	COD	0.00	10	COD	0	10	30
上海申龙客车有限公司	氨氮	0.00	10	氨氮	0.00	10	COD	0	10	30
广东天普生化医药股份有限公司	氨氮	0.00	10	氨氮	0.00	10	氨氮	0	10	30
赣州中联环保科技开发有限公司	氨氮	0.00	10	氨氮	0.00	10	COD	0	10	30
北新建材（嘉兴）有限公司	二氧化硫	0.00	10	二氧化硫	0.00	10	二氧化硫	0	10	30
浙江华海药业股份有限公司	COD	0.00	10	COD	0.00	10	氨氮	0	10	30
深南电（中山）电力有限公司	氮氧化物	0.00	10	氮氧化物	0.00	10	氮氧化物	0	10	30
湖北奥瑞金包装有限公司	COD	0.00	10	氨氮	0.00	10	氨氮	0	10	30
广州恒运热电（D）厂有限责任公司	二氧化硫	0.00	10	二氧化硫	0.00	10	氮氧化物	0	10	30
格力电器（合肥）有限公司	COD	0.00	10	COD	0.00	10	氨氮	0	10	30
浙江跃岭股份有限公司	COD	0.00	10	COD	0.00	10	COD	0	10	30
广东联泰环保股份有限公司	氨氮	0.00	10	COD	0.00	10	氨氮	0	10	30
安徽省大富光电科技有限公司	COD	0.00	10	COD	0.00	10	COD	0	10	30
安徽迎驾贡酒股份有限公司	COD	0.00	10	氨氮	0.00	10	COD	0	10	30
武汉光明乳品有限公司	COD	0.00	10	氨氮	0.00	10	COD	0	10	30
江苏联化科技有限公司	COD	0.00	10	氨氮	0.00	10	氨氮	0	10	30
江苏长电科技股份有限公司	COD	0.00	10	COD	0.00	10	COD	0	10	30
淄博欧木特种纸业有限公司	COD	0.00	10	COD	0.00	10	COD	0	10	30
南京诚志清洁能源有限公司	COD	0.00	10	COD	0.00	10	氨氮	0	10	30
厦门金龙联合汽车工业有限公司	二氧化硫	0.00	10	二氧化硫	0.00	10	烟（粉）尘	0	10	30
蓝思科技股份有限公司	COD	0.00	10	氨氮	0.00	10	氨氮	0	10	30
华润三九医药股份有限公司	COD	0.00	10	氨氮	0.00	10	COD	0	10	30
信质电机（长沙）有限公司	氨氮	0.00	10	COD	0.00	10	COD	0	10	30

被参控公司/母公司	企业年度超标率			日均浓度平均超标倍数			最大连续超标时长			在线监测系统得分
	污染物	超标率	得分	污染物	倍数	得分	污染物	超标时长	得分	
上海山崎电路板有限公司	氨氮	0.00	10	COD	0.00	10	氨氮	0	10	30
浙江医药股份有限公司	氨氮	0.00	10	氨氮	0.00	10	氨氮	0	10	30
乳源瑶族自治县东阳光化成箔有限公司	烟（粉）尘	0.00	10	二氧化硫	0.00	10	二氧化硫	0	10	30
深圳市龙岗区东江工业废物处置有限公司	氨氮	0.00	10	氨氮	0.00	10	氨氮	0	10	30
宜昌人福药业有限责任公司	COD	0.00	10	氨氮	0.00	10	COD	0	10	30
成都伊利乳业有限责任公司	COD	0.00	10	COD	0.00	10	COD	0	10	30
华能（苏州工业园区）发电有限责任公司	氮氧化物	0.00	10	烟（粉）尘	0.00	10	二氧化硫	0	10	30
湖北吉星化工集团有限责任公司	氨氮	0.00	10	COD	0.00	10	COD	0	10	30
新疆西部合盛硅业有限公司	烟（粉）尘	0.00	10	二氧化硫	0.00	10	二氧化硫	0	10	30
铜陵有色金属集团铜冠新技术有限公司	氨氮	0.00	10	氨氮	0.00	10	氨氮	0	10	30
宁夏青铜峡水泥股份有限公司	二氧化硫	0.00	10	烟（粉）尘	0.00	10	烟（粉）尘	0	10	30
嵊州雅戈尔毛纺织有限公司	氨氮	0.00	10	氨氮	0.00	10	COD	0	10	30
广东伊利乳业有限责任公司	氨氮	0.00	10	氨氮	0.00	10	氨氮	0	10	30
安徽江淮安驰汽车有限公司	氨氮	0.00	10	COD	0.00	10	氨氮	0	10	30
淮北矿业股份有限公司	氨氮	0.00	10	COD	0.00	10	COD	0	10	30
上海天伟生物制药有限公司	氨氮	0.00	10	COD	0.00	10	COD	0	10	30
厦门金达威维生素有限公司	COD	0.00	10	COD	0.00	10	氨氮	0	10	30
泰山石膏有限公司	氮氧化物	0.00	10	二氧化硫	0.00	10	二氧化硫	0	10	30
长春一汽富维高新汽车饰件有限公司	COD	0.00	10	COD	0.00	10	氨氮	0	10	30
深圳市盛波光电科技有限公司	COD	0.00	10	COD	0.00	10	COD	0	10	30
广东温氏佳润食品有限公司	氨氮	0.00	10	氨氮	0.00	10	COD	0	10	30
天津中环半导体股份有限公司	COD	0.00	10	氨氮	0.00	10	氨氮	0	10	30
宁波榭北热电有限公司	氮氧化物	0.00	10	二氧化硫	0.00	10	烟（粉）尘	0	10	30
界首市南都华宇电源有限公司	氨氮	0.00	10	COD	0.00	10	COD	0	10	30
深圳市大富科技股份有限公司	氨氮	0.00	10	氨氮	0.00	10	COD	0	10	30

被参控公司/母公司	企业年度超标率			日均浓度平均超标倍数			最大连续超标时长			在线监测系统得分
	污染物	超标率	得分	污染物	倍数	得分	污染物	超标时长	得分	
开封制药（集团）有限公司	氨氮	0.00	10	COD	0.00	10	COD	0	10	30
阳新鹏富矿业有限公司	烟（粉）尘	0.00	10	二氧化硫	0.00	10	烟（粉）尘	0	10	30
浙江钱江摩托股份有限公司	氨氮	0.00	10	COD	0.00	10	氨氮	0	10	30
胜华电子（惠阳）有限公司	氨氮	0.00	10	氨氮	0.00	10	COD	0	10	30
亿利洁能科技（广饶）有限公司	氮氧化物	0.00	10	烟（粉）尘	0.00	10	烟（粉）尘	0	10	30
华新水泥（道县）有限公司	烟（粉）尘	0.00	10	二氧化硫	0.00	10	二氧化硫	0	10	30
深圳万乐药业有限公司	氨氮	0.00	10	氨氮	0.00	10	COD	0	10	30
恒力石化（大连）有限公司	烟（粉）尘	0.00	10	氨氮	0.00	10	氨氮	0	10	30
安徽华润金蟾药业股份有限公司	COD	0.00	10	氨氮	0.00	10	氨氮	0	10	30
太极集团重庆桐君阁药厂有限公司	氨氮	0.00	10	氨氮	0.00	10	COD	0	10	30
咸阳际华新三零印染有限公司	COD	0.00	10	氨氮	0.00	10	COD	0	10	30
浙江哈尔斯真空器皿股份有限公司	COD	0.00	10	COD	0.00	10	氨氮	0	10	30
四川省惠通食业有限责任公司	COD	0.00	10	氨氮	0.00	10	COD	0	10	30
唐山三孚硅业股份有限公司	COD	0.00	10	COD	0.00	10	COD	0	10	30
宜昌桑德环保科技有限公司	氮氧化物	0.00	10	烟（粉）尘	0.00	10	氮氧化物	0	10	30
齐齐哈尔伊利乳业有限责任公司	氨氮	0.00	10	COD	0.00	10	COD	0	10	30
江苏博汇纸业有限公司	COD	0.00	10	氨氮	0.00	10	COD	0	10	30
华新水泥（恩平）有限公司	氮氧化物	0.00	10	二氧化硫	0.00	10	二氧化硫	0	10	30
海宁东山热电有限公司	二氧化硫	0.00	10	烟（粉）尘	0.00	10	烟（粉）尘	0	10	30
贵州景诚制药有限公司	COD	0.00	10	氨氮	0.00	10	COD	0	10	30
广州中电荔新电力实业有限公司	烟（粉）尘	0.00	10	二氧化硫	0.00	10	烟（粉）尘	0	10	30
华能南京热电有限公司	氮氧化物	0.00	10	氮氧化物	0.00	10	烟（粉）尘	0	10	30
临湘海螺水泥有限责任公司	烟（粉）尘	0.00	10	二氧化硫	0.00	10	烟（粉）尘	0	10	30
铜陵有色股份天马山黄金矿业有限公司	COD	0.00	10	COD	0.00	10	COD	0	10	30
山东汇海医药化工有限公司	烟（粉）尘	0.00	10	氮氧化物	0.00	10	烟（粉）尘	0	10	30

被参控公司/母公司	企业年度超标率			日均浓度平均超标倍数			最大连续超标时长			在线监测系统得分
	污染物	超标率	得分	污染物	倍数	得分	污染物	超标时长	得分	
陕西宝光真空电器股份有限公司	氨氮	0.00	10	COD	0.00	10	氨氮	0	10	30
国电电力发展股份有限公司	烟（粉）尘	0.00	10	烟（粉）尘	0.00	10	氮氧化物	0	10	30
联化科技股份有限公司	氨氮	0.00	10	COD	0.00	10	COD	0	10	30
新界泵业集团股份有限公司	COD	0.00	10	COD	0.00	10	COD	0	10	30
广东厨邦食品有限公司	氨氮	0.00	10	氨氮	0.00	10	COD	0	10	30
浙江大唐国际绍兴江滨热电有限责任公司	二氧化硫	0.00	10	氮氧化物	0.00	10	二氧化硫	0	10	30
邳州市中工水务有限责任公司	氨氮	0.00	10	氨氮	0.00	10	COD	0	10	30
长安福特汽车有限公司	COD	0.00	10	COD	0.00	10	COD	0	10	30
惠州深能源丰达电力有限公司	氮氧化物	0.00	10	烟（粉）尘	0.00	10	烟（粉）尘	0	10	30
河北宝钢制罐北方有限公司	氮氧化物	0.00	10	氮氧化物	0.00	10	二氧化硫	0	10	30
上海中国弹簧制造有限公司	COD	0.00	10	氨氮	0.00	10	COD	0	10	30
楚雄滇中有色金属有限责任公司	烟（粉）尘	0.00	10	烟（粉）尘	0.00	10	氮氧化物	0	10	30
燕京啤酒（浙江仙都）有限公司	COD	0.00	10	COD	0.00	10	COD	0	10	30
鸿富锦精密电子（天津）有限公司	COD	0.00	10	COD	0.00	10	COD	0	10	30
深圳明阳电路科技股份有限公司	氨氮	0.00	10	氨氮	0.00	10	氨氮	0	10	30
浙江伟星实业发展股份有限公司	氨氮	0.00	10	COD	0.00	10	氨氮	0	10	30
亿利洁能科技（沂水）有限公司	烟（粉）尘	0.00	10	烟（粉）尘	0.00	10	烟（粉）尘	0	10	30
三一汽车制造有限公司	COD	0.00	10	COD	0.00	10	COD	0	10	30
华能营口热电有限责任公司	烟（粉）尘	0.00	10	烟（粉）尘	0.00	10	氮氧化物	0	10	30
安徽江淮汽车集团股份有限公司	氨氮	0.00	10	COD	0.00	10	COD	0	10	30
上海合全药业股份有限公司	COD	0.00	10	COD	0.00	10	COD	0	10	30
寿光美伦纸业有限责任公司	氮氧化物	0.00	10	烟（粉）尘	0.00	10	二氧化硫	0	10	30
青岛啤酒（日照）有限公司	氨氮	0.00	10	氨氮	0.00	10	氨氮	0	10	30
浙江拓为汽车部件有限公司	COD	0.00	10	COD	0.00	10	COD	0	10	30
国药集团致君（深圳）制药有限公司	COD	0.00	10	氨氮	0.00	10	氨氮	0	10	30

被参控公司/母公司	企业年度超标率			日均浓度平均超标倍数			最大连续超标时长			在线监测系统得分
	污染物	超标率	得分	污染物	倍数	得分	污染物	超标时长	得分	
韶关市坪石发电厂有限公司（B厂）	氮氧化物	0.00	10	氮氧化物	0.00	10	烟（粉）尘	0	10	30
云南锡业股份有限公司	烟（粉）尘	0.00	10	氮氧化物	0.00	10	氮氧化物	0	10	30
海南海灵化学制药有限公司	COD	0.00	10	COD	0.00	10	氨氮	0	10	30
国电浙江北仑第三发电有限公司	烟（粉）尘	0.00	10	烟（粉）尘	0.00	10	烟（粉）尘	0	10	30
浙江浙能金华燃机发电有限责任公司	二氧化硫	0.00	10	二氧化硫	0.00	10	二氧化硫	0	10	30
安吉亚太制动系统有限公司	COD	0.00	10	COD	0.00	10	COD	0	10	30
深圳市正章干洗有限公司	COD	0.00	10	COD	0.00	10	COD	0	10	30
广西柳工机械股份有限公司	COD	0.00	10	COD	0.00	10	COD	0	10	30
华润三九（郴州）制药有限公司	COD	0.00	10	氨氮	0.00	10	氨氮	0	10	30
天津中环领先材料技术有限公司	氨氮	0.00	10	COD	0.00	10	氨氮	0	10	30
上海景峰制药有限公司	COD	0.00	10	COD	0.00	10	氨氮	0	10	30
新疆天富阳光生物科技有限公司	氨氮	0.00	10	氨氮	0.00	10	COD	0	10	30
葵花药业集团（冀州）有限公司	氨氮	0.00	10	COD	0.00	10	氨氮	0	10	30
湖南华新湘钢水泥有限公司	氮氧化物	0.00	10	氮氧化物	0.00	10	烟（粉）尘	0	10	30
广州酒家集团利口福食品有限公司	COD	0.00	10	氨氮	0.00	10	COD	0	10	30
广元首创水务有限公司	氨氮	0.00	10	COD	0.00	10	氨氮	0	10	30
明光桑德康清环保有限公司	COD	0.00	10	氨氮	0.00	10	氨氮	0	10	30
浙江嘉康电子股份有限公司	COD	0.00	10	氨氮	0.00	10	氨氮	0	10	30
安徽华菱汽车有限公司	COD	0.00	10	COD	0.00	10	氨氮	0	10	30
北京宝沃汽车有限公司	COD	0.00	10	氨氮	0.00	10	COD	0	10	30
杭州士兰集成电路有限公司	氨氮	0.00	10	氨氮	0.00	10	COD	0	10	30
浙江三花制冷集团有限公司	COD	0.00	10	COD	0.00	10	COD	0	10	30
万向通达股份公司	氨氮	0.00	10	氨氮	0.00	10	氨氮	0	10	30
陕西海欣庆华医药化工有限公司	氨氮	0.00	10	COD	0.00	10	COD	0	10	30
山东潍坊奥通药业有限公司	COD	0.00	10	COD	0.00	10	COD	0	10	30

被参控公司/母公司	企业年度超标率			日均浓度平均超标倍数			最大连续超标时长			在线监测系统得分
	污染物	超标率	得分	污染物	倍数	得分	污染物	超标时长	得分	
亳州司尔特生态肥业有限公司	氮氧化物	0.00	10	烟（粉）尘	0.00	10	烟（粉）尘	0	10	30
山西普德药业有限公司	COD	0.00	10	COD	0.00	10	氨氮	0	10	30
乳源东阳光氟有限公司	氨氮	0.00	10	烟（粉）尘	0.00	10	氨氮	0	10	30
宁夏东方钽业股份有限公司	氨氮	0.00	10	COD	0.00	10	氨氮	0	10	30
安徽安凯福田曙光车桥有限公司	COD	0.00	10	氨氮	0.00	10	氨氮	0	10	30
华能太仓发电有限责任公司	二氧化硫	0.00	10	氮氧化物	0.00	10	氮氧化物	0	10	30
林州重机铸锻有限公司	烟（粉）尘	0.00	10	烟（粉）尘	0.00	10	烟（粉）尘	0	10	30
福州京东方光电科技有限公司	氨氮	0.00	10	COD	0.00	10	COD	0	10	30
台山市新宁制药有限公司	COD	0.00	10	氨氮	0.00	10	氨氮	0	10	30
佛山手心制药有限公司	COD	0.00	10	氨氮	0.00	10	氨氮	0	10	30
山东海利尔化工有限公司	二氧化硫	0.00	10	二氧化硫	0.00	10	二氧化硫	0	10	30
安徽龙瑞玻璃有限公司	烟（粉）尘	0.00	10	氮氧化物	0.00	10	烟（粉）尘	0	10	30
焦作龙星化工有限责任公司	烟（粉）尘	0.00	10	二氧化硫	0.00	10	二氧化硫	0	10	30
辽宁曙光汽车集团股份有限公司	COD	0.00	10	COD	0.00	10	COD	0	10	30
上海双汇大昌有限公司	COD	0.00	10	COD	0.00	10	COD	0	10	30
山东聊城鲁西硝基复肥有限公司	氮氧化物	0.00	10	氮氧化物	0.00	10	氮氧化物	0	10	30
上海电气电站设备有限公司	氨氮	0.00	10	氨氮	0.00	10	COD	0	10	30
浙江厚源纺织股份有限公司	氨氮	0.00	10	COD	0.00	10	氨氮	0	10	30
中国石化催化剂有限公司	氨氮	0.00	10	COD	0.00	10	氨氮	0	10	30
武汉华星光电技术有限公司	氨氮	0.00	10	COD	0.00	10	氨氮	0	10	30
龙南骏亚电子科技有限公司	氨氮	0.00	10	氨氮	0.00	10	氨氮	0	10	30
合肥铜冠国轩铜材有限公司	氨氮	0.00	10	COD	0.00	10	氨氮	0	10	30
福安药业集团宁波天衡制药有限公司	COD	0.00	10	COD	0.00	10	氨氮	0	10	30
青岛啤酒（黄石）有限公司	氨氮	0.00	10	COD	0.00	10	COD	0	10	30
宜昌南玻硅材料有限公司	COD	0.00	10	COD	0.00	10	COD	0	10	30

被参控公司/母公司	企业年度超标率			日均浓度平均超标倍数			最大连续超标时长			在线监测系统得分
	污染物	超标率	得分	污染物	倍数	得分	污染物	超标时长	得分	
神华北电胜利能源有限公司	氨氮	0.00	10	COD	0.00	10	COD	0	10	30
内蒙古京能盛乐热电有限公司	氮氧化物	0.00	10	二氧化硫	0.00	10	烟（粉）尘	0	10	30
浙江景兴纸业股份有限公司	氨氮	0.00	10	氨氮	0.00	10	COD	0	10	30
山东信立泰药业有限公司	COD	0.00	10	氨氮	0.00	10	氨氮	0	10	30
南京三超新材料股份有限公司	COD	0.00	10	COD	0.00	10	COD	0	10	30
浙江台州海神制药有限公司	氨氮	0.00	10	氨氮	0.00	10	氨氮	0	10	30
江苏中旗科技股份有限公司	COD	0.00	10	COD	0.00	10	COD	0	10	30
惠州东江威立雅环境服务有限公司	二氧化硫	0.00	10	二氧化硫	0.00	10	二氧化硫	0	10	30
无锡神龙汽车销售服务有限公司	COD	0.00	10	COD	0.00	10	COD	0	10	30
中粮屯河额敏番茄制品有限公司	氨氮	0.00	10	二氧化硫	0.00	10	氮氧化物	0	10	30
浙江华海致诚药业有限公司	COD	0.00	10	COD	0.00	10	氨氮	0	10	30
广州汽车集团乘用车有限公司	COD	0.00	10	COD	0.00	10	COD	0	10	30
平原禾丰食品加工有限公司	氨氮	0.00	10	氨氮	0.00	10	氨氮	0	10	30
青岛啤酒（荣成）有限公司	COD	0.00	10	氨氮	0.00	10	氨氮	0	10	30
国电常州发电有限公司	氮氧化物	0.00	10	烟（粉）尘	0.00	10	二氧化硫	0	10	30
蚌埠三颐半导体有限公司	氨氮	0.00	10	氨氮	0.00	10	氨氮	0	10	30
安徽安科恒益药业有限公司	COD	0.00	10	氨氮	0.00	10	氨氮	0	10	30
中通客车控股股份有限公司	氨氮	0.00	10	COD	0.00	10	氨氮	0	10	30
绿康生化股份有限公司	COD	0.00	10	COD	0.00	10	COD	0	10	30
北新集团建材股份有限公司	二氧化硫	0.00	10	烟（粉）尘	0.00	10	二氧化硫	0	10	30
上海宝翼制罐有限公司	COD	0.00	10	氨氮	0.00	10	氨氮	0	10	30
响水雅克化工有限公司	COD	0.00	10	COD	0.00	10	氨氮	0	10	30
浙江水晶光电科技股份有限公司	COD	0.00	10	氨氮	0.00	10	氨氮	0	10	30
南京海润医药有限公司	氨氮	0.00	10	氨氮	0.00	10	氨氮	0	10	30
青岛啤酒（韶关）有限公司	COD	0.00	10	COD	0.00	10	氨氮	0	10	30

被参控公司/母公司	企业年度超标率			日均浓度平均超标倍数			最大连续超标时长			在线监测系统得分
	污染物	超标率	得分	污染物	倍数	得分	污染物	超标时长	得分	
爱普香料集团股份有限公司	COD	0.00	10	COD	0.00	10	氨氮	0	10	30
山东东方海洋科技股份有限公司	COD	0.00	10	COD	0.00	10	COD	0	10	30
海南椰岛酒业发展有限公司	COD	0.00	10	氨氮	0.00	10	COD	0	10	30
上汽通用汽车有限公司	COD	0.00	10	COD	0.00	10	COD	0	10	30
河南科伦药业有限公司	氨氮	0.00	10	COD	0.00	10	COD	0	10	30
武汉武钢华新水泥有限责任公司	烟（粉）尘	0.00	10	烟（粉）尘	0.00	10	烟（粉）尘	0	10	30
江苏国华陈家港发电有限公司	二氧化硫	0.00	10	烟（粉）尘	0.00	10	氮氧化物	0	10	30
国电浙江北仑第一发电有限公司	氮氧化物	0.00	10	氮氧化物	0.00	10	烟（粉）尘	0	10	30
国华太仓发电有限责任公司	烟（粉）尘	0.00	10	烟（粉）尘	0.00	10	烟（粉）尘	0	10	30
浙江三美化工股份有限公司	烟（粉）尘	0.00	10	烟（粉）尘	0.00	10	二氧化硫	0	10	30
东营中拓水质净化有限公司	COD	0.00	10	氨氮	0.00	10	COD	0	10	30
象山富春紫光污水处理有限公司	氨氮	0.00	10	COD	0.00	10	氨氮	0	10	30
深圳翰宇药业股份有限公司	氨氮	0.00	10	COD	0.00	10	氨氮	0	10	30
天津市润达金源水务有限公司	COD	0.00	10	氨氮	0.00	10	COD	0	10	30
江苏国泰盐城污水处理有限公司	COD	0.00	10	氨氮	0.00	10	COD	0	10	30
宁夏伊利乳业有限责任公司	COD	0.00	10	氨氮	0.00	10	COD	0	10	30
上海上药第一生化药业有限公司	COD	0.00	10	COD	0.00	10	氨氮	0	10	30
深圳市景旺电子股份有限公司	氨氮	0.00	10	COD	0.00	10	氨氮	0	10	30
青岛啤酒（厦门）有限公司	氨氮	0.00	10	COD	0.00	10	COD	0	10	30
涡阳国祯污水处理有限公司	氨氮	0.00	10	氨氮	0.00	10	氨氮	0	10	30
深圳市海普瑞药业集团股份有限公司	氨氮	0.00	10	氨氮	0.00	10	COD	0	10	30
盐城南方化工有限公司	COD	0.00	10	氨氮	0.00	10	COD	0	10	30
浙江今飞凯达轮毂股份有限公司	COD	0.00	10	COD	0.00	10	COD	0	10	30
福州东旭光电科技有限公司	COD	0.00	10	COD	0.00	10	COD	0	10	30
青岛啤酒上海松江制造有限公司	COD	0.00	10	COD	0.00	10	COD	0	10	30

被参控公司/母公司	企业年度超标率			日均浓度平均超标倍数			最大连续超标时长			在线监测系统得分
	污染物	超标率	得分	污染物	倍数	得分	污染物	超标时长	得分	
大连船舶重工集团有限公司	COD	0.00	10	氨氮	0.00	10	COD	0	10	30
上海华谊集团华原化工有限公司	COD	0.00	10	氨氮	0.00	10	氨氮	0	10	30
浙江司太立制药股份有限公司	COD	0.00	10	COD	0.00	10	氨氮	0	10	30
厦门钨业股份有限公司	氨氮	0.00	10	COD	0.00	10	COD	0	10	30
彩虹（合肥）液晶玻璃有限公司	COD	0.00	10	COD	0.00	10	氨氮	0	10	30
江西康恩贝中药有限公司	氨氮	0.00	10	氨氮	0.00	10	COD	0	10	30
广州 JFE 钢板有限公司	COD	0.00	10	COD	0.00	10	COD	0	10	30
葵花药业集团（衡水）得菲尔有限公司	COD	0.00	10	氨氮	0.00	10	氨氮	0	10	30
山西仟源医药集团股份有限公司	COD	0.00	10	COD	0.00	10	COD	0	10	30
一汽轿车股份有限公司	COD	0.00	10	氨氮	0.00	10	COD	0	10	30
湖北金洋冶金股份有限公司	COD	0.00	10	COD	0.00	10	COD	0	10	30
广州白云山医药集团股份有限公司	COD	0.00	10	COD	0.00	10	COD	0	10	30
广州发展鳌头分布式能源站投资管理有限公司	氮氧化物	0.00	10	氮氧化物	0.00	10	氮氧化物	0	10	30
利民化工股份有限公司	氨氮	0.00	10	氨氮	0.00	10	氨氮	0	10	30
镇江江南化工有限公司	氮氧化物	0.00	10	烟（粉）尘	0.00	10	氮氧化物	0	10	30
华能辛店发电有限公司	二氧化硫	0.00	10	氮氧化物	0.00	10	二氧化硫	0	10	30
浙江金华康恩贝生物制药有限公司	氨氮	0.00	10	氨氮	0.00	10	氨氮	0	10	30
北京福田戴姆勒汽车有限公司	氮氧化物	0.00	10	氨氮	0.00	10	COD	0	10	30
韶能集团新丰旭能生物质发电有限公司	氮氧化物	0.00	10	烟（粉）尘	0.00	10	氮氧化物	0	10	30
精华制药集团南通有限公司	氨氮	0.00	10	氨氮	0.00	10	COD	0	10	30
宁波中金石化有限公司	氨氮	0.00	10	COD	0.00	10	COD	0	10	30
天津三环乐喜新材料有限公司	氨氮	0.00	10	COD	0.00	10	氨氮	0	10	30
贵州宏达环保科技有限公司	二氧化硫	0.00	10	二氧化硫	0.00	10	二氧化硫	0	10	30
北京燕京啤酒股份有限公司	氨氮	0.00	10	氨氮	0.00	10	氨氮	0	10	30

被参控公司/母公司	企业年度超标率			日均浓度平均超标倍数			最大连续超标时长			在线监测系统得分
	污染物	超标率	得分	污染物	倍数	得分	污染物	超标时长	得分	
蒙娜丽莎集团股份有限公司	烟（粉）尘	0.00	10	烟（粉）尘	0.00	10	烟（粉）尘	0	10	30
天津天士力圣特制药有限公司	COD	0.00	10	氨氮	0.00	10	COD	0	10	30
内蒙古鄂尔多斯资源股份有限公司	COD	0.00	10	COD	0.00	10	氨氮	0	10	30
中国黄金集团江西金山矿业有限公司	氨氮	0.00	10	COD	0.00	10	氨氮	0	10	30
乌鲁木齐伊利食品有限责任公司	COD	0.00	10	氨氮	0.00	10	COD	0	10	30
天通控股股份有限公司	COD	0.00	10	氨氮	0.00	10	氨氮	0	10	30
鄂州富晶电子技术有限公司	COD	0.00	10	COD	0.00	10	COD	0	10	30
利欧集团股份有限公司	COD	0.00	10	COD	0.00	10	COD	0	10	30
浙江普洛得邦制药有限公司	氨氮	0.00	10	氨氮	0.00	10	COD	0	10	30
唐钢美锦（唐山）煤化工有限公司	氮氧化物	0.00	10	氮氧化物	0.00	10	二氧化硫	0	10	30
滨海永太科技有限公司	氨氮	0.00	10	氨氮	0.00	10	COD	0	10	30
上海试四化学品有限公司	氨氮	0.00	10	COD	0.00	10	COD	0	10	30
燕京啤酒（赣州）有限责任公司	氨氮	0.00	10	COD	0.00	10	氨氮	0	10	30
深圳崇达多层线路板有限公司	COD	0.00	10	氨氮	0.00	10	氨氮	0	10	30
华域视觉科技（上海）有限公司	氨氮	0.00	10	氨氮	0.00	10	COD	0	10	30
冀东水泥丰润有限责任公司	氮氧化物	0.00	10	氮氧化物	0.00	10	二氧化硫	0	10	30
杭州航民热电有限公司	二氧化硫	0.00	10	氮氧化物	0.00	10	氮氧化物	0	10	30
焦作健康元生物制品有限公司	COD	0.00	10	氨氮	0.00	10	氨氮	0	10	30
浙江海翔川南药业有限公司	氨氮	0.00	10	COD	0.00	10	COD	0	10	30
中粮融氏生物科技有限公司	COD	0.00	10	氨氮	0.00	10	COD	0	10	30
浙江三花智能控制股份有限公司	COD	0.00	10	COD	0.00	10	COD	0	10	30
天津耀皮玻璃有限公司	烟（粉）尘	0.00	10	烟（粉）尘	0.00	10	氮氧化物	0	10	30
舟山岱美汽车零部件有限公司	COD	0.00	10	COD	0.00	10	COD	0	10	30
沈阳三聚凯特催化剂有限公司	氨氮	0.00	10	氨氮	0.00	10	氨氮	0	10	30
江苏双沟酒类运营有限公司	氨氮	0.00	10	COD	0.00	10	氨氮	0	10	30

被参控公司/母公司	企业年度超标率			日均浓度平均超标倍数			最大连续超标时长			在线监测系统得分
	污染物	超标率	得分	污染物	倍数	得分	污染物	超标时长	得分	
浙江新赛科药业有限公司	氨氮	0.00	10	氨氮	0.00	10	氨氮	0	10	30
浙江嘉化新材料有限公司	氨氮	0.00	10	氨氮	0.00	10	氨氮	0	10	30
浙江浙能北仑发电有限公司	烟（粉）尘	0.00	10	烟（粉）尘	0.00	10	氮氧化物	0	10	30
鹏鼎控股（深圳）股份有限公司	氨氮	0.00	10	COD	0.00	10	COD	0	10	30
海信（山东）冰箱有限公司	COD	0.00	10	COD	0.00	10	COD	0	10	30
安庆市清源水务有限公司	COD	0.00	10	COD	0.00	10	COD	0	10	30
内蒙古鄂尔多斯联合化工有限公司	氨氮	0.00	10	COD	0.00	10	COD	0	10	30
吐鲁番天山水泥有限责任公司	二氧化硫	0.00	10	烟（粉）尘	0.00	10	烟（粉）尘	0	10	30
沪士电子股份有限公司	氨氮	0.00	10	氨氮	0.00	10	氨氮	0	10	30
燕京啤酒（驻马店）有限公司	COD	0.00	10	氨氮	0.00	10	氨氮	0	10	30
东风小康汽车有限公司	COD	0.00	10	COD	0.00	10	COD	0	10	30
浙江省仙居县阳光生物制品有限公司	氨氮	0.00	10	氨氮	0.00	10	COD	0	10	30
天津光明梦得乳品有限公司	氨氮	0.00	10	COD	0.00	10	COD	0	10	30
安琪酵母（柳州）有限公司	氨氮	0.00	10	氨氮	0.00	10	COD	0	10	30
青岛国星食品股份有限公司	COD	0.00	10	COD	0.00	10	COD	0	10	30
国电宿迁热电有限公司	烟（粉）尘	0.00	10	二氧化硫	0.00	10	二氧化硫	0	10	30
曲阜孔府家酒业有限公司	氨氮	0.00	10	氨氮	0.00	10	氨氮	0	10	30
浙江昂利康制药股份有限公司	COD	0.00	10	氨氮	0.00	10	COD	0	10	30
天津津宁创环水务有限公司	COD	0.00	10	氨氮	0.00	10	氨氮	0	10	30
贵州航天电器股份有限公司	COD	0.00	10	氨氮	0.00	10	COD	0	10	30
华新水泥（桑植）有限公司	烟（粉）尘	0.00	10	氮氧化物	0.00	10	氮氧化物	0	10	30
湖北北新建材有限公司	氮氧化物	0.00	10	二氧化硫	0.00	10	氮氧化物	0	10	30
湖北三鑫金铜股份有限公司	氨氮	0.00	10	COD	0.00	10	COD	0	10	30
上海申能临港燃机发电有限公司	氮氧化物	0.00	10	二氧化硫	0.00	10	烟（粉）尘	0	10	30
江西东鹏新材料有限责任公司	COD	0.00	10	COD	0.00	10	COD	0	10	30

被参控公司/母公司	企业年度超标率			日均浓度平均超标倍数			最大连续超标时长			在线监测系统得分
	污染物	超标率	得分	污染物	倍数	得分	污染物	超标时长	得分	
河南有色汇源铝业有限公司	二氧化硫	0.00	10	氮氧化物	0.00	10	烟（粉）尘	0	10	30
联化科技（盐城）有限公司	COD	0.00	10	氨氮	0.00	10	氨氮	0	10	30
厦门乾照光电股份有限公司	COD	0.00	10	COD	0.00	10	COD	0	10	30
上海梅林食品有限公司	氨氮	0.00	10	氨氮	0.00	10	COD	0	10	30
台州仙琚药业有限公司	COD	0.00	10	氨氮	0.00	10	COD	0	10	30
四川双马宜宾水泥制造有限公司	二氧化硫	0.00	10	二氧化硫	0.00	10	氮氧化物	0	10	30
隆鑫通用动力股份有限公司	COD	0.00	10	氨氮	0.00	10	氨氮	0	10	30
云南滇东雨汪能源有限公司	烟（粉）尘	0.00	10	二氧化硫	0.00	10	氮氧化物	0	10	30
博乐市正大钙业有限公司	氮氧化物	0.00	10	二氧化硫	0.00	10	二氧化硫	0	10	30
深圳华润九新药业有限公司	COD	0.00	10	氨氮	0.00	10	氨氮	0	10	30
北京首创东坝水务有限责任公司	氨氮	0.00	10	氨氮	0.00	10	COD	0	10	30
新疆天泰纤维有限公司	烟（粉）尘	0.00	10	烟（粉）尘	0.00	10	氮氧化物	0	10	30
广州珠江天然气发电有限公司	氮氧化物	0.00	10	氮氧化物	0.00	10	氮氧化物	0	10	30
深圳青岛啤酒朝日有限公司	COD	0.00	10	COD	0.00	10	氨氮	0	10	30
嘉施利（宜城）化肥有限公司	烟（粉）尘	0.00	10	氮氧化物	0.00	10	二氧化硫	0	10	30
铜山华润电力有限公司	二氧化硫	0.00	10	二氧化硫	0.00	10	烟（粉）尘	0	10	30
兰州三毛实业股份有限公司	氨氮	0.00	10	氨氮	0.00	10	COD	0	10	30
长安标致雪铁龙汽车有限公司	氨氮	0.00	10	COD	0.00	10	COD	0	10	30
浙江伊利乳业有限公司	氨氮	0.00	10	COD	0.00	10	COD	0	10	30
青岛啤酒（济南）有限公司	氨氮	0.00	10	氨氮	0.00	10	氨氮	0	10	30
临海市华南化工有限公司	COD	0.00	10	氨氮	0.00	10	COD	0	10	30
全南包钢晶环稀土有限公司	COD	0.00	10	氨氮	0.00	10	氨氮	0	10	30
贵州鼎盛服饰有限公司	COD	0.00	10	氨氮	0.00	10	氨氮	0	10	30
广西珠江啤酒有限公司	COD	0.00	10	COD	0.00	10	COD	0	10	30
杭州下沙生物科技有限公司	COD	0.00	10	COD	0.00	10	氨氮	0	10	30

被参控公司/母公司	企业年度超标率			日均浓度平均超标倍数			最大连续超标时长			在线监测系统得分
	污染物	超标率	得分	污染物	倍数	得分	污染物	超标时长	得分	
昌乐洁源金属表面处理有限公司	氨氮	0.00	10	氨氮	0.00	10	氨氮	0	10	30
巨石集团有限公司	二氧化硫	0.00	10	氮氧化物	0.00	10	氮氧化物	0	10	30
文登创业水务有限公司	氨氮	0.00	10	COD	0.00	10	COD	0	10	30
深圳市贝特瑞新能源材料股份有限公司	COD	0.00	10	氨氮	0.00	10	氨氮	0	10	30
山西平阳重工机械有限责任公司	COD	0.00	10	氨氮	0.00	10	COD	0	10	30
青岛啤酒（珠海）有限公司	COD	0.00	10	COD	0.00	10	COD	0	10	30
清远楚江铜业有限公司	COD	0.00	10	氨氮	0.00	10	COD	0	10	30
上海锅炉厂有限公司	COD	0.00	10	COD	0.00	10	COD	0	10	30
东方电气集团东方汽轮机有限公司	氨氮	0.00	10	COD	0.00	10	氨氮	0	10	30
长春富维安道拓汽车饰件系统有限公司	COD	0.00	10	COD	0.00	10	氨氮	0	10	30
威海拓展纤维有限公司	氨氮	0.00	10	COD	0.00	10	氨氮	0	10	30
徐州徐工液压件有限公司	COD	0.00	10	COD	0.00	10	COD	0	10	30
安徽省亳州煤业有限公司	COD	0.00	10	COD	0.00	10	COD	0	10	30
浙江尖峰药业有限公司	氨氮	0.00	10	氨氮	0.00	10	氨氮	0	10	30
安徽华电芜湖发电有限公司	二氧化硫	0.00	10	氮氧化物	0.00	10	氮氧化物	0	10	30
武汉苏泊尔炊具有限公司	COD	0.00	10	COD	0.00	10	COD	0	10	30
亳州国祯污水处理有限公司	氨氮	0.00	10	氨氮	0.00	10	COD	0	10	30
藤仓烽火光电材料科技有限公司	COD	0.00	10	COD	0.00	10	COD	0	10	30
安徽神剑科技股份有限公司	氨氮	0.00	10	氨氮	0.00	10	COD	0	10	30
青岛啤酒（滕州）有限公司	氨氮	0.00	10	氨氮	0.00	10	氨氮	0	10	30
紫金矿业集团股份有限公司	烟（粉）尘	0.00	10	二氧化硫	0.00	10	烟（粉）尘	0	10	30
中节能万润股份有限公司	COD	0.00	10	COD	0.00	10	COD	0	10	30
燕京啤酒（通辽）有限责任公司	COD	0.00	10	COD	0.00	10	COD	0	10	30
阳煤化工股份有限公司	二氧化硫	0.00	10	氮氧化物	0.00	10	氮氧化物	0	10	30
深圳长城开发精密技术有限公司	氨氮	0.00	10	氨氮	0.00	10	COD	0	10	30

被参控公司/母公司	企业年度超标率			日均浓度平均超标倍数			最大连续超标时长			在线监测系统得分
	污染物	超标率	得分	污染物	倍数	得分	污染物	超标时长	得分	
蚌埠国显科技有限公司	COD	0.00	10	COD	0.00	10	COD	0	10	30
深圳市天道医药有限公司	COD	0.00	10	氨氮	0.00	10	氨氮	0	10	30
上海正广和饮用水有限公司	COD	0.00	10	COD	0.00	10	COD	0	10	30
青岛啤酒（连云港）有限公司	COD	0.00	10	COD	0.00	10	COD	0	10	30
华能瑞金发电有限责任公司	烟（粉）尘	0.00	10	烟（粉）尘	0.00	10	氮氧化物	0	10	30
新疆和田阿华阿胶有限公司	COD	0.00	10	COD	0.00	10	COD	0	10	30
贵州百灵企业集团制药股份有限公司	氨氮	0.00	10	氨氮	0.00	10	COD	0	10	30
青岛啤酒上海闵行有限公司	氨氮	0.00	10	COD	0.00	10	氨氮	0	10	30
杭州中美华东制药有限公司	COD	0.04	8	COD	0.00	10	COD	1	8	26
紫金铜业有限公司	二氧化硫	0.01	8	烟（粉）尘	0.00	10	二氧化硫	2	8	26
浙江上峰建材有限公司	烟（粉）尘	0.01	8	烟（粉）尘	0.00	10	二氧化硫	2	8	26
重庆啤酒西昌有限责任公司	COD	0.03	8	COD	0.00	10	氨氮	2	8	26
比亚迪汽车有限公司	COD	0.03	8	COD	0.00	10	COD	1	8	26
北京五星青岛啤酒有限公司	COD	0.05	8	氨氮	0.00	10	COD	2	8	26
南京中电熊猫平板显示科技有限公司	COD	0.15	8	COD	0.00	10	氨氮	1	8	26
青岛啤酒（郴州）有限公司	COD	0.02	8	COD	0.00	10	COD	2	8	26
唐山三友硅业有限责任公司	烟（粉）尘	0.03	8	COD	0.00	10	COD	2	8	26
天津博信汽车零部件有限公司	COD	0.08	8	COD	0.00	10	COD	2	8	26
华润双鹤药业股份有限公司	COD	0.01	8	氮氧化物	0.00	10	COD	1	8	26
金河生物科技股份有限公司	烟（粉）尘	0.01	8	烟（粉）尘	0.00	10	二氧化硫	1	8	26
山西西山煤电股份有限公司	COD	0.10	8	COD	0.00	10	COD	2	8	26
新疆燕京啤酒有限公司	COD	0.05	8	氨氮	0.00	10	COD	2	8	26
江苏索普化工股份有限公司	COD	0.05	8	氨氮	0.00	10	氨氮	2	8	26
青岛啤酒榆林有限责任公司	COD	0.01	8	COD	0.00	10	COD	1	8	26
湖南国祯环保科技有限责任公司	COD	0.11	8	氨氮	0.00	10	COD	2	8	26

被参控公司/母公司	企业年度超标率			日均浓度平均超标倍数			最大连续超标时长			在线监测系统得分
	污染物	超标率	得分	污染物	倍数	得分	污染物	超标时长	得分	
横店集团东磁股份有限公司	COD	0.02	8	COD	0.00	10	COD	2	8	26
天津泰达环保有限公司	氮氧化物	0.01	8	氮氧化物	0.00	10	氮氧化物	1	8	26
湖南比德生化科技股份有限公司	COD	0.03	8	氨氮	0.00	10	COD	1	8	26
德清旺能环保能源有限公司	氮氧化物	0.01	8	二氧化硫	0.00	10	氮氧化物	1	8	26
三变科技股份有限公司	COD	0.17	8	COD	0.00	10	COD	1	8	26
张家港市塘桥镇污水处理有限公司	COD	0.04	8	COD	0.00	10	COD	2	8	26
中国平煤神马集团财务有限责任公司	氮氧化物	0.01	8	烟（粉）尘	0.00	10	氮氧化物	1	8	26
江西大唐国际新余发电有限责任公司	二氧化硫	0.02	8	氮氧化物	0.00	10	氮氧化物	1	8	26
易门铜业有限公司	烟（粉）尘	0.01	8	二氧化硫	0.00	10	烟（粉）尘	1	8	26
上海大众嘉定污水处理有限公司	COD	0.16	8	COD	0.00	10	氨氮	2	8	26
安徽华谊化工有限公司	烟（粉）尘	0.03	8	烟（粉）尘	0.00	10	氮氧化物	1	8	26
衢州东港环保热电有限公司	烟（粉）尘	0.01	8	烟（粉）尘	0.00	10	烟（粉）尘	1	8	26
青岛啤酒（洛阳）有限公司	COD	0.09	8	氨氮	0.00	10	COD	2	8	26
杭州澳美印染有限公司	COD	0.02	8	COD	0.00	10	COD	2	8	26
重庆博腾制药科技股份有限公司	COD	0.11	8	氨氮	0.00	10	COD	2	8	26
南宁糖业股份有限公司	COD	0.13	8	烟（粉）尘	0.00	10	二氧化硫	1	8	26
天津绿色动力再生能源有限公司	二氧化硫	0.01	8	烟（粉）尘	0.00	10	二氧化硫	1	8	26
佩蒂动物营养科技股份有限公司	COD	0.07	8	COD	0.00	10	COD	1	8	26
蓝思科技（长沙）有限公司	COD	0.01	8	氨氮	0.00	10	COD	1	8	26
云南天安化工有限公司	二氧化硫	0.00	8	二氧化硫	0.00	10	二氧化硫	1	8	26
江苏丰山集团股份有限公司	COD	0.12	8	COD	0.00	10	COD	2	8	26
湖南郴电格瑞环保科技有限公司	氨氮	0.06	8	COD	0.00	10	氨氮	2	8	26
华能吉林发电有限公司	烟（粉）尘	0.01	8	氮氧化物	0.00	10	烟（粉）尘	1	8	26
云南云铝涌鑫铝业有限公司	二氧化硫	0.09	8	氮氧化物	0.00	10	二氧化硫	2	8	26
邵阳联泰水质净化有限公司	COD	0.08	8	COD	0.00	10	COD	2	8	26

被参控公司/母公司	企业年度超标率			日均浓度平均超标倍数			最大连续超标时长			在线监测系统得分
	污染物	超标率	得分	污染物	倍数	得分	污染物	超标时长	得分	
保龄宝生物股份有限公司	COD	0.02	8	COD	0.00	10	COD	2	8	26
浙江闰土热电有限公司	二氧化硫	0.01	8	烟（粉）尘	0.00	10	二氧化硫	1	8	26
山东华能聊城热电有限公司	二氧化硫	0.03	8	氮氧化物	0.00	10	烟（粉）尘	1	8	26
鄂尔多斯市国中水务有限公司	COD	0.01	8	氨氮	0.00	10	COD	1	8	26
石门海螺水泥有限责任公司	氮氧化物	0.01	8	烟（粉）尘	0.00	10	氮氧化物	2	8	26
兖煤菏泽能化有限公司	COD	0.01	8	COD	0.00	10	COD	1	8	26
宁夏英力特化工股份有限公司	氨氮	0.06	8	氮氧化物	0.00	10	烟（粉）尘	2	8	26
四川嘉瑞源实业有限公司	COD	0.06	8	氨氮	0.00	10	COD	2	8	26
苏州苏盛热电有限公司	二氧化硫	0.01	8	氮氧化物	0.00	10	二氧化硫	1	8	26
锡林浩特伊利乳品有限责任公司	COD	0.08	8	COD	0.00	10	COD	2	8	26
合肥海润光伏科技有限公司	COD	0.06	8	COD	0.00	10	COD	2	8	26
沈阳三九药业有限公司	氨氮	0.05	8	氨氮	0.00	10	氨氮	2	8	26
通辽霍林河坑口发电有限责任公司	二氧化硫	0.01	8	氮氧化物	0.00	10	二氧化硫	1	8	26
皖能马鞍山发电有限公司	氮氧化物	0.07	8	氮氧化物	0.00	10	烟（粉）尘	2	8	26
青岛啤酒（九江）有限公司	氨氮	0.04	8	COD	0.00	10	氨氮	2	8	26
亚新科噪声与振动技术（安徽）有限公司	COD	0.06	8	COD	0.00	10	COD	2	8	26
合肥京东方光电科技有限公司	COD	0.01	8	COD	0.00	10	氨氮	2	8	26
航天晨光股份有限公司	COD	0.19	8	COD	0.00	10	COD	2	8	26
汕头市联泰苏南水务有限公司	氨氮	0.02	8	COD	0.00	10	COD	2	8	26
史丹利化肥遂平有限公司	氮氧化物	0.05	8	二氧化硫	0.00	10	二氧化硫	1	8	26
泗阳县华海水处理有限公司	COD	0.02	8	氨氮	0.00	10	COD	2	8	26
咸宁南玻玻璃有限公司	烟（粉）尘	0.04	8	二氧化硫	0.00	10	二氧化硫	1	8	26
泰州绿色动力再生能源有限公司	氮氧化物	0.04	8	氮氧化物	0.00	10	氮氧化物	2	8	26
江苏南通发电有限公司	二氧化硫	0.02	8	烟（粉）尘	0.00	10	二氧化硫	1	8	26
万华化学（宁波）有限公司	COD	0.03	8	COD	0.00	10	氨氮	1	8	26

被参控公司/母公司	企业年度超标率			日均浓度平均超标倍数			最大连续超标时长			在线监测系统得分
	污染物	超标率	得分	污染物	倍数	得分	污染物	超标时长	得分	
江苏富春江环保热电有限公司	氮氧化物	0.04	8	烟（粉）尘	0.00	10	烟（粉）尘	2	8	26
昆山鹿城垃圾发电有限公司	烟（粉）尘	0.01	8	二氧化硫	0.00	10	烟（粉）尘	2	8	26
华能南京金陵发电有限公司	烟（粉）尘	0.01	8	烟（粉）尘	0.00	10	二氧化硫	1	8	26
江西大唐国际抚州发电有限责任公司	氮氧化物	0.02	8	氮氧化物	0.00	10	氮氧化物	1	8	26
衡山国祯水处理有限公司	COD	0.02	8	氨氮	0.00	10	COD	2	8	26
山西漳电大唐塔山发电有限公司	二氧化硫	0.05	8	二氧化硫	0.00	10	烟（粉）尘	1	8	26
兄弟科技股份有限公司	COD	0.04	8	COD	0.00	10	COD	1	8	26
江苏利港电力有限公司	烟（粉）尘	0.00	8	二氧化硫	0.00	10	烟（粉）尘	1	8	26
安徽江淮专用汽车有限公司	COD	0.03	8	COD	0.00	10	COD	2	8	26
合肥王小郢污水处理有限公司	氨氮	0.01	8	氨氮	0.00	10	氨氮	1	8	26
南陵国祯环保科技有限公司	氨氮	0.02	8	COD	0.00	10	氨氮	2	8	26
上海漕泾热电有限责任公司	氮氧化物	0.04	8	二氧化硫	0.00	10	氮氧化物	2	8	26
隆回县凯迪绿色能源开发有限公司	氮氧化物	0.06	8	氮氧化物	0.00	10	氮氧化物	1	8	26
华能大庆热电有限公司	氮氧化物	0.00	8	氮氧化物	0.00	10	烟（粉）尘	1	8	26
酒鬼酒股份有限公司	二氧化硫	0.03	8	氨氮	0.00	10	二氧化硫	1	8	26
郑州市郑东新区水务有限公司	COD	0.04	8	COD	0.00	10	COD	2	8	26
中材甘肃水泥有限责任公司	氮氧化物	0.05	8	二氧化硫	0.00	10	烟（粉）尘	2	8	26
山东德州双汇食品有限公司	COD	0.02	8	COD	0.00	10	COD	2	8	26
芜湖国祯环保科技有限公司	COD	0.02	8	COD	0.00	10	COD	1	8	26
成都天马微电子有限公司	COD	0.05	8	氨氮	0.00	10	COD	2	8	26
河南省新郑煤电有限责任公司	COD	0.06	8	COD	0.00	10	COD	2	8	26
德丽科技（珠海）有限公司	COD	0.04	8	COD	0.00	10	COD	1	8	26
四川振静股份有限公司	氨氮	0.01	8	COD	0.00	10	氨氮	1	8	26
华能嘉祥发电有限公司	二氧化硫	0.01	8	氮氧化物	0.00	10	氮氧化物	2	8	26
张家港市清泉水处理有限公司	COD	0.02	8	COD	0.00	10	COD	2	8	26

被参控公司/母公司	企业年度超标率			日均浓度平均超标倍数			最大连续超标时长			在线监测系统得分
	污染物	超标率	得分	污染物	倍数	得分	污染物	超标时长	得分	
云南铝业股份有限公司	氮氧化物	0.03	8	烟（粉）尘	0.00	10	烟（粉）尘	1	8	26
云南云铝润鑫铝业有限公司	二氧化硫	0.00	8	烟（粉）尘	0.00	10	二氧化硫	1	8	26
山东龙力生物科技股份有限公司	氨氮	0.02	8	COD	0.00	10	氨氮	2	8	26
安徽应流铸业有限公司	氨氮	0.03	8	氨氮	0.00	10	氨氮	1	8	26
北京京东方光电科技有限公司	氨氮	0.01	8	COD	0.00	10	氨氮	1	8	26
张家港沙洲电力有限公司	氮氧化物	0.02	8	二氧化硫	0.00	10	氮氧化物	1	8	26
海南灵康制药有限公司	COD	0.07	8	COD	0.00	10	COD	1	8	26
云南大唐国际红河发电有限责任公司	烟（粉）尘	0.07	8	氮氧化物	0.00	10	烟（粉）尘	2	8	26
浙江航民股份有限公司	COD	0.04	8	COD	0.00	10	COD	2	8	26
云南云铜锌业股份有限公司	烟（粉）尘	0.06	8	氮氧化物	0.00	10	二氧化硫	1	8	26
平凉祁连山水泥有限公司	氮氧化物	0.02	8	烟（粉）尘	0.00	10	烟（粉）尘	3	8	26
华能云南滇东能源有限责任公司	二氧化硫	0.03	8	二氧化硫	0.00	10	烟（粉）尘	1	8	26
浦江富春紫光水务有限公司	COD	0.01	8	COD	0.00	10	COD	1	8	26
国投盘江发电有限公司	氮氧化物	0.03	8	二氧化硫	0.00	10	烟（粉）尘	1	8	26
江华海螺水泥有限责任公司	烟（粉）尘	0.01	8	烟（粉）尘	0.00	10	烟（粉）尘	1	8	26
江西制药有限责任公司	COD	0.02	8	氨氮	0.00	10	COD	1	8	26
双峰海螺水泥有限公司	二氧化硫	0.01	8	氮氧化物	0.00	10	二氧化硫	2	8	26
华能渑池热电有限责任公司	烟（粉）尘	0.00	8	氮氧化物	0.00	10	烟（粉）尘	1	8	26
湛江冠豪纸业有限公司	氨氮	0.02	8	氨氮	0.00	10	COD	1	8	26
泸州老窖股份有限公司	氨氮	0.03	8	氨氮	0.00	10	氨氮	2	8	26
广元海螺水泥有限责任公司	烟（粉）尘	0.03	8	烟（粉）尘	0.00	10	烟（粉）尘	1	8	26
巨石集团成都有限公司	烟（粉）尘	0.01	8	氮氧化物	0.00	10	烟（粉）尘	1	8	26
杭州航民小城热电有限公司	烟（粉）尘	0.06	8	烟（粉）尘	0.00	10	烟（粉）尘	3	8	26
大冶尖峰水泥有限公司	二氧化硫	0.10	8	烟（粉）尘	0.00	10	二氧化硫	1	8	26
长沙天宁热电有限公司	氮氧化物	0.01	8	二氧化硫	0.00	10	氮氧化物	1	8	26

被参控公司/母公司	企业年度超标率			日均浓度平均超标倍数			最大连续超标时长			在线监测系统得分
	污染物	超标率	得分	污染物	倍数	得分	污染物	超标时长	得分	
宿迁洋河新区富春紫光环保有限公司	COD	0.04	8	氨氮	0.00	10	COD	1	8	26
绍兴女儿红酿酒有限公司	氨氮	0.01	8	氨氮	0.00	10	COD	2	8	26
唐山风帆宏文蓄电池有限公司	氨氮	0.04	8	氨氮	0.00	10	氨氮	2	8	26
华电新乡发电有限公司	二氧化硫	0.02	8	氮氧化物	0.00	10	二氧化硫	1	8	26
安徽合力股份有限公司	COD	0.01	8	氨氮	0.00	10	COD	1	8	26
广州南沙珠江啤酒有限公司	COD	0.02	8	COD	0.00	10	COD	1	8	26
四川广安发电有限责任公司	烟（粉）尘	0.01	8	二氧化硫	0.00	10	二氧化硫	1	8	26
沛县源泉水务运营有限公司	COD	0.02	8	氨氮	0.00	10	COD	1	8	26
福建省石狮热电有限责任公司	二氧化硫	0.01	8	二氧化硫	0.00	10	烟（粉）尘	1	8	26
华能威海发电有限责任公司	氮氧化物	0.00	8	二氧化硫	0.00	10	氮氧化物	1	8	26
江阴热电有限公司	二氧化硫	0.02	8	二氧化硫	0.00	10	二氧化硫	1	8	26
甘肃和诚钛业有限公司	COD	0.04	8	COD	0.00	10	COD	2	8	26
黑龙江伊利乳业有限责任公司	COD	0.08	8	氨氮	0.00	10	COD	1	8	26
中粮屯河伊犁新宁糖业有限公司	COD	0.14	8	二氧化硫	0.00	10	COD	2	8	26
江西省江铜-瓮福化工有限责任公司	二氧化硫	0.03	8	二氧化硫	0.00	10	二氧化硫	1	8	26
山西漳电同华发电有限公司	二氧化硫	0.08	8	氮氧化物	0.00	10	烟（粉）尘	2	8	26
宣城富春紫光污水处理有限公司	COD	0.08	8	氨氮	0.00	10	COD	2	8	26
天津伊利乳品有限责任公司	COD	0.02	8	COD	0.00	10	氨氮	2	8	26
合肥伊利乳业有限责任公司	氨氮	0.04	8	COD	0.00	10	氨氮	2	8	26
安琪酵母（睢县）有限公司	氨氮	0.01	8	烟（粉）尘	0.00	10	氨氮	1	8	26
浙江燎原药业股份有限公司	COD	0.10	8	氨氮	0.00	10	COD	1	8	26
河北钢铁集团滦县司家营铁矿有限公司	烟（粉）尘	0.07	8	氮氧化物	0.00	10	烟（粉）尘	1	8	26
华能临港（天津）燃气热电有限公司	氮氧化物	0.02	8	烟（粉）尘	0.00	10	氮氧化物	1	8	26
华新水泥（郴州）有限公司	二氧化硫	0.03	8	烟（粉）尘	0.00	10	氮氧化物	2	8	26
葫芦岛九股河食品有限公司	氨氮	0.04	8	氨氮	0.00	10	氨氮	1	8	26

被参控公司/母公司	企业年度超标率			日均浓度平均超标倍数			最大连续超标时长			在线监测系统得分
	污染物	超标率	得分	污染物	倍数	得分	污染物	超标时长	得分	
阿拉尔市富丽达纤维有限公司	烟（粉）尘	0.06	8	烟（粉）尘	0.00	10	烟（粉）尘	1	8	26
北京京东方显示技术有限公司	氨氮	0.03	8	氮氧化物	0.00	10	氨氮	2	8	26
宁夏亚东化工有限公司	氨氮	0.09	8	氨氮	0.00	10	氨氮	2	8	26
深圳市中金岭南有色金属股份有限公司	二氧化硫	0.02	8	二氧化硫	0.00	10	二氧化硫	2	8	26
日立电梯（中国）有限公司	氨氮	0.04	8	氨氮	0.00	10	氨氮	2	8	26
新凤鸣集团湖州中石科技有限公司	二氧化硫	0.05	8	氮氧化物	0.00	10	二氧化硫	1	8	26
天水华天科技股份有限公司	COD	0.10	8	COD	0.00	10	COD	2	8	26
安徽三安光电有限公司	氨氮	0.01	8	氨氮	0.00	10	氨氮	1	8	26
云南临沧鑫圆锗业股份有限公司	烟（粉）尘	0.02	8	二氧化硫	0.00	10	烟（粉）尘	1	8	26
合肥鑫晟光电科技有限公司	COD	0.01	8	COD	0.00	10	COD	1	8	26
高州市三和牧业有限公司	COD	0.01	8	氨氮	0.00	10	COD	1	8	26
三河发电有限责任公司	烟（粉）尘	0.00	8	二氧化硫	0.00	10	氮氧化物	1	8	26
通辽梅花生物科技有限公司	烟（粉）尘	0.01	8	氮氧化物	0.00	10	二氧化硫	1	8	26
安徽福莱特光伏玻璃有限公司	二氧化硫	0.04	8	二氧化硫	0.00	10	二氧化硫	1	8	26
南昌鹏鹞水务有限公司	COD	0.05	8	COD	0.00	10	COD	2	8	26
无锡后墅污水处理有限公司	COD	0.02	8	COD	0.00	10	COD	2	8	26
方大炭素新材料科技股份有限公司	烟（粉）尘	0.02	8	烟（粉）尘	0.00	10	烟（粉）尘	2	8	26
燕京啤酒（河南月山）有限公司	COD	0.06	8	COD	0.00	10	COD	1	8	26
华电莱州发电有限公司	二氧化硫	0.01	8	烟（粉）尘	0.00	10	二氧化硫	1	8	26
安徽国祯环保节能科技股份有限公司	氨氮	0.01	8	氨氮	0.00	10	COD	2	8	26
淄博齐翔腾达化工股份有限公司	二氧化硫	0.01	8	氮氧化物	0.00	10	氮氧化物	1	8	26
祁阳海螺水泥有限责任公司	烟（粉）尘	0.01	8	烟（粉）尘	0.00	10	烟（粉）尘	2	8	26
海宁绿色动力再生能源有限公司	烟（粉）尘	0.05	8	氮氧化物	0.00	10	二氧化硫	1	8	26
上海申星化工有限公司	氨氮	0.02	8	COD	0.00	10	COD	2	8	26
吉林电力股份有限公司	氮氧化物	0.02	8	氮氧化物	0.00	10	氮氧化物	1	8	26

被参控公司/母公司	企业年度超标率			日均浓度平均超标倍数			最大连续超标时长			在线监测系统得分
	污染物	超标率	得分	污染物	倍数	得分	污染物	超标时长	得分	
安徽丰乐农化有限责任公司	氨氮	0.01	8	氨氮	0.00	10	氨氮	1	8	26
安钢集团永通球墨铸铁管有限责任公司	烟（粉）尘	0.00	8	二氧化硫	0.00	10	烟（粉）尘	1	8	26
包头东宝生物技术股份有限公司	氨氮	0.02	8	COD	0.00	10	氨氮	2	8	26
国华徐州发电有限公司	烟（粉）尘	0.01	8	二氧化硫	0.00	10	氮氧化物	2	8	26
国电电力大连庄河发电有限责任公司	烟（粉）尘	0.01	8	氮氧化物	0.00	10	烟（粉）尘	1	8	26
青岛啤酒（菏泽）有限公司	氨氮	0.02	8	COD	0.00	10	氨氮	1	8	26
徐州华润电力有限公司	氮氧化物	0.01	8	氮氧化物	0.00	10	氮氧化物	2	8	26
河北燕京啤酒有限公司	COD	0.03	8	COD	0.00	10	COD	2	8	26
衢州华友钴新材料有限公司	COD	0.01	8	氨氮	0.00	10	氨氮	1	8	26
南京港扬州石化仓储有限公司	COD	0.01	8	COD	0.00	10	COD	1	8	26
浙江芯能光伏科技股份有限公司	COD	0.08	8	COD	0.00	10	COD	2	8	26
安徽华电六安电厂有限公司	氮氧化物	0.03	8	烟（粉）尘	0.00	10	氮氧化物	1	8	26
逸盛大化石化有限公司	COD	0.01	8	COD	0.00	10	氨氮	1	8	26
浙江开化合成材料有限公司	烟（粉）尘	0.07	8	氮氧化物	0.00	10	氮氧化物	1	8	26
兖州煤业鄂尔多斯能化有限公司	烟（粉）尘	0.07	8	二氧化硫	0.00	10	烟（粉）尘	3	8	26
深圳市华星光电技术有限公司	COD	0.01	8	COD	0.00	10	氨氮	1	8	26
无锡友联热电股份有限公司	二氧化硫	0.05	8	烟（粉）尘	0.00	10	二氧化硫	3	8	26
山东新和成药业有限公司	二氧化硫	0.04	8	二氧化硫	0.00	10	二氧化硫	2	8	26
张家港市清源水处理有限公司	氨氮	0.05	8	COD	0.00	10	氨氮	2	8	26
徐州国祯水务运营有限公司	COD	0.05	8	COD	0.00	10	COD	2	8	26
四川川投能源股份有限公司	氮氧化物	0.01	8	二氧化硫	0.00	10	氮氧化物	1	8	26
合肥朱砖井污水处理有限公司	COD	0.03	8	COD	0.00	10	COD	2	8	26
河南易成新能源股份有限公司	COD	0.02	8	COD	0.00	10	COD	1	8	26
广东韶能集团股份有限公司	氨氮	0.02	8	氨氮	0.00	10	COD	1	8	26
华电湖北发电有限公司	氮氧化物	0.01	8	二氧化硫	0.00	10	氮氧化物	1	8	26

被参控公司/母公司	企业年度超标率			日均浓度平均超标倍数			最大连续超标时长			在线监测系统得分
	污染物	超标率	得分	污染物	倍数	得分	污染物	超标时长	得分	
河北邯峰发电有限责任公司	氮氧化物	0.01	8	氮氧化物	0.00	10	COD	1	8	26
华能鹤岗发电有限公司	烟（粉）尘	0.03	8	二氧化硫	0.00	10	烟（粉）尘	3	8	26
无锡惠联热电有限公司	二氧化硫	0.00	8	氮氧化物	0.00	10	氮氧化物	2	8	26
山东新银麦啤酒有限公司	氨氮	0.07	8	COD	0.00	10	二氧化硫	1	8	26
浙江夏王纸业有限公司	COD	0.10	8	COD	0.00	10	COD	1	8	26
杭州航民达美染整有限公司	COD	0.02	8	COD	0.00	10	COD	2	8	26
黑龙江华电齐齐哈尔热电有限公司	氮氧化物	0.01	8	二氧化硫	0.00	10	氮氧化物	1	8	26
邳州源泉水务运营有限公司	COD	0.01	8	氨氮	0.00	10	COD	1	8	26
中农发河南农化有限公司	氨氮	0.02	8	COD	0.00	10	氨氮	2	8	26
华能巢湖发电有限责任公司	氮氧化物	0.01	8	烟（粉）尘	0.00	10	氮氧化物	1	8	26
宁夏宝丰能源集团股份有限公司	氮氧化物	0.04	8	氮氧化物	0.00	10	氮氧化物	1	8	26
哈药集团世一堂中药饮片有限责任公司	氨氮	0.04	8	氨氮	0.00	10	氨氮	2	8	26
山东阳谷华泰化工股份有限公司	COD	0.17	8	COD	0.00	10	COD	2	8	26
天津创业环保集团股份有限公司	COD	0.01	8	COD	0.00	10	COD	1	8	26
赤峰金剑铜业有限责任公司	氮氧化物	0.01	8	烟（粉）尘	0.00	10	二氧化硫	2	8	26
浙江永太科技股份有限公司	COD	0.10	8	氨氮	0.00	10	COD	2	8	26
九江天赐高新材料有限公司	COD	0.01	8	COD	0.00	10	COD	1	8	26
阜阳华润电力有限公司	烟（粉）尘	0.01	8	二氧化硫	0.00	10	二氧化硫	1	8	26
迁安三元食品有限公司	COD	0.02	8	COD	0.00	10	COD	1	8	26
河南安彩高科股份有限公司	COD	0.02	8	氨氮	0.00	10	COD	2	8	26
上海梅山钢铁股份有限公司	二氧化硫	0.03	8	烟（粉）尘	0.00	10	氨氮	1	8	26
重庆市大足区清溪水务有限公司	COD	0.06	8	氨氮	0.00	10	COD	2	8	26
吉林奥克新材料有限公司	COD	0.13	8	氨氮	0.00	10	COD	1	8	26
内蒙古大唐国际呼和浩特热电有限责任公司	氮氧化物	0.02	8	二氧化硫	0.00	10	氮氧化物	2	8	26

被参控公司/母公司	企业年度超标率			日均浓度平均超标倍数			最大连续超标时长			在线监测系统得分
	污染物	超标率	得分	污染物	倍数	得分	污染物	超标时长	得分	
安徽红星机电科技股份有限公司	COD	0.01	8	COD	0.00	10	COD	1	8	26
定陶首创水务有限公司	COD	0.03	8	COD	0.00	10	COD	2	8	26
云南国投中鲁果汁有限公司	COD	0.18	8	COD	0.00	10	COD	2	8	26
华新水泥（万源）有限公司	烟（粉）尘	0.03	8	烟（粉）尘	0.00	10	烟（粉）尘	3	8	26
常州绿色动力环保热电有限公司	烟（粉）尘	0.06	8	氮氧化物	0.00	10	烟（粉）尘	2	8	26
合肥美的洗衣机有限公司	COD	0.06	8	COD	0.00	10	COD	2	8	26
桐昆集团浙江恒腾差别化纤维有限公司	烟（粉）尘	0.05	8	氮氧化物	0.00	10	烟（粉）尘	1	8	26
上海天马再生能源有限公司	二氧化硫	0.01	8	氮氧化物	0.00	10	二氧化硫	3	8	26
大唐七台河发电有限责任公司	氮氧化物	0.00	8	烟（粉）尘	0.00	10	氮氧化物	1	8	26
国电江苏谏壁发电有限公司	烟（粉）尘	0.02	8	烟（粉）尘	0.00	10	二氧化硫	1	8	26
海南长安国际制药有限公司	COD	0.04	8	COD	0.00	10	COD	1	8	26
龙蟒佰利联集团股份有限公司	氨氮	0.02	8	烟（粉）尘	0.00	10	氨氮	1	8	26
江门市新会区龙泉污水处理有限公司	氨氮	0.04	8	氨氮	0.00	10	氨氮	2	8	26
新疆石河子花园乳业有限公司	氨氮	0.01	8	氨氮	0.00	10	氨氮	1	8	26
江苏新河农用化工有限公司	COD	0.02	8	COD	0.00	10	COD	2	8	26
惠州绿色动力环保有限公司	氮氧化物	0.00	8	烟（粉）尘	0.00	10	氮氧化物	1	8	26
国投宣城发电有限责任公司	氮氧化物	0.02	8	烟（粉）尘	0.00	10	氮氧化物	2	8	26
靖远第二发电有限公司	COD	0.06	8	烟（粉）尘	0.00	10	烟（粉）尘	3	8	26
骆驼集团华南蓄电池有限公司	氨氮	0.09	8	COD	0.00	10	氨氮	2	8	26
睢县豫粮海鼎饲料有限公司	烟（粉）尘	0.01	8	二氧化硫	0.00	10	烟（粉）尘	1	8	26
上海外高桥发电有限责任公司	氮氧化物	0.05	8	COD	0.00	10	氮氧化物	1	8	26
天津天药药业股份有限公司	COD	0.02	8	氨氮	0.00	10	COD	2	8	26
东至东华水务有限责任公司	COD	0.09	8	氨氮	0.00	10	COD	2	8	26
青岛啤酒汉斯宝鸡有限公司	氨氮	0.03	8	氨氮	0.00	10	COD	1	8	26
阜新双汇肉类加工有限公司	COD	0.03	8	氨氮	0.00	10	COD	2	8	26

被参控公司/母公司	企业年度超标率			日均浓度平均超标倍数			最大连续超标时长			在线监测系统得分
	污染物	超标率	得分	污染物	倍数	得分	污染物	超标时长	得分	
湖北兴发化工集团股份有限公司	氮氧化物	0.07	8	烟（粉）尘	0.00	10	烟（粉）尘	1	8	26
宏恒胜电子科技（淮安）有限公司	COD	0.10	8	COD	0.00	10	COD	2	8	26
山东聊城鲁西化工第五化肥有限公司	烟（粉）尘	0.02	8	二氧化硫	0.00	10	烟（粉）尘	1	8	26
江西洪都航空工业股份有限公司	COD	0.02	8	氨氮	0.00	10	COD	1	8	26
云南铜业股份有限公司	烟（粉）尘	0.01	8	烟（粉）尘	0.00	10	烟（粉）尘	1	8	26
浙江凯丰新材料股份有限公司	COD	0.02	8	COD	0.00	10	COD	2	8	26
内蒙古鄂尔多斯热电有限责任公司	氮氧化物	0.01	8	二氧化硫	0.00	10	烟（粉）尘	1	8	26
青海水泥股份有限公司	氮氧化物	0.08	8	氮氧化物	0.00	10	氮氧化物	1	8	26
唐山达丰焦化有限公司	二氧化硫	0.05	8	二氧化硫	0.00	10	二氧化硫	6	6	24
江苏优嘉植物保护有限公司	COD	0.22	6	COD	0.00	10	COD	2	8	24
青岛啤酒（马鞍山）有限公司	COD	0.07	8	氨氮	0.00	10	COD	3	6	24
礼泉海螺水泥有限责任公司	烟（粉）尘	0.24	6	二氧化硫	0.00	10	氮氧化物	1	8	24
宁波经济技术开发区热电有限责任公司	氮氧化物	0.03	8	二氧化硫	0.00	10	氮氧化物	3	6	24
龙星化工股份有限公司	二氧化硫	0.00	8	氮氧化物	0.00	10	烟（粉）尘	7	6	24
襄阳桑德汉水水务有限公司	COD	0.15	8	COD	0.00	10	COD	6	6	24
成都士兰半导体制造有限公司	氨氮	0.13	6	氨氮	0.00	10	COD	1	8	24
双钱集团（新疆）昆仑轮胎有限公司	烟（粉）尘	0.26	6	氮氧化物	0.00	10	烟（粉）尘	1	8	24
重庆长安汽车股份有限公司	COD	0.11	8	氨氮	0.00	10	COD	4	6	24
唐山惠达（集团）洁具有限公司	氨氮	0.03	8	氨氮	0.00	10	COD	3	6	24
上海现代哈森（商丘）药业有限公司	氨氮	0.01	8	COD	0.00	10	COD	5	6	24
河北建投宣化热电有限责任公司	二氧化硫	0.01	8	氮氧化物	0.00	10	氮氧化物	3	6	24
济南伊利乳业有限责任公司	COD	0.08	8	COD	0.00	10	COD	5	6	24
江苏射阳港发电有限责任公司	氮氧化物	0.05	8	二氧化硫	0.00	10	氮氧化物	3	6	24
济宁中山公用水务有限公司	COD	0.06	8	氨氮	0.00	10	COD	4	6	24
河南金马能源股份有限公司	二氧化硫	0.01	8	氮氧化物	0.00	10	烟（粉）尘	6	6	24

被参控公司/母公司	企业年度超标率			日均浓度平均超标倍数			最大连续超标时长			在线监测系统得分
	污染物	超标率	得分	污染物	倍数	得分	污染物	超标时长	得分	
史丹利化肥宁陵有限公司	烟（粉）尘	0.15	6	烟（粉）尘	0.00	10	烟（粉）尘	2	8	24
杭州龙山化工有限公司	COD	0.05	8	COD	0.00	10	COD	4	6	24
胜宏科技（惠州）股份有限公司	氨氮	0.16	6	氨氮	0.00	10	氨氮	1	8	24
通化市碧水源环保科技有限公司	COD	0.15	8	COD	0.00	10	COD	3	6	24
杭州华电下沙热电有限公司	氮氧化物	0.17	6	氮氧化物	0.00	10	氮氧化物	1	8	24
新疆西牧乳业有限责任公司	氨氮	0.32	6	氨氮	0.00	10	氨氮	1	8	24
青岛啤酒（寿光）有限公司	COD	0.27	6	氨氮	0.00	10	COD	2	8	24
陕西国华锦界能源有限责任公司	烟（粉）尘	0.02	8	二氧化硫	0.00	10	烟（粉）尘	7	6	24
四川省金路树脂有限公司	二氧化硫	0.15	6	COD	0.00	10	COD	1	8	24
甘肃稀土新材料股份有限公司	烟（粉）尘	0.07	8	烟（粉）尘	0.00	10	氨氮	3	6	24
浙江普洛家园药业有限公司	氨氮	0.34	6	COD	0.00	10	氨氮	1	8	24
威海环境再生能源有限公司	二氧化硫	0.03	8	烟（粉）尘	0.00	10	氮氧化物	3	6	24
福建省鸿山热电有限责任公司	氮氧化物	0.01	8	烟（粉）尘	0.00	10	烟（粉）尘	4	6	24
华能济宁运河发电有限公司	二氧化硫	0.06	8	二氧化硫	0.00	10	二氧化硫	6	6	24
浙江景兴板纸有限公司	氨氮	0.06	8	COD	0.00	10	氨氮	5	6	24
安徽铜陵海螺水泥有限公司	氮氧化物	0.06	8	烟（粉）尘	0.00	10	氮氧化物	6	6	24
华能济宁高新区热电有限公司	二氧化硫	0.03	8	烟（粉）尘	0.00	10	氮氧化物	3	6	24
华电青岛发电有限公司	氮氧化物	0.10	8	氮氧化物	0.00	10	氮氧化物	4	6	24
安徽四创电子股份有限公司	COD	0.05	8	COD	0.00	10	COD	4	6	24
华新水泥（渠县）有限公司	氮氧化物	0.10	8	二氧化硫	0.00	10	烟（粉）尘	6	6	24
健民集团叶开泰国药（随州）有限公司	COD	0.11	8	氨氮	0.00	10	COD	3	6	24
新疆美丰化工有限公司	氨氮	0.06	8	氨氮	0.00	10	氨氮	4	6	24
重庆啤酒股份有限公司	COD	0.13	8	氨氮	0.00	10	COD	3	6	24
隆基绿能科技股份有限公司	COD	0.07	8	氨氮	0.00	10	COD	4	6	24
浙江浙能镇海天然气发电有限责任公司	氮氧化物	0.23	6	氮氧化物	0.00	10	氮氧化物	1	8	24

被参控公司/母公司	企业年度超标率			日均浓度平均超标倍数			最大连续超标时长			在线监测系统得分
	污染物	超标率	得分	污染物	倍数	得分	污染物	超标时长	得分	
皖能合肥发电有限公司	氮氧化物	0.07	8	氮氧化物	0.00	10	氮氧化物	4	6	24
吉林松花江热电有限公司	烟（粉）尘	0.02	8	二氧化硫	0.00	10	烟（粉）尘	4	6	24
兰精（南京）纤维有限公司	COD	0.02	8	二氧化硫	0.00	10	COD	3	6	24
大连首创水务有限公司	COD	0.14	8	氨氮	0.00	10	COD	5	6	24
浙江江铜富冶和鼎铜业有限公司	烟（粉）尘	0.18	6	二氧化硫	0.00	10	烟（粉）尘	2	8	24
宽城碧水源环保有限公司	COD	0.10	8	COD	0.00	10	COD	3	6	24
淮北矿业集团投资有限公司	COD	0.12	8	COD	0.00	10	COD	3	6	24
卡博特化工（天津）有限公司	氮氧化物	0.09	8	COD	0.00	10	氮氧化物	3	6	24
大丰阳光热电有限公司	氮氧化物	0.23	6	二氧化硫	0.00	10	氮氧化物	1	8	24
阜宁澳洋科技有限责任公司	COD	0.12	8	COD	0.00	10	COD	4	6	24
四川旭虹光电科技有限公司	氮氧化物	0.06	8	二氧化硫	0.00	10	烟（粉）尘	4	6	24
千禾味业食品股份有限公司	氨氮	0.01	8	氮氧化物	0.00	10	COD	3	6	24
浙江新和成股份有限公司	COD	0.29	6	氨氮	0.00	10	COD	2	8	24
华润三九（南昌）药业有限公司	COD	0.39	6	氨氮	0.00	10	COD	1	8	24
杭州鑫富科技有限公司	COD	0.21	6	COD	0.00	10	COD	2	8	24
浙江洁美电子信息材料有限公司	COD	0.33	6	COD	0.00	10	COD	1	8	24
亚泰集团通化水泥股份有限公司	烟（粉）尘	0.57	6	烟（粉）尘	0.00	10	烟（粉）尘	2	8	24
江苏优士化学有限公司	COD	0.06	8	COD	0.00	10	COD	3	6	24
南通醋酸化工股份有限公司	氨氮	0.01	8	COD	0.00	10	COD	3	6	24
洛阳同生水务有限公司	COD	0.42	6	COD	0.00	10	COD	2	8	24
安徽长江钢铁股份有限公司	氮氧化物	0.01	8	二氧化硫	0.00	10	烟（粉）尘	4	6	24
攀钢集团钒钛资源股份有限公司	烟（粉）尘	0.35	6	二氧化硫	0.00	10	烟（粉）尘	3	8	24
湖北惠生药业有限公司	COD	0.33	6	氨氮	0.00	10	氨氮	1	8	24
黄河三角洲（滨州）热力有限公司	烟（粉）尘	0.23	6	氮氧化物	0.00	10	二氧化硫	1	8	24
辽宁科隆精细化工股份有限公司	氨氮	0.03	8	氨氮	0.00	10	COD	4	6	24

被参控公司/母公司	企业年度超标率			日均浓度平均超标倍数			最大连续超标时长			在线监测系统得分
	污染物	超标率	得分	污染物	倍数	得分	污染物	超标时长	得分	
福建青松股份有限公司	氨氮	0.07	8	氨氮	0.00	10	氨氮	4	6	24
安徽荻港海螺水泥股份有限公司	氮氧化物	0.01	8	二氧化硫	0.00	10	烟（粉）尘	4	6	24
深圳妈湾电力有限公司	烟（粉）尘	0.00	8	氮氧化物	0.00	10	氮氧化物	4	6	24
国家电投集团江苏电力有限公司	烟（粉）尘	0.01	8	二氧化硫	0.00	10	氮氧化物	3	6	24
汨罗市国祯水处理有限公司	COD	0.18	8	COD	0.00	10	COD	3	6	24
富奥汽车零部件股份有限公司	COD	0.26	6	氨氮	0.00	10	COD	2	8	24
大唐双鸭山热电有限公司	氮氧化物	0.04	8	烟（粉）尘	0.00	10	氮氧化物	3	6	24
南昌双汇食品有限公司	COD	0.23	6	COD	0.00	10	COD	2	8	24
淮北国安电力有限公司	烟（粉）尘	0.06	8	氮氧化物	0.00	10	氮氧化物	4	6	24
苏州高新污水处理有限公司	氨氮	0.02	8	COD	0.00	10	COD	4	6	24
广东广业云硫矿业有限公司	COD	0.03	8	氨氮	0.00	10	COD	3	6	24
新疆乌苏新赛油脂有限公司	COD	0.09	8	氨氮	0.00	10	COD	3	6	24
天津市润达环境治理服务有限公司	COD	0.28	6	COD	0.00	10	COD	2	8	24
浙江三维橡胶制品股份有限公司	二氧化硫	0.21	6	氮氧化物	0.00	10	氮氧化物	1	8	24
郴州云湘矿冶有限责任公司	二氧化硫	0.10	6	二氧化硫	0.00	10	二氧化硫	1	8	24
淮北中联环水环境有限公司	COD	0.12	8	COD	0.00	10	COD	5	6	24
东阿阿胶股份有限公司	COD	0.16	8	氨氮	0.00	10	COD	3	6	24
长沙市联泰水质净化有限公司	COD	0.05	8	氨氮	0.00	10	COD	3	6	24
宿迁富春紫光污水处理有限公司	COD	0.01	8	COD	0.00	10	氨氮	3	6	24
彬县国祯水处理有限公司	氨氮	0.05	8	氨氮	0.00	10	氨氮	4	6	24
内蒙古中牧生物药业有限公司	烟（粉）尘	0.11	6	氮氧化物	0.00	10	烟（粉）尘	2	8	24
浙江钱江生物化学股份有限公司	烟（粉）尘	0.11	6	COD	0.00	10	烟（粉）尘	1	8	24
东方电气集团东方电机有限公司	COD	0.19	8	氨氮	0.00	10	COD	6	6	24
巴彦淖尔伊利乳业有限责任公司	氨氮	0.12	6	氨氮	0.00	10	COD	1	8	24
内蒙古大唐国际托克托第二发电有限责任公司	氮氧化物	0.05	8	氮氧化物	0.00	10	氮氧化物	3	6	24

被参控公司/母公司	企业年度超标率			日均浓度平均超标倍数			最大连续超标时长			在线监测系统得分
	污染物	超标率	得分	污染物	倍数	得分	污染物	超标时长	得分	
伊春中科环保电力有限公司	烟（粉）尘	0.03	8	氮氧化物	0.00	10	氮氧化物	6	6	24
江西铜业（德兴）化工有限公司	COD	0.07	8	COD	0.00	10	COD	3	6	24
武乡西山发电有限责任公司	二氧化硫	0.02	8	氮氧化物	0.00	10	氮氧化物	6	6	24
保定太行和益水泥有限公司	二氧化硫	0.12	6	氮氧化物	0.00	10	二氧化硫	3	8	24
广东新会美达锦纶股份有限公司	氨氮	0.07	8	氨氮	0.00	10	氨氮	3	6	24
兴业皮革科技股份有限公司	COD	0.18	8	氨氮	0.00	10	COD	3	6	24
江苏淮阴发电有限责任公司	氮氧化物	0.04	8	氮氧化物	0.00	10	氮氧化物	4	6	24
华新红塔水泥（景洪）有限公司	氮氧化物	0.05	8	氮氧化物	0.00	10	烟（粉）尘	4	6	24
福建塔牌水泥有限公司	氮氧化物	0.05	8	二氧化硫	0.00	10	氮氧化物	6	6	24
鄂州桑德鄂清水务有限公司	COD	0.25	6	COD	0.00	10	COD	2	8	24
南阳鸭河口发电有限责任公司	二氧化硫	0.02	8	二氧化硫	0.00	10	氮氧化物	5	6	24
郑州双汇食品有限公司	氨氮	0.05	8	氨氮	0.00	10	COD	4	6	24
中粮生化能源（肇东）有限公司	COD	0.04	8	氨氮	0.00	10	氮氧化物	4	6	24
永嘉绿色动力再生能源有限公司	烟（粉）尘	0.02	8	二氧化硫	0.00	10	氮氧化物	6	6	24
云谷（固安）科技有限公司	COD	0.12	8	氨氮	0.00	10	COD	3	6	24
浙江海正药业股份有限公司	COD	0.16	8	COD	0.00	10	COD	4	6	24
华能武汉发电有限责任公司	氮氧化物	0.01	8	烟（粉）尘	0.00	10	氮氧化物	3	6	24
四川仁智石化科技有限责任公司	氨氮	0.21	6	COD	0.00	10	氨氮	2	8	24
浙江华海天诚药业有限公司	氨氮	0.17	6	氨氮	0.00	10	氨氮	1	8	24
遵化国祯污水处理有限公司	COD	0.08	8	氨氮	0.00	10	COD	5	6	24
内蒙古大唐国际再生资源开发有限公司	二氧化硫	0.02	8	烟（粉）尘	0.00	10	烟（粉）尘	7	6	24
桐昆集团浙江恒通化纤有限公司	二氧化硫	0.14	6	氮氧化物	0.00	10	二氧化硫	1	8	24
唐山三友集团兴达化纤有限公司	COD	0.06	8	COD	0.00	10	COD	3	6	24
荆门新洋丰中磷肥业有限公司	二氧化硫	0.07	8	二氧化硫	0.00	10	氮氧化物	3	6	24

被参控公司/母公司	企业年度超标率			日均浓度平均超标倍数			最大连续超标时长			在线监测系统得分
	污染物	超标率	得分	污染物	倍数	得分	污染物	超标时长	得分	
九江市蓝天碧水环保有限公司	COD	0.14	8	COD	0.00	10	COD	3	6	24
海安天楹环保能源有限公司	氮氧化物	0.06	8	二氧化硫	0.00	10	氮氧化物	4	6	24
兖州煤业股份有限公司	COD	0.13	8	COD	0.00	10	COD	3	6	24
宁波中鑫毛纺集团有限公司	COD	0.17	8	氨氮	0.00	10	COD	4	6	24
新疆米东天山水泥有限责任公司	烟（粉）尘	0.09	8	二氧化硫	0.00	10	烟（粉）尘	4	6	24
内蒙古兰太钠业有限责任公司	烟（粉）尘	0.08	8	氮氧化物	0.00	10	烟（粉）尘	4	6	24
湖南省湘澧盐化有限责任公司	氮氧化物	0.09	8	二氧化硫	0.00	10	烟（粉）尘	5	6	24
咸阳彩虹光电科技有限公司	COD	0.25	6	氨氮	0.00	10	COD	1	8	24
新疆普耀新型建材有限公司	烟（粉）尘	0.30	6	烟（粉）尘	0.00	10	氮氧化物	1	8	24
宜昌双汇食品有限责任公司	氨氮	0.12	6	氨氮	0.00	10	氨氮	1	8	24
抚顺特殊钢股份有限公司	烟（粉）尘	0.09	8	COD	0.00	10	烟（粉）尘	5	6	24
湘潭电化科技股份有限公司	烟（粉）尘	0.06	8	二氧化硫	0.00	10	氮氧化物	5	6	24
湖北黄冈伊利乳业有限责任公司	氨氮	0.11	6	COD	0.00	10	氨氮	2	8	24
天水中材水泥有限责任公司	氮氧化物	0.21	6	二氧化硫	0.00	10	烟（粉）尘	2	8	24
四川北方硝化棉股份有限公司	氨氮	0.36	6	氨氮	0.00	10	COD	1	8	24
宜兴天山水泥有限责任公司	氮氧化物	0.14	6	氮氧化物	0.00	10	二氧化硫	2	8	24
内蒙古冀东水泥有限责任公司	烟（粉）尘	0.17	6	二氧化硫	0.00	10	氮氧化物	1	8	24
浙江嘉福玻璃有限公司	氮氧化物	0.06	8	烟（粉）尘	0.00	10	氮氧化物	4	6	24
北方华锦化学工业股份有限公司	COD	0.09	8	COD	0.00	10	COD	3	6	24
青岛啤酒（杭州）有限公司	氨氮	0.10	8	COD	0.00	10	氨氮	5	6	24
福建省建福南方水泥有限公司	烟（粉）尘	0.21	6	烟（粉）尘	0.00	10	氮氧化物	2	8	24
安徽丰原药业股份有限公司	COD	0.27	6	COD	0.00	10	COD	1	8	24
青岛啤酒西安汉斯集团有限公司	烟（粉）尘	0.44	6	COD	0.00	10	二氧化硫	1	8	24
临海市伟明环保能源有限公司	二氧化硫	0.04	8	二氧化硫	0.00	10	氮氧化物	3	6	24
四川永祥股份有限公司	COD	0.05	8	二氧化硫	0.00	10	COD	4	6	24

被参控公司/母公司	企业年度超标率			日均浓度平均超标倍数			最大连续超标时长			在线监测系统得分
	污染物	超标率	得分	污染物	倍数	得分	污染物	超标时长	得分	
华能曲阜热电有限公司	氮氧化物	0.10	8	氮氧化物	0.00	10	氮氧化物	5	6	24
江阴新源热电有限公司	二氧化硫	0.04	8	烟（粉）尘	0.00	10	烟（粉）尘	5	6	24
杭州建铜集团有限公司	COD	0.04	8	COD	0.00	10	COD	3	6	24
青海盐湖工业股份有限公司	二氧化硫	0.04	8	二氧化硫	0.00	10	氮氧化物	3	6	24
舒城清源水务有限公司	COD	0.17	8	氨氮	0.00	10	COD	4	6	24
山西杏花村汾酒厂股份有限公司	COD	0.13	8	氨氮	0.00	10	COD	5	6	24
周口市锦源环保产业有限公司	氨氮	0.05	8	COD	0.00	10	氨氮	3	6	24
青岛啤酒（徐州）有限公司	COD	0.22	6	COD	0.00	10	COD	1	8	24
江苏大唐国际吕四港发电有限责任公司	二氧化硫	0.01	8	氮氧化物	0.00	10	氮氧化物	3	6	24
淄博包钢灵芝稀土高科技股份有限公司	COD	0.27	6	氨氮	0.00	10	COD	2	8	24
汕头超声印制板（二厂）有限公司	COD	0.11	8	COD	0.00	10	COD	3	6	24
新疆生产建设兵团交通建设有限公司	二氧化硫	0.05	8	二氧化硫	0.00	10	烟（粉）尘	4	6	24
太极集团四川南充制药有限公司	氨氮	0.05	8	氨氮	0.00	10	氨氮	3	6	24
华能济南黄台发电有限公司	烟（粉）尘	0.01	8	氮氧化物	0.00	10	氮氧化物	5	6	24
淄博市临淄区朱台热力有限公司	烟（粉）尘	0.27	6	氮氧化物	0.00	10	烟（粉）尘	3	8	24
临清德运环保能源有限公司	烟（粉）尘	0.06	8	烟（粉）尘	0.00	10	烟（粉）尘	9	6	24
山东宝莫生物化工股份有限公司	烟（粉）尘	0.13	6	氮氧化物	0.00	10	烟（粉）尘	1	8	24
铜陵有色股份凤凰山矿业有限公司	COD	0.21	6	氨氮	0.00	10	COD	1	8	24
安徽华电宿州发电有限公司	氮氧化物	0.03	8	二氧化硫	0.00	10	氮氧化物	3	6	24
河北视窗玻璃有限公司	烟（粉）尘	0.05	8	氮氧化物	0.00	10	烟（粉）尘	4	6	24
南京高科水务有限公司	COD	0.13	8	COD	0.00	10	COD	5	6	24
合肥同大江淮汽车车身有限公司	氨氮	0.04	8	氨氮	0.00	10	氨氮	3	6	24
四川美丰化工科技有限责任公司	COD	0.06	8	COD	0.00	10	COD	3	6	24
双钱集团（江苏）轮胎有限公司	氨氮	0.02	8	COD	0.00	10	COD	5	6	24
锦西天然气化工有限责任公司	COD	0.07	8	COD	0.00	10	COD	4	6	24

被参控公司/母公司	企业年度超标率			日均浓度平均超标倍数			最大连续超标时长			在线监测系统得分
	污染物	超标率	得分	污染物	倍数	得分	污染物	超标时长	得分	
维维食品饮料股份有限公司	COD	0.36	6	COD	0.00	10	COD	2	8	24
迁安市华控环境投资有限责任公司	COD	0.17	8	COD	0.00	10	COD	3	6	24
衢州八达纸业有限公司	COD	0.12	8	氨氮	0.00	10	COD	3	6	24
山东东岳氟硅材料有限公司	烟（粉）尘	0.17	6	烟（粉）尘	0.00	10	烟（粉）尘	2	8	24
上海天马微电子有限公司	COD	0.08	8	氨氮	0.00	10	COD	3	6	24
上海紫泉饮料工业有限公司	COD	0.09	8	COD	0.00	10	COD	5	6	24
湖州展望天明药业有限公司	COD	0.07	8	COD	0.00	10	COD	3	6	24
江门市北街（联营）发电厂	氮氧化物	0.16	6	氮氧化物	0.00	10	烟（粉）尘	1	8	24
上海东石塘再生能源有限公司	烟（粉）尘	0.10	6	二氧化硫	0.00	10	二氧化硫	3	8	24
联化科技（台州）有限公司	氨氮	0.16	6	氨氮	0.00	10	氨氮	1	8	24
江苏大唐国际如皋热电有限责任公司	烟（粉）尘	0.18	6	烟（粉）尘	0.00	10	烟（粉）尘	2	8	24
青海电子材料产业发展有限公司	COD	0.36	6	COD	0.00	10	COD	2	8	24
华能重庆珞璜发电有限责任公司	烟（粉）尘	0.14	6	氮氧化物	0.00	10	烟（粉）尘	3	8	24
康美保宁（四川）制药有限公司	COD	0.05	8	氨氮	0.00	10	COD	4	6	24
衡水睿韬环保技术有限公司	二氧化硫	0.17	6	烟（粉）尘	0.00	10	二氧化硫	1	8	24
成都迪康药业股份有限公司	氨氮	0.05	8	氨氮	0.00	10	COD	3	6	24
浙江浙能长兴发电有限公司	氮氧化物	0.06	8	氮氧化物	0.00	10	氮氧化物	4	6	24
武汉平煤武钢联合焦化有限公司	COD	0.39	6	氨氮	0.00	10	COD	1	8	24
湛江晨鸣浆纸有限公司	氨氮	0.05	8	氨氮	0.00	10	氨氮	4	6	24
上海嘉麟杰纺织品股份有限公司	COD	0.14	8	氨氮	0.00	10	COD	3	6	24
徐州兴宁皮业有限公司	COD	0.09	8	氨氮	0.00	10	COD	3	6	24
泰州紫光水业有限公司	COD	0.12	8	氨氮	0.00	10	COD	4	6	24
常山富春紫光污水处理有限公司	COD	0.14	8	氨氮	0.00	10	COD	3	6	24
繁昌县城市污水处理有限责任公司	COD	0.05	8	氨氮	0.00	10	COD	3	6	24
陕西龙门煤化工有限责任公司	COD	0.19	8	COD	0.00	10	COD	3	6	24

被参控公司/母公司	企业年度超标率			日均浓度平均超标倍数			最大连续超标时长			在线监测系统得分
	污染物	超标率	得分	污染物	倍数	得分	污染物	超标时长	得分	
大唐桂冠合山发电有限公司	氮氧化物	0.23	6	烟（粉）尘	0.00	10	氮氧化物	4	6	22
浙江金泰莱环保科技有限公司	二氧化硫	0.51	4	二氧化硫	0.00	10	二氧化硫	2	8	22
辽源天楹环保能源有限公司	COD	0.23	6	烟（粉）尘	0.00	10	COD	5	6	22
余姚百利特种纺织染整有限公司	COD	0.38	6	氨氮	0.00	10	COD	5	6	22
江西瑞金万年青水泥有限责任公司	二氧化硫	0.13	6	氮氧化物	0.00	10	二氧化硫	6	6	22
丽珠集团福州福兴医药有限公司	COD	0.35	6	COD	0.00	10	COD	5	6	22
浙江春晖环保能源股份有限公司	氮氧化物	0.24	6	烟（粉）尘	0.00	10	二氧化硫	4	6	22
达州海螺水泥有限责任公司	烟（粉）尘	0.11	6	氮氧化物	0.00	10	氮氧化物	3	6	22
中粮梁河糖业有限公司	氨氮	0.28	6	COD	0.00	10	氨氮	5	6	22
内蒙古牙克石五九煤炭（集团）有限责任公司	烟（粉）尘	0.28	6	氮氧化物	0.00	10	烟（粉）尘	4	6	22
东莞市松山湖天地环科水务有限公司	氨氮	0.15	6	氨氮	0.00	10	氨氮	3	6	22
故城北新建材有限公司	氮氧化物	0.80	4	氮氧化物	0.00	10	烟（粉）尘	1	8	22
安徽国星生物化学有限公司	氮氧化物	0.12	6	烟（粉）尘	0.00	10	COD	3	6	22
酒钢集团榆中钢铁有限责任公司	氮氧化物	0.12	6	氨氮	0.00	10	烟（粉）尘	7	6	22
武汉天创环保有限公司	COD	0.25	6	COD	0.00	10	COD	4	6	22
宜宾海丰和锐有限公司	二氧化硫	0.12	6	氮氧化物	0.00	10	烟（粉）尘	7	6	22
师宗煤焦化工有限公司	二氧化硫	0.10	6	二氧化硫	0.00	10	氮氧化物	3	6	22
贵州红星发展大龙锰业有限责任公司	COD	0.25	6	COD	0.00	10	COD	6	6	22
安庆首创水务有限责任公司	氨氮	0.01	8	氨氮	0.00	10	COD	7	4	22
华新水泥（冷水江）有限公司	氮氧化物	0.70	4	氮氧化物	0.00	10	烟（粉）尘	1	8	22
安国创业水务有限公司	COD	0.29	6	COD	0.00	10	COD	5	6	22
山东石大胜华化工集团股份有限公司	氨氮	0.11	6	氮氧化物	0.00	10	氨氮	3	6	22
漳县祁连山水泥有限公司	氮氧化物	0.15	6	二氧化硫	0.00	10	氮氧化物	3	6	22
本钢板材辽阳球团有限责任公司	烟（粉）尘	0.73	6	氮氧化物	0.00	10	二氧化硫	7	6	22

被参控公司/母公司	企业年度超标率			日均浓度平均超标倍数			最大连续超标时长			在线监测系统得分
	污染物	超标率	得分	污染物	倍数	得分	污染物	超标时长	得分	
深圳太太药业有限公司	COD	0.82	4	COD	0.00	10	COD	1	8	22
平凉海螺水泥有限责任公司	烟（粉）尘	0.11	6	烟（粉）尘	0.00	10	烟（粉）尘	4	6	22
开滦能源化工股份有限公司	氨氮	0.11	6	氨氮	0.00	10	氨氮	4	6	22
新疆白鹭纤维有限公司	二氧化硫	0.34	4	COD	0.00	10	烟（粉）尘	2	8	22
宜昌东阳光长江药业股份有限公司	烟（粉）尘	0.14	6	氮氧化物	0.00	10	氨氮	4	6	22
青海宜化化工有限责任公司	烟（粉）尘	0.26	6	氮氧化物	0.00	10	氨氮	4	6	22
天津蓟源水处理有限公司	氨氮	0.09	8	COD	0.00	10	氨氮	8	4	22
河南全惠食品有限公司	COD	0.42	6	氨氮	0.00	10	COD	6	6	22
华新水泥（河南信阳）有限公司	氮氧化物	0.17	6	氮氧化物	0.00	10	氮氧化物	3	6	22
岳阳鹏鹞水务有限公司	COD	0.26	6	氨氮	0.00	10	COD	4	6	22
内蒙古伊利实业集团股份有限公司	氮氧化物	0.17	6	氨氮	0.00	10	COD	4	6	22
湖南尔康明胶有限公司	氨氮	0.18	6	COD	0.00	10	氨氮	5	6	22
华能榆社发电有限责任公司	氮氧化物	0.11	6	二氧化硫	0.00	10	氮氧化物	3	6	22
桐昆集团浙江恒盛化纤有限公司	氮氧化物	0.38	4	氨氮	0.00	10	二氧化硫	1	8	22
武汉中粮食品科技有限公司	COD	0.33	6	COD	0.00	10	COD	4	6	22
淮南市康德医疗废物处置有限公司	二氧化硫	0.26	6	烟（粉）尘	0.00	10	烟（粉）尘	9	6	22
广西华银铝业有限公司	氮氧化物	0.29	6	二氧化硫	0.00	10	氮氧化物	4	6	22
国电泉州热电有限公司	氮氧化物	0.14	6	氮氧化物	0.00	10	氮氧化物	5	6	22
江油启明星氯碱化工有限责任公司	COD	0.37	6	COD	0.00	10	COD	4	6	22
福建天尊新材料制造有限公司	烟（粉）尘	0.19	6	烟（粉）尘	0.00	10	烟（粉）尘	8	6	22
嘉兴石化有限公司	COD	0.29	6	氨氮	0.00	10	COD	3	6	22
京山县凯迪绿色能源开发有限公司	烟（粉）尘	1.28	4	氮氧化物	0.00	10	烟（粉）尘	2	8	22
国药集团威奇达药业有限公司	COD	0.43	6	COD	0.00	10	COD	4	6	22
南宁糖业宾阳大桥制糖有限责任公司	氨氮	0.11	6	烟（粉）尘	0.00	10	COD	4	6	22
哈药集团中药有限公司	COD	0.26	6	氨氮	0.00	10	COD	5	6	22

被参控公司/母公司	企业年度超标率			日均浓度平均超标倍数			最大连续超标时长			在线监测系统得分
	污染物	超标率	得分	污染物	倍数	得分	污染物	超标时长	得分	
中国平煤神马能源化工集团有限责任公司	氮氧化物	0.12	6	二氧化硫	0.00	10	氮氧化物	3	6	22
昆明市东川区国祯污水处理有限公司	COD	0.49	6	氨氮	0.00	10	COD	5	6	22
大唐华银攸县能源有限公司	烟（粉）尘	0.14	6	二氧化硫	0.00	10	烟（粉）尘	6	6	22
南京红太阳股份有限公司	氨氮	0.30	6	COD	0.00	10	氨氮	3	6	22
上海外高桥第三发电有限责任公司	氮氧化物	0.07	8	二氧化硫	0.00	10	氮氧化物	12	4	22
常州市新港热电有限公司	烟（粉）尘	0.28	6	二氧化硫	0.00	10	烟（粉）尘	6	6	22
中山市珍家山污水处理有限公司	COD	0.22	6	COD	0.00	10	氨氮	3	6	22
云南驰宏资源综合利用有限公司	COD	0.32	6	氨氮	0.00	10	COD	4	6	22
华能苏州热电有限责任公司	氮氧化物	0.10	6	二氧化硫	0.00	10	烟（粉）尘	6	6	22
安琪酵母股份有限公司	COD	0.14	8	COD	0.00	10	COD	7	4	22
上海电气集团上海电机厂有限公司	COD	0.08	8	氨氮	0.00	10	COD	7	4	22
盱眙富春紫光污水处理有限公司	氨氮	0.20	6	COD	0.00	10	COD	3	6	22
绍兴柯桥德美化工有限公司	COD	0.30	6	COD	0.00	10	COD	6	6	22
中煤陕西榆林能源化工有限公司	二氧化硫	0.28	6	氮氧化物	0.00	10	二氧化硫	4	6	22
云南华联锌铟股份有限公司	氨氮	0.14	6	氨氮	0.00	10	COD	3	6	22
国电南宁发电有限责任公司	烟（粉）尘	0.10	6	烟（粉）尘	0.00	10	烟（粉）尘	4	6	22
随州市国祯污水处理有限公司	COD	0.45	6	氨氮	0.00	10	COD	3	6	22
廊坊伊利乳品有限公司	COD	0.33	6	氨氮	0.00	10	氨氮	4	6	22
河南神马尼龙化工有限责任公司	COD	0.31	6	COD	0.00	10	COD	4	6	22
淮北涣城发电有限公司	二氧化硫	0.16	6	烟（粉）尘	0.00	10	二氧化硫	4	6	22
利尔化学股份有限公司	烟（粉）尘	0.52	6	二氧化硫	0.00	10	烟（粉）尘	6	6	22
四川永丰浆纸股份有限公司	烟（粉）尘	0.14	6	氮氧化物	0.00	10	烟（粉）尘	5	6	22
永康市伟明环保能源有限公司	烟（粉）尘	0.11	6	二氧化硫	0.00	10	烟（粉）尘	6	6	22
枝江桑德枝清水务有限公司	COD	0.27	6	COD	0.00	10	COD	3	6	22
江西晨鸣纸业有限责任公司	COD	0.35	6	烟（粉）尘	0.00	10	氨氮	3	6	22

被参控公司/母公司	企业年度超标率			日均浓度平均超标倍数			最大连续超标时长			在线监测系统得分
	污染物	超标率	得分	污染物	倍数	得分	污染物	超标时长	得分	
和县国祯污水处理有限公司	氨氮	0.01	8	氨氮	0.00	10	COD	7	4	22
湖南珠江啤酒有限公司	COD	0.28	6	氨氮	0.00	10	COD	3	6	22
包头冀东水泥有限公司	氮氧化物	0.41	4	氮氧化物	0.00	10	二氧化硫	2	8	22
中福海峡（平潭）水务工程有限公司	COD	0.22	6	氨氮	0.00	10	COD	4	6	22
抚顺伊科思新材料有限公司	COD	0.61	4	氨氮	0.00	10	COD	1	8	22
铜仁海螺盘江水泥有限责任公司	氮氧化物	0.15	6	烟（粉）尘	0.00	10	烟（粉）尘	4	6	22
怀宁上峰水泥有限公司	氮氧化物	0.11	6	氮氧化物	0.00	10	二氧化硫	4	6	22
浙江浙能兰溪发电有限责任公司	氮氧化物	0.03	8	氮氧化物	0.00	10	氮氧化物	8	4	22
重庆市天友乳业股份有限公司	COD	0.13	8	COD	0.00	10	COD	11	4	22
古田福兴医药有限公司	COD	0.18	8	COD	0.00	10	COD	7	4	22
内蒙古金河环保科技股份有限公司	COD	0.26	6	氨氮	0.00	10	COD	5	6	22
黔西南州发展资源开发有限公司	烟（粉）尘	0.11	6	氮氧化物	0.00	10	烟（粉）尘	7	6	22
宁波光耀热电有限公司	氮氧化物	0.27	6	二氧化硫	0.00	10	氮氧化物	6	6	22
平湖石化有限责任公司	COD	0.37	6	氨氮	0.00	10	COD	6	6	22
青海互助青稞酒股份有限公司	COD	0.33	6	氨氮	0.00	10	COD	3	6	22
无锡惠联垃圾热电有限公司	氮氧化物	0.14	6	氮氧化物	0.00	10	氮氧化物	4	6	22
福建晶安光电有限公司	COD	0.36	6	氨氮	0.00	10	COD	3	6	22
古浪祁连山水泥有限公司	二氧化硫	0.10	6	氮氧化物	0.00	10	烟（粉）尘	6	6	22
吉林亚泰水泥有限公司	烟（粉）尘	0.10	6	二氧化硫	0.00	10	烟（粉）尘	4	6	22
内蒙古亿利化学工业有限公司	氮氧化物	0.16	6	氮氧化物	0.00	10	二氧化硫	4	6	22
北京首钢冷轧薄板有限公司	氮氧化物	0.24	6	烟（粉）尘	0.00	10	氮氧化物	3	6	22
乐山盛和稀土股份有限公司	氨氮	0.27	6	COD	0.00	10	COD	4	6	22
新乡化纤股份有限公司	氮氧化物	0.12	6	氮氧化物	0.00	10	氮氧化物	5	6	22
乌毡帽酒业有限公司	COD	0.10	8	COD	0.00	10	COD	9	4	22
张家界市桑梓综合利用发电厂有限责任公司	氮氧化物	0.45	4	烟（粉）尘	0.00	10	二氧化硫	1	8	22

被参控公司/母公司	企业年度超标率			日均浓度平均超标倍数			最大连续超标时长			在线监测系统得分
	污染物	超标率	得分	污染物	倍数	得分	污染物	超标时长	得分	
内蒙古巴彦淖尔创业水务有限责任公司	COD	0.41	6	氨氮	0.00	10	COD	4	6	22
芜湖新兴铸管有限责任公司	二氧化硫	0.12	6	二氧化硫	0.00	10	氮氧化物	6	6	22
方大特钢科技股份有限公司	烟（粉）尘	0.02	8	二氧化硫	0.00	10	烟（粉）尘	17	4	22
攀枝花东方钛业有限公司	烟（粉）尘	0.06	8	烟（粉）尘	0.00	10	氮氧化物	7	4	22
武汉钢铁有限公司	COD	0.62	4	COD	0.00	10	COD	2	8	22
郎溪国祯水务运营有限公司	COD	0.24	6	COD	0.00	10	COD	6	6	22
宁海县兴海污水处理有限公司	COD	0.22	6	氨氮	0.00	10	COD	3	6	22
玛纳斯澳洋科技有限责任公司	烟（粉）尘	0.25	6	烟（粉）尘	0.00	10	烟（粉）尘	7	6	22
华能山东发电有限公司	氮氧化物	0.23	6	烟（粉）尘	0.00	10	氮氧化物	4	6	22
宣化金隅水泥有限公司	氮氧化物	0.10	6	二氧化硫	0.00	10	烟（粉）尘	4	6	22
浙江天宇药业股份有限公司	COD	0.58	4	COD	0.00	10	COD	2	8	22
宁夏京能宁东发电有限责任公司	氮氧化物	0.17	6	二氧化硫	0.00	10	氮氧化物	3	6	22
奥美医疗用品股份有限公司	COD	0.85	4	COD	0.00	10	COD	2	8	22
上海吴泾第二发电有限责任公司	氮氧化物	0.24	6	氮氧化物	0.00	10	氮氧化物	6	6	22
巢湖云海镁业有限公司	烟（粉）尘	0.74	6	二氧化硫	0.00	10	烟（粉）尘	6	6	22
富泰华精密电子（济源）有限公司	COD	0.18	8	氨氮	0.00	10	COD	7	4	22
江苏今世缘酒业股份有限公司	COD	0.17	8	氨氮	0.00	10	COD	8	4	22
上海华谊能源化工有限公司	氨氮	0.14	6	COD	0.00	10	COD	4	6	22
云浮联发化工有限公司	二氧化硫	0.31	4	烟（粉）尘	0.00	10	二氧化硫	3	8	22
大厂回族自治县鼎鸿投资开发有限公司	氮氧化物	0.10	6	二氧化硫	0.00	10	氮氧化物	3	6	22
山东省禹城市新园热电有限公司	氮氧化物	0.24	6	烟（粉）尘	0.00	10	氮氧化物	6	6	22
浙江恒逸高新材料有限公司	烟（粉）尘	0.12	6	二氧化硫	0.00	10	氮氧化物	3	6	22
大唐鸡西热电有限责任公司	氮氧化物	0.27	6	氮氧化物	0.00	10	氮氧化物	3	6	22
金能科技股份有限公司	COD	0.42	6	氮氧化物	0.00	10	COD	4	6	22

被参控公司/母公司	企业年度超标率			日均浓度平均超标倍数			最大连续超标时长			在线监测系统得分
	污染物	超标率	得分	污染物	倍数	得分	污染物	超标时长	得分	
江苏阳光新桥热电有限公司	烟（粉）尘	0.24	6	烟（粉）尘	0.00	10	烟（粉）尘	7	6	22
同煤大唐塔山第二发电有限责任公司	氮氧化物	0.12	6	氮氧化物	0.00	10	氮氧化物	4	6	22
重庆莱宝科技有限公司	COD	0.20	6	氨氮	0.00	10	COD	6	6	22
成都陡沟河污水处理有限责任公司	COD	0.25	6	COD	0.00	10	COD	3	6	22
湖北晋煤金楚化肥有限责任公司	COD	0.38	6	COD	0.00	10	COD	5	6	22
内蒙古中谷矿业有限责任公司	二氧化硫	0.15	6	烟（粉）尘	0.00	10	烟（粉）尘	5	6	22
新疆伊力特实业股份有限公司	氨氮	0.27	6	氨氮	0.00	10	COD	4	6	22
浙江凯丰特种纸业有限公司	COD	0.20	6	COD	0.00	10	COD	5	6	22
河南利华制药有限公司	COD	0.44	6	二氧化硫	0.00	10	COD	6	6	22
德安县凯迪绿色能源开发有限公司	氮氧化物	0.20	6	氮氧化物	0.00	10	氮氧化物	4	6	22
望江国祯水务有限公司	COD	0.32	6	COD	0.00	10	COD	5	6	22
太原黑猫炭黑有限责任公司	氮氧化物	0.27	6	氮氧化物	0.00	10	氮氧化物	4	6	22
涿州中科国益水务有限公司	COD	0.23	6	COD	0.00	10	COD	3	6	22
双鹤药业（商丘）有限责任公司	烟（粉）尘	0.15	6	烟（粉）尘	0.00	10	烟（粉）尘	9	6	22
国电宁夏石嘴山发电有限责任公司	烟（粉）尘	0.11	6	二氧化硫	0.00	10	氮氧化物	5	6	22
肇源紫光水业有限公司	COD	0.24	6	氨氮	0.00	10	COD	4	6	22
亳州洁能电力有限公司	氮氧化物	0.15	6	二氧化硫	0.00	10	氮氧化物	3	6	22
桐昆集团股份有限公司	烟（粉）尘	0.88	6	烟（粉）尘	0.00	10	烟（粉）尘	7	6	22
安徽丰原利康制药有限公司	COD	0.49	6	氨氮	0.00	10	COD	5	6	22
广东世运电路科技股份有限公司	COD	0.59	4	COD	0.00	10	COD	2	8	22
江西世龙实业股份有限公司	氨氮	0.25	6	COD	0.00	10	COD	5	6	22
蒙自瀛洲水泥有限责任公司	二氧化硫	0.16	6	氮氧化物	0.00	10	二氧化硫	5	6	22
神华亿利能源有限责任公司	二氧化硫	0.24	6	二氧化硫	0.00	10	二氧化硫	8	6	22
苏州二叶制药有限公司	氨氮	0.20	6	氨氮	0.00	10	氨氮	3	6	22
四川燕京啤酒有限公司	氨氮	0.14	6	COD	0.00	10	COD	4	6	22

被参控公司/母公司	企业年度超标率			日均浓度平均超标倍数			最大连续超标时长			在线监测系统得分
	污染物	超标率	得分	污染物	倍数	得分	污染物	超标时长	得分	
江西云锂材料股份有限公司	氨氮	0.35	6	氨氮	0.00	10	氨氮	5	6	22
山东滨化燃料有限公司	COD	0.24	6	二氧化硫	0.00	10	COD	4	6	22
山西美锦煤焦化有限公司	COD	0.24	6	氨氮	0.00	10	COD	4	6	22
赤峰云铜有色金属有限公司	氮氧化物	0.10	6	氮氧化物	0.00	10	氮氧化物	6	6	22
江苏蓝丰生物化工股份有限公司	COD	0.19	8	氨氮	0.00	10	COD	11	4	22
临海市富春紫光污水处理有限公司	氨氮	0.17	6	氨氮	0.00	10	氨氮	4	6	22
锡林郭勒苏尼特碱业有限公司	烟（粉）尘	0.19	6	烟（粉）尘	0.00	10	氮氧化物	3	6	22
九江首创利池环保有限公司	COD	0.38	6	COD	0.00	10	COD	3	6	22
江苏长青农化南通有限公司	COD	0.21	6	COD	0.00	10	COD	3	6	22
福建凤竹纺织科技股份有限公司	二氧化硫	0.12	6	二氧化硫	0.00	10	烟（粉）尘	5	6	22
长沙望城鹏鹞水务有限公司	COD	0.26	6	COD	0.00	10	COD	6	6	22
武汉市城市排水发展有限公司	COD	0.49	6	COD	0.00	10	COD	6	6	22
中沙（天津）石化有限公司	氨氮	0.40	6	COD	0.00	10	氨氮	3	6	22
江苏国信扬州发电有限责任公司	氮氧化物	0.19	6	烟（粉）尘	0.00	10	氮氧化物	5	6	22
天津泰达能源发展有限责任公司	氮氧化物	0.51	4	氮氧化物	0.00	10	氮氧化物	1	8	22
河南省海川电子玻璃有限公司	二氧化硫	0.35	4	烟（粉）尘	0.00	10	二氧化硫	1	8	22
辽宁美亚制药有限公司	COD	0.25	6	氨氮	0.00	10	COD	6	6	22
江西都昌金鼎钨钼矿业有限公司	COD	0.24	6	COD	0.00	10	COD	5	6	22
赛轮金宇集团（香港）有限公司	烟（粉）尘	0.28	6	氮氧化物	0.00	10	烟（粉）尘	4	6	22
江西禾益化工股份有限公司	烟（粉）尘	0.32	6	氮氧化物	0.00	10	烟（粉）尘	5	6	22
浙江双兔新材料有限公司	烟（粉）尘	0.13	6	二氧化硫	0.00	10	烟（粉）尘	8	6	22
国电承德热电有限公司	氮氧化物	0.14	6	二氧化硫	0.00	10	氮氧化物	3	6	22
中国石化上海石油化工股份有限公司	COD	0.27	6	二氧化硫	0.00	10	氮氧化物	3	6	22
陕西有色榆林铁路运销公司	烟（粉）尘	0.11	6	氮氧化物	0.00	10	氮氧化物	5	6	22
浙江新中和羊毛有限公司	COD	0.43	6	氨氮	0.00	10	COD	3	6	22

被参控公司/母公司	企业年度超标率			日均浓度平均超标倍数			最大连续超标时长			在线监测系统得分
	污染物	超标率	得分	污染物	倍数	得分	污染物	超标时长	得分	
唐山双汇食品有限责任公司	COD	0.23	6	氨氮	0.00	10	COD	5	6	22
广州恒运东区热力有限公司	氮氧化物	0.34	4	烟（粉）尘	0.00	10	烟（粉）尘	1	8	22
贵州盘江精煤股份有限公司	COD	0.23	6	氨氮	0.00	10	COD	5	6	22
襄阳桑德汉清水务有限公司	COD	0.24	6	氨氮	0.00	10	COD	5	6	22
濮阳同生中宇水务有限公司	COD	0.43	6	氨氮	0.00	10	COD	6	6	22
天津华电福源热电有限公司	烟（粉）尘	0.17	6	烟（粉）尘	0.00	10	烟（粉）尘	5	6	22
鄂尔多斯市鄂尔多斯双欣电力有限公司	二氧化硫	0.26	6	烟（粉）尘	0.00	10	二氧化硫	6	6	22
合肥炭素有限责任公司	二氧化硫	0.11	6	氮氧化物	0.00	10	氮氧化物	3	6	22
上海上电漕泾发电有限公司	氮氧化物	0.13	6	烟（粉）尘	0.00	10	氮氧化物	6	6	22
中国重汽集团济南桥箱有限公司	氨氮	0.35	6	COD	0.00	10	COD	3	6	22
汕头市碧水源环境科技有限公司	氨氮	0.09	8	COD	0.00	10	氨氮	7	4	22
内蒙古亿利冀东水泥有限责任公司	氮氧化物	0.37	4	烟（粉）尘	0.00	10	氮氧化物	1	8	22
东营北港环保科技有限公司	COD	0.40	6	COD	0.00	10	COD	6	6	22
新能凤凰（滕州）能源有限公司	烟（粉）尘	0.11	6	氨氮	0.00	10	COD	4	6	22
广东冠豪高新技术股份有限公司	烟（粉）尘	0.25	6	烟（粉）尘	0.00	10	烟（粉）尘	7	6	22
郑州煤矿机械集团股份有限公司	COD	0.30	6	COD	0.00	10	COD	4	6	22
中航飞机汉中航空零组件制造有限公司	COD	0.22	6	COD	0.00	10	COD	4	6	22
嘉鱼嘉清水务有限公司	COD	0.23	6	氨氮	0.00	10	COD	6	6	22
山西临汾热电有限公司	氮氧化物	0.13	6	氮氧化物	0.00	10	氮氧化物	3	6	22
福建燕京惠泉啤酒福鼎有限公司	氮氧化物	0.10	6	烟（粉）尘	0.00	10	COD	3	6	22
大唐华银株洲发电有限公司	二氧化硫	0.13	6	烟（粉）尘	0.00	10	二氧化硫	6	6	22
南宁双汇食品有限公司	烟（粉）尘	2.99	4	烟（粉）尘	0.00	10	烟（粉）尘	3	8	22
安徽安纳达钛业股份有限公司	烟（粉）尘	0.79	6	COD	0.00	10	烟（粉）尘	4	6	22
甘谷祁连山水泥有限公司	烟（粉）尘	0.20	6	烟（粉）尘	0.00	10	氮氧化物	3	6	22
怀远县国祯污水处理有限公司	COD	0.35	6	COD	0.00	10	COD	4	6	22

被参控公司/母公司	企业年度超标率			日均浓度平均超标倍数			最大连续超标时长			在线监测系统得分
	污染物	超标率	得分	污染物	倍数	得分	污染物	超标时长	得分	
云南尖峰水泥有限公司	烟（粉）尘	0.36	6	氮氧化物	0.00	10	烟（粉）尘	7	6	22
郴州丰越环保科技有限公司	二氧化硫	0.17	6	二氧化硫	0.00	10	烟（粉）尘	9	6	22
山东赛托生物科技股份有限公司	烟（粉）尘	0.75	6	二氧化硫	0.00	10	烟（粉）尘	9	6	22
中粮屯河吉木萨尔番茄制品有限公司	二氧化硫	0.14	6	氮氧化物	0.00	10	烟（粉）尘	4	6	22
老河口桑德清源水务有限公司	COD	0.96	4	COD	0.00	10	氨氮	1	8	22
宝钢特钢韶关有限公司	COD	0.30	6	氨氮	0.00	10	COD	5	6	22
浙江亚太药业股份有限公司	COD	0.40	6	氨氮	0.00	10	COD	5	6	22
安顺绿色动力再生能源有限公司	二氧化硫	0.16	6	烟（粉）尘	0.00	10	二氧化硫	4	6	22
冀东海德堡（泾阳）水泥有限公司	氮氧化物	0.23	6	二氧化硫	0.00	10	氮氧化物	4	6	22
诸城市同路热电有限公司	氮氧化物	0.79	4	二氧化硫	0.00	10	烟（粉）尘	1	8	22
山西漳山发电有限责任公司	氮氧化物	0.07	8	氮氧化物	0.00	10	氮氧化物	7	4	22
芜湖双汇食品有限公司	氨氮	0.18	6	氨氮	0.00	10	氨氮	6	6	22
中铝矿业有限公司	烟（粉）尘	0.10	6	烟（粉）尘	0.00	10	烟（粉）尘	4	6	22
白山热电有限责任公司	氮氧化物	0.25	6	二氧化硫	0.00	10	氮氧化物	5	6	22
福建马坑矿业股份有限公司	COD	0.15	8	COD	0.00	10	COD	12	4	22
济宁海螺水泥有限责任公司	氮氧化物	0.11	6	二氧化硫	0.00	10	氮氧化物	3	6	22
太原首创污水处理有限责任公司	氨氮	0.16	6	氨氮	0.00	10	COD	5	6	22
南阳天益发电有限责任公司	氮氧化物	0.13	6	烟（粉）尘	0.00	10	氮氧化物	11	4	20
唐山中润煤化工有限公司	COD	0.44	6	二氧化硫	0.00	10	COD	10	4	20
千阳海螺水泥有限责任公司	氮氧化物	0.33	4	烟（粉）尘	0.00	10	烟（粉）尘	4	6	20
山东滨化热力有限责任公司	烟（粉）尘	0.18	6	氮氧化物	0.00	10	烟（粉）尘	15	4	20
新疆华泰重化工有限责任公司	COD	0.22	6	氮氧化物	0.00	10	COD	12	4	20
冀东水泥阿巴嘎旗有限责任公司	氮氧化物	0.45	4	二氧化硫	0.00	10	烟（粉）尘	4	6	20
桐庐盛运环保电力有限公司	氮氧化物	0.11	6	烟（粉）尘	0.00	10	烟（粉）尘	11	4	20
四川永祥新材料有限公司	烟（粉）尘	0.17	6	烟（粉）尘	0.00	10	COD	8	4	20

被参控公司/母公司	企业年度超标率			日均浓度平均超标倍数			最大连续超标时长			在线监测系统得分
	污染物	超标率	得分	污染物	倍数	得分	污染物	超标时长	得分	
郑州露露饮料有限公司	COD	0.39	6	COD	0.00	10	COD	8	4	20
深圳大唐宝昌燃气发电有限公司	氮氧化物	0.80	4	烟（粉）尘	0.00	10	氮氧化物	5	6	20
联化科技（德州）有限公司	氨氮	1.55	2	COD	0.00	10	二氧化硫	1	8	20
徐州市芭田生态有限公司	氮氧化物	0.52	4	烟（粉）尘	0.00	10	氮氧化物	4	6	20
山西太钢不锈钢钢管有限公司	氨氮	0.30	6	氨氮	0.00	10	氨氮	7	4	20
韶能集团耒阳电力实业有限公司	二氧化硫	0.75	4	烟（粉）尘	0.00	10	二氧化硫	5	6	20
山东江泉实业股份有限公司	二氧化硫	0.77	4	氮氧化物	0.00	10	二氧化硫	5	6	20
国家电投集团宁夏落石滩风力发电有限公司	氮氧化物	0.13	6	氮氧化物	0.00	10	氮氧化物	7	4	20
上海乳品四厂有限公司	COD	0.45	6	COD	0.00	10	COD	7	4	20
宁夏中宁赛马水泥有限公司	氮氧化物	0.24	6	氮氧化物	0.00	10	烟（粉）尘	16	4	20
宁夏和宁化学有限公司	烟（粉）尘	0.47	6	氨氮	0.00	10	烟（粉）尘	19	4	20
江铃汽车股份有限公司	COD	0.28	6	氨氮	0.00	10	COD	8	4	20
伊犁川宁生物技术有限公司	氮氧化物	0.11	6	氨氮	0.00	10	COD	7	4	20
好想你健康食品股份有限公司	COD	0.27	6	COD	0.00	10	COD	8	4	20
郑煤集团（河南）白坪煤业有限公司	COD	0.59	4	COD	0.00	10	COD	4	6	20
首钢京唐钢铁联合有限责任公司	二氧化硫	0.13	6	二氧化硫	0.00	10	烟（粉）尘	22	4	20
浙江拜克生物科技有限公司	二氧化硫	0.45	4	氮氧化物	0.00	10	二氧化硫	9	6	20
河南仙鹤特种浆纸有限公司	COD	0.86	4	氮氧化物	0.00	10	COD	4	6	20
梅州市塔牌集团蕉岭鑫达旋窑水泥有限公司	烟（粉）尘	0.50	6	二氧化硫	0.00	10	烟（粉）尘	22	4	20
河北南玻玻璃有限公司	烟（粉）尘	0.26	6	二氧化硫	0.00	10	烟（粉）尘	12	4	20
菏泽首创水务有限公司	COD	0.35	6	COD	0.00	10	COD	8	4	20
中粮屯河新源糖业有限公司	COD	0.73	4	氮氧化物	0.00	10	COD	4	6	20
郑州裕中能源有限责任公司	COD	0.21	6	氮氧化物	0.00	10	氮氧化物	11	4	20

被参控公司/母公司	企业年度超标率			日均浓度平均超标倍数			最大连续超标时长			在线监测系统得分
	污染物	超标率	得分	污染物	倍数	得分	污染物	超标时长	得分	
天津金隅振兴环保科技有限公司	烟（粉）尘	0.14	6	氮氧化物	0.00	10	氮氧化物	8	4	20
屏山首创水务有限责任公司	氨氮	0.14	6	COD	0.00	10	氨氮	12	4	20
浙江华友钴业股份有限公司	COD	0.62	4	COD	0.00	10	COD	3	6	20
万华化学集团股份有限公司	氨氮	0.19	6	COD	0.00	10	氨氮	8	4	20
剑川益云有色金属有限公司	二氧化硫	0.84	4	二氧化硫	0.00	10	二氧化硫	7	6	20
芜湖长信科技股份有限公司	COD	0.20	8	COD	0.00	10	COD	14	2	20
唐山冀东水泥股份有限公司	氮氧化物	0.14	6	烟（粉）尘	0.00	10	氮氧化物	11	4	20
滨化集团股份有限公司	氨氮	0.25	6	COD	0.00	10	氨氮	8	4	20
阿克苏天山多浪水泥有限责任公司	氮氧化物	0.59	4	二氧化硫	0.00	10	烟（粉）尘	6	6	20
安徽楚江高新电材有限公司	烟（粉）尘	2.82	4	氮氧化物	0.00	10	烟（粉）尘	4	6	20
丹东金山热电有限公司	氮氧化物	0.16	6	氮氧化物	0.00	10	氮氧化物	10	4	20
燕京啤酒（贵州）有限公司	COD	0.43	6	氨氮	0.00	10	COD	11	4	20
华懋双汇实业（集团）有限公司	COD	0.38	6	COD	0.00	10	COD	11	4	20
南京海欣丽宁长毛绒有限公司	氨氮	0.80	4	氨氮	0.00	10	氨氮	3	6	20
鲁西化工集团股份有限公司	COD	0.30	6	二氧化硫	0.00	10	烟（粉）尘	21	4	20
塔城南岗建材有限责任公司	氮氧化物	1.06	2	烟（粉）尘	0.00	10	烟（粉）尘	1	8	20
新能能源有限公司	氮氧化物	0.58	4	二氧化硫	0.00	10	烟（粉）尘	6	6	20
华东医药（西安）博华制药有限公司	COD	2.78	2	氨氮	0.00	10	氨氮	2	8	20
淮北矿业相山水泥有限责任公司	氮氧化物	0.44	4	烟（粉）尘	0.00	10	二氧化硫	5	6	20
赤峰中色锌业有限公司	烟（粉）尘	0.15	6	氮氧化物	0.00	10	烟（粉）尘	11	4	20
宝钢湛江钢铁有限公司	二氧化硫	0.01	8	二氧化硫	0.00	10	氮氧化物	23	2	20
重庆兴发金冠化工有限公司	COD	0.22	6	氨氮	0.00	10	COD	10	4	20
大连西太平洋石油化工有限公司	二氧化硫	0.12	6	氮氧化物	0.00	10	二氧化硫	18	4	20
宝鸡市同济水务有限公司	氨氮	0.14	6	COD	0.00	10	COD	7	4	20
亳州永康医疗废物处置有限公司	烟（粉）尘	0.80	6	氮氧化物	0.00	10	烟（粉）尘	11	4	20

被参控公司/母公司	企业年度超标率			日均浓度平均超标倍数			最大连续超标时长			在线监测系统得分
	污染物	超标率	得分	污染物	倍数	得分	污染物	超标时长	得分	
潍坊亚星化学股份有限公司	氨氮	0.54	4	氨氮	0.00	10	COD	4	6	20
瑞安市伟明环保能源有限公司	氮氧化物	0.21	6	二氧化硫	0.00	10	烟（粉）尘	24	4	20
汪清凯迪绿色能源开发有限公司	氮氧化物	0.52	4	烟（粉）尘	0.00	10	氮氧化物	5	6	20
宁波科环新型建材股份有限公司	氮氧化物	0.48	4	氮氧化物	0.00	10	二氧化硫	6	6	20
深圳市天楹环保能源有限公司	烟（粉）尘	0.35	6	二氧化硫	0.00	10	烟（粉）尘	23	4	20
云南驰宏锌锗股份有限公司	烟（粉）尘	0.73	6	氮氧化物	0.00	10	烟（粉）尘	10	4	20
青海黄河嘉酿啤酒有限公司	氨氮	0.21	6	氨氮	0.00	10	氨氮	8	4	20
云南水富云天化有限公司	氮氧化物	0.12	6	氨氮	0.00	10	氮氧化物	8	4	20
青海宏扬水泥有限公司	氮氧化物	0.34	4	烟（粉）尘	0.00	10	二氧化硫	5	6	20
山东钢铁集团日照有限公司	氮氧化物	0.47	4	烟（粉）尘	0.00	10	二氧化硫	4	6	20
乌海赛马水泥有限责任公司	二氧化硫	0.42	4	氮氧化物	0.00	10	烟（粉）尘	6	6	20
新疆圣雄能源股份有限公司	氮氧化物	0.29	6	氮氧化物	0.00	10	氮氧化物	11	4	20
广东肇庆星湖生物科技股份有限公司	COD	0.88	4	COD	0.00	10	COD	6	6	20
讷河启润环保有限公司	COD	0.41	6	氨氮	0.00	10	COD	7	4	20
厦门天马微电子有限公司	COD	0.67	4	COD	0.00	10	COD	4	6	20
金宇保灵生物药品有限公司	氨氮	0.86	4	氨氮	0.00	10	氨氮	6	6	20
宜都桑德宜清水务有限公司	COD	0.29	6	氨氮	0.00	10	COD	12	4	20
国电铜陵发电有限公司	氮氧化物	0.17	6	烟（粉）尘	0.00	10	氮氧化物	12	4	20
大同富乔垃圾焚烧发电有限公司	氮氧化物	0.16	6	烟（粉）尘	0.00	10	烟（粉）尘	23	4	20
德清县钟管科亮环保科技有限公司	COD	0.73	4	氨氮	0.00	10	COD	3	6	20
四川同庆南风有限责任公司	氮氧化物	0.16	6	二氧化硫	0.00	10	烟（粉）尘	10	4	20
福耀集团（上海）汽车玻璃有限公司	氨氮	2.70	2	COD	0.00	10	氨氮	1	8	20
浙江卫星石化股份有限公司	COD	0.19	8	氮氧化物	0.00	10	COD	14	2	20
广东燕京啤酒有限公司	COD	0.38	6	COD	0.00	10	COD	8	4	20
山西京玉发电有限责任公司	烟（粉）尘	0.10	6	二氧化硫	0.00	10	氮氧化物	7	4	20

被参控公司/母公司	企业年度超标率			日均浓度平均超标倍数			最大连续超标时长			在线监测系统得分
	污染物	超标率	得分	污染物	倍数	得分	污染物	超标时长	得分	
上虞颖泰精细化工有限公司	COD	0.84	4	COD	0.00	10	氨氮	3	6	20
华电渠东发电有限公司	氮氧化物	0.11	6	氮氧化物	0.00	10	氮氧化物	9	4	20
山东恒邦冶炼股份有限公司	烟（粉）尘	0.20	6	氮氧化物	0.00	10	烟（粉）尘	10	4	20
沈阳燕京啤酒有限公司	氨氮	0.26	6	氨氮	0.00	10	氨氮	11	4	20
内蒙古蒙华海勃湾发电有限责任公司	氮氧化物	0.09	8	烟（粉）尘	0.00	10	氮氧化物	19	2	20
浙江美诺华药物化学有限公司	COD	0.75	4	COD	0.00	10	COD	4	6	20
北京金隅琉水环保科技有限公司	二氧化硫	0.41	4	氮氧化物	0.00	10	烟（粉）尘	5	6	20
马鞍山中粮生物化学有限公司	COD	0.23	6	COD	0.00	10	COD	7	4	20
全椒海螺水泥有限责任公司	二氧化硫	0.14	6	二氧化硫	0.00	10	烟（粉）尘	13	4	20
河南易成环保科技有限公司	COD	0.28	6	COD	0.00	10	COD	8	4	20
青岛啤酒渭南有限责任公司	氨氮	0.17	6	COD	0.00	10	氨氮	7	4	20
重庆鑫富化工有限公司	COD	0.64	4	氨氮	0.00	10	COD	4	6	20
淮南北新建材有限公司	二氧化硫	0.95	4	二氧化硫	0.00	10	二氧化硫	4	6	20
淄博鑫胜热电有限公司	烟（粉）尘	0.21	6	氮氧化物	0.00	10	烟（粉）尘	16	4	20
大唐绥化热电有限公司	氮氧化物	0.20	6	烟（粉）尘	0.00	10	氮氧化物	9	4	20
平阳绿色动力再生能源有限公司	二氧化硫	0.10	6	氮氧化物	0.00	10	氮氧化物	7	4	20
石家庄柏坡正元化肥有限公司	二氧化硫	0.15	6	烟（粉）尘	0.00	10	氮氧化物	10	4	20
国药集团工业有限公司	氨氮	0.11	6	COD	0.00	10	氨氮	7	4	20
江西煌上煌集团食品股份有限公司	COD	0.73	4	氨氮	0.00	10	氨氮	3	6	20
重庆华歌生物化学有限公司	COD	0.09	8	氨氮	1.26	6	COD	5	6	20
四川省宜宾五粮液集团财务有限公司	烟（粉）尘	0.47	6	氨氮	0.00	10	烟（粉）尘	12	4	20
定州市中诚水务有限公司	氨氮	0.13	6	COD	0.00	10	氨氮	9	4	20
江苏国信仪征热电有限公司	二氧化硫	0.43	4	氮氧化物	0.00	10	二氧化硫	5	6	20
滨州天楹环保能源有限公司	二氧化硫	0.16	6	烟（粉）尘	0.00	10	二氧化硫	15	4	20
福建太平洋电力有限公司	烟（粉）尘	0.49	6	二氧化硫	0.00	10	烟（粉）尘	23	4	20

被参控公司/母公司	企业年度超标率			日均浓度平均超标倍数			最大连续超标时长			在线监测系统得分
	污染物	超标率	得分	污染物	倍数	得分	污染物	超标时长	得分	
济南维维乳业有限公司	氨氮	0.15	6	氨氮	0.00	10	氨氮	10	4	20
风神轮胎股份有限公司	烟（粉）尘	0.37	6	烟（粉）尘	0.11	8	烟（粉）尘	8	6	20
泰山石膏（陕西）有限公司	氮氧化物	0.71	4	烟（粉）尘	0.00	10	烟（粉）尘	7	6	20
韩城黑猫炭黑有限责任公司	烟（粉）尘	0.29	6	二氧化硫	0.00	10	二氧化硫	10	4	20
湖北房县科亮环保科技有限公司	氨氮	0.14	6	COD	0.00	10	COD	7	4	20
江苏鼎胜新能源材料股份有限公司	COD	0.39	6	COD	0.00	10	COD	11	4	20
赤峰锦源环保科技有限公司	COD	0.26	6	COD	0.00	10	氨氮	7	4	20
国电宣威发电有限责任公司	氮氧化物	0.54	4	二氧化硫	0.00	10	氮氧化物	6	6	20
华电龙口发电股份有限公司	烟（粉）尘	0.11	6	二氧化硫	0.00	10	氮氧化物	7	4	20
武汉绿色动力再生能源有限公司	二氧化硫	0.10	6	氮氧化物	0.00	10	二氧化硫	14	4	20
皖能铜陵发电有限公司	氮氧化物	0.17	6	二氧化硫	0.00	10	氮氧化物	9	4	20
国电电力大同发电有限责任公司	烟（粉）尘	0.13	6	烟（粉）尘	0.00	10	氮氧化物	10	4	20
安琪酵母（德宏）有限公司	COD	0.76	4	氨氮	0.00	10	氨氮	6	6	20
华能临沂发电有限公司	氮氧化物	0.33	4	氮氧化物	0.00	10	二氧化硫	6	6	20
漯河首创格威特水务有限公司	COD	0.40	6	氨氮	0.00	10	COD	9	4	20
北京太阳宫燃气热电有限公司	氮氧化物	0.12	6	氮氧化物	0.00	10	氮氧化物	9	4	20
华能荆门热电有限责任公司	氮氧化物	0.21	6	氮氧化物	0.00	10	氮氧化物	7	4	20
武汉天马微电子有限公司	COD	0.37	6	COD	0.00	10	COD	11	4	20
福耀集团通辽有限公司	二氧化硫	0.38	4	氮氧化物	0.00	10	烟（粉）尘	4	6	20
鲁银集团禹城羊绒纺织有限公司	氨氮	0.60	4	氨氮	0.00	10	氨氮	6	6	20
彝良驰宏矿业有限公司	COD	0.78	4	氨氮	0.00	10	COD	6	6	20
淮北申皖发电有限公司	烟（粉）尘	0.12	6	二氧化硫	0.00	10	烟（粉）尘	11	4	20
山西大唐国际临汾热电有限责任公司	氮氧化物	0.10	6	二氧化硫	0.00	10	氮氧化物	9	4	20
吉林亚泰明城水泥有限公司	氮氧化物	0.39	4	氮氧化物	0.00	10	氮氧化物	4	6	20
大唐华银电力股份有限公司	氮氧化物	0.27	6	二氧化硫	0.00	10	氮氧化物	8	4	20

被参控公司/母公司	企业年度超标率			日均浓度平均超标倍数			最大连续超标时长			在线监测系统得分
	污染物	超标率	得分	污染物	倍数	得分	污染物	超标时长	得分	
辽宁大唐国际锦州热电有限责任公司	氮氧化物	0.13	6	烟（粉）尘	0.00	10	氮氧化物	12	4	20
华新水泥（株洲）有限公司	氮氧化物	0.33	4	氮氧化物	0.00	10	氮氧化物	3	6	20
广东清新水泥有限公司	二氧化硫	0.22	6	烟（粉）尘	0.00	10	烟（粉）尘	14	4	20
武汉晨鸣汉阳纸业股份有限公司	氨氮	0.45	6	氨氮	0.00	10	氨氮	7	4	20
江西扬帆新材料有限公司	氨氮	0.37	6	COD	0.00	10	氨氮	7	4	20
淮南朝阳医院	COD	0.53	4	氨氮	0.00	10	COD	3	6	20
广州恒运企业集团股份有限公司	氮氧化物	0.15	6	氮氧化物	0.00	10	氮氧化物	9	4	20
和田青松建材有限责任公司	烟（粉）尘	0.74	6	二氧化硫	0.00	10	烟（粉）尘	10	4	20
国药集团川抗制药有限公司	COD	0.28	6	氨氮	0.00	10	COD	10	4	20
四川和邦生物科技股份有限公司	二氧化硫	0.21	6	氮氧化物	0.00	10	氮氧化物	8	4	20
富宁县国祯污水处理有限公司	COD	0.63	4	COD	0.00	10	COD	6	6	20
山西兰花清洁能源有限责任公司	氮氧化物	0.23	6	COD	0.00	10	烟（粉）尘	12	4	20
江西富祥药业股份有限公司	氨氮	0.25	6	氨氮	0.00	10	氨氮	11	4	20
雏鹰农牧集团股份有限公司	COD	0.31	6	氨氮	0.00	10	COD	10	4	20
阜新泰山石膏建材有限公司	二氧化硫	0.15	6	烟（粉）尘	0.00	10	二氧化硫	11	4	20
桐城市清源水务有限公司	COD	0.40	6	氨氮	0.00	10	COD	11	4	20
肇庆市禄步同济水务有限公司	COD	0.43	6	氨氮	0.00	10	COD	9	4	20
国电长源荆门发电有限公司	氮氧化物	0.22	6	烟（粉）尘	0.00	10	氮氧化物	8	4	20
新疆众和股份有限公司	氮氧化物	0.12	6	氮氧化物	0.00	10	氮氧化物	7	4	20
湘潭市污水处理有限责任公司	氨氮	0.13	6	氨氮	0.00	10	氨氮	11	4	20
孚日集团股份有限公司	COD	0.30	6	氨氮	0.00	10	COD	8	4	20
河南恒星科技股份有限公司	二氧化硫	0.13	6	COD	0.00	10	COD	8	4	20
云南壮乡水泥股份有限公司	二氧化硫	0.21	6	烟（粉）尘	0.00	10	烟（粉）尘	11	4	20
中国第一重型机械股份公司	氨氮	0.27	6	氨氮	0.00	10	氨氮	8	4	20
四川龙蟒钛业股份有限公司	氨氮	0.51	4	烟（粉）尘	0.00	10	氨氮	3	6	20

被参控公司/母公司	企业年度超标率			日均浓度平均超标倍数			最大连续超标时长			在线监测系统得分
	污染物	超标率	得分	污染物	倍数	得分	污染物	超标时长	得分	
石钢京诚装备技术有限公司	烟（粉）尘	0.87	6	氮氧化物	0.00	10	烟（粉）尘	23	4	20
燕京啤酒（湘潭）有限公司	COD	0.29	6	COD	0.00	10	COD	12	4	20
钟祥东海水务有限公司	COD	0.72	4	COD	0.00	10	氨氮	4	6	20
湖北竹溪人福药业有限责任公司	COD	0.23	6	COD	0.00	10	COD	7	4	20
合肥长安汽车有限公司	COD	0.36	6	COD	0.00	10	COD	7	4	20
天津华能杨柳青热电有限责任公司	二氧化硫	0.36	4	二氧化硫	0.00	10	二氧化硫	7	6	20
安徽金星钛白（集团）有限公司	氨氮	0.20	6	COD	0.00	10	氨氮	8	4	20
阳煤平原化工有限公司	COD	0.21	6	二氧化硫	0.00	10	COD	7	4	20
四川顺城盐品股份有限公司	氮氧化物	0.45	4	氮氧化物	0.00	10	氮氧化物	6	6	20
凌源远达水务有限公司	COD	0.22	6	COD	0.00	10	COD	7	4	20
重庆市三峡水务有限责任公司	COD	0.52	4	氨氮	0.00	10	COD	4	6	20
江苏阚山发电有限公司	氮氧化物	0.12	6	氮氧化物	0.00	10	氮氧化物	8	4	20
湖北亿诺瑞生物制药有限公司	氨氮	0.65	4	氨氮	0.00	10	氨氮	5	6	20
河北大唐国际王滩发电有限责任公司	氮氧化物	0.22	6	二氧化硫	0.00	10	氮氧化物	9	4	20
浙江华峰氨纶股份有限公司	氨氮	0.14	6	二氧化硫	0.00	10	COD	8	4	20
中煤鄂尔多斯能源化工有限公司	二氧化硫	0.71	4	二氧化硫	0.00	10	氮氧化物	6	6	20
中建材（合肥）新能源有限公司	烟（粉）尘	0.89	6	氮氧化物	0.00	10	烟（粉）尘	17	4	20
新疆和静天山水泥有限责任公司	二氧化硫	0.40	4	二氧化硫	0.00	10	二氧化硫	4	6	20
浙江伟明环保股份有限公司	烟（粉）尘	0.15	6	烟（粉）尘	0.00	10	烟（粉）尘	12	4	20
淮安同方水务有限公司	COD	0.20	6	COD	0.00	10	COD	9	4	20
锦州港股份有限公司	烟（粉）尘	1.58	4	氮氧化物	0.00	10	烟（粉）尘	5	6	20
浙江国华浙能发电有限公司	氮氧化物	0.21	6	氮氧化物	0.00	10	烟（粉）尘	22	4	20
句容绿色动力再生能源有限公司	氮氧化物	0.14	6	二氧化硫	0.00	10	氮氧化物	7	4	20
江西玉山万年青水泥有限公司	烟（粉）尘	0.65	6	烟（粉）尘	0.00	10	烟（粉）尘	20	4	20
江苏新海发电有限公司	烟（粉）尘	0.13	6	二氧化硫	0.00	10	烟（粉）尘	24	4	20

被参控公司/母公司	企业年度超标率			日均浓度平均超标倍数			最大连续超标时长			在线监测系统得分
	污染物	超标率	得分	污染物	倍数	得分	污染物	超标时长	得分	
青海祁连山水泥有限公司	氮氧化物	0.34	4	二氧化硫	0.00	10	氮氧化物	5	6	20
华能左权煤电有限责任公司	氮氧化物	0.24	6	二氧化硫	0.00	10	烟（粉）尘	16	4	20
云南陆良县国祯污水处理有限公司	COD	0.67	4	COD	0.00	10	COD	4	6	20
辽宁富山水泥有限公司	氮氧化物	0.49	4	氮氧化物	0.00	10	氮氧化物	5	6	20
焦作中持水务有限公司	COD	0.34	6	氨氮	0.00	10	COD	8	4	20
上海吴泾发电有限责任公司	氮氧化物	0.35	4	烟（粉）尘	0.00	10	氮氧化物	6	6	20
新疆梅花氨基酸有限责任公司	氮氧化物	0.24	6	二氧化硫	0.00	10	氨氮	8	4	20
山东新希望六和集团有限公司	氨氮	0.34	6	氨氮	0.00	10	氨氮	7	4	20
扬州第二发电有限责任公司	烟（粉）尘	0.18	6	氮氧化物	0.00	10	氮氧化物	7	4	20
湖北鼎龙控股股份有限公司	COD	1.57	2	氨氮	0.00	10	COD	2	8	20
台华高新染整（嘉兴）有限公司	氮氧化物	0.46	4	氮氧化物	0.00	10	COD	3	6	20
廊坊金彪玻璃有限公司	氮氧化物	0.23	6	二氧化硫	0.00	10	氮氧化物	12	4	20
英德海螺水泥有限责任公司	烟（粉）尘	0.46	6	二氧化硫	0.00	10	二氧化硫	21	4	20
砚山县国祯污水处理有限公司	COD	0.54	4	氨氮	0.00	10	COD	6	6	20
建德海螺水泥有限责任公司	烟（粉）尘	0.15	6	氮氧化物	0.00	10	氮氧化物	8	4	20
亿利洁能科技（金乡）有限公司	氮氧化物	0.34	4	氮氧化物	0.00	10	氮氧化物	4	6	20
神华准格尔能源有限责任公司	烟（粉）尘	0.49	6	烟（粉）尘	0.00	10	烟（粉）尘	16	4	20
陕西延长石油兴化化工有限公司	COD	0.74	4	COD	0.00	10	COD	4	6	20
陕西铜川凤凰建材有限公司	氮氧化物	0.87	4	烟（粉）尘	0.00	10	氮氧化物	5	6	20
河南新野纺织股份有限公司	氨氮	0.19	6	烟（粉）尘	0.00	10	COD	8	4	20
国电石嘴山第一发电有限公司	氮氧化物	0.22	6	氮氧化物	0.00	10	氮氧化物	8	4	20
南陵县凯迪绿色能源开发有限公司	烟（粉）尘	0.10	6	烟（粉）尘	0.00	10	氮氧化物	7	4	20
湖南华菱涟源钢铁有限公司	二氧化硫	0.38	4	烟（粉）尘	0.00	10	二氧化硫	4	6	20
淮北新源热电有限公司	二氧化硫	0.13	6	烟（粉）尘	0.00	10	二氧化硫	10	4	20
重庆云天化天聚新材料有限公司	COD	0.40	6	氨氮	0.00	10	COD	7	4	20

被参控公司/母公司	企业年度超标率			日均浓度平均超标倍数			最大连续超标时长			在线监测系统得分
	污染物	超标率	得分	污染物	倍数	得分	污染物	超标时长	得分	
兴业葵阳海螺水泥有限责任公司	烟（粉）尘	0.18	6	烟（粉）尘	0.00	10	烟（粉）尘	15	4	20
杭州钱江印染化工有限公司	氨氮	0.11	6	氨氮	0.00	10	COD	11	4	20
大唐鸡西第二热电有限公司	氮氧化物	0.41	4	烟（粉）尘	0.00	10	氮氧化物	3	6	20
林甸伊利乳业有限责任公司	COD	0.23	6	COD	0.00	10	COD	7	4	20
上海氯碱化工股份有限公司	COD	0.27	6	COD	0.00	10	COD	8	4	20
贵州百灵企业集团和仁堂药业有限公司	COD	0.85	4	氨氮	0.00	10	COD	4	6	20
湖州南太湖环保能源有限公司	二氧化硫	0.28	6	烟（粉）尘	0.00	10	烟（粉）尘	15	4	20
中粮屯河北海糖业有限公司	氮氧化物	0.39	4	烟（粉）尘	0.00	10	烟（粉）尘	4	6	20
金牛天铁煤焦化有限公司	氨氮	0.45	6	氨氮	0.00	10	氨氮	10	4	20
沾化绿威生物能源有限公司	二氧化硫	0.31	4	烟（粉）尘	0.00	10	氮氧化物	4	6	20
上海英提尔交运汽车零部件有限公司	氨氮	1.06	2	COD	0.00	10	氨氮	1	8	20
江门市国祯污水处理有限公司	氨氮	0.16	6	COD	0.00	10	氨氮	8	4	20
迁安中化煤化工有限责任公司	COD	0.36	6	烟（粉）尘	0.00	10	COD	8	4	20
宁夏大唐国际大坝发电有限责任公司	氮氧化物	0.27	6	氮氧化物	0.00	10	氮氧化物	10	4	20
阜阳首创水务有限责任公司	COD	0.34	6	氨氮	0.00	10	COD	11	4	20
应城市新都化工塑业有限公司	COD	0.25	6	氨氮	0.00	10	氨氮	9	4	20
安徽六国化工股份有限公司	烟（粉）尘	0.56	6	COD	0.00	10	烟（粉）尘	11	4	20
厦门华夏国际电力发展有限公司	氮氧化物	0.11	6	烟（粉）尘	0.00	10	氮氧化物	11	4	20
内蒙古博大实地化学有限公司	二氧化硫	0.33	4	氮氧化物	0.00	10	烟（粉）尘	7	6	20
利安隆（中卫）新材料有限公司	二氧化硫	0.59	4	氮氧化物	0.00	10	烟（粉）尘	4	6	20
华新水泥（丽江）有限公司	氮氧化物	0.71	4	烟（粉）尘	0.00	10	氮氧化物	4	6	20
航锦科技股份有限公司	氮氧化物	0.27	6	二氧化硫	0.00	10	氮氧化物	10	4	20
国药集团致君（深圳）坪山制药有限公司	COD	1.03	2	COD	0.00	10	氨氮	2	8	20
衢州市清泰环境工程有限公司	COD	0.70	4	氨氮	0.00	10	COD	4	6	20
宁波海德针织漂染有限公司	COD	0.40	6	COD	0.00	10	COD	12	4	20

被参控公司/母公司	企业年度超标率			日均浓度平均超标倍数			最大连续超标时长			在线监测系统得分
	污染物	超标率	得分	污染物	倍数	得分	污染物	超标时长	得分	
辽阳冀东水泥有限公司	二氧化硫	0.65	4	烟（粉）尘	0.00	10	二氧化硫	6	6	20
山东鲁抗中和环保科技有限公司	COD	0.86	4	氨氮	0.00	10	COD	6	6	20
山东华泰纸业股份有限公司	COD	0.42	6	氮氧化物	0.00	10	COD	8	4	20
青海江仓能源发展有限责任公司	二氧化硫	0.44	4	氮氧化物	0.00	10	二氧化硫	5	6	20
宜昌新洋丰肥业有限公司	二氧化硫	0.25	6	二氧化硫	0.00	10	二氧化硫	18	4	20
徐州天裕燃气发电有限公司	烟（粉）尘	0.53	6	烟（粉）尘	0.00	10	烟（粉）尘	21	4	20
林州重机林钢钢铁有限公司	烟（粉）尘	0.96	6	二氧化硫	0.00	10	烟（粉）尘	17	4	20
深南电（东莞）唯美电力有限公司	氮氧化物	2.08	2	二氧化硫	0.00	10	氮氧化物	4	6	18
国电库车发电有限公司	氮氧化物	0.72	4	二氧化硫	0.00	10	氮氧化物	12	4	18
新疆天富能源股份有限公司	氮氧化物	0.58	4	二氧化硫	0.00	10	氮氧化物	8	4	18
国电泰州发电有限公司	氮氧化物	0.15	6	氮氧化物	0.00	10	氮氧化物	15	2	18
洛阳环洛再生能源有限公司	COD	0.39	6	二氧化硫	0.00	10	COD	21	2	18
贵州水城瑞安水泥有限公司	氮氧化物	0.78	4	氮氧化物	0.00	10	氮氧化物	8	4	18
唐山三友远达纤维有限公司	COD	0.05	8	COD	1.89	2	COD	1	8	18
遵义海螺盘江水泥有限责任公司	氮氧化物	0.39	4	烟（粉）尘	0.00	10	二氧化硫	11	4	18
四川新开元制药有限公司	COD	0.45	6	氨氮	0.00	10	COD	25	2	18
浙江晋巨化工有限公司	COD	1.18	2	氨氮	0.00	10	COD	6	6	18
华能洛阳热电有限责任公司	氮氧化物	0.13	6	二氧化硫	0.00	10	氮氧化物	16	2	18
浙江浙能乐清发电有限责任公司	烟（粉）尘	0.11	6	二氧化硫	0.00	10	氮氧化物	17	2	18
江苏国信盐城生物质发电有限公司	氮氧化物	0.33	4	烟（粉）尘	0.00	10	氮氧化物	7	4	18
安吉旺能再生资源利用有限公司	烟（粉）尘	0.25	6	氮氧化物	0.00	10	氮氧化物	14	2	18
广西中粮生物质能源有限公司	二氧化硫	0.35	4	COD	0.00	10	氨氮	8	4	18
金风环保有限公司	COD	0.57	4	COD	0.00	10	COD	12	4	18
祁阳县凯迪绿色能源开发有限公司	氮氧化物	1.22	2	氮氧化物	0.00	10	二氧化硫	5	6	18
山东华鲁恒升化工股份有限公司	COD	0.33	6	COD	0.00	10	COD	18	2	18

被参控公司/母公司	企业年度超标率			日均浓度平均超标倍数			最大连续超标时长			在线监测系统得分
	污染物	超标率	得分	污染物	倍数	得分	污染物	超标时长	得分	
浙江晶鑫特种纸业有限公司	COD	0.66	4	氨氮	0.00	10	COD	7	4	18
贵州赤天化桐梓化工有限公司	二氧化硫	0.58	4	氨氮	0.00	10	二氧化硫	14	4	18
宏启胜精密电子（秦皇岛）有限公司	氨氮	0.31	6	氨氮	0.00	10	COD	16	2	18
内蒙古中环光伏材料有限公司	COD	0.79	4	COD	0.00	10	COD	7	4	18
青岛啤酒（成都）有限公司	COD	0.38	6	COD	0.00	10	COD	26	2	18
中山市污水处理有限公司	COD	0.38	6	氨氮	0.00	10	COD	23	2	18
安阳钢铁股份有限公司	二氧化硫	0.55	4	二氧化硫	0.00	10	二氧化硫	13	4	18
若羌天山水泥有限责任公司	二氧化硫	1.86	2	烟（粉）尘	0.00	10	二氧化硫	7	6	18
华电滕州新源热电有限公司	烟（粉）尘	0.87	6	二氧化硫	0.00	10	烟（粉）尘	63	2	18
吉林敖东药业集团延吉股份有限公司	COD	0.28	6	COD	0.00	10	COD	13	2	18
芜湖海螺水泥有限公司	二氧化硫	0.16	6	烟（粉）尘	0.00	10	烟（粉）尘	28	2	18
新疆西部天富合盛热电有限公司	氮氧化物	0.36	4	烟（粉）尘	0.00	10	氮氧化物	7	4	18
济川药业集团有限公司	COD	2.28	2	COD	0.00	10	COD	6	6	18
嘉施利（宁陵）化肥有限公司	氮氧化物	0.18	6	COD	0.00	10	氨氮	26	2	18
丹阳鹏鹞污水处理有限公司	COD	0.60	4	COD	0.00	10	COD	7	4	18
武昌船舶重工集团有限公司	COD	1.19	2	氨氮	0.00	10	COD	4	6	18
浙江俏尔婷婷服饰有限公司	COD	0.42	6	氨氮	0.00	10	COD	24	2	18
黄石沪士电子有限公司	COD	0.35	6	COD	0.00	10	COD	13	2	18
鄱阳县凯迪绿色能源开发有限公司	烟（粉）尘	1.83	4	氮氧化物	0.00	10	烟（粉）尘	18	4	18
通辽金煤化工有限公司	烟（粉）尘	0.37	6	烟（粉）尘	0.00	10	烟（粉）尘	28	2	18
冀东水泥黑龙江有限公司	氮氧化物	1.40	2	烟（粉）尘	0.00	10	氮氧化物	4	6	18
国华能源发展（天津）有限公司	二氧化硫	0.58	4	氮氧化物	0.00	10	二氧化硫	20	4	18
宁阳磁窑中环水务有限公司	COD	2.24	2	COD	0.00	10	COD	5	6	18
浙江浙能镇海燃气热电有限责任公司	氮氧化物	1.29	2	二氧化硫	0.00	10	氮氧化物	4	6	18
松滋市凯迪生物质发电有限公司	二氧化硫	0.78	4	烟（粉）尘	0.00	10	二氧化硫	14	4	18

被参控公司/母公司	企业年度超标率			日均浓度平均超标倍数			最大连续超标时长			在线监测系统得分
	污染物	超标率	得分	污染物	倍数	得分	污染物	超标时长	得分	
华新水泥（大冶）有限公司	氮氧化物	0.62	4	二氧化硫	0.00	10	氮氧化物	9	4	18
湖北能源东湖燃机热电有限公司	氮氧化物	0.62	4	氮氧化物	0.00	10	氮氧化物	10	4	18
河南明泰铝业股份有限公司	COD	0.62	4	COD	0.00	10	COD	7	4	18
山西振东泰盛制药有限公司	COD	2.37	2	氨氮	0.00	10	COD	3	6	18
宏达高科控股股份有限公司	COD	0.64	4	氨氮	0.00	10	COD	8	4	18
华电章丘发电有限公司	氮氧化物	0.15	6	氮氧化物	0.00	10	烟（粉）尘	46	2	18
景德镇鹏鹞水务有限公司	COD	0.29	6	COD	0.00	10	COD	14	2	18
惠达卫浴股份有限公司	COD	0.48	6	COD	0.00	10	COD	19	2	18
重庆华新参天水泥有限公司	二氧化硫	0.53	4	二氧化硫	0.00	10	烟（粉）尘	24	4	18
丽水旺能环保能源有限公司	氮氧化物	0.16	6	氮氧化物	0.00	10	烟（粉）尘	27	2	18
沈阳金廊热力有限公司	氮氧化物	3.23	2	烟（粉）尘	0.00	10	氮氧化物	3	6	18
新余永清环保能源有限公司	烟（粉）尘	0.55	6	二氧化硫	0.00	10	烟（粉）尘	82	2	18
衡水国祯污水处理有限公司	COD	0.44	6	氨氮	0.00	10	COD	16	2	18
骆驼集团襄阳蓄电池有限公司	COD	3.85	2	氨氮	0.00	10	COD	6	6	18
成都市兴蓉再生能源有限公司	COD	0.35	6	氨氮	0.00	10	COD	21	2	18
濮阳惠成电子材料股份有限公司	COD	0.56	4	COD	0.00	10	COD	10	4	18
燕京啤酒（衡阳）有限公司	COD	0.58	4	COD	0.00	10	烟（粉）尘	24	4	18
安徽华铂再生资源科技有限公司	烟（粉）尘	1.44	4	氮氧化物	0.00	10	烟（粉）尘	23	4	18
安徽省皖北煤电集团财务有限公司	氮氧化物	0.52	4	二氧化硫	0.00	10	烟（粉）尘	10	4	18
福安药业集团烟台只楚药业有限公司	氨氮	0.17	6	氨氮	0.00	10	COD	18	2	18
河南省许昌新龙矿业有限责任公司	COD	0.33	6	COD	0.00	10	COD	14	2	18
亿利洁能科技（乐陵）有限公司	二氧化硫	0.30	4	氮氧化物	0.00	10	烟（粉）尘	15	4	18
浙江震元制药有限公司	COD	1.96	2	氨氮	0.00	10	COD	3	6	18
青岛环境再生能源有限公司	烟（粉）尘	0.43	6	氮氧化物	0.00	10	烟（粉）尘	86	2	18
湖南华菱湘潭钢铁有限公司	烟（粉）尘	0.58	6	二氧化硫	0.00	10	烟（粉）尘	171	2	18

被参控公司/母公司	企业年度超标率			日均浓度平均超标倍数			最大连续超标时长			在线监测系统得分
	污染物	超标率	得分	污染物	倍数	得分	污染物	超标时长	得分	
安徽安利材料科技股份有限公司	烟（粉）尘	2.62	4	烟（粉）尘	0.00	10	氨氮	8	4	18
冀东水泥凤翔有限责任公司	烟（粉）尘	1.10	4	氮氧化物	0.00	10	烟（粉）尘	17	4	18
新疆四方实业股份有限公司	烟（粉）尘	1.27	4	二氧化硫	0.00	10	烟（粉）尘	11	4	18
广西广维化工有限责任公司	COD	0.47	6	氨氮	0.00	10	COD	15	2	18
福建大唐国际宁德发电有限责任公司	氮氧化物	0.27	6	烟（粉）尘	0.00	10	氮氧化物	18	2	18
安琪酵母（滨州）有限公司	COD	0.67	4	COD	0.00	10	COD	8	4	18
杭州传化精细化工有限公司	氨氮	0.27	6	氨氮	0.00	10	COD	13	2	18
山东金晶科技股份有限公司	氮氧化物	0.28	6	烟（粉）尘	0.00	10	二氧化硫	26	2	18
内蒙古双利矿业有限公司	二氧化硫	0.60	4	氮氧化物	0.00	10	烟（粉）尘	10	4	18
潮州三环（集团）股份有限公司	氨氮	5.36	2	COD	0.00	10	氨氮	3	6	18
中电环保股份有限公司	烟（粉）尘	0.24	6	氮氧化物	0.00	10	烟（粉）尘	25	2	18
遵义铝业股份有限公司	二氧化硫	0.47	4	二氧化硫	0.00	10	烟（粉）尘	16	4	18
山西大唐国际云冈热电有限责任公司	氨氮	1.10	2	烟（粉）尘	0.00	10	COD	5	6	18
咸宁桑德甘源水务有限公司	COD	0.74	4	COD	0.00	10	COD	7	4	18
太原碧水源水务有限公司	COD	0.29	6	氨氮	0.00	10	COD	17	2	18
浙江清园生态热电有限公司	氨氮	5.97	2	氮氧化物	0.00	10	COD	5	6	18
河北西柏坡发电有限责任公司	氮氧化物	0.30	6	二氧化硫	0.00	10	氮氧化物	23	2	18
廊坊市广炎供热有限责任公司	烟（粉）尘	1.00	4	二氧化硫	0.00	10	烟（粉）尘	11	4	18
濮阳禾丰食品有限公司	氨氮	0.99	4	COD	0.00	10	氨氮	12	4	18
崇阳凯迪生物质发电有限公司	烟（粉）尘	1.73	4	氮氧化物	0.00	10	烟（粉）尘	19	4	18
河北燕京玻璃制品有限公司	氮氧化物	0.23	6	氮氧化物	0.00	10	氮氧化物	13	2	18
徐州源泉污水处理有限公司	COD	0.25	6	氨氮	0.00	10	COD	16	2	18
扬子石化-巴斯夫有限责任公司	烟（粉）尘	0.18	6	烟（粉）尘	0.00	10	烟（粉）尘	30	2	18
东北特殊钢集团股份有限公司	二氧化硫	0.38	4	二氧化硫	0.00	10	烟（粉）尘	16	4	18
杭州颖泰生物科技有限公司	COD	0.27	6	COD	0.00	10	COD	20	2	18

被参控公司/母公司	企业年度超标率			日均浓度平均超标倍数			最大连续超标时长			在线监测系统得分
	污染物	超标率	得分	污染物	倍数	得分	污染物	超标时长	得分	
巢湖海螺水泥有限责任公司	二氧化硫	1.22	2	烟（粉）尘	0.00	10	二氧化硫	4	6	18
辽宁伊利乳业有限责任公司	氨氮	0.48	6	COD	0.00	10	氨氮	16	2	18
马鞍山当涂发电有限公司	氮氧化物	0.24	6	二氧化硫	0.00	10	氮氧化物	17	2	18
陕西汉江药业集团股份有限公司	COD	0.31	6	氨氮	0.00	10	COD	13	2	18
青海五彩碱业有限公司	二氧化硫	0.52	4	氮氧化物	0.00	10	氮氧化物	8	4	18
上海华润大东船务有限公司	氨氮	0.28	6	COD	0.00	10	氨氮	19	2	18
华电宁夏灵武发电有限公司	氮氧化物	0.27	6	烟（粉）尘	0.00	10	氮氧化物	21	2	18
华新水泥（昭通）有限公司	氮氧化物	0.55	4	二氧化硫	0.00	10	氮氧化物	7	4	18
黄石新兴管业有限公司	烟（粉）尘	1.37	4	氮氧化物	0.00	10	烟（粉）尘	19	4	18
石家庄以岭药业股份有限公司	COD	0.57	4	氨氮	0.00	10	COD	11	4	18
国电织金发电有限公司	二氧化硫	0.11	6	氮氧化物	0.00	10	氮氧化物	72	2	18
济源双汇食品有限公司	氨氮	0.57	4	氨氮	0.00	10	COD	12	4	18
冀东海德堡（扶风）水泥有限公司	氮氧化物	0.48	4	氮氧化物	0.00	10	烟（粉）尘	19	4	18
焦作金冠嘉华电力有限公司	COD	0.93	4	烟（粉）尘	0.00	10	烟（粉）尘	24	4	18
新疆天润生物科技股份有限公司	COD	0.71	4	氨氮	0.00	10	COD	12	4	18
如东天楹环保能源有限公司	COD	0.32	6	氮氧化物	0.00	10	COD	25	2	18
中国石化北海炼化有限责任公司	氨氮	0.14	6	二氧化硫	0.00	10	烟（粉）尘	47	2	18
中国石化扬子石油化工有限公司	二氧化硫	0.29	6	二氧化硫	0.00	10	烟（粉）尘	75	2	18
鞍山冀东水泥有限责任公司	氮氧化物	0.52	4	氮氧化物	0.00	10	烟（粉）尘	10	4	18
新疆中泰化学阜康能源有限公司	烟（粉）尘	0.03	8	烟（粉）尘	10.11	2	烟（粉）尘	1	8	18
浙江浙能绍兴滨海热电有限责任公司	氮氧化物	0.25	6	二氧化硫	0.00	10	氮氧化物	13	2	18
大唐湘潭发电有限责任公司	氮氧化物	0.38	4	烟（粉）尘	0.00	10	氮氧化物	7	4	18
中国重汽集团济南卡车股份有限公司	COD	0.23	6	氮氧化物	0.00	10	COD	18	2	18
瓮福紫金化工股份有限公司	氮氧化物	0.31	4	烟（粉）尘	0.00	10	氮氧化物	8	4	18
苏州罗普斯金铝业股份有限公司	COD	1.05	2	COD	0.00	10	COD	3	6	18

被参控公司/母公司	企业年度超标率			日均浓度平均超标倍数			最大连续超标时长			在线监测系统得分
	污染物	超标率	得分	污染物	倍数	得分	污染物	超标时长	得分	
深圳能源集团股份有限公司	氮氧化物	0.80	4	二氧化硫	0.00	10	二氧化硫	12	4	18
玉环伟明环保能源有限公司	氮氧化物	0.27	6	氮氧化物	0.00	10	氮氧化物	17	2	18
绍兴市嵊新首创污水处理有限公司	氨氮	0.43	6	COD	0.00	10	氨氮	14	2	18
江城嘉禾橡胶有限责任公司	COD	0.75	4	COD	0.00	10	COD	11	4	18
山东鲁抗生物制造有限公司	氨氮	0.16	6	氨氮	0.00	10	COD	22	2	18
哈尔滨哈投投资股份有限公司	氮氧化物	0.40	4	二氧化硫	0.00	10	氮氧化物	7	4	18
四川江淮汽车有限公司	COD	0.24	6	COD	0.00	10	COD	18	2	18
浙江富润纺织有限公司	COD	0.65	4	COD	0.00	10	COD	9	4	18
成都蓉生药业有限责任公司	COD	0.38	6	氨氮	0.00	10	COD	17	2	18
临猗首创水务有限责任公司	COD	0.83	4	氨氮	0.00	10	COD	9	4	18
惠州中京电子科技有限公司	氨氮	2.44	2	COD	0.00	10	氨氮	4	6	18
重庆京东方光电科技有限公司	COD	0.46	6	氨氮	0.00	10	COD	35	2	18
四川金顶（集团）股份有限公司	烟（粉）尘	0.82	6	氮氧化物	0.00	10	烟（粉）尘	33	2	18
冀东水泥（烟台）有限责任公司	氮氧化物	0.53	4	二氧化硫	0.00	10	烟（粉）尘	10	4	18
江苏辉丰生物农业股份有限公司	COD	0.86	4	氮氧化物	0.00	10	COD	10	4	18
萧县鹏鹞污水处理有限公司	COD	0.64	4	COD	0.00	10	COD	8	4	18
浙江浙能长兴天然气热电有限公司	烟（粉）尘	0.22	6	二氧化硫	0.00	10	烟（粉）尘	25	2	18
广东兴达鸿业电子有限公司	COD	1.59	2	COD	0.00	10	COD	5	6	18
诸暨富润服饰有限公司	COD	1.95	2	COD	0.00	10	COD	5	6	18
鲁泰纺织股份有限公司	氨氮	0.27	6	COD	0.00	10	COD	26	2	18
浙江嘉化能源化工股份有限公司	COD	0.67	4	烟（粉）尘	0.00	10	烟（粉）尘	12	4	18
海正药业（杭州）有限公司	氮氧化物	0.40	4	氨氮	0.00	10	COD	8	4	18
浙江传化合成材料有限公司	氨氮	4.97	2	COD	0.00	10	氨氮	4	6	18
东营首创水务有限公司	COD	0.59	4	COD	0.00	10	COD	9	4	18
江苏联环药业股份有限公司	COD	0.51	4	氨氮	0.00	10	COD	11	4	18

被参控公司/母公司	企业年度超标率			日均浓度平均超标倍数			最大连续超标时长			在线监测系统得分
	污染物	超标率	得分	污染物	倍数	得分	污染物	超标时长	得分	
重庆市渝东水务有限公司	COD	0.72	4	氨氮	0.00	10	COD	12	4	18
青岛啤酒（福州）有限公司	COD	0.20	6	COD	0.00	10	COD	16	2	18
池州海螺水泥股份有限公司	烟（粉）尘	0.50	6	二氧化硫	0.00	10	烟（粉）尘	240	2	18
惠州塔牌水泥有限公司	烟（粉）尘	0.11	6	氮氧化物	0.00	10	氮氧化物	19	2	18
衡阳华菱钢管有限公司	氨氮	0.14	6	烟（粉）尘	0.00	10	烟（粉）尘	51	2	18
江苏国信协联燃气热电有限公司	COD	0.67	4	氨氮	0.00	10	COD	10	4	18
江门崇达电路技术有限公司	氨氮	1.13	2	氨氮	0.00	10	氨氮	3	6	18
丹东黄海汽车有限责任公司	COD	1.94	2	氨氮	0.00	10	COD	3	6	18
河钢承德钒钛新材料有限公司	二氧化硫	0.24	6	氮氧化物	0.00	10	氮氧化物	15	2	18
哈尔滨热电有限责任公司	二氧化硫	0.38	4	烟（粉）尘	0.00	10	二氧化硫	17	4	18
山东绿兰莎啤酒有限公司	氨氮	0.13	6	COD	0.00	10	COD	22	2	18
分宜海螺水泥有限责任公司	氮氧化物	0.46	4	烟（粉）尘	0.00	10	氮氧化物	7	4	18
吉林燃料乙醇有限责任公司	烟（粉）尘	0.41	6	氮氧化物	0.00	10	烟（粉）尘	25	2	18
沈阳惠天热电股份有限公司	氮氧化物	1.17	2	氮氧化物	0.00	10	二氧化硫	4	6	18
张北伊利乳业有限责任公司	氨氮	0.26	6	氨氮	0.00	10	氨氮	20	2	18
浙江新银象生物工程有限公司	氨氮	1.74	2	氨氮	0.00	10	氨氮	6	6	18
杭州吉华江东化工有限公司	COD	0.31	6	COD	0.00	10	氨氮	15	2	18
湖北龙翔药业科技股份有限公司	COD	1.20	2	氨氮	0.00	10	COD	6	6	18
江苏恩华药业股份有限公司	氨氮	0.23	6	COD	0.00	10	氨氮	16	2	18
西宁特殊钢股份有限公司	COD	0.22	6	烟（粉）尘	0.00	10	烟（粉）尘	45	2	18
临涣中利发电有限公司	二氧化硫	0.51	4	烟（粉）尘	0.00	10	氮氧化物	7	4	18
安徽口子酒业股份有限公司	氨氮	0.44	6	氨氮	0.00	10	氨氮	17	2	18
华能沾化热电有限公司	氮氧化物	0.97	4	氮氧化物	0.00	10	氮氧化物	12	4	18
辽宁华电铁岭发电有限公司	氮氧化物	0.24	6	烟（粉）尘	0.00	10	氮氧化物	16	2	18
特变电工能源建设有限公司	氮氧化物	0.65	4	氮氧化物	0.00	10	氮氧化物	10	4	18

被参控公司/母公司	企业年度超标率			日均浓度平均超标倍数			最大连续超标时长			在线监测系统得分
	污染物	超标率	得分	污染物	倍数	得分	污染物	超标时长	得分	
浙江浙能嘉兴发电有限公司	氮氧化物	0.78	4	烟（粉）尘	0.00	10	氮氧化物	12	4	18
黑龙江岁宝热电有限公司	烟（粉）尘	1.02	4	二氧化硫	0.00	10	二氧化硫	10	4	18
博乐市上峰水泥有限公司	氮氧化物	0.66	4	烟（粉）尘	0.00	10	烟（粉）尘	14	4	18
中粮包装控股有限公司	COD	0.41	6	COD	0.00	10	COD	24	2	18
文县祁连山水泥有限公司	氮氧化物	0.59	4	二氧化硫	0.00	10	氮氧化物	8	4	18
华新水泥（富民）有限公司	氮氧化物	0.78	4	二氧化硫	0.00	10	烟（粉）尘	10	4	18
宁夏中银绒业股份有限公司	COD	0.25	6	COD	0.00	10	COD	17	2	18
肇庆市金岗水泥有限公司	烟（粉）尘	1.51	4	二氧化硫	0.00	10	烟（粉）尘	16	4	18
浙江衢化氟化学有限公司	COD	1.33	2	氨氮	0.00	10	COD	6	6	18
巴州青松绿原建材有限责任公司	烟（粉）尘	1.80	4	烟（粉）尘	0.00	10	烟（粉）尘	18	4	18
内蒙古伊东冀东水泥有限公司	二氧化硫	0.88	4	烟（粉）尘	0.00	10	二氧化硫	17	4	18
淮南市顺通污水处理有限责任公司	COD	0.34	6	COD	0.00	10	COD	13	2	18
靖煤集团白银热电有限公司	氮氧化物	0.14	6	氮氧化物	0.00	10	氮氧化物	23	2	18
贵阳海螺盘江水泥有限责任公司	烟（粉）尘	0.99	6	氮氧化物	0.00	10	烟（粉）尘	47	2	18
北京青岛啤酒三环有限公司	COD	0.39	6	氨氮	0.00	10	COD	16	2	18
天津三安光电有限公司	氨氮	4.56	2	氨氮	0.00	10	COD	3	6	18
江西锦溪水泥有限公司	烟（粉）尘	0.99	6	二氧化硫	0.00	10	烟（粉）尘	90	2	18
云南宣威磷电有限责任公司	烟（粉）尘	1.12	4	烟（粉）尘	0.00	10	烟（粉）尘	19	4	18
江西新余国泰特种化工有限责任公司	COD	0.58	4	氨氮	0.00	10	COD	12	4	18
攀钢集团钛业有限责任公司	二氧化硫	0.31	4	二氧化硫	0.00	10	氮氧化物	7	4	18
安徽汉世伟猪业育种有限公司	氨氮	0.46	6	氨氮	0.00	10	氨氮	13	2	18
福建联合石油化工有限公司	二氧化硫	0.42	4	COD	0.00	10	烟（粉）尘	10	4	18
叶城天山水泥有限责任公司	氮氧化物	0.95	4	二氧化硫	0.00	10	烟（粉）尘	16	4	18
绵竹博华水务有限公司	COD	0.55	4	COD	0.00	10	COD	7	4	18
泰山石膏（湖北）有限公司	氮氧化物	1.78	2	二氧化硫	0.00	10	烟（粉）尘	7	6	18

被参控公司/母公司	企业年度超标率			日均浓度平均超标倍数			最大连续超标时长			在线监测系统得分
	污染物	超标率	得分	污染物	倍数	得分	污染物	超标时长	得分	
东营华泰化工集团有限公司	氨氮	0.33	6	氨氮	0.00	10	氨氮	15	2	18
凡和（葫芦岛）水务投资有限公司	氨氮	0.67	4	COD	0.00	10	氨氮	10	4	18
海南天然橡胶产业集团金橡有限公司	COD	0.35	6	COD	0.00	10	COD	19	2	18
湖南省湘衡盐化有限责任公司	二氧化硫	0.56	4	氮氧化物	0.00	10	二氧化硫	11	4	18
江苏瑞科医药科技有限公司	COD	0.57	4	COD	0.00	10	COD	7	4	18
河北承德露露股份有限公司	COD	0.18	8	COD	4.75	2	COD	1	8	18
成县祁连山水泥有限公司	氮氧化物	0.41	4	二氧化硫	0.00	10	氮氧化物	10	4	18
满洲里达赉湖热电有限公司	二氧化硫	0.29	6	氮氧化物	0.00	10	烟（粉）尘	56	2	18
华新水泥股份有限公司	氮氧化物	0.27	6	烟（粉）尘	0.00	10	烟（粉）尘	30	2	18
重庆庆龙精细锶盐化工有限公司	氨氮	0.19	6	氨氮	0.00	10	氨氮	14	2	18
新兴铸管股份有限公司	烟（粉）尘	0.43	6	氨氮	0.00	10	烟（粉）尘	45	2	18
济源伊利乳业有限责任公司	氨氮	0.42	6	氨氮	0.00	10	氨氮	24	2	18
新疆富丽达纤维有限公司	烟（粉）尘	0.18	6	烟（粉）尘	0.00	10	COD	14	2	18
辅仁药业集团医药有限公司	氨氮	0.14	6	氨氮	0.00	10	COD	13	2	18
河南中源化学股份有限公司	氮氧化物	0.39	4	烟（粉）尘	0.00	10	氮氧化物	11	4	18
咸宁淦清水务有限公司	COD	0.82	4	COD	0.00	10	COD	7	4	18
云南华新东骏水泥有限公司	氮氧化物	0.57	4	烟（粉）尘	0.00	10	烟（粉）尘	11	4	18
安徽海螺水泥股份有限公司	氮氧化物	0.34	4	氮氧化物	0.00	10	烟（粉）尘	15	4	18
深圳莱宝高科技股份有限公司	氨氮	0.90	4	氨氮	0.00	10	氨氮	7	4	18
临澧冀东水泥有限公司	氮氧化物	0.27	6	二氧化硫	0.00	10	氮氧化物	19	2	18
赞皇金隅水泥有限责任公司	二氧化硫	0.35	4	氮氧化物	0.00	10	氮氧化物	9	4	18
仙桃绿色东方环保发电有限公司	二氧化硫	3.17	2	氮氧化物	0.00	10	二氧化硫	5	6	18
唐山三友化工股份有限公司	氮氧化物	0.18	6	烟（粉）尘	0.00	10	烟（粉）尘	46	2	18
永登祁连山水泥有限公司	氮氧化物	0.43	4	氮氧化物	0.00	10	氮氧化物	7	4	18
宣城中科环保电力有限公司	氮氧化物	0.62	4	烟（粉）尘	0.00	10	氮氧化物	8	4	18

被参控公司/母公司	企业年度超标率			日均浓度平均超标倍数			最大连续超标时长			在线监测系统得分
	污染物	超标率	得分	污染物	倍数	得分	污染物	超标时长	得分	
杭州航民美时达印染有限公司	COD	0.21	6	氮氧化物	0.00	10	COD	13	2	18
重庆西南药业销售有限公司	氨氮	0.46	6	氨氮	0.00	10	氨氮	24	2	18
济宁中科环保电力有限公司	氮氧化物	0.77	4	烟（粉）尘	0.00	10	氮氧化物	12	4	18
中原环保伊川水务有限公司	COD	0.63	4	氨氮	0.00	10	COD	9	4	18
郑州煤电股份有限公司	二氧化硫	0.27	6	二氧化硫	0.00	10	二氧化硫	100	2	18
石家庄华电供热集团有限公司	氮氧化物	1.11	2	烟（粉）尘	0.00	10	二氧化硫	5	6	18
徐州钛白化工有限责任公司	COD	0.57	4	COD	0.00	10	COD	7	4	18
江苏扬农化工集团有限公司	氮氧化物	0.46	4	氮氧化物	0.00	10	烟（粉）尘	12	4	18
金正大生态工程集团股份有限公司	烟（粉）尘	0.88	6	烟（粉）尘	0.00	10	烟（粉）尘	38	2	18
巴彦淖尔紫金有色金属有限公司	二氧化硫	0.40	4	COD	0.00	10	二氧化硫	23	4	18
浙江巨化股份有限公司	COD	1.16	2	COD	0.00	10	COD	6	6	18
苍南玉苍伟明环保能源有限公司	氮氧化物	5.44	2	氮氧化物	0.00	10	氮氧化物	4	6	18
启东天楹环保能源有限公司	氮氧化物	0.19	6	二氧化硫	0.00	10	氮氧化物	15	2	18
沈阳惠天棋盘山供热有限责任公司	二氧化硫	9.62	2	氮氧化物	0.00	10	二氧化硫	8	6	18
东江环保股份有限公司	二氧化硫	27.24	2	二氧化硫	0.00	10	二氧化硫	8	6	18
蚌埠绿色动力再生能源有限公司	氮氧化物	0.53	4	氮氧化物	0.00	10	氮氧化物	10	4	18
南京钢铁有限公司	氨氮	0.10	6	COD	0.00	10	烟（粉）尘	42	2	18
华新水泥（红河）有限公司	氮氧化物	0.15	6	烟（粉）尘	0.00	10	烟（粉）尘	31	2	18
燕京啤酒（玉林）有限公司	烟（粉）尘	1.81	4	氨氮	0.00	10	氮氧化物	9	4	18
山东鲁北化工股份有限公司	烟（粉）尘	0.88	6	烟（粉）尘	0.00	10	烟（粉）尘	41	2	18
沈阳双汇食品有限公司	氨氮	0.29	6	氨氮	0.00	10	氨氮	24	2	18
开化富春紫光水务有限公司	COD	0.40	6	氨氮	0.00	10	COD	14	2	18
福建省海峡水泥股份有限公司	氮氧化物	0.45	4	氮氧化物	0.00	10	氮氧化物	8	4	18
中国石化青岛炼油化工有限责任公司	二氧化硫	0.89	4	二氧化硫	0.00	10	二氧化硫	18	4	18
江苏瑞洪盐业有限公司	氮氧化物	0.44	4	烟（粉）尘	0.00	10	氮氧化物	7	4	18

被参控公司/母公司	企业年度超标率			日均浓度平均超标倍数			最大连续超标时长			在线监测系统得分
	污染物	超标率	得分	污染物	倍数	得分	污染物	超标时长	得分	
江苏阳光璜塘热电有限公司	氮氧化物	0.62	4	氮氧化物	0.00	10	烟（粉）尘	20	4	18
潜江永安药业股份有限公司	烟（粉）尘	3.54	4	烟（粉）尘	0.00	10	烟（粉）尘	16	4	18
辽宁奥克化学股份有限公司	氨氮	0.24	6	COD	0.00	10	氨氮	18	2	18
安徽怀宁海螺水泥有限公司	氮氧化物	0.58	4	二氧化硫	0.00	10	烟（粉）尘	21	4	18
弋阳海螺水泥有限责任公司	氮氧化物	0.30	4	氮氧化物	0.00	10	氮氧化物	8	4	18
上海外高桥第二发电有限责任公司	氮氧化物	0.18	6	COD	0.00	10	氮氧化物	14	2	18
深圳市合力通电子有限公司	COD	5.71	2	COD	0.00	10	COD	6	6	18
龙陵海螺水泥有限责任公司	烟（粉）尘	1.14	4	二氧化硫	0.00	10	烟（粉）尘	22	4	18
国电内蒙古晶阳能源有限公司	二氧化硫	0.34	4	烟（粉）尘	0.00	10	烟（粉）尘	16	4	18
拜城县峰峰煤焦化有限公司	二氧化硫	0.99	4	氮氧化物	0.00	10	烟（粉）尘	19	4	18
深能合和电力（河源）有限公司	氮氧化物	0.57	4	烟（粉）尘	0.00	10	氮氧化物	8	4	18
福建佳通轮胎有限公司	二氧化硫	0.61	4	氨氮	0.00	10	二氧化硫	13	4	18
上海友联竹园第一污水处理投资发展有限公司	氨氮	0.65	4	COD	0.00	10	氨氮	10	4	18
青岛啤酒武威有限责任公司	氮氧化物	0.42	4	氨氮	0.00	10	氮氧化物	9	4	18
福州富春紫光污水处理有限公司	COD	0.81	4	氨氮	0.00	10	COD	7	4	18
山东海化股份有限公司	氮氧化物	0.32	4	烟（粉）尘	0.00	10	烟（粉）尘	22	4	18
中原环保水务登封有限公司	氨氮	0.71	4	COD	0.00	10	COD	7	4	18
黎明化工研究设计院有限责任公司	氨氮	1.47	2	COD	0.00	10	氨氮	4	6	18
山东鲁抗医药股份有限公司	COD	0.69	4	COD	0.00	10	COD	7	4	18
十堰京水环境科技有限公司	COD	0.70	4	COD	0.00	10	COD	14	2	16
重庆海螺水泥有限责任公司	氮氧化物	0.51	4	二氧化硫	0.00	10	氮氧化物	24	2	16
东营华泰清河实业有限公司	COD	0.91	4	COD	0.00	10	氨氮	18	2	16
安徽东至广信农化有限公司	二氧化硫	0.33	4	氨氮	0.00	10	COD	14	2	16
铜陵上峰水泥股份有限公司	氮氧化物	0.99	4	二氧化硫	0.00	10	烟（粉）尘	34	2	16

被参控公司/母公司	企业年度超标率			日均浓度平均超标倍数			最大连续超标时长			在线监测系统得分
	污染物	超标率	得分	污染物	倍数	得分	污染物	超标时长	得分	
郑州宇通客车股份有限公司	COD	0.97	4	COD	0.00	10	COD	19	2	16
华电淄博热电有限公司	氮氧化物	0.68	4	氮氧化物	0.00	10	氮氧化物	54	2	16
东莞南玻太阳能玻璃有限公司	氮氧化物	0.63	4	氮氧化物	0.00	10	氮氧化物	13	2	16
四川南威水泥有限公司	烟（粉）尘	1.27	4	二氧化硫	0.00	10	烟（粉）尘	53	2	16
兰考国祯水务运营有限公司	氨氮	0.50	4	COD	0.00	10	氨氮	13	2	16
嘉施利（平原）化肥有限公司	氮氧化物	3.48	2	烟（粉）尘	0.00	10	烟（粉）尘	22	4	16
华电潍坊发电有限公司	烟（粉）尘	1.68	4	烟（粉）尘	0.00	10	烟（粉）尘	82	2	16
华能重庆两江燃机发电有限责任公司	烟（粉）尘	2.65	4	烟（粉）尘	0.00	10	烟（粉）尘	73	2	16
重庆绿能新能源有限公司	二氧化硫	0.59	4	氮氧化物	0.00	10	二氧化硫	53	2	16
河北新希望天香乳业有限公司	氨氮	0.68	4	氨氮	0.00	10	氨氮	26	2	16
福建省南平新南针有限公司	COD	0.52	4	COD	0.00	10	COD	15	2	16
盐城热电有限责任公司	氮氧化物	1.28	2	烟（粉）尘	0.00	10	氮氧化物	12	4	16
上海益威实业有限公司	COD	10.34	2	COD	0.01	8	COD	6	6	16
库车青松水泥有限责任公司	氮氧化物	1.65	2	二氧化硫	0.00	10	氮氧化物	10	4	16
福建永安建福水泥有限公司	二氧化硫	0.75	4	二氧化硫	0.00	10	烟（粉）尘	26	2	16
大亚木业（江西）有限公司	烟（粉）尘	3.16	4	烟（粉）尘	0.00	10	烟（粉）尘	41	2	16
格力电器（郑州）有限公司	COD	0.62	4	COD	0.00	10	COD	17	2	16
陕西延长石油化建股份有限公司	二氧化硫	0.42	4	氮氧化物	0.00	10	烟（粉）尘	30	2	16
鱼台长青环保能源有限公司	氮氧化物	0.45	4	氮氧化物	0.00	10	氮氧化物	24	2	16
南京飞燕活塞环股份有限公司	COD	4.73	2	COD	0.00	10	COD	10	4	16
石药集团新诺威制药股份有限公司	氨氮	0.97	4	氨氮	0.00	10	氨氮	17	2	16
东风汽车股份有限公司	烟（粉）尘	1.23	4	氮氧化物	0.00	10	COD	19	2	16
重庆万盛浮法玻璃有限公司	氮氧化物	0.61	4	二氧化硫	0.00	10	氮氧化物	21	2	16
光明乳业（德州）有限公司	COD	0.55	4	氨氮	0.00	10	氨氮	16	2	16
景德镇市宏亿电子科技有限公司	COD	0.55	4	氨氮	0.00	10	氨氮	28	2	16

被参控公司/母公司	企业年度超标率			日均浓度平均超标倍数			最大连续超标时长			在线监测系统得分
	污染物	超标率	得分	污染物	倍数	得分	污染物	超标时长	得分	
北京三元食品股份有限公司	COD	0.73	4	COD	0.00	10	氨氮	13	2	16
内蒙古丰泰发电有限公司	氮氧化物	0.54	4	二氧化硫	0.00	10	烟（粉）尘	26	2	16
恩施首创水务有限公司	COD	1.61	2	氨氮	0.00	10	COD	10	4	16
陕西未来能源化工有限公司	氮氧化物	0.60	4	氮氧化物	0.00	10	烟（粉）尘	117	2	16
安徽华泰林浆纸有限公司	二氧化硫	0.19	6	烟（粉）尘	0.40	8	烟（粉）尘	41	2	16
上海新纺联汽车内饰有限公司	COD	0.63	4	氨氮	0.00	10	COD	18	2	16
唐山中浩化工有限公司	COD	0.93	4	二氧化硫	0.00	10	氨氮	17	2	16
吉林市碧水源环保科技有限公司	氨氮	0.68	4	氨氮	0.00	10	氨氮	16	2	16
江苏长青农化股份有限公司	COD	1.11	2	氨氮	0.00	10	COD	9	4	16
浙江浙能中煤舟山煤电有限责任公司	氮氧化物	0.72	4	氮氧化物	0.00	10	氮氧化物	21	2	16
会稽山绍兴酒股份有限公司	COD	0.81	4	COD	0.00	10	COD	13	2	16
福建省青山纸业股份有限公司	COD	1.23	2	氮氧化物	0.00	10	氨氮	11	4	16
福建安砂建福水泥有限公司	二氧化硫	4.39	2	二氧化硫	0.00	10	二氧化硫	17	4	16
武汉市阳逻污水处理有限公司	COD	1.02	2	氨氮	0.00	10	COD	10	4	16
浙江社标纤维有限公司	COD	0.71	4	氨氮	0.00	10	COD	15	2	16
新疆神火煤电有限公司	氮氧化物	0.38	4	烟（粉）尘	0.00	10	二氧化硫	48	2	16
江苏国信靖江发电有限公司	氮氧化物	0.35	4	烟（粉）尘	0.00	10	氮氧化物	13	2	16
山西漳泽电力河曲新能源有限公司	氮氧化物	0.44	4	烟（粉）尘	0.00	10	氮氧化物	15	2	16
梅州金塔水泥有限公司	烟（粉）尘	1.25	4	二氧化硫	0.00	10	烟（粉）尘	106	2	16
上海化学工业区发展有限公司	氨氮	0.69	4	氨氮	0.00	10	氨氮	16	2	16
莒南天楹环保能源有限公司	氮氧化物	2.35	2	氮氧化物	0.00	10	氮氧化物	8	4	16
沂水长青环保能源有限公司	氮氧化物	0.45	4	氮氧化物	0.00	10	氮氧化物	13	2	16
靖西湘潭电化科技有限公司	氨氮	1.16	2	二氧化硫	0.00	10	氨氮	10	4	16
平顶山天安煤业股份有限公司	COD	1.05	2	氨氮	0.00	10	COD	8	4	16
武汉钢铁集团财务有限责任公司	氨氮	0.94	4	烟（粉）尘	0.00	10	氨氮	14	2	16

被参控公司/母公司	企业年度超标率			日均浓度平均超标倍数			最大连续超标时长			在线监测系统得分
	污染物	超标率	得分	污染物	倍数	得分	污染物	超标时长	得分	
荆门桑德夏家湾水务有限公司	COD	0.69	4	COD	0.00	10	COD	15	2	16
国投哈密风电有限公司	氮氧化物	0.63	4	氮氧化物	0.00	10	氮氧化物	17	2	16
国水（马鞍山）污水处理有限公司	COD	0.87	4	COD	0.00	10	COD	15	2	16
谷城县凯迪绿色能源开发有限公司	氮氧化物	1.77	2	二氧化硫	0.00	10	氮氧化物	9	4	16
浙江中顺纸业有限公司	氨氮	6.57	2	氨氮	0.00	10	氨氮	12	4	16
山东太阳宏河纸业有限公司	COD	0.84	4	烟（粉）尘	0.00	10	COD	38	2	16
河北国华沧东发电有限责任公司	二氧化硫	0.58	4	氮氧化物	0.00	10	烟（粉）尘	350	2	16
温州洪城水业环保有限公司	氨氮	0.62	4	氨氮	0.00	10	COD	25	2	16
福莱特玻璃集团股份有限公司	氮氧化物	0.48	4	二氧化硫	0.00	10	二氧化硫	39	2	16
大唐国际发电股份有限公司	氮氧化物	0.70	4	二氧化硫	0.00	10	烟（粉）尘	63	2	16
国电克拉玛依发电有限公司	烟（粉）尘	2.86	4	二氧化硫	0.00	10	氮氧化物	13	2	16
湖南海螺水泥有限公司	二氧化硫	0.34	4	氮氧化物	0.00	10	氮氧化物	48	2	16
湛江电力有限公司	氮氧化物	0.57	4	烟（粉）尘	0.00	10	氮氧化物	13	2	16
山东合力泰化工有限公司	氨氮	0.57	4	烟（粉）尘	0.00	10	COD	19	2	16
华新水泥（鹤峰）民族建材有限公司	氮氧化物	0.77	4	烟（粉）尘	0.00	10	氮氧化物	17	2	16
山东高速环保科技有限公司	氨氮	1.13	2	氨氮	0.00	10	COD	12	4	16
广东惠州平海发电厂有限公司	氮氧化物	0.46	4	氮氧化物	0.00	10	氮氧化物	27	2	16
青岛双星轮胎工业有限公司	COD	2.83	2	氨氮	0.00	10	COD	10	4	16
湖南益阳海螺水泥有限责任公司	氮氧化物	0.45	4	烟（粉）尘	0.00	10	烟（粉）尘	34	2	16
国电民权发电有限公司	二氧化硫	1.00	4	二氧化硫	0.00	10	二氧化硫	52	2	16
神华国华（舟山）发电有限责任公司	氮氧化物	0.55	4	二氧化硫	0.00	10	氮氧化物	24	2	16
武汉晨鸣乾能热电有限责任公司	氮氧化物	1.02	2	二氧化硫	0.00	10	氮氧化物	12	4	16
中韩（武汉）石油化工有限公司	氨氮	0.65	4	氨氮	0.00	10	氨氮	48	2	16
山西大唐国际运城发电有限责任公司	二氧化硫	0.46	4	烟（粉）尘	0.00	10	氮氧化物	13	2	16
国投钦州发电有限公司	氮氧化物	1.00	4	二氧化硫	0.00	10	氮氧化物	25	2	16

被参控公司/母公司	企业年度超标率			日均浓度平均超标倍数			最大连续超标时长			在线监测系统得分
	污染物	超标率	得分	污染物	倍数	得分	污染物	超标时长	得分	
浙江镇海联合发电有限公司	氮氧化物	3.13	2	二氧化硫	0.00	10	氮氧化物	12	4	16
浙江大唐乌沙山发电有限责任公司	氮氧化物	0.47	4	氮氧化物	0.00	10	氮氧化物	33	2	16
安徽宣城海螺水泥有限公司	氮氧化物	0.35	4	二氧化硫	0.00	10	氮氧化物	47	2	16
创冠环保（廊坊）有限公司	烟（粉）尘	1.23	4	二氧化硫	0.00	10	烟（粉）尘	108	2	16
河南元阳食品有限公司	COD	0.63	4	COD	0.00	10	COD	18	2	16
贵州华锦铝业有限公司	二氧化硫	0.79	4	二氧化硫	0.00	10	烟（粉）尘	28	2	16
杭州诺邦无纺股份有限公司	COD	0.83	4	氨氮	0.00	10	COD	21	2	16
山西兴能发电有限责任公司	氮氧化物	0.39	4	烟（粉）尘	0.00	10	氮氧化物	38	2	16
漳州环境再生能源有限公司	二氧化硫	0.38	4	氮氧化物	0.00	10	氮氧化物	41	2	16
山西漳电同达热电有限公司	氮氧化物	0.45	4	烟（粉）尘	0.00	10	氮氧化物	19	2	16
深圳市广前电力有限公司	烟（粉）尘	1.46	4	氮氧化物	0.00	10	烟（粉）尘	42	2	16
成都市桃李食品有限公司	COD	9.45	2	COD	0.00	10	COD	12	4	16
湖北武汉双汇食品有限公司	氨氮	1.24	2	氨氮	0.00	10	氨氮	11	4	16
华能伊春热电有限公司	二氧化硫	1.25	2	氮氧化物	0.00	10	氮氧化物	9	4	16
山西漳电国电王坪发电有限公司	氮氧化物	0.43	4	氮氧化物	0.00	10	氮氧化物	13	2	16
黑龙江省光明松鹤乳品有限责任公司	COD	1.19	2	COD	0.00	10	氨氮	8	4	16
安徽省司尔特肥业股份有限公司	二氧化硫	9.62	2	二氧化硫	0.00	10	二氧化硫	11	4	16
中粮屯河乌什果蔬制品有限公司	二氧化硫	4.16	2	氨氮	0.00	10	二氧化硫	18	4	16
安徽德力日用玻璃股份有限公司	氮氧化物	1.24	2	氮氧化物	0.00	10	烟（粉）尘	16	4	16
北京碧海环境科技有限公司	COD	0.70	4	COD	0.00	10	COD	15	2	16
陕西延长中煤榆林能源化工有限公司	二氧化硫	0.56	4	氮氧化物	0.00	10	烟（粉）尘	47	2	16
泰山玻璃纤维有限公司	二氧化硫	8.62	2	二氧化硫	0.00	10	二氧化硫	11	4	16
深圳南山热电股份有限公司	氮氧化物	2.08	2	氮氧化物	0.00	10	氮氧化物	7	4	16
大唐林州热电有限责任公司	氮氧化物	0.71	4	烟（粉）尘	0.00	10	氮氧化物	41	2	16
新疆楚星能源发展有限公司	氮氧化物	0.88	4	氮氧化物	0.00	10	氮氧化物	13	2	16

被参控公司/母公司	企业年度超标率			日均浓度平均超标倍数			最大连续超标时长			在线监测系统得分
	污染物	超标率	得分	污染物	倍数	得分	污染物	超标时长	得分	
安徽古井贡酒股份有限公司	COD	0.54	4	氨氮	0.00	10	COD	18	2	16
辽源市百康药业有限责任公司	氨氮	0.91	4	COD	0.00	10	氨氮	20	2	16
巨化集团财务有限责任公司	COD	1.01	2	氨氮	0.00	10	COD	7	4	16
福建榕北海峡环保有限公司	COD	0.73	4	氨氮	0.00	10	COD	19	2	16
河南神火发电有限公司	烟（粉）尘	1.08	4	烟（粉）尘	0.00	10	烟（粉）尘	94	2	16
即墨市污水处理有限公司	COD	1.00	4	COD	0.00	10	COD	15	2	16
喀什金岭球团有限公司	二氧化硫	1.62	2	氮氧化物	0.00	10	烟（粉）尘	14	4	16
浙江浙能台州第二发电有限责任公司	氮氧化物	0.85	4	烟（粉）尘	0.00	10	氮氧化物	17	2	16
贵州轮胎股份有限公司	氨氮	0.74	4	氨氮	0.00	10	COD	21	2	16
乐山和邦农业科技有限公司	COD	0.60	4	二氧化硫	0.00	10	COD	15	2	16
绍兴旗滨玻璃有限公司	氮氧化物	0.42	4	二氧化硫	0.00	10	氮氧化物	43	2	16
广东大唐国际潮州发电有限责任公司	氮氧化物	0.36	4	烟（粉）尘	0.00	10	氮氧化物	19	2	16
浙江古越龙山绍兴酒股份有限公司	COD	7.41	2	COD	0.00	10	COD	7	4	16
成都南玻玻璃有限公司	二氧化硫	0.96	4	氮氧化物	0.00	10	烟（粉）尘	28	2	16
华能安源发电有限责任公司	二氧化硫	0.44	4	烟（粉）尘	0.00	10	烟（粉）尘	120	2	16
北票市宏发食品有限公司	氨氮	0.53	4	COD	0.00	10	COD	15	2	16
河北养元智汇饮品股份有限公司	COD	1.11	2	COD	0.00	10	COD	10	4	16
福建省长汀金龙稀土有限公司	氮氧化物	6.21	2	COD	0.00	10	氮氧化物	9	4	16
安徽中粮生化燃料酒精有限公司	COD	1.43	2	氨氮	0.00	10	氨氮	8	4	16
山东华能莱芜热电有限公司	烟（粉）尘	1.33	4	二氧化硫	0.00	10	烟（粉）尘	57	2	16
华新水泥（房县）有限公司	二氧化硫	2.15	2	二氧化硫	0.00	10	烟（粉）尘	10	4	16
天方药业有限公司	氨氮	1.02	2	氨氮	0.00	10	COD	8	4	16
燕京惠泉啤酒（抚州）有限公司	COD	1.07	2	氨氮	0.00	10	COD	12	4	16
湖南华升洞庭麻业有限公司	COD	0.92	4	COD	0.00	10	COD	13	2	16
河南华英农业发展股份有限公司	氨氮	0.69	4	COD	0.00	10	氨氮	22	2	16

被参控公司/母公司	企业年度超标率			日均浓度平均超标倍数			最大连续超标时长			在线监测系统得分
	污染物	超标率	得分	污染物	倍数	得分	污染物	超标时长	得分	
鄂尔多斯市君正能源化工有限公司	二氧化硫	0.35	4	烟（粉）尘	0.00	10	氮氧化物	15	2	16
际华三五四三针织服饰有限公司	氮氧化物	1.64	2	氨氮	0.00	10	氮氧化物	9	4	16
燕京啤酒（山东无名）股份有限公司	二氧化硫	0.34	4	COD	0.00	10	烟（粉）尘	25	2	16
珠海保税区丽珠合成制药有限公司	COD	8.63	2	COD	0.00	10	COD	12	4	16
浙江荣晟环保纸业股份有限公司	氮氧化物	0.58	4	氨氮	0.00	10	二氧化硫	58	2	16
中顺洁柔（四川）纸业有限公司	COD	0.91	4	COD	0.00	10	COD	33	2	16
江西东江环保技术有限公司	烟（粉）尘	16.50	2	氨氮	0.00	10	二氧化硫	14	4	16
新疆青松建材化工（集团）股份有限公司	氮氧化物	0.59	4	氮氧化物	0.00	10	氮氧化物	16	2	16
亚泰集团伊通水泥有限公司	二氧化硫	1.21	2	烟（粉）尘	0.00	10	二氧化硫	12	4	16
青岛啤酒（薛城）有限公司	COD	0.60	4	COD	0.00	10	COD	16	2	16
华电漯河发电有限公司	COD	0.51	4	二氧化硫	0.00	10	COD	15	2	16
四川水井坊股份有限公司	氨氮	0.52	4	COD	0.00	10	氨氮	13	2	16
固安九通基业公用事业有限公司	氮氧化物	0.61	4	烟（粉）尘	0.00	10	烟（粉）尘	38	2	16
葫芦岛锌业股份有限公司	二氧化硫	0.47	4	氮氧化物	0.00	10	二氧化硫	75	2	16
内蒙古金山乳业有限责任公司	氨氮	0.95	4	COD	0.00	10	氨氮	22	2	16
南通江山农药化工股份有限公司	氮氧化物	0.37	4	氮氧化物	0.00	10	二氧化硫	33	2	16
巴中海螺水泥有限公司	烟（粉）尘	1.24	4	二氧化硫	0.00	10	烟（粉）尘	100	2	16
东营国中环保科技有限公司	COD	1.63	2	COD	0.00	10	COD	12	4	16
周口鹏鹞水务有限公司	COD	2.57	2	氨氮	0.00	10	COD	10	4	16
青岛首创瑞海水务有限公司	COD	0.98	4	COD	0.00	10	COD	14	2	16
内蒙古京隆发电有限责任公司	氮氧化物	0.96	4	氮氧化物	0.00	10	二氧化硫	47	2	16
江西兴国南方万年青水泥有限公司	氮氧化物	0.77	4	二氧化硫	0.00	10	氮氧化物	14	2	16
万华化学（宁波）热电有限公司	氮氧化物	0.62	4	烟（粉）尘	0.00	10	氮氧化物	16	2	16
郓城县天源污水处理有限公司	COD	1.40	2	氨氮	0.00	10	COD	9	4	16
新华制药（寿光）有限公司	COD	23.00	2	二氧化硫	0.00	10	COD	10	4	16

被参控公司/母公司	企业年度超标率			日均浓度平均超标倍数			最大连续超标时长			在线监测系统得分
	污染物	超标率	得分	污染物	倍数	得分	污染物	超标时长	得分	
大冶桑德清波水务有限公司	COD	0.85	4	COD	0.00	10	COD	18	2	16
梁平海螺水泥有限责任公司	氮氧化物	0.37	4	烟（粉）尘	0.04	8	烟（粉）尘	12	4	16
米脂冀东水泥有限公司	烟（粉）尘	1.98	4	烟（粉）尘	0.00	10	氮氧化物	28	2	16
溧阳天山水泥有限公司	氮氧化物	0.51	4	二氧化硫	0.00	10	烟（粉）尘	128	2	16
新乐市诚润污水处理有限公司	氨氮	0.56	4	COD	0.00	10	COD	13	2	16
德州玲珑轮胎有限公司	氮氧化物	0.75	4	烟（粉）尘	0.00	10	氮氧化物	33	2	16
崇义章源钨业股份有限公司	COD	0.54	4	COD	0.00	10	COD	19	2	16
江苏联发环保新能源有限公司	COD	1.62	2	氨氮	0.00	10	COD	10	4	16
乳山绿色动力再生能源有限公司	二氧化硫	0.31	4	二氧化硫	0.00	10	氮氧化物	50	2	16
山东省药用玻璃股份有限公司	二氧化硫	0.38	4	烟（粉）尘	0.00	10	氮氧化物	16	2	16
河南神火兴隆矿业有限责任公司	COD	1.50	2	COD	0.00	10	COD	7	4	16
西安西电开关电气有限公司	COD	1.00	4	COD	0.00	10	COD	34	2	16
福建省永安金银湖水泥有限公司	氮氧化物	1.32	2	烟（粉）尘	0.00	10	二氧化硫	10	4	16
临澧县凯迪绿色能源开发有限公司	烟（粉）尘	5.63	2	氮氧化物	0.00	10	烟（粉）尘	23	4	16
江西珍视明药业有限公司	COD	0.55	4	氨氮	0.00	10	COD	15	2	16
中植一客成都汽车有限公司	COD	1.07	2	COD	0.00	10	COD	12	4	16
浙江逸盛石化有限公司	COD	0.50	4	COD	0.00	10	COD	43	2	16
福建省联盛纸业有限责任公司	COD	1.44	2	氮氧化物	0.00	10	氮氧化物	7	4	16
襄城中州水务污水处理有限公司	COD	1.06	2	氨氮	0.00	10	COD	8	4	16
连云港市赛科废料处置有限公司	烟（粉）尘	1.50	4	烟（粉）尘	0.00	10	烟（粉）尘	26	2	16
宿州中粮生物化学有限公司	COD	1.53	2	氨氮	0.00	10	COD	12	4	16
中车长春轨道客车股份有限公司	烟（粉）尘	1.28	4	氨氮	0.00	10	氮氧化物	16	2	16
广东粤电靖海发电有限公司	氮氧化物	0.57	4	二氧化硫	0.00	10	氮氧化物	18	2	16
湖北金环新材料科技有限公司	COD	0.90	4	烟（粉）尘	0.00	10	COD	15	2	16
华能湖南岳阳发电有限责任公司	烟（粉）尘	1.75	4	氮氧化物	0.00	10	烟（粉）尘	202	2	16

被参控公司/母公司	企业年度超标率			日均浓度平均超标倍数			最大连续超标时长			在线监测系统得分
	污染物	超标率	得分	污染物	倍数	得分	污染物	超标时长	得分	
上海杜邦农化有限公司	COD	0.98	4	氨氮	0.00	10	COD	59	2	16
河北三元食品有限公司	COD	0.98	4	氨氮	0.00	10	COD	14	2	16
中原环保郑州上街水务有限公司	COD	0.90	4	COD	0.00	10	COD	13	2	16
华能上海燃机发电有限责任公司	氮氧化物	10.26	2	二氧化硫	0.00	10	氮氧化物	7	4	16
江西赣州南方万年青水泥有限公司	二氧化硫	0.49	4	氮氧化物	0.00	10	烟（粉）尘	28	2	16
内蒙古金海伊利乳业有限责任公司	氨氮	0.50	4	烟（粉）尘	0.00	10	氨氮	20	2	16
内蒙古蒙维科技有限公司	氮氧化物	0.45	4	氮氧化物	0.00	10	氮氧化物	23	2	16
吴堡冀东特种水泥有限公司	氮氧化物	4.23	2	烟（粉）尘	0.00	10	氮氧化物	9	4	16
国电大武口热电有限公司	氮氧化物	0.67	4	氮氧化物	0.00	10	氮氧化物	17	2	16
亚泰集团哈尔滨水泥（阿城）有限公司	二氧化硫	1.72	2	烟（粉）尘	0.00	10	二氧化硫	16	4	16
江苏沙钢集团淮钢特钢股份有限公司	烟（粉）尘	1.66	4	二氧化硫	0.00	10	二氧化硫	28	2	16
上海赛科石油化工有限责任公司	COD	0.61	4	二氧化硫	0.00	10	氮氧化物	21	2	16
桐乡市中维化纤有限公司	氮氧化物	1.56	2	二氧化硫	0.00	10	氮氧化物	8	4	16
徐州大众水务运营有限公司	氨氮	0.52	4	氨氮	0.00	10	氨氮	30	2	16
山东先达农化股份有限公司	COD	0.95	4	COD	0.00	10	氨氮	14	2	16
山东华宇合金材料有限公司	氮氧化物	0.64	4	二氧化硫	0.00	10	氮氧化物	17	2	16
安徽恒力电业有限责任公司	二氧化硫	6.29	2	氮氧化物	0.00	10	二氧化硫	16	4	16
启迪古汉集团衡阳中药有限公司	COD	0.97	4	COD	0.00	10	COD	19	2	16
浙江恒逸聚合物有限公司	烟（粉）尘	1.15	4	氮氧化物	0.00	10	烟（粉）尘	75	2	16
襄阳富春紫光污水处理有限公司	COD	1.39	2	氨氮	0.00	10	COD	10	4	16
日照华泰纸业有限公司	二氧化硫	0.91	4	二氧化硫	0.00	10	二氧化硫	54	2	16
国电哈密煤电开发有限公司	氮氧化物	1.18	2	氮氧化物	0.00	10	氮氧化物	9	4	16
河北珠江啤酒有限公司	COD	0.75	4	COD	0.00	10	COD	19	2	16
昆明海螺水泥有限公司	二氧化硫	0.47	4	氮氧化物	0.00	10	烟（粉）尘	40	2	16
成都天马铁路轴承有限公司	COD	0.90	4	COD	0.00	10	COD	32	2	16

被参控公司/母公司	企业年度超标率			日均浓度平均超标倍数			最大连续超标时长			在线监测系统得分
	污染物	超标率	得分	污染物	倍数	得分	污染物	超标时长	得分	
泰山石膏（襄阳）有限公司	氮氧化物	5.10	2	二氧化硫	0.00	10	氮氧化物	7	4	16
福建泉州闽光钢铁有限责任公司	氨氮	1.48	2	烟（粉）尘	0.00	10	氨氮	10	4	16
宁夏枣泉发电有限责任公司	氮氧化物	0.40	4	氮氧化物	0.00	10	氮氧化物	15	2	16
锦州奥鸿药业有限责任公司	COD	3.01	2	COD	0.00	10	COD	7	4	16
湖南省湘中制药有限公司	COD	2.96	2	COD	0.00	10	COD	10	4	16
黄龙食品工业有限公司	二氧化硫	0.31	4	氨氮	0.00	10	COD	45	2	16
鹤壁鹤淇发电有限责任公司	氮氧化物	0.48	4	烟（粉）尘	0.00	10	氮氧化物	40	2	16
赤壁凯迪绿色能源开发有限公司	氮氧化物	1.25	2	二氧化硫	0.00	10	二氧化硫	10	4	16
华能青岛热电有限公司	氮氧化物	1.70	2	氮氧化物	0.00	10	烟（粉）尘	15	4	16
庐江县凯迪绿色能源开发有限公司	二氧化硫	3.52	2	烟（粉）尘	0.00	10	烟（粉）尘	11	4	16
上汽通用五菱汽车股份有限公司	氨氮	1.65	2	COD	0.00	10	氨氮	9	4	16
吉林晨鸣纸业有限责任公司	氮氧化物	0.58	4	烟（粉）尘	0.00	10	氮氧化物	81	2	16
比亚迪精密制造有限公司	COD	5.81	2	COD	0.00	10	COD	8	4	16
浙江仙琚制药股份有限公司	氨氮	0.77	4	COD	0.00	10	氨氮	19	2	16
新疆广汇新能源有限公司	二氧化硫	0.81	4	烟（粉）尘	0.00	10	烟（粉）尘	137	2	16
华新金龙水泥（郧县）有限公司	氮氧化物	0.46	4	二氧化硫	0.00	10	氮氧化物	13	2	16
安琪酵母（伊犁）有限公司	氮氧化物	0.51	4	氨氮	0.00	10	烟（粉）尘	63	2	16
山西中铝华润有限公司	二氧化硫	4.18	2	烟（粉）尘	0.00	10	二氧化硫	22	4	16
上虞新和成生物化工有限公司	氨氮	0.54	4	氨氮	0.00	10	氨氮	14	2	16
广东红海湾发电有限公司	氮氧化物	0.41	4	二氧化硫	0.00	10	氮氧化物	35	2	16
白银有色集团股份有限公司	烟（粉）尘	4.24	4	COD	0.00	10	COD	14	2	16
佛山恒益发电有限公司	氮氧化物	0.62	4	烟（粉）尘	0.00	10	氮氧化物	16	2	16
酒钢（集团）宏达建材有限责任公司	氮氧化物	1.52	2	二氧化硫	0.00	10	氮氧化物	10	4	16
凤阳县富春紫光污水处理有限公司	COD	1.39	2	氨氮	0.00	10	COD	10	4	16
中粮生化能源（龙江）有限公司	COD	0.66	4	氮氧化物	0.00	10	氨氮	13	2	16

被参控公司/母公司	企业年度超标率			日均浓度平均超标倍数			最大连续超标时长			在线监测系统得分
	污染物	超标率	得分	污染物	倍数	得分	污染物	超标时长	得分	
兖州煤业榆林能化有限公司	COD	1.60	2	烟（粉）尘	0.00	10	COD	8	4	16
贵州红星发展股份有限公司	氨氮	0.56	4	二氧化硫	0.00	10	氨氮	14	2	16
河北衡水老白干酒业股份有限公司	COD	0.58	4	氨氮	0.00	10	COD	14	2	16
瑞安紫光水业有限公司	COD	0.57	4	氨氮	0.00	10	COD	28	2	16
四川东材科技集团股份有限公司	COD	0.60	4	氨氮	0.00	10	COD	19	2	16
上海大屯能源股份有限公司	烟（粉）尘	1.39	4	二氧化硫	0.00	10	烟（粉）尘	136	2	16
温州伟明环保能源有限公司	氮氧化物	0.43	4	二氧化硫	0.00	10	烟（粉）尘	25	2	16
国投伊犁能源开发有限公司	氮氧化物	0.40	4	氮氧化物	0.00	10	氮氧化物	16	2	16
云南国祯环保科技有限责任公司	氨氮	0.70	4	COD	0.00	10	氨氮	16	2	16
山东科伦药业有限公司	COD	0.95	4	COD	0.00	10	COD	33	2	16
江苏金羚纤维素纤维有限公司	二氧化硫	18.62	2	氮氧化物	0.00	10	二氧化硫	23	4	16
彤程化学（中国）有限公司	COD	0.64	4	氨氮	0.00	10	COD	26	2	16
中粮生物化学（安徽）股份有限公司	氮氧化物	0.86	4	烟（粉）尘	0.00	10	氮氧化物	17	2	16
邯钢集团邯宝钢铁有限公司	二氧化硫	0.35	4	氨氮	0.00	10	烟（粉）尘	159	2	16
内蒙古包钢还原铁有限责任公司	二氧化硫	1.36	2	烟（粉）尘	0.00	10	烟（粉）尘	18	4	16
通威太阳能（合肥）有限公司	COD	1.19	2	氨氮	0.00	10	COD	10	4	16
辽宁沈煤红阳热电有限公司	氮氧化物	0.49	4	烟（粉）尘	0.00	10	氮氧化物	13	2	16
华能上海石洞口发电有限责任公司	氮氧化物	0.61	4	烟（粉）尘	0.00	10	氮氧化物	24	2	16
湖北广济药业股份有限公司	氮氧化物	1.54	2	氮氧化物	0.00	10	烟（粉）尘	14	4	16
湖北宜化化工股份有限公司	二氧化硫	4.55	2	COD	0.00	10	COD	9	4	16
重庆华新盐井水泥有限公司	二氧化硫	1.26	2	二氧化硫	0.00	10	烟（粉）尘	14	4	16
中煤新集阜阳矿业有限公司	COD	1.06	2	氨氮	0.00	10	COD	7	4	16
贵州路发实业有限公司	二氧化硫	2.87	2	二氧化硫	0.00	10	二氧化硫	16	4	16
福耀玻璃工业集团股份有限公司	氮氧化物	0.31	4	烟（粉）尘	0.06	8	氮氧化物	9	4	16
华能太原东山燃机热电有限责任公司	二氧化硫	0.37	4	氮氧化物	0.00	10	烟（粉）尘	70	2	16

被参控公司/母公司	企业年度超标率			日均浓度平均超标倍数			最大连续超标时长			在线监测系统得分
	污染物	超标率	得分	污染物	倍数	得分	污染物	超标时长	得分	
广东电力发展股份有限公司	氮氧化物	0.42	4	二氧化硫	0.00	10	氮氧化物	18	2	16
宁波大地化工环保有限公司	烟（粉）尘	11.89	2	氮氧化物	0.00	10	烟（粉）尘	11	4	16
温州永强垃圾发电有限公司	氮氧化物	0.50	4	烟（粉）尘	0.00	10	烟（粉）尘	73	2	16
夏津县中环水务有限公司	COD	1.57	2	氨氮	0.00	10	COD	10	4	16
中铝中州铝业有限公司	氮氧化物	0.72	4	二氧化硫	0.00	10	氮氧化物	177	2	16
江西三环水泥有限公司	氮氧化物	1.41	2	二氧化硫	0.00	10	氮氧化物	9	4	16
浙江新农化工股份有限公司	COD	2.36	2	氨氮	0.00	10	COD	8	4	16
江西于都南方万年青水泥有限公司	二氧化硫	1.09	2	烟（粉）尘	0.00	10	烟（粉）尘	21	4	16
中铝宁夏能源集团有限公司	氮氧化物	0.64	4	氮氧化物	0.00	10	氮氧化物	21	2	16
监利县凯迪绿色能源开发有限公司	二氧化硫	0.53	4	烟（粉）尘	0.00	10	烟（粉）尘	208	2	16
太原豪峰污水处理有限公司	氨氮	0.59	4	氨氮	0.00	10	COD	22	2	16
内蒙古华电乌达热电有限公司	氮氧化物	0.34	4	氮氧化物	0.00	10	氮氧化物	24	2	16
承德乾隆醉酒业有限责任公司	COD	0.85	4	COD	0.00	10	COD	49	2	16
新疆天山水泥股份有限公司	氮氧化物	2.63	2	二氧化硫	0.00	10	氮氧化物	8	4	16
神马实业股份有限公司	COD	6.44	2	COD	0.00	10	氨氮	8	4	16
重庆市万州区供热有限公司	氮氧化物	4.26	2	烟（粉）尘	0.00	10	二氧化硫	13	4	16
安仁县凯迪绿色能源开发有限公司	氮氧化物	2.20	2	烟（粉）尘	0.27	8	氮氧化物	6	6	16
上海金山环境再生能源有限公司	烟（粉）尘	1.10	4	烟（粉）尘	0.00	10	烟（粉）尘	28	2	16
广东国华粤电台山发电有限公司	氮氧化物	0.40	4	氮氧化物	0.00	10	氮氧化物	19	2	16
灯塔市红阳热电有限公司	二氧化硫	0.74	4	烟（粉）尘	0.00	10	二氧化硫	26	2	16
云南罗平锌电股份有限公司	二氧化硫	0.45	4	烟（粉）尘	0.00	10	烟（粉）尘	29	2	16
宝丰县碧水源水处理有限公司	COD	0.63	4	氨氮	0.00	10	COD	14	2	16
滨州渤海活塞有限公司	二氧化硫	3.10	2	氮氧化物	0.00	10	二氧化硫	12	4	16
宿州海螺水泥有限责任公司	氮氧化物	0.58	4	氮氧化物	0.00	10	氮氧化物	60	2	16
桦南桑德净源水务有限公司	氨氮	0.81	4	COD	0.00	10	氨氮	26	2	16

被参控公司/母公司	企业年度超标率			日均浓度平均超标倍数			最大连续超标时长			在线监测系统得分
	污染物	超标率	得分	污染物	倍数	得分	污染物	超标时长	得分	
山西阳光发电有限责任公司	烟（粉）尘	1.76	4	烟（粉）尘	0.00	10	烟（粉）尘	61	2	16
国电宿州第二热电有限公司	氮氧化物	0.84	4	氮氧化物	0.00	10	氮氧化物	39	2	16
华新水泥（恩施）有限公司	烟（粉）尘	3.97	4	氮氧化物	0.00	10	烟（粉）尘	165	2	16
江西铜业集团银山矿业有限责任公司	COD	1.20	2	氨氮	0.00	10	COD	15	2	14
襄阳龙蟒钛业有限公司	COD	3.15	2	COD	0.00	10	氨氮	16	2	14
青海互助金圆水泥有限公司	氮氧化物	1.30	2	烟（粉）尘	0.00	10	烟（粉）尘	28	2	14
国电内蒙古东胜热电有限公司	烟（粉）尘	49.84	2	二氧化硫	0.00	10	氮氧化物	2376	2	14
山东海天生物化工有限公司	二氧化硫	1.30	2	COD	0.00	10	二氧化硫	27	2	14
华新水泥重庆涪陵有限公司	氮氧化物	1.50	2	氮氧化物	0.00	10	氮氧化物	20	2	14
恒天海龙股份有限公司	COD	2.38	2	氨氮	0.00	10	烟（粉）尘	30	2	14
汕头市澄海洁源垃圾发电厂有限公司	二氧化硫	1.42	2	氮氧化物	0.00	10	氮氧化物	24	2	14
文山海螺水泥有限公司	二氧化硫	2.95	2	二氧化硫	0.00	10	烟（粉）尘	163	2	14
淮北蓝海水处理有限公司	氨氮	5.63	2	COD	0.00	10	氨氮	107	2	14
浙江山鹰纸业有限公司	氮氧化物	2.02	2	COD	0.00	10	氮氧化物	164	2	14
肇庆大华农生物药品有限公司	COD	1.47	2	COD	0.00	10	COD	18	2	14
抚顺铝业有限公司	氨氮	2.24	2	氨氮	0.00	10	烟（粉）尘	67	2	14
东至国祯水处理有限公司	COD	1.56	2	氨氮	0.00	10	氨氮	62	2	14
新兴铸管新疆控股集团有限公司	二氧化硫	1.44	2	氮氧化物	0.00	10	烟（粉）尘	27	2	14
中国石化仪征化纤有限责任公司	氮氧化物	4.60	2	COD	0.00	10	氮氧化物	17	2	14
广西河池化工股份有限公司	氮氧化物	2.44	2	二氧化硫	0.00	10	COD	16	2	14
浙江普洛康裕制药有限公司	氨氮	5.88	2	COD	0.00	10	氨氮	15	2	14
开滦（集团）蔚州矿业有限责任公司	COD	2.44	2	烟（粉）尘	0.00	10	烟（粉）尘	37	2	14
山西潞安焦化有限责任公司	COD	2.41	2	氮氧化物	0.00	10	氨氮	65	2	14
山西阳煤丰喜泉稷能源有限公司	COD	2.68	2	COD	0.00	10	COD	16	2	14
左权金隅水泥有限公司	氮氧化物	1.16	2	烟（粉）尘	0.00	8	烟（粉）尘	16	4	14

被参控公司/母公司	企业年度超标率			日均浓度平均超标倍数			最大连续超标时长			在线监测系统得分
	污染物	超标率	得分	污染物	倍数	得分	污染物	超标时长	得分	
山西振东制药股份有限公司	氮氧化物	1.26	2	COD	0.00	10	氮氧化物	13	2	14
山东太阳纸业股份有限公司	氮氧化物	5.41	2	二氧化硫	0.00	10	二氧化硫	45	2	14
吉林省固体废物处理有限责任公司	COD	12.20	2	氨氮	0.00	10	COD	15	2	14
重庆市蓬威石化有限责任公司	二氧化硫	3.39	2	氮氧化物	0.00	10	二氧化硫	88	2	14
杞县东磁新能源有限公司	COD	1.74	2	COD	0.00	10	COD	40	2	14
临沂首创博瑞水务有限公司	COD	2.20	2	氨氮	0.00	10	COD	14	2	14
国电电力酒泉发电有限公司	氮氧化物	1.30	2	烟（粉）尘	0.00	10	氮氧化物	99	2	14
四川泸天化股份有限公司	COD	1.11	2	二氧化硫	0.00	10	COD	43	2	14
海南罗牛山食品集团有限公司	氨氮	28.79	2	氨氮	0.00	10	氨氮	222	2	14
武汉重工铸锻有限责任公司	COD	2.89	2	氨氮	0.00	10	COD	13	2	14
四川武骏特种玻璃制品有限公司	氮氧化物	2.23	2	二氧化硫	0.00	10	烟（粉）尘	84	2	14
江阴市恒通排水设施管理有限公司	COD	1.60	2	氨氮	0.00	10	氨氮	25	2	14
贵阳中电环保科技有限公司	二氧化硫	1.92	2	烟（粉）尘	0.00	10	氮氧化物	21	2	14
内蒙古中煤蒙大新能源化工有限公司	二氧化硫	1.78	2	二氧化硫	0.00	10	氮氧化物	14	2	14
申能吴忠热电有限责任公司	氮氧化物	1.07	2	氮氧化物	0.00	10	氮氧化物	37	2	14
中国石化上海高桥石油化工有限公司	COD	1.45	2	烟（粉）尘	0.00	10	氮氧化物	265	2	14
国电深能四川华蓥山发电有限公司	COD	2.02	2	COD	0.00	10	COD	93	2	14
陕西陕煤黄陵矿业有限公司	COD	1.70	2	COD	0.00	10	COD	20	2	14
山西潞安环能五阳弘峰焦化有限公司	氨氮	4.32	2	氨氮	0.00	10	COD	70	2	14
保山海螺水泥有限责任公司	烟（粉）尘	5.81	2	烟（粉）尘	0.00	10	烟（粉）尘	136	2	14
滕州金晶玻璃有限公司	二氧化硫	1.34	2	二氧化硫	0.00	10	氮氧化物	21	2	14
上海阳晨排水运营有限公司	COD	1.03	2	COD	0.00	10	COD	42	2	14
漯河双汇肉业有限公司	二氧化硫	4.86	2	氨氮	0.00	10	二氧化硫	78	2	14
巨鹿县聚力环保有限公司	氨氮	1.74	2	氨氮	0.00	10	二氧化硫	38	2	14
宁波钢铁有限公司	二氧化硫	9.52	2	氨氮	0.00	10	氮氧化物	346	2	14

被参控公司/母公司	企业年度超标率			日均浓度平均超标倍数			最大连续超标时长			在线监测系统得分
	污染物	超标率	得分	污染物	倍数	得分	污染物	超标时长	得分	
宜昌桑德三峡水务有限公司	氨氮	1.83	2	COD	0.00	10	氨氮	87	2	14
晋亿实业股份有限公司	氨氮	7.55	2	氨氮	0.00	10	氨氮	15	2	14
中粮生化能源（衡水）有限公司	COD	1.10	2	氨氮	0.00	10	COD	24	2	14
萍乡市洪城水业环保有限责任公司	COD	1.27	2	COD	0.00	10	COD	26	2	14
福建三钢国贸有限公司	二氧化硫	1.60	2	氨氮	0.00	10	氨氮	13	2	14
漳州东墩污水处理有限公司	氨氮	1.55	2	氨氮	0.00	10	COD	22	2	14
淮安紫光水业有限公司	氨氮	3.36	2	COD	0.00	10	氨氮	101	2	14
沈阳道达汽车饰件有限公司	氨氮	33.33	2	COD	0.00	10	氨氮	24	2	14
东莞深能源樟洋电力有限公司	氮氧化物	2.29	2	烟（粉）尘	0.00	10	二氧化硫	29	2	14
重庆莱美隆宇药业有限公司	COD	3.65	2	氨氮	0.00	10	COD	54	2	14
杭州天创水务有限公司	COD	1.18	2	COD	0.00	10	氨氮	19	2	14
浙能阿克苏热电有限公司	氮氧化物	1.20	2	二氧化硫	0.00	10	氮氧化物	19	2	14
昌邑紫光水业有限公司	COD	4.79	2	COD	0.00	10	氨氮	19	2	14
张家港联合铜业有限公司	氮氧化物	7.76	2	氮氧化物	0.00	10	烟（粉）尘	224	2	14
兰溪旺能环保能源有限公司	二氧化硫	1.11	2	二氧化硫	0.00	10	二氧化硫	28	2	14
山东金城医药化工有限公司	氨氮	8.45	2	氮氧化物	0.00	10	烟（粉）尘	74	2	14
山西漳泽电力股份有限公司	二氧化硫	1.61	2	二氧化硫	0.00	10	二氧化硫	50	2	14
伊犁青松南岗建材有限责任公司	烟（粉）尘	5.15	2	二氧化硫	0.00	10	烟（粉）尘	36	2	14
惠而浦（中国）股份有限公司	氨氮	13.14	2	氨氮	0.00	10	氨氮	20	2	14
山西天脊潞安化工有限公司	氨氮	1.05	2	二氧化硫	0.00	10	氨氮	17	2	14
中煤新集刘庄矿业有限公司	COD	1.33	2	氨氮	0.00	10	COD	23	2	14
索通发展股份有限公司	氮氧化物	7.63	2	氮氧化物	0.00	10	烟（粉）尘	319	2	14
江西兄弟医药有限公司	COD	1.39	2	氨氮	0.00	10	氮氧化物	16	2	14
潍柴动力股份有限公司	COD	3.92	2	氨氮	0.00	10	COD	18	2	14
百合花集团股份有限公司	COD	1.45	2	氨氮	0.00	10	COD	21	2	14

被参控公司/母公司	企业年度超标率			日均浓度平均超标倍数			最大连续超标时长			在线监测系统得分
	污染物	超标率	得分	污染物	倍数	得分	污染物	超标时长	得分	
江中药业股份有限公司	COD	3.00	2	COD	0.00	10	COD	17	2	14
台州旺能环保能源有限公司	氮氧化物	2.25	2	氨氮	0.00	10	氮氧化物	21	2	14
内蒙古北方蒙西发电有限责任公司	烟（粉）尘	47.92	2	烟（粉）尘	0.00	10	二氧化硫	2 676	2	14
海马新能源汽车有限公司	氨氮	3.20	2	氨氮	0.00	10	氨氮	37	2	14
四川新希望奶牛养殖有限公司	COD	22.54	2	氨氮	0.00	10	COD	22	2	14
河南中原特钢装备制造有限公司	氨氮	3.96	2	烟（粉）尘	0.00	10	氨氮	66	2	14
沈阳国润低碳热力有限公司	氮氧化物	42.20	2	氮氧化物	0.00	10	氮氧化物	78	2	14
崇阳天清水务有限公司	COD	1.26	2	氨氮	0.00	10	COD	13	2	14
湖北三峡新型建材股份有限公司	氮氧化物	5.47	2	烟（粉）尘	0.00	10	氮氧化物	86	2	14
杜尔伯特伊利乳业有限责任公司	COD	1.48	2	COD	0.00	10	氨氮	39	2	14
廊坊市荣华建设投资开发有限公司	COD	1.51	2	COD	0.00	10	氨氮	146	2	14
金华宁能热电有限公司	氮氧化物	1.31	2	烟（粉）尘	0.00	10	氮氧化物	21	2	14
中钢设备（呼伦贝尔）水务有限公司	COD	2.63	2	氨氮	0.00	10	COD	43	2	14
宁阳清源水务有限公司	COD	5.69	2	氨氮	0.00	10	COD	20	2	14
益阳市凯迪绿色能源开发有限公司	烟（粉）尘	5.74	2	烟（粉）尘	0.00	10	烟（粉）尘	66	2	14
四维尔丸井（广州）汽车零部件有限公司	COD	2.77	2	氨氮	0.00	10	COD	45	2	14
郴州市金贵银业股份有限公司	氮氧化物	1.80	2	二氧化硫	0.00	10	烟（粉）尘	194	2	14
故城国祯污水处理有限公司	COD	1.51	2	氨氮	0.00	10	氨氮	18	2	14
开封浦华紫光水业有限公司	氨氮	7.13	2	氨氮	0.00	10	氨氮	562	2	14
浙江海利得新材料股份有限公司	氨氮	3.70	2	氨氮	0.00	10	氨氮	15	2	14
宜昌三峡制药有限公司	氨氮	16.43	2	COD	0.00	10	氨氮	320	2	14
广安凯特制药有限公司	COD	1.99	2	COD	0.00	10	COD	24	2	14
南京法伯耳纺织有限公司	二氧化硫	1.44	2	二氧化硫	0.00	10	氮氧化物	19	2	14
焦作万方铝业股份有限公司	二氧化硫	29.96	2	二氧化硫	0.00	10	二氧化硫	3 250	2	14
保山桑德环境工程有限公司	氨氮	1.60	2	COD	0.00	10	氨氮	17	2	14

被参控公司/母公司	企业年度超标率			日均浓度平均超标倍数			最大连续超标时长			在线监测系统得分
	污染物	超标率	得分	污染物	倍数	得分	污染物	超标时长	得分	
奥士康精密电路（惠州）有限公司	COD	29.62	2	COD	0.00	10	COD	148	2	14
濮阳濮耐高温材料（集团）股份有限公司	氮氧化物	2.52	2	氮氧化物	0.00	10	氮氧化物	207	2	14
中国石化海南炼油化工有限公司	二氧化硫	1.18	2	烟（粉）尘	0.00	10	氮氧化物	87	2	14
乌海市西水水泥有限责任公司	二氧化硫	2.92	2	烟（粉）尘	0.00	10	烟（粉）尘	26	2	14
夏河祁连山安多水泥有限公司	二氧化硫	1.36	2	氮氧化物	0.00	10	烟（粉）尘	42	2	14
国电蚌埠发电有限公司	氮氧化物	1.15	2	氮氧化物	0.00	10	氮氧化物	95	2	14
唐山黑猫炭黑有限责任公司	氮氧化物	2.76	2	二氧化硫	0.00	10	氮氧化物	67	2	14
鲁丰织染有限公司	COD	1.08	2	COD	0.00	10	COD	19	2	14
盈江县允罕水泥有限责任公司	氮氧化物	0.76	4	烟（粉）尘	0.09	8	烟（粉）尘	71	2	14
太原狮头水泥股份有限公司	二氧化硫	1.29	2	氮氧化物	0.00	10	二氧化硫	54	2	14
白音华金山发电有限公司	氮氧化物	7.33	2	氮氧化物	0.00	10	氮氧化物	152	2	14
民和祁连山水泥有限公司	二氧化硫	2.44	2	烟（粉）尘	0.00	10	烟（粉）尘	40	2	14
绍兴市上虞金冠化工有限公司	COD	1.44	2	氨氮	0.00	10	COD	18	2	14
青海西豫有色金属有限公司	氮氧化物	1.40	2	烟（粉）尘	0.00	10	氮氧化物	27	2	14
邢台金隅咏宁水泥有限公司	二氧化硫	1.25	2	二氧化硫	0.00	10	烟（粉）尘	53	2	14
福安药业集团重庆博圣制药有限公司	COD	3.54	2	COD	0.00	10	COD	139	2	14
呼和浩特首创春华水务有限责任公司	COD	1.64	2	COD	0.00	10	COD	21	2	14
内蒙古腾龙生物精细化工有限公司	COD	1.10	2	COD	0.00	10	氨氮	14	2	14
阿拉善经济开发区污水处理有限责任公司	COD	1.19	2	COD	0.00	10	COD	48	2	14
江苏兄弟维生素有限公司	COD	2.08	2	COD	0.00	10	COD	17	2	14
南通百川新材料有限公司	二氧化硫	9.32	2	COD	0.00	10	氨氮	13	2	14
贵州宜化化工有限责任公司	氮氧化物	1.23	2	烟（粉）尘	0.00	10	烟（粉）尘	28	2	14
吉林敖东洮南药业股份有限公司	氨氮	1.20	2	COD	0.00	10	氨氮	16	2	14
亚泰集团铁岭水泥有限公司	氮氧化物	1.27	2	烟（粉）尘	0.00	10	氮氧化物	21	2	14
亿利洁能科技（武威）有限公司	氮氧化物	1.54	2	二氧化硫	0.00	10	烟（粉）尘	317	2	14

被参控公司/母公司	企业年度超标率			日均浓度平均超标倍数			最大连续超标时长			在线监测系统得分
	污染物	超标率	得分	污染物	倍数	得分	污染物	超标时长	得分	
新乡中益发电有限公司	氮氧化物	1.76	2	氮氧化物	0.00	10	氮氧化物	30	2	14
杰克缝纫机股份有限公司	COD	2.14	2	COD	0.00	10	COD	16	2	14
青岛中绵针织有限公司	氨氮	1.53	2	氨氮	0.00	10	氨氮	15	2	14
山东新华制药股份有限公司	氨氮	1.13	2	COD	0.00	10	COD	20	2	14
福建晋江天然气发电有限公司	氮氧化物	1.88	2	氮氧化物	0.00	10	氮氧化物	20	2	14
宜宾市南溪区四通水务投资有限公司	COD	1.37	2	COD	0.00	10	氨氮	42	2	14
东芝白云真空开关管（锦州）有限公司	COD	19.05	2	COD	0.00	10	氨氮	16	2	14
贵州六矿瑞安水泥有限公司	二氧化硫	2.08	2	二氧化硫	0.00	10	烟（粉）尘	293	2	14
民丰特种纸股份有限公司	烟（粉）尘	6.32	2	COD	0.00	10	烟（粉）尘	322	2	14
克州青松水泥有限责任公司	氮氧化物	3.87	2	氮氧化物	0.00	10	氮氧化物	80	2	14
临海天宇药业有限公司	COD	2.40	2	氨氮	0.00	10	COD	15	2	14
海南矿业股份有限公司	COD	1.71	2	COD	0.00	10	COD	16	2	14
徐州维维金澜食品有限公司	COD	2.79	2	COD	0.00	10	COD	16	2	14
浙江富春江环保热电股份有限公司	二氧化硫	1.03	2	COD	0.00	10	氮氧化物	22	2	14
漯河银鸽生活纸产有限公司	COD	1.70	2	氮氧化物	0.00	10	氨氮	22	2	14
国电建投内蒙古能源有限公司	氮氧化物	66.23	2	烟（粉）尘	0.00	10	二氧化硫	1 986	2	14
安阳首创水务有限公司	氨氮	2.14	2	氨氮	0.00	10	氨氮	16	2	14
上海浔兴拉链制造有限公司	COD	9.30	2	氨氮	0.00	10	COD	169	2	14
广州珠江电力有限公司	烟（粉）尘	7.88	2	氮氧化物	0.00	10	烟（粉）尘	1 437	2	14
葵花药业集团湖北武当有限公司	COD	6.48	2	COD	0.00	10	COD	14	2	14
上虞京新药业有限公司	COD	2.39	2	氨氮	0.00	10	COD	15	2	14
南京钛白化工有限责任公司	氮氧化物	1.52	2	烟（粉）尘	0.00	10	氮氧化物	42	2	14
江苏常隆农化有限公司	COD	2.52	2	COD	0.00	10	COD	14	2	14
沁阳市金隅水泥有限公司	氮氧化物	1.19	2	烟（粉）尘	0.00	10	氮氧化物	18	2	14
茂名臻能热电有限公司	二氧化硫	1.05	2	二氧化硫	0.00	10	二氧化硫	30	2	14

被参控公司/母公司	企业年度超标率			日均浓度平均超标倍数			最大连续超标时长			在线监测系统得分
	污染物	超标率	得分	污染物	倍数	得分	污染物	超标时长	得分	
陕西兴化化学股份有限公司	二氧化硫	1.13	2	二氧化硫	0.00	10	氨氮	17	2	14
浙江巴陵恒逸己内酰胺有限责任公司	氨氮	3.01	2	氨氮	0.00	10	氨氮	65	2	14
荆州旺能环保能源有限公司	二氧化硫	5.21	2	二氧化硫	0.00	10	烟（粉）尘	118	2	14
安琪酵母（崇左）有限公司	二氧化硫	22.31	2	烟（粉）尘	0.00	10	二氧化硫	85	2	14
山西安泰集团股份有限公司	二氧化硫	22.21	2	烟（粉）尘	0.00	10	氮氧化物	26	2	14
华能海南发电股份有限公司	氮氧化物	4.28	2	氮氧化物	0.00	10	氮氧化物	14	2	14
岚县金隅水泥有限公司	氮氧化物	3.65	2	二氧化硫	0.00	10	氮氧化物	22	2	14
铜陵有色金属集团股份有限公司	COD	3.42	2	烟（粉）尘	0.00	10	COD	20	2	14
贵州川恒化工股份有限公司	氨氮	12.15	2	二氧化硫	0.00	10	氨氮	610	2	14
中国石化青岛石油化工有限责任公司	COD	19.66	2	COD	0.00	10	COD	660	2	14
河北邯郸热电股份有限公司	二氧化硫	25.44	2	二氧化硫	0.00	10	COD	13	2	14
太和县天楹环保能源有限公司	二氧化硫	1.60	2	二氧化硫	0.00	10	烟（粉）尘	48	2	14
中国石化长城能源化工有限公司	氮氧化物	2.21	2	二氧化硫	0.00	10	氮氧化物	39	2	14
河北大唐国际张家口热电有限责任公司	氮氧化物	2.06	2	烟（粉）尘	0.00	10	氮氧化物	103	2	14
浙江浙能嘉华发电有限公司	氮氧化物	1.34	2	二氧化硫	0.00	10	氮氧化物	37	2	14
蕲春县凯迪绿色能源开发有限公司	二氧化硫	2.39	2	烟（粉）尘	0.00	10	烟（粉）尘	169	2	14
贵州茅台酒股份有限公司	COD	1.83	2	COD	0.00	10	COD	28	2	14
海南逸盛石化有限公司	氮氧化物	2.42	2	COD	0.00	10	氮氧化物	160	2	14
包头铝业有限公司	烟（粉）尘	13.39	2	烟（粉）尘	0.00	10	氮氧化物	4 338	2	14
沈阳华康肉禽有限公司	COD	7.06	2	COD	0.00	10	COD	18	2	14
河北圣雪大成制药有限责任公司	氨氮	1.27	2	COD	0.00	10	COD	14	2	14
江西铜业股份有限公司	氨氮	1.02	2	氨氮	0.00	10	氨氮	17	2	14
益阳国开碧水源水务有限公司	氨氮	50.75	2	COD	0.00	10	氨氮	4 367	2	14
重庆啤酒宜宾有限责任公司	氨氮	3.84	2	氨氮	0.00	10	氨氮	31	2	14
四川科伦药业股份有限公司	COD	1.40	2	氨氮	0.00	10	COD	41	2	14

被参控公司/母公司	企业年度超标率			日均浓度平均超标倍数			最大连续超标时长			在线监测系统得分
	污染物	超标率	得分	污染物	倍数	得分	污染物	超标时长	得分	
福建省闽发铝业股份有限公司	氨氮	29.66	2	COD	0.00	10	氨氮	149	2	14
安徽池州丰林木业有限公司	COD	4.77	2	COD	0.00	10	COD	23	2	14
石家庄良村热电有限公司	二氧化硫	25.77	2	氮氧化物	0.00	10	二氧化硫	1 581	2	14
河北金牛旭阳化工有限公司	COD	1.25	2	COD	0.00	10	COD	14	2	14
湛江中粤能源有限公司	氮氧化物	1.55	2	二氧化硫	0.00	10	氮氧化物	29	2	14
延津县克明面业有限公司	COD	8.80	2	氨氮	0.00	10	COD	64	2	14
华能新华发电有限责任公司	烟（粉）尘	18.28	2	二氧化硫	0.00	10	二氧化硫	1 527	2	14
浙江星星科技股份有限公司	COD	32.95	2	COD	0.00	10	COD	78	2	14
江苏吉华化工有限公司	二氧化硫	32.84	2	氮氧化物	0.00	10	二氧化硫	33	2	14
金川集团信息与自动化工程有限公司	氮氧化物	1.22	2	氨氮	0.00	10	烟（粉）尘	160	2	14
陵川金隅水泥有限公司	氮氧化物	2.52	2	氮氧化物	0.00	10	氮氧化物	15	2	14
兰考县荣华水业有限公司	氨氮	3.55	2	氨氮	0.00	10	氨氮	20	2	14
广州白云国际机场股份有限公司	氨氮	3.70	2	氨氮	0.00	10	氨氮	202	2	14
山西华润大宁能源有限公司	氨氮	7.41	2	COD	0.00	10	COD	23	2	14
安徽皖维高新材料股份有限公司	COD	24.66	2	二氧化硫	0.00	10	COD	176	2	14
马鞍山钢铁股份有限公司	二氧化硫	1.37	2	烟（粉）尘	0.00	10	氨氮	36	2	14
秦皇岛碧水源环境科技有限公司	氨氮	7.91	2	COD	0.00	10	COD	89	2	14
盘锦北方沥青股份有限公司	氮氧化物	3.12	2	二氧化硫	0.00	10	氮氧化物	46	2	14
焦作煤业集团赵固（新乡）能源有限责任公司	COD	1.50	2	COD	0.00	10	COD	40	2	14
上海振华重工（集团）股份有限公司	氨氮	2.29	2	COD	0.00	10	COD	21	2	14
内蒙古岱海发电有限责任公司	氮氧化物	11.85	2	氮氧化物	0.00	10	氮氧化物	2 160	2	14
山东博汇纸业股份有限公司	二氧化硫	13.83	2	氮氧化物	0.00	10	二氧化硫	70	2	14
哈药集团股份有限公司	二氧化硫	2.36	2	二氧化硫	0.00	10	氮氧化物	17	2	14
衡阳永清环保能源有限公司	氨氮	2.94	2	氮氧化物	0.00	10	氨氮	15	2	14

被参控公司/母公司	企业年度超标率			日均浓度平均超标倍数			最大连续超标时长			在线监测系统得分
	污染物	超标率	得分	污染物	倍数	得分	污染物	超标时长	得分	
郑州煤炭工业（集团）杨河煤业有限公司	COD	1.98	2	COD	0.00	10	COD	29	2	14
四川润尔科技有限公司	氨氮	1.28	2	氨氮	0.00	10	COD	27	2	14
浙江江山化工有限公司	氮氧化物	1.05	2	二氧化硫	0.00	10	氮氧化物	23	2	14
沈阳金山能源股份有限公司	二氧化硫	1.57	2	二氧化硫	0.00	10	二氧化硫	31	2	14
安徽金禾实业股份有限公司	COD	1.02	2	烟（粉）尘	0.00	10	氮氧化物	22	2	14
河南银鸽实业投资股份有限公司	二氧化硫	20.42	2	烟（粉）尘	0.00	10	氮氧化物	62	2	14
四川海思科制药有限公司	COD	1.01	2	COD	0.00	10	COD	14	2	14
唐山中厚板材有限公司	二氧化硫	9.17	2	烟（粉）尘	0.00	10	氮氧化物	18	2	14
富泰华精密电子（郑州）有限公司	COD	1.04	2	COD	0.00	10	COD	48	2	14
东莞市虎门绿源水务有限公司	COD	2.71	2	氨氮	0.00	10	COD	52	2	14
内蒙古包钢庆华煤化工有限公司	氮氧化物	7.39	2	氮氧化物	0.00	10	二氧化硫	55	2	14
内蒙古上都发电有限责任公司	氮氧化物	11.88	2	二氧化硫	0.00	10	烟（粉）尘	39	2	14
兰陵兰清环保能源有限公司	二氧化硫	2.14	2	二氧化硫	0.00	10	氮氧化物	23	2	14
盛隆化工有限公司	二氧化硫	1.05	2	氮氧化物	0.00	10	氮氧化物	22	2	14
漳州旗滨玻璃有限公司	氮氧化物	1.24	2	二氧化硫	0.00	10	氮氧化物	324	2	14
浙江中欣氟材股份有限公司	氨氮	5.09	2	氨氮	0.00	10	氨氮	102	2	14
上汽依维柯红岩商用车有限公司	氨氮	2.62	2	氨氮	0.00	10	氨氮	149	2	14
涿鹿金隅水泥有限公司	氮氧化物	1.33	2	二氧化硫	0.00	10	氮氧化物	14	2	14
东营津膜环保科技有限公司	COD	1.91	2	COD	0.00	10	COD	19	2	14
中冶美利云产业投资股份有限公司	COD	6.00	2	COD	0.00	10	COD	118	2	14
内蒙古京泰发电有限责任公司	烟（粉）尘	52.14	2	烟（粉）尘	0.00	10	烟（粉）尘	5 355	2	14
黄石伊高水务有限公司	氨氮	7.03	2	氨氮	0.00	10	氨氮	80	2	14
凌源钢铁股份有限公司	二氧化硫	1.43	2	氮氧化物	0.00	10	二氧化硫	133	2	14
天伟化工有限公司	烟（粉）尘	5.19	2	氮氧化物	0.00	10	氮氧化物	53	2	14
亚宝药业集团股份有限公司	氨氮	9.57	2	COD	0.00	10	氨氮	14	2	14

被参控公司/母公司	企业年度超标率			日均浓度平均超标倍数			最大连续超标时长			在线监测系统得分
	污染物	超标率	得分	污染物	倍数	得分	污染物	超标时长	得分	
浙江富润印染有限公司	COD	1.04	2	COD	0.00	10	COD	15	2	14
山东丰元化学股份有限公司	COD	1.66	2	氨氮	0.00	10	COD	26	2	14
平乡县瑞盈环境科技有限公司	氨氮	19.76	2	氨氮	0.00	10	氨氮	169	2	14
冀东水泥重庆江津有限责任公司	二氧化硫	2.14	2	二氧化硫	0.00	10	氮氧化物	40	2	14
安徽钱营孜发电有限公司	氮氧化物	2.05	2	氮氧化物	0.00	10	氮氧化物	84	2	14
鄂尔多斯市昊华国泰化工有限公司	氮氧化物	7.42	2	烟（粉）尘	0.00	10	氮氧化物	32	2	14
金正大诺泰尔化学有限公司	二氧化硫	2.43	2	氮氧化物	0.00	10	氨氮	62	2	14
宣汉正原微玻纤有限公司	烟（粉）尘	17.54	2	烟（粉）尘	0.00	10	烟（粉）尘	49	2	14
宜宾金石新材料科技有限公司	二氧化硫	3.86	2	二氧化硫	0.00	10	二氧化硫	71	2	14
内蒙古京能康巴什热电有限公司	二氧化硫	50.22	2	氮氧化物	0.00	10	烟（粉）尘	4 533	2	14
新疆天富垃圾焚烧发电有限责任公司	氮氧化物	2.98	2	氮氧化物	0.00	10	氮氧化物	18	2	14
通化市恒泰热力有限公司	二氧化硫	1.75	2	烟（粉）尘	0.00	10	氮氧化物	20	2	14
中昊晨光化工研究院有限公司	COD	2.15	2	COD	0.00	10	COD	13	2	14
江苏标尚纤维有限公司	氨氮	4.77	2	COD	0.00	10	氨氮	41	2	14
九江明阳电路科技有限公司	COD	1.18	2	氨氮	0.00	10	COD	17	2	14
重庆力帆乘用车有限公司	氨氮	4.35	2	氨氮	0.00	10	氨氮	229	2	14
浙江金鹰股份有限公司	COD	2.35	2	COD	0.00	10	COD	14	2	14
监利旺能环保能源有限公司	二氧化硫	5.38	2	氮氧化物	0.00	10	二氧化硫	72	2	14
咸宁兴民钢圈有限公司	COD	14.19	2	COD	0.00	10	COD	21	2	14
临沂首创水务有限公司	COD	1.44	2	COD	0.00	10	COD	19	2	14
盐城市瓯华化学工业有限公司	氮氧化物	4.78	2	氮氧化物	0.00	10	氮氧化物	20	2	14
珠海方正科技高密电子有限公司	COD	1.94	2	COD	0.00	10	COD	14	2	14
深能保定发电有限公司	氮氧化物	2.59	2	二氧化硫	0.00	10	氮氧化物	42	2	14
陕西黄陵二号煤矿有限公司	氮氧化物	1.50	2	氮氧化物	0.00	10	氮氧化物	32	2	14
富裕桑德佳源水务有限公司	COD	2.27	2	氨氮	0.00	10	COD	19	2	14

被参控公司/母公司	企业年度超标率			日均浓度平均超标倍数			最大连续超标时长			在线监测系统得分
	污染物	超标率	得分	污染物	倍数	得分	污染物	超标时长	得分	
广东宝丽华电力有限公司	氮氧化物	1.75	2	二氧化硫	0.00	10	氮氧化物	70	2	14
海南中航特玻材料有限公司	二氧化硫	2.31	2	烟（粉）尘	0.00	10	烟（粉）尘	31	2	14
贵州拜特制药有限公司	氨氮	6.08	2	氨氮	0.00	10	氨氮	95	2	14
陕西黑猫焦化股份有限公司	二氧化硫	1.15	2	二氧化硫	0.00	10	氮氧化物	24	2	14
内蒙古华宁热电有限公司	氨氮	7.72	2	二氧化硫	0.00	10	COD	17	2	14
冀东水泥璧山有限责任公司	氮氧化物	1.07	2	烟（粉）尘	0.00	10	氮氧化物	19	2	14
阜南绿色东方环保有限公司	二氧化硫	6.21	2	二氧化硫	0.00	10	二氧化硫	31	2	14
四川鸿腾源实业有限公司	COD	1.62	2	烟（粉）尘	0.00	10	COD	17	2	14
三亚凤凰国际机场货运有限公司	COD	1.29	2	COD	0.00	10	COD	21	2	14
天津普林电路股份有限公司	氨氮	10.33	2	氨氮	0.00	10	氨氮	13	2	14
上海石库门酿酒有限公司	COD	1.16	2	氨氮	0.00	10	COD	15	2	14
华新水泥（宜昌）有限公司	二氧化硫	6.29	2	氮氧化物	0.00	10	烟（粉）尘	199	2	14
江西赣锋锂业股份有限公司	烟（粉）尘	8.99	2	氮氧化物	0.00	10	烟（粉）尘	45	2	14
山西太钢不锈钢股份有限公司	氨氮	1.57	2	烟（粉）尘	0.00	10	烟（粉）尘	389	2	14
湖北宜化肥业有限公司	二氧化硫	6.33	2	二氧化硫	0.00	10	二氧化硫	32	2	14
中航三鑫太阳能光电玻璃有限公司	氮氧化物	4.74	2	氮氧化物	0.00	10	氮氧化物	27	2	14
内蒙古国华准格尔发电有限责任公司	氮氧化物	62.71	2	二氧化硫	0.00	10	烟（粉）尘	2 954	2	14
青岛啤酒（甘肃）农垦股份有限公司	COD	32.65	2	COD	0.00	10	氨氮	26	2	14
华能平凉发电有限责任公司	氮氧化物	1.40	2	氮氧化物	0.00	10	氮氧化物	264	2	14
惠阳航空螺旋桨有限责任公司	COD	2.41	2	COD	0.00	10	COD	32	2	14
海南佳德信食品有限公司	COD	2.82	2	COD	0.00	10	COD	28	2	14
沙湾盖瑞乳业有限责任公司	COD	1.42	2	COD	0.00	10	COD	69	2	14
江苏联丰环保产业发展有限公司	COD	1.68	2	COD	0.00	10	COD	27	2	14
浙江瑞博制药有限公司	COD	5.73	2	氨氮	0.00	10	COD	18	2	14
燕京啤酒内蒙古金川有限公司	氨氮	3.80	2	氨氮	0.00	10	氨氮	45	2	14

被参控公司/母公司	企业年度超标率			日均浓度平均超标倍数			最大连续超标时长			在线监测系统得分
	污染物	超标率	得分	污染物	倍数	得分	污染物	超标时长	得分	
江苏维尔利环保科技有限公司	COD	15.38	2	氨氮	0.00	10	氨氮	34	2	14
沈阳华润热电有限公司	氮氧化物	24.61	2	烟（粉）尘	0.00	10	二氧化硫	36	2	14
海南双成药业股份有限公司	氨氮	1.14	2	COD	0.00	10	COD	25	2	14
富平中鲁果蔬汁有限公司	COD	36.57	2	COD	0.00	10	COD	162	2	14
中铁轨道交通装备有限公司	二氧化硫	11.92	2	烟（粉）尘	1.62	6	二氧化硫	7	6	14
浙江向日葵光能科技股份有限公司	氨氮	49.50	2	氨氮	0.00	10	氨氮	277	2	14
中海沥青股份有限公司	氮氧化物	11.29	2	氮氧化物	0.00	10	二氧化硫	1 083	2	14
沈阳石蜡化工有限公司	氮氧化物	3.61	2	氨氮	0.00	10	氨氮	58	2	14
青岛啤酒汉中有限责任公司	氨氮	1.13	2	COD	0.00	10	氨氮	68	2	14
亚泰集团哈尔滨水泥有限公司	氮氧化物	6.31	2	烟（粉）尘	0.00	10	氮氧化物	18	2	14
吉林奇峰化纤股份有限公司	氨氮	17.31	2	烟（粉）尘	0.00	10	烟（粉）尘	695	2	14
西南药业股份有限公司	COD	1.24	2	COD	0.00	10	COD	46	2	14
成都京东方光电科技有限公司	氮氧化物	2.05	2	COD	0.00	10	氨氮	21	2	14
广东长青（集团）满城热电有限公司	氮氧化物	5.47	2	烟（粉）尘	0.00	10	氮氧化物	249	2	14
国投新疆罗布泊钾盐有限责任公司	氮氧化物	1.02	2	烟（粉）尘	0.00	10	氮氧化物	55	2	14
牡丹江恒丰纸业股份有限公司	COD	1.08	2	COD	0.00	10	COD	39	2	14
安徽星马专用汽车有限公司	COD	13.36	2	COD	0.00	10	COD	96	2	14
燕京啤酒（桂林漓泉）股份有限公司	氮氧化物	5.73	2	氮氧化物	0.00	10	氮氧化物	42	2	14
山东华聚能源股份有限公司	二氧化硫	1.36	2	COD	0.00	10	氮氧化物	15	2	14
广东骏亚电子科技股份有限公司	COD	5.02	2	氨氮	0.00	10	COD	15	2	14
洛阳阳光热电有限公司	氮氧化物	1.79	2	氮氧化物	0.00	10	氮氧化物	15	2	14
全椒县清源水务有限公司	COD	1.27	2	氨氮	0.00	10	COD	18	2	14
沈阳焦煤股份有限公司	COD	18.49	2	氨氮	0.00	10	COD	21	2	14
阜新伊利乳品有限责任公司	氨氮	3.50	2	氨氮	0.00	10	氨氮	45	2	14
云南文山铝业有限公司	氮氧化物	40.21	2	二氧化硫	0.00	10	氮氧化物	447	2	14

被参控公司/母公司	企业年度超标率			日均浓度平均超标倍数			最大连续超标时长			在线监测系统得分
	污染物	超标率	得分	污染物	倍数	得分	污染物	超标时长	得分	
河北华泰纸业有限公司	COD	1.17	2	烟（粉）尘	0.00	10	COD	21	2	14
陇南祁连山水泥有限公司	氮氧化物	1.82	2	二氧化硫	0.00	10	烟（粉）尘	122	2	14
华新水泥（襄阳）有限公司	氮氧化物	1.69	2	氮氧化物	0.00	10	氮氧化物	25	2	14
宁夏蓝丰精细化工有限公司	氮氧化物	19.40	2	COD	0.00	10	烟（粉）尘	64	2	14
湖北泰盛化工有限公司	烟（粉）尘	8.47	2	COD	0.00	10	COD	19	2	14
宝泰隆新材料股份有限公司	氮氧化物	1.80	2	氮氧化物	0.00	10	烟（粉）尘	48	2	14
青海盐湖海纳化工有限公司	氮氧化物	2.41	2	COD	0.00	10	烟（粉）尘	118	2	14
保定巨力供热有限公司	二氧化硫	1.39	2	氮氧化物	0.00	10	二氧化硫	36	2	14
山西兰花煤化工有限责任公司	COD	1.17	2	COD	0.00	10	氮氧化物	18	2	14
浙江浙能镇海发电有限责任公司	氮氧化物	1.27	2	二氧化硫	0.00	10	氮氧化物	66	2	14
重庆长安跨越车辆有限公司	COD	1.15	2	COD	0.00	10	COD	28	2	14
中石化中原石油工程有限公司	氮氧化物	8.52	2	氮氧化物	0.00	10	氮氧化物	922	2	14
鹤壁丰鹤发电有限责任公司	氮氧化物	7.71	2	烟（粉）尘	0.00	10	氮氧化物	1 806	2	14
山西焦化股份有限公司	二氧化硫	1.19	2	COD	0.00	10	氮氧化物	19	2	14
南昌桑德象湖水务有限公司	COD	3.29	2	氨氮	0.00	10	COD	62	2	14
新疆美克化工股份有限公司	氮氧化物	1.13	2	COD	0.00	10	氮氧化物	31	2	14
株洲醴陵旗滨玻璃有限公司	氮氧化物	2.20	2	氮氧化物	0.00	10	二氧化硫	94	2	14
河北建投沙河发电有限责任公司	烟（粉）尘	31.65	2	烟（粉）尘	0.00	10	烟（粉）尘	529	2	14
华新水泥（阳新）有限公司	二氧化硫	2.44	2	氮氧化物	0.00	10	二氧化硫	32	2	14
江西九二盐业有限责任公司	氮氧化物	1.74	2	氮氧化物	0.00	10	氮氧化物	28	2	14
华新水泥（云龙）有限公司	烟（粉）尘	7.25	2	二氧化硫	0.00	10	烟（粉）尘	301	2	14
临夏海螺水泥有限责任公司	二氧化硫	0.77	4	烟（粉）尘	0.04	8	烟（粉）尘	27	2	14
中煤平朔集团有限公司	氮氧化物	30.78	2	氨氮	0.00	10	COD	46	2	14
东莞市万江区天地信达水务有限公司	COD	1.08	2	COD	0.00	10	COD	16	2	14
湖北恒丰纸业有限责任公司	COD	19.61	2	氨氮	0.00	10	COD	229	2	14

被参控公司/母公司	企业年度超标率			日均浓度平均超标倍数			最大连续超标时长			在线监测系统得分
	污染物	超标率	得分	污染物	倍数	得分	污染物	超标时长	得分	
青海制药（集团）有限责任公司	氨氮	1.44	2	氨氮	0.00	10	氨氮	17	2	14
山东晨鸣纸业集团股份有限公司	COD	1.26	2	氨氮	0.00	10	COD	16	2	14
南京红太阳生物化学有限责任公司	烟（粉）尘	12.53	2	二氧化硫	0.00	10	烟（粉）尘	66	2	14
杭州华电江东热电有限公司	二氧化硫	1.01	2	氮氧化物	0.00	10	氮氧化物	19	2	14
河北大唐国际丰润热电有限责任公司	氮氧化物	1.10	2	二氧化硫	0.00	10	氮氧化物	37	2	14
新余艾格菲畜牧有限公司	COD	5.94	2	氨氮	0.00	10	COD	154	2	14
方大喜科墨（江苏）针状焦科技有限公司	氮氧化物	7.10	2	二氧化硫	0.00	10	氮氧化物	20	2	14
山东玲珑橡胶科技有限公司	COD	1.37	2	COD	0.00	10	COD	48	2	14
寿县清源水务有限公司	COD	1.25	2	氨氮	0.00	10	COD	21	2	14
浙江圣达生物药业股份有限公司	氨氮	18.10	2	氨氮	0.00	10	氨氮	59	2	14
内蒙古大唐国际托克托发电有限责任公司	氮氧化物	3.52	2	氨氮	0.00	10	氮氧化物	117	2	14
包钢集团固阳矿山有限公司	氮氧化物	49.91	2	烟（粉）尘	0.00	10	烟（粉）尘	576	2	14
河北中煤旭阳焦化有限公司	氮氧化物	4.13	2	氮氧化物	0.00	10	COD	20	2	14
青海盐湖镁业有限公司	氮氧化物	2.13	2	氮氧化物	0.00	10	氮氧化物	23	2	14
阳煤集团深州化工有限公司	COD	1.06	2	二氧化硫	0.00	10	氨氮	15	2	14
中顺洁柔（云浮）纸业有限公司	氨氮	5.39	2	COD	0.00	10	氨氮	147	2	14
邢台国泰发电有限责任公司	二氧化硫	45.90	2	二氧化硫	0.00	10	二氧化硫	1 543	2	14
沈阳新北热电有限责任公司	氮氧化物	9.26	2	氮氧化物	0.00	10	烟（粉）尘	66	2	14
新疆中泰矿冶有限公司	烟（粉）尘	5.31	2	氮氧化物	0.00	10	氮氧化物	19	2	14
大唐河北发电有限公司	二氧化硫	32.88	2	氮氧化物	0.00	10	二氧化硫	1 513	2	14
河南中原黄金冶炼厂有限责任公司	COD	1.71	2	COD	0.00	10	COD	24	2	14
山西大唐国际神头发电有限责任公司	氮氧化物	0.50	4	烟（粉）尘	0.04	8	烟（粉）尘	347	2	14
长阳桑德水务有限公司	氨氮	1.30	2	COD	0.00	10	氨氮	53	2	14
中粮（唐山）糖业有限公司	氮氧化物	2.57	2	COD	0.00	10	烟（粉）尘	173	2	14
邯郸涉县金隅水泥有限公司	氮氧化物	3.01	2	二氧化硫	0.00	10	氮氧化物	67	2	14

被参控公司/母公司	企业年度超标率			日均浓度平均超标倍数			最大连续超标时长			在线监测系统得分
	污染物	超标率	得分	污染物	倍数	得分	污染物	超标时长	得分	
海利贵溪化工农药有限公司	氨氮	2.30	2	烟（粉）尘	0.00	10	COD	164	2	14
广州市新豪精密五金制品有限公司	COD	4.70	2	COD	0.00	10	COD	218	2	14
呼伦贝尔金新化工有限公司	氮氧化物	2.66	2	氮氧化物	0.00	10	氮氧化物	51	2	14
华新水泥（剑川）有限公司	二氧化硫	0.57	4	烟（粉）尘	0.33	8	烟（粉）尘	52	2	14
上海中航光电子有限公司	COD	1.31	2	氨氮	0.00	10	COD	23	2	14
九江标新纤维有限公司	氨氮	1.30	2	氨氮	0.00	10	氨氮	22	2	14
天津静海创业水务有限公司	氨氮	1.03	2	氨氮	0.00	10	氨氮	25	2	14
上汽大众汽车有限公司	COD	2.22	2	COD	0.00	10	氨氮	23	2	14
华新水泥（赤壁）有限公司	烟（粉）尘	6.30	2	烟（粉）尘	0.00	10	二氧化硫	49	2	14
新疆中泰化学托克逊能化有限公司	氮氧化物	1.34	2	氮氧化物	0.00	10	氮氧化物	23	2	14
临涣焦化股份有限公司	二氧化硫	1.36	2	二氧化硫	0.00	10	二氧化硫	59	2	14
包头鹿城水务有限公司	COD	1.48	2	氨氮	0.00	10	COD	14	2	14
上海环城再生能源有限公司	氨氮	15.52	2	COD	0.00	10	氨氮	51	2	14
陕西长青能源化工有限公司	二氧化硫	2.17	2	烟（粉）尘	0.00	10	氮氧化物	23	2	14
重庆钢铁股份有限公司	二氧化硫	1.04	2	氮氧化物	0.00	10	烟（粉）尘	34	2	14
贵州贵酒包装有限公司	COD	11.70	2	COD	0.00	10	COD	50	2	14
中国铝业股份有限公司	氮氧化物	41.43	2	二氧化硫	0.00	10	氮氧化物	8 758	2	14
天水黄河嘉酿啤酒有限公司	COD	1.09	2	COD	0.00	10	COD	17	2	14
四川迈高汽车部件有限公司	COD	3.74	2	氨氮	0.00	10	氨氮	118	2	14
洛玻集团龙门玻璃有限责任公司	氮氧化物	1.27	2	二氧化硫	0.00	10	烟（粉）尘	27	2	14
衡阳华亚玻璃制品有限公司	氮氧化物	38.68	2	烟（粉）尘	0.00	10	氮氧化物	273	2	14
湖北奥瑞金饮料工业有限公司	COD	10.29	2	氨氮	0.00	10	COD	242	2	14
中盐青海昆仑碱业有限公司	二氧化硫	3.16	2	二氧化硫	0.00	10	二氧化硫	102	2	14
华西能源张掖生物质发电有限公司	氮氧化物	12.75	2	氮氧化物	0.00	10	氮氧化物	36	2	14
华新水泥（长阳）有限公司	二氧化硫	28.64	2	氮氧化物	0.00	10	二氧化硫	408	2	14

被参控公司/母公司	企业年度超标率			日均浓度平均超标倍数			最大连续超标时长			在线监测系统得分
	污染物	超标率	得分	污染物	倍数	得分	污染物	超标时长	得分	
乾县海螺水泥有限责任公司	氮氧化物	1.20	2	二氧化硫	0.00	10	氮氧化物	18	2	14
河北华药环境保护研究所有限公司	氨氮	4.12	2	氨氮	0.00	10	氨氮	18	2	14
四川岷江电化有限公司	烟（粉）尘	14.97	2	烟（粉）尘	0.00	10	氮氧化物	48	2	14
广西凌云通鸿水泥有限公司	氮氧化物	1.19	2	氮氧化物	0.11	8	氮氧化物	7	4	14
古交西山发电有限公司	氮氧化物	1.50	2	烟（粉）尘	0.00	10	氮氧化物	17	2	14
淮南淮清环保有限公司	COD	1.60	2	COD	0.00	10	COD	19	2	14
枣庄市同安水务有限公司	COD	1.49	2	COD	0.00	10	COD	40	2	14
广安北新建材有限公司	氮氧化物	25.16	2	氮氧化物	0.00	10	氮氧化物	158	2	14
浙江迪邦化工有限公司	氨氮	3.81	2	COD	0.00	10	氨氮	17	2	14
济宁黑猫炭黑有限责任公司	氮氧化物	70.59	2	氮氧化物	0.17	8	氮氧化物	385	2	12
甘肃成纪生物药业有限公司	COD	52.21	2	COD	0.02	8	COD	26	2	12
山西兰花丹峰化工股份有限公司	二氧化硫	1.73	2	氮氧化物	0.05	8	二氧化硫	39	2	12
邵阳市云峰新能源科技有限公司	二氧化硫	2.10	2	烟（粉）尘	0.67	6	二氧化硫	12	4	12
河北涿州京源热电有限责任公司	氮氧化物	2.28	2	烟（粉）尘	0.13	8	氮氧化物	60	2	12
中铝集团山西交口兴华科技股份有限公司	二氧化硫	7.17	2	烟（粉）尘	0.22	8	二氧化硫	77	2	12
冀东水泥重庆合川有限责任公司	烟（粉）尘	1.08	4	二氧化硫	5.62	2	烟（粉）尘	8	6	12
台州市前进化工有限公司	COD	54.34	2	COD	0.00	8	COD	302	2	12
生益电子股份有限公司	COD	17.72	2	COD	0.08	8	COD	28	2	12
新疆阜康天山水泥有限责任公司	氮氧化物	1.58	2	烟（粉）尘	0.18	8	烟（粉）尘	234	2	12
华能北京热电有限责任公司	烟（粉）尘	75.98	2	烟（粉）尘	0.33	8	氮氧化物	69	2	12
河北西柏坡第二发电有限责任公司	二氧化硫	0.38	4	二氧化硫	0.45	6	氮氧化物	20	2	12
贵州信邦制药股份有限公司	氮氧化物	1.32	2	COD	0.19	8	COD	428	2	12
本钢板材股份有限公司	二氧化硫	28.56	2	二氧化硫	0.26	8	烟（粉）尘	915	2	12
华新水泥（秭归）有限公司	氮氧化物	76.40	2	氮氧化物	0.04	8	氮氧化物	195	2	12
林州市林丰铝电有限责任公司	二氧化硫	62.23	2	二氧化硫	0.05	8	烟（粉）尘	2 644	2	12

被参控公司/母公司	企业年度超标率			日均浓度平均超标倍数			最大连续超标时长			在线监测系统得分
	污染物	超标率	得分	污染物	倍数	得分	污染物	超标时长	得分	
中天合创能源有限责任公司	二氧化硫	3.25	2	氮氧化物	0.01	8	氨氮	14	2	12
新疆天龙矿业股份有限公司	氮氧化物	2.20	2	烟（粉）尘	0.03	8	氮氧化物	93	2	12
濮阳市中炜精细化工有限公司	氮氧化物	1.86	2	烟（粉）尘	0.26	8	氮氧化物	16	2	12
浙江银轮机械股份有限公司	氨氮	100.00	2	氨氮	0.35	8	氨氮	345	2	12
中粮生化能源（公主岭）有限公司	二氧化硫	0.57	4	烟（粉）尘	1.40	6	二氧化硫	35	2	12
福州天楹环保能源有限公司	烟（粉）尘	0.31	6	氮氧化物	10.54	2	烟（粉）尘	17	4	12
河北华电石家庄热电有限公司	二氧化硫	3.63	2	二氧化硫	0.03	8	氮氧化物	389	2	12
隆安海螺水泥有限责任公司	氮氧化物	0.78	4	烟（粉）尘	0.78	6	烟（粉）尘	151	2	12
天津国投津能发电有限公司	氮氧化物	1.41	2	烟（粉）尘	0.25	8	烟（粉）尘	214	2	12
唐钢青龙炉料有限公司	烟（粉）尘	47.15	2	二氧化硫	0.07	8	烟（粉）尘	854	2	12
江西洪城水业环保有限公司	COD	1.61	2	COD	0.17	8	COD	32	2	12
上海申能崇明发电有限公司	氮氧化物	10.35	2	氮氧化物	0.00	8	氮氧化物	18	2	12
中国水电建设集团圣达水电有限公司	二氧化硫	41.46	2	二氧化硫	0.07	8	二氧化硫	1 043	2	12
沧州正元化肥有限公司	二氧化硫	39.10	2	氮氧化物	0.08	8	二氧化硫	276	2	12
沈阳浑南热力有限责任公司	二氧化硫	1.21	2	氮氧化物	0.15	8	氮氧化物	111	2	12
贵州芭田生态工程有限公司	烟（粉）尘	14.76	2	烟（粉）尘	0.05	8	烟（粉）尘	222	2	12
河北国华定州发电有限责任公司	氮氧化物	0.16	6	烟（粉）尘	5.53	4	氮氧化物	27	2	12
河北大唐国际唐山热电有限责任公司	二氧化硫	47.56	2	二氧化硫	0.09	8	二氧化硫	1 000	2	12
绥中发电有限责任公司	烟（粉）尘	6.99	2	烟（粉）尘	0.36	8	二氧化硫	78	2	12
湖南辰州矿业有限责任公司	烟（粉）尘	43.39	2	烟（粉）尘	0.08	8	烟（粉）尘	513	2	12
山西漳电大唐热电有限公司	烟（粉）尘	21.72	2	氮氧化物	0.08	8	烟（粉）尘	503	2	12
国电河北龙山发电有限责任公司	二氧化硫	44.23	2	二氧化硫	0.10	8	二氧化硫	1 713	2	12
宜都兴发化工有限公司	氨氮	1.63	2	二氧化硫	0.24	8	二氧化硫	1 608	2	12
嘉峪关索通炭材料有限公司	二氧化硫	35.22	2	二氧化硫	0.21	8	二氧化硫	1 522	2	12
河南豫光金铅股份有限公司	二氧化硫	3.25	2	烟（粉）尘	0.31	8	烟（粉）尘	6 562	2	12

被参控公司/母公司	企业年度超标率			日均浓度平均超标倍数			最大连续超标时长			在线监测系统得分
	污染物	超标率	得分	污染物	倍数	得分	污染物	超标时长	得分	
辽宁调兵山煤矸石发电有限责任公司	二氧化硫	0.40	4	二氧化硫	0.67	6	氮氧化物	13	2	12
东北制药集团供销有限公司	二氧化硫	27.10	2	氮氧化物	0.17	8	氮氧化物	850	2	12
宝山钢铁股份有限公司	二氧化硫	33.19	2	二氧化硫	0.14	8	氮氧化物	7 412	2	12
中粮生化能源（榆树）有限公司	烟（粉）尘	0.64	6	烟（粉）尘	64.60	2	烟（粉）尘	14	4	12
承德龙新热力有限责任公司	氮氧化物	58.72	2	二氧化硫	0.06	8	二氧化硫	45	2	12
哈密天山水泥有限责任公司	烟（粉）尘	1.95	4	烟（粉）尘	0.81	6	烟（粉）尘	129	2	12
葵花药业集团（唐山）生物制药有限公司	COD	0.61	4	COD	6 589.66	2	COD	6	6	12
淮南矿业集团发电有限责任公司	COD	17.64	2	二氧化硫	0.26	8	COD	16	2	12
华能国际电力股份有限公司	氮氧化物	1.38	2	氨氮	0.23	8	氮氧化物	13	2	12
山西兰花科技创业股份有限公司	氮氧化物	2.17	2	烟（粉）尘	0.43	8	氮氧化物	42	2	12
重庆三圣实业股份有限公司	烟（粉）尘	14.65	2	烟（粉）尘	0.24	8	烟（粉）尘	46	2	12
广西梧州制药（集团）股份有限公司	二氧化硫	5.84	2	氮氧化物	0.00	8	氮氧化物	19	2	12
河南神火煤电股份有限公司	二氧化硫	11.61	2	二氧化硫	0.71	6	烟（粉）尘	1 073	2	10
朝阳远达环保水务有限公司	COD	24.16	2	COD	0.46	6	氨氮	166	2	10
山西西山热电有限责任公司	氮氧化物	38.38	2	氮氧化物	0.25	6	二氧化硫	44	2	10
赣州海螺水泥有限责任公司	氮氧化物	1.31	2	烟（粉）尘	1.04	6	氮氧化物	26	2	10
郑州加加味业有限公司	氨氮	100.00	2	氨氮	0.62	6	氨氮	5 290	2	10
衡水恒兴发电有限责任公司	二氧化硫	39.12	2	二氧化硫	0.40	6	二氧化硫	1 676	2	10
盐城新宇辉丰环保科技有限公司	氮氧化物	6.99	2	二氧化硫	0.50	6	烟（粉）尘	56	2	10
中国石油天然气股份有限公司	氮氧化物	27.88	2	烟（粉）尘	0.81	6	二氧化硫	43	2	10
甘肃酒钢集团宏兴钢铁股份有限公司	二氧化硫	22.31	2	二氧化硫	0.72	6	二氧化硫	745	2	10
华电国际电力股份有限公司	二氧化硫	1.45	2	烟（粉）尘	1.17	6	COD	13	2	10
吉林敖东工业园公用资产管理有限公司	COD	1.14	2	烟（粉）尘	0.56	6	氨氮	27	2	10
华新水泥（迪庆）有限公司	二氧化硫	2.31	2	烟（粉）尘	0.88	6	烟（粉）尘	183	2	10
金隆铜业有限公司	氮氧化物	1.66	2	烟（粉）尘	0.99	6	氮氧化物	34	2	10

被参控公司/母公司	企业年度超标率			日均浓度平均超标倍数			最大连续超标时长			在线监测系统得分
	污染物	超标率	得分	污染物	倍数	得分	污染物	超标时长	得分	
嘉峪关索通预焙阳极有限公司	二氧化硫	46.65	2	二氧化硫	0.41	6	二氧化硫	3 228	2	10
国投北部湾发电有限公司	氮氧化物	1.07	2	烟（粉）尘	1.74	6	烟（粉）尘	49	2	10
中国华电集团哈尔滨发电有限公司	氮氧化物	9.21	2	二氧化硫	0.44	6	烟（粉）尘	166	2	10
台州市振港染料化工有限公司	COD	83.85	2	COD	0.29	6	COD	104	2	10
华能沁北发电有限责任公司	氨氮	5.93	2	COD	0.47	6	氮氧化物	458	2	10
韶能集团韶关市日升生物质发电有限公司	烟（粉）尘	100.00	2	氮氧化物	0.34	6	烟（粉）尘	57	2	10
山西华圣铝业有限公司	烟（粉）尘	14.96	2	二氧化硫	0.33	6	二氧化硫	4 100	2	10
吉林华微电子股份有限公司	氨氮	1.86	2	氮氧化物	1.40	4	氮氧化物	9	4	10
通威（海南）水产食品有限公司	氨氮	99.72	2	氨氮	4.21	6	氨氮	241	2	10
河北衡丰发电有限责任公司	二氧化硫	49.65	2	二氧化硫	0.67	6	二氧化硫	3 292	2	10
辽宁大唐国际沈抚热力有限责任公司	氮氧化物	99.57	2	氮氧化物	0.46	6	氮氧化物	149	2	10
山西阳煤丰喜肥业（集团）有限责任公司	氮氧化物	1.66	2	二氧化硫	0.35	6	烟（粉）尘	382	2	10
阳春海螺水泥有限责任公司	二氧化硫	1.71	2	烟（粉）尘	1.02	6	二氧化硫	29	2	10
内蒙古君正化工有限责任公司	二氧化硫	58.86	2	二氧化硫	0.90	6	COD	34	2	10
华能营口仙人岛热电有限责任公司	二氧化硫	15.78	2	二氧化硫	0.97	6	烟（粉）尘	64	2	10
高密万仁热电有限公司	二氧化硫	1.01	2	氮氧化物	0.28	6	烟（粉）尘	36	2	10
华新水泥（武穴）有限公司	二氧化硫	0.85	4	烟（粉）尘	4.26	4	烟（粉）尘	34	2	10
浙江海翔药业股份有限公司	COD	75.00	2	COD	0.22	6	COD	195	2	10
国电电力酒泉热力有限公司	氮氧化物	2.60	2	烟（粉）尘	0.99	6	二氧化硫	139	2	10
江西万年青水泥股份有限公司	氮氧化物	1.05	2	烟（粉）尘	1.52	6	二氧化硫	51	2	10
国中（秦皇岛）污水处理有限公司	COD	47.52	2	COD	0.25	6	COD	513	2	10
兴安海螺水泥有限责任公司	氮氧化物	1.15	2	烟（粉）尘	4.43	4	氮氧化物	97	2	8
瑞泰科技股份有限公司	二氧化硫	1.27	2	氮氧化物	7.80	2	烟（粉）尘	11	4	8
承德中滦煤化工有限公司	烟（粉）尘	10.90	2	二氧化硫	2.00	4	烟（粉）尘	382	2	8
中国石油化工股份有限公司	氮氧化物	41.14	2	二氧化硫	1.30	4	氮氧化物	110	2	8

被参控公司/母公司	企业年度超标率			日均浓度平均超标倍数			最大连续超标时长			在线监测系统得分
	污染物	超标率	得分	污染物	倍数	得分	污染物	超标时长	得分	
江苏洋河酒厂股份有限公司	氨氮	3.87	2	氨氮	534 774.00	2	氨氮	10	4	8
天津华电南疆热电有限公司	二氧化硫	51.43	2	氮氧化物	0.71	4	氮氧化物	18	2	8
大同煤矿集团财务有限责任公司	二氧化硫	94.04	2	氮氧化物	0.58	4	氮氧化物	144	2	8
水城海螺盘江水泥有限责任公司	二氧化硫	2.04	2	烟（粉）尘	2.03	4	烟（粉）尘	183	2	8
双钱集团（重庆）轮胎有限公司	二氧化硫	1.52	2	烟（粉）尘	4.12	4	二氧化硫	94	2	8
甘肃大唐国际连城发电有限责任公司	二氧化硫	12.19	2	烟（粉）尘	4.06	4	二氧化硫	266	2	8
宁夏赛马水泥有限公司	烟（粉）尘	45.46	2	烟（粉）尘	5.54	4	烟（粉）尘	3 114	2	8
扶绥新宁海螺水泥有限责任公司	二氧化硫	2.70	2	烟（粉）尘	2.28	4	烟（粉）尘	387	2	8
辽宁大唐国际沈东热电有限责任公司	氮氧化物	2.35	2	二氧化硫	3.55	4	二氧化硫	115	2	8
甘肃宏汇能源化工有限公司	烟（粉）尘	24.02	2	烟（粉）尘	3.44	4	烟（粉）尘	420	2	8
河北建投任丘热电有限责任公司	二氧化硫	27.32	2	二氧化硫	1.03	4	二氧化硫	591	2	8
宜昌宜化太平洋热电有限公司	氮氧化物	30.31	2	二氧化硫	1.15	4	二氧化硫	640	2	8
冀东水泥铜川有限公司	氮氧化物	2.00	2	烟（粉）尘	67.48	2	氮氧化物	11	4	8
重庆华新地维水泥有限公司	氮氧化物	47.74	2	氮氧化物	1.96	4	氮氧化物	4 026	2	8
浙江盛元化纤有限公司	氮氧化物	2.22	2	二氧化硫	2.57	4	氮氧化物	156	2	8
大庆龙唐供热有限公司	烟（粉）尘	18.75	2	烟（粉）尘	4.27	4	烟（粉）尘	142	2	8
贵定海螺盘江水泥有限责任公司	氮氧化物	1.76	2	氮氧化物	0.51	4	烟（粉）尘	78	2	8
江苏国信如东生物质发电有限公司	二氧化硫	6.83	2	氮氧化物	2.53	4	烟（粉）尘	120	2	8
华新贵州顶效特种水泥有限公司	二氧化硫	1.75	2	烟（粉）尘	2.20	4	烟（粉）尘	32	2	8
新疆八一钢铁股份有限公司	二氧化硫	4.45	2	烟（粉）尘	5.02	4	烟（粉）尘	106	2	8
新疆新冶能源化工股份有限公司	二氧化硫	22.65	2	烟（粉）尘	9.56	4	烟（粉）尘	433	2	8
新疆昕昊达矿业有限责任公司	二氧化硫	48.40	2	二氧化硫	4.78	4	二氧化硫	1 088	2	8
山西华兴铝业有限公司	烟（粉）尘	54.49	2	烟（粉）尘	6.60	4	烟（粉）尘	681	2	8
喀什天山水泥有限责任公司	氮氧化物	2.42	2	烟（粉）尘	3.11	4	氮氧化物	17	2	8
鞍钢集团朝阳钢铁有限公司	二氧化硫	7.65	2	烟（粉）尘	2.35	4	氮氧化物	147	2	8

被参控公司/母公司	企业年度超标率			日均浓度平均超标倍数			最大连续超标时长			在线监测系统得分
	污染物	超标率	得分	污染物	倍数	得分	污染物	超标时长	得分	
国惠环保新能源有限公司	烟（粉）尘	20.86	2	烟（粉）尘	3.69	4	烟（粉）尘	90	2	8
国电新疆红雁池发电有限公司	烟（粉）尘	30.35	2	二氧化硫	1.23	4	烟（粉）尘	904	2	8
山东海化盛兴热电有限公司	烟（粉）尘	5.26	2	烟（粉）尘	6.36	4	烟（粉）尘	25	2	8
神华四川能源有限责任公司	二氧化硫	49.08	2	二氧化硫	3.69	4	烟（粉）尘	518	2	8
北流海螺水泥有限责任公司	氮氧化物	2.48	2	烟（粉）尘	6.26	4	氮氧化物	106	2	8
神华神东电力有限责任公司	氮氧化物	5.39	2	烟（粉）尘	4.15	4	烟（粉）尘	275	2	8
洪雅凯迪绿色能源开发有限公司	氮氧化物	3.54	2	烟（粉）尘	9.05	4	烟（粉）尘	305	2	8
沈阳亨通能源有限公司	氮氧化物	40.02	2	烟（粉）尘	4.23	4	二氧化硫	45	2	8
华润电力唐山丰润有限公司	二氧化硫	26.07	2	二氧化硫	2.20	4	烟（粉）尘	31	2	8
中铝山西新材料有限公司	二氧化硫	48.69	2	氮氧化物	1.80	4	氨氮	457	2	8
河北华电石家庄鹿华热电有限公司	二氧化硫	48.90	2	二氧化硫	1.89	4	二氧化硫	2 088	2	8
库尔勒新隆热力有限责任公司	二氧化硫	48.20	2	烟（粉）尘	5.47	4	二氧化硫	1 350	2	8
包头东华热电有限公司	氮氧化物	20.69	2	二氧化硫	3.12	4	二氧化硫	5 832	2	8
广东惠州天然气发电有限公司	二氧化硫	5.66	2	烟（粉）尘	7.36	4	二氧化硫	33	2	8
洛浦天山水泥有限责任公司	氮氧化物	8.39	2	二氧化硫	1.92	4	二氧化硫	34	2	8
沧州大化 TDI 有限责任公司	氮氧化物	64.66	2	氮氧化物	2.50	4	COD	20	2	8
河北华电石家庄裕华热电有限公司	氮氧化物	51.92	2	氮氧化物	2.14	4	氮氧化物	2 377	2	8
京能（赤峰）能源发展有限公司	烟（粉）尘	6.01	2	烟（粉）尘	9.66	4	烟（粉）尘	464	2	8
秦皇岛秦热发电有限责任公司	烟（粉）尘	16.89	2	烟（粉）尘	2.64	4	烟（粉）尘	641	2	8
中煤新集能源股份有限公司	烟（粉）尘	45.93	2	二氧化硫	1.06	4	二氧化硫	325	2	8
天津太钢天管不锈钢有限公司	烟（粉）尘	22.50	2	烟（粉）尘	3.43	4	二氧化硫	26	2	8
大亚木业（茂名）有限公司	烟（粉）尘	100.00	2	氮氧化物	1.83	4	烟（粉）尘	55	2	8
浙江九洲药业股份有限公司	COD	98.35	2	COD	0.82	4	COD	175	2	8
江西乐浩综合利用电业有限公司	氮氧化物	15.07	2	二氧化硫	12.71	2	氮氧化物	52	2	6
上海华峰超纤材料股份有限公司	氮氧化物	28.47	2	氨氮	12.46	2	氮氧化物	67	2	6

被参控公司/母公司	企业年度超标率			日均浓度平均超标倍数			最大连续超标时长			在线监测系统得分
	污染物	超标率	得分	污染物	倍数	得分	污染物	超标时长	得分	
克州天山水泥有限责任公司	二氧化硫	33.85	2	二氧化硫	30.61	2	氮氧化物	277	2	6
湖南重庆啤酒国人有限责任公司	COD	1.35	2	二氧化硫	11.41	2	COD	23	2	6
景德镇欧神诺陶瓷有限公司	氮氧化物	11.27	2	二氧化硫	33.30	2	氮氧化物	400	2	6
山西西山煤气化有限责任公司	二氧化硫	3.45	2	氨氮	29 817.11	2	COD	25	2	6
宜宾纸业股份有限公司	烟（粉）尘	19.70	2	烟（粉）尘	105.35	2	二氧化硫	615	2	6
内蒙古丰电能源发电有限责任公司	氮氧化物	2.67	2	烟（粉）尘	54 738.24	2	烟（粉）尘	47	2	6
营口长宜热力有限公司	二氧化硫	5.89	2	二氧化硫	8.13	2	氮氧化物	355	2	6
华润电力（六枝）有限公司	二氧化硫	37.99	2	二氧化硫	16.74	2	二氧化硫	3 009	2	6
沈阳市第二热力供暖公司	二氧化硫	4.62	2	烟（粉）尘	26.36	2	氮氧化物	16	2	6
长春亚泰热力有限责任公司	氮氧化物	54.17	2	烟（粉）尘	18.52	2	氮氧化物	24	2	6
华新水泥（黄石）有限公司	氮氧化物	3.45	2	烟（粉）尘	16.99	2	烟（粉）尘	43	2	6
金堆城钼业股份有限公司	二氧化硫	1.63	2	烟（粉）尘	313.00	2	COD	22	2	6
阜新金山煤矸石热电有限公司	烟（粉）尘	9.51	2	烟（粉）尘	35.45	2	烟（粉）尘	1 935	2	6
贵州枫阳液压有限责任公司	COD	78.45	2	COD	1.25	2	COD	613	2	6
淮南市凯迪绿色能源开发有限公司	氮氧化物	55.17	2	二氧化硫	14.95	2	烟（粉）尘	267	2	6
浙江天台药业有限公司	氨氮	100.00	2	氨氮	—	2	氨氮	345	2	6
吉林怡达化工有限公司	二氧化硫	31.27	2	烟（粉）尘	16.64	2	二氧化硫	76	2	6
甘肃厂坝有色金属有限责任公司	烟（粉）尘	40.68	2	烟（粉）尘	12.00	2	烟（粉）尘	45	2	6
大唐武安发电有限公司	二氧化硫	50.37	2	二氧化硫	10.08	2	烟（粉）尘	84	2	6
建投邢台热电有限责任公司	二氧化硫	50.92	2	二氧化硫	42.76	2	二氧化硫	1 616	2	6
内蒙古包钢钢联股份有限公司	氨氮	2.12	2	烟（粉）尘	16.10	2	氮氧化物	6 034	2	6
阳煤集团寿阳化工有限责任公司	氨氮	1.20	2	氮氧化物	3.16	2	二氧化硫	41	2	6
浙江凯恩特种纸业有限公司	COD	100.00	2	COD	—	2	COD	8 458	2	6
广东粤电大埔发电有限公司	氮氧化物	1.31	2	氮氧化物	83.20	2	氮氧化物	15	2	6
国电电力朝阳热电有限公司	二氧化硫	34.72	2	烟（粉）尘	12.11	2	烟（粉）尘	498	2	6

被参控公司/母公司	企业年度超标率			日均浓度平均超标倍数			最大连续超标时长			在线监测系统得分
	污染物	超标率	得分	污染物	倍数	得分	污染物	超标时长	得分	
重庆大唐国际石柱发电有限责任公司	二氧化硫	3.91	2	氮氧化物	20.44	2	氮氧化物	70	2	6
濮阳市濮耐功能材料有限公司	二氧化硫	1.48	2	烟（粉）尘	62.64	2	烟（粉）尘	33	2	6
华能罗源发电有限责任公司	二氧化硫	4.35	2	氮氧化物	15.35	2	烟（粉）尘	60	2	6
同煤大唐塔山煤矿有限公司	烟（粉）尘	54.95	2	二氧化硫	7.77	2	COD	50	2	6
兖矿集团唐村实业有限公司	氨氮	85.64	2	氨氮	30.53	2	氨氮	2 626	2	6
贵州兴义电力发展有限公司	二氧化硫	45.39	2	烟（粉）尘	82.49	2	二氧化硫	1 134	2	6
东方航空食品投资有限公司	氨氮	100.00	2	氨氮	—	2	氨氮	176	2	6
广东塔牌集团股份有限公司	二氧化硫	2.64	2	二氧化硫	102.24	2	烟（粉）尘	112	2	6
北京顺鑫农业股份有限公司	COD	4.75	2	氨氮	109.78	2	氨氮	49	2	6
江陵县凯迪绿色能源开发有限公司	二氧化硫	3.19	2	烟（粉）尘	48.02	2	烟（粉）尘	302	2	6
辽宁际华三五二三特种装备有限公司	氮氧化物	3.30	2	烟（粉）尘	19.72	2	二氧化硫	65	2	6
大唐清苑热电有限公司	二氧化硫	38.52	2	二氧化硫	30.37	2	二氧化硫	1 314	2	6
深圳市海滨制药有限公司	氨氮	100.00	2	氨氮	—	2	氨氮	153	2	6
蚌埠市凯迪绿色能源开发有限公司	烟（粉）尘	100.00	2	氮氧化物	3.13	2	氮氧化物	145	2	6
天津大唐国际盘山发电有限责任公司	氮氧化物	4.61	2	二氧化硫	8.91	2	氮氧化物	96	2	6

表 B.2 排污许可系统得分情况统计表

被参控公司/母公司	月报				季报				半年报				年报				执行报告得分	排污许可系统得分
	应发	实发	比例	得分	应发	实发	比例	得分	应发	实发	比例	得分	应发	实发	比例	得分		
贵州水城瑞安水泥有限公司	0	0	1.00	2.5	4	4	1.00	2.5	0	0	1.00	2.5	1	1	1.00	2.5	10	10
山东先达农化股份有限公司	0	0	1.00	2.5	4	4	1.00	2.5	1	1	1.00	2.5	0	0	1.00	2.5	10	10
深能保定发电有限公司	12	12	1.00	2.5	4	4	1.00	2.5	0	0	1.00	2.5	1	1	1.00	2.5	10	10
华润电力唐山丰润有限公司	0	12	1.00	2.5	0	4	1.00	2.5	0	0	1.00	2.5	1	1	1.00	2.5	10	10
南京红太阳生物化学有限责任公司	0	0	1.00	2.5	4	4	1.00	2.5	1	1	1.00	2.5	0	0	1.00	2.5	10	10
中粮屯河北海糖业有限公司	0	12	1.00	2.5	4	4	1.00	2.5	1	1	1.00	2.5	0	0	1.00	2.5	10	10
浙江山鹰纸业有限公司	0	12	1.00	2.5	4	4	1.00	2.5	1	1	1.00	2.5	0	0	1.00	2.5	10	10
千阳海螺水泥有限责任公司	0	0	1.00	2.5	4	4	1.00	2.5	0	0	1.00	2.5	1	1	1.00	2.5	10	10
浙江富润印染有限公司	0	12	1.00	2.5	4	4	1.00	2.5	1	1	1.00	2.5	0	0	1.00	2.5	10	10
山西普德药业有限公司	0	0	1.00	2.5	4	4	1.00	2.5	0	0	1.00	2.5	0	0	1.00	2.5	10	10
福建省海峡水泥股份有限公司	0	0	1.00	2.5	4	4	1.00	2.5	1	1	1.00	2.5	0	0	1.00	2.5	10	10
中国石化上海石油化工股份有限公司	0	12	1.00	2.5	4	4	1.00	2.5	1	1	1.00	2.5	0	0	1.00	2.5	10	10
天津华电南疆热电有限公司	0	0	1.00	2.5	4	4	1.00	2.5	0	0	1.00	2.5	1	1	1.00	2.5	10	10
上海申能临港燃机发电有限公司	0	12	1.00	2.5	4	4	1.00	2.5	0	0	1.00	2.5	1	1	1.00	2.5	10	10
淮北新源热电有限公司	0	12	1.00	2.5	4	4	1.00	2.5	1	1	1.00	2.5	0	0	1.00	2.5	10	10
天津天士力圣特制药有限公司	0	0	1.00	2.5	3	4	1.33	2.5	0	0	1.00	2.5	1	1	1.00	2.5	10	10
广东天普生化医药股份有限公司	12	12	1.00	2.5	4	4	1.00	2.5	1	1	1.00	2.5	0	0	1.00	2.5	10	10
河北南玻玻璃有限公司	0	12	1.00	2.5	4	4	1.00	2.5	0	0	1.00	2.5	1	1	1.00	2.5	10	10

被参控公司/母公司	月报				季报				半年报				年报				执行报告得分	排污许可系统得分
	应发	实发	比例	得分	应发	实发	比例	得分	应发	实发	比例	得分	应发	实发	比例	得分		
江苏联发环保新能源有限公司	0	0	1.00	2.5	4	4	1.00	2.5	1	1	1.00	2.5	0	0	1.00	2.5	10	10
太原狮头水泥股份有限公司	0	9	1.00	2.5	4	4	1.00	2.5	1	1	1.00	2.5	0	0	1.00	2.5	10	10
丹东金山热电有限公司	0	0	1.00	2.5	0	4	1.00	2.5	0	0	1.00	2.5	1	1	1.00	2.5	10	10
神华准格尔能源有限责任公司	0	5	1.00	2.5	4	4	1.00	2.5	1	1	1.00	2.5	0	0	1.00	2.5	10	10
左权金隅水泥有限公司	0	0	1.00	2.5	4	4	1.00	2.5	1	1	1.00	2.5	0	0	1.00	2.5	10	10
华能重庆两江燃机发电有限责任公司	12	12	1.00	2.5	0	4	1.00	2.5	0	0	1.00	2.5	0	1	1.00	2.5	10	10
内蒙古大唐国际呼和浩特热电有限责任公司	0	12	1.00	2.5	4	4	1.00	2.5	0	0	1.00	2.5	0	0	1.00	2.5	10	10
天津泰达能源发展有限责任公司	0	6	1.00	2.5	3	3	1.00	2.5	0	0	1.00	2.5	1	1	1.00	2.5	10	10
寿光美伦纸业有限责任公司	0	12	1.00	2.5	0	4	1.00	2.5	1	1	1.00	2.5	0	0	1.00	2.5	10	10
国投新疆罗布泊钾盐有限责任公司	0	12	1.00	2.5	4	4	1.00	2.5	0	1	1.00	2.5	0	0	1.00	2.5	10	10
深圳市合力通电子有限公司	0	12	1.00	2.5	4	4	1.00	2.5	1	1	1.00	2.5	0	0	1.00	2.5	10	10
嵊州雅戈尔毛纺织有限公司	0	1	1.00	2.5	4	4	1.00	2.5	0	0	1.00	2.5	1	1	1.00	2.5	10	10
福建晋江天然气发电有限公司	0	6	1.00	2.5	4	4	1.00	2.5	0	0	1.00	2.5	1	1	1.00	2.5	10	10
上海外高桥第三发电有限责任公司	12	12	1.00	2.5	4	4	1.00	2.5	1	1	1.00	2.5	0	0	1.00	2.5	10	10
恒力石化（大连）有限公司	0	12	1.00	2.5	4	4	1.00	2.5	1	1	1.00	2.5	0	0	1.00	2.5	10	10
国电电力酒泉发电有限公司	0	12	1.00	2.5	0	4	1.00	2.5	1	1	1.00	2.5	0	0	1.00	2.5	10	10
济宁海螺水泥有限责任公司	0	0	1.00	2.5	4	4	1.00	2.5	0	0	1.00	2.5	1	1	1.00	2.5	10	10
锦州奥鸿药业有限责任公司	12	12	1.00	2.5	4	4	1.00	2.5	0	0	1.00	2.5	1	1	1.00	2.5	10	10
华新红塔水泥（景洪）有限公司	0	12	1.00	2.5	4	4	1.00	2.5	0	0	1.00	2.5	1	1	1.00	2.5	10	10
国电深能四川华蓥山发电有限公司	0	0	1.00	2.5	4	4	1.00	2.5	1	1	1.00	2.5	0	0	1.00	2.5	10	10

被参控公司/母公司	月报				季报				半年报				年报				执行报告得分	排污许可系统得分
	应发	实发	比例	得分	应发	实发	比例	得分	应发	实发	比例	得分	应发	实发	比例	得分		
云南天安化工有限公司	12	12	1.00	2.5	4	4	1.00	2.5	1	1	1.00	2.5	0	0	1.00	2.5	10	10
山东东岳氟硅材料有限公司	0	12	1.00	2.5	2	4	2.00	2.5	0	0	1.00	2.5	1	1	1.00	2.5	10	10
内蒙古大唐国际托克托发电有限责任公司	0	12	1.00	2.5	4	4	1.00	2.5	0	0	1.00	2.5	0	0	1.00	2.5	10	10
联化科技股份有限公司	0	12	1.00	2.5	3	4	1.33	2.5	0	0	1.00	2.5	1	1	1.00	2.5	10	10
吐鲁番天山水泥有限责任公司	0	0	1.00	2.5	4	4	1.00	2.5	1	1	1.00	2.5	0	0	1.00	2.5	10	10
华能大庆热电有限公司	0	12	1.00	2.5	4	4	1.00	2.5	1	1	1.00	2.5	0	0	1.00	2.5	10	10
易门铜业有限公司	0	12	1.00	2.5	4	4	1.00	2.5	1	1	1.00	2.5	0	0	1.00	2.5	10	10
国药集团工业有限公司	0	12	1.00	2.5	4	4	1.00	2.5	0	0	1.00	2.5	1	1	1.00	2.5	10	10
廊坊金彪玻璃有限公司	12	12	1.00	2.5	0	4	1.00	2.5	0	1	1.00	2.5	0	0	1.00	2.5	10	10
铜仁海螺盘江水泥有限责任公司	12	12	1.00	2.5	4	4	1.00	2.5	1	1	1.00	2.5	0	0	1.00	2.5	10	10
湖南省湘澧盐化有限责任公司	12	12	1.00	2.5	0	4	1.00	2.5	1	1	1.00	2.5	0	0	1.00	2.5	10	10
内蒙古大唐国际托克托第二发电有限责任公司	0	12	1.00	2.5	4	4	1.00	2.5	0	0	1.00	2.5	0	0	1.00	2.5	10	10
淮北矿业相山水泥有限责任公司	0	12	1.00	2.5	4	4	1.00	2.5	0	0	1.00	2.5	1	1	1.00	2.5	10	10
华电莱州发电有限公司	12	12	1.00	2.5	4	4	1.00	2.5	0	0	1.00	2.5	1	1	1.00	2.5	10	10
河南神马尼龙化工有限责任公司	0	3	1.00	2.5	4	4	1.00	2.5	1	1	1.00	2.5	0	0	1.00	2.5	10	10
陕西黑猫焦化股份有限公司	0	0	1.00	2.5	4	4	1.00	2.5	1	1	1.00	2.5	0	0	1.00	2.5	10	10
徐州兴宁皮业有限公司	11	11	1.00	2.5	4	4	1.00	2.5	1	1	1.00	2.5	0	0	1.00	2.5	10	10
苏州二叶制药有限公司	0	12	1.00	2.5	4	4	1.00	2.5	1	1	1.00	2.5	0	0	1.00	2.5	10	10
葫芦岛锌业股份有限公司	0	3	1.00	2.5	4	4	1.00	2.5	0	0	1.00	2.5	1	1	1.00	2.5	10	10
山西漳电同华发电有限公司	0	12	1.00	2.5	0	4	1.00	2.5	0	0	1.00	2.5	1	1	1.00	2.5	10	10
华电新乡发电有限公司	0	12	1.00	2.5	4	4	1.00	2.5	0	0	1.00	2.5	1	1	1.00	2.5	10	10

被参控公司/母公司	月报				季报				半年报				年报				执行报告得分	排污许可系统得分
	应发	实发	比例	得分	应发	实发	比例	得分	应发	实发	比例	得分	应发	实发	比例	得分		
海南海灵化学制药有限公司	0	3	1.00	2.5	2	4	2.00	2.5	0	0	1.00	2.5	1	1	1.00	2.5	10	10
临海天宇药业有限公司	12	12	1.00	2.5	0	2	1.00	2.5	0	0	1.00	2.5	0	0	1.00	2.5	10	10
山西西山热电有限责任公司	0	0	1.00	2.5	3	4	1.33	2.5	0	0	1.00	2.5	1	1	1.00	2.5	10	10
大唐双鸭山热电有限公司	12	12	1.00	2.5	0	4	1.00	2.5	0	0	1.00	2.5	0	1	1.00	2.5	10	10
上海大屯能源股份有限公司	12	12	1.00	2.5	4	4	1.00	2.5	1	1	1.00	2.5	1	1	1.00	2.5	10	10
广州 JFE 钢板有限公司	12	12	1.00	2.5	4	4	1.00	2.5	0	0	1.00	2.5	1	1	1.00	2.5	10	10
华新水泥（长阳）有限公司	4	12	3.00	2.5	0	4	1.00	2.5	0	0	1.00	2.5	0	0	1.00	2.5	10	10
漯河双汇肉业有限公司	0	0	1.00	2.5	0	2	1.00	2.5	1	1	1.00	2.5	0	0	1.00	2.5	10	10
楚雄滇中有色金属有限责任公司	12	12	1.00	2.5	0	4	1.00	2.5	0	1	1.00	2.5	0	0	1.00	2.5	10	10
山东钢铁集团日照有限公司	0	0	1.00	2.5	4	4	1.00	2.5	1	1	1.00	2.5	0	0	1.00	2.5	10	10
同煤大唐塔山第二发电有限责任公司	12	12	1.00	2.5	0	4	1.00	2.5	0	1	1.00	2.5	0	0	1.00	2.5	10	10
广东惠州天然气发电有限公司	0	0	1.00	2.5	4	4	1.00	2.5	1	1	1.00	2.5	0	0	1.00	2.5	10	10
四川武骏特种玻璃制品有限公司	0	0	1.00	2.5	0	4	1.00	2.5	1	1	1.00	2.5	0	0	1.00	2.5	10	10
克州天山水泥有限责任公司	0	12	1.00	2.5	0	4	1.00	2.5	1	1	1.00	2.5	0	0	1.00	2.5	10	10
广元海螺水泥有限责任公司	0	0	1.00	2.5	0	4	1.00	2.5	1	1	1.00	2.5	0	0	1.00	2.5	10	10
湛江晨鸣浆纸有限公司	0	0	1.00	2.5	4	4	1.00	2.5	0	0	1.00	2.5	1	1	1.00	2.5	10	10
浙江台州海神制药有限公司	12	12	1.00	2.5	0	4	1.00	2.5	0	0	1.00	2.5	0	0	1.00	2.5	10	10
滨海永太科技有限公司	0	0	1.00	2.5	4	4	1.00	2.5	0	0	1.00	2.5	1	1	1.00	2.5	10	10
东北制药集团供销有限公司	0	3	1.00	2.5	4	4	1.00	2.5	1	1	1.00	2.5	0	0	1.00	2.5	10	10
杭州航民小城热电有限公司	0	12	1.00	2.5	4	4	1.00	2.5	1	1	1.00	2.5	0	0	1.00	2.5	10	10
临澧县凯迪绿色能源开发有限公司	0	9	1.00	2.5	4	4	1.00	2.5	0	0	1.00	2.5	1	1	1.00	2.5	10	10

被参控公司/母公司	月报				季报				半年报				年报				执行报告得分	排污许可系统得分
	应发	实发	比例	得分	应发	实发	比例	得分	应发	实发	比例	得分	应发	实发	比例	得分		
河北中煤旭阳焦化有限公司	12	12	1.00	2.5	4	4	1.00	2.5	1	1	1.00	2.5	0	0	1.00	2.5	10	10
阿拉尔市富丽达纤维有限公司	0	0	1.00	2.5	4	4	1.00	2.5	1	1	1.00	2.5	0	0	1.00	2.5	10	10
新疆中泰矿冶有限公司	12	12	1.00	2.5	0	4	1.00	2.5	0	1	1.00	2.5	0	0	1.00	2.5	10	10
南京红太阳股份有限公司	0	12	1.00	2.5	0	4	1.00	2.5	0	0	1.00	2.5	1	1	1.00	2.5	10	10
天津华能杨柳青热电有限责任公司	0	12	1.00	2.5	0	4	1.00	2.5	0	0	1.00	2.5	1	1	1.00	2.5	10	10
重庆万盛浮法玻璃有限公司	0	0	1.00	2.5	4	4	1.00	2.5	0	0	1.00	2.5	1	1	1.00	2.5	10	10
广西华银铝业有限公司	0	0	1.00	2.5	3	3	1.00	2.5	1	1	1.00	2.5	0	0	1.00	2.5	10	10
保定太行和益水泥有限公司	0	12	1.00	2.5	4	4	1.00	2.5	1	1	1.00	2.5	0	0	1.00	2.5	10	10
国投钦州发电有限公司	0	12	1.00	2.5	4	4	1.00	2.5	0	0	1.00	2.5	1	1	1.00	2.5	10	10
华能新华发电有限责任公司	0	12	1.00	2.5	4	4	1.00	2.5	1	1	1.00	2.5	0	0	1.00	2.5	10	10
赞皇金隅水泥有限责任公司	0	6	1.00	2.5	4	4	1.00	2.5	0	0	1.00	2.5	1	1	1.00	2.5	10	10
四川省金路树脂有限公司	12	12	1.00	2.5	0	4	1.00	2.5	0	1	1.00	2.5	0	0	1.00	2.5	10	10
锦西天然气化工有限责任公司	0	0	1.00	2.5	4	4	1.00	2.5	0	0	1.00	2.5	1	1	1.00	2.5	10	10
安阳钢铁股份有限公司	0	0	1.00	2.5	4	4	1.00	2.5	1	1	1.00	2.5	0	0	1.00	2.5	10	10
株洲醴陵旗滨玻璃有限公司	0	0	1.00	2.5	4	4	1.00	2.5	0	0	1.00	2.5	1	1	1.00	2.5	10	10
建德海螺水泥有限责任公司	0	9	1.00	2.5	4	4	1.00	2.5	0	0	1.00	2.5	0	1	1.00	2.5	10	10
安徽华电宿州发电有限公司	0	12	1.00	2.5	4	4	1.00	2.5	1	1	1.00	2.5	0	0	1.00	2.5	10	10
内蒙古京泰发电有限责任公司	0	12	1.00	2.5	4	4	1.00	2.5	0	0	1.00	2.5	1	1	1.00	2.5	10	10
河南仙鹤特种浆纸有限公司	0	12	1.00	2.5	4	4	1.00	2.5	0	0	1.00	2.5	1	1	1.00	2.5	10	10
沂水长青环保能源有限公司	0	12	1.00	2.5	4	4	1.00	2.5	1	1	1.00	2.5	0	0	1.00	2.5	10	10
深圳翰宇药业股份有限公司	0	0	1.00	2.5	4	4	1.00	2.5	1	1	1.00	2.5	0	0	1.00	2.5	10	10
浙江九洲药业股份有限公司	12	12	1.00	2.5	0	4	1.00	2.5	0	0	1.00	2.5	0	1	1.00	2.5	10	10
海正药业（杭州）有限公司	0	9	1.00	2.5	4	4	1.00	2.5	0	0	1.00	2.5	1	1	1.00	2.5	10	10
广东大唐国际潮州发电有限责任公司	12	12	1.00	2.5	0	4	1.00	2.5	0	0	1.00	2.5	1	1	1.00	2.5	10	10

被参控公司/母公司	月报				季报				半年报				年报				执行报告得分	排污许可系统得分
	应发	实发	比例	得分	应发	实发	比例	得分	应发	实发	比例	得分	应发	实发	比例	得分		
云南驰宏锌锗股份有限公司	0	0	1.00	2.5	4	4	1.00	2.5	1	1	1.00	2.5	0	0	1.00	2.5	10	10
喀什天山水泥有限责任公司	12	12	1.00	2.5	0	4	1.00	2.5	0	1	1.00	2.5	0	0	1.00	2.5	10	10
河北衡丰发电有限责任公司	0	12	1.00	2.5	4	4	1.00	2.5	0	0	1.00	2.5	0	1	1.00	2.5	10	10
金华宁能热电有限公司	0	12	1.00	2.5	4	4	1.00	2.5	0	0	1.00	2.5	0	1	1.00	2.5	10	10
中煤陕西榆林能源化工有限公司	0	0	1.00	2.5	4	4	1.00	2.5	1	1	1.00	2.5	0	0	1.00	2.5	10	10
新疆西部天富合盛热电有限公司	0	12	1.00	2.5	4	4	1.00	2.5	1	1	1.00	2.5	0	0	1.00	2.5	10	10
新疆美丰化工有限公司	0	12	1.00	2.5	4	4	1.00	2.5	0	1	1.00	2.5	0	0	1.00	2.5	10	10
淮北涣城发电有限公司	0	12	1.00	2.5	4	4	1.00	2.5	0	0	1.00	2.5	1	1	1.00	2.5	10	10
黔西南州发展资源开发有限公司	12	12	1.00	2.5	4	4	1.00	2.5	1	1	1.00	2.5	0	0	1.00	2.5	10	10
华电龙口发电股份有限公司	0	12	1.00	2.5	0	4	1.00	2.5	1	1	1.00	2.5	0	0	1.00	2.5	10	10
吉林亚泰明城水泥有限公司	0	12	1.00	2.5	4	4	1.00	2.5	1	1	1.00	2.5	0	0	1.00	2.5	10	10
唐山中厚板材有限公司	0	12	1.00	2.5	4	4	1.00	2.5	0	0	1.00	2.5	1	1	1.00	2.5	10	10
南通江山农药化工股份有限公司	0	9	1.00	2.5	4	4	1.00	2.5	0	0	1.00	2.5	1	1	1.00	2.5	10	10
诸暨富润服饰有限公司	0	0	1.00	2.5	4	4	1.00	2.5	1	1	1.00	2.5	0	0	1.00	2.5	10	10
山东鲁北化工股份有限公司	0	0	1.00	2.5	4	4	1.00	2.5	1	1	1.00	2.5	0	0	1.00	2.5	10	10
江西禾益化工股份有限公司	0	12	1.00	2.5	4	4	1.00	2.5	0	0	1.00	2.5	1	1	1.00	2.5	10	10
贵州鼎盛服饰有限公司	0	12	1.00	2.5	4	4	1.00	2.5	1	1	1.00	2.5	0	0	1.00	2.5	10	10
淄博欧木特种纸业有限公司	0	12	1.00	2.5	4	4	1.00	2.5	0	1	1.00	2.5	0	0	1.00	2.5	10	10
浙江江铜富冶和鼎铜业有限公司	0	0	1.00	2.5	4	4	1.00	2.5	1	1	1.00	2.5	0	0	1.00	2.5	10	10
青海西豫有色金属有限公司	0	0	1.00	2.5	4	4	1.00	2.5	1	1	1.00	2.5	0	0	1.00	2.5	10	10

被参控公司/母公司	月报				季报				半年报				年报				执行报告得分	排污许可系统得分
	应发	实发	比例	得分	应发	实发	比例	得分	应发	实发	比例	得分	应发	实发	比例	得分		
冀东水泥重庆合川有限责任公司	0	12	1.00	2.5	4	4	1.00	2.5	1	1	1.00	2.5	0	0	1.00	2.5	10	10
湛江冠豪纸业有限公司	0	0	1.00	2.5	4	4	1.00	2.5	1	1	1.00	2.5	0	0	1.00	2.5	10	10
安徽宣城海螺水泥有限公司	0	2	1.00	2.5	4	4	1.00	2.5	0	0	1.00	2.5	1	1	1.00	2.5	10	10
淄博鑫胜热电有限公司	12	12	1.00	2.5	0	4	1.00	2.5	0	0	1.00	2.5	0	1	1.00	2.5	10	10
山东福尔有限公司	0	12	1.00	2.5	4	4	1.00	2.5	0	0	1.00	2.5	1	1	1.00	2.5	10	10
北流海螺水泥有限责任公司	0	0	1.00	2.5	4	4	1.00	2.5	0	0	1.00	2.5	1	1	1.00	2.5	10	10
内蒙古华宁热电有限公司	0	12	1.00	2.5	0	4	1.00	2.5	1	1	1.00	2.5	0	0	1.00	2.5	10	10
邢台国泰发电有限责任公司	12	12	1.00	2.5	4	4	1.00	2.5	0	0	1.00	2.5	1	1	1.00	2.5	10	10
山西兰花煤化工有限责任公司	12	12	1.00	2.5	4	4	1.00	2.5	0	0	1.00	2.5	1	1	1.00	2.5	10	10
山西漳电国电王坪发电有限公司	12	12	1.00	2.5	0	4	1.00	2.5	0	1	1.00	2.5	0	0	1.00	2.5	10	10
宁波光耀热电有限公司	0	0	1.00	2.5	4	4	1.00	2.5	0	0	1.00	2.5	0	1	1.00	2.5	10	10
邯郸涉县金隅水泥有限公司	0	4	1.00	2.5	4	4	1.00	2.5	0	0	1.00	2.5	0	1	1.00	2.5	10	10
冀东水泥璧山有限责任公司	0	0	1.00	2.5	4	4	1.00	2.5	0	0	1.00	2.5	0	1	1.00	2.5	10	10
河北视窗玻璃有限公司	0	12	1.00	2.5	4	4	1.00	2.5	0	0	1.00	2.5	0	1	1.00	2.5	10	10
深圳市海滨制药有限公司	0	0	1.00	2.5	4	4	1.00	2.5	0	0	1.00	2.5	1	1	1.00	2.5	10	10
新兴铸管股份有限公司	0	10	1.00	2.5	4	4	1.00	2.5	0	0	1.00	2.5	1	1	1.00	2.5	10	10
深能合和电力（河源）有限公司	0	0	1.00	2.5	4	4	1.00	2.5	1	1	1.00	2.5	0	0	1.00	2.5	10	10
伊高得表面处理（深圳）有限公司	0	0	1.00	2.5	4	4	1.00	2.5	1	1	1.00	2.5	0	0	1.00	2.5	10	10
华电青岛发电有限公司	0	12	1.00	2.5	4	4	1.00	2.5	0	1	1.00	2.5	0	0	1.00	2.5	10	10
中国石化长城能源化工有限公司	0	9	1.00	2.5	4	4	1.00	2.5	1	1	1.00	2.5	0	0	1.00	2.5	10	10
龙陵海螺水泥有限责任公司	0	9	1.00	2.5	4	4	1.00	2.5	1	1	1.00	2.5	0	0	1.00	2.5	10	10

被参控公司/母公司	月报				季报				半年报				年报				执行报告得分	排污许可系统得分
	应发	实发	比例	得分	应发	实发	比例	得分	应发	实发	比例	得分	应发	实发	比例	得分		
山西美锦煤焦化有限公司	0	0	1.00	2.5	4	4	1.00	2.5	1	1	1.00	2.5	0	0	1.00	2.5	10	10
福建塔牌水泥有限公司	12	12	1.00	2.5	4	4	1.00	2.5	0	0	1.00	2.5	1	1	1.00	2.5	10	10
兴安海螺水泥有限责任公司	0	0	1.00	2.5	4	4	1.00	2.5	0	0	1.00	2.5	1	1	1.00	2.5	10	10
河北建投沙河发电有限责任公司	12	12	1.00	2.5	4	4	1.00	2.5	0	0	1.00	2.5	1	1	1.00	2.5	10	10
云南驰宏资源综合利用有限公司	0	0	1.00	2.5	4	4	1.00	2.5	0	0	1.00	2.5	1	1	1.00	2.5	10	10
迁安中化煤化工有限责任公司	0	0	1.00	2.5	4	4	1.00	2.5	0	0	1.00	2.5	1	1	1.00	2.5	10	10
鲁泰纺织股份有限公司	0	12	1.00	2.5	4	4	1.00	2.5	0	1	1.00	2.5	0	0	1.00	2.5	10	10
华电章丘发电有限公司	0	0	1.00	2.5	4	4	1.00	2.5	0	0	1.00	2.5	1	1	1.00	2.5	10	10
内蒙古腾龙生物精细化工有限公司	12	12	1.00	2.5	4	4	1.00	2.5	1	1	1.00	2.5	0	0	1.00	2.5	10	10
贵阳海螺盘江水泥有限责任公司	0	0	1.00	2.5	4	4	1.00	2.5	0	0	1.00	2.5	1	1	1.00	2.5	10	10
文山海螺水泥有限公司	0	12	1.00	2.5	4	4	1.00	2.5	0	0	1.00	2.5	1	1	1.00	2.5	10	10
四川泸天化股份有限公司	0	0	1.00	2.5	0	0	1.00	2.5	0	0	1.00	2.5	1	1	1.00	2.5	10	10
邢台金隅咏宁水泥有限公司	12	12	1.00	2.5	4	4	1.00	2.5	1	1	1.00	2.5	0	0	1.00	2.5	10	10
浙江燎原药业股份有限公司	0	12	1.00	2.5	3	4	1.33	2.5	0	0	1.00	2.5	1	1	1.00	2.5	10	10
大唐华银电力股份有限公司	0	11	1.00	2.5	4	4	1.00	2.5	0	0	1.00	2.5	1	1	1.00	2.5	10	10
韶能集团新丰旭能生物质发电有限公司	0	12	1.00	2.5	4	4	1.00	2.5	0	0	1.00	2.5	1	1	1.00	2.5	10	10
湖北三峡新型建材股份有限公司	0	12	1.00	2.5	4	4	1.00	2.5	1	1	1.00	2.5	0	0	1.00	2.5	10	10
铜陵上峰水泥股份有限公司	0	12	1.00	2.5	4	4	1.00	2.5	0	0	1.00	2.5	1	1	1.00	2.5	10	10
杭州华电江东热电有限公司	0	9	1.00	2.5	4	4	1.00	2.5	1	1	1.00	2.5	0	0	1.00	2.5	10	10

被参控公司/母公司	月报				季报				半年报				年报				执行报告得分	排污许可系统得分
	应发	实发	比例	得分	应发	实发	比例	得分	应发	实发	比例	得分	应发	实发	比例	得分		
山西漳电大唐塔山发电有限公司	12	12	1.00	2.5	0	4	1.00	2.5	0	0	1.00	2.5	0	1	1.00	2.5	10	10
中铝中州铝业有限公司	12	12	1.00	2.5	4	4	1.00	2.5	0	0	1.00	2.5	1	1	1.00	2.5	10	10
中粮（唐山）糖业有限公司	0	12	1.00	2.5	4	4	1.00	2.5	1	1	1.00	2.5	0	0	1.00	2.5	10	10
涿鹿金隅水泥有限公司	0	0	1.00	2.5	0	4	1.00	2.5	0	0	1.00	2.5	1	1	1.00	2.5	10	10
辽阳冀东水泥有限公司	0	0	1.00	2.5	4	4	1.00	2.5	0	0	1.00	2.5	1	1	1.00	2.5	10	10
大连西太平洋石油化工有限公司	0	0	1.00	2.5	4	4	1.00	2.5	0	1	1.00	2.5	0	0	1.00	2.5	10	10
厦门华夏国际电力发展有限公司	0	0	1.00	2.5	4	4	1.00	2.5	0	0	1.00	2.5	0	1	1.00	2.5	10	10
山东江泉实业股份有限公司	8	12	1.50	2.5	4	4	1.00	2.5	1	1	1.00	2.5	0	0	1.00	2.5	10	10
湖南华升株洲雪松有限公司	0	12	1.00	2.5	4	4	1.00	2.5	1	1	1.00	2.5	0	0	1.00	2.5	10	10
武汉钢铁有限公司	0	12	1.00	2.5	4	4	1.00	2.5	0	0	1.00	2.5	1	1	1.00	2.5	10	10
华电渠东发电有限公司	0	9	1.00	2.5	4	4	1.00	2.5	1	1	1.00	2.5	0	0	1.00	2.5	10	10
唐山达丰焦化有限公司	0	0	1.00	2.5	4	4	1.00	2.5	1	1	1.00	2.5	0	0	1.00	2.5	10	10
山东博汇纸业股份有限公司	0	12	1.00	2.5	0	4	1.00	2.5	0	0	1.00	2.5	1	1	1.00	2.5	10	10
江苏淮阴发电有限责任公司	12	12	1.00	2.5	4	4	1.00	2.5	1	1	1.00	2.5	0	0	1.00	2.5	10	10
中国平煤神马集团财务有限责任公司	0	0	1.00	2.5	4	4	1.00	2.5	1	1	1.00	2.5	0	0	1.00	2.5	10	10
浙江新赛科药业有限公司	0	0	1.00	2.5	4	4	1.00	2.5	0	0	1.00	2.5	1	1	1.00	2.5	10	10
云南水富云天化有限公司	0	0	1.00	2.5	4	4	1.00	2.5	1	1	1.00	2.5	0	0	1.00	2.5	10	10
新疆米东天山水泥有限责任公司	0	12	1.00	2.5	4	4	1.00	2.5	0	0	1.00	2.5	1	1	1.00	2.5	10	10
浙江社标纤维有限公司	0	3	1.00	2.5	4	4	1.00	2.5	0	0	1.00	2.5	1	1	1.00	2.5	10	10
精华制药集团南通有限公司	0	8	1.00	2.5	4	4	1.00	2.5	1	1	1.00	2.5	0	0	1.00	2.5	10	10
安徽华电六安电厂有限公司	0	12	1.00	2.5	4	4	1.00	2.5	0	0	1.00	2.5	1	1	1.00	2.5	10	10

被参控公司/母公司	月报				季报				半年报				年报				执行报告得分	排污许可系统得分
	应发	实发	比例	得分	应发	实发	比例	得分	应发	实发	比例	得分	应发	实发	比例	得分		
华新水泥重庆涪陵有限公司	0	0	1.00	2.5	4	4	1.00	2.5	0	0	1.00	2.5	1	1	1.00	2.5	10	10
冀东海德堡（扶风）水泥有限公司	0	0	1.00	2.5	4	4	1.00	2.5	0	0	1.00	2.5	1	1	1.00	2.5	10	10
宿州海螺水泥有限责任公司	0	12	1.00	2.5	4	4	1.00	2.5	1	1	1.00	2.5	0	0	1.00	2.5	10	10
际华三五四三针织服饰有限公司	0	12	1.00	2.5	4	4	1.00	2.5	1	1	1.00	2.5	0	0	1.00	2.5	10	10
浙江江山化工有限公司	0	0	1.00	2.5	4	4	1.00	2.5	0	0	1.00	2.5	1	1	1.00	2.5	10	10
山东太阳纸业股份有限公司	12	12	1.00	2.5	4	4	1.00	2.5	1	1	1.00	2.5	0	0	1.00	2.5	10	10
安徽华泰林浆纸有限公司	12	12	1.00	2.5	4	4	1.00	2.5	1	1	1.00	2.5	0	0	1.00	2.5	10	10
上海新纺联汽车内饰有限公司	0	12	1.00	2.5	4	4	1.00	2.5	1	1	1.00	2.5	0	0	1.00	2.5	10	10
江苏辉丰生物农业股份有限公司	0	0	1.00	2.5	4	4	1.00	2.5	0	0	1.00	2.5	1	1	1.00	2.5	10	10
咸宁南玻玻璃有限公司	0	12	1.00	2.5	4	4	1.00	2.5	1	1	1.00	2.5	0	0	1.00	2.5	10	10
新疆梅花氨基酸有限责任公司	0	12	1.00	2.5	4	4	1.00	2.5	0	0	1.00	2.5	1	1	1.00	2.5	10	10
内蒙古亿利冀东水泥有限责任公司	0	0	1.00	2.5	4	4	1.00	2.5	1	1	1.00	2.5	0	0	1.00	2.5	10	10
华电漯河发电有限公司	12	12	1.00	2.5	4	4	1.00	2.5	0	0	1.00	2.5	1	1	1.00	2.5	10	10
广东电力发展股份有限公司	0	12	1.00	2.5	4	4	1.00	2.5	0	0	1.00	2.5	1	1	1.00	2.5	10	10
上海上电漕泾发电有限公司	12	12	1.00	2.5	4	4	1.00	2.5	0	0	1.00	2.5	1	1	1.00	2.5	10	10
浙江俏尔婷婷服饰有限公司	0	12	1.00	2.5	4	4	1.00	2.5	0	0	1.00	2.5	1	1	1.00	2.5	10	10
上海杜邦农化有限公司	0	0	1.00	2.5	4	4	1.00	2.5	1	1	1.00	2.5	0	0	1.00	2.5	10	10
九江标新纤维有限公司	12	12	1.00	2.5	4	4	1.00	2.5	0	0	1.00	2.5	1	1	1.00	2.5	10	10
浙江美诺华药物化学有限公司	0	0	1.00	2.5	4	4	1.00	2.5	0	0	1.00	2.5	1	1	1.00	2.5	10	10
陕西延长石油兴化化工有限公司	0	0	1.00	2.5	0	3	1.00	2.5	1	1	1.00	2.5	0	0	1.00	2.5	10	10
湖南省湘衡盐化有限责任公司	0	0	1.00	2.5	4	4	1.00	2.5	0	0	1.00	2.5	1	1	1.00	2.5	10	10

被参控公司/母公司	月报				季报				半年报				年报				执行报告得分	排污许可系统得分
	应发	实发	比例	得分	应发	实发	比例	得分	应发	实发	比例	得分	应发	实发	比例	得分		
安徽丰乐农化有限责任公司	0	12	1.00	2.5	4	4	1.00	2.5	1	1	1.00	2.5	0	0	1.00	2.5	10	10
巴中海螺水泥有限公司	0	9	1.00	2.5	4	4	1.00	2.5	1	1	1.00	2.5	0	0	1.00	2.5	10	10
临涣焦化股份有限公司	0	12	1.00	2.5	4	4	1.00	2.5	1	1	1.00	2.5	0	0	1.00	2.5	10	10
安徽怀宁海螺水泥有限公司	0	6	1.00	2.5	4	4	1.00	2.5	0	0	1.00	2.5	1	1	1.00	2.5	10	10
云南文山铝业有限公司	0	8	1.00	2.5	4	4	1.00	2.5	0	0	1.00	2.5	1	1	1.00	2.5	10	10
南京海润医药有限公司	0	0	1.00	2.5	4	4	1.00	2.5	1	1	1.00	2.5	0	0	1.00	2.5	10	10
安徽铜陵海螺水泥有限公司	0	12	1.00	2.5	4	4	1.00	2.5	1	1	1.00	2.5	0	0	1.00	2.5	10	10
江苏长青农化南通有限公司	0	0	1.00	2.5	4	4	1.00	2.5	0	0	1.00	2.5	1	1	1.00	2.5	10	10
江苏丰山集团股份有限公司	12	12	1.00	2.5	4	4	1.00	2.5	0	0	1.00	2.5	0	1	1.00	2.5	10	10
江苏长青农化股份有限公司	0	0	1.00	2.5	4	4	1.00	2.5	1	1	1.00	2.5	0	0	1.00	2.5	10	10
郑州双汇食品有限公司	0	3	1.00	2.5	1	1	1.00	2.5	0	0	1.00	2.5	0	0	1.00	2.5	10	10
达州海螺水泥有限责任公司	0	12	1.00	2.5	4	4	1.00	2.5	0	0	1.00	2.5	1	1	1.00	2.5	10	10
盛隆化工有限公司	0	12	1.00	2.5	4	4	1.00	2.5	1	1	1.00	2.5	0	0	1.00	2.5	10	10
濮阳禾丰食品有限公司	0	0	1.00	2.5	1	1	1.00	2.5	0	0	1.00	2.5	1	1	1.00	2.5	10	10
华新贵州顶效特种水泥有限公司	12	12	1.00	2.5	4	4	1.00	2.5	0	0	1.00	2.5	1	1	1.00	2.5	10	10
梅州市塔牌集团蕉岭鑫达旋窑水泥有限公司	12	12	1.00	2.5	4	4	1.00	2.5	0	0	1.00	2.5	1	1	1.00	2.5	10	10
浙江昂利康制药股份有限公司	0	0	1.00	2.5	4	4	1.00	2.5	0	0	1.00	2.5	1	1	1.00	2.5	10	10
湖南比德生化科技股份有限公司	0	9	1.00	2.5	4	4	1.00	2.5	0	0	1.00	2.5	1	1	1.00	2.5	10	10
河北大唐国际唐山热电有限责任公司	0	0	1.00	2.5	4	4	1.00	2.5	1	1	1.00	2.5	0	0	1.00	2.5	10	10
辽宁富山水泥有限公司	0	3	1.00	2.5	4	4	1.00	2.5	1	1	1.00	2.5	0	0	1.00	2.5	10	10
冀东水泥凤翔有限责任公司	0	0	1.00	2.5	4	4	1.00	2.5	1	1	1.00	2.5	0	0	1.00	2.5	10	10

被参控公司/母公司	月报				季报				半年报				年报				执行报告得分	排污许可系统得分
	应发	实发	比例	得分	应发	实发	比例	得分	应发	实发	比例	得分	应发	实发	比例	得分		
云南锡业股份有限公司	8	12	1.50	2.5	4	4	1.00	2.5	0	0	1.00	2.5	1	1	1.00	2.5	10	10
临涣中利发电有限公司	0	12	1.00	2.5	4	4	1.00	2.5	1	1	1.00	2.5	0	0	1.00	2.5	10	10
四川美丰化工科技有限责任公司	0	0	1.00	2.5	4	4	1.00	2.5	1	1	1.00	2.5	0	0	1.00	2.5	10	10
浙江卫星石化股份有限公司	0	12	1.00	2.5	4	4	1.00	2.5	1	1	1.00	2.5	0	0	1.00	2.5	10	10
漳州旗滨玻璃有限公司	0	0	1.00	2.5	4	4	1.00	2.5	0	0	1.00	2.5	0	0	1.00	2.5	10	10
盈江县允罕水泥有限责任公司	0	12	1.00	2.5	4	4	1.00	2.5	1	1	1.00	2.5	0	0	1.00	2.5	10	10
航锦科技股份有限公司	0	0	1.00	2.5	4	4	1.00	2.5	0	0	1.00	2.5	1	1	1.00	2.5	10	10
亚泰集团铁岭水泥有限公司	0	12	1.00	2.5	4	4	1.00	2.5	1	1	1.00	2.5	0	0	1.00	2.5	10	10
广东粤电靖海发电有限公司	0	12	1.00	2.5	4	4	1.00	2.5	0	0	1.00	2.5	1	1	1.00	2.5	10	10
青海五彩碱业有限公司	0	0	1.00	2.5	4	4	1.00	2.5	0	0	1.00	2.5	1	1	1.00	2.5	10	10
安徽钱营孜发电有限公司	9	9	1.00	2.5	3	3	1.00	2.5	0	0	1.00	2.5	1	1	1.00	2.5	10	10
广东宝丽华电力有限公司	12	12	1.00	2.5	4	4	1.00	2.5	0	0	1.00	2.5	1	1	1.00	2.5	10	10
大唐华银攸县能源有限公司	12	12	1.00	2.5	4	4	1.00	2.5	1	1	1.00	2.5	0	0	1.00	2.5	10	10
江西瑞金万年青水泥有限责任公司	0	0	1.00	2.5	0	0	1.00	2.5	1	1	1.00	2.5	0	0	1.00	2.5	10	10
安徽海螺水泥股份有限公司	0	12	1.00	2.5	0	4	1.00	2.5	0	0	1.00	2.5	1	1	1.00	2.5	10	10
阜阳华润电力有限公司	0	12	1.00	2.5	4	4	1.00	2.5	1	1	1.00	2.5	0	0	1.00	2.5	10	10
内蒙古岱海发电有限责任公司	12	12	1.00	2.5	0	4	1.00	2.5	0	0	1.00	2.5	0	1	1.00	2.5	10	10
贵定海螺盘江水泥有限责任公司	0	12	1.00	2.5	3	4	1.33	2.5	0	0	1.00	2.5	1	1	1.00	2.5	10	10
金能科技股份有限公司	12	12	1.00	2.5	4	4	1.00	2.5	1	1	1.00	2.5	0	0	1.00	2.5	10	10
新疆众和股份有限公司	12	12	1.00	2.5	0	4	1.00	2.5	0	0	1.00	2.5	0	1	1.00	2.5	10	10
四川永丰浆纸股份有限公司	0	12	1.00	2.5	0	4	1.00	2.5	1	1	1.00	2.5	0	0	1.00	2.5	10	10
青海宏扬水泥有限公司	0	12	1.00	2.5	4	4	1.00	2.5	0	0	1.00	2.5	1	1	1.00	2.5	10	10

被参控公司/母公司	月报				季报				半年报				年报				执行报告得分	排污许可系统得分
	应发	实发	比例	得分	应发	实发	比例	得分	应发	实发	比例	得分	应发	实发	比例	得分		
宁夏和宁化学有限公司	12	12	1.00	2.5	4	4	1.00	2.5	1	1	1.00	2.5	0	0	1.00	2.5	10	10
鲁西化工集团股份有限公司	0	12	1.00	2.5	0	4	1.00	2.5	1	1	1.00	2.5	0	0	1.00	2.5	10	10
新疆富丽达纤维有限公司	12	12	1.00	2.5	0	4	1.00	2.5	0	0	1.00	2.5	0	1	1.00	2.5	10	10
本钢板材股份有限公司	0	0	1.00	2.5	4	4	1.00	2.5	1	1	1.00	2.5	0	0	1.00	2.5	10	10
池州海螺水泥股份有限公司	0	0	1.00	2.5	4	4	1.00	2.5	0	1	1.00	2.5	0	0	1.00	2.5	10	10
漯河银鸽生活纸产有限公司	12	12	1.00	2.5	0	4	1.00	2.5	0	1	1.00	2.5	0	0	1.00	2.5	10	10
广东粤电大埔发电有限公司	12	12	1.00	2.5	4	4	1.00	2.5	0	0	1.00	2.5	1	1	1.00	2.5	10	10
国药集团威奇达药业有限公司	0	0	1.00	2.5	4	4	1.00	2.5	0	1	1.00	2.5	0	0	1.00	2.5	10	10
上海吴泾发电有限责任公司	12	12	1.00	2.5	4	4	1.00	2.5	0	0	1.00	2.5	1	1	1.00	2.5	10	10
天津大唐国际盘山发电有限责任公司	12	12	1.00	2.5	4	4	1.00	2.5	1	1	1.00	2.5	0	0	1.00	2.5	10	10
焦作健康元生物制品有限公司	0	12	1.00	2.5	4	4	1.00	2.5	1	1	1.00	2.5	0	0	1.00	2.5	10	10
广州恒运企业集团股份有限公司	12	12	1.00	2.5	4	4	1.00	2.5	1	1	1.00	2.5	0	0	1.00	2.5	10	10
浙江金鹰股份有限公司	0	0	1.00	2.5	4	4	1.00	2.5	1	1	1.00	2.5	0	0	1.00	2.5	10	10
双峰海螺水泥有限公司	0	12	1.00	2.5	4	4	1.00	2.5	1	1	1.00	2.5	0	0	1.00	2.5	10	10
吉林电力股份有限公司	12	12	1.00	2.5	4	4	1.00	2.5	1	1	1.00	2.5	0	0	1.00	2.5	10	10
重庆市蓬威石化有限责任公司	0	0	1.00	2.5	4	4	1.00	2.5	0	0	1.00	2.5	1	1	1.00	2.5	10	10
衡水恒兴发电有限责任公司	0	12	1.00	2.5	4	4	1.00	2.5	0	1	1.00	2.5	0	0	1.00	2.5	10	10
国电承德热电有限公司	0	12	1.00	2.5	4	4	1.00	2.5	1	1	1.00	2.5	0	0	1.00	2.5	10	10
重庆博腾制药科技股份有限公司	0	0	1.00	2.5	0	4	1.00	2.5	0	0	1.00	2.5	1	1	1.00	2.5	10	10
陕西长青能源化工有限公司	0	0	1.00	2.5	4	4	1.00	2.5	1	1	1.00	2.5	0	0	1.00	2.5	10	10
东莞南玻太阳能玻璃有限公司	0	0	1.00	2.5	4	4	1.00	2.5	1	1	1.00	2.5	0	0	1.00	2.5	10	10
凌源钢铁股份有限公司	0	0	1.00	2.5	4	4	1.00	2.5	0	0	1.00	2.5	1	1	1.00	2.5	10	10

被参控公司/母公司	月报				季报				半年报				年报				执行报告得分	排污许可系统得分
	应发	实发	比例	得分	应发	实发	比例	得分	应发	实发	比例	得分	应发	实发	比例	得分		
师宗煤焦化工有限公司	0	12	1.00	2.5	4	4	1.00	2.5	0	0	1.00	2.5	1	1	1.00	2.5	10	10
保山海螺水泥有限责任公司	0	9	1.00	2.5	4	4	1.00	2.5	1	1	1.00	2.5	0	0	1.00	2.5	10	10
贵州六矿瑞安水泥有限公司	0	9	1.00	2.5	4	4	1.00	2.5	0	1	1.00	2.5	0	0	1.00	2.5	10	10
福建联合石油化工有限公司	0	0	1.00	2.5	4	4	1.00	2.5	0	0	1.00	2.5	1	1	1.00	2.5	10	10
青海江仓能源发展有限责任公司	12	12	1.00	2.5	4	4	1.00	2.5	0	0	1.00	2.5	1	1	1.00	2.5	10	10
安徽六国化工股份有限公司	0	12	1.00	2.5	4	4	1.00	2.5	1	1	1.00	2.5	0	0	1.00	2.5	10	10
沧州正元化肥有限公司	0	0	1.00	2.5	4	4	1.00	2.5	0	0	1.00	2.5	1	1	1.00	2.5	10	10
新疆美克化工股份有限公司	0	12	1.00	2.5	4	4	1.00	2.5	0	1	1.00	2.5	0	0	1.00	2.5	10	10
陕西汉江药业集团股份有限公司	0	12	1.00	2.5	4	4	1.00	2.5	1	1	1.00	2.5	0	0	1.00	2.5	10	10
怀宁上峰水泥有限公司	0	12	1.00	2.5	4	4	1.00	2.5	0	0	1.00	2.5	1	1	1.00	2.5	10	10
鲁丰织染有限公司	0	12	1.00	2.5	0	4	1.00	2.5	1	1	1.00	2.5	0	0	1.00	2.5	10	10
国投北部湾发电有限公司	0	12	1.00	2.5	4	4	1.00	2.5	0	0	1.00	2.5	1	1	1.00	2.5	10	10
利尔化学股份有限公司	0	0	1.00	2.5	4	4	1.00	2.5	0	0	1.00	2.5	1	1	1.00	2.5	10	10
乾县海螺水泥有限责任公司	0	0	1.00	2.5	4	4	1.00	2.5	1	1	1.00	2.5	0	0	1.00	2.5	10	10
阳春海螺水泥有限责任公司	0	8	1.00	2.5	4	4	1.00	2.5	1	1	1.00	2.5	0	0	1.00	2.5	10	10
江苏瑞科医药科技有限公司	0	0	1.00	2.5	4	4	1.00	2.5	0	0	1.00	2.5	1	1	1.00	2.5	10	10
山西漳电大唐热电有限公司	12	12	1.00	2.5	4	4	1.00	2.5	1	1	1.00	2.5	0	0	1.00	2.5	10	10
扬州第二发电有限责任公司	0	0	1.00	2.5	4	4	1.00	2.5	0	0	1.00	2.5	1	1	1.00	2.5	10	10
巢湖海螺水泥有限责任公司	0	0	1.00	2.5	4	4	1.00	2.5	1	1	1.00	2.5	0	0	1.00	2.5	10	10
沈阳三九药业有限公司	0	12	1.00	2.5	3	3	1.00	2.5	1	1	1.00	2.5	0	0	1.00	2.5	10	10
云南壮乡水泥股份有限公司	0	12	1.00	2.5	4	4	1.00	2.5	1	1	1.00	2.5	0	0	1.00	2.5	10	10
山西兴能发电有限责任公司	0	12	1.00	2.5	4	4	1.00	2.5	1	1	1.00	2.5	0	0	1.00	2.5	10	10
重庆海螺水泥有限责任公司	12	12	1.00	2.5	0	4	1.00	2.5	0	1	1.00	2.5	0	0	1.00	2.5	10	10

被参控公司/母公司	月报				季报				半年报				年报				执行报告得分	排污许可系统得分
	应发	实发	比例	得分	应发	实发	比例	得分	应发	实发	比例	得分	应发	实发	比例	得分		
江苏瑞洪盐业有限公司	12	12	1.00	2.5	4	4	1.00	2.5	1	1	1.00	2.5	0	0	1.00	2.5	10	10
浙江富润纺织有限公司	0	12	1.00	2.5	4	4	1.00	2.5	1	1	1.00	2.5	0	0	1.00	2.5	10	10
衢州东港环保热电有限公司	0	0	1.00	2.5	4	4	1.00	2.5	0	0	1.00	2.5	1	1	1.00	2.5	10	10
浙江大唐国际绍兴江滨热电有限责任公司	0	12	1.00	2.5	4	4	1.00	2.5	0	0	1.00	2.5	1	1	1.00	2.5	10	10
邵阳市云峰新能源科技有限公司	0	12	1.00	2.5	4	4	1.00	2.5	1	1	1.00	2.5	0	0	1.00	2.5	10	10
杭州航民热电有限公司	0	12	1.00	2.5	4	4	1.00	2.5	0	0	1.00	2.5	1	1	1.00	2.5	10	10
广东惠州平海发电厂有限公司	0	0	1.00	2.5	4	4	1.00	2.5	1	1	1.00	2.5	0	0	1.00	2.5	10	10
包头东华热电有限公司	0	12	1.00	2.5	4	4	1.00	2.5	0	0	1.00	2.5	1	1	1.00	2.5	10	10
邯钢集团邯宝钢铁有限公司	11	11	1.00	2.5	4	4	1.00	2.5	1	1	1.00	2.5	0	0	1.00	2.5	10	10
扶绥新宁海螺水泥有限责任公司	0	3	1.00	2.5	4	4	1.00	2.5	0	0	1.00	2.5	1	1	1.00	2.5	10	10
方大特钢科技股份有限公司	0	12	1.00	2.5	4	4	1.00	2.5	1	1	1.00	2.5	0	0	1.00	2.5	10	10
国电泰州发电有限公司	0	12	1.00	2.5	4	4	1.00	2.5	1	1	1.00	2.5	0	0	1.00	2.5	10	10
四川旭虹光电科技有限公司	0	0	1.00	2.5	4	4	1.00	2.5	0	0	1.00	2.5	1	1	1.00	2.5	10	10
浙江荣晟环保纸业股份有限公司	0	12	1.00	2.5	4	4	1.00	2.5	0	0	1.00	2.5	0	1	1.00	2.5	10	10
重庆华歌生物化学有限公司	0	0	1.00	2.5	4	4	1.00	2.5	1	1	1.00	2.5	0	0	1.00	2.5	10	10
台山市新宁制药有限公司	0	12	1.00	2.5	4	4	1.00	2.5	1	1	1.00	2.5	0	0	1.00	2.5	10	10
南京海欣丽宁长毛绒有限公司	0	0	1.00	2.5	0	3	1.00	2.5	1	1	1.00	2.5	0	0	1.00	2.5	10	10
河北华电石家庄鹿华热电有限公司	12	12	1.00	2.5	4	4	1.00	2.5	0	0	1.00	2.5	1	1	1.00	2.5	10	10
徐州华润电力有限公司	12	12	1.00	2.5	4	4	1.00	2.5	0	0	1.00	2.5	1	1	1.00	2.5	10	10
华新水泥（恩平）有限公司	0	12	1.00	2.5	4	4	1.00	2.5	0	0	1.00	2.5	1	1	1.00	2.5	10	10
拜城县峰峰煤焦化有限公司	0	12	1.00	2.5	4	4	1.00	2.5	0	0	1.00	2.5	1	1	1.00	2.5	10	10

被参控公司/母公司	月报				季报				半年报				年报				执行报告得分	排污许可系统得分
	应发	实发	比例	得分	应发	实发	比例	得分	应发	实发	比例	得分	应发	实发	比例	得分		
内蒙古鄂尔多斯热电有限责任公司	0	0	1.00	2.5	4	4	1.00	2.5	0	0	1.00	2.5	1	1	1.00	2.5	10	10
东营华泰清河实业有限公司	0	12	1.00	2.5	4	4	1.00	2.5	1	1	1.00	2.5	0	0	1.00	2.5	10	10
江苏扬农化工集团有限公司	0	0	1.00	2.5	4	4	1.00	2.5	1	1	1.00	2.5	0	0	1.00	2.5	10	10
广州珠江天然气发电有限公司	0	12	1.00	2.5	0	4	1.00	2.5	1	1	1.00	2.5	0	0	1.00	2.5	10	10
民丰特种纸股份有限公司	0	12	1.00	2.5	4	4	1.00	2.5	0	0	1.00	2.5	1	1	1.00	2.5	10	10
唐山三友化工股份有限公司	0	12	1.00	2.5	0	4	1.00	2.5	1	1	1.00	2.5	0	0	1.00	2.5	10	10
浙江司太立制药股份有限公司	0	12	1.00	2.5	4	4	1.00	2.5	1	1	1.00	2.5	0	0	1.00	2.5	10	10
紫金铜业有限公司	0	0	1.00	2.5	4	4	1.00	2.5	1	1	1.00	2.5	0	0	1.00	2.5	10	10
海南双成药业股份有限公司	0	0	1.00	2.5	4	4	1.00	2.5	1	1	1.00	2.5	0	0	1.00	2.5	10	10
河北国华定州发电有限责任公司	0	0	1.00	2.5	4	4	1.00	2.5	1	1	1.00	2.5	0	0	1.00	2.5	10	10
福安药业集团重庆博圣制药有限公司	0	0	1.00	2.5	4	4	1.00	2.5	0	0	1.00	2.5	1	1	1.00	2.5	10	10
浙江厚源纺织股份有限公司	0	12	1.00	2.5	4	4	1.00	2.5	0	0	1.00	2.5	1	1	1.00	2.5	10	10
浙江浙能长兴天然气热电有限公司	0	0	1.00	2.5	4	4	1.00	2.5	1	1	1.00	2.5	0	0	1.00	2.5	10	10
中沙（天津）石化有限公司	0	0	1.00	2.5	4	4	1.00	2.5	0	0	1.00	2.5	1	1	1.00	2.5	10	10
梅州金塔水泥有限公司	12	12	1.00	2.5	4	4	1.00	2.5	1	1	1.00	2.5	0	0	1.00	2.5	10	10
兴业皮革科技股份有限公司	0	0	1.00	2.5	3	3	1.00	2.5	0	0	1.00	2.5	1	1	1.00	2.5	10	10
山西大唐国际云冈热电有限责任公司	12	12	1.00	2.5	4	4	1.00	2.5	0	0	1.00	2.5	1	1	1.00	2.5	10	10
承德中滦煤化工有限公司	0	6	1.00	2.5	4	4	1.00	2.5	0	0	1.00	2.5	1	1	1.00	2.5	10	10
乐山和邦农业科技有限公司	12	12	1.00	2.5	0	4	1.00	2.5	0	0	1.00	2.5	1	1	1.00	2.5	10	10
广东塔牌集团股份有限公司	12	12	1.00	2.5	4	4	1.00	2.5	1	1	1.00	2.5	0	0	1.00	2.5	10	10
国电宣威发电有限责任公司	12	12	1.00	2.5	4	4	1.00	2.5	0	0	1.00	2.5	1	1	1.00	2.5	10	10

被参控公司/母公司	月报				季报				半年报				年报				执行报告得分	排污许可系统得分
	应发	实发	比例	得分	应发	实发	比例	得分	应发	实发	比例	得分	应发	实发	比例	得分		
冀东水泥重庆江津有限责任公司	0	0	1.00	2.5	4	4	1.00	2.5	0	0	1.00	2.5	1	1	1.00	2.5	10	10
华能罗源发电有限责任公司	0	8	1.00	2.5	4	4	1.00	2.5	0	0	1.00	2.5	0	1	1.00	2.5	10	10
金隆铜业有限公司	0	6	1.00	2.5	4	4	1.00	2.5	0	0	1.00	2.5	1	1	1.00	2.5	10	10
云南罗平锌电股份有限公司	0	0	1.00	2.5	4	4	1.00	2.5	0	0	1.00	2.5	1	1	1.00	2.5	10	10
淮北国安电力有限公司	0	12	1.00	2.5	4	4	1.00	2.5	0	0	1.00	2.5	1	1	1.00	2.5	10	10
陕西铜川凤凰建材有限公司	0	0	1.00	2.5	4	4	1.00	2.5	0	0	1.00	2.5	0	1	1.00	2.5	10	10
贵州兴义电力发展有限公司	12	12	1.00	2.5	4	4	1.00	2.5	0	0	1.00	2.5	1	1	1.00	2.5	10	10
山东太阳宏河纸业有限公司	0	12	1.00	2.5	4	4	1.00	2.5	0	0	1.00	2.5	1	1	1.00	2.5	10	10
中国石化仪征化纤有限责任公司	12	12	1.00	2.5	4	4	1.00	2.5	1	1	1.00	2.5	0	0	1.00	2.5	10	10
焦作金冠嘉华电力有限公司	12	12	1.00	2.5	4	4	1.00	2.5	0	0	1.00	2.5	1	1	1.00	2.5	10	10
福建省石狮热电有限责任公司	0	0	1.00	2.5	4	4	1.00	2.5	1	1	1.00	2.5	0	0	1.00	2.5	10	10
内蒙古鄂尔多斯资源股份有限公司	0	0	1.00	2.5	3	3	1.00	2.5	0	0	1.00	2.5	1	1	1.00	2.5	10	10
深南电（东莞）唯美电力有限公司	0	12	1.00	2.5	4	4	1.00	2.5	0	1	1.00	2.5	0	0	1.00	2.5	10	10
珠海保税区丽珠合成制药有限公司	0	0	1.00	2.5	4	4	1.00	2.5	0	0	1.00	2.5	1	1	1.00	2.5	10	10
福安药业集团烟台只楚药业有限公司	0	12	1.00	2.5	4	4	1.00	2.5	1	1	1.00	2.5	0	0	1.00	2.5	10	10
韶关市坪石发电厂有限公司（B厂）	0	12	1.00	2.5	4	4	1.00	2.5	0	1	1.00	2.5	0	0	1.00	2.5	10	10
唐山中润煤化工有限公司	0	0	1.00	2.5	0	3	1.00	2.5	0	0	1.00	2.5	1	1	1.00	2.5	10	10
宁波中鑫毛纺集团有限公司	0	12	1.00	2.5	4	3	0.75	2	1	1	1.00	2.5	0	0	1.00	2.5	9.5	9.5
利民化工股份有限公司	0	10	1.00	2.5	4	3	0.75	2	0	0	1.00	2.5	1	1	1.00	2.5	9.5	9.5

被参控公司/母公司	月报				季报				半年报				年报				执行报告得分	排污许可系统得分
	应发	实发	比例	得分	应发	实发	比例	得分	应发	实发	比例	得分	应发	实发	比例	得分		
湖南华菱湘潭钢铁有限公司	0	0	1.00	2.5	4	3	0.75	2	0	0	1.00	2.5	1	1	1.00	2.5	9.5	9.5
江苏蓝丰生物化工股份有限公司	0	8	1.00	2.5	4	3	0.75	2	0	0	1.00	2.5	1	1	1.00	2.5	9.5	9.5
国华徐州发电有限公司	12	11	0.92	2	4	4	1.00	2.5	0	0	1.00	2.5	1	1	1.00	2.5	9.5	9.5
国电浙江北仑第一发电有限公司	0	0	1.00	2.5	4	3	0.75	2	1	1	1.00	2.5	0	0	1.00	2.5	9.5	9.5
中国石化扬子石油化工有限公司	0	3	1.00	2.5	4	3	0.75	2	0	0	1.00	2.5	1	1	1.00	2.5	9.5	9.5
上海天伟生物制药有限公司	12	10	0.83	2	4	4	1.00	2.5	1	1	1.00	2.5	0	0	1.00	2.5	9.5	9.5
浙江浙能长兴发电有限公司	0	0	1.00	2.5	4	3	0.75	2	0	0	1.00	2.5	1	1	1.00	2.5	9.5	9.5
首钢京唐钢铁联合有限责任公司	0	0	1.00	2.5	4	3	0.75	2	1	1	1.00	2.5	0	0	1.00	2.5	9.5	9.5
国电浙江北仑第三发电有限公司	0	0	1.00	2.5	4	3	0.75	2	1	1	1.00	2.5	0	0	1.00	2.5	9.5	9.5
山西太钢不锈钢股份有限公司	0	0	1.00	2.5	4	3	0.75	2	0	0	1.00	2.5	1	1	1.00	2.5	9.5	9.5
山东信立泰药业有限公司	12	9	0.75	2	4	4	1.00	2.5	1	1	1.00	2.5	0	0	1.00	2.5	9.5	9.5
华能南京金陵发电有限公司	0	0	1.00	2.5	4	3	0.75	2	0	0	1.00	2.5	1	1	1.00	2.5	9.5	9.5
中粮生化能源（公主岭）有限公司	12	11	0.92	2	4	4	1.00	2.5	0	0	1.00	2.5	1	1	1.00	2.5	9.5	9.5
青海制药（集团）有限责任公司	12	10	0.83	2	4	4	1.00	2.5	1	1	1.00	2.5	0	0	1.00	2.5	9.5	9.5
浙江浙能北仑发电有限公司	0	0	1.00	2.5	4	3	0.75	2	0	0	1.00	2.5	1	1	1.00	2.5	9.5	9.5
四川南威水泥有限公司	12	9	0.75	2	4	4	1.00	2.5	1	1	1.00	2.5	0	0	1.00	2.5	9.5	9.5
华电淄博热电有限公司	12	9	0.75	2	0	4	1.00	2.5	0	1	1.00	2.5	0	0	1.00	2.5	9.5	9.5
江西九二盐业有限责任公司	0	0	1.00	2.5	4	3	0.75	2	0	0	1.00	2.5	0	0	1.00	2.5	9.5	9.5
浙江国华浙能发电有限公司	0	0	1.00	2.5	4	3	0.75	2	1	1	1.00	2.5	0	0	1.00	2.5	9.5	9.5
昆明海螺水泥有限公司	12	9	0.75	2	4	4	1.00	2.5	0	0	1.00	2.5	1	1	1.00	2.5	9.5	9.5

被参控公司/母公司	月报				季报				半年报				年报				执行报告得分	排污许可系统得分
	应发	实发	比例	得分	应发	实发	比例	得分	应发	实发	比例	得分	应发	实发	比例	得分		
民和祁连山水泥有限公司	0	6	1.00	2.5	4	3	0.75	2	1	1	1.00	2.5	0	0	1.00	2.5	9.5	9.5
孚日集团股份有限公司	0	0	1.00	2.5	4	3	0.75	2	1	1	1.00	2.5	0	0	1.00	2.5	9.5	9.5
青海互助金圆水泥有限公司	0	9	1.00	2.5	4	3	0.75	2	1	1	1.00	2.5	0	0	1.00	2.5	9.5	9.5
宏达高科控股股份有限公司	0	0	1.00	2.5	4	3	0.75	2	0	1	1.00	2.5	0	0	1.00	2.5	9.5	9.5
浙江浙能乐清发电有限责任公司	0	0	1.00	2.5	4	3	0.75	2	0	0	1.00	2.5	1	1	1.00	2.5	9.5	9.5
天津国投津能发电有限公司	0	0	1.00	2.5	4	3	0.75	2	1	1	1.00	2.5	0	0	1.00	2.5	9.5	9.5
广西河池化工股份有限公司	0	12	1.00	2.5	4	3	0.75	2	0	0	1.00	2.5	1	1	1.00	2.5	9.5	9.5
福安药业集团宁波天衡制药有限公司	0	0	1.00	2.5	4	3	0.75	2	0	0	1.00	2.5	1	1	1.00	2.5	9.5	9.5
江苏优嘉植物保护有限公司	0	0	1.00	2.5	4	3	0.75	2	1	1	1.00	2.5	0	0	1.00	2.5	9.5	9.5
中盐青海昆仑碱业有限公司	0	9	1.00	2.5	4	3	0.75	2	0	0	1.00	2.5	1	1	1.00	2.5	9.5	9.5
中国石化上海高桥石油化工有限公司	0	11	1.00	2.5	4	3	0.75	2	1	1	1.00	2.5	0	0	1.00	2.5	9.5	9.5
冀东水泥丰润有限责任公司	0	0	1.00	2.5	4	3	0.75	2	0	0	1.00	2.5	1	1	1.00	2.5	9.5	9.5
黄龙食品工业有限公司	12	9	0.75	2	4	4	1.00	2.5	1	1	1.00	2.5	0	0	1.00	2.5	9.5	9.5
华能北京热电有限责任公司	0	0	1.00	2.5	4	3	0.75	2	0	0	1.00	2.5	0	1	1.00	2.5	9.5	9.5
江苏新河农用化工有限公司	0	8	1.00	2.5	4	3	0.75	2	1	1	1.00	2.5	0	0	1.00	2.5	9.5	9.5
浙江浙能兰溪发电有限责任公司	0	0	1.00	2.5	4	3	0.75	2	0	0	1.00	2.5	1	1	1.00	2.5	9.5	9.5
盐城南方化工有限公司	0	0	1.00	2.5	4	3	0.75	2	1	1	1.00	2.5	0	0	1.00	2.5	9.5	9.5
神华国华（舟山）发电有限责任公司	0	9	1.00	2.5	4	3	0.75	2	0	0	1.00	2.5	1	1	1.00	2.5	9.5	9.5
深圳市中金岭南有色金属股份有限公司	0	0	1.00	2.5	4	3	0.75	2	1	1	1.00	2.5	0	0	1.00	2.5	9.5	9.5

被参控公司/母公司	月报				季报				半年报				年报				执行报告得分	排污许可系统得分
	应发	实发	比例	得分	应发	实发	比例	得分	应发	实发	比例	得分	应发	实发	比例	得分		
山西兰花科技创业股份有限公司	12	10	0.83	2	4	4	1.00	2.5	1	1	1.00	2.5	0	0	1.00	2.5	9.5	9.5
天方药业有限公司	12	12	1.00	2.5	4	3	0.75	2	0	0	1.00	2.5	1	1	1.00	2.5	9.5	9.5
张家港联合铜业有限公司	0	6	1.00	2.5	4	3	0.75	2	1	1	1.00	2.5	0	0	1.00	2.5	9.5	9.5
鞍山冀东水泥有限责任公司	0	0	1.00	2.5	4	3	0.75	2	0	0	1.00	2.5	0	1	1.00	2.5	9.5	9.5
天津天药药业股份有限公司	0	12	1.00	2.5	4	3	0.75	2	0	0	1.00	2.5	1	1	1.00	2.5	9.5	9.5
昌乐洁源金属表面处理有限公司	0	9	1.00	2.5	4	3	0.75	2	0	0	1.00	2.5	1	1	1.00	2.5	9.5	9.5
中韩（武汉）石油化工有限公司	0	8	1.00	2.5	4	3	0.75	2	0	0	1.00	2.5	1	1	1.00	2.5	9.5	9.5
浙江景兴纸业股份有限公司	0	0	1.00	2.5	4	3	0.75	2	0	0	1.00	2.5	1	1	1.00	2.5	9.5	9.5
北京太阳宫燃气热电有限公司	0	0	1.00	2.5	4	3	0.75	2	0	1	1.00	2.5	0	0	1.00	2.5	9.5	9.5
新疆神火煤电有限公司	12	11	0.92	2	0	3	1.00	2.5	0	0	1.00	2.5	0	1	1.00	2.5	9.5	9.5
浙江浙能绍兴滨海热电有限责任公司	0	0	1.00	2.5	4	3	0.75	2	0	0	1.00	2.5	1	1	1.00	2.5	9.5	9.5
浙江浙能嘉兴发电有限公司	0	0	1.00	2.5	4	3	0.75	2	0	0	1.00	2.5	1	1	1.00	2.5	9.5	9.5
华新水泥（株洲）有限公司	0	0	1.00	2.5	4	3	0.75	2	1	1	1.00	2.5	0	0	1.00	2.5	9.5	9.5
国电内蒙古东胜热电有限公司	0	0	1.00	2.5	4	3	0.75	2	1	1	1.00	2.5	0	0	1.00	2.5	9.5	9.5
浙江浙能台州第二发电有限责任公司	0	0	1.00	2.5	4	3	0.75	2	1	1	1.00	2.5	0	0	1.00	2.5	9.5	9.5
冀东水泥阿巴嘎旗有限责任公司	0	12	1.00	2.5	4	3	0.75	2	0	0	1.00	2.5	1	1	1.00	2.5	9.5	9.5
浙江嘉化能源化工股份有限公司	0	0	1.00	2.5	4	3	0.75	2	0	0	1.00	2.5	1	1	1.00	2.5	9.5	9.5
浙江浙能中煤舟山煤电有限责任公司	0	0	1.00	2.5	4	3	0.75	2	0	0	1.00	2.5	1	1	1.00	2.5	9.5	9.5
陕西兴化化学股份有限公司	0	0	1.00	2.5	4	3	0.75	2	1	1	1.00	2.5	0	0	1.00	2.5	9.5	9.5

被参控公司/母公司	月报				季报				半年报				年报				执行报告得分	排污许可系统得分
	应发	实发	比例	得分	应发	实发	比例	得分	应发	实发	比例	得分	应发	实发	比例	得分		
国电南宁发电有限责任公司	0	8	1.00	2.5	4	3	0.75	2	0	0	1.00	2.5	1	1	1.00	2.5	9.5	9.5
营口长宜热力有限公司	0	0	1.00	2.5	4	3	0.75	2	0	0	1.00	2.5	1	1	1.00	2.5	9.5	9.5
宁波海德针织漂染有限公司	0	0	1.00	2.5	4	3	0.75	2	0	0	1.00	2.5	1	1	1.00	2.5	9.5	9.5
浙江拜克生物科技有限公司	0	0	1.00	2.5	4	3	0.75	2	0	0	1.00	2.5	1	1	1.00	2.5	9.5	9.5
宁夏蓝丰精细化工有限公司	0	0	1.00	2.5	4	3	0.75	2	1	1	1.00	2.5	0	0	1.00	2.5	9.5	9.5
浙江大唐乌沙山发电有限责任公司	0	0	1.00	2.5	4	3	0.75	2	1	1	1.00	2.5	0	0	1.00	2.5	9.5	9.5
广西凌云通鸿水泥有限公司	0	0	1.00	2.5	4	3	0.75	2	0	0	1.00	2.5	1	1	1.00	2.5	9.5	9.5
深圳大唐宝昌燃气发电有限公司	0	0	1.00	2.5	4	3	0.75	2	0	1	1.00	2.5	0	0	1.00	2.5	9.5	9.5
福建凤竹纺织科技股份有限公司	0	0	1.00	2.5	4	3	0.75	2	1	1	1.00	2.5	0	0	1.00	2.5	9.5	9.5
中铝集团山西交口兴华科技股份有限公司	12	8	0.67	1.5	4	4	1.00	2.5	0	0	1.00	2.5	1	1	1.00	2.5	9	9
浙江浙能嘉华发电有限公司	0	0	1.00	2.5	4	2	0.50	1.5	0	0	1.00	2.5	1	1	1.00	2.5	9	9
金牛天铁煤焦化有限公司	0	0	1.00	2.5	4	2	0.50	1.5	0	0	1.00	2.5	1	1	1.00	2.5	9	9
内蒙古鄂尔多斯联合化工有限公司	11	8	0.73	1.5	3	4	1.33	2.5	0	0	1.00	2.5	1	1	1.00	2.5	9	9
安徽福莱特光伏玻璃有限公司	0	0	1.00	2.5	4	2	0.50	1.5	1	1	1.00	2.5	0	0	1.00	2.5	9	9
河南神火发电有限公司	0	6	1.00	2.5	4	2	0.50	1.5	0	1	1.00	2.5	0	0	1.00	2.5	9	9
芜湖海螺水泥有限公司	12	6	0.50	1.5	4	4	1.00	2.5	1	1	1.00	2.5	0	0	1.00	2.5	9	9
陵川金隅水泥有限公司	12	6	0.50	1.5	4	3	0.75	2	0	0	1.00	2.5	1	1	1.00	2.5	8.5	8.5
福建省南平新南针有限公司	0	0	1.00	2.5	4	1	0.25	1	0	1	1.00	2.5	0	0	1.00	2.5	8.5	8.5
上海外高桥发电有限责任公司	12	5	0.42	1	4	4	1.00	2.5	1	1	1.00	2.5	0	0	1.00	2.5	8.5	8.5
陕西海欣庆华医药化工有限公司	12	8	0.67	1.5	4	3	0.75	2	0	0	1.00	2.5	1	1	1.00	2.5	8.5	8.5

被参控公司/母公司	月报				季报				半年报				年报				执行报告得分	排污许可系统得分
	应发	实发	比例	得分	应发	实发	比例	得分	应发	实发	比例	得分	应发	实发	比例	得分		
遵义海螺盘江水泥有限责任公司	12	4	0.33	1	4	4	1.00	2.5	1	1	1.00	2.5	0	0	1.00	2.5	8.5	8.5
岚县金隅水泥有限公司	12	3	0.25	1	4	4	1.00	2.5	0	0	1.00	2.5	1	1	1.00	2.5	8.5	8.5
佛山恒益发电有限公司	12	8	0.67	1.5	4	3	0.75	2	0	0	1.00	2.5	1	1	1.00	2.5	8.5	8.5
华能南京热电有限公司	0	0	1.00	2.5	4	4	1.00	2.5	1	1	1.00	2.5	1	0	0.00	0.5	8	8
华能太仓发电有限责任公司	0	12	1.00	2.5	4	4	1.00	2.5	1	0	0.00	0.5	1	1	1.00	2.5	8	8
新疆天康食品有限责任公司	0	0	1.00	2.5	0	1	1.00	2.5	0	0	1.00	2.5	1	0	0.00	0.5	8	8
浙江华海致诚药业有限公司	0	6	1.00	2.5	3	2	0.67	2.5	1	0	0.00	0.5	0	0	1.00	2.5	8	8
陕西国华锦界能源有限责任公司	0	0	1.00	2.5	2	3	1.50	2.5	1	0	0.00	0.5	1	1	1.00	2.5	8	8
山东新和成药业有限公司	0	0	1.00	2.5	2	4	2.00	2.5	1	0	0.00	0.5	1	1	1.00	2.5	8	8
内蒙古华电乌达热电有限公司	0	12	1.00	2.5	2	4	2.00	2.5	1	0	0.00	0.5	1	1	1.00	2.5	8	8
浙江上峰建材有限公司	0	0	1.00	2.5	4	4	1.00	2.5	1	0	0.00	0.5	0	0	1.00	2.5	8	8
国电石嘴山第一发电有限公司	0	12	1.00	2.5	2	4	2.00	2.5	1	1	1.00	2.5	1	0	0.00	0.5	8	8
祁阳县凯迪绿色能源开发有限公司	0	0	1.00	2.5	4	4	1.00	2.5	1	1	1.00	2.5	1	0	0.00	0.5	8	8
山东华鲁恒升化工股份有限公司	12	12	1.00	2.5	4	4	1.00	2.5	1	1	1.00	2.5	1	0	0.00	0.5	8	8
华新水泥（河南信阳）有限公司	0	12	1.00	2.5	2	4	2.00	2.5	1	0	0.00	0.5	1	1	1.00	2.5	8	8
华能瑞金发电有限责任公司	0	0	1.00	2.5	4	4	1.00	2.5	1	1	1.00	2.5	2	0	0.00	0.5	8	8
广州发展鳌头分布式能源站投资管理有限公司	12	12	1.00	2.5	0	4	1.00	2.5	1	1	1.00	2.5	1	0	0.00	0.5	8	8
兴业葵阳海螺水泥有限责任公司	0	0	1.00	2.5	4	4	1.00	2.5	1	1	1.00	2.5	1	0	0.00	0.5	8	8
江苏博汇纸业有限公司	12	0	0.00	0.5	4	4	1.00	2.5	1	1	1.00	2.5	0	0	1.00	2.5	8	8
建投邢台热电有限责任公司	12	12	1.00	2.5	4	4	1.00	2.5	1	0	0.00	0.5	0	0	1.00	2.5	8	8

被参控公司/母公司	月报				季报				半年报				年报				执行报告得分	排污许可系统得分
	应发	实发	比例	得分	应发	实发	比例	得分	应发	实发	比例	得分	应发	实发	比例	得分		
甘肃酒钢集团宏兴钢铁股份有限公司	12	12	1.00	2.5	0	4	1.00	2.5	1	1	1.00	2.5	1	0	0.00	0.5	8	8
华能重庆珞璜发电有限责任公司	0	12	1.00	2.5	2	4	2.00	2.5	1	0	0.00	0.5	1	1	1.00	2.5	8	8
大唐绥化热电有限公司	0	12	1.00	2.5	4	4	1.00	2.5	1	0	0.00	0.5	1	1	1.00	2.5	8	8
国电电力发展股份有限公司	0	0	1.00	2.5	4	4	1.00	2.5	1	1	1.00	2.5	1	0	0.00	0.5	8	8
全椒海螺水泥有限责任公司	12	0	0.00	0.5	4	4	1.00	2.5	1	1	1.00	2.5	0	0	1.00	2.5	8	8
礼泉海螺水泥有限责任公司	0	0	1.00	2.5	2	4	2.00	2.5	1	0	0.00	0.5	1	1	1.00	2.5	8	8
新疆天山水泥股份有限公司	0	12	1.00	2.5	4	4	1.00	2.5	1	0	0.00	0.5	1	1	1.00	2.5	8	8
内蒙古京能盛乐热电有限公司	0	12	1.00	2.5	2	4	2.00	2.5	1	1	1.00	2.5	1	0	0.00	0.5	8	8
宁夏枣泉发电有限责任公司	0	6	1.00	2.5	4	4	1.00	2.5	1	1	1.00	2.5	1	0	0.00	0.5	8	8
山东华宇合金材料有限公司	0	12	1.00	2.5	2	4	2.00	2.5	1	0	0.00	0.5	1	1	1.00	2.5	8	8
河北邯峰发电有限责任公司	0	0	1.00	2.5	4	4	1.00	2.5	1	1	1.00	2.5	1	0	0.00	0.5	8	8
云南华新东骏水泥有限公司	12	12	1.00	2.5	0	4	1.00	2.5	1	0	0.00	0.5	1	1	1.00	2.5	8	8
江苏国信扬州发电有限责任公司	0	0	1.00	2.5	4	4	1.00	2.5	1	0	0.00	0.5	1	1	1.00	2.5	8	8
大唐林州热电有限责任公司	0	12	1.00	2.5	4	4	1.00	2.5	1	1	1.00	2.5	1	0	0.00	0.5	8	8
华能临沂发电有限公司	0	3	1.00	2.5	4	4	1.00	2.5	1	1	1.00	2.5	1	0	0.00	0.5	8	8
国电长源荆门发电有限公司	0	12	1.00	2.5	2	4	2.00	2.5	1	0	0.00	0.5	1	1	1.00	2.5	8	8
克州青松水泥有限责任公司	0	7	1.00	2.5	0	3	1.00	2.5	0	1	1.00	2.5	1	0	0.00	0.5	8	8
梁平海螺水泥有限责任公司	0	0	1.00	2.5	4	4	1.00	2.5	1	0	0.00	0.5	1	1	1.00	2.5	8	8
内蒙古京能康巴什热电有限公司	0	9	1.00	2.5	2	4	2.00	2.5	1	0	0.00	0.5	1	1	1.00	2.5	8	8
贵州宜化化工有限责任公司	12	12	1.00	2.5	4	4	1.00	2.5	0	0	1.00	2.5	1	0	0.00	0.5	8	8
山东海天生物化工有限公司	0	12	1.00	2.5	2	4	2.00	2.5	1	0	0.00	0.5	1	1	1.00	2.5	8	8

被参控公司/母公司	月报				季报				半年报				年报				执行报告得分	排污许可系统得分
	应发	实发	比例	得分	应发	实发	比例	得分	应发	实发	比例	得分	应发	实发	比例	得分		
内蒙古上都发电有限责任公司	0	12	1.00	2.5	4	4	1.00	2.5	1	0	0.00	0.5	1	1	1.00	2.5	8	8
中粮屯河新源糖业有限公司	0	4	1.00	2.5	2	4	2.00	2.5	1	1	1.00	2.5	1	0	0.00	0.5	8	8
江苏国信仪征热电有限公司	0	12	1.00	2.5	4	4	1.00	2.5	1	1	1.00	2.5	1	0	0.00	0.5	8	8
华能沁北发电有限责任公司	0	12	1.00	2.5	2	4	2.00	2.5	1	0	0.00	0.5	1	1	1.00	2.5	8	8
中冶美利云产业投资股份有限公司	0	12	1.00	2.5	2	4	2.00	2.5	1	1	1.00	2.5	1	0	0.00	0.5	8	8
山西漳山发电有限责任公司	0	12	1.00	2.5	2	4	2.00	2.5	1	0	0.00	0.5	1	1	1.00	2.5	8	8
风神轮胎股份有限公司	0	12	1.00	2.5	2	4	2.00	2.5	1	0	0.00	0.5	1	1	1.00	2.5	8	8
玛纳斯澳洋科技有限责任公司	0	0	1.00	2.5	4	4	1.00	2.5	1	1	1.00	2.5	1	0	0.00	0.5	8	8
浙江春晖环保能源股份有限公司	0	0	1.00	2.5	4	4	1.00	2.5	0	0	1.00	2.5	1	0	0.00	0.5	8	8
中国石化青岛石油化工有限责任公司	12	12	1.00	2.5	4	4	1.00	2.5	1	1	1.00	2.5	1	0	0.00	0.5	8	8
陕西延长中煤榆林能源化工有限公司	0	0	1.00	2.5	4	4	1.00	2.5	1	0	0.00	0.5	0	0	1.00	2.5	8	8
国华太仓发电有限责任公司	0	12	1.00	2.5	4	4	1.00	2.5	1	1	1.00	2.5	1	0	0.00	0.5	8	8
华新水泥（渠县）有限公司	0	0	1.00	2.5	0	4	1.00	2.5	1	0	0.00	0.5	1	1	1.00	2.5	8	8
沁阳市金隅水泥有限公司	0	12	1.00	2.5	4	4	1.00	2.5	1	1	1.00	2.5	1	0	0.00	0.5	8	8
华能威海发电有限责任公司	0	9	1.00	2.5	4	4	1.00	2.5	1	1	1.00	2.5	1	0	0.00	0.5	8	8
华新水泥（冷水江）有限公司	0	12	1.00	2.5	0	0	1.00	2.5	0	0	1.00	2.5	1	0	0.00	0.5	8	8
江苏沙钢集团淮钢特钢股份有限公司	12	12	1.00	2.5	4	4	1.00	2.5	1	0	0.00	0.5	0	0	1.00	2.5	8	8
南京港扬州石化仓储有限公司	7	8	1.14	2.5	3	4	1.33	2.5	1	0	0.00	0.5	1	1	1.00	2.5	8	8
四川科伦药业股份有限公司	0	0	1.00	2.5	2	4	2.00	2.5	1	0	0.00	0.5	1	1	1.00	2.5	8	8
乌海市西水水泥有限责任公司	7	12	1.71	2.5	4	4	1.00	2.5	1	0	0.00	0.5	1	1	1.00	2.5	8	8

被参控公司/母公司	月报				季报				半年报				年报				执行报告得分	排污许可系统得分
	应发	实发	比例	得分	应发	实发	比例	得分	应发	实发	比例	得分	应发	实发	比例	得分		
广州白云山医药集团股份有限公司	0	0	1.00	2.5	2	4	2.00	2.5	1	0	0.00	0.5	1	1	1.00	2.5	8	8
辽宁大唐国际锦州热电有限责任公司	0	0	1.00	2.5	2	4	2.00	2.5	1	1	1.00	2.5	1	0	0.00	0.5	8	8
江苏阳光新桥热电有限公司	0	6	1.00	2.5	4	4	1.00	2.5	1	1	1.00	2.5	1	0	0.00	0.5	8	8
华能青岛热电有限公司	0	1	1.00	2.5	2	4	2.00	2.5	1	0	0.00	0.5	1	1	1.00	2.5	8	8
河南安彩高科股份有限公司	0	12	1.00	2.5	4	4	1.00	2.5	1	1	1.00	2.5	1	0	0.00	0.5	8	8
华能（苏州工业园区）发电有限责任公司	0	12	1.00	2.5	4	4	1.00	2.5	1	0	0.00	0.5	1	1	1.00	2.5	8	8
浙江圣达生物药业股份有限公司	0	12	1.00	2.5	4	4	1.00	2.5	1	0	0.00	0.5	0	0	1.00	2.5	8	8
新疆天龙矿业股份有限公司	0	12	1.00	2.5	4	4	1.00	2.5	1	1	1.00	2.5	1	0	0.00	0.5	8	8
鞍钢集团朝阳钢铁有限公司	0	6	1.00	2.5	4	4	1.00	2.5	1	0	0.00	0.5	1	1	1.00	2.5	8	8
南京钢铁有限公司	0	0	1.00	2.5	4	4	1.00	2.5	1	0	0.00	0.5	0	0	1.00	2.5	8	8
四川振静股份有限公司	12	12	1.00	2.5	0	2	1.00	2.5	0	0	1.00	2.5	1	0	0.00	0.5	8	8
安琪酵母（伊犁）有限公司	0	0	1.00	2.5	4	4	1.00	2.5	1	1	1.00	2.5	1	0	0.00	0.5	8	8
中粮生化能源（龙江）有限公司	0	12	1.00	2.5	2	4	2.00	2.5	1	0	0.00	0.5	1	1	1.00	2.5	8	8
华能伊春热电有限公司	0	12	1.00	2.5	2	4	2.00	2.5	1	0	0.00	0.5	1	1	1.00	2.5	8	8
湖南海螺水泥有限公司	0	0	1.00	2.5	4	4	1.00	2.5	1	0	0.00	0.5	1	1	1.00	2.5	8	8
海南中航特玻材料有限公司	0	0	1.00	2.5	4	4	1.00	2.5	1	1	1.00	2.5	1	0	0.00	0.5	8	8
中天合创能源有限责任公司	0	0	1.00	2.5	2	4	2.00	2.5	1	1	1.00	2.5	1	0	0.00	0.5	8	8
山东新银麦啤酒有限公司	0	12	1.00	2.5	2	4	2.00	2.5	1	0	0.00	0.5	1	1	1.00	2.5	8	8
广东红海湾发电有限公司	12	12	1.00	2.5	0	4	1.00	2.5	1	0	0.00	0.5	1	1	1.00	2.5	8	8
张家港沙洲电力有限公司	0	12	1.00	2.5	4	4	1.00	2.5	1	1	1.00	2.5	1	0	0.00	0.5	8	8
大唐湘潭发电有限责任公司	0	12	1.00	2.5	2	4	2.00	2.5	1	0	0.00	0.5	1	1	1.00	2.5	8	8

被参控公司/母公司	月报				季报				半年报				年报				执行报告得分	排污许可系统得分
	应发	实发	比例	得分	应发	实发	比例	得分	应发	实发	比例	得分	应发	实发	比例	得分		
无锡惠联热电有限公司	0	12	1.00	2.5	4	4	1.00	2.5	1	0	0.00	0.5	1	1	1.00	2.5	8	8
祁阳海螺水泥有限责任公司	0	9	1.00	2.5	4	4	1.00	2.5	1	0	0.00	0.5	1	1	1.00	2.5	8	8
浙江晋巨化工有限公司	0	0	1.00	2.5	4	4	1.00	2.5	1	0	0.00	0.5	0	0	1.00	2.5	8	8
华新水泥（万源）有限公司	0	1	1.00	2.5	0	4	1.00	2.5	1	1	1.00	2.5	1	0	0.00	0.5	8	8
重庆三圣实业股份有限公司	0	0	1.00	2.5	4	4	1.00	2.5	1	1	1.00	2.5	1	0	0.00	0.5	8	8
山东华泰纸业股份有限公司	0	12	1.00	2.5	2	4	2.00	2.5	1	0	0.00	0.5	1	1	1.00	2.5	8	8
江西大唐国际抚州发电有限责任公司	0	12	1.00	2.5	4	4	1.00	2.5	1	0	0.00	0.5	1	1	1.00	2.5	8	8
内蒙古博大实地化学有限公司	0	3	1.00	2.5	2	4	2.00	2.5	1	0	0.00	0.5	1	1	1.00	2.5	8	8
宁夏京能宁东发电有限责任公司	0	11	1.00	2.5	4	4	1.00	2.5	1	1	1.00	2.5	1	0	0.00	0.5	8	8
上海漕泾热电有限责任公司	0	12	1.00	2.5	2	4	2.00	2.5	1	0	0.00	0.5	1	1	1.00	2.5	8	8
吉林晨鸣纸业有限责任公司	0	0	1.00	2.5	2	3	1.50	2.5	1	1	1.00	2.5	1	0	0.00	0.5	8	8
四川和邦生物科技股份有限公司	12	12	1.00	2.5	0	4	1.00	2.5	1	0	0.00	0.5	0	0	1.00	2.5	8	8
临湘海螺水泥有限责任公司	0	6	1.00	2.5	4	4	1.00	2.5	1	0	0.00	0.5	1	1	1.00	2.5	8	8
黑龙江华电齐齐哈尔热电有限公司	0	12	1.00	2.5	2	4	2.00	2.5	1	1	1.00	2.5	1	0	0.00	0.5	8	8
特变电工能源建设有限公司	0	12	1.00	2.5	2	4	2.00	2.5	1	0	0.00	0.5	1	1	1.00	2.5	8	8
江阴热电有限公司	0	12	1.00	2.5	4	4	1.00	2.5	1	1	1.00	2.5	1	0	0.00	0.5	8	8
山西天脊潞安化工有限公司	8	8	1.00	2.5	3	3	1.00	2.5	1	0	0.00	0.5	1	1	1.00	2.5	8	8
云南大唐国际红河发电有限责任公司	12	12	1.00	2.5	4	4	1.00	2.5	1	1	1.00	2.5	1	0	0.00	0.5	8	8
华新水泥（富民）有限公司	12	12	1.00	2.5	0	4	1.00	2.5	1	0	0.00	0.5	1	1	1.00	2.5	8	8
华东医药（西安）博华制药有限公司	0	0	1.00	2.5	4	4	1.00	2.5	1	1	1.00	2.5	1	0	0.00	0.5	8	8

被参控公司/母公司	月报				季报				半年报				年报				执行报告得分	排污许可系统得分
	应发	实发	比例	得分	应发	实发	比例	得分	应发	实发	比例	得分	应发	实发	比例	得分		
山东晨鸣纸业集团股份有限公司	0	12	1.00	2.5	2	4	2.00	2.5	1	0	0.00	0.5	1	1	1.00	2.5	8	8
山西阳光发电有限责任公司	0	12	1.00	2.5	4	4	1.00	2.5	1	0	0.00	0.5	0	0	1.00	2.5	8	8
赛轮金宇集团（香港）有限公司	0	12	1.00	2.5	2	4	2.00	2.5	1	0	0.00	0.5	1	1	1.00	2.5	8	8
铜陵有色金属集团股份有限公司	0	12	1.00	2.5	4	4	1.00	2.5	1	0	0.00	0.5	0	0	1.00	2.5	8	8
江西晨鸣纸业有限责任公司	0	3	1.00	2.5	2	4	2.00	2.5	1	1	1.00	2.5	1	0	0.00	0.5	8	8
哈密天山水泥有限责任公司	0	10	1.00	2.5	4	4	1.00	2.5	1	1	1.00	2.5	1	0	0.00	0.5	8	8
国投宣城发电有限责任公司	12	12	1.00	2.5	0	0	1.00	2.5	1	0	0.00	0.5	1	1	1.00	2.5	8	8
蒙娜丽莎集团股份有限公司	0	12	1.00	2.5	4	4	1.00	2.5	1	0	0.00	0.5	1	1	1.00	2.5	8	8
国电哈密煤电开发有限公司	0	12	1.00	2.5	2	4	2.00	2.5	1	0	0.00	0.5	1	1	1.00	2.5	8	8
长沙天宁热电有限公司	0	9	1.00	2.5	4	4	1.00	2.5	1	1	1.00	2.5	1	0	0.00	0.5	8	8
西宁特殊钢股份有限公司	12	0	0.00	0.5	4	4	1.00	2.5	1	1	1.00	2.5	0	0	1.00	2.5	8	8
杭州华电下沙热电有限公司	12	0	0.00	0.5	4	4	1.00	2.5	0	0	1.00	2.5	1	1	1.00	2.5	8	8
青海盐湖工业股份有限公司	0	8	1.00	2.5	2	4	2.00	2.5	1	1	1.00	2.5	1	0	0.00	0.5	8	8
天津三环乐喜新材料有限公司	7	12	1.71	2.5	4	4	1.00	2.5	1	0	0.00	0.5	1	1	1.00	2.5	8	8
安徽华电芜湖发电有限公司	12	12	1.00	2.5	4	4	1.00	2.5	1	0	0.00	0.5	1	1	1.00	2.5	8	8
华能巢湖发电有限责任公司	0	12	1.00	2.5	4	4	1.00	2.5	1	1	1.00	2.5	1	0	0.00	0.5	8	8
华能济宁高新区热电有限公司	0	12	1.00	2.5	4	4	1.00	2.5	1	0	0.00	0.5	1	1	1.00	2.5	8	8
洪雅凯迪绿色能源开发有限公司	0	12	1.00	2.5	0	4	1.00	2.5	1	1	1.00	2.5	1	0	0.00	0.5	8	8
重庆大唐国际石柱发电有限责任公司	0	12	1.00	2.5	2	4	2.00	2.5	1	0	0.00	0.5	1	1	1.00	2.5	8	8
湖南益阳海螺水泥有限责任公司	0	0	1.00	2.5	4	4	1.00	2.5	1	1	1.00	2.5	1	0	0.00	0.5	8	8
福建省鸿山热电有限责任公司	0	0	1.00	2.5	2	4	2.00	2.5	1	0	0.00	0.5	1	1	1.00	2.5	8	8

被参控公司/母公司	月报				季报				半年报				年报				执行报告得分	排污许可系统得分
	应发	实发	比例	得分	应发	实发	比例	得分	应发	实发	比例	得分	应发	实发	比例	得分		
华能上海石洞口发电有限责任公司	12	0	0.00	0.5	4	4	1.00	2.5	0	0	1.00	2.5	1	1	1.00	2.5	8	8
东营华泰化工集团有限公司	0	0	1.00	2.5	2	4	2.00	2.5	1	0	0.00	0.5	1	1	1.00	2.5	8	8
国电织金发电有限公司	0	12	1.00	2.5	2	4	2.00	2.5	1	1	1.00	2.5	1	0	0.00	0.5	8	8
天水中材水泥有限责任公司	0	12	1.00	2.5	4	4	1.00	2.5	1	1	1.00	2.5	1	0	0.00	0.5	8	8
华能济宁运河发电有限公司	0	12	1.00	2.5	2	4	2.00	2.5	1	1	1.00	2.5	1	0	0.00	0.5	8	8
中材甘肃水泥有限责任公司	0	0	1.00	2.5	4	4	1.00	2.5	1	1	1.00	2.5	1	0	0.00	0.5	8	8
新疆广汇新能源有限公司	0	12	1.00	2.5	4	4	1.00	2.5	1	1	1.00	2.5	1	0	0.00	0.5	8	8
淄博市临淄区朱台热力有限公司	0	12	1.00	2.5	2	4	2.00	2.5	1	0	0.00	0.5	1	1	1.00	2.5	8	8
江苏阚山发电有限公司	0	0	1.00	2.5	4	4	1.00	2.5	1	0	0.00	0.5	1	1	1.00	2.5	8	8
宁波经济技术开发区热电有限责任公司	0	0	1.00	2.5	2	4	2.00	2.5	1	1	1.00	2.5	1	0	0.00	0.5	8	8
湖南省湘中制药有限公司	0	12	1.00	2.5	4	4	1.00	2.5	1	0	0.00	0.5	0	0	1.00	2.5	8	8
中粮生化能源（衡水）有限公司	0	1	1.00	2.5	4	0	0.00	0.5	0	0	1.00	2.5	0	0	1.00	2.5	8	8
江西富祥药业股份有限公司	0	9	1.00	2.5	4	4	1.00	2.5	1	0	0.00	0.5	0	0	1.00	2.5	8	8
内蒙古亿利化学工业有限公司	0	12	1.00	2.5	2	4	2.00	2.5	1	0	0.00	0.5	1	1	1.00	2.5	8	8
唐山冀东水泥股份有限公司	0	0	1.00	2.5	4	4	1.00	2.5	1	0	0.00	0.5	1	1	1.00	2.5	8	8
林州重机林钢钢铁有限公司	0	0	1.00	2.5	4	4	1.00	2.5	1	0	0.00	0.5	1	1	1.00	2.5	8	8
张家界市桑梓综合利用发电厂有限责任公司	0	12	1.00	2.5	4	4	1.00	2.5	1	0	0.00	0.5	1	1	1.00	2.5	8	8
华电潍坊发电有限公司	0	3	1.00	2.5	2	4	2.00	2.5	1	0	0.00	0.5	1	1	1.00	2.5	8	8
中顺洁柔（云浮）纸业有限公司	12	12	1.00	2.5	4	4	1.00	2.5	1	0	0.00	0.5	0	0	1.00	2.5	8	8
宜兴天山水泥有限责任公司	0	12	1.00	2.5	2	4	2.00	2.5	1	0	0.00	0.5	1	1	1.00	2.5	8	8
吉林奇峰化纤股份有限公司	0	0	1.00	2.5	2	4	2.00	2.5	1	0	0.00	0.5	1	1	1.00	2.5	8	8

被参控公司/母公司	月报				季报				半年报				年报				执行报告得分	排污许可系统得分
	应发	实发	比例	得分	应发	实发	比例	得分	应发	实发	比例	得分	应发	实发	比例	得分		
宁夏青铜峡水泥股份有限公司	0	12	1.00	2.5	2	4	2.00	2.5	0	1	1.00	2.5	1	0	0.00	0.5	8	8
内蒙古丰泰发电有限公司	0	12	1.00	2.5	4	4	1.00	2.5	1	1	1.00	2.5	1	0	0.00	0.5	8	8
国投盘江发电有限公司	0	0	1.00	2.5	2	4	2.00	2.5	1	1	1.00	2.5	1	0	0.00	0.5	8	8
华能沾化热电有限公司	0	12	1.00	2.5	2	4	2.00	2.5	1	0	0.00	0.5	1	1	1.00	2.5	8	8
华能曲阜热电有限公司	0	12	1.00	2.5	2	4	2.00	2.5	1	0	0.00	0.5	1	1	1.00	2.5	8	8
重庆钢铁股份有限公司	0	0	1.00	2.5	2	2	1.00	2.5	1	0	0.00	0.5	1	1	1.00	2.5	8	8
广东冠豪高新技术股份有限公司	0	0	1.00	2.5	4	4	1.00	2.5	1	1	1.00	2.5	1	0	0.00	0.5	8	8
福建省联盛纸业有限责任公司	0	12	1.00	2.5	4	4	1.00	2.5	1	1	1.00	2.5	1	0	0.00	0.5	8	8
惠州深能源丰达电力有限公司	0	0	1.00	2.5	2	4	2.00	2.5	1	1	1.00	2.5	1	0	0.00	0.5	8	8
云南尖峰水泥有限公司	0	12	1.00	2.5	4	4	1.00	2.5	1	1	1.00	2.5	1	0	0.00	0.5	8	8
蒙自瀛洲水泥有限责任公司	7	12	1.71	2.5	4	4	1.00	2.5	1	0	0.00	0.5	1	1	1.00	2.5	8	8
山西大唐国际临汾热电有限责任公司	6	12	2.00	2.5	2	4	2.00	2.5	1	1	1.00	2.5	1	0	0.00	0.5	8	8
韶能集团耒阳电力实业有限公司	0	0	1.00	2.5	4	4	1.00	2.5	1	1	1.00	2.5	1	0	0.00	0.5	8	8
浙江海正药业股份有限公司	0	12	1.00	2.5	3	1	0.33	2.5	0	0	1.00	2.5	1	0	0.00	0.5	8	8
兖州煤业榆林能化有限公司	12	4	0.33	1	4	3	0.75	2	1	1	1.00	2.5	0	0	1.00	2.5	8	8
上海上药第一生化药业有限公司	12	0	0.00	0.5	4	4	1.00	2.5	0	0	1.00	2.5	1	1	1.00	2.5	8	8
华能平凉发电有限责任公司	0	12	1.00	2.5	4	4	1.00	2.5	2	0	0.00	0.5	1	1	1.00	2.5	8	8
华能荆门热电有限责任公司	0	12	1.00	2.5	4	4	1.00	2.5	1	1	1.00	2.5	1	0	0.00	0.5	8	8
海南长安国际制药有限公司	0	0	1.00	2.5	2	3	1.50	2.5	1	0	0.00	0.5	1	1	1.00	2.5	8	8
宁夏赛马水泥有限公司	0	0	1.00	2.5	2	4	2.00	2.5	1	0	0.00	0.5	1	1	1.00	2.5	8	8
广州中电荔新电力实业有限公司	12	12	1.00	2.5	4	4	1.00	2.5	1	1	1.00	2.5	2	0	0.00	0.5	8	8

被参控公司/母公司	月报				季报				半年报				年报				执行报告得分	排污许可系统得分
	应发	实发	比例	得分	应发	实发	比例	得分	应发	实发	比例	得分	应发	实发	比例	得分		
华能太原东山燃机热电有限责任公司	0	0	1.00	2.5	2	3	1.50	2.5	1	0	0.00	0.5	1	1	1.00	2.5	8	8
长春一汽富维高新汽车饰件有限公司	0	0	1.00	2.5	2	4	2.00	2.5	1	0	0.00	0.5	1	1	1.00	2.5	8	8
焦作万方铝业股份有限公司	0	12	1.00	2.5	4	4	1.00	2.5	0	0	1.00	2.5	1	0	0.00	0.5	8	8
徐州天裕燃气发电有限公司	12	12	1.00	2.5	2	4	2.00	2.5	1	1	1.00	2.5	1	0	0.00	0.5	8	8
江苏常隆农化有限公司	0	12	1.00	2.5	2	4	2.00	2.5	1	0	0.00	0.5	1	1	1.00	2.5	8	8
河南银鸽实业投资股份有限公司	0	12	1.00	2.5	2	4	2.00	2.5	1	0	0.00	0.5	1	1	1.00	2.5	8	8
乌海赛马水泥有限责任公司	7	12	1.71	2.5	4	4	1.00	2.5	1	0	0.00	0.5	1	1	1.00	2.5	8	8
平湖石化有限责任公司	12	0	0.00	0.5	0	4	1.00	2.5	0	0	1.00	2.5	0	1	1.00	2.5	8	8
浙江海翔川南药业有限公司	0	12	1.00	2.5	3	3	1.00	2.5	0	0	1.00	2.5	1	0	0.00	0.5	8	8
江西赣州南方万年青水泥有限公司	0	6	1.00	2.5	4	4	1.00	2.5	1	1	1.00	2.5	2	0	0.00	0.5	8	8
宣化金隅水泥有限公司	0	0	1.00	2.5	2	3	1.50	2.5	1	0	0.00	0.5	1	1	1.00	2.5	8	8
叶城天山水泥有限责任公司	0	12	1.00	2.5	2	4	2.00	2.5	1	0	0.00	0.5	1	1	1.00	2.5	8	8
大唐桂冠合山发电有限公司	12	0	0.00	0.5	4	4	1.00	2.5	1	1	1.00	2.5	0	0	1.00	2.5	8	8
新疆天富阳光生物科技有限公司	0	11	1.00	2.5	4	4	1.00	2.5	0	0	1.00	2.5	1	0	0.00	0.5	8	8
江苏新农化工有限公司	0	0	1.00	2.5	4	0	0.00	0.5	0	0	1.00	2.5	1	1	1.00	2.5	8	8
新疆圣雄能源股份有限公司	0	4	1.00	2.5	2	4	2.00	2.5	1	1	1.00	2.5	1	0	0.00	0.5	8	8
华能山东发电有限公司	0	0	1.00	2.5	4	4	1.00	2.5	1	1	1.00	2.5	1	0	0.00	0.5	8	8
大唐华银株洲发电有限公司	0	12	1.00	2.5	4	4	1.00	2.5	1	1	1.00	2.5	1	0	0.00	0.5	8	8
台华高新染整（嘉兴）有限公司	0	12	1.00	2.5	4	4	1.00	2.5	1	0	0.00	0.5	1	1	1.00	2.5	8	8
江华海螺水泥有限责任公司	0	12	1.00	2.5	4	4	1.00	2.5	1	0	0.00	0.5	1	1	1.00	2.5	8	8
湛江电力有限公司	0	10	1.00	2.5	4	4	1.00	2.5	1	0	0.00	0.5	1	1	1.00	2.5	8	8

被参控公司/母公司	月报				季报				半年报				年报				执行报告得分	排污许可系统得分
	应发	实发	比例	得分	应发	实发	比例	得分	应发	实发	比例	得分	应发	实发	比例	得分		
上海吴泾第二发电有限责任公司	0	12	1.00	2.5	2	4	2.00	2.5	1	0	0.00	0.5	1	1	1.00	2.5	8	8
赤壁凯迪绿色能源开发有限公司	0	0	1.00	2.5	0	0	1.00	2.5	1	1	1.00	2.5	1	0	0.00	0.5	8	8
南阳鸭河口发电有限责任公司	0	12	1.00	2.5	2	4	2.00	2.5	1	0	0.00	0.5	1	1	1.00	2.5	8	8
沈阳华润热电有限公司	0	0	1.00	2.5	2	3	1.50	2.5	1	1	1.00	2.5	1	0	0.00	0.5	8	8
酒钢（集团）宏达建材有限责任公司	0	12	1.00	2.5	4	4	1.00	2.5	1	0	0.00	0.5	1	1	1.00	2.5	8	8
新疆昕昊达矿业有限责任公司	0	12	1.00	2.5	2	4	2.00	2.5	1	0	0.00	0.5	1	1	1.00	2.5	8	8
浙江瑞博制药有限公司	0	12	1.00	2.5	3	4	1.33	2.5	0	0	1.00	2.5	1	0	0.00	0.5	8	8
阜宁澳洋科技有限责任公司	0	12	1.00	2.5	4	4	1.00	2.5	1	1	1.00	2.5	1	0	0.00	0.5	8	8
大唐河北发电有限公司	0	12	1.00	2.5	4	4	1.00	2.5	1	0	0.00	0.5	1	1	1.00	2.5	8	8
华电宁夏灵武发电有限公司	0	0	1.00	2.5	2	4	2.00	2.5	1	1	1.00	2.5	1	0	0.00	0.5	8	8
石家庄良村热电有限公司	12	0	0.00	0.5	4	4	1.00	2.5	1	1	1.00	2.5	0	0	1.00	2.5	8	8
浙江新农化工股份有限公司	0	12	1.00	2.5	3	4	1.33	2.5	0	0	1.00	2.5	1	0	0.00	0.5	8	8
华能左权煤电有限责任公司	0	12	1.00	2.5	2	4	2.00	2.5	1	0	0.00	0.5	1	1	1.00	2.5	8	8
灯塔市红阳热电有限公司	0	0	1.00	2.5	2	4	2.00	2.5	1	1	1.00	2.5	1	0	0.00	0.5	8	8
山东华能莱芜热电有限公司	0	3	1.00	2.5	2	4	2.00	2.5	1	0	0.00	0.5	1	1	1.00	2.5	8	8
华能榆社发电有限责任公司	0	0	1.00	2.5	2	3	1.50	2.5	1	0	0.00	0.5	1	1	1.00	2.5	8	8
浙江省仙居县阳光生物制品有限公司	0	12	1.00	2.5	3	4	1.33	2.5	1	0	0.00	0.5	0	0	1.00	2.5	8	8
分宜海螺水泥有限责任公司	12	0	0.00	0.5	4	4	1.00	2.5	1	1	1.00	2.5	0	0	1.00	2.5	8	8
中铝宁夏能源集团有限公司	0	12	1.00	2.5	2	4	2.00	2.5	1	0	0.00	0.5	1	1	1.00	2.5	8	8
山西漳泽电力股份有限公司	6	12	2.00	2.5	4	4	1.00	2.5	1	0	0.00	0.5	1	1	1.00	2.5	8	8
若羌天山水泥有限责任公司	0	12	1.00	2.5	4	4	1.00	2.5	1	1	1.00	2.5	1	0	0.00	0.5	8	8

被参控公司/母公司	月报				季报				半年报				年报				执行报告得分	排污许可系统得分
	应发	实发	比例	得分	应发	实发	比例	得分	应发	实发	比例	得分	应发	实发	比例	得分		
洛阳阳光热电有限公司	0	12	1.00	2.5	2	4	2.00	2.5	1	0	0.00	0.5	1	1	1.00	2.5	8	8
湖北能源东湖燃机热电有限公司	0	12	1.00	2.5	2	4	2.00	2.5	1	0	0.00	0.5	1	1	1.00	2.5	8	8
赣州海螺水泥有限责任公司	0	0	1.00	2.5	4	4	1.00	2.5	1	1	1.00	2.5	1	0	0.00	0.5	8	8
宜昌人福药业有限责任公司	0	0	1.00	2.5	4	4	1.00	2.5	0	0	1.00	2.5	1	0	0.00	0.5	8	8
京能（赤峰）能源发展有限公司	0	12	1.00	2.5	4	4	1.00	2.5	1	1	1.00	2.5	1	0	0.00	0.5	8	8
阿克苏天山多浪水泥有限责任公司	12	12	1.00	2.5	0	4	1.00	2.5	0	0	1.00	2.5	1	0	0.00	0.5	8	8
神华亿利能源有限责任公司	0	0	1.00	2.5	2	4	2.00	2.5	1	0	0.00	0.5	1	1	1.00	2.5	8	8
包头冀东水泥有限公司	0	0	1.00	2.5	2	4	2.00	2.5	1	1	1.00	2.5	1	0	0.00	0.5	8	8
石药集团新诺威制药股份有限公司	12	0	0.00	0.5	0	4	1.00	2.5	0	1	1.00	2.5	0	0	1.00	2.5	8	8
华新水泥（恩施）有限公司	0	9	1.00	2.5	4	4	1.00	2.5	0	0	1.00	2.5	1	0	0.00	0.5	8	8
浙江闰土热电有限公司	0	12	1.00	2.5	4	4	1.00	2.5	1	0	0.00	0.5	1	1	1.00	2.5	8	8
中国石化青岛炼油化工有限责任公司	12	12	1.00	2.5	4	4	1.00	2.5	1	1	1.00	2.5	1	0	0.00	0.5	8	8
浙江尖峰药业有限公司	0	0	1.00	2.5	4	4	1.00	2.5	1	1	1.00	2.5	1	0	0.00	0.5	8	8
新疆中泰化学托克逊能化有限公司	0	12	1.00	2.5	4	4	1.00	2.5	1	0	0.00	0.5	1	1	1.00	2.5	8	8
宝钢湛江钢铁有限公司	0	0	1.00	2.5	4	4	1.00	2.5	1	0	0.00	0.5	1	1	1.00	2.5	8	8
韶能集团韶关市日升生物质发电有限公司	0	8	1.00	2.5	0	2	1.00	2.5	1	0	0.00	0.5	0	0	1.00	2.5	8	8
江苏利港电力有限公司	0	12	1.00	2.5	2	4	2.00	2.5	1	0	0.00	0.5	1	1	1.00	2.5	8	8
浙江富春江环保热电股份有限公司	0	12	1.00	2.5	0	4	1.00	2.5	0	0	1.00	2.5	1	0	0.00	0.5	8	8
海南灵康制药有限公司	0	0	1.00	2.5	2	4	2.00	2.5	1	0	0.00	0.5	1	1	1.00	2.5	8	8

被参控公司/母公司	月报				季报				半年报				年报				执行报告得分	排污许可系统得分
	应发	实发	比例	得分	应发	实发	比例	得分	应发	实发	比例	得分	应发	实发	比例	得分		
内蒙古北方蒙西发电有限责任公司	0	0	1.00	2.5	2	4	2.00	2.5	1	0	0.00	0.5	1	1	1.00	2.5	8	8
河北邯郸热电股份有限公司	0	0	1.00	2.5	4	4	1.00	2.5	1	1	1.00	2.5	1	0	0.00	0.5	8	8
潜江永安药业股份有限公司	0	0	1.00	2.5	2	4	2.00	2.5	1	0	0.00	0.5	1	1	1.00	2.5	8	8
泰山石膏有限公司	0	0	1.00	2.5	0	2	1.00	2.5	1	0	0.00	0.5	0	0	1.00	2.5	8	8
天伟化工有限公司	0	12	1.00	2.5	4	4	1.00	2.5	1	0	0.00	0.5	1	1	1.00	2.5	8	8
武汉晨鸣汉阳纸业股份有限公司	0	0	1.00	2.5	2	4	2.00	2.5	1	1	1.00	2.5	1	0	0.00	0.5	8	8
靖远第二发电有限公司	0	12	1.00	2.5	2	4	2.00	2.5	1	1	1.00	2.5	1	0	0.00	0.5	8	8
深圳能源集团股份有限公司	0	0	1.00	2.5	2	3	1.50	2.5	1	0	0.00	0.5	1	1	1.00	2.5	8	8
赣州中联环保科技开发有限公司	0	9	1.00	2.5	4	0	0.00	0.5	0	0	1.00	2.5	0	0	1.00	2.5	8	8
鱼台长青环保能源有限公司	0	12	1.00	2.5	2	4	2.00	2.5	1	0	0.00	0.5	1	1	1.00	2.5	8	8
茂名臻能热电有限公司	0	12	1.00	2.5	2	4	2.00	2.5	1	0	0.00	0.5	1	1	1.00	2.5	8	8
国投伊犁能源开发有限公司	0	12	1.00	2.5	2	4	2.00	2.5	1	1	1.00	2.5	1	0	0.00	0.5	8	8
华能济南黄台发电有限公司	0	0	1.00	2.5	4	4	1.00	2.5	1	1	1.00	2.5	1	0	0.00	0.5	8	8
丽珠集团福州福兴医药有限公司	0	12	1.00	2.5	4	4	1.00	2.5	1	1	1.00	2.5	1	0	0.00	0.5	8	8
山西阳煤丰喜肥业（集团）有限责任公司	12	12	1.00	2.5	4	4	1.00	2.5	1	0	0.00	0.5	0	0	1.00	2.5	8	8
深圳妈湾电力有限公司	0	11	1.00	2.5	2	3	1.50	2.5	1	0	0.00	0.5	1	1	1.00	2.5	8	8
益阳市凯迪绿色能源开发有限公司	0	0	1.00	2.5	4	4	1.00	2.5	1	0	0.00	0.5	1	1	1.00	2.5	8	8
河北华泰纸业有限公司	12	12	1.00	2.5	2	4	2.00	2.5	1	0	0.00	0.5	1	1	1.00	2.5	8	8
中农发河南农化有限公司	0	0	1.00	2.5	4	4	1.00	2.5	1	0	0.00	0.5	0	0	1.00	2.5	8	8
华能嘉祥发电有限公司	0	12	1.00	2.5	2	4	2.00	2.5	1	0	0.00	0.5	1	1	1.00	2.5	8	8

被参控公司/母公司	月报				季报				半年报				年报				执行报告得分	排污许可系统得分
	应发	实发	比例	得分	应发	实发	比例	得分	应发	实发	比例	得分	应发	实发	比例	得分		
辽宁华电铁岭发电有限公司	0	0	1.00	2.5	4	4	1.00	2.5	1	1	1.00	2.5	1	0	0.00	0.5	8	8
河北大唐国际张家口热电有限责任公司	0	0	1.00	2.5	4	4	1.00	2.5	1	0	0.00	0.5	1	1	1.00	2.5	8	8
新疆华泰重化工有限责任公司	0	12	1.00	2.5	0	4	1.00	2.5	1	1	1.00	2.5	1	0	0.00	0.5	8	8
武汉武钢华新水泥有限责任公司	0	0	1.00	2.5	2	4	2.00	2.5	1	1	1.00	2.5	1	0	0.00	0.5	8	8
内蒙古包钢钢联股份有限公司	0	0	1.00	2.5	2	3	1.50	2.5	1	0	0.00	0.5	1	1	1.00	2.5	8	8
浙江巨化股份有限公司	0	0	1.00	2.5	4	4	1.00	2.5	1	0	0.00	0.5	0	0	1.00	2.5	8	8
河北大唐国际丰润热电有限责任公司	0	0	1.00	2.5	4	4	1.00	2.5	1	0	0.00	0.5	1	1	1.00	2.5	8	8
成县祁连山水泥有限公司	7	12	1.71	2.5	4	4	1.00	2.5	1	0	0.00	0.5	1	1	1.00	2.5	8	8
福建省青山纸业股份有限公司	0	12	1.00	2.5	4	4	1.00	2.5	1	1	1.00	2.5	1	0	0.00	0.5	8	8
惠州塔牌水泥有限公司	0	12	1.00	2.5	4	4	1.00	2.5	1	0	0.00	0.5	0	0	1.00	2.5	8	8
河北国华沧东发电有限责任公司	0	12	1.00	2.5	4	4	1.00	2.5	1	0	0.00	0.5	1	1	1.00	2.5	8	8
湛江中粤能源有限公司	0	0	1.00	2.5	4	4	1.00	2.5	1	1	1.00	2.5	1	0	0.00	0.5	8	8
北京金隅琉水环保科技有限公司	11	12	1.09	2.5	0	4	1.00	2.5	1	0	0.00	0.5	1	1	1.00	2.5	8	8
江西兄弟医药有限公司	0	12	1.00	2.5	4	4	1.00	2.5	1	1	1.00	2.5	1	0	0.00	0.5	8	8
江西兴国南方万年青水泥有限公司	0	0	1.00	2.5	2	4	2.00	2.5	1	0	0.00	0.5	1	1	1.00	2.5	8	8
中粮屯河伊犁新宁糖业有限公司	0	12	1.00	2.5	2	4	2.00	2.5	1	1	1.00	2.5	1	0	0.00	0.5	8	8
华新水泥（昭通）有限公司	0	0	1.00	2.5	4	4	1.00	2.5	1	1	1.00	2.5	1	0	0.00	0.5	8	8
阳煤平原化工有限公司	12	12	1.00	2.5	4	4	1.00	2.5	1	1	1.00	2.5	1	0	0.00	0.5	8	8
宁波中金石化有限公司	12	12	1.00	2.5	4	4	1.00	2.5	0	0	1.00	2.5	1	0	0.00	0.5	8	8

被参控公司/母公司	月报				季报				半年报				年报				执行报告得分	排污许可系统得分
	应发	实发	比例	得分	应发	实发	比例	得分	应发	实发	比例	得分	应发	实发	比例	得分		
双鹤药业（商丘）有限责任公司	0	12	1.00	2.5	2	4	2.00	2.5	1	0	0.00	0.5	1	1	1.00	2.5	8	8
石门海螺水泥有限责任公司	0	8	1.00	2.5	4	4	1.00	2.5	1	0	0.00	0.5	1	1	1.00	2.5	8	8
安徽荻港海螺水泥股份有限公司	0	7	1.00	2.5	4	4	1.00	2.5	1	0	0.00	0.5	1	1	1.00	2.5	8	8
苏州苏盛热电有限公司	0	12	1.00	2.5	4	4	1.00	2.5	1	1	1.00	2.5	1	0	0.00	0.5	8	8
浙江浙能金华燃机发电有限责任公司	0	0	1.00	2.5	4	4	1.00	2.5	1	0	0.00	0.5	1	1	1.00	2.5	8	8
四川顺城盐品股份有限公司	0	12	1.00	2.5	0	4	1.00	2.5	1	1	1.00	2.5	1	0	0.00	0.5	8	8
江西锦溪水泥有限公司	0	0	1.00	2.5	4	0	0.00	0.5	0	0	1.00	2.5	0	0	1.00	2.5	8	8
铜山华润电力有限公司	12	12	1.00	2.5	4	4	1.00	2.5	0	0	1.00	2.5	1	0	0.00	0.5	8	8
江苏富春江环保热电有限公司	0	0	1.00	2.5	4	4	1.00	2.5	1	1	1.00	2.5	1	0	0.00	0.5	8	8
宜宾纸业股份有限公司	0	12	1.00	2.5	2	4	2.00	2.5	1	0	0.00	0.5	1	1	1.00	2.5	8	8
广州珠江电力有限公司	7	12	1.71	2.5	2	4	2.00	2.5	1	0	0.00	0.5	1	1	1.00	2.5	8	8
华能辛店发电有限公司	0	9	1.00	2.5	2	4	2.00	2.5	1	0	0.00	0.5	1	1	1.00	2.5	8	8
四川双马宜宾水泥制造有限公司	0	12	1.00	2.5	4	4	1.00	2.5	1	1	1.00	2.5	1	0	0.00	0.5	8	8
浙江浙能镇海燃气热电有限责任公司	0	11	1.00	2.5	2	3	1.50	2.5	1	0	0.00	0.5	1	1	1.00	2.5	8	8
华新水泥（道县）有限公司	0	0	1.00	2.5	2	4	2.00	2.5	1	0	0.00	0.5	1	1	1.00	2.5	8	8
云南云铜锌业股份有限公司	12	12	1.00	2.5	0	4	1.00	2.5	1	1	1.00	2.5	1	0	0.00	0.5	8	8
衢州八达纸业有限公司	0	12	1.00	2.5	4	4	1.00	2.5	1	0	0.00	0.5	0	0	1.00	2.5	8	8
华新水泥（房县）有限公司	0	1	1.00	2.5	4	4	1.00	2.5	1	1	1.00	2.5	1	0	0.00	0.5	8	8
国电电力大同发电有限责任公司	12	12	1.00	2.5	4	4	1.00	2.5	1	0	0.00	0.5	0	0	1.00	2.5	8	8
华新水泥（秭归）有限公司	0	0	1.00	2.5	2	3	1.50	2.5	1	0	0.00	0.5	1	1	1.00	2.5	8	8

被参控公司/母公司	月报				季报				半年报				年报				执行报告得分	排污许可系统得分
	应发	实发	比例	得分	应发	实发	比例	得分	应发	实发	比例	得分	应发	实发	比例	得分		
广东国华粤电台山发电有限公司	0	0	1.00	2.5	4	4	1.00	2.5	1	0	0.00	0.5	0	0	1.00	2.5	8	8
攀钢集团钒钛资源股份有限公司	0	0	1.00	2.5	4	4	1.00	2.5	1	1	1.00	2.5	1	0	0.00	0.5	8	8
国电库车发电有限公司	0	12	1.00	2.5	4	4	1.00	2.5	1	1	1.00	2.5	1	0	0.00	0.5	8	8
江苏国信靖江发电有限公司	0	12	1.00	2.5	2	4	2.00	2.5	1	0	0.00	0.5	1	1	1.00	2.5	8	8
安徽金禾实业股份有限公司	0	12	1.00	2.5	4	4	1.00	2.5	1	0	0.00	0.5	1	1	1.00	2.5	8	8
河北涿州京源热电有限责任公司	0	12	1.00	2.5	4	4	1.00	2.5	1	1	1.00	2.5	1	0	0.00	0.5	8	8
吉林松花江热电有限公司	0	3	1.00	2.5	2	4	2.00	2.5	1	0	0.00	0.5	1	1	1.00	2.5	8	8
山西焦化股份有限公司	0	12	1.00	2.5	2	4	2.00	2.5	1	0	0.00	0.5	1	1	1.00	2.5	8	8
国电江苏谏壁发电有限公司	12	12	1.00	2.5	4	4	1.00	2.5	1	1	1.00	2.5	1	0	0.00	0.5	8	8
华能武汉发电有限责任公司	0	12	1.00	2.5	2	4	2.00	2.5	1	1	1.00	2.5	1	0	0.00	0.5	8	8
华能渑池热电有限责任公司	8	12	1.50	2.5	4	4	1.00	2.5	1	1	1.00	2.5	1	0	0.00	0.5	8	8
安徽皖维高新材料股份有限公司	0	0	1.00	2.5	4	4	1.00	2.5	1	0	0.00	0.5	0	0	1.00	2.5	8	8
沈阳石蜡化工有限公司	0	0	1.00	2.5	4	4	1.00	2.5	1	1	1.00	2.5	1	0	0.00	0.5	8	8
山西安泰集团股份有限公司	0	0	1.00	2.5	2	4	2.00	2.5	1	0	0.00	0.5	1	1	1.00	2.5	8	8
河北大唐国际王滩发电有限责任公司	0	0	1.00	2.5	4	4	1.00	2.5	1	1	1.00	2.5	1	0	0.00	0.5	8	8
国电宿州第二热电有限公司	0	12	1.00	2.5	4	4	1.00	2.5	1	0	0.00	0.5	1	1	1.00	2.5	8	8
广东长青（集团）满城热电有限公司	0	11	1.00	2.5	4	4	1.00	2.5	1	0	0.00	0.5	1	1	1.00	2.5	8	8
临澧冀东水泥有限公司	0	12	1.00	2.5	4	4	1.00	2.5	1	1	1.00	2.5	1	0	0.00	0.5	8	8
上海浔兴拉链制造有限公司	12	0	0.00	0.5	4	4	1.00	2.5	0	0	1.00	2.5	1	1	1.00	2.5	8	8
江苏阳光璜塘热电有限公司	0	12	1.00	2.5	2	4	2.00	2.5	1	0	0.00	0.5	1	1	1.00	2.5	8	8

被参控公司/母公司	月报				季报				半年报				年报				执行报告得分	排污许可系统得分
	应发	实发	比例	得分	应发	实发	比例	得分	应发	实发	比例	得分	应发	实发	比例	得分		
芜湖新兴铸管有限责任公司	0	12	1.00	2.5	4	4	1.00	2.5	1	0	0.00	0.5	1	1	1.00	2.5	8	8
福建安砂建福水泥有限公司	0	0	1.00	2.5	2	3	1.50	2.5	1	0	0.00	0.5	1	1	1.00	2.5	8	8
华新水泥（襄阳）有限公司	0	0	1.00	2.5	4	4	1.00	2.5	1	1	1.00	2.5	1	0	0.00	0.5	8	8
福建省永安金银湖水泥有限公司	0	0	1.00	2.5	2	4	2.00	2.5	1	0	0.00	0.5	1	1	1.00	2.5	8	8
山西大唐国际运城发电有限责任公司	0	12	1.00	2.5	4	4	1.00	2.5	1	1	1.00	2.5	1	0	0.00	0.5	8	8
喀什金岭球团有限公司	0	12	1.00	2.5	2	4	2.00	2.5	1	0	0.00	0.5	1	1	1.00	2.5	8	8
国电河北龙山发电有限责任公司	0	12	1.00	2.5	4	4	1.00	2.5	1	0	0.00	0.5	1	1	1.00	2.5	8	8
锡林郭勒苏尼特碱业有限公司	0	12	1.00	2.5	2	4	2.00	2.5	1	1	1.00	2.5	1	0	0.00	0.5	8	8
华润电力（六枝）有限公司	0	11	1.00	2.5	2	4	2.00	2.5	1	0	0.00	0.5	1	1	1.00	2.5	8	8
国电宁夏石嘴山发电有限责任公司	0	12	1.00	2.5	2	4	2.00	2.5	1	0	0.00	0.5	1	1	1.00	2.5	8	8
江苏新海发电有限公司	0	0	1.00	2.5	4	4	1.00	2.5	1	1	1.00	2.5	1	0	0.00	0.5	8	8
山东新华制药股份有限公司	0	0	1.00	2.5	4	0	0.00	0.5	0	0	1.00	2.5	0	0	1.00	2.5	8	8
哈尔滨哈投投资股份有限公司	0	12	1.00	2.5	4	4	1.00	2.5	1	0	0.00	0.5	0	0	1.00	2.5	8	8
国电铜陵发电有限公司	12	0	0.00	0.5	4	4	1.00	2.5	0	0	1.00	2.5	1	1	1.00	2.5	8	8
福建大唐国际宁德发电有限责任公司	0	0	1.00	2.5	4	4	1.00	2.5	1	1	1.00	2.5	1	0	0.00	0.5	8	8
辽宁调兵山煤矸石发电有限责任公司	0	12	1.00	2.5	2	4	2.00	2.5	1	1	1.00	2.5	1	0	0.00	0.5	8	8
河南豫光金铅股份有限公司	12	12	1.00	2.5	4	4	1.00	2.5	1	0	0.00	0.5	0	0	1.00	2.5	8	8
皖能铜陵发电有限公司	0	12	1.00	2.5	4	4	1.00	2.5	1	1	1.00	2.5	1	0	0.00	0.5	8	8
安徽长江钢铁股份有限公司	0	0	1.00	2.5	4	4	1.00	2.5	1	0	0.00	0.5	0	0	1.00	2.5	8	8
天津耀皮玻璃有限公司	0	12	1.00	2.5	4	4	1.00	2.5	1	0	0.00	0.5	0	0	1.00	2.5	8	8

被参控公司/母公司	月报				季报				半年报				年报				执行报告得分	排污许可系统得分
	应发	实发	比例	得分	应发	实发	比例	得分	应发	实发	比例	得分	应发	实发	比例	得分		
南阳天益发电有限责任公司	0	12	1.00	2.5	2	4	2.00	2.5	1	0	0.00	0.5	1	1	1.00	2.5	8	8
三河发电有限责任公司	0	0	1.00	2.5	4	4	1.00	2.5	1	1	1.00	2.5	1	0	0.00	0.5	8	8
浙江嘉福玻璃有限公司	0	12	1.00	2.5	4	4	1.00	2.5	0	0	1.00	2.5	1	0	0.00	0.5	8	8
华能营口热电有限责任公司	0	12	1.00	2.5	4	4	1.00	2.5	1	1	1.00	2.5	1	0	0.00	0.5	8	8
雏鹰农牧集团股份有限公司	0	0	1.00	2.5	4	0	0.00	0.5	0	0	1.00	2.5	0	0	1.00	2.5	8	8
河北建投宣化热电有限责任公司	0	0	1.00	2.5	4	4	1.00	2.5	1	1	1.00	2.5	1	0	0.00	0.5	8	8
山西西山煤气化有限责任公司	0	0	1.00	2.5	4	4	1.00	2.5	0	0	1.00	2.5	1	0	0.00	0.5	8	8
新疆天富能源股份有限公司	0	12	1.00	2.5	4	4	1.00	2.5	1	1	1.00	2.5	1	0	0.00	0.5	8	8
浙能阿克苏热电有限公司	0	12	1.00	2.5	2	4	2.00	2.5	1	0	0.00	0.5	1	1	1.00	2.5	8	8
国电新疆红雁池发电有限公司	0	12	1.00	2.5	4	4	1.00	2.5	1	1	1.00	2.5	1	0	0.00	0.5	8	8
山东滨化热力有限责任公司	0	8	1.00	2.5	4	4	1.00	2.5	1	1	1.00	2.5	1	0	0.00	0.5	8	8
江阴新源热电有限公司	0	0	1.00	2.5	2	4	2.00	2.5	1	0	0.00	0.5	1	1	1.00	2.5	8	8
江苏标尚纤维有限公司	0	0	1.00	2.5	4	4	1.00	2.5	1	0	0.00	0.5	0	0	1.00	2.5	8	8
新疆中泰化学阜康能源有限公司	0	11	1.00	2.5	4	4	1.00	2.5	1	1	1.00	2.5	1	0	0.00	0.5	8	8
黄河三角洲（滨州）热力有限公司	0	8	1.00	2.5	4	4	1.00	2.5	1	1	1.00	2.5	1	0	0.00	0.5	8	8
安仁县凯迪绿色能源开发有限公司	9	9	1.00	2.5	4	4	1.00	2.5	1	1	1.00	2.5	1	0	0.00	0.5	8	8
山西京玉发电有限责任公司	8	12	1.50	2.5	4	4	1.00	2.5	1	0	0.00	0.5	1	1	1.00	2.5	8	8
新疆阜康天山水泥有限责任公司	12	12	1.00	2.5	4	4	1.00	2.5	1	1	1.00	2.5	1	0	0.00	0.5	8	8
江苏国信协联燃气热电有限公司	0	12	1.00	2.5	4	4	1.00	2.5	1	1	1.00	2.5	1	0	0.00	0.5	8	8
兖煤菏泽能化有限公司	0	12	1.00	2.5	2	4	2.00	2.5	1	1	1.00	2.5	1	0	0.00	0.5	8	8

被参控公司/母公司	月报				季报				半年报				年报				执行报告得分	排污许可系统得分
	应发	实发	比例	得分	应发	实发	比例	得分	应发	实发	比例	得分	应发	实发	比例	得分		
新兴铸管新疆控股集团有限公司	0	12	1.00	2.5	4	4	1.00	2.5	1	1	1.00	2.5	1	0	0.00	0.5	8	8
山西大唐国际神头发电有限责任公司	12	12	1.00	2.5	4	4	1.00	2.5	1	0	0.00	0.5	1	1	1.00	2.5	8	8
国电电力大连庄河发电有限责任公司	0	2	1.00	2.5	2	4	2.00	2.5	1	0	0.00	0.5	1	1	1.00	2.5	8	8
青海盐湖海纳化工有限公司	12	12	1.00	2.5	4	4	1.00	2.5	1	0	0.00	0.5	0	0	1.00	2.5	8	8
河北华电石家庄裕华热电有限公司	12	0	0.00	0.5	0	4	1.00	2.5	0	0	1.00	2.5	1	1	1.00	2.5	8	8
上海赛科石油化工有限责任公司	0	12	1.00	2.5	2	4	2.00	2.5	1	0	0.00	0.5	1	1	1.00	2.5	8	8
华能上海燃机发电有限责任公司	0	0	1.00	2.5	4	4	1.00	2.5	0	0	1.00	2.5	1	0	0.00	0.5	8	8
石家庄柏坡正元化肥有限公司	0	0	1.00	2.5	2	4	2.00	2.5	1	0	0.00	0.5	1	1	1.00	2.5	8	8
沈阳金山能源股份有限公司	0	0	1.00	2.5	4	4	1.00	2.5	1	1	1.00	2.5	1	0	0.00	0.5	8	8
山东省禹城市新园热电有限公司	0	12	1.00	2.5	2	4	2.00	2.5	1	0	0.00	0.5	1	1	1.00	2.5	8	8
国电常州发电有限公司	0	12	1.00	2.5	4	4	1.00	2.5	1	0	0.00	0.5	1	1	1.00	2.5	8	8
河北圣雪大成制药有限责任公司	12	12	1.00	2.5	4	4	1.00	2.5	0	0	1.00	2.5	1	0	0.00	0.5	8	8
山西临汾热电有限公司	6	12	2.00	2.5	2	4	2.00	2.5	1	0	0.00	0.5	1	1	1.00	2.5	8	8
华新水泥（武穴）有限公司	12	12	1.00	2.5	4	4	1.00	2.5	1	1	1.00	2.5	1	0	0.00	0.5	8	8
江苏国华陈家港发电有限公司	0	12	1.00	2.5	2	4	2.00	2.5	1	1	1.00	2.5	1	0	0.00	0.5	8	8
国电民权发电有限公司	0	12	1.00	2.5	2	4	2.00	2.5	1	0	0.00	0.5	1	1	1.00	2.5	8	8
内蒙古君正化工有限责任公司	12	12	1.00	2.5	4	4	1.00	2.5	1	1	1.00	2.5	1	0	0.00	0.5	8	8

被参控公司/母公司	月报				季报				半年报				年报				执行报告得分	排污许可系统得分
	应发	实发	比例	得分	应发	实发	比例	得分	应发	实发	比例	得分	应发	实发	比例	得分		
江苏国信如东生物质发电有限公司	12	0	0.00	0.5	4	4	1.00	2.5	1	1	1.00	2.5	0	0	1.00	2.5	8	8
山西华兴铝业有限公司	12	0	0.00	0.5	4	4	1.00	2.5	0	0	1.00	2.5	1	1	1.00	2.5	8	8
江苏南通发电有限公司	0	0	1.00	2.5	4	4	1.00	2.5	1	0	0.00	0.5	1	1	1.00	2.5	8	8
宁波科环新型建材股份有限公司	0	0	1.00	2.5	2	3	1.50	2.5	1	1	1.00	2.5	1	0	0.00	0.5	8	8
河南利华制药有限公司	8	0	0.00	0.5	4	4	1.00	2.5	0	0	1.00	2.5	1	1	1.00	2.5	8	8
淄博齐翔腾达化工股份有限公司	0	9	1.00	2.5	2	4	2.00	2.5	1	0	0.00	0.5	1	1	1.00	2.5	8	8
伊犁川宁生物技术有限公司	0	12	1.00	2.5	2	4	2.00	2.5	1	1	1.00	2.5	1	0	0.00	0.5	8	8
华能苏州热电有限责任公司	0	9	1.00	2.5	4	4	1.00	2.5	1	1	1.00	2.5	1	0	0.00	0.5	8	8
神华四川能源有限责任公司	0	12	1.00	2.5	4	4	1.00	2.5	1	1	1.00	2.5	1	0	0.00	0.5	8	8
秦皇岛秦热发电有限责任公司	0	6	1.00	2.5	4	4	1.00	2.5	1	1	1.00	2.5	1	0	0.00	0.5	8	8
成都南玻玻璃有限公司	12	1	0.08	0.5	4	4	1.00	2.5	1	1	1.00	2.5	0	0	1.00	2.5	8	8
上海外高桥第二发电有限责任公司	0	11	1.00	2.5	2	4	2.00	2.5	1	0	0.00	0.5	1	1	1.00	2.5	8	8
内蒙古蒙华海勃湾发电有限责任公司	0	12	1.00	2.5	4	4	1.00	2.5	1	1	1.00	2.5	1	0	0.00	0.5	8	8
内蒙古京隆发电有限责任公司	0	12	1.00	2.5	4	4	1.00	2.5	1	1	1.00	2.5	1	0	0.00	0.5	8	8
华新水泥（郴州）有限公司	0	12	1.00	2.5	4	4	1.00	2.5	1	0	0.00	0.5	1	1	1.00	2.5	8	8
江苏兄弟维生素有限公司	12	0	0.00	0.5	4	4	1.00	2.5	0	0	1.00	2.5	0	1	1.00	2.5	8	8
上海益威实业有限公司	0	0	1.00	2.5	4	4	1.00	2.5	0	0	1.00	2.5	1	0	0.00	0.5	8	8
上海华谊能源化工有限公司	0	0	1.00	2.5	4	4	1.00	2.5	1	0	0.00	0.5	1	1	1.00	2.5	8	8
吉林燃料乙醇有限责任公司	0	0	1.00	2.5	4	4	1.00	2.5	1	1	1.00	2.5	1	0	0.00	0.5	8	8
河北华电石家庄热电有限公司	0	0	1.00	2.5	4	4	1.00	2.5	1	0	0.00	0.5	1	1	1.00	2.5	8	8
天津华电福源热电有限公司	0	0	1.00	2.5	4	4	1.00	2.5	1	1	1.00	2.5	1	0	0.00	0.5	8	8

被参控公司/母公司	月报				季报				半年报				年报				执行报告得分	排污许可系统得分
	应发	实发	比例	得分	应发	实发	比例	得分	应发	实发	比例	得分	应发	实发	比例	得分		
冀东水泥（烟台）有限责任公司	0	3	1.00	2.5	2	4	2.00	2.5	1	1	1.00	2.5	1	0	0.00	0.5	8	8
大唐武安发电有限公司	0	7	1.00	2.5	4	4	1.00	2.5	1	1	1.00	2.5	1	0	0.00	0.5	8	8
鹤壁丰鹤发电有限责任公司	0	12	1.00	2.5	4	4	1.00	2.5	1	1	1.00	2.5	1	0	0.00	0.5	8	8
青海祁连山水泥有限公司	12	0	0.00	0.5	4	4	1.00	2.5	1	1	1.00	2.5	0	0	1.00	2.5	8	8
鲁银集团禹城羊绒纺织有限公司	12	0	0.00	0.5	4	4	1.00	2.5	1	1	1.00	2.5	0	0	1.00	2.5	8	8
鹤壁鹤淇发电有限责任公司	0	11	1.00	2.5	4	4	1.00	2.5	1	0	0.00	0.5	1	1	1.00	2.5	8	8
平凉海螺水泥有限责任公司	0	0	1.00	2.5	4	4	1.00	2.5	1	1	1.00	2.5	2	0	0.00	0.5	8	8
宝钢特钢韶关有限公司	12	0	0.00	0.5	4	4	1.00	2.5	0	0	1.00	2.5	1	1	1.00	2.5	8	8
白山热电有限责任公司	0	12	1.00	2.5	2	4	2.00	2.5	1	0	0.00	0.5	1	1	1.00	2.5	8	8
华新水泥（桑植）有限公司	0	0	1.00	2.5	4	4	1.00	2.5	1	0	0.00	0.5	1	1	1.00	2.5	8	8
甘肃厂坝有色金属有限责任公司	8	12	1.50	2.5	4	4	1.00	2.5	1	0	0.00	0.5	1	1	1.00	2.5	8	8
深圳南山热电股份有限公司	0	0	1.00	2.5	2	4	2.00	2.5	1	0	0.00	0.5	1	1	1.00	2.5	8	8
中国铝业股份有限公司	0	12	1.00	2.5	3	4	1.33	2.5	0	0	1.00	2.5	1	0	0.00	0.5	8	8
郴州市金贵银业股份有限公司	0	7	1.00	2.5	4	3	0.75	2	1	1	1.00	2.5	1	0	0.00	0.5	7.5	7.5
江苏优士化学有限公司	0	0	1.00	2.5	4	3	0.75	2	1	0	0.00	0.5	1	1	1.00	2.5	7.5	7.5
贵州宏达环保科技有限公司	12	9	0.75	2	4	4	1.00	2.5	1	0	0.00	0.5	0	0	1.00	2.5	7.5	7.5
德安县凯迪绿色能源开发有限公司	0	0	1.00	2.5	4	3	0.75	2	1	0	0.00	0.5	1	1	1.00	2.5	7.5	7.5
大唐清苑热电有限公司	0	0	1.00	2.5	4	3	0.75	2	1	0	0.00	0.5	1	1	1.00	2.5	7.5	7.5
亚泰集团哈尔滨水泥（阿城）有限公司	0	9	1.00	2.5	4	3	0.75	2	1	0	0.00	0.5	1	1	1.00	2.5	7.5	7.5
浙江浙能镇海天然气发电有限责任公司	0	0	1.00	2.5	4	3	0.75	2	1	1	1.00	2.5	1	0	0.00	0.5	7.5	7.5

被参控公司/母公司	月报				季报				半年报				年报				执行报告得分	排污许可系统得分
	应发	实发	比例	得分	应发	实发	比例	得分	应发	实发	比例	得分	应发	实发	比例	得分		
河北建投任丘热电有限责任公司	0	0	1.00	2.5	4	3	0.75	2	1	0	0.00	0.5	1	1	1.00	2.5	7.5	7.5
浙江清园生态热电有限公司	0	11	1.00	2.5	4	3	0.75	2	1	0	0.00	0.5	0	0	1.00	2.5	7.5	7.5
湖北宜化化工股份有限公司	0	0	1.00	2.5	4	3	0.75	2	1	0	0.00	0.5	0	0	1.00	2.5	7.5	7.5
溧阳天山水泥有限公司	0	0	1.00	2.5	4	3	0.75	2	1	1	1.00	2.5	1	0	0.00	0.5	7.5	7.5
大唐国际发电股份有限公司	0	0	1.00	2.5	4	3	0.75	2	1	0	0.00	0.5	1	1	1.00	2.5	7.5	7.5
陕西未来能源化工有限公司	12	0	0.00	0.5	4	3	0.75	2	1	1	1.00	2.5	0	0	1.00	2.5	7.5	7.5
宁波钢铁有限公司	12	0	0.00	0.5	4	3	0.75	2	0	0	1.00	2.5	1	1	1.00	2.5	7.5	7.5
国电泉州热电有限公司	0	0	1.00	2.5	4	3	0.75	2	1	1	1.00	2.5	1	0	0.00	0.5	7.5	7.5
陕西龙门煤化工有限责任公司	7	6	0.86	2	2	4	2.00	2.5	1	0	0.00	0.5	1	1	1.00	2.5	7.5	7.5
贵州华锦铝业有限公司	0	0	1.00	2.5	4	3	0.75	2	1	0	0.00	0.5	0	0	1.00	2.5	7.5	7.5
华能营口仙人岛热电有限责任公司	0	0	1.00	2.5	4	3	0.75	2	1	1	1.00	2.5	1	0	0.00	0.5	7.5	7.5
浙江洁美电子信息材料有限公司	0	2	1.00	2.5	4	3	0.75	2	1	1	1.00	2.5	1	0	0.00	0.5	7.5	7.5
隆回县凯迪绿色能源开发有限公司	0	0	1.00	2.5	4	3	0.75	2	1	1	1.00	2.5	1	0	0.00	0.5	7.5	7.5
潮州三环（集团）股份有限公司	0	0	1.00	2.5	4	3	0.75	2	1	0	0.00	0.5	0	0	1.00	2.5	7.5	7.5
巴彦淖尔紫金有色金属有限公司	0	0	1.00	2.5	4	3	0.75	2	1	0	0.00	0.5	1	1	1.00	2.5	7.5	7.5
华能湖南岳阳发电有限责任公司	0	0	1.00	2.5	4	3	0.75	2	1	1	1.00	2.5	1	0	0.00	0.5	7.5	7.5
云南滇东雨汪能源有限公司	12	0	0.00	0.5	4	3	0.75	2	0	0	1.00	2.5	1	1	1.00	2.5	7.5	7.5
浙江天宇药业股份有限公司	0	12	1.00	2.5	4	3	0.75	2	1	0	0.00	0.5	0	0	1.00	2.5	7.5	7.5
四川新开元制药有限公司	12	1	0.08	0.5	4	3	0.75	2	1	1	1.00	2.5	0	0	1.00	2.5	7.5	7.5
深圳信立泰药业股份有限公司	0	0	1.00	2.5	4	3	0.75	2	0	0	1.00	2.5	1	0	0.00	0.5	7.5	7.5

被参控公司/母公司	月报				季报				半年报				年报				执行报告得分	排污许可系统得分
	应发	实发	比例	得分	应发	实发	比例	得分	应发	实发	比例	得分	应发	实发	比例	得分		
华能云南滇东能源有限责任公司	12	0	0.00	0.5	4	3	0.75	2	1	1	1.00	2.5	0	0	1.00	2.5	7.5	7.5
福莱特玻璃集团股份有限公司	0	0	1.00	2.5	4	3	0.75	2	0	0	1.00	2.5	1	0	0.00	0.5	7.5	7.5
浙江景兴板纸有限公司	0	0	1.00	2.5	4	3	0.75	2	1	1	1.00	2.5	1	0	0.00	0.5	7.5	7.5
中国石化海南炼油化工有限公司	0	0	1.00	2.5	4	3	0.75	2	0	0	1.00	2.5	1	0	0.00	0.5	7.5	7.5
安钢集团永通球墨铸铁管有限责任公司	0	0	1.00	2.5	4	3	0.75	2	1	0	0.00	0.5	1	1	1.00	2.5	7.5	7.5
华新水泥（鹤峰）民族建材有限公司	0	0	1.00	2.5	4	3	0.75	2	0	0	1.00	2.5	1	0	0.00	0.5	7.5	7.5
亚泰集团通化水泥股份有限公司	0	0	1.00	2.5	4	3	0.75	2	1	1	1.00	2.5	1	0	0.00	0.5	7.5	7.5
深圳市广前电力有限公司	0	0	1.00	2.5	4	3	0.75	2	1	1	1.00	2.5	1	0	0.00	0.5	7.5	7.5
浙江浙能镇海发电有限责任公司	0	0	1.00	2.5	4	3	0.75	2	1	1	1.00	2.5	1	0	0.00	0.5	7.5	7.5
海南逸盛石化有限公司	0	0	1.00	2.5	4	3	0.75	2	1	1	1.00	2.5	1	0	0.00	0.5	7.5	7.5
冀东海德堡（泾阳）水泥有限公司	0	0	1.00	2.5	4	3	0.75	2	1	4	4.00	2.5	1	0	0.00	0.5	7.5	7.5
弋阳海螺水泥有限责任公司	0	0	1.00	2.5	4	3	0.75	2	1	1	1.00	2.5	1	0	0.00	0.5	7.5	7.5
国电电力朝阳热电有限公司	0	3	1.00	2.5	4	3	0.75	2	1	1	1.00	2.5	1	0	0.00	0.5	7.5	7.5
重庆华新盐井水泥有限公司	12	12	1.00	2.5	4	3	0.75	2	1	0	0.00	0.5	1	1	1.00	2.5	7.5	7.5
华新水泥（丽江）有限公司	12	4	0.33	1	4	1	0.25	1	0	0	1.00	2.5	1	1	1.00	2.5	7	7
滕州金晶玻璃有限公司	0	8	1.00	2.5	4	2	0.50	1.5	1	0	0.00	0.5	0	0	1.00	2.5	7	7
常州市新港热电有限公司	0	0	1.00	2.5	4	2	0.50	1.5	1	0	0.00	0.5	0	0	1.00	2.5	7	7
河南神火煤电股份有限公司	12	0	0.00	0.5	4	2	0.50	1.5	0	0	1.00	2.5	0	1	1.00	2.5	7	7
中粮生化能源（榆树）有限公司	0	6	1.00	2.5	4	2	0.50	1.5	0	0	1.00	2.5	1	0	0.00	0.5	7	7

被参控公司/母公司	月报				季报				半年报				年报				执行报告得分	排污许可系统得分
	应发	实发	比例	得分	应发	实发	比例	得分	应发	实发	比例	得分	应发	实发	比例	得分		
林州市林丰铝电有限责任公司	0	7	1.00	2.5	4	2	0.50	1.5	1	0	0.00	0.5	0	0	1.00	2.5	7	7
浙江华海天诚药业有限公司	0	8	1.00	2.5	4	2	0.50	1.5	1	0	0.00	0.5	0	0	1.00	2.5	7	7
包头铝业有限公司	12	6	0.50	1.5	0	2	1.00	2.5	1	0	0.00	0.5	0	0	1.00	2.5	7	7
重庆西南药业销售有限公司	0	0	1.00	2.5	4	1	0.25	1	1	0	0.00	0.5	0	0	1.00	2.5	6.5	6.5
湖北竹溪人福药业有限责任公司	0	1	1.00	2.5	4	1	0.25	1	0	0	1.00	2.5	1	0	0.00	0.5	6.5	6.5
江苏中旗科技股份有限公司	12	4	0.33	1	4	4	1.00	2.5	1	1	1.00	2.5	1	0	0.00	0.5	6.5	6.5
青岛中绵针织有限公司	0	0	1.00	2.5	4	1	0.25	1	1	0	0.00	0.5	0	0	1.00	2.5	6.5	6.5
浙江新和成股份有限公司	0	0	1.00	2.5	4	1	0.25	1	1	0	0.00	0.5	0	0	1.00	2.5	6.5	6.5
浙江仙琚制药股份有限公司	0	12	1.00	2.5	4	1	0.25	1	1	0	0.00	0.5	0	0	1.00	2.5	6.5	6.5
唐钢青龙炉料有限公司	0	0	1.00	2.5	4	1	0.25	1	0	0	1.00	2.5	1	0	0.00	0.5	6.5	6.5
衢州华友钴新材料有限公司	0	0	1.00	2.5	4	1	0.25	1	1	0	0.00	0.5	0	0	1.00	2.5	6.5	6.5
福建永安建福水泥有限公司	0	0	1.00	2.5	2	4	2.00	2.5	1	0	0.00	0.5	1	0	0.00	0.5	6	6
古交西山发电有限公司	0	9	1.00	2.5	4	4	1.00	2.5	1	0	0.00	0.5	1	0	0.00	0.5	6	6
上虞颖泰精细化工有限公司	0	3	1.00	2.5	4	4	1.00	2.5	1	0	0.00	0.5	1	0	0.00	0.5	6	6
内蒙古蒙维科技有限公司	0	6	1.00	2.5	2	2	1.00	2.5	1	0	0.00	0.5	1	0	0.00	0.5	6	6
浙江天台药业有限公司	0	0	1.00	2.5	4	0	0.00	0.5	1	0	0.00	0.5	0	0	1.00	2.5	6	6
赤峰云铜有色金属有限公司	12	0	0.00	0.5	4	4	1.00	2.5	0	0	1.00	2.5	1	0	0.00	0.5	6	6
神华神东电力有限责任公司	0	6	1.00	2.5	4	4	1.00	2.5	1	0	0.00	0.5	1	0	0.00	0.5	6	6
衡阳华菱钢管有限公司	12	0	0.00	0.5	4	4	1.00	2.5	1	0	0.00	0.5	1	1	1.00	2.5	6	6
余姚百利特种纺织染整有限公司	0	0	1.00	2.5	4	0	0.00	0.5	0	0	1.00	2.5	1	0	0.00	0.5	6	6
湖北恒丰纸业有限责任公司	0	0	1.00	2.5	0	0	1.00	2.5	1	0	0.00	0.5	1	0	0.00	0.5	6	6
肇庆市金岗水泥有限公司	0	0	1.00	2.5	4	0	0.00	0.5	1	0	0.00	0.5	0	0	1.00	2.5	6	6
满洲里达赉湖热电有限公司	0	12	1.00	2.5	4	4	1.00	2.5	1	0	0.00	0.5	1	0	0.00	0.5	6	6

被参控公司/母公司	月报				季报				半年报				年报				执行报告得分	排污许可系统得分
	应发	实发	比例	得分	应发	实发	比例	得分	应发	实发	比例	得分	应发	实发	比例	得分		
漳县祁连山水泥有限公司	0	1	1.00	2.5	4	4	1.00	2.5	1	0	0.00	0.5	1	0	0.00	0.5	6	6
内蒙古伊东冀东水泥有限公司	12	12	1.00	2.5	4	4	1.00	2.5	1	0	0.00	0.5	1	0	0.00	0.5	6	6
新乡中益发电有限公司	0	12	1.00	2.5	2	4	2.00	2.5	1	0	0.00	0.5	1	0	0.00	0.5	6	6
武汉钢铁集团财务有限责任公司	7	0	0.00	0.5	3	3	1.00	2.5	1	0	0.00	0.5	1	1	1.00	2.5	6	6
中煤鄂尔多斯能源化工有限公司	11	0	0.00	0.5	3	1	0.33	2.5	0	0	1.00	2.5	1	0	0.00	0.5	6	6
武汉平煤武钢联合焦化有限公司	0	12	1.00	2.5	2	4	2.00	2.5	1	0	0.00	0.5	1	0	0.00	0.5	6	6
江苏射阳港发电有限责任公司	0	12	1.00	2.5	4	4	1.00	2.5	1	0	0.00	0.5	1	0	0.00	0.5	6	6
诸城市同路热电有限公司	0	0	1.00	2.5	2	2	1.00	2.5	1	0	0.00	0.5	1	0	0.00	0.5	6	6
新乡化纤股份有限公司	0	0	1.00	2.5	2	4	2.00	2.5	1	0	0.00	0.5	1	0	0.00	0.5	6	6
广东温氏佳润食品有限公司	0	0	1.00	2.5	4	0	0.00	0.5	1	0	0.00	0.5	0	0	1.00	2.5	6	6
华新水泥（剑川）有限公司	12	12	1.00	2.5	4	4	1.00	2.5	1	0	0.00	0.5	1	0	0.00	0.5	6	6
江西大唐国际新余发电有限责任公司	12	12	1.00	2.5	4	4	1.00	2.5	1	0	0.00	0.5	1	0	0.00	0.5	6	6
申能吴忠热电有限责任公司	0	0	1.00	2.5	2	4	2.00	2.5	1	0	0.00	0.5	1	0	0.00	0.5	6	6
华电国际电力股份有限公司	12	12	1.00	2.5	4	4	1.00	2.5	1	0	0.00	0.5	1	0	0.00	0.5	6	6
中国平煤神马能源化工集团有限责任公司	0	0	1.00	2.5	2	4	2.00	2.5	1	0	0.00	0.5	1	0	0.00	0.5	6	6
河南中源化学股份有限公司	0	12	1.00	2.5	2	4	2.00	2.5	1	0	0.00	0.5	1	0	0.00	0.5	6	6
山西中铝华润有限公司	12	0	0.00	0.5	4	0	0.00	0.5	1	1	1.00	2.5	0	0	1.00	2.5	6	6
金河生物科技股份有限公司	7	10	1.43	2.5	2	4	2.00	2.5	1	0	0.00	0.5	1	0	0.00	0.5	6	6
库车青松水泥有限责任公司	12	0	0.00	0.5	4	4	1.00	2.5	1	1	1.00	2.5	1	0	0.00	0.5	6	6
武汉重工铸锻有限责任公司	0	10	1.00	2.5	2	3	1.50	2.5	1	0	0.00	0.5	1	0	0.00	0.5	6	6
冀东水泥黑龙江有限公司	0	4	1.00	2.5	4	0	0.00	0.5	1	0	0.00	0.5	0	0	1.00	2.5	6	6

被参控公司/母公司	月报				季报				半年报				年报				执行报告得分	排污许可系统得分
	应发	实发	比例	得分	应发	实发	比例	得分	应发	实发	比例	得分	应发	实发	比例	得分		
宜宾海丰和锐有限公司	0	12	1.00	2.5	4	4	1.00	2.5	1	0	0.00	0.5	1	0	0.00	0.5	6	6
上海现代哈森（商丘）药业有限公司	0	10	1.00	2.5	4	4	1.00	2.5	1	0	0.00	0.5	1	0	0.00	0.5	6	6
广西中粮生物质能源有限公司	0	12	1.00	2.5	2	4	2.00	2.5	1	0	0.00	0.5	1	0	0.00	0.5	6	6
上虞京新药业有限公司	0	4	1.00	2.5	4	0	0.00	0.5	1	0	0.00	0.5	0	0	1.00	2.5	6	6
华新水泥（云龙）有限公司	12	12	1.00	2.5	4	4	1.00	2.5	1	0	0.00	0.5	1	0	0.00	0.5	6	6
湖北惠生药业有限公司	0	1	1.00	2.5	4	0	0.00	0.5	0	0	1.00	2.5	1	0	0.00	0.5	6	6
赤峰金剑铜业有限责任公司	0	0	1.00	2.5	4	4	1.00	2.5	1	0	0.00	0.5	1	0	0.00	0.5	6	6
中煤新集能源股份有限公司	0	12	1.00	2.5	2	4	2.00	2.5	1	0	0.00	0.5	1	0	0.00	0.5	6	6
江门市北街（联营）发电厂	0	1	1.00	2.5	2	3	1.50	2.5	1	0	0.00	0.5	1	0	0.00	0.5	6	6
青海盐湖镁业有限公司	0	9	1.00	2.5	2	3	1.50	2.5	1	0	0.00	0.5	1	0	0.00	0.5	6	6
安徽安科恒益药业有限公司	0	12	1.00	2.5	4	0	0.00	0.5	0	0	1.00	2.5	1	0	0.00	0.5	6	6
江西于都南方万年青水泥有限公司	8	0	0.00	0.5	4	4	1.00	2.5	1	1	1.00	2.5	1	0	0.00	0.5	6	6
宁夏大唐国际大坝发电有限责任公司	0	7	1.00	2.5	2	4	2.00	2.5	1	0	0.00	0.5	1	0	0.00	0.5	6	6
安徽东至广信农化有限公司	12	12	1.00	2.5	0	4	1.00	2.5	1	0	0.00	0.5	1	0	0.00	0.5	6	6
福耀玻璃工业集团股份有限公司	7	12	1.71	2.5	2	4	2.00	2.5	1	0	0.00	0.5	1	0	0.00	0.5	6	6
白音华金山发电有限公司	0	12	1.00	2.5	4	4	1.00	2.5	1	0	0.00	0.5	1	0	0.00	0.5	6	6
文县祁连山水泥有限公司	8	12	1.50	2.5	4	4	1.00	2.5	1	0	0.00	0.5	1	0	0.00	0.5	6	6
宜昌宜化太平洋热电有限公司	0	6	1.00	2.5	4	4	1.00	2.5	1	0	0.00	0.5	1	0	0.00	0.5	6	6
山东海化盛兴热电有限公司	0	0	1.00	2.5	2	3	1.50	2.5	1	0	0.00	0.5	1	0	0.00	0.5	6	6
惠达卫浴股份有限公司	0	0	1.00	2.5	4	0	0.00	0.5	0	0	1.00	2.5	1	0	0.00	0.5	6	6
内蒙古中牧生物药业有限公司	7	0	0.00	0.5	2	4	2.00	2.5	1	0	0.00	0.5	1	1	1.00	2.5	6	6
靖煤集团白银热电有限公司	0	12	1.00	2.5	4	4	1.00	2.5	1	0	0.00	0.5	1	0	0.00	0.5	6	6

被参控公司/母公司	月报				季报				半年报				年报				执行报告得分	排污许可系统得分
	应发	实发	比例	得分	应发	实发	比例	得分	应发	实发	比例	得分	应发	实发	比例	得分		
沈阳新北热电有限责任公司	0	0	1.00	2.5	2	3	1.50	2.5	1	0	0.00	0.5	1	0	0.00	0.5	6	6
平凉祁连山水泥有限公司	0	10	1.00	2.5	4	4	1.00	2.5	1	0	0.00	0.5	1	0	0.00	0.5	6	6
武汉晨鸣乾能热电有限责任公司	0	0	1.00	2.5	2	4	2.00	2.5	1	0	0.00	0.5	1	0	0.00	0.5	6	6
山东海利尔化工有限公司	0	0	1.00	2.5	4	0	0.00	0.5	0	0	1.00	2.5	1	0	0.00	0.5	6	6
高密万仁热电有限公司	0	12	1.00	2.5	2	4	2.00	2.5	1	0	0.00	0.5	1	0	0.00	0.5	6	6
国电建投内蒙古能源有限公司	0	0	1.00	2.5	4	4	1.00	2.5	1	0	0.00	0.5	1	0	0.00	0.5	6	6
广东肇庆星湖生物科技股份有限公司	0	0	1.00	2.5	4	0	0.00	0.5	1	0	0.00	0.5	0	0	1.00	2.5	6	6
贵州赤天化桐梓化工有限公司	12	0	0.00	0.5	4	4	1.00	2.5	1	0	0.00	0.5	0	0	1.00	2.5	6	6
华新水泥（宜昌）有限公司	0	0	1.00	2.5	2	4	2.00	2.5	1	0	0.00	0.5	1	0	0.00	0.5	6	6
江苏联环药业股份有限公司	0	4	1.00	2.5	4	0	0.00	0.5	0	0	1.00	2.5	1	0	0.00	0.5	6	6
无锡友联热电股份有限公司	12	0	0.00	0.5	2	4	2.00	2.5	1	0	0.00	0.5	1	1	1.00	2.5	6	6
唐山双汇食品有限责任公司	0	0	1.00	2.5	4	0	0.00	0.5	1	0	0.00	0.5	0	0	1.00	2.5	6	6
新疆和静天山水泥有限责任公司	0	12	1.00	2.5	2	3	1.50	2.5	1	0	0.00	0.5	1	0	0.00	0.5	6	6
临夏海螺水泥有限责任公司	0	0	1.00	2.5	4	4	1.00	2.5	1	0	0.00	0.5	1	0	0.00	0.5	6	6
四川海思科制药有限公司	0	0	1.00	2.5	2	2	1.00	2.5	1	0	0.00	0.5	1	0	0.00	0.5	6	6
郑州裕中能源有限责任公司	0	12	1.00	2.5	2	4	2.00	2.5	1	0	0.00	0.5	1	0	0.00	0.5	6	6
内蒙古包钢庆华煤化工有限公司	7	9	1.29	2.5	4	4	1.00	2.5	1	0	0.00	0.5	1	0	0.00	0.5	6	6
湖北泰盛化工有限公司	0	0	1.00	2.5	4	0	0.00	0.5	0	0	1.00	2.5	1	0	0.00	0.5	6	6
大同煤矿集团财务有限责任公司	0	0	1.00	2.5	4	0	0.00	0.5	0	0	1.00	2.5	1	0	0.00	0.5	6	6
武汉中粮食品科技有限公司	0	0	1.00	2.5	4	0	0.00	0.5	0	0	1.00	2.5	1	0	0.00	0.5	6	6
山东华聚能源股份有限公司	0	0	1.00	2.5	4	4	1.00	2.5	1	0	0.00	0.5	1	0	0.00	0.5	6	6

被参控公司/母公司	月报				季报				半年报				年报				执行报告得分	排污许可系统得分
	应发	实发	比例	得分	应发	实发	比例	得分	应发	实发	比例	得分	应发	实发	比例	得分		
南陵县凯迪绿色能源开发有限公司	0	0	1.00	2.5	4	4	1.00	2.5	1	0	0.00	0.5	1	0	0.00	0.5	6	6
淮南矿业集团发电有限责任公司	0	12	1.00	2.5	4	4	1.00	2.5	1	0	0.00	0.5	1	0	0.00	0.5	6	6
内蒙古国华准格尔发电有限责任公司	0	12	1.00	2.5	2	4	2.00	2.5	1	0	0.00	0.5	1	0	0.00	0.5	6	6
国华能源发展（天津）有限公司	0	0	1.00	2.5	4	0	0.00	0.5	1	0	0.00	0.5	0	0	1.00	2.5	6	6
江苏大唐国际吕四港发电有限责任公司	0	12	1.00	2.5	4	0	0.00	0.5	0	0	1.00	2.5	1	0	0.00	0.5	6	6
新疆四方实业股份有限公司	0	0	1.00	2.5	2	3	1.50	2.5	1	0	0.00	0.5	1	0	0.00	0.5	6	6
东莞深能源樟洋电力有限公司	12	0	0.00	0.5	4	4	1.00	2.5	1	1	1.00	2.5	1	0	0.00	0.5	6	6
宜昌东阳光长江药业股份有限公司	0	0	1.00	2.5	4	0	0.00	0.5	1	0	0.00	0.5	0	0	1.00	2.5	6	6
马鞍山钢铁股份有限公司	12	1	0.08	0.5	4	4	1.00	2.5	1	0	0.00	0.5	1	1	1.00	2.5	6	6
北京首钢冷轧薄板有限公司	7	0	0.00	0.5	2	4	2.00	2.5	1	0	0.00	0.5	1	1	1.00	2.5	6	6
葫芦岛九股河食品有限公司	0	0	1.00	2.5	4	0	0.00	0.5	0	0	1.00	2.5	1	0	0.00	0.5	6	6
内蒙古中煤蒙大新能源化工有限公司	0	12	1.00	2.5	4	4	1.00	2.5	1	0	0.00	0.5	1	0	0.00	0.5	6	6
江西乐浩综合利用电业有限公司	0	0	1.00	2.5	4	4	1.00	2.5	1	0	0.00	0.5	1	0	0.00	0.5	6	6
吉林亚泰水泥有限公司	0	0	1.00	2.5	4	4	1.00	2.5	1	0	0.00	0.5	1	0	0.00	0.5	6	6
汪清凯迪绿色能源开发有限公司	0	9	1.00	2.5	2	2	1.00	2.5	1	0	0.00	0.5	1	0	0.00	0.5	6	6
宝山钢铁股份有限公司	12	11	0.92	2	4	4	1.00	2.5	1	0	0.00	0.5	1	0	0.00	0.5	5.5	5.5
山西阳煤丰喜泉稷能源有限公司	11	9	0.82	2	3	0	0.00	0.5	0	0	1.00	2.5	1	0	0.00	0.5	5.5	5.5
华新金龙水泥（郧县）有限公司	0	0	1.00	2.5	4	3	0.75	2	1	0	0.00	0.5	1	0	0.00	0.5	5.5	5.5

被参控公司/母公司	月报				季报				半年报				年报				执行报告得分	排污许可系统得分
	应发	实发	比例	得分	应发	实发	比例	得分	应发	实发	比例	得分	应发	实发	比例	得分		
华能海南发电股份有限公司	0	10	1.00	2.5	4	3	0.75	2	1	0	0.00	0.5	1	0	0.00	0.5	5.5	5.5
江苏恩华药业股份有限公司	0	0	1.00	2.5	4	3	0.75	2	1	0	0.00	0.5	1	0	0.00	0.5	5.5	5.5
江苏联化科技有限公司	0	0	1.00	2.5	4	3	0.75	2	1	0	0.00	0.5	1	0	0.00	0.5	5.5	5.5
鄂尔多斯市君正能源化工有限公司	0	0	1.00	2.5	4	3	0.75	2	1	0	0.00	0.5	1	0	0.00	0.5	5.5	5.5
浙江海翔药业股份有限公司	12	9	0.75	2	4	0	0.00	0.5	1	0	0.00	0.5	0	0	1.00	2.5	5.5	5.5
日照华泰纸业有限公司	0	11	1.00	2.5	4	3	0.75	2	1	0	0.00	0.5	1	0	0.00	0.5	5.5	5.5
庐江县凯迪绿色能源开发有限公司	0	0	1.00	2.5	4	3	0.75	2	1	0	0.00	0.5	1	0	0.00	0.5	5.5	5.5
东风汽车股份有限公司	0	9	1.00	2.5	4	3	0.75	2	1	0	0.00	0.5	1	0	0.00	0.5	5.5	5.5
呼伦贝尔金新化工有限公司	12	9	0.75	2	4	4	1.00	2.5	1	0	0.00	0.5	1	0	0.00	0.5	5.5	5.5
华能洛阳热电有限责任公司	0	4	1.00	2.5	2	1	0.50	1.5	1	0	0.00	0.5	1	0	0.00	0.5	5	5
山东鲁抗生物制造有限公司	0	3	1.00	2.5	2	1	0.50	1.5	1	0	0.00	0.5	1	0	0.00	0.5	5	5
南京法伯耳纺织有限公司	0	0	1.00	2.5	2	1	0.50	1.5	1	0	0.00	0.5	1	0	0.00	0.5	5	5
瓮福紫金化工股份有限公司	0	12	1.00	2.5	4	2	0.50	1.5	1	0	0.00	0.5	1	0	0.00	0.5	5	5
内蒙古兰太钠业有限责任公司	0	0	1.00	2.5	2	1	0.50	1.5	1	0	0.00	0.5	1	0	0.00	0.5	5	5
华能鹤岗发电有限公司	12	11	0.92	2	4	3	0.75	2	1	0	0.00	0.5	1	0	0.00	0.5	5	5
亚泰集团哈尔滨水泥有限公司	0	6	1.00	2.5	4	2	0.50	1.5	1	0	0.00	0.5	1	0	0.00	0.5	5	5
淮北申皖发电有限公司	12	4	0.33	1	4	1	0.25	1	0	0	1.00	2.5	1	0	0.00	0.5	5	5
江西世龙实业股份有限公司	0	0	1.00	2.5	4	1	0.25	1	1	0	0.00	0.5	1	0	0.00	0.5	4.5	4.5
江西玉山万年青水泥有限公司	0	4	1.00	2.5	4	1	0.25	1	1	0	0.00	0.5	1	0	0.00	0.5	4.5	4.5
米脂冀东水泥有限公司	10	0	0.00	0.5	4	1	0.25	1	1	0	0.00	0.5	0	0	1.00	2.5	4.5	4.5
双钱集团（重庆）轮胎有限公司	0	0	1.00	2.5	4	1	0.25	1	1	0	0.00	0.5	1	0	0.00	0.5	4.5	4.5
江西万年青水泥股份有限公司	0	12	1.00	2.5	4	1	0.25	1	1	0	0.00	0.5	1	0	0.00	0.5	4.5	4.5
吴堡冀东特种水泥有限公司	12	3	0.25	1	2	2	1.00	2.5	1	0	0.00	0.5	1	0	0.00	0.5	4.5	4.5
青海水泥股份有限公司	12	0	0.00	0.5	4	1	0.25	1	1	0	0.00	0.5	0	0	1.00	2.5	4.5	4.5

被参控公司/母公司	月报				季报				半年报				年报				执行报告得分	排污许可系统得分
	应发	实发	比例	得分	应发	实发	比例	得分	应发	实发	比例	得分	应发	实发	比例	得分		
江苏国信盐城生物质发电有限公司	0	0	1.00	2.5	4	1	0.25	1	1	0	0.00	0.5	1	0	0.00	0.5	4.5	4.5
宝泰隆新材料股份有限公司	0	4	1.00	2.5	4	1	0.25	1	1	0	0.00	0.5	1	0	0.00	0.5	4.5	4.5
宁夏宝丰能源集团股份有限公司	12	0	0.00	0.5	4	4	1.00	2.5	1	0	0.00	0.5	1	0	0.00	0.5	4	4
华能国际电力股份有限公司	12	8	0.67	1.5	4	2	0.50	1.5	1	0	0.00	0.5	1	0	0.00	0.5	4	4
河南中原黄金冶炼厂有限责任公司	12	0	0.00	0.5	4	0	0.00	0.5	0	0	1.00	2.5	1	0	0.00	0.5	4	4
湖北广济药业股份有限公司	8	0	0.00	0.5	4	0	0.00	0.5	0	0	1.00	2.5	1	0	0.00	0.5	4	4
台州仙琚药业有限公司	12	1	0.08	0.5	3	0	0.00	0.5	1	0	0.00	0.5	0	0	1.00	2.5	4	4
甘谷祁连山水泥有限公司	0	0	1.00	2.5	2	0	0.00	0.5	1	0	0.00	0.5	1	0	0.00	0.5	4	4
黑龙江岁宝热电有限公司	0	12	1.00	2.5	4	0	0.00	0.5	1	0	0.00	0.5	1	0	0.00	0.5	4	4
联化科技（盐城）有限公司	0	0	1.00	2.5	4	0	0.00	0.5	1	0	0.00	0.5	1	0	0.00	0.5	4	4
通辽霍林河坑口发电有限责任公司	0	0	1.00	2.5	2	0	0.00	0.5	1	0	0.00	0.5	1	0	0.00	0.5	4	4
中粮梁河糖业有限公司	0	4	1.00	2.5	2	0	0.00	0.5	1	0	0.00	0.5	1	0	0.00	0.5	4	4
通辽梅花生物科技有限公司	0	0	1.00	2.5	2	0	0.00	0.5	1	0	0.00	0.5	1	0	0.00	0.5	4	4
新疆青松建材化工（集团）股份有限公司	12	0	0.00	0.5	4	4	1.00	2.5	1	0	0.00	0.5	1	0	0.00	0.5	4	4
重庆华新地维水泥有限公司	12	0	0.00	0.5	4	0	0.00	0.5	0	0	1.00	2.5	1	0	0.00	0.5	4	4
平原禾丰食品加工有限公司	12	0	0.00	0.5	4	0	0.00	0.5	0	0	1.00	2.5	1	0	0.00	0.5	4	4
成都天马铁路轴承有限公司	0	0	1.00	2.5	2	0	0.00	0.5	1	0	0.00	0.5	1	0	0.00	0.5	4	4
宁夏中宁赛马水泥有限公司	0	0	1.00	2.5	4	0	0.00	0.5	1	0	0.00	0.5	1	0	0.00	0.5	4	4
江苏大唐国际如皋热电有限责任公司	0	0	1.00	2.5	4	0	0.00	0.5	1	0	0.00	0.5	1	0	0.00	0.5	4	4
通辽金煤化工有限公司	0	0	1.00	2.5	2	0	0.00	0.5	1	0	0.00	0.5	1	0	0.00	0.5	4	4
内蒙古冀东水泥有限责任公司	7	0	0.00	0.5	3	4	1.33	2.5	1	0	0.00	0.5	1	0	0.00	0.5	4	4

被参控公司/母公司	月报				季报				半年报				年报				执行报告得分	排污许可系统得分
	应发	实发	比例	得分	应发	实发	比例	得分	应发	实发	比例	得分	应发	实发	比例	得分		
安徽国星生物化学有限公司	12	0	0.00	0.5	4	4	1.00	2.5	1	0	0.00	0.5	1	0	0.00	0.5	4	4
山东鲁抗医药股份有限公司	0	0	1.00	2.5	2	0	0.00	0.5	1	0	0.00	0.5	1	0	0.00	0.5	4	4
国电大武口热电有限公司	0	0	1.00	2.5	2	0	0.00	0.5	1	0	0.00	0.5	1	0	0.00	0.5	4	4
华能吉林发电有限公司	12	12	1.00	2.5	4	0	0.00	0.5	1	0	0.00	0.5	1	0	0.00	0.5	4	4
山东新希望六和集团有限公司	0	0	1.00	2.5	4	0	0.00	0.5	1	0	0.00	0.5	1	0	0.00	0.5	4	4
白银有色集团股份有限公司	12	0	0.00	0.5	4	4	1.00	2.5	1	0	0.00	0.5	1	0	0.00	0.5	4	4
鄂尔多斯市鄂尔多斯双欣电力有限公司	0	6	1.00	2.5	4	0	0.00	0.5	1	0	0.00	0.5	1	0	0.00	0.5	4	4
湖北晋煤金楚化肥有限责任公司	12	0	0.00	0.5	4	0	0.00	0.5	0	0	1.00	2.5	1	0	0.00	0.5	4	4
华新水泥（红河）有限公司	12	0	0.00	0.5	4	4	1.00	2.5	1	0	0.00	0.5	1	0	0.00	0.5	4	4
宜昌三峡制药有限公司	12	0	0.00	0.5	4	0	0.00	0.5	1	0	0.00	0.5	0	0	1.00	2.5	4	4
中国石油化工股份有限公司	12	0	0.00	0.5	4	3	0.75	2	1	0	0.00	0.5	1	0	0.00	0.5	3.5	3.5
江西三环水泥有限公司	12	0	0.00	0.5	4	3	0.75	2	1	0	0.00	0.5	1	0	0.00	0.5	3.5	3.5
山西潞安环能五阳弘峰焦化有限公司	12	3	0.25	1	4	1	0.25	1	1	0	0.00	0.5	1	0	0.00	0.5	3	3
上海申能崇明发电有限公司	12	0	0.00	0.5	4	1	0.25	1	1	0	0.00	0.5	1	0	0.00	0.5	2.5	2.5
中国石油天然气股份有限公司	12	0	0.00	0.5	4	1	0.25	1	1	0	0.00	0.5	1	0	0.00	0.5	2.5	2.5
扬子石化-巴斯夫有限责任公司	7	1	0.14	0.5	2	0	0.00	0.5	1	0	0.00	0.5	1	0	0.00	0.5	2	2
鄂州富晶电子技术有限公司	10	0	0.00	0.5	4	0	0.00	0.5	1	0	0.00	0.5	1	0	0.00	0.5	2	2
福耀集团通辽有限公司	7	0	0.00	0.5	4	0	0.00	0.5	1	0	0.00	0.5	1	0	0.00	0.5	2	2
陇南祁连山水泥有限公司	12	0	0.00	0.5	4	0	0.00	0.5	1	0	0.00	0.5	1	0	0.00	0.5	2	2
山西振东泰盛制药有限公司	12	0	0.00	0.5	4	0	0.00	0.5	1	0	0.00	0.5	1	0	0.00	0.5	2	2

表 B.3 监督性监测系统得分情况统计表

被参控公司/母公司	超标总次数		最大平均超标倍数		监督性监测系统得分
	次数	得分	倍数	得分	
山西兰花科技创业股份有限公司	1	8	0.10	8	16
天津华电南疆热电有限公司	1	8	0.10	8	16
华电国际电力股份有限公司	1	8	0.03	8	16
山东新华制药股份有限公司	1	8	0.30	8	16
江苏辉丰生物农业股份有限公司	1	8	0.50	8	16
古交西山发电有限公司	1	8	0.10	8	16
伊犁川宁生物技术有限公司	1	8	0.50	8	16
平湖石化有限责任公司	1	8	0.20	8	16
安徽金星钛白（集团）有限公司	1	8	0.10	8	16
东北制药集团供销有限公司	1	8	0.10	8	16
河北圣雪大成制药有限责任公司	1	8	0.30	8	16
南京海欣丽宁长毛绒有限公司	1	8	0.30	8	16
江西于都南方万年青水泥有限公司	1	8	0.20	8	16
山东华宇合金材料有限公司	1	8	0.30	8	16
湖南省湘中制药有限公司	1	8	0.50	8	16
师宗煤焦化工有限公司	1	8	0.30	8	16
淮南淮清环保有限公司	1	8	0.20	8	16
兖州煤业榆林能化有限公司	1	8	0.04	8	16
弋阳海螺水泥有限责任公司	1	8	0.20	8	16
叶城天山水泥有限责任公司	1	8	0.02	8	16
浙江中顺纸业有限公司	1	8	0.30	8	16
山东华鲁恒升化工股份有限公司	1	8	0.20	8	16
四川美丰化工科技有限责任公司	1	8	0.30	8	16
遵义海螺盘江水泥有限责任公司	1	8	0.03	8	16
新疆华泰重化工有限责任公司	1	8	0.40	8	16
新疆富丽达纤维有限公司	1	8	0.02	8	16
上海华润大东船务有限公司	1	8	0.02	8	16
镇江江南化工有限公司	1	8	0.01	8	16
临海市富春紫光污水处理有限公司	1	8	0.10	8	16
巴彦淖尔伊利乳业有限责任公司	1	8	0.10	8	16
三变科技股份有限公司	1	8	0.30	8	16
天津博信汽车零部件有限公司	1	8	0.10	8	16

被参控公司/母公司	超标总次数		最大平均超标倍数		监督性监测系统得分
	次数	得分	倍数	得分	
开滦能源化工股份有限公司	2	6	0.40	8	14
广州白云国际机场股份有限公司	1	8	0.60	6	14
江苏扬农化工集团有限公司	2	6	0.25	8	14
江西晨鸣纸业有限责任公司	2	6	0.50	8	14
江苏瑞科医药科技有限公司	2	6	0.10	8	14
亚宝药业集团股份有限公司	2	6	0.10	8	14
安徽皖维高新材料股份有限公司	1	8	0.60	6	14
山西太钢不锈钢股份有限公司	1	8	0.90	6	14
新疆四方实业股份有限公司	1	8	0.60	6	14
山西太钢不锈钢钢管有限公司	1	8	0.70	6	14
会稽山绍兴酒股份有限公司	1	8	0.90	6	14
四川旭虹光电科技有限公司	2	6	0.04	8	14
临猗首创水务有限责任公司	1	8	1.00	6	14
林甸伊利乳业有限责任公司	2	6	0.50	8	14
沾化绿威生物能源有限公司	1	8	0.70	6	14
天津三环乐喜新材料有限公司	1	8	0.90	6	14
南宁糖业股份有限公司	1	8	0.90	6	14
天津伊利乳品有限责任公司	1	8	1.00	6	14
深圳崇达多层线路板有限公司	1	8	1.00	6	14
燕京啤酒（赣州）有限责任公司	1	8	0.80	6	14
河北华电石家庄裕华热电有限公司	1	8	1.60	4	12
江苏金羚纤维素纤维有限公司	3	4	0.15	8	12
华新水泥（迪庆）有限公司	1	8	1.90	4	12
国中（秦皇岛）污水处理有限公司	2	6	0.60	6	12
绍兴女儿红酿酒有限公司	1	8	1.20	4	12
萍乡市洪城水业环保有限责任公司	2	6	1.00	6	12
宿州中粮生物化学有限公司	2	6	0.65	6	12
江苏长青农化股份有限公司	1	8	1.60	4	12
淮南市顺通污水处理有限责任公司	1	8	1.30	4	12
英德海螺水泥有限责任公司	2	6	0.90	6	12
南京高科水务有限公司	1	8	1.50	4	12
成都士兰半导体制造有限公司	2	6	0.80	6	12
云南铝业股份有限公司	1	8	1.30	4	12
深圳明阳电路科技股份有限公司	2	6	0.55	6	12
北京首创东坝水务有限责任公司	2	6	0.90	6	12

被参控公司/母公司	超标总次数		最大平均超标倍数		监督性监测系统得分
	次数	得分	倍数	得分	
沈阳三聚凯特催化剂有限公司	3	4	0.17	8	12
包头铝业有限公司	2	6	1.10	4	10
武汉重工铸锻有限责任公司	2	6	1.90	4	10
内蒙古包钢庆华煤化工有限公司	2	6	1.40	4	10
内蒙古君正化工有限责任公司	1	8	10.00	2	10
内蒙古包钢还原铁有限责任公司	1	8	4.10	2	10
中国石化上海石油化工股份有限公司	1	8	2.60	2	10
海利贵溪化工农药有限公司	3	4	0.87	6	10
国水（马鞍山）污水处理有限公司	1	8	23.00	2	10
广西梧州制药（集团）股份有限公司	2	6	1.30	4	10
陵川金隅水泥有限公司	1	8	2.40	2	10
若羌天山水泥有限责任公司	1	8	6.33	2	10
滨州渤海活塞有限公司	1	8	6.10	2	10
襄阳富春紫光污水处理有限公司	2	6	1.10	4	10
东营华泰清河实业有限公司	1	8	3.00	2	10
山东华泰纸业股份有限公司	1	8	2.10	2	10
中国石化北海炼化有限责任公司	7	2	0.28	8	10
永登祁连山水泥有限公司	1	8	4.00	2	10
焦作中持水务有限公司	1	8	15.00	2	10
宁夏宝丰能源集团股份有限公司	6	2	0.37	8	10
辽阳冀东水泥有限公司	2	6	1.40	4	10
绍兴柯桥德美化工有限公司	1	8	—	2	10
骆驼集团华南蓄电池有限公司	1	8	121.00	2	10
合盛硅业股份有限公司	1	8	3.70	2	10
大同煤矿集团财务有限责任公司	2	6	3.30	2	8
山西阳煤丰喜肥业（集团）有限责任公司	3	4	1.20	4	8
安徽金禾实业股份有限公司	2	6	3.15	2	8
葵花药业集团湖北武当有限公司	2	6	22.00	2	8
内蒙古华宁热电有限公司	2	6	2.20	2	8
上海赛科石油化工有限责任公司	2	6	2.25	2	8
中国石化催化剂有限公司	2	6	9.00	2	8
航锦科技股份有限公司	2	6	2.10	2	8
瑞安紫光水业有限公司	4	2	0.60	6	8
湖州南太湖环保能源有限公司	5	2	0.65	6	8
淮安同方水务有限公司	2	6	2.50	2	8

被参控公司/母公司	超标总次数		最大平均超标倍数		监督性监测系统得分
	次数	得分	倍数	得分	
嘉兴石化有限公司	3	4	1.80	4	8
山西杏花村汾酒厂股份有限公司	2	6	4.00	2	8
内蒙古包钢钢联股份有限公司	6	2	1.50	4	6
江西洪城水业环保有限公司	3	4	2.20	2	6
铜陵有色金属集团股份有限公司	4	2	1.30	4	6
江苏吉华化工有限公司	3	4	4.45	2	6
广西中粮生物质能源有限公司	4	2	1.20	4	6
枣庄市同安水务有限公司	3	4	3.10	2	6
中粮屯河乌什果蔬制品有限公司	3	4	13.00	2	6
萧县鹏鹞污水处理有限公司	3	4	20.00	2	6
武汉钢铁有限公司	4	2	1.03	4	6
中国石油天然气股份有限公司	27	2	2.20	2	4
台州旺能环保能源有限公司	4	2	3.95	2	4
金正大诺泰尔化学有限公司	5	2	3.70	2	4
山西华圣铝业有限公司	10	2	5.13	2	4
淮安紫光水业有限公司	5	2	17.50	2	4
伊犁青松南岗建材有限责任公司	5	2	—	2	4
天津创业环保集团股份有限公司	5	2	2.60	2	4
江苏博汇纸业有限公司	4	2	6.40	2	4

表 B.4　环境违法处罚系统得分情况统计表

被参控公司/母公司	重大行政处罚		一般行政处罚		环境违法处罚系统得分
	次数	得分	次数	得分	
中国石化扬子石油化工有限公司	0	20	1	8	28
伊春中科环保电力有限公司	0	20	1	8	28
湖南省湘衡盐化有限责任公司	0	20	1	8	28
山东潍坊奥通药业有限公司	0	20	1	8	28
甘肃酒钢集团宏兴钢铁股份有限公司	0	20	1	8	28
联化科技股份有限公司	0	20	1	8	28
大丰阳光热电有限公司	0	20	1	8	28
焦作煤业集团赵固（新乡）能源有限责任公司	0	20	1	8	28
四川北方硝化棉股份有限公司	0	20	1	8	28
山东新希望六和集团有限公司	0	20	1	8	28
天津华电福源热电有限公司	0	20	1	8	28
华电章丘发电有限公司	0	20	1	8	28
铜陵有色股份天马山黄金矿业有限公司	0	20	1	8	28
山西美锦煤焦化有限公司	0	20	1	8	28
长安标致雪铁龙汽车有限公司	0	20	1	8	28
广西华银铝业有限公司	0	20	1	8	28
沈阳新北热电有限责任公司	0	20	1	8	28
沙湾盖瑞乳业有限责任公司	0	20	1	8	28
湖北宜化化工股份有限公司	0	20	1	8	28
华新水泥（赤壁）有限公司	0	20	1	8	28
江苏阳光新桥热电有限公司	0	20	1	8	28
安阳钢铁股份有限公司	0	20	1	8	28
襄阳龙蟒钛业有限公司	0	20	1	8	28
成都市兴蓉再生能源有限公司	0	20	1	8	28
河北大唐国际王滩发电有限责任公司	0	20	1	8	28
河南省新郑煤电有限责任公司	0	20	1	8	28
浙江天宇药业股份有限公司	0	20	1	8	28
华电滕州新源热电有限公司	0	20	1	8	28
四川顺城盐品股份有限公司	0	20	1	8	28
杭州建铜集团有限公司	0	20	1	8	28
林州重机林钢钢铁有限公司	0	20	1	8	28
重庆市三峡水务有限责任公司	0	20	1	8	28
鞍钢集团朝阳钢铁有限公司	0	20	1	8	28
东莞深能源樟洋电力有限公司	0	20	1	8	28
中海沥青股份有限公司	0	20	1	8	28

被参控公司/母公司	重大行政处罚		一般行政处罚		环境违法处罚系统得分
	次数	得分	次数	得分	
山西太钢不锈钢钢管有限公司	0	20	1	8	28
广州中电荔新电力实业有限公司	0	20	1	8	28
唐山中浩化工有限公司	0	20	1	8	28
武乡西山发电有限责任公司	0	20	1	8	28
新疆西部合盛硅业有限公司	0	20	1	8	28
米脂冀东水泥有限公司	0	20	1	8	28
山东聊城鲁西化工第五化肥有限公司	0	20	1	8	28
冀东水泥阿巴嘎旗有限责任公司	0	20	1	8	28
临海市华南化工有限公司	0	20	1	8	28
山东海利尔化工有限公司	0	20	1	8	28
彝良驰宏矿业有限公司	0	20	1	8	28
重庆海螺水泥有限责任公司	0	20	1	8	28
江苏瑞洪盐业有限公司	0	20	1	8	28
华润电力（六枝）有限公司	0	20	1	8	28
巢湖云海镁业有限公司	0	20	1	8	28
安徽华润金蟾药业股份有限公司	0	20	1	8	28
芜湖新兴铸管有限责任公司	0	20	1	8	28
宁夏亚东化工有限公司	0	20	1	8	28
宜昌新洋丰肥业有限公司	0	20	1	8	28
乌海赛马水泥有限责任公司	0	20	1	8	28
冀东水泥铜川有限公司	0	20	1	8	28
杭州吉华江东化工有限公司	0	20	1	8	28
安徽海螺水泥股份有限公司	0	20	1	8	28
安钢集团永通球墨铸铁管有限责任公司	0	20	1	8	28
上海吴泾第二发电有限责任公司	0	20	1	8	28
上海外高桥第三发电有限责任公司	0	20	1	8	28
焦作万方铝业股份有限公司	0	20	1	8	28
酒钢集团榆中钢铁有限责任公司	0	20	1	8	28
海南天然橡胶产业集团金橡有限公司	0	20	1	8	28
中国重汽集团济南卡车股份有限公司	0	20	1	8	28
重庆市万州区供热有限公司	0	20	1	8	28
北流海螺水泥有限责任公司	0	20	1	8	28
浙江台州海神制药有限公司	0	20	1	8	28
中铝矿业有限公司	0	20	1	8	28
亚宝药业集团股份有限公司	0	20	1	8	28
南京红太阳生物化学有限责任公司	0	20	1	8	28
华能安源发电有限责任公司	0	20	1	8	28
攀枝花东方钛业有限公司	0	20	1	8	28

被参控公司/母公司	重大行政处罚		一般行政处罚		环境违法处罚系统得分
	次数	得分	次数	得分	
内蒙古冀东水泥有限责任公司	0	20	1	8	28
华新水泥（红河）有限公司	0	20	1	8	28
内蒙古北方蒙西发电有限责任公司	0	20	1	8	28
沈阳市第二热力供暖公司	0	20	1	8	28
河南易成环保科技有限公司	0	20	1	8	28
华电国际电力股份有限公司	0	20	1	8	28
常州市新港热电有限公司	0	20	1	8	28
建投邢台热电有限责任公司	0	20	1	8	28
山东华能莱芜热电有限公司	0	20	1	8	28
河北华电石家庄裕华热电有限公司	0	20	2	6	26
上海益威实业有限公司	0	20	2	6	26
晋亿实业股份有限公司	0	20	2	6	26
山东新华制药股份有限公司	0	20	2	6	26
唐山中厚板材有限公司	0	20	2	6	26
西安西电开关电气有限公司	0	20	2	6	26
河北邯郸热电股份有限公司	0	20	2	6	26
冀东水泥重庆江津有限责任公司	0	20	2	6	26
中石化中原石油工程有限公司	0	20	2	6	26
江西云锂材料股份有限公司	0	20	2	6	26
江苏阚山发电有限公司	0	20	2	6	26
山西兰花丹峰化工股份有限公司	0	20	2	6	26
国电电力发展股份有限公司	0	20	2	6	26
山西西山煤电股份有限公司	0	20	2	6	26
中铝宁夏能源集团有限公司	0	20	2	6	26
河北邯峰发电有限责任公司	0	20	5	4	24
高密万仁热电有限公司	0	20	3	4	24
黑龙江岁宝热电有限公司	0	20	5	4	24
河北华电石家庄热电有限公司	0	20	3	4	24
郑州煤炭工业（集团）杨河煤业有限公司	0	20	7	2	22
徐州钛白化工有限责任公司	2	4	0	10	14
唐山双汇食品有限责任公司	1	4	0	10	14
乌海市西水水泥有限责任公司	1	4	0	10	14
百合花集团股份有限公司	1	4	0	10	14
神华准格尔能源有限责任公司	1	4	0	10	14
陕西延长石油兴化化工有限公司	2	4	0	10	14
成都迪康药业股份有限公司	1	4	0	10	14
淄博齐翔腾达化工股份有限公司	1	4	0	10	14
中国铝业股份有限公司	1	4	0	10	14

被参控公司/母公司	重大行政处罚		一般行政处罚		环境违法处罚系统得分
	次数	得分	次数	得分	
皖能铜陵发电有限公司	1	4	0	10	14
淮北矿业相山水泥有限责任公司	2	4	0	10	14
广州白云国际机场股份有限公司	2	4	0	10	14
国电河北龙山发电有限责任公司	3	4	0	10	14
通辽霍林河坑口发电有限责任公司	1	4	0	10	14
深能保定发电有限公司	1	4	0	10	14
山东省禹城市新园热电有限公司	2	4	0	10	14
内蒙古牙克石五九煤炭（集团）有限责任公司	1	4	0	10	14
广州市新豪精密五金制品有限公司	1	4	0	10	14
国电库车发电有限公司	1	4	0	10	14
内蒙古京能盛乐热电有限公司	1	4	0	10	14
山东鲁抗医药股份有限公司	1	4	0	10	14
秦皇岛秦热发电有限责任公司	1	4	0	10	14
大唐林州热电有限责任公司	1	4	0	10	14
联化科技（盐城）有限公司	2	4	0	10	14
内蒙古君正化工有限责任公司	1	4	0	10	14
山东博汇纸业股份有限公司	2	4	0	10	14
国水（马鞍山）污水处理有限公司	1	4	0	10	14
重庆市蓬威石化有限责任公司	1	4	0	10	14
南京海欣丽宁长毛绒有限公司	1	4	0	10	14
中盐青海昆仑碱业有限公司	1	4	0	10	14
神华神东电力有限责任公司	1	4	0	10	14
内蒙古蒙维科技有限公司	4	4	0	10	14
中煤新集阜阳矿业有限公司	1	4	0	10	14
华新水泥（大冶）有限公司	1	4	0	10	14
湖北三峡新型建材股份有限公司	4	4	0	10	14
贵州路发实业有限公司	4	4	0	10	14
桐庐盛运环保电力有限公司	1	4	0	10	14
山西京玉发电有限责任公司	1	4	0	10	14
扬州第二发电有限责任公司	1	4	0	10	14
深圳华润九新药业有限公司	1	4	0	10	14
盐城南方化工有限公司	1	4	0	10	14
山西大唐国际临汾热电有限责任公司	3	4	0	10	14
三一汽车制造有限公司	1	4	0	10	14
青海西豫有色金属有限公司	1	4	0	10	14
青海宜化化工有限责任公司	1	4	0	10	14
新疆阜康天山水泥有限责任公司	1	4	0	10	14
新余艾格菲畜牧有限公司	1	4	0	10	14

被参控公司/母公司	重大行政处罚		一般行政处罚		环境违法处罚系统得分
	次数	得分	次数	得分	
山西临汾热电有限公司	2	4	0	10	14
陕西汉江药业集团股份有限公司	1	4	0	10	14
重庆庆龙精细锶盐化工有限公司	1	4	0	10	14
北京顺鑫农业股份有限公司	2	4	0	10	14
天津三环乐喜新材料有限公司	1	4	0	10	14
新兴铸管新疆控股集团有限公司	3	4	0	10	14
上海天马微电子有限公司	2	4	0	10	14
中煤新集刘庄矿业有限公司	3	4	0	10	14
新兴铸管股份有限公司	1	4	0	10	14
新乐市诚润污水处理有限公司	2	4	0	10	14
贵州宜化化工有限责任公司	3	4	0	10	14
益阳市凯迪绿色能源开发有限公司	1	4	0	10	14
武昌船舶重工集团有限公司	2	4	0	10	14
东营中拓水质净化有限公司	1	4	0	10	14
中国重汽集团济南桥箱有限公司	1	4	0	10	14
上海赛科石油化工有限责任公司	1	4	0	10	14
金堆城钼业股份有限公司	1	4	0	10	14
湖南比德生化科技股份有限公司	1	4	0	10	14
平湖石化有限责任公司	1	4	0	10	14
伊犁川宁生物技术有限公司	4	4	0	10	14
阿拉善经济开发区污水处理有限责任公司	1	4	0	10	14
迁安市华控环境投资有限责任公司	2	4	0	10	14
上海申星化工有限公司	2	4	0	10	14
镇江江南化工有限公司	1	4	0	10	14
江苏金羚纤维素纤维有限公司	1	4	0	10	14
张家港联合铜业有限公司	1	4	0	10	14
广西河池化工股份有限公司	2	4	0	10	14
河北西柏坡第二发电有限责任公司	1	4	0	10	14
河北西柏坡发电有限责任公司	2	4	0	10	14
山西潞安焦化有限责任公司	2	4	0	10	14
石家庄华电供热集团有限公司	1	4	0	10	14
葵花药业集团湖北武当有限公司	1	4	0	10	14
徐州华润电力有限公司	1	4	0	10	14
湖南尔康明胶有限公司	2	4	0	10	14
山西西山热电有限责任公司	1	4	0	10	14
湖北宜化肥业有限公司	1	4	0	10	14
中国平煤神马集团财务有限责任公司	1	4	0	10	14
沧州大化 TDI 有限责任公司	1	4	0	10	14

被参控公司/母公司	重大行政处罚		一般行政处罚		环境违法处罚系统得分
	次数	得分	次数	得分	
江西东江环保技术有限公司	1	4	0	10	14
新疆天富阳光生物科技有限公司	1	4	0	10	14
北京燕京啤酒股份有限公司	1	4	0	10	14
内蒙古大唐国际再生资源开发有限公司	1	4	0	10	14
锡林郭勒苏尼特碱业有限公司	3	4	0	10	14
中铝山西新材料有限公司	2	4	0	10	14
杭州天创水务有限公司	1	4	0	10	14
河南神火煤电股份有限公司	1	4	0	10	14
河北钢铁集团滦县司家营铁矿有限公司	1	4	0	10	14
安徽六国化工股份有限公司	1	4	0	10	14
浙江春晖环保能源股份有限公司	3	4	0	10	14
浙江燎原药业股份有限公司	1	4	0	10	14
内蒙古丰泰发电有限公司	1	4	0	10	14
响水雅克化工有限公司	1	4	0	10	14
国电民权发电有限公司	1	4	0	10	14
安徽神剑科技股份有限公司	1	4	0	10	14
荆州旺能环保能源有限公司	3	4	0	10	14
启东天楹环保能源有限公司	1	4	0	10	14
华能平凉发电有限责任公司	1	4	0	10	14
云南罗平锌电股份有限公司	1	4	0	10	14
国电承德热电有限公司	1	4	0	10	14
浙江司太立制药股份有限公司	1	4	0	10	14
河南新野纺织股份有限公司	7	4	0	10	14
太原黑猫炭黑有限责任公司	2	4	0	10	14
兖州煤业鄂尔多斯能化有限公司	1	4	0	10	14
沈阳惠天热电股份有限公司	1	4	0	10	14
江苏新农化工有限公司	1	4	0	10	14
汕头市澄海洁源垃圾发电厂有限公司	1	4	0	10	14
天津华电南疆热电有限公司	1	4	0	10	14
浙江国华浙能发电有限公司	1	4	0	10	14
上海中国弹簧制造有限公司	1	4	0	10	14
海利贵溪化工农药有限公司	1	4	0	10	14
淄博欧木特种纸业有限公司	1	4	0	10	14
攀钢集团钛业有限责任公司	1	4	0	10	14
新疆美克化工股份有限公司	1	4	0	10	14
江西瑞金万年青水泥有限责任公司	1	4	0	10	14
山西天脊潞安化工有限公司	1	4	0	10	14
天津耀皮玻璃有限公司	1	4	0	10	14

被参控公司/母公司	重大行政处罚		一般行政处罚		环境违法处罚系统得分
	次数	得分	次数	得分	
中粮生物化学（安徽）股份有限公司	1	4	0	10	14
阳煤集团寿阳化工有限责任公司	2	4	0	10	14
四川美丰化工科技有限责任公司	2	4	0	10	14
邢台国泰发电有限责任公司	1	4	0	10	14
山东鲁抗中和环保科技有限公司	2	4	0	10	14
山东高速环保科技有限公司	2	4	0	10	14
内蒙古华宁热电有限公司	1	4	0	10	14
中钢设备（呼伦贝尔）水务有限公司	2	4	0	10	14
张家界市桑梓综合利用发电厂有限责任公司	1	4	0	10	14
上海浔兴拉链制造有限公司	1	4	0	10	14
河南利华制药有限公司	2	4	0	10	14
天津创业环保集团股份有限公司	1	4	0	10	14
江苏瑞科医药科技有限公司	3	4	0	10	14
江苏沙钢集团淮钢特钢股份有限公司	1	4	0	10	14
湖南华菱涟源钢铁有限公司	3	4	0	10	14
广东肇庆星湖生物科技股份有限公司	3	4	0	10	14
华能渑池热电有限责任公司	1	4	0	10	14
方大喜科墨（江苏）针状焦科技有限公司	1	4	0	10	14
四川旭虹光电科技有限公司	1	4	0	10	14
内蒙古中谷矿业有限责任公司	4	4	0	10	14
浙江传化合成材料有限公司	1	4	0	10	14
沈阳焦煤股份有限公司	1	4	0	10	14
浙江富春江环保热电股份有限公司	1	4	0	10	14
华能巢湖发电有限责任公司	2	4	0	10	14
国华徐州发电有限公司	1	4	0	10	14
安琪酵母（崇左）有限公司	1	4	0	10	14
深圳青岛啤酒朝日有限公司	1	4	0	10	14
国电织金发电有限公司	2	4	0	10	14
易门铜业有限公司	1	4	0	10	14
南京三超新材料股份有限公司	1	4	0	10	14
华能榆社发电有限责任公司	1	4	0	10	14
武汉武钢华新水泥有限责任公司	1	4	0	10	14
安徽合力股份有限公司	1	4	0	10	14
神华北电胜利能源有限公司	1	4	0	10	14
浙江恒逸高新材料有限公司	1	4	0	10	14
安徽金星钛白（集团）有限公司	2	4	0	10	14
航锦科技股份有限公司	5	4	0	10	14
湖北龙翔药业科技股份有限公司	2	4	0	10	14

被参控公司/母公司	重大行政处罚		一般行政处罚		环境违法处罚系统得分
	次数	得分	次数	得分	
国电电力大同发电有限责任公司	2	4	0	10	14
内蒙古鄂尔多斯热电有限责任公司	1	4	0	10	14
师宗煤焦化工有限公司	2	4	0	10	14
通威（海南）水产食品有限公司	1	4	0	10	14
邯钢集团邯宝钢铁有限公司	1	4	0	10	14
衢州市清泰环境工程有限公司	1	4	0	10	14
临海天宇药业有限公司	1	4	0	10	14
江苏恩华药业股份有限公司	1	4	0	10	14
临涣焦化股份有限公司	1	4	0	10	14
华润电力唐山丰润有限公司	2	4	0	10	14
宜宾金石新材料科技有限公司	1	4	0	10	14
山西中铝华润有限公司	1	4	0	10	14
咸阳际华新三零印染有限公司	2	4	0	10	14
河北建投宣化热电有限责任公司	1	4	0	10	14
金正大诺泰尔化学有限公司	3	4	0	10	14
济宁中科环保电力有限公司	2	4	0	10	14
安琪酵母（伊犁）有限公司	3	4	0	10	14
上海阳晨排水运营有限公司	1	4	0	10	14
河北建投任丘热电有限责任公司	1	4	0	10	14
廊坊市广炎供热有限责任公司	1	4	0	10	14
内蒙古大唐国际托克托发电有限责任公司	1	4	0	10	14
四川泸天化股份有限公司	1	4	0	10	14
内蒙古国华准格尔发电有限责任公司	1	4	0	10	14
海南中航特玻材料有限公司	2	4	0	10	14
大唐清苑热电有限公司	1	4	0	10	14
广州 JFE 钢板有限公司	1	4	0	10	14
安徽省皖北煤电集团财务有限公司	3	4	0	10	14
安徽金禾实业股份有限公司	1	4	0	10	14
内蒙古岱海发电有限责任公司	1	4	0	10	14
内蒙古京隆发电有限责任公司	1	4	0	10	14
陕西未来能源化工有限公司	3	4	0	10	14
湖北泰盛化工有限公司	1	4	0	10	14
江苏蓝丰生物化工股份有限公司	2	4	0	10	14
浙江永太科技股份有限公司	1	4	1	8	12
中煤平朔集团有限公司	2	4	1	8	12
江苏中旗科技股份有限公司	2	4	1	8	12
滨海永太科技有限公司	5	4	1	8	12
濮阳同生中宇水务有限公司	1	4	1	8	12

被参控公司/母公司	重大行政处罚		一般行政处罚		环境违法处罚系统得分
	次数	得分	次数	得分	
江西洪城水业环保有限公司	1	4	1	8	12
贵州兴义电力发展有限公司	1	4	1	8	12
神华亿利能源有限责任公司	2	4	1	8	12
白银有色集团股份有限公司	3	4	1	8	12
南京飞燕活塞环股份有限公司	1	4	1	8	12
林州重机铸锻有限公司	2	4	1	8	12
鄂尔多斯市君正能源化工有限公司	2	4	1	8	12
赣州中联环保科技开发有限公司	1	4	1	8	12
重庆华新盐井水泥有限公司	1	4	1	8	12
中国石化仪征化纤有限责任公司	2	4	1	8	12
江苏扬农化工集团有限公司	2	4	1	8	12
中煤鄂尔多斯能源化工有限公司	2	4	1	8	12
山西兰花科技创业股份有限公司	1	4	1	8	12
山西华兴铝业有限公司	3	4	1	8	12
山东金晶科技股份有限公司	2	4	1	8	12
浙江巨化股份有限公司	1	4	1	8	12
山西阳光发电有限责任公司	5	4	1	8	12
陕西长青能源化工有限公司	1	4	1	8	12
内蒙古蒙华海勃湾发电有限责任公司	2	4	1	8	12
包头鹿城水务有限公司	11	4	1	8	12
开滦（集团）蔚州矿业有限责任公司	1	4	1	8	12
平顶山天安煤业股份有限公司	1	4	1	8	12
宜昌南玻硅材料有限公司	1	4	1	8	12
江苏吉华化工有限公司	2	4	1	8	12
民丰特种纸股份有限公司	1	4	1	8	12
盐城新宇辉丰环保科技有限公司	2	4	1	8	12
铜陵有色金属集团股份有限公司	1	4	1	8	12
中昊晨光化工研究院有限公司	1	4	1	8	12
山东海化股份有限公司	1	4	1	8	12
内蒙古包钢庆华煤化工有限公司	4	4	1	8	12
江苏辉丰生物农业股份有限公司	1	4	1	8	12
唐山黑猫炭黑有限责任公司	2	4	1	8	12
内蒙古亿利化学工业有限公司	1	4	1	8	12
马鞍山钢铁股份有限公司	4	4	1	8	12
山西西山煤气化有限责任公司	4	4	1	8	12
石家庄柏坡正元化肥有限公司	1	4	1	8	12
盛隆化工有限公司	1	4	1	8	12
拜城县峰峰煤焦化有限公司	1	4	1	8	12

被参控公司/母公司	重大行政处罚		一般行政处罚		环境违法处罚系统得分
	次数	得分	次数	得分	
河北华药环境保护研究所有限公司	1	4	1	8	12
陕西兴化化学股份有限公司	2	4	1	8	12
唐钢美锦（唐山）煤化工有限公司	7	4	1	8	12
延津县克明面业有限公司	1	4	1	8	12
台州旺能环保能源有限公司	1	4	1	8	12
利尔化学股份有限公司	1	4	1	8	12
河南中原黄金冶炼厂有限责任公司	4	4	1	8	12
重庆华歌生物化学有限公司	1	4	1	8	12
武汉重工铸锻有限责任公司	4	4	1	8	12
华能鹤岗发电有限公司	1	4	1	8	12
贵州盘江精煤股份有限公司	2	4	1	8	12
上海大屯能源股份有限公司	1	4	1	8	12
江西晨鸣纸业有限责任公司	3	4	1	8	12
内蒙古包钢还原铁有限责任公司	2	4	1	8	12
盐城市瓯华化学工业有限公司	2	4	1	8	12
山西阳煤丰喜肥业（集团）有限责任公司	2	4	1	8	12
安徽安纳达钛业股份有限公司	3	4	1	8	12
江苏联环药业股份有限公司	1	4	1	8	12
宜昌三峡制药有限公司	1	4	1	8	12
中天合创能源有限责任公司	4	4	2	6	10
陕西陕煤黄陵矿业有限公司	3	4	2	6	10
绍兴女儿红酿酒有限公司	1	4	2	6	10
铜山华润电力有限公司	1	4	2	6	10
四川龙蟒钛业股份有限公司	1	4	2	6	10
河南华英农业发展股份有限公司	2	4	2	6	10
中国石化上海高桥石油化工有限公司	18	4	2	6	10
中国石化上海石油化工股份有限公司	4	4	2	6	10
大同煤矿集团财务有限责任公司	4	4	2	6	10
华能济宁运河发电有限公司	2	4	2	6	10
淮南矿业集团发电有限责任公司	1	4	2	6	10
大唐河北发电有限公司	4	4	2	6	10
包头铝业有限公司	4	4	2	6	10
宝山钢铁股份有限公司	2	4	2	6	10
浙江省仙居县阳光生物制品有限公司	2	4	2	6	10
河南有色汇源铝业有限公司	1	4	2	6	10
中铝集团山西交口兴华科技股份有限公司	3	4	2	6	10
上海振华重工（集团）股份有限公司	1	4	2	6	10
鄂尔多斯市鄂尔多斯双欣电力有限公司	1	4	2	6	10

被参控公司/母公司	重大行政处罚		一般行政处罚		环境违法处罚系统得分
	次数	得分	次数	得分	
山西大唐国际神头发电有限责任公司	1	4	2	6	10
抚顺特殊钢股份有限公司	2	4	2	6	10
山西潞安环能五阳弘峰焦化有限公司	2	4	2	6	10
上海英提尔交运汽车零部件有限公司	1	4	2	6	10
呼伦贝尔金新化工有限公司	1	4	2	6	10
迁安中化煤化工有限责任公司	2	4	4	4	8
溧阳天山水泥有限公司	1	4	3	4	8
中国石化催化剂有限公司	1	4	3	4	8
唐山达丰焦化有限公司	5	4	3	4	8
陕西延长中煤榆林能源化工有限公司	1	4	3	4	8
宝钢特钢韶关有限公司	1	4	5	4	8
山西兰花煤化工有限责任公司	1	4	3	4	8
大唐武安发电有限公司	1	4	4	4	8
巴彦淖尔紫金有色金属有限公司	1	4	4	4	8
中铝中州铝业有限公司	6	4	5	4	8
唐山中润煤化工有限公司	3	4	5	4	8
开滦能源化工股份有限公司	1	4	3	4	8
甘肃稀土新材料股份有限公司	5	4	6	2	6
中国石油天然气股份有限公司	1	4	23	2	6
中国石油化工股份有限公司	15	4	22	2	6
重庆钢铁股份有限公司	21	4	7	2	6
内蒙古包钢钢联股份有限公司	20	4	21	2	6
武汉平煤武钢联合焦化有限公司	19	4	9	2	6
承德中滦煤化工有限公司	1	4	6	2	6

附录 C

表 C.1 属于重点排污单位企业环境绩效评价得分情况统计表

代码	名称（简称）	被参控公司/母公司	在线监测系统得分	排污许可系统得分	监督性监测系统得分	环境违法处罚系统得分	企业环境绩效总得分	评分等级
000009.SZ	中国宝安	深圳市贝特瑞新能源材料股份有限公司	30	10	20	30	90	A
000021.SZ	深科技	深圳长城开发精密技术有限公司	30	10	20	30	90	A
000028.SZ	国药一致	国药集团致君（深圳）制药有限公司	30	10	20	30	90	A
000028.SZ	国药一致	深圳万乐药业有限公司	30	10	20	30	90	A
000037.SZ	深南电 A	深南电（中山）电力有限公司	30	10	20	30	90	A
000043.SZ	中航善达	深圳市正章干洗有限公司	30	10	20	30	90	A
000045.SZ	深纺织 A	深圳市盛波光电科技有限公司	30	10	20	30	90	A
000100.SZ	TCL 集团	武汉华星光电技术有限公司	30	10	20	30	90	A
000413.SZ	东旭光电	上海申龙客车有限公司	30	10	20	30	90	A
000425.SZ	徐工机械	徐州徐工液压件有限公司	30	10	20	30	90	A
000488.SZ	晨鸣纸业	寿光美伦纸业有限责任公司	30	10	20	30	90	A
000528.SZ	柳工	广西柳工机械股份有限公司	30	10	20	30	90	A
000531.SZ	穗恒运 A	广州恒运热电（D）厂有限责任公司	30	10	20	30	90	A
000546.SZ	金圆股份	江西新金叶实业有限公司	30	10	20	30	90	A
000559.SZ	万向钱潮	万向通达股份公司	30	10	20	30	90	A
000596.SZ	古井贡酒	安徽龙瑞玻璃有限公司	30	10	20	30	90	A
000601.SZ	韶能股份	韶能集团新丰旭能生物质发电有限公司	30	10	20	30	90	A
000605.SZ	渤海股份	天津市润达金源水务有限公司	30	10	20	30	90	A
000625.SZ	长安汽车	长安福特汽车有限公司	30	10	20	30	90	A
000630.SZ	铜陵有色	合肥铜冠国轩铜材有限公司	30	10	20	30	90	A

代码	名称（简称）	被参控公司/母公司	在线监测系统得分	排污许可系统得分	监督性监测系统得分	环境违法处罚系统得分	企业环境绩效总得分	评分等级
000651.SZ	格力电器	格力电器（合肥）有限公司	30	10	20	30	90	A
000698.SZ	沈阳化工	沈阳化工股份有限公司	30	10	20	30	90	A
000725.SZ	京东方 A	福州京东方光电科技有限公司	30	10	20	30	90	A
000729.SZ	燕京啤酒	燕京啤酒（通辽）有限责任公司	30	10	20	30	90	A
000729.SZ	燕京啤酒	燕京啤酒（浙江仙都）有限公司	30	10	20	30	90	A
000739.SZ	普洛药业	浙江普洛得邦制药有限公司	30	10	20	30	90	A
000786.SZ	北新建材	湖北北新建材有限公司	30	10	20	30	90	A
000786.SZ	北新建材	北新集团建材股份有限公司	30	10	20	30	90	A
000786.SZ	北新建材	北新建材（嘉兴）有限公司	30	10	20	30	90	A
000800.SZ	一汽轿车	一汽轿车股份有限公司	30	10	20	30	90	A
000826.SZ	启迪桑德	宜昌桑德环保科技有限公司	30	10	20	30	90	A
000826.SZ	启迪桑德	明光桑德康清环保有限公司	30	10	20	30	90	A
000830.SZ	鲁西化工	山东聊城鲁西硝基复肥有限公司	30	10	20	30	90	A
000830.SZ	鲁西化工	山东聊城鲁西化工第六化肥有限公司	30	10	20	30	90	A
000877.SZ	天山股份	吐鲁番天山水泥有限责任公司	30	10	20	30	90	A
000878.SZ	云南铜业	楚雄滇中有色金属有限责任公司	30	10	20	30	90	A
000895.SZ	双汇发展	上海双汇大昌有限公司	30	10	20	30	90	A
000908.SZ	景峰医药	上海景峰制药有限公司	30	10	20	30	90	A
000908.SZ	景峰医药	贵州景诚制药有限公司	30	10	20	30	90	A
000913.SZ	钱江摩托	浙江钱江摩托股份有限公司	30	10	20	30	90	A
000930.SZ	中粮生化	中粮融氏生物科技有限公司	30	10	20	30	90	A
000957.SZ	中通客车	中通客车控股股份有限公司	30	10	20	30	90	A
000962.SZ	东方钽业	宁夏东方钽业股份有限公司	30	10	20	30	90	A
000990.SZ	诚志股份	南京诚志清洁能源有限公司	30	10	20	30	90	A
000999.SZ	华润三九	华润三九医药股份有限公司	30	10	20	30	90	A

代码	名称（简称）	被参控公司/母公司	在线监测系统得分	排污许可系统得分	监督性监测系统得分	环境违法处罚系统得分	企业环境绩效总得分	评分等级
000999.SZ	华润三九	华润三九（郴州）制药有限公司	30	10	20	30	90	A
002003.SZ	伟星股份	浙江伟星实业发展股份有限公司	30	10	20	30	90	A
002004.SZ	华邦健康	山东福尔有限公司	30	10	20	30	90	A
002005.SZ	*ST 德豪	蚌埠三颐半导体有限公司	30	10	20	30	90	A
002025.SZ	航天电器	贵州航天电器股份有限公司	30	10	20	30	90	A
002032.SZ	苏泊尔	武汉苏泊尔炊具有限公司	30	10	20	30	90	A
002050.SZ	三花智控	浙江三花智能控制股份有限公司	30	10	20	30	90	A
002050.SZ	三花智控	浙江三花制冷集团有限公司	30	10	20	30	90	A
002051.SZ	中工国际	邳州市中工水务有限责任公司	30	10	20	30	90	A
002084.SZ	海鸥住工	广州海鸥住宅工业股份有限公司	30	10	20	30	90	A
002086.SZ	ST 东海洋	山东东方海洋科技股份有限公司	30	10	20	30	90	A
002129.SZ	中环股份	天津中环领先材料技术有限公司	30	10	20	30	90	A
002131.SZ	利欧股份	利欧集团股份有限公司	30	10	20	30	90	A
002171.SZ	楚江新材	清远楚江铜业有限公司	30	10	20	30	90	A
002273.SZ	水晶光电	浙江水晶光电科技股份有限公司	30	10	20	30	90	A
002284.SZ	亚太股份	安吉亚太制动系统有限公司	30	10	20	30	90	A
002326.SZ	永太科技	佛山手心制药有限公司	30	10	20	30	90	A
002349.SZ	精华制药	精华制药集团南通有限公司	30	10	20	30	90	A
002399.SZ	海普瑞	深圳市海普瑞药业集团股份有限公司	30	10	20	30	90	A
002399.SZ	海普瑞	深圳市天道医药有限公司	30	10	20	30	90	A
002424.SZ	贵州百灵	贵州百灵企业集团制药股份有限公司	30	10	20	30	90	A
002435.SZ	长江润发	海南海灵化学制药有限公司	30	10	20	30	90	A
002437.SZ	誉衡药业	山西普德药业有限公司	30	10	20	30	90	A
002442.SZ	龙星化工	焦作龙星化工有限责任公司	30	10	20	30	90	A
002461.SZ	珠江啤酒	广西珠江啤酒有限公司	30	10	20	30	90	A

代码	名称（简称）	被参控公司/母公司	在线监测系统得分	排污许可系统得分	监督性监测系统得分	环境违法处罚系统得分	企业环境绩效总得分	评分等级
002463.SZ	沪电股份	沪士电子股份有限公司	30	10	20	30	90	A
002507.SZ	涪陵榨菜	重庆市垫江县坪山榨菜食品有限公司	30	10	20	30	90	A
002507.SZ	涪陵榨菜	四川省惠通食业有限责任公司	30	10	20	30	90	A
002532.SZ	新界泵业	新界泵业集团股份有限公司	30	10	20	30	90	A
002538.SZ	司尔特	亳州司尔特生态肥业有限公司	30	10	20	30	90	A
002539.SZ	云图控股	嘉施利（宜城）化肥有限公司	30	10	20	30	90	A
002615.SZ	哈尔斯	浙江哈尔斯真空器皿股份有限公司	30	10	20	30	90	A
002626.SZ	金达威	厦门金达威维生素有限公司	30	10	20	30	90	A
002643.SZ	万润股份	中节能万润股份有限公司	30	10	20	30	90	A
002672.SZ	东江环保	惠州东江威立雅环境服务有限公司	30	10	20	30	90	A
002672.SZ	东江环保	深圳市龙岗区东江工业废物处置有限公司	30	10	20	30	90	A
002701.SZ	奥瑞金	湖北奥瑞金包装有限公司	30	10	20	30	90	A
002725.SZ	跃岭股份	浙江跃岭股份有限公司	30	10	20	30	90	A
002737.SZ	葵花药业	葵花药业集团（冀州）有限公司	30	10	20	30	90	A
002737.SZ	葵花药业	葵花药业集团（衡水）得菲尔有限公司	30	10	20	30	90	A
002738.SZ	中矿资源	江西东鹏新材料有限责任公司	30	10	20	30	90	A
002755.SZ	奥赛康	南京海润医药有限公司	30	10	20	30	90	A
002863.SZ	今飞凯达	浙江今飞凯达轮毂股份有限公司	30	10	20	30	90	A
002868.SZ	绿康生化	绿康生化股份有限公司	30	10	20	30	90	A
002938.SZ	鹏鼎控股	鹏鼎控股（深圳）股份有限公司	30	10	20	30	90	A
002940.SZ	昂利康	浙江昂利康制药股份有限公司	30	10	20	30	90	A
300068.SZ	南都电源	界首市南都华宇电源有限公司	30	10	20	30	90	A
300070.SZ	碧水源	天津市碧水源环境科技有限公司	30	10	20	30	90	A
300102.SZ	乾照光电	厦门乾照光电股份有限公司	30	10	20	30	90	A
300134.SZ	大富科技	深圳市大富科技股份有限公司	30	10	20	30	90	A

代码	名称（简称）	被参控公司/母公司	在线监测系统得分	排污许可系统得分	监督性监测系统得分	环境违法处罚系统得分	企业环境绩效总得分	评分等级
300134.SZ	大富科技	安徽省大富光电科技有限公司	30	10	20	30	90	A
300136.SZ	信维通信	伊高得表面处理（深圳）有限公司	30	10	20	30	90	A
300199.SZ	翰宇药业	深圳翰宇药业股份有限公司	30	10	20	30	90	A
300233.SZ	金城医药	山东汇海医药化工有限公司	30	10	20	30	90	A
300254.SZ	仟源医药	山西仟源医药集团股份有限公司	30	10	20	30	90	A
300268.SZ	佳沃股份	青岛国星食品股份有限公司	30	10	20	30	90	A
300388.SZ	国祯环保	亳州国祯污水处理有限公司	30	10	20	30	90	A
300388.SZ	国祯环保	涡阳国祯污水处理有限公司	30	10	20	30	90	A
300401.SZ	花园生物	杭州下沙生物科技有限公司	30	10	20	30	90	A
300433.SZ	蓝思科技	蓝思科技股份有限公司	30	10	20	30	90	A
300452.SZ	山河药辅	安徽山河药用辅料股份有限公司	30	10	20	30	90	A
300476.SZ	胜宏科技	胜华电子（惠阳）有限公司	30	10	20	30	90	A
300692.SZ	中环环保	安庆市清源水务有限公司	30	10	20	30	90	A
300699.SZ	光威复材	威海拓展纤维有限公司	30	10	20	30	90	A
600021.SH	上海电力	上海申能临港燃机发电有限公司	30	10	20	30	90	A
600027.SH	华电国际	韶关市坪石发电厂有限公司（B厂）	30	10	20	30	90	A
600062.SH	华润双鹤	浙江新赛科药业有限公司	30	10	20	30	90	A
600073.SH	上海梅林	上海梅林食品有限公司	30	10	20	30	90	A
600098.SH	广州发展	广州珠江天然气发电有限公司	30	10	20	30	90	A
600104.SH	上汽集团	上汽通用汽车有限公司	30	10	20	30	90	A
600111.SH	北方稀土	全南包钢晶环稀土有限公司	30	10	20	30	90	A
600126.SH	杭钢股份	象山富春紫光污水处理有限公司	30	10	20	30	90	A
600141.SH	兴发集团	湖北吉星化工集团有限责任公司	30	10	20	30	90	A
600156.SH	华升股份	湖南华升株洲雪松有限公司	30	10	20	30	90	A
600166.SH	福田汽车	北京宝沃汽车有限公司	30	10	20	30	90	A

代码	名称（简称）	被参控公司/母公司	在线监测系统得分	排污许可系统得分	监督性监测系统得分	环境违法处罚系统得分	企业环境绩效总得分	评分等级
600166.SH	福田汽车	北京福田戴姆勒汽车有限公司	30	10	20	30	90	A
600176.SH	中国巨石	巨石集团有限公司	30	10	20	30	90	A
600177.SH	雅戈尔	嵊州雅戈尔毛纺织有限公司	30	10	20	30	90	A
600216.SH	浙江医药	浙江医药股份有限公司	30	10	20	30	90	A
600238.SH	ST 椰岛	海南椰岛酒业发展有限公司	30	10	20	30	90	A
600273.SH	嘉化能源	浙江嘉化新材料有限公司	30	10	20	30	90	A
600277.SH	亿利洁能	亿利洁能科技（沂水）有限公司	30	10	20	30	90	A
600277.SH	亿利洁能	亿利洁能科技（广饶）有限公司	30	10	20	30	90	A
600295.SH	鄂尔多斯	内蒙古鄂尔多斯资源股份有限公司	30	10	20	30	90	A
600298.SH	安琪酵母	安琪酵母（柳州）有限公司	30	10	20	30	90	A
600303.SH	曙光股份	安徽安凯福田曙光车桥有限公司	30	10	20	30	90	A
600303.SH	曙光股份	辽宁曙光汽车集团股份有限公司	30	10	20	30	90	A
600309.SH	万华化学	宁波榭北热电有限公司	30	10	20	30	90	A
600330.SH	天通股份	浙江嘉康电子股份有限公司	30	10	20	30	90	A
600330.SH	天通股份	天通控股股份有限公司	30	10	20	30	90	A
600346.SH	恒力股份	恒力石化（大连）有限公司	30	10	20	30	90	A
600375.SH	华菱星马	安徽华菱汽车有限公司	30	10	20	30	90	A
600379.SH	宝光股份	陕西宝光真空电器股份有限公司	30	10	20	30	90	A
600380.SH	健康元	焦作健康元生物制品有限公司	30	10	20	30	90	A
600418.SH	江淮汽车	安徽江淮汽车集团股份有限公司	30	10	20	30	90	A
600418.SH	江淮汽车	安徽江淮安驰汽车有限公司	30	10	20	30	90	A
600460.SH	士兰微	杭州士兰集成电路有限公司	30	10	20	30	90	A
600489.SH	中金黄金	中国黄金集团江西金山矿业有限公司	30	10	20	30	90	A
600489.SH	中金黄金	湖北三鑫金铜股份有限公司	30	10	20	30	90	A
600498.SH	烽火通信	藤仓烽火光电材料科技有限公司	30	10	20	30	90	A

代码	名称（简称）	被参控公司/母公司	在线监测系统得分	排污许可系统得分	监督性监测系统得分	环境违法处罚系统得分	企业环境绩效总得分	评分等级
600521.SH	华海药业	浙江华海药业股份有限公司	30	10	20	30	90	A
600535.SH	天士力	天津天士力圣特制药有限公司	30	10	20	30	90	A
600540.SH	新赛股份	博乐市正大钙业有限公司	30	10	20	30	90	A
600549.SH	厦门钨业	厦门钨业股份有限公司	30	10	20	30	90	A
600559.SH	老白干酒	曲阜孔府家酒业有限公司	30	10	20	30	90	A
600572.SH	康恩贝	浙江金华康恩贝生物制药有限公司	30	10	20	30	90	A
600572.SH	康恩贝	江西康恩贝中药有限公司	30	10	20	30	90	A
600594.SH	益佰制药	贵州益佰制药股份有限公司	30	10	20	30	90	A
600597.SH	光明乳业	天津光明梦得乳品有限公司	30	10	20	30	90	A
600597.SH	光明乳业	武汉光明乳品有限公司	30	10	20	30	90	A
600600.SH	青岛啤酒	青岛啤酒（荣成）有限公司	30	10	20	30	90	A
600600.SH	青岛啤酒	青岛啤酒（黄石）有限公司	30	10	20	30	90	A
600600.SH	青岛啤酒	青岛啤酒（日照）有限公司	30	10	20	30	90	A
600600.SH	青岛啤酒	青岛啤酒（厦门）有限公司	30	10	20	30	90	A
600600.SH	青岛啤酒	青岛啤酒上海松江制造有限公司	30	10	20	30	90	A
600600.SH	青岛啤酒	青岛啤酒（济南）有限公司	30	10	20	30	90	A
600600.SH	青岛啤酒	青岛啤酒（珠海）有限公司	30	10	20	30	90	A
600600.SH	青岛啤酒	青岛啤酒（连云港）有限公司	30	10	20	30	90	A
600600.SH	青岛啤酒	青岛啤酒上海闵行有限公司	30	10	20	30	90	A
600600.SH	青岛啤酒	青岛啤酒（滕州）有限公司	30	10	20	30	90	A
600600.SH	青岛啤酒	青岛啤酒（长沙）有限公司	30	10	20	30	90	A
600623.SH	华谊集团	上海华谊集团华原化工有限公司	30	10	20	30	90	A
600623.SH	华谊集团	上海试四化学品有限公司	30	10	20	30	90	A
600673.SH	东阳光	乳源东阳光氟有限公司	30	10	20	30	90	A
600673.SH	东阳光	乳源东阳光电化厂	30	10	20	30	90	A

代码	名称（简称）	被参控公司/母公司	在线监测系统得分	排污许可系统得分	监督性监测系统得分	环境违法处罚系统得分	企业环境绩效总得分	评分等级
600673.SH	东阳光	乳源瑶族自治县东阳光化成箔有限公司	30	10	20	30	90	A
600680.SH	*ST 上普	上海山崎电路板有限公司	30	10	20	30	90	A
600686.SH	金龙汽车	厦门金龙联合汽车工业有限公司	30	10	20	30	90	A
600707.SH	彩虹股份	彩虹（合肥）液晶玻璃有限公司	30	10	20	30	90	A
600737.SH	中粮糖业	中粮屯河额敏番茄制品有限公司	30	10	20	30	90	A
600741.SH	华域汽车	华域视觉科技（上海）有限公司	30	10	20	30	90	A
600742.SH	一汽富维	长春富维安道拓汽车饰件系统有限公司	30	10	20	30	90	A
600781.SH	辅仁药业	开封制药（集团）有限公司	30	10	20	30	90	A
600795.SH	国电电力	国电宿迁热电有限公司	30	10	20	30	90	A
600796.SH	钱江生化	海宁东山热电有限公司	30	10	20	30	90	A
600801.SH	华新水泥	湖南华新湘钢水泥有限公司	30	10	20	30	90	A
600801.SH	华新水泥	华新水泥（恩平）有限公司	30	10	20	30	90	A
600872.SH	中炬高新	广东厨邦食品有限公司	30	10	20	30	90	A
600874.SH	创业环保	天津津宁创环水务有限公司	30	10	20	30	90	A
600874.SH	创业环保	文登创业水务有限公司	30	10	20	30	90	A
600875.SH	东方电气	东方电气集团东方汽轮机有限公司	30	10	20	30	90	A
600887.SH	伊利股份	成都伊利乳业有限责任公司	30	10	20	30	90	A
600887.SH	伊利股份	宁夏伊利乳业有限责任公司	30	10	20	30	90	A
600887.SH	伊利股份	浙江伊利乳业有限公司	30	10	20	30	90	A
600887.SH	伊利股份	广东伊利乳业有限责任公司	30	10	20	30	90	A
600985.SH	淮北矿业	安徽省亳州煤业有限公司	30	10	20	30	90	A
600985.SH	淮北矿业	淮北矿业股份有限公司	30	10	20	30	90	A
600987.SH	航民股份	杭州航民热电有限公司	30	10	20	30	90	A
601127.SH	小康股份	东风小康汽车有限公司	30	10	20	30	90	A
601138.SH	工业富联	鸿富锦精密电子（天津）有限公司	30	10	20	30	90	A

代码	名称（简称）	被参控公司/母公司	在线监测系统得分	排污许可系统得分	监督性监测系统得分	环境违法处罚系统得分	企业环境绩效总得分	评分等级
601238.SH	广汽集团	广州汽车集团乘用车有限公司	30	10	20	30	90	A
601311.SH	骆驼股份	湖北金洋冶金股份有限公司	30	10	20	30	90	A
601607.SH	上海医药	广东天普生化医药股份有限公司	30	10	20	30	90	A
601689.SH	拓普集团	浙江拓为汽车部件有限公司	30	10	20	30	90	A
601727.SH	上海电气	上海电气电站设备有限公司	30	10	20	30	90	A
601727.SH	上海电气	上海锅炉厂有限公司	30	10	20	30	90	A
601899.SH	紫金矿业	紫金矿业集团股份有限公司	30	10	20	30	90	A
601968.SH	宝钢包装	河北宝钢制罐北方有限公司	30	10	20	30	90	A
601968.SH	宝钢包装	上海宝翼制罐有限公司	30	10	20	30	90	A
601989.SH	中国重工	大连船舶重工集团有限公司	30	10	20	30	90	A
601989.SH	中国重工	山西平阳重工机械有限责任公司	30	10	20	30	90	A
601989.SH	中国重工	青岛北海船舶重工有限责任公司	30	10	20	30	90	A
601991.SH	大唐发电	浙江大唐国际绍兴江滨热电有限责任公司	30	10	20	30	90	A
603020.SH	爱普股份	爱普香料集团股份有限公司	30	10	20	30	90	A
603043.SH	广州酒家	广州酒家集团利口福食品有限公司	30	10	20	30	90	A
603198.SH	迎驾贡酒	安徽迎驾贡酒股份有限公司	30	10	20	30	90	A
603228.SH	景旺电子	深圳市景旺电子股份有限公司	30	10	20	30	90	A
603259.SH	药明康德	上海合全药业股份有限公司	30	10	20	30	90	A
603288.SH	海天味业	佛山市海天（高明）调味食品有限公司	30	10	20	30	90	A
603345.SH	安井食品	福建安井食品股份有限公司	30	10	20	30	90	A
603379.SH	三美股份	浙江三美化工股份有限公司	30	10	20	30	90	A
603386.SH	广东骏亚	龙南骏亚电子科技有限公司	30	10	20	30	90	A
603558.SH	健盛集团	贵州鼎盛服饰有限公司	30	10	20	30	90	A
603588.SH	高能环境	阳新鹏富矿业有限公司	30	10	20	30	90	A
603730.SH	岱美股份	舟山岱美汽车零部件有限公司	30	10	20	30	90	A

代码	名称（简称）	被参控公司/母公司	在线监测系统得分	排污许可系统得分	监督性监测系统得分	环境违法处罚系统得分	企业环境绩效总得分	评分等级
603766.SH	隆鑫通用	隆鑫通用动力股份有限公司	30	10	20	30	90	A
603797.SH	联泰环保	汕头市联泰苏北水务有限公司	30	10	20	30	90	A
603797.SH	联泰环保	广东联泰环保股份有限公司	30	10	20	30	90	A
603889.SH	新澳股份	浙江厚源纺织股份有限公司	30	10	20	30	90	A
603938.SH	三孚股份	唐山三孚硅业股份有限公司	30	10	20	30	90	A
000401.SZ	冀东水泥	冀东水泥丰润有限责任公司	30	9.5	20	30	89.5	A
002067.SZ	景兴纸业	浙江景兴纸业股份有限公司	30	9.5	20	30	89.5	A
002294.SZ	信立泰	山东信立泰药业有限公司	30	9.5	20	30	89.5	A
002526.SZ	山东矿机	昌乐洁源金属表面处理有限公司	30	9.5	20	30	89.5	A
002734.SZ	利民股份	利民化工股份有限公司	30	9.5	20	30	89.5	A
300194.SZ	福安药业	福安药业集团宁波天衡制药有限公司	30	9.5	20	30	89.5	A
600023.SH	浙能电力	国电浙江北仑第三发电有限公司	30	9.5	20	30	89.5	A
600420.SH	现代制药	上海天伟生物制药有限公司	30	9.5	20	30	89.5	A
600795.SH	国电电力	国电浙江北仑第一发电有限公司	30	9.5	20	30	89.5	A
600795.SH	国电电力	浙江浙能北仑发电有限公司	30	9.5	20	30	89.5	A
600295.SH	鄂尔多斯	内蒙古鄂尔多斯联合化工有限公司	30	9	20	30	89	A
600851.SH	海欣股份	陕西海欣庆华医药化工有限公司	30	8.5	20	30	88.5	A
000027.SZ	深圳能源	惠州深能源丰达电力有限公司	30	8	20	30	88	A
000625.SZ	长安汽车	长安标致雪铁龙汽车有限公司	30	10	20	28	88	A
000630.SZ	铜陵有色	铜陵有色股份天马山黄金矿业有限公司	30	10	20	28	88	A
000786.SZ	北新建材	泰山石膏有限公司	30	8	20	30	88	A
000935.SZ	四川双马	四川双马宜宾水泥制造有限公司	30	8	20	30	88	A
000999.SZ	华润三九	安徽华润金蟾药业股份有限公司	30	10	20	28	88	A
002099.SZ	海翔药业	浙江海翔川南药业有限公司	30	8	20	30	88	A
002250.SZ	联化科技	联化科技股份有限公司	30	10	20	28	88	A

代码	名称（简称）	被参控公司/母公司	在线监测系统得分	排污许可系统得分	监督性监测系统得分	环境违法处罚系统得分	企业环境绩效总得分	评分等级
002493.SZ	荣盛石化	宁波中金石化有限公司	30	8	20	30	88	A
002918.SZ	蒙娜丽莎	蒙娜丽莎集团股份有限公司	30	8	20	30	88	A
600011.SH	华能国际	华能瑞金发电有限责任公司	30	8	20	30	88	A
600011.SH	华能国际	华能太仓发电有限责任公司	30	8	20	30	88	A
600011.SH	华能国际	华能（苏州工业园区）发电有限责任公司	30	8	20	30	88	A
600011.SH	华能国际	华能辛店发电有限公司	30	8	20	30	88	A
600011.SH	华能国际	华能南京热电有限公司	30	8	20	30	88	A
600011.SH	华能国际	华能营口热电有限责任公司	30	8	20	30	88	A
600023.SH	浙能电力	浙江浙能金华燃机发电有限责任公司	30	8	20	30	88	A
600027.SH	华电国际	安徽华电芜湖发电有限公司	30	8	20	30	88	A
600098.SH	广州发展	广州发展鳌头分布式能源站投资管理有限公司	30	8	20	30	88	A
600332.SH	白云山	广州白云山医药集团股份有限公司	30	8	20	30	88	A
600449.SH	宁夏建材	宁夏青铜峡水泥股份有限公司	30	8	20	30	88	A
600511.SH	国药股份	宜昌人福药业有限责任公司	30	8	20	30	88	A
600521.SH	华海药业	临海市华南化工有限公司	30	10	20	28	88	A
600521.SH	华海药业	浙江华海致诚药业有限公司	30	8	20	30	88	A
600585.SH	海螺水泥	临湘海螺水泥有限责任公司	30	8	20	30	88	A
600668.SH	尖峰集团	浙江尖峰药业有限公司	30	8	20	30	88	A
600742.SH	一汽富维	长春一汽富维高新汽车饰件有限公司	30	8	20	30	88	A
600795.SH	国电电力	国电常州发电有限公司	30	8	20	30	88	A
600801.SH	华新水泥	华新水泥（桑植）有限公司	30	8	20	30	88	A
600801.SH	华新水泥	华新水泥（道县）有限公司	30	8	20	30	88	A
600805.SH	悦达投资	江苏国华陈家港发电有限公司	30	8	20	30	88	A
601088.SH	中国神华	国华太仓发电有限责任公司	30	8	20	30	88	A

代码	名称（简称）	被参控公司/母公司	在线监测系统得分	排污许可系统得分	监督性监测系统得分	环境违法处罚系统得分	企业环境绩效总得分	评分等级
601607.SH	上海医药	上海上药第一生化药业有限公司	30	8	20	30	88	A
603260.SH	合盛硅业	新疆西部合盛硅业有限公司	30	10	20	28	88	A
603520.SH	司太立	浙江台州海神制药有限公司	30	10	20	28	88	A
002294.SZ	信立泰	深圳信立泰药业股份有限公司	30	7.5	20	30	87.5	A
600011.SH	华能国际	云南滇东雨汪能源有限公司	30	7.5	20	30	87.5	A
603588.SH	高能环境	贵州宏达环保科技有限公司	30	7.5	20	30	87.5	A
000012.SZ	南玻 A	咸宁南玻玻璃有限公司	26	10	20	30	86	A
000050.SZ	深天马 A	成都天马微电子有限公司	26	10	20	30	86	A
000100.SZ	TCL 集团	深圳市华星光电技术有限公司	26	10	20	30	86	A
000418.SZ	小天鹅 A	合肥美的洗衣机有限公司	26	10	20	30	86	A
000543.SZ	皖能电力	皖能马鞍山发电有限公司	26	10	20	30	86	A
000543.SZ	皖能电力	阜阳华润电力有限公司	26	10	20	30	86	A
000544.SZ	中原环保	郑州市郑东新区水务有限公司	26	10	20	30	86	A
000568.SZ	泸州老窖	泸州老窖股份有限公司	26	10	20	30	86	A
000635.SZ	英力特	宁夏英力特化工股份有限公司	26	10	20	30	86	A
000650.SZ	仁和药业	江西制药有限责任公司	26	10	20	30	86	A
000652.SZ	泰达股份	天津泰达环保有限公司	26	10	20	30	86	A
000713.SZ	丰乐种业	安徽丰乐农化有限责任公司	26	10	20	30	86	A
000725.SZ	京东方 A	北京京东方光电科技有限公司	26	10	20	30	86	A
000725.SZ	京东方 A	合肥京东方光电科技有限公司	26	10	20	30	86	A
000725.SZ	京东方 A	北京京东方显示技术有限公司	26	10	20	30	86	A
000725.SZ	京东方 A	合肥鑫晟光电科技有限公司	26	10	20	30	86	A
000727.SZ	华东科技	南京中电熊猫平板显示科技有限公司	26	10	20	30	86	A
000729.SZ	燕京啤酒	河北燕京啤酒有限公司	26	10	20	30	86	A
000729.SZ	燕京啤酒	新疆燕京啤酒有限公司	26	10	20	30	86	A

代码	名称（简称）	被参控公司/母公司	在线监测系统得分	排污许可系统得分	监督性监测系统得分	环境违法处罚系统得分	企业环境绩效总得分	评分等级
000729.SZ	燕京啤酒	燕京啤酒（河南月山）有限公司	26	10	20	30	86	A
000767.SZ	漳泽电力	山西漳电大唐塔山发电有限公司	26	10	20	30	86	A
000767.SZ	漳泽电力	山西漳电同华发电有限公司	26	10	20	30	86	A
000799.SZ	酒鬼酒	酒鬼酒股份有限公司	26	10	20	30	86	A
000807.SZ	云铝股份	云南云铝润鑫铝业有限公司	26	10	20	30	86	A
000807.SZ	云铝股份	云南云铝涌鑫铝业有限公司	26	10	20	30	86	A
000875.SZ	吉电股份	吉林电力股份有限公司	26	10	20	30	86	A
000878.SZ	云南铜业	云南铜业股份有限公司	26	10	20	30	86	A
000895.SZ	双汇发展	阜新双汇肉类加工有限公司	26	10	20	30	86	A
000895.SZ	双汇发展	山东德州双汇食品有限公司	26	10	20	30	86	A
000963.SZ	华东医药	杭州中美华东制药有限公司	26	10	20	30	86	A
000999.SZ	华润三九	沈阳三九药业有限公司	26	10	20	30	86	A
002012.SZ	凯恩股份	浙江凯丰新材料股份有限公司	26	10	20	30	86	A
002034.SZ	旺能环境	德清旺能环保能源有限公司	26	10	20	30	86	A
002056.SZ	横店东磁	横店集团东磁股份有限公司	26	10	20	30	86	A
002092.SZ	中泰化学	阿拉尔市富丽达纤维有限公司	26	10	20	30	86	A
002140.SZ	东华科技	东至东华水务有限责任公司	26	10	20	30	86	A
002145.SZ	中核钛白	甘肃和诚钛业有限公司	26	10	20	30	86	A
002185.SZ	华天科技	天水华天科技股份有限公司	26	10	20	30	86	A
002255.SZ	海陆重工	张家港市清源水处理有限公司	26	10	20	30	86	A
002255.SZ	海陆重工	张家港市清泉水处理有限公司	26	10	20	30	86	A
002286.SZ	保龄宝	保龄宝生物股份有限公司	26	10	20	30	86	A
002311.SZ	海大集团	高州市三和牧业有限公司	26	10	20	30	86	A
002384.SZ	东山精密	德丽科技（珠海）有限公司	26	10	20	30	86	A
002428.SZ	云南锗业	云南临沧鑫圆锗业股份有限公司	26	10	20	30	86	A

代码	名称（简称）	被参控公司/母公司	在线监测系统得分	排污许可系统得分	监督性监测系统得分	环境违法处罚系统得分	企业环境绩效总得分	评分等级
002461.SZ	珠江啤酒	广州南沙珠江啤酒有限公司	26	10	20	30	86	A
002479.SZ	富春环保	衢州东港环保热电有限公司	26	10	20	30	86	A
002493.SZ	荣盛石化	逸盛大化石化有限公司	26	10	20	30	86	A
002562.SZ	兄弟科技	兄弟科技股份有限公司	26	10	20	30	86	A
002594.SZ	比亚迪	比亚迪汽车有限公司	26	10	20	30	86	A
002601.SZ	龙蟒佰利	龙蟒佰利联集团股份有限公司	26	10	20	30	86	A
002604.SZ	*ST 龙力	山东龙力生物科技股份有限公司	26	10	20	30	86	A
002709.SZ	天赐材料	九江天赐高新材料有限公司	26	10	20	30	86	A
002938.SZ	鹏鼎控股	宏恒胜电子科技（淮安）有限公司	26	10	20	30	86	A
300009.SZ	安科生物	安徽安科恒益药业有限公司	30	6	20	30	86	A
300082.SZ	奥克股份	吉林奥克新材料有限公司	26	10	20	30	86	A
300106.SZ	西部牧业	新疆石河子花园乳业有限公司	26	10	20	30	86	A
300121.SZ	阳谷华泰	山东阳谷华泰化工股份有限公司	26	10	20	30	86	A
300239.SZ	东宝生物	包头东宝生物技术股份有限公司	26	10	20	30	86	A
300363.SZ	博腾股份	重庆博腾制药科技股份有限公司	26	10	20	30	86	A
300388.SZ	国祯环保	泗阳县华海水处理有限公司	26	10	20	30	86	A
300388.SZ	国祯环保	江门市新会区龙泉污水处理有限公司	26	10	20	30	86	A
300388.SZ	国祯环保	安徽国祯环保节能科技股份有限公司	26	10	20	30	86	A
300388.SZ	国祯环保	徐州国祯水务运营有限公司	26	10	20	30	86	A
300388.SZ	国祯环保	芜湖国祯环保科技有限公司	26	10	20	30	86	A
300388.SZ	国祯环保	衡山国祯水处理有限公司	26	10	20	30	86	A
300388.SZ	国祯环保	南陵国祯环保科技有限公司	26	10	20	30	86	A
300388.SZ	国祯环保	合肥朱砖井污水处理有限公司	26	10	20	30	86	A
300388.SZ	国祯环保	湖南国祯环保科技有限责任公司	26	10	20	30	86	A
300433.SZ	蓝思科技	蓝思科技（长沙）有限公司	26	10	20	30	86	A

代码	名称（简称）	被参控公司/母公司	在线监测系统得分	排污许可系统得分	监督性监测系统得分	环境违法处罚系统得分	企业环境绩效总得分	评分等级
300498.SZ	温氏股份	广东温氏佳润食品有限公司	30	6	20	30	86	A
300664.SZ	鹏鹞环保	南昌鹏鹞水务有限公司	26	10	20	30	86	A
300673.SZ	佩蒂股份	佩蒂动物营养科技股份有限公司	26	10	20	30	86	A
600008.SH	首创股份	定陶首创水务有限公司	26	10	20	30	86	A
600011.SH	华能国际	山东华能聊城热电有限公司	26	10	20	30	86	A
600011.SH	华能国际	华能临港（天津）燃气热电有限公司	26	10	20	30	86	A
600011.SH	华能国际	华能大庆热电有限公司	26	10	20	30	86	A
600019.SH	宝钢股份	上海梅山钢铁股份有限公司	26	10	20	30	86	A
600027.SH	华电国际	华电湖北发电有限公司	26	10	20	30	86	A
600027.SH	华电国际	安徽华电六安电厂有限公司	26	10	20	30	86	A
600027.SH	华电国际	华电新乡发电有限公司	26	10	20	30	86	A
600027.SH	华电国际	四川广安发电有限责任公司	26	10	20	30	86	A
600027.SH	华电国际	华电莱州发电有限公司	26	10	20	30	86	A
600062.SH	华润双鹤	华润双鹤药业股份有限公司	26	10	20	30	86	A
600096.SH	云天化	云南天安化工有限公司	26	10	20	30	86	A
600098.SH	广州发展	广州中电荔新电力实业有限公司	30	8	20	28	86	A
600126.SH	杭钢股份	宣城富春紫光污水处理有限公司	26	10	20	30	86	A
600126.SH	杭钢股份	浦江富春紫光水务有限公司	26	10	20	30	86	A
600126.SH	杭钢股份	宿迁洋河新区富春紫光环保有限公司	26	10	20	30	86	A
600132.SH	重庆啤酒	重庆啤酒西昌有限责任公司	26	10	20	30	86	A
600141.SH	兴发集团	湖北兴发化工集团股份有限公司	26	10	20	30	86	A
600176.SH	中国巨石	巨石集团成都有限公司	26	10	20	30	86	A
600187.SH	国中水务	鄂尔多斯市国中水务有限公司	26	10	20	30	86	A
600298.SH	安琪酵母	安琪酵母（睢县）有限公司	26	10	20	30	86	A
600309.SH	万华化学	万华化学（宁波）有限公司	26	10	20	30	86	A

代码	名称（简称）	被参控公司/母公司	在线监测系统得分	排污许可系统得分	监督性监测系统得分	环境违法处罚系统得分	企业环境绩效总得分	评分等级
600316.SH	洪都航空	江西洪都航空工业股份有限公司	26	10	20	30	86	A
600321.SH	ST 正源	四川嘉瑞源实业有限公司	26	10	20	30	86	A
600362.SH	江西铜业	江西省江铜-瓮福化工有限责任公司	26	10	20	30	86	A
600400.SH	红豆股份	无锡后墅污水处理有限公司	26	10	20	30	86	A
600401.SH	退市海润	合肥海润光伏科技有限公司	26	10	20	30	86	A
600409.SH	三友化工	唐山三友硅业有限责任公司	26	10	20	30	86	A
600418.SH	江淮汽车	安徽江淮专用汽车有限公司	26	10	20	30	86	A
600429.SH	三元股份	迁安三元食品有限公司	26	10	20	30	86	A
600433.SH	冠豪高新	湛江冠豪纸业有限公司	26	10	20	30	86	A
600482.SH	中国动力	唐山风帆宏文蓄电池有限公司	26	10	20	30	86	A
600483.SH	福能股份	福建省石狮热电有限责任公司	26	10	20	30	86	A
600501.SH	航天晨光	航天晨光股份有限公司	26	10	20	30	86	A
600516.SH	方大炭素	方大炭素新材料科技股份有限公司	26	10	20	30	86	A
600585.SH	海螺水泥	广元海螺水泥有限责任公司	26	10	20	30	86	A
600585.SH	海螺水泥	双峰海螺水泥有限公司	26	10	20	30	86	A
600596.SH	新安股份	浙江开化合成材料有限公司	26	10	20	30	86	A
600600.SH	青岛啤酒	青岛啤酒榆林有限责任公司	26	10	20	30	86	A
600600.SH	青岛啤酒	青岛啤酒（菏泽）有限公司	26	10	20	30	86	A
600600.SH	青岛啤酒	青岛啤酒（郴州）有限公司	26	10	20	30	86	A
600600.SH	青岛啤酒	青岛啤酒（九江）有限公司	26	10	20	30	86	A
600600.SH	青岛啤酒	青岛啤酒汉斯宝鸡有限公司	26	10	20	30	86	A
600623.SH	华谊集团	安徽华谊化工有限公司	26	10	20	30	86	A
600635.SH	大众公用	沛县源泉水务运营有限公司	26	10	20	30	86	A
600635.SH	大众公用	邳州源泉水务运营有限公司	26	10	20	30	86	A
600635.SH	大众公用	上海大众嘉定污水处理有限公司	26	10	20	30	86	A

代码	名称（简称）	被参控公司/母公司	在线监测系统得分	排污许可系统得分	监督性监测系统得分	环境违法处罚系统得分	企业环境绩效总得分	评分等级
600668.SH	尖峰集团	大冶尖峰水泥有限公司	26	10	20	30	86	A
600703.SH	三安光电	安徽三安光电有限公司	26	10	20	30	86	A
600746.SH	江苏索普	江苏索普化工股份有限公司	26	10	20	30	86	A
600887.SH	伊利股份	合肥伊利乳业有限责任公司	26	10	20	30	86	A
600887.SH	伊利股份	黑龙江伊利乳业有限责任公司	26	10	20	30	86	A
600887.SH	伊利股份	锡林浩特伊利乳品有限责任公司	26	10	20	30	86	A
600894.SH	广日股份	日立电梯（中国）有限公司	26	10	20	30	86	A
600962.SH	国投中鲁	云南国投中鲁果汁有限公司	26	10	20	30	86	A
600969.SH	郴电国际	湖南郴电格瑞环保科技有限公司	26	10	20	30	86	A
600987.SH	航民股份	杭州航民达美染整有限公司	26	10	20	30	86	A
600987.SH	航民股份	浙江航民股份有限公司	26	10	20	30	86	A
600987.SH	航民股份	杭州澳美印染有限公司	26	10	20	30	86	A
600987.SH	航民股份	杭州航民小城热电有限公司	26	10	20	30	86	A
601117.SH	中国化学	合肥王小郢污水处理有限公司	26	10	20	30	86	A
601158.SH	重庆水务	重庆市大足区清溪水务有限公司	26	10	20	30	86	A
601200.SH	上海环境	上海天马再生能源有限公司	26	10	20	30	86	A
601233.SH	桐昆股份	桐昆集团浙江恒腾差别化纤维有限公司	26	10	20	30	86	A
601330.SH	绿色动力	海宁绿色动力再生能源有限公司	26	10	20	30	86	A
601330.SH	绿色动力	惠州绿色动力环保有限公司	26	10	20	30	86	A
601330.SH	绿色动力	常州绿色动力环保热电有限公司	26	10	20	30	86	A
601330.SH	绿色动力	泰州绿色动力再生能源有限公司	26	10	20	30	86	A
601330.SH	绿色动力	天津绿色动力再生能源有限公司	26	10	20	30	86	A
601599.SH	鹿港文化	张家港市塘桥镇污水处理有限公司	26	10	20	30	86	A
601606.SH	长城军工	安徽红星机电科技股份有限公司	26	10	20	30	86	A
601717.SH	郑煤机	亚新科噪声与振动技术（安徽）有限公司	26	10	20	30	86	A

代码	名称（简称）	被参控公司/母公司	在线监测系统得分	排污许可系统得分	监督性监测系统得分	环境违法处罚系统得分	企业环境绩效总得分	评分等级
601899.SH	紫金矿业	紫金铜业有限公司	26	10	20	30	86	A
601991.SH	大唐发电	内蒙古大唐国际呼和浩特热电有限责任公司	26	10	20	30	86	A
601991.SH	大唐发电	大唐七台河发电有限责任公司	26	10	20	30	86	A
603105.SH	芯能科技	浙江芯能光伏科技股份有限公司	26	10	20	30	86	A
603225.SH	新凤鸣	新凤鸣集团湖州中石科技有限公司	26	10	20	30	86	A
603308.SH	应流股份	安徽应流铸业有限公司	26	10	20	30	86	A
603568.SH	伟明环保	昆山鹿城垃圾发电有限公司	26	10	20	30	86	A
603733.SH	仙鹤股份	浙江夏王纸业有限公司	26	10	20	30	86	A
603797.SH	联泰环保	邵阳联泰水质净化有限公司	26	10	20	30	86	A
603797.SH	联泰环保	汕头市联泰苏南水务有限公司	26	10	20	30	86	A
603810.SH	丰山集团	江苏丰山集团股份有限公司	26	10	20	30	86	A
000060.SZ	中金岭南	深圳市中金岭南有色金属股份有限公司	26	9.5	20	30	85.5	A
002250.SZ	联化科技	江苏联化科技有限公司	30	5.5	20	30	85.5	A
002734.SZ	利民股份	江苏新河农用化工有限公司	26	9.5	20	30	85.5	A
600011.SH	华能国际	华能南京金陵发电有限公司	26	9.5	20	30	85.5	A
600488.SH	天药股份	天津天药药业股份有限公司	26	9.5	20	30	85.5	A
601865.SH	福莱特	安徽福莱特光伏玻璃有限公司	26	9	20	30	85	A
600021.SH	上海电力	上海外高桥发电有限责任公司	26	8.5	20	30	84.5	B^+
000012.SZ	南玻A	河北视窗玻璃有限公司	24	10	20	30	84	B^+
000030.SZ	富奥股份	富奥汽车零部件股份有限公司	24	10	20	30	84	B^+
000035.SZ	中国天楹	海安天楹环保能源有限公司	24	10	20	30	84	B^+
000059.SZ	华锦股份	北方华锦化学工业股份有限公司	24	10	20	30	84	B^+
000059.SZ	华锦股份	锦西天然气化工有限责任公司	24	10	20	30	84	B^+
000153.SZ	丰原药业	安徽丰原药业股份有限公司	24	10	20	30	84	B^+
000423.SZ	东阿阿胶	东阿阿胶股份有限公司	24	10	20	30	84	B^+

代码	名称（简称）	被参控公司/母公司	在线监测系统得分	排污许可系统得分	监督性监测系统得分	环境违法处罚系统得分	企业环境绩效总得分	评分等级
000488.SZ	晨鸣纸业	湛江晨鸣浆纸有限公司	24	10	20	30	84	B^+
000510.SZ	金路集团	四川省金路树脂有限公司	24	10	20	30	84	B^+
000543.SZ	皖能电力	皖能合肥发电有限公司	24	10	20	30	84	B^+
000543.SZ	皖能电力	淮北国安电力有限公司	24	10	20	30	84	B^+
000625.SZ	长安汽车	重庆长安汽车股份有限公司	24	10	20	30	84	B^+
000672.SZ	上峰水泥	浙江上峰建材有限公司	26	8	20	30	84	B^+
000685.SZ	中山公用	济宁中山公用水务有限公司	24	10	20	30	84	B^+
000729.SZ	燕京啤酒	燕京啤酒（赣州）有限责任公司	30	10	14	30	84	B^+
000731.SZ	四川美丰	新疆美丰化工有限公司	24	10	20	30	84	B^+
000739.SZ	普洛药业	浙江普洛家园药业有限公司	24	10	20	30	84	B^+
000782.SZ	美达股份	广东新会美达锦纶股份有限公司	24	10	20	30	84	B^+
000823.SZ	超声电子	汕头超声印制板（二厂）有限公司	24	10	20	30	84	B^+
000826.SZ	启迪桑德	襄阳桑德汉水水务有限公司	24	10	20	30	84	B^+
000826.SZ	启迪桑德	鄂州桑德鄂清水务有限公司	24	10	20	30	84	B^+
000826.SZ	启迪桑德	临清德运环保能源有限公司	24	10	20	30	84	B^+
000826.SZ	启迪桑德	泰州紫光水业有限公司	24	10	20	30	84	B^+
000833.SZ	粤桂股份	广东广业云硫矿业有限公司	24	10	20	30	84	B^+
000877.SZ	天山股份	新疆米东天山水泥有限责任公司	24	10	20	30	84	B^+
000895.SZ	双汇发展	宜昌双汇食品有限责任公司	24	10	20	30	84	B^+
000895.SZ	双汇发展	南昌双汇食品有限公司	24	10	20	30	84	B^+
000902.SZ	新洋丰	荆门新洋丰中磷肥业有限公司	24	10	20	30	84	B^+
000930.SZ	中粮生化	中粮生化能源（肇东）有限公司	24	10	20	30	84	B^+
000933.SZ	神火股份	河南省新郑煤电有限责任公司	26	10	20	28	84	B^+
000960.SZ	锡业股份	郴州云湘矿冶有限责任公司	24	10	20	30	84	B^+
000960.SZ	锡业股份	云南云铜锌业股份有限公司	26	8	20	30	84	B^+

代码	名称（简称）	被参控公司/母公司	在线监测系统得分	排污许可系统得分	监督性监测系统得分	环境违法处罚系统得分	企业环境绩效总得分	评分等级
000999.SZ	华润三九	华润三九（南昌）药业有限公司	24	10	20	30	84	B^+
002001.SZ	新和成	山东新和成药业有限公司	26	8	20	30	84	B^+
002019.SZ	亿帆医药	杭州鑫富科技有限公司	24	10	20	30	84	B^+
002125.SZ	湘潭电化	湘潭电化科技股份有限公司	24	10	20	30	84	B^+
002233.SZ	塔牌集团	福建塔牌水泥有限公司	24	10	20	30	84	B^+
002250.SZ	联化科技	联化科技（台州）有限公司	24	10	20	30	84	B^+
002332.SZ	仙琚制药	台州仙琚药业有限公司	30	4	20	30	84	B^+
002387.SZ	维信诺	云谷（固安）科技有限公司	24	10	20	30	84	B^+
002440.SZ	闰土股份	浙江闰土热电有限公司	26	8	20	30	84	B^+
002442.SZ	龙星化工	龙星化工股份有限公司	24	10	20	30	84	B^+
002479.SZ	富春环保	江苏富春江环保热电有限公司	26	8	20	30	84	B^+
002486.SZ	嘉麟杰	上海嘉麟杰纺织品股份有限公司	24	10	20	30	84	B^+
002608.SZ	江苏国信	江苏淮阴发电有限责任公司	24	10	20	30	84	B^+
002629.SZ	*ST 仁智	四川仁智石化科技有限责任公司	24	10	20	30	84	B^+
002672.SZ	东江环保	衡水睿韬环保技术有限公司	24	10	20	30	84	B^+
002674.SZ	兴业科技	兴业皮革科技股份有限公司	24	10	20	30	84	B^+
002674.SZ	兴业科技	徐州兴宁皮业有限公司	24	10	20	30	84	B^+
002815.SZ	崇达技术	深圳崇达多层线路板有限公司	30	10	14	30	84	B^+
300026.SZ	红日药业	湖州展望天明药业有限公司	24	10	20	30	84	B^+
300070.SZ	碧水源	宽城碧水源环保有限公司	24	10	20	30	84	B^+
300070.SZ	碧水源	通化市碧水源环保科技有限公司	24	10	20	30	84	B^+
300106.SZ	西部牧业	新疆西牧乳业有限责任公司	24	10	20	30	84	B^+
300132.SZ	青松股份	福建青松股份有限公司	24	10	20	30	84	B^+
300197.SZ	铁汉生态	周口市锦源环保产业有限公司	24	10	20	30	84	B^+
300388.SZ	国祯环保	汨罗市国祯水处理有限公司	24	10	20	30	84	B^+

代码	名称（简称）	被参控公司/母公司	在线监测系统得分	排污许可系统得分	监督性监测系统得分	环境违法处罚系统得分	企业环境绩效总得分	评分等级
300388.SZ	国祯环保	遵化国祯污水处理有限公司	24	10	20	30	84	B^+
300388.SZ	国祯环保	彬县国祯水处理有限公司	24	10	20	30	84	B^+
300388.SZ	国祯环保	繁昌县城市污水处理有限责任公司	24	10	20	30	84	B^+
300388.SZ	国祯环保	淮北中联环水环境有限公司	24	10	20	30	84	B^+
300405.SZ	科隆股份	辽宁科隆精细化工股份有限公司	24	10	20	30	84	B^+
300476.SZ	胜宏科技	胜宏科技（惠州）股份有限公司	24	10	20	30	84	B^+
300692.SZ	中环环保	舒城清源水务有限公司	24	10	20	30	84	B^+
600008.SH	首创股份	大连首创水务有限公司	24	10	20	30	84	B^+
600011.SH	华能国际	华能威海发电有限责任公司	26	8	20	30	84	B^+
600011.SH	华能国际	江苏南通发电有限公司	26	8	20	30	84	B^+
600011.SH	华能国际	华能嘉祥发电有限公司	26	8	20	30	84	B^+
600027.SH	华电国际	华电青岛发电有限公司	24	10	20	30	84	B^+
600027.SH	华电国际	安徽华电宿州发电有限公司	24	10	20	30	84	B^+
600110.SH	诺德股份	青海电子材料产业发展有限公司	24	10	20	30	84	B^+
600111.SH	北方稀土	淄博包钢灵芝稀土高科技股份有限公司	24	10	20	30	84	B^+
600126.SH	杭钢股份	宿迁富春紫光污水处理有限公司	24	10	20	30	84	B^+
600126.SH	杭钢股份	常山富春紫光污水处理有限公司	24	10	20	30	84	B^+
600129.SH	太极集团	太极集团四川南充制药有限公司	24	10	20	30	84	B^+
600157.SH	永泰能源	张家港沙洲电力有限公司	26	8	20	30	84	B^+
600188.SH	兖州煤业	兖煤菏泽能化有限公司	26	8	20	30	84	B^+
600188.SH	兖州煤业	兖州煤业股份有限公司	24	10	20	30	84	B^+
600207.SH	安彩高科	河南安彩高科股份有限公司	26	8	20	30	84	B^+
600210.SH	紫江企业	上海紫泉饮料工业有限公司	24	10	20	30	84	B^+
600277.SH	亿利洁能	长沙天宁热电有限公司	26	8	20	30	84	B^+
600293.SH	三峡新材	新疆普耀新型建材有限公司	24	10	20	30	84	B^+

代码	名称（简称）	被参控公司/母公司	在线监测系统得分	排污许可系统得分	监督性监测系统得分	环境违法处罚系统得分	企业环境绩效总得分	评分等级
600300.SH	维维股份	维维食品饮料股份有限公司	24	10	20	30	84	B^+
600313.SH	农发种业	中农发河南农化有限公司	26	8	20	30	84	B^+
600346.SH	恒力股份	苏州苏盛热电有限公司	26	8	20	30	84	B^+
600352.SH	浙江龙盛	杭州龙山化工有限公司	24	10	20	30	84	B^+
600362.SH	江西铜业	浙江江铜富冶和鼎铜业有限公司	24	10	20	30	84	B^+
600362.SH	江西铜业	江西铜业（德兴）化工有限公司	24	10	20	30	84	B^+
600395.SH	盘江股份	国投盘江发电有限公司	26	8	20	30	84	B^+
600409.SH	三友化工	唐山三友集团兴达化纤有限公司	24	10	20	30	84	B^+
600418.SH	江淮汽车	合肥同大江淮汽车车身有限公司	24	10	20	30	84	B^+
600438.SH	通威股份	四川永祥股份有限公司	24	10	20	30	84	B^+
600449.SH	宁夏建材	中材甘肃水泥有限责任公司	26	8	20	30	84	B^+
600461.SH	洪城水业	九江市蓝天碧水环保有限公司	24	10	20	30	84	B^+
600475.SH	华光股份	江阴热电有限公司	26	8	20	30	84	B^+
600475.SH	华光股份	无锡惠联热电有限公司	26	8	20	30	84	B^+
600518.SH	ST 康美	康美保宁（四川）制药有限公司	24	10	20	30	84	B^+
600578.SH	京能电力	三河发电有限责任公司	26	8	20	30	84	B^+
600585.SH	海螺水泥	石门海螺水泥有限责任公司	26	8	20	30	84	B^+
600585.SH	海螺水泥	安徽铜陵海螺水泥有限公司	24	10	20	30	84	B^+
600585.SH	海螺水泥	江华海螺水泥有限责任公司	26	8	20	30	84	B^+
600585.SH	海螺水泥	祁阳海螺水泥有限责任公司	26	8	20	30	84	B^+
600594.SH	益佰制药	海南长安国际制药有限公司	26	8	20	30	84	B^+
600600.SH	青岛啤酒	青岛啤酒（马鞍山）有限公司	24	10	20	30	84	B^+
600600.SH	青岛啤酒	山东新银麦啤酒有限公司	26	8	20	30	84	B^+
600600.SH	青岛啤酒	青岛啤酒西安汉斯集团有限公司	24	10	20	30	84	B^+
600600.SH	青岛啤酒	青岛啤酒（徐州）有限公司	24	10	20	30	84	B^+

代码	名称（简称）	被参控公司/母公司	在线监测系统得分	排污许可系统得分	监督性监测系统得分	环境违法处罚系统得分	企业环境绩效总得分	评分等级
600600.SH	青岛啤酒	青岛啤酒（杭州）有限公司	24	10	20	30	84	B^+
600600.SH	青岛啤酒	青岛啤酒（寿光）有限公司	24	10	20	30	84	B^+
600623.SH	华谊集团	卡博特化工（天津）有限公司	24	10	20	30	84	B^+
600623.SH	华谊集团	双钱集团（新疆）昆仑轮胎有限公司	24	10	20	30	84	B^+
600623.SH	华谊集团	双钱集团（江苏）轮胎有限公司	24	10	20	30	84	B^+
600642.SH	申能股份	上海漕泾热电有限责任公司	26	8	20	30	84	B^+
600707.SH	彩虹股份	咸阳彩虹光电科技有限公司	24	10	20	30	84	B^+
600726.SH	*ST 华源	黑龙江华电齐齐哈尔热电有限公司	26	8	20	30	84	B^+
600737.SH	中粮糖业	中粮屯河伊犁新宁糖业有限公司	26	8	20	30	84	B^+
600783.SH	鲁信创投	山东东岳氟硅材料有限公司	24	10	20	30	84	B^+
600795.SH	国电电力	国电江苏谏壁发电有限公司	26	8	20	30	84	B^+
600795.SH	国电电力	国电电力大连庄河发电有限责任公司	26	8	20	30	84	B^+
600795.SH	国电电力	国电电力发展股份有限公司	30	8	20	26	84	B^+
600796.SH	钱江生化	浙江钱江生物化学股份有限公司	24	10	20	30	84	B^+
600801.SH	华新水泥	华新红塔水泥（景洪）有限公司	24	10	20	30	84	B^+
600801.SH	华新水泥	华新水泥（万源）有限公司	26	8	20	30	84	B^+
600801.SH	华新水泥	华新水泥（郴州）有限公司	26	8	20	30	84	B^+
600808.SH	马钢股份	河南金马能源股份有限公司	24	10	20	30	84	B^+
600863.SH	内蒙华电	内蒙古大唐国际托克托第二发电有限责任公司	24	10	20	30	84	B^+
600875.SH	东方电气	东方电气集团东方电机有限公司	24	10	20	30	84	B^+
600886.SH	国投电力	靖远第二发电有限公司	26	8	20	30	84	B^+
600886.SH	国投电力	国投宣城发电有限责任公司	26	8	20	30	84	B^+
600886.SH	国投电力	江苏利港电力有限公司	26	8	20	30	84	B^+
600887.SH	伊利股份	济南伊利乳业有限责任公司	24	10	20	30	84	B^+

代码	名称（简称）	被参控公司/母公司	在线监测系统得分	排污许可系统得分	监督性监测系统得分	环境违法处罚系统得分	企业环境绩效总得分	评分等级
600887.SH	伊利股份	湖北黄冈伊利乳业有限责任公司	24	10	20	30	84	B^+
600889.SH	南京化纤	兰精（南京）纤维有限公司	24	10	20	30	84	B^+
600929.SH	湖南盐业	湖南省湘澧盐化有限责任公司	24	10	20	30	84	B^+
600976.SH	健民集团	健民集团叶开泰国药（随州）有限公司	24	10	20	30	84	B^+
600990.SH	四创电子	安徽四创电子股份有限公司	24	10	20	30	84	B^+
601200.SH	上海环境	威海环境再生能源有限公司	24	10	20	30	84	B^+
601200.SH	上海环境	上海东石塘再生能源有限公司	24	10	20	30	84	B^+
601233.SH	桐昆股份	桐昆集团浙江恒通化纤有限公司	24	10	20	30	84	B^+
601330.SH	绿色动力	永嘉绿色动力再生能源有限公司	24	10	20	30	84	B^+
601991.SH	大唐发电	云南大唐国际红河发电有限责任公司	26	8	20	30	84	B^+
601991.SH	大唐发电	江西大唐国际抚州发电有限责任公司	26	8	20	30	84	B^+
601991.SH	大唐发电	大唐双鸭山热电有限公司	24	10	20	30	84	B^+
601992.SH	金隅集团	保定太行和益水泥有限公司	24	10	20	30	84	B^+
603027.SH	千禾味业	千禾味业食品股份有限公司	24	10	20	30	84	B^+
603033.SH	三维股份	浙江三维橡胶制品股份有限公司	24	10	20	30	84	B^+
603188.SH	亚邦股份	宁夏亚东化工有限公司	26	10	20	28	84	B^+
603385.SH	惠达卫浴	唐山惠达（集团）洁具有限公司	24	10	20	30	84	B^+
603568.SH	伟明环保	临海市伟明环保能源有限公司	24	10	20	30	84	B^+
603609.SH	禾丰牧业	平原禾丰食品加工有限公司	30	4	20	30	84	B^+
603639.SH	海利尔	山东海利尔化工有限公司	30	6	20	28	84	B^+
603669.SH	灵康药业	海南灵康制药有限公司	26	8	20	30	84	B^+
603797.SH	联泰环保	长沙市联泰水质净化有限公司	24	10	20	30	84	B^+
603968.SH	醋化股份	南通醋酸化工股份有限公司	24	10	20	30	84	B^+
000939.SZ	*ST 凯迪	隆回县凯迪绿色能源开发有限公司	26	7.5	20	30	83.5	B^+
600011.SH	华能国际	华能云南滇东能源有限责任公司	26	7.5	20	30	83.5	B^+

代码	名称（简称）	被参控公司/母公司	在线监测系统得分	排污许可系统得分	监督性监测系统得分	环境违法处罚系统得分	企业环境绩效总得分	评分等级
600023.SH	浙能电力	浙江浙能长兴发电有限公司	24	9.5	20	30	83.5	B^+
600486.SH	扬农化工	江苏优嘉植物保护有限公司	24	9.5	20	30	83.5	B^+
600677.SH	航天通信	宁波中鑫毛纺集团有限公司	24	9.5	20	30	83.5	B^+
603799.SH	华友钴业	衢州华友钴新材料有限公司	26	6.5	20	30	82.5	B^+
000027.SZ	深圳能源	深圳妈湾电力有限公司	24	8	20	30	82	B^+
000035.SZ	中国天楹	辽源天楹环保能源有限公司	22	10	20	30	82	B^+
000153.SZ	丰原药业	安徽丰原利康制药有限公司	22	10	20	30	82	B^+
000401.SZ	冀东水泥	内蒙古亿利冀东水泥有限责任公司	22	10	20	30	82	B^+
000513.SZ	丽珠集团	古田福兴医药有限公司	22	10	20	30	82	B^+
000543.SZ	皖能电力	淮北涣城发电有限公司	22	10	20	30	82	B^+
000592.SZ	平潭发展	中福海峡（平潭）水务工程有限公司	22	10	20	30	82	B^+
000629.SZ	攀钢钒钛	攀钢集团钒钛资源股份有限公司	24	8	20	30	82	B^+
000630.SZ	铜陵有色	赤峰金剑铜业有限责任公司	26	6	20	30	82	B^+
000672.SZ	上峰水泥	怀宁上峰水泥有限公司	22	10	20	30	82	B^+
000685.SZ	中山公用	中山市珍家山污水处理有限公司	22	10	20	30	82	B^+
000695.SZ	滨海能源	天津泰达能源发展有限责任公司	22	10	20	30	82	B^+
000703.SZ	恒逸石化	浙江双兔新材料有限公司	22	10	20	30	82	B^+
000729.SZ	燕京啤酒	四川燕京啤酒有限公司	22	10	20	30	82	B^+
000761.SZ	本钢板材	本钢板材辽阳球团有限责任公司	22	10	20	30	82	B^+
000786.SZ	北新建材	故城北新建材有限公司	22	10	20	30	82	B^+
000792.SZ	*ST 盐湖	青海盐湖工业股份有限公司	24	8	20	30	82	B^+
000826.SZ	启迪桑德	亳州洁能电力有限公司	22	10	20	30	82	B^+
000826.SZ	启迪桑德	肇源紫光水业有限公司	22	10	20	30	82	B^+
000826.SZ	启迪桑德	老河口桑德清源水务有限公司	22	10	20	30	82	B^+
000826.SZ	启迪桑德	嘉鱼嘉清水务有限公司	22	10	20	30	82	B^+

代码	名称（简称）	被参控公司/母公司	在线监测系统得分	排污许可系统得分	监督性监测系统得分	环境违法处罚系统得分	企业环境绩效总得分	评分等级
000826.SZ	启迪桑德	枝江桑德枝清水务有限公司	22	10	20	30	82	B^+
000826.SZ	启迪桑德	淮南市康德医疗废物处置有限公司	22	10	20	30	82	B^+
000826.SZ	启迪桑德	襄阳桑德汉清水务有限公司	22	10	20	30	82	B^+
000833.SZ	粤桂股份	云浮联发化工有限公司	22	10	20	30	82	B^+
000875.SZ	吉电股份	吉林松花江热电有限公司	24	8	20	30	82	B^+
000877.SZ	天山股份	宜兴天山水泥有限责任公司	24	8	20	30	82	B^+
000895.SZ	双汇发展	南宁双汇食品有限公司	22	10	20	30	82	B^+
000895.SZ	双汇发展	芜湖双汇食品有限公司	22	10	20	30	82	B^+
000911.SZ	*ST 南糖	南宁糖业宾阳大桥制糖有限责任公司	22	10	20	30	82	B^+
000939.SZ	*ST 凯迪	京山县凯迪绿色能源开发有限公司	22	10	20	30	82	B^+
000949.SZ	新乡化纤	新疆白鹭纤维有限公司	22	10	20	30	82	B^+
000960.SZ	锡业股份	云南华联锌铟股份有限公司	22	10	20	30	82	B^+
000983.SZ	西山煤电	武乡西山发电有限责任公司	24	10	20	28	82	B^+
000983.SZ	西山煤电	山西西山煤电股份有限公司	26	10	20	26	82	B^+
001896.SZ	豫能控股	南阳鸭河口发电有限责任公司	24	8	20	30	82	B^+
002004.SZ	华邦健康	江西禾益化工股份有限公司	22	10	20	30	82	B^+
002012.SZ	凯恩股份	衢州八达纸业有限公司	24	8	20	30	82	B^+
002012.SZ	凯恩股份	浙江凯丰特种纸业有限公司	22	10	20	30	82	B^+
002073.SZ	软控股份	抚顺伊科思新材料有限公司	22	10	20	30	82	B^+
002106.SZ	莱宝高科	重庆莱宝科技有限公司	22	10	20	30	82	B^+
002110.SZ	三钢闽光	福建天尊新材料制造有限公司	22	10	20	30	82	B^+
002112.SZ	三变科技	三变科技股份有限公司	26	10	16	30	82	B^+
002172.SZ	澳洋健康	阜宁澳洋科技有限责任公司	24	8	20	30	82	B^+
002194.SZ	*ST 凡谷	鄂州富晶电子技术有限公司	30	2	20	30	82	B^+
002216.SZ	三全食品	河南全惠食品有限公司	22	10	20	30	82	B^+

代码	名称（简称）	被参控公司/母公司	在线监测系统得分	排污许可系统得分	监督性监测系统得分	环境违法处罚系统得分	企业环境绩效总得分	评分等级
002237.SZ	恒邦股份	杭州建铜集团有限公司	24	10	20	28	82	B^+
002246.SZ	北化股份	四川北方硝化棉股份有限公司	24	10	20	28	82	B^+
002258.SZ	利尔化学	江油启明星氯碱化工有限责任公司	22	10	20	30	82	B^+
002370.SZ	亚太药业	浙江亚太药业股份有限公司	22	10	20	30	82	B^+
002391.SZ	长青股份	江苏长青农化南通有限公司	22	10	20	30	82	B^+
002461.SZ	珠江啤酒	湖南珠江啤酒有限公司	22	10	20	30	82	B^+
002521.SZ	齐峰新材	淄博市临淄区朱台热力有限公司	24	8	20	30	82	B^+
002646.SZ	青青稞酒	青海互助青稞酒股份有限公司	22	10	20	30	82	B^+
002688.SZ	金河生物	内蒙古金河环保科技股份有限公司	22	10	20	30	82	B^+
002688.SZ	金河生物	金河生物科技股份有限公司	26	6	20	30	82	B^+
002946.SZ	新乳业	重庆市天友乳业股份有限公司	22	10	20	30	82	B^+
002950.SZ	奥美医疗	奥美医疗用品股份有限公司	22	10	20	30	82	B^+
300070.SZ	碧水源	天津蓟源水处理有限公司	22	10	20	30	82	B^+
300072.SZ	三聚环保	沈阳三聚凯特催化剂有限公司	30	10	12	30	82	B^+
300090.SZ	盛运环保	伊春中科环保电力有限公司	24	10	20	28	82	B^+
300145.SZ	中金环境	浙江金泰莱环保科技有限公司	22	10	20	30	82	B^+
300388.SZ	国祯环保	郎溪国祯水务运营有限公司	22	10	20	30	82	B^+
300388.SZ	国祯环保	随州市国祯污水处理有限公司	22	10	20	30	82	B^+
300388.SZ	国祯环保	昆明市东川区国祯污水处理有限公司	22	10	20	30	82	B^+
300388.SZ	国祯环保	东莞市松山湖天地环科水务有限公司	22	10	20	30	82	B^+
300388.SZ	国祯环保	和县国祯污水处理有限公司	22	10	20	30	82	B^+
300388.SZ	国祯环保	怀远县国祯污水处理有限公司	22	10	20	30	82	B^+
300583.SZ	赛托生物	山东赛托生物科技股份有限公司	22	10	20	30	82	B^+
300664.SZ	鹏鹞环保	长沙望城鹏鹞水务有限公司	22	10	20	30	82	B^+
300664.SZ	鹏鹞环保	岳阳鹏鹞水务有限公司	22	10	20	30	82	B^+

代码	名称（简称）	被参控公司/母公司	在线监测系统得分	排污许可系统得分	监督性监测系统得分	环境违法处罚系统得分	企业环境绩效总得分	评分等级
300739.SZ	明阳电路	深圳明阳电路科技股份有限公司	30	10	12	30	82	B^+
300758.SZ	七彩化学	东营北港环保科技有限公司	22	10	20	30	82	B^+
600008.SH	首创股份	太原首创污水处理有限责任公司	22	10	20	30	82	B^+
600008.SH	首创股份	北京首创东坝水务有限责任公司	30	10	12	30	82	B^+
600011.SH	华能国际	华能重庆珞璜发电有限责任公司	24	8	20	30	82	B^+
600011.SH	华能国际	华能济南黄台发电有限公司	24	8	20	30	82	B^+
600011.SH	华能国际	华能曲阜热电有限公司	24	8	20	30	82	B^+
600011.SH	华能国际	华能武汉发电有限责任公司	24	8	20	30	82	B^+
600011.SH	华能国际	华能济宁高新区热电有限公司	24	8	20	30	82	B^+
600021.SH	上海电力	上海上电漕泾发电有限公司	22	10	20	30	82	B^+
600027.SH	华电国际	杭州华电下沙热电有限公司	24	8	20	30	82	B^+
600028.SH	中国石化	中沙（天津）石化有限公司	22	10	20	30	82	B^+
600051.SH	宁波联合	宁波经济技术开发区热电有限责任公司	24	8	20	30	82	B^+
600126.SH	杭钢股份	盱眙富春紫光污水处理有限公司	22	10	20	30	82	B^+
600153.SH	建发股份	四川永丰浆纸股份有限公司	22	10	20	30	82	B^+
600168.SH	武汉控股	武汉市城市排水发展有限公司	22	10	20	30	82	B^+
600187.SH	国中水务	涿州中科国益水务有限公司	22	10	20	30	82	B^+
600197.SH	伊力特	新疆伊力特实业股份有限公司	22	10	20	30	82	B^+
600220.SH	江苏阳光	大丰阳光热电有限公司	24	10	20	28	82	B^+
600267.SH	海正药业	浙江海正药业股份有限公司	24	8	20	30	82	B^+
600283.SH	钱江水利	宁海县兴海污水处理有限公司	22	10	20	30	82	B^+
600298.SH	安琪酵母	安琪酵母股份有限公司	22	10	20	30	82	B^+
600340.SH	华夏幸福	大厂回族自治县鼎鸿投资开发有限公司	22	10	20	30	82	B^+
600367.SH	红星发展	贵州红星发展大龙锰业有限责任公司	22	10	20	30	82	B^+
600370.SH	三房巷	江阴新源热电有限公司	24	8	20	30	82	B^+

代码	名称（简称）	被参控公司/母公司	在线监测系统得分	排污许可系统得分	监督性监测系统得分	环境违法处罚系统得分	企业环境绩效总得分	评分等级
600380.SH	健康元	深圳太太药业有限公司	22	10	20	30	82	B^+
600392.SH	盛和资源	乐山盛和稀土股份有限公司	22	10	20	30	82	B^+
600420.SH	现代制药	国药集团威奇达药业有限公司	22	10	20	30	82	B^+
600449.SH	宁夏建材	天水中材水泥有限责任公司	24	8	20	30	82	B^+
600475.SH	华光股份	无锡惠联垃圾热电有限公司	22	10	20	30	82	B^+
600475.SH	华光股份	无锡友联热电股份有限公司	26	6	20	30	82	B^+
600483.SH	福能股份	福建省鸿山热电有限责任公司	24	8	20	30	82	B^+
600497.SH	驰宏锌锗	云南驰宏资源综合利用有限公司	22	10	20	30	82	B^+
600507.SH	方大特钢	方大特钢科技股份有限公司	22	10	20	30	82	B^+
600516.SH	方大炭素	合肥炭素有限责任公司	22	10	20	30	82	B^+
600549.SH	厦门钨业	江西都昌金鼎钨钼矿业有限公司	22	10	20	30	82	B^+
600585.SH	海螺水泥	安徽荻港海螺水泥股份有限公司	24	8	20	30	82	B^+
600585.SH	海螺水泥	礼泉海螺水泥有限责任公司	24	8	20	30	82	B^+
600585.SH	海螺水泥	达州海螺水泥有限责任公司	22	10	20	30	82	B^+
600585.SH	海螺水泥	铜仁海螺盘江水泥有限责任公司	22	10	20	30	82	B^+
600585.SH	海螺水泥	济宁海螺水泥有限责任公司	22	10	20	30	82	B^+
600585.SH	海螺水泥	黔西南州发展资源开发有限公司	22	10	20	30	82	B^+
600614.SH	*ST 鹏起	郴州丰越环保科技有限公司	22	10	20	30	82	B^+
600664.SH	哈药股份	哈药集团中药有限公司	22	10	20	30	82	B^+
600720.SH	祁连山	平凉祁连山水泥有限公司	26	6	20	30	82	B^+
600737.SH	中粮糖业	中粮屯河吉木萨尔番茄制品有限公司	22	10	20	30	82	B^+
600744.SH	华银电力	大唐华银攸县能源有限公司	22	10	20	30	82	B^+
600801.SH	华新水泥	华新水泥（渠县）有限公司	24	8	20	30	82	B^+
600803.SH	新奥股份	新能凤凰（滕州）能源有限公司	22	10	20	30	82	B^+
600808.SH	马钢股份	安徽长江钢铁股份有限公司	24	8	20	30	82	B^+

代码	名称（简称）	被参控公司/母公司	在线监测系统得分	排污许可系统得分	监督性监测系统得分	环境违法处罚系统得分	企业环境绩效总得分	评分等级
600810.SH	神马股份	河南神马尼龙化工有限责任公司	22	10	20	30	82	B^+
600874.SH	创业环保	安国创业水务有限公司	22	10	20	30	82	B^+
600874.SH	创业环保	武汉天创环保有限公司	22	10	20	30	82	B^+
600874.SH	创业环保	内蒙古巴彦淖尔创业水务有限责任公司	22	10	20	30	82	B^+
600887.SH	伊利股份	内蒙古伊利实业集团股份有限公司	22	10	20	30	82	B^+
600887.SH	伊利股份	廊坊伊利乳品有限公司	22	10	20	30	82	B^+
600982.SH	宁波热电	宁波光耀热电有限公司	22	10	20	30	82	B^+
601088.SH	中国神华	陕西国华锦界能源有限责任公司	24	8	20	30	82	B^+
601138.SH	工业富联	富泰华精密电子（济源）有限公司	22	10	20	30	82	B^+
601233.SH	桐昆股份	桐昆集团浙江恒盛化纤有限公司	22	10	20	30	82	B^+
601233.SH	桐昆股份	桐昆集团股份有限公司	22	10	20	30	82	B^+
601330.SH	绿色动力	安顺绿色动力再生能源有限公司	22	10	20	30	82	B^+
601579.SH	会稽山	乌毡帽酒业有限公司	22	10	20	30	82	B^+
601607.SH	上海医药	辽宁美亚制药有限公司	22	10	20	30	82	B^+
601633.SH	长城汽车	天津博信汽车零部件有限公司	26	10	16	30	82	B^+
601678.SH	滨化股份	黄河三角洲（滨州）热力有限公司	24	8	20	30	82	B^+
601727.SH	上海电气	上海电气集团上海电机厂有限公司	22	10	20	30	82	B^+
601865.SH	福莱特	浙江嘉福玻璃有限公司	24	8	20	30	82	B^+
601898.SH	中煤能源	中煤陕西榆林能源化工有限公司	22	10	20	30	82	B^+
601899.SH	紫金矿业	福建马坑矿业股份有限公司	22	10	20	30	82	B^+
601991.SH	大唐发电	同煤大唐塔山第二发电有限责任公司	22	10	20	30	82	B^+
601991.SH	大唐发电	大唐鸡西热电有限责任公司	22	10	20	30	82	B^+
601991.SH	大唐发电	江西大唐国际新余发电有限责任公司	26	6	20	30	82	B^+
603026.SH	石大胜华	山东石大胜华化工集团股份有限公司	22	10	20	30	82	B^+
603113.SH	金能科技	金能科技股份有限公司	22	10	20	30	82	B^+

代码	名称（简称）	被参控公司/母公司	在线监测系统得分	排污许可系统得分	监督性监测系统得分	环境违法处罚系统得分	企业环境绩效总得分	评分等级
603369.SH	今世缘	江苏今世缘酒业股份有限公司	22	10	20	30	82	B^+
603568.SH	伟明环保	永康市伟明环保能源有限公司	22	10	20	30	82	B^+
603609.SH	禾丰牧业	葫芦岛九股河食品有限公司	26	6	20	30	82	B^+
603889.SH	新澳股份	浙江新中和羊毛有限公司	22	10	20	30	82	B^+
603920.SH	世运电路	广东世运电路科技股份有限公司	22	10	20	30	82	B^+
000027.SZ	深圳能源	国电南宁发电有限责任公司	22	9.5	20	30	81.5	B^+
002067.SZ	景兴纸业	浙江景兴板纸有限公司	24	7.5	20	30	81.5	B^+
002859.SZ	洁美科技	浙江洁美电子信息材料有限公司	24	7.5	20	30	81.5	B^+
600021.SH	上海电力	浙江浙能镇海天然气发电有限责任公司	24	7.5	20	30	81.5	B^+
600023.SH	浙能电力	浙江浙能兰溪发电有限责任公司	22	9.5	20	30	81.5	B^+
600486.SH	扬农化工	江苏优士化学有限公司	24	7.5	20	30	81.5	B^+
600493.SH	凤竹纺织	福建凤竹纺织科技股份有限公司	22	9.5	20	30	81.5	B^+
600569.SH	安阳钢铁	安钢集团永通球墨铸铁管有限责任公司	26	7.5	20	28	81.5	B^+
600881.SH	亚泰集团	亚泰集团通化水泥股份有限公司	24	7.5	20	30	81.5	B^+
601015.SH	陕西黑猫	陕西龙门煤化工有限责任公司	24	7.5	20	30	81.5	B^+
600521.SH	华海药业	浙江华海天诚药业有限公司	24	7	20	30	81	B^+
000792.SZ	*ST 盐湖	青海水泥股份有限公司	26	4.5	20	30	80.5	B^+
002001.SZ	新和成	浙江新和成股份有限公司	24	6.5	20	30	80.5	B^+
000012.SZ	南玻 A	河北南玻玻璃有限公司	20	10	20	30	80	B^+
000035.SZ	中国天楹	深圳市天楹环保能源有限公司	20	10	20	30	80	B^+
000035.SZ	中国天楹	滨州天楹环保能源有限公司	20	10	20	30	80	B^+
000050.SZ	深天马 A	厦门天马微电子有限公司	20	10	20	30	80	B^+
000050.SZ	深天马 A	武汉天马微电子有限公司	20	10	20	30	80	B^+
000401.SZ	冀东水泥	包头冀东水泥有限公司	22	8	20	30	80	B^+
000513.SZ	丽珠集团	丽珠集团福州福兴医药有限公司	22	8	20	30	80	B^+

代码	名称（简称）	被参控公司/母公司	在线监测系统得分	排污许可系统得分	监督性监测系统得分	环境违法处罚系统得分	企业环境绩效总得分	评分等级
000531.SZ	穗恒运A	广州恒运企业集团股份有限公司	20	10	20	30	80	B^+
000546.SZ	金圆股份	青海宏扬水泥有限公司	20	10	20	30	80	B^+
000550.SZ	江铃汽车	江铃汽车股份有限公司	20	10	20	30	80	B^+
000576.SZ	广东甘化	江门市北街（联营）发电厂	24	6	20	30	80	B^+
000625.SZ	长安汽车	合肥长安汽车有限公司	20	10	20	30	80	B^+
000629.SZ	攀钢钒钛	攀枝花东方钛业有限公司	22	10	20	28	80	B^+
000723.SZ	美锦能源	山西美锦煤焦化有限公司	22	10	20	28	80	B^+
000726.SZ	鲁泰A	淄博鑫胜热电有限公司	20	10	20	30	80	B^+
000729.SZ	燕京啤酒	燕京啤酒（贵州）有限公司	20	10	20	30	80	B^+
000729.SZ	燕京啤酒	广东燕京啤酒有限公司	20	10	20	30	80	B^+
000737.SZ	ST南风	四川同庆南风有限责任公司	20	10	20	30	80	B^+
000758.SZ	中色股份	赤峰中色锌业有限公司	20	10	20	30	80	B^+
000786.SZ	北新建材	阜新泰山石膏建材有限公司	20	10	20	30	80	B^+
000786.SZ	北新建材	淮南北新建材有限公司	20	10	20	30	80	B^+
000786.SZ	北新建材	泰山石膏（陕西）有限公司	20	10	20	30	80	B^+
000826.SZ	启迪桑德	亳州永康医疗废物处置有限公司	20	10	20	30	80	B^+
000826.SZ	启迪桑德	宜都桑德宜清水务有限公司	20	10	20	30	80	B^+
000830.SZ	鲁西化工	鲁西化工集团股份有限公司	20	10	20	30	80	B^+
000875.SZ	吉电股份	白山热电有限责任公司	22	8	20	30	80	B^+
000895.SZ	双汇发展	华懋双汇实业（集团）有限公司	20	10	20	30	80	B^+
000911.SZ	*ST南糖	南宁糖业股份有限公司	26	10	14	30	80	B^+
000912.SZ	泸天化	宁夏和宁化学有限公司	20	10	20	30	80	B^+
000929.SZ	兰州黄河	青海黄河嘉酿啤酒有限公司	20	10	20	30	80	B^+
000930.SZ	中粮生化	马鞍山中粮生物化学有限公司	20	10	20	30	80	B^+
000952.SZ	广济药业	湖北惠生药业有限公司	24	6	20	30	80	B^+

代码	名称（简称）	被参控公司/母公司	在线监测系统得分	排污许可系统得分	监督性监测系统得分	环境违法处罚系统得分	企业环境绩效总得分	评分等级
002019.SZ	亿帆医药	重庆鑫富化工有限公司	20	10	20	30	80	B^+
002064.SZ	华峰氨纶	浙江华峰氨纶股份有限公司	20	10	20	30	80	B^+
002068.SZ	黑猫股份	韩城黑猫炭黑有限责任公司	20	10	20	30	80	B^+
002125.SZ	湘潭电化	湘潭市污水处理有限责任公司	20	10	20	30	80	B^+
002170.SZ	芭田股份	徐州市芭田生态有限公司	20	10	20	30	80	B^+
002171.SZ	楚江新材	安徽楚江高新电材有限公司	20	10	20	30	80	B^+
002172.SZ	澳洋健康	玛纳斯澳洋科技有限责任公司	22	8	20	30	80	B^+
002182.SZ	云海金属	巢湖云海镁业有限公司	22	10	20	28	80	B^+
002210.SZ	*ST 飞马	大同富乔垃圾焚烧发电有限公司	20	10	20	30	80	B^+
002233.SZ	塔牌集团	梅州市塔牌集团蕉岭鑫达旋窑水泥有限公司	20	10	20	30	80	B^+
002237.SZ	恒邦股份	山东恒邦冶炼股份有限公司	20	10	20	30	80	B^+
002250.SZ	联化科技	联化科技（德州）有限公司	20	10	20	30	80	B^+
002608.SZ	江苏国信	江苏国信扬州发电有限责任公司	22	8	20	30	80	B^+
002608.SZ	江苏国信	江苏射阳港发电有限责任公司	24	6	20	30	80	B^+
002648.SZ	卫星石化	浙江卫星石化股份有限公司	20	10	20	30	80	B^+
002695.SZ	煌上煌	江西煌上煌集团食品股份有限公司	20	10	20	30	80	B^+
300026.SZ	红日药业	湖北亿诺瑞生物制药有限公司	20	10	20	30	80	B^+
300054.SZ	鼎龙股份	湖北鼎龙控股股份有限公司	20	10	20	30	80	B^+
300070.SZ	碧水源	赤峰锦源环保科技有限公司	20	10	20	30	80	B^+
300088.SZ	长信科技	芜湖长信科技股份有限公司	20	10	20	30	80	B^+
300388.SZ	国祯环保	云南陆良县国祯污水处理有限公司	20	10	20	30	80	B^+
300388.SZ	国祯环保	砚山县国祯污水处理有限公司	20	10	20	30	80	B^+
300388.SZ	国祯环保	江门市国祯污水处理有限公司	20	10	20	30	80	B^+
300388.SZ	国祯环保	富宁县国祯污水处理有限公司	20	10	20	30	80	B^+
300596.SZ	利安隆	利安隆（中卫）新材料有限公司	20	10	20	30	80	B^+

代码	名称（简称）	被参控公司/母公司	在线监测系统得分	排污许可系统得分	监督性监测系统得分	环境违法处罚系统得分	企业环境绩效总得分	评分等级
600008.SH	首创股份	定州市中诚水务有限公司	20	10	20	30	80	B^+
600008.SH	首创股份	阜阳首创水务有限责任公司	20	10	20	30	80	B^+
600008.SH	首创股份	菏泽首创水务有限公司	20	10	20	30	80	B^+
600008.SH	首创股份	漯河首创格威特水务有限公司	20	10	20	30	80	B^+
600011.SH	华能国际	天津华能杨柳青热电有限责任公司	20	10	20	30	80	B^+
600011.SH	华能国际	华能吉林发电有限公司	26	4	20	30	80	B^+
600011.SH	华能国际	华能苏州热电有限责任公司	22	8	20	30	80	B^+
600011.SH	华能国际	华能山东发电有限公司	22	8	20	30	80	B^+
600021.SH	上海电力	上海吴泾发电有限责任公司	20	10	20	30	80	B^+
600022.SH	山东钢铁	山东钢铁集团日照有限公司	20	10	20	30	80	B^+
600027.SH	华电国际	华电龙口发电股份有限公司	20	10	20	30	80	B^+
600027.SH	华电国际	华电渠东发电有限公司	20	10	20	30	80	B^+
600062.SH	华润双鹤	双鹤药业（商丘）有限责任公司	22	8	20	30	80	B^+
600096.SH	云天化	云南水富云天化有限公司	20	10	20	30	80	B^+
600096.SH	云天化	重庆云天化天聚新材料有限公司	20	10	20	30	80	B^+
600117.SH	西宁特钢	青海江仓能源发展有限责任公司	20	10	20	30	80	B^+
600123.SH	兰花科创	山西兰花清洁能源有限责任公司	20	10	20	30	80	B^+
600133.SH	东湖高新	德清县钟管科亮环保科技有限公司	20	10	20	30	80	B^+
600133.SH	东湖高新	钟祥东海水务有限公司	20	10	20	30	80	B^+
600133.SH	东湖高新	湖北房县科亮环保科技有限公司	20	10	20	30	80	B^+
600141.SH	兴发集团	重庆兴发金冠化工有限公司	20	10	20	30	80	B^+
600190.SH	锦州港	锦州港股份有限公司	20	10	20	30	80	B^+
600195.SH	中牧股份	内蒙古中牧生物药业有限公司	24	6	20	30	80	B^+
600201.SH	生物股份	金宇保灵生物药品有限公司	20	10	20	30	80	B^+
600212.SH	江泉实业	山东江泉实业股份有限公司	20	10	20	30	80	B^+

代码	名称（简称）	被参控公司/母公司	在线监测系统得分	排污许可系统得分	监督性监测系统得分	环境违法处罚系统得分	企业环境绩效总得分	评分等级
600236.SH	桂冠电力	大唐桂冠合山发电有限公司	22	8	20	30	80	B^+
600277.SH	亿利洁能	亿利洁能科技（金乡）有限公司	20	10	20	30	80	B^+
600292.SH	远达环保	凌源远达水务有限公司	20	10	20	30	80	B^+
600298.SH	安琪酵母	安琪酵母（德宏）有限公司	20	10	20	30	80	B^+
600300.SH	维维股份	济南维维乳业有限公司	20	10	20	30	80	B^+
600307.SH	酒钢宏兴	酒钢集团榆中钢铁有限责任公司	22	10	20	28	80	B^+
600309.SH	万华化学	万华化学集团股份有限公司	20	10	20	30	80	B^+
600319.SH	亚星化学	潍坊亚星化学股份有限公司	20	10	20	30	80	B^+
600331.SH	宏达股份	剑川益云有色金属有限公司	20	10	20	30	80	B^+
600396.SH	*ST 金山	丹东金山热电有限公司	20	10	20	30	80	B^+
600420.SH	现代制药	国药集团川抗制药有限公司	20	10	20	30	80	B^+
600420.SH	现代制药	国药集团工业有限公司	20	10	20	30	80	B^+
600420.SH	现代制药	上海现代哈森（商丘）药业有限公司	24	6	20	30	80	B^+
600420.SH	现代制药	国药集团致君（深圳）坪山制药有限公司	20	10	20	30	80	B^+
600425.SH	青松建化	和田青松建材有限责任公司	20	10	20	30	80	B^+
600433.SH	冠豪高新	广东冠豪高新技术股份有限公司	22	8	20	30	80	B^+
600497.SH	驰宏锌锗	云南驰宏锌锗股份有限公司	20	10	20	30	80	B^+
600578.SH	京能电力	宁夏京能宁东发电有限责任公司	22	8	20	30	80	B^+
600578.SH	京能电力	山西漳山发电有限责任公司	22	8	20	30	80	B^+
600585.SH	海螺水泥	千阳海螺水泥有限责任公司	20	10	20	30	80	B^+
600585.SH	海螺水泥	陕西铜川凤凰建材有限公司	20	10	20	30	80	B^+
600585.SH	海螺水泥	建德海螺水泥有限责任公司	20	10	20	30	80	B^+
600585.SH	海螺水泥	广东清新水泥有限公司	20	10	20	30	80	B^+
600585.SH	海螺水泥	平凉海螺水泥有限责任公司	22	8	20	30	80	B^+
600585.SH	海螺水泥	云南壮乡水泥股份有限公司	20	10	20	30	80	B^+

代码	名称（简称）	被参控公司/母公司	在线监测系统得分	排污许可系统得分	监督性监测系统得分	环境违法处罚系统得分	企业环境绩效总得分	评分等级
600586.SH	金晶科技	廊坊金彪玻璃有限公司	20	10	20	30	80	B^+
600594.SH	益佰制药	淮南朝阳医院	20	10	20	30	80	B^+
600597.SH	光明乳业	上海乳品四厂有限公司	20	10	20	30	80	B^+
600600.SH	青岛啤酒	青岛啤酒渭南有限责任公司	20	10	20	30	80	B^+
600618.SH	氯碱化工	上海氯碱化工股份有限公司	20	10	20	30	80	B^+
600623.SH	华谊集团	上海华谊能源化工有限公司	22	8	20	30	80	B^+
600642.SH	申能股份	上海外高桥第三发电有限责任公司	22	10	20	28	80	B^+
600660.SH	福耀玻璃	福耀集团（上海）汽车玻璃有限公司	20	10	20	30	80	B^+
600668.SH	尖峰集团	云南尖峰水泥有限公司	22	8	20	30	80	B^+
600724.SH	宁波富达	蒙自瀛洲水泥有限责任公司	22	8	20	30	80	B^+
600737.SH	中粮糖业	中粮屯河北海糖业有限公司	20	10	20	30	80	B^+
600744.SH	华银电力	大唐华银株洲发电有限公司	22	8	20	30	80	B^+
600744.SH	华银电力	大唐华银电力股份有限公司	20	10	20	30	80	B^+
600795.SH	国电电力	国电宁夏石嘴山发电有限责任公司	22	8	20	30	80	B^+
600795.SH	国电电力	国电宣威发电有限责任公司	20	10	20	30	80	B^+
600801.SH	华新水泥	华新水泥（冷水江）有限公司	22	8	20	30	80	B^+
600801.SH	华新水泥	华新水泥（河南信阳）有限公司	22	8	20	30	80	B^+
600803.SH	新奥股份	新能能源有限公司	20	10	20	30	80	B^+
600846.SH	同济科技	肇庆市禄步同济水务有限公司	20	10	20	30	80	B^+
600846.SH	同济科技	宝鸡市同济水务有限公司	20	10	20	30	80	B^+
600873.SH	梅花生物	通辽梅花生物科技有限公司	26	4	20	30	80	B^+
600873.SH	梅花生物	新疆梅花氨基酸有限责任公司	20	10	20	30	80	B^+
600876.SH	洛阳玻璃	中建材（合肥）新能源有限公司	20	10	20	30	80	B^+
600881.SH	亚泰集团	吉林亚泰明城水泥有限公司	20	10	20	30	80	B^+
600881.SH	亚泰集团	辽宁富山水泥有限公司	20	10	20	30	80	B^+

代码	名称（简称）	被参控公司/母公司	在线监测系统得分	排污许可系统得分	监督性监测系统得分	环境违法处罚系统得分	企业环境绩效总得分	评分等级
600886.SH	国投电力	厦门华夏国际电力发展有限公司	20	10	20	30	80	B^+
600886.SH	国投电力	福建太平洋电力有限公司	20	10	20	30	80	B^+
600887.SH	伊利股份	天津伊利乳品有限责任公司	26	10	14	30	80	B^+
600887.SH	伊利股份	巴彦淖尔伊利乳业有限责任公司	24	10	16	30	80	B^+
600888.SH	新疆众和	新疆众和股份有限公司	20	10	20	30	80	B^+
600971.SH	恒源煤电	淮北新源热电有限公司	20	10	20	30	80	B^+
600987.SH	航民股份	杭州钱江印染化工有限公司	20	10	20	30	80	B^+
601106.SH	中国一重	中国第一重型机械股份公司	20	10	20	30	80	B^+
601330.SH	绿色动力	平阳绿色动力再生能源有限公司	20	10	20	30	80	B^+
601330.SH	绿色动力	句容绿色动力再生能源有限公司	20	10	20	30	80	B^+
601330.SH	绿色动力	武汉绿色动力再生能源有限公司	20	10	20	30	80	B^+
601600.SH	中国铝业	广西华银铝业有限公司	22	10	20	28	80	B^+
601618.SH	中国中冶	石钢京诚装备技术有限公司	20	10	20	30	80	B^+
601678.SH	滨化股份	滨化集团股份有限公司	20	10	20	30	80	B^+
601857.SH	中国石油	大连西太平洋石油化工有限公司	20	10	20	30	80	B^+
601991.SH	大唐发电	江苏大唐国际吕四港发电有限责任公司	24	6	20	30	80	B^+
601991.SH	大唐发电	大唐鸡西第二热电有限公司	20	10	20	30	80	B^+
601992.SH	金隅集团	宣化金隅水泥有限公司	22	8	20	30	80	B^+
601992.SH	金隅集团	天津金隅振兴环保科技有限公司	20	10	20	30	80	B^+
603538.SH	美诺华	浙江美诺华药物化学有限公司	20	10	20	30	80	B^+
603568.SH	伟明环保	瑞安市伟明环保能源有限公司	20	10	20	30	80	B^+
603568.SH	伟明环保	浙江伟明环保股份有限公司	20	10	20	30	80	B^+
603733.SH	仙鹤股份	河南仙鹤特种浆纸有限公司	20	10	20	30	80	B^+
603799.SH	华友钴业	浙江华友钴业股份有限公司	20	10	20	30	80	B^+
603876.SH	鼎胜新材	江苏鼎胜新能源材料股份有限公司	20	10	20	30	80	B^+

代码	名称（简称）	被参控公司/母公司	在线监测系统得分	排污许可系统得分	监督性监测系统得分	环境违法处罚系统得分	企业环境绩效总得分	评分等级
000401.SZ	冀东水泥	冀东海德堡（泾阳）水泥有限公司	22	7.5	20	30	79.5	B
000959.SZ	首钢股份	首钢京唐钢铁联合有限责任公司	20	9.5	20	30	79.5	B
002083.SZ	孚日股份	孚日集团股份有限公司	20	9.5	20	30	79.5	B
600226.SH	瀚叶股份	浙江拜克生物科技有限公司	20	9.5	20	30	79.5	B
600483.SH	福能股份	国电泉州热电有限公司	22	7.5	20	30	79.5	B
600795.SH	国电电力	北京太阳宫燃气热电有限公司	20	9.5	20	30	79.5	B
600801.SH	华新水泥	华新水泥（株洲）有限公司	20	9.5	20	30	79.5	B
601339.SH	百隆东方	宁波海德针织漂染有限公司	20	9.5	20	30	79.5	B
601991.SH	大唐发电	深圳大唐宝昌燃气发电有限公司	20	9.5	20	30	79.5	B
000937.SZ	冀中能源	金牛天铁煤焦化有限公司	20	9	20	30	79	B
600328.SH	兰太实业	内蒙古兰太钠业有限责任公司	24	5	20	30	79	B
000016.SZ	深康佳A	广东兴达鸿业电子有限公司	18	10	20	30	78	B
000027.SZ	深圳能源	深能合和电力（河源）有限公司	18	10	20	30	78	B
000035.SZ	中国天楹	如东天楹环保能源有限公司	18	10	20	30	78	B
000037.SZ	深南电A	深南电（东莞）唯美电力有限公司	18	10	20	30	78	B
000401.SZ	冀东水泥	冀东水泥凤翔有限责任公司	18	10	20	30	78	B
000401.SZ	冀东水泥	唐山冀东水泥股份有限公司	20	8	20	30	78	B
000425.SZ	徐工机械	徐州天裕燃气发电有限公司	20	8	20	30	78	B
000488.SZ	晨鸣纸业	武汉晨鸣汉阳纸业股份有限公司	20	8	20	30	78	B
000543.SZ	皖能电力	临涣中利发电有限公司	18	10	20	30	78	B
000544.SZ	中原环保	中原环保水务登封有限公司	18	10	20	30	78	B
000544.SZ	中原环保	中原环保伊川水务有限公司	18	10	20	30	78	B
000600.SZ	建投能源	河北邯峰发电有限责任公司	26	8	20	24	78	B
000601.SZ	韶能股份	韶能集团耒阳电力实业有限公司	20	8	20	30	78	B
000623.SZ	吉林敖东	吉林敖东药业集团延吉股份有限公司	18	10	20	30	78	B

代码	名称（简称）	被参控公司/母公司	在线监测系统得分	排污许可系统得分	监督性监测系统得分	环境违法处罚系统得分	企业环境绩效总得分	评分等级
000683.SZ	远兴能源	内蒙古博大实地化学有限公司	20	8	20	30	78	B
000685.SZ	中山公用	中山市污水处理有限公司	18	10	20	30	78	B
000692.SZ	惠天热电	沈阳金廊热力有限公司	18	10	20	30	78	B
000692.SZ	惠天热电	沈阳惠天棋盘山供热有限责任公司	18	10	20	30	78	B
000705.SZ	浙江震元	浙江震元制药有限公司	18	10	20	30	78	B
000725.SZ	京东方 A	重庆京东方光电科技有限公司	18	10	20	30	78	B
000726.SZ	鲁泰 A	鲁泰纺织股份有限公司	18	10	20	30	78	B
000729.SZ	燕京啤酒	燕京啤酒（衡阳）有限公司	18	10	20	30	78	B
000729.SZ	燕京啤酒	燕京啤酒（玉林）有限公司	18	10	20	30	78	B
000778.SZ	新兴铸管	黄石新兴管业有限公司	18	10	20	30	78	B
000778.SZ	新兴铸管	芜湖新兴铸管有限责任公司	22	8	20	28	78	B
000786.SZ	北新建材	泰山石膏（湖北）有限公司	18	10	20	30	78	B
000807.SZ	云铝股份	云南铝业股份有限公司	26	10	12	30	78	B
000826.SZ	启迪桑德	咸宁淦清水务有限公司	18	10	20	30	78	B
000826.SZ	启迪桑德	咸宁桑德甘源水务有限公司	18	10	20	30	78	B
000877.SZ	天山股份	阿克苏天山多浪水泥有限责任公司	20	8	20	30	78	B
000878.SZ	云南铜业	赤峰云铜有色金属有限公司	22	6	20	30	78	B
000895.SZ	双汇发展	沈阳双汇食品有限公司	18	10	20	30	78	B
000895.SZ	双汇发展	济源双汇食品有限公司	18	10	20	30	78	B
000902.SZ	新洋丰	宜昌新洋丰肥业有限公司	20	10	20	28	78	B
000930.SZ	中粮生化	武汉中粮食品科技有限公司	22	6	20	30	78	B
000933.SZ	神火股份	河南省许昌新龙矿业有限责任公司	18	10	20	30	78	B
000939.SZ	*ST 凯迪	鄱阳县凯迪绿色能源开发有限公司	18	10	20	30	78	B
000949.SZ	新乡化纤	新乡化纤股份有限公司	22	6	20	30	78	B
000959.SZ	首钢股份	北京首钢冷轧薄板有限公司	22	6	20	30	78	B

代码	名称（简称）	被参控公司/母公司	在线监测系统得分	排污许可系统得分	监督性监测系统得分	环境违法处罚系统得分	企业环境绩效总得分	评分等级
000963.SZ	华东医药	华东医药（西安）博华制药有限公司	20	8	20	30	78	B
000966.SZ	长源电力	国电长源荆门发电有限公司	20	8	20	30	78	B
000967.SZ	盈峰环境	仙桃绿色东方环保发电有限公司	18	10	20	30	78	B
000982.SZ	*ST 中绒	宁夏中银绒业股份有限公司	18	10	20	30	78	B
001896.SZ	豫能控股	南阳天益发电有限责任公司	20	8	20	30	78	B
002004.SZ	华邦健康	杭州颖泰生物科技有限公司	18	10	20	30	78	B
002010.SZ	传化智联	杭州传化精细化工有限公司	18	10	20	30	78	B
002034.SZ	旺能环境	安吉旺能再生资源利用有限公司	18	10	20	30	78	B
002034.SZ	旺能环境	丽水旺能环保能源有限公司	18	10	20	30	78	B
002054.SZ	德美化工	辽宁奥克化学股份有限公司	18	10	20	30	78	B
002092.SZ	中泰化学	新疆圣雄能源股份有限公司	20	8	20	30	78	B
002106.SZ	莱宝高科	深圳莱宝高科技股份有限公司	18	10	20	30	78	B
002124.SZ	天邦股份	安徽汉世伟猪业育种有限公司	18	10	20	30	78	B
002129.SZ	中环股份	内蒙古中环光伏材料有限公司	18	10	20	30	78	B
002202.SZ	金风科技	金风环保有限公司	18	10	20	30	78	B
002330.SZ	得利斯	诸城市同路热电有限公司	22	6	20	30	78	B
002333.SZ	*ST 罗普	苏州罗普斯金铝业股份有限公司	18	10	20	30	78	B
002386.SZ	天原集团	宜宾海丰和锐有限公司	22	6	20	30	78	B
002463.SZ	沪电股份	黄石沪士电子有限公司	18	10	20	30	78	B
002470.SZ	金正大	金正大生态工程集团股份有限公司	18	10	20	30	78	B
002579.SZ	中京电子	惠州中京电子科技有限公司	18	10	20	30	78	B
002600.SZ	领益智造	深圳市合力通电子有限公司	18	10	20	30	78	B
002603.SZ	以岭药业	石家庄以岭药业股份有限公司	18	10	20	30	78	B
002608.SZ	江苏国信	江苏国信仪征热电有限公司	20	8	20	30	78	B
002608.SZ	江苏国信	江苏新海发电有限公司	20	8	20	30	78	B

代码	名称（简称）	被参控公司/母公司	在线监测系统得分	排污许可系统得分	监督性监测系统得分	环境违法处罚系统得分	企业环境绩效总得分	评分等级
002672.SZ	东江环保	东江环保股份有限公司	18	10	20	30	78	B
002709.SZ	天赐材料	江西云锂材料股份有限公司	22	10	20	26	78	B
002815.SZ	崇达技术	江门崇达电路技术有限公司	18	10	20	30	78	B
002938.SZ	鹏鼎控股	宏启胜精密电子（秦皇岛）有限公司	18	10	20	30	78	B
300068.SZ	南都电源	安徽华铂再生资源科技有限公司	18	10	20	30	78	B
300070.SZ	碧水源	太原碧水源水务有限公司	18	10	20	30	78	B
300090.SZ	盛运环保	宣城中科环保电力有限公司	18	10	20	30	78	B
300172.SZ	中电环保	中电环保股份有限公司	18	10	20	30	78	B
300187.SZ	永清环保	新余永清环保能源有限公司	18	10	20	30	78	B
300194.SZ	福安药业	福安药业集团烟台只楚药业有限公司	18	10	20	30	78	B
300218.SZ	安利股份	安徽安利材料科技股份有限公司	18	10	20	30	78	B
300388.SZ	国祯环保	衡水国祯污水处理有限公司	18	10	20	30	78	B
300481.SZ	濮阳惠成	濮阳惠成电子材料股份有限公司	18	10	20	30	78	B
300497.SZ	富祥股份	江西富祥药业股份有限公司	20	8	20	30	78	B
300664.SZ	鹏鹞环保	景德镇鹏鹞水务有限公司	18	10	20	30	78	B
300664.SZ	鹏鹞环保	丹阳鹏鹞污水处理有限公司	18	10	20	30	78	B
600008.SH	首创股份	绍兴市嵊新首创污水处理有限公司	18	10	20	30	78	B
600008.SH	首创股份	东营首创水务有限公司	18	10	20	30	78	B
600008.SH	首创股份	凡和（葫芦岛）水务投资有限公司	18	10	20	30	78	B
600011.SH	华能国际	华能荆门热电有限责任公司	20	8	20	30	78	B
600011.SH	华能国际	华能临沂发电有限公司	20	8	20	30	78	B
600011.SH	华能国际	华能左权煤电有限责任公司	20	8	20	30	78	B
600019.SH	宝钢股份	中国平煤神马能源化工集团有限责任公司	22	6	20	30	78	B
600019.SH	宝钢股份	宝钢湛江钢铁有限公司	20	8	20	30	78	B
600021.SH	上海电力	浙江浙能长兴天然气热电有限公司	18	10	20	30	78	B

代码	名称（简称）	被参控公司/母公司	在线监测系统得分	排污许可系统得分	监督性监测系统得分	环境违法处罚系统得分	企业环境绩效总得分	评分等级
600021.SH	上海电力	上海吴泾第二发电有限责任公司	22	8	20	28	78	B
600027.SH	华电国际	天津华电福源热电有限公司	22	8	20	28	78	B
600028.SH	中国石化	福建联合石油化工有限公司	18	10	20	30	78	B
600063.SH	皖维高新	广西广维化工有限责任公司	18	10	20	30	78	B
600070.SH	浙江富润	诸暨富润服饰有限公司	18	10	20	30	78	B
600070.SH	浙江富润	浙江富润纺织有限公司	18	10	20	30	78	B
600078.SH	澄星股份	云南宣威磷电有限责任公司	18	10	20	30	78	B
600126.SH	杭钢股份	临海市富春紫光污水处理有限公司	22	10	16	30	78	B
600126.SH	杭钢股份	福州富春紫光污水处理有限公司	18	10	20	30	78	B
600160.SH	巨化股份	浙江衢化氟化学有限公司	18	10	20	30	78	B
600161.SH	天坛生物	成都蓉生药业有限责任公司	18	10	20	30	78	B
600182.SH	S 佳通	福建佳通轮胎有限公司	18	10	20	30	78	B
600187.SH	国中水务	宁阳磁窑中环水务有限公司	18	10	20	30	78	B
600220.SH	江苏阳光	江苏阳光新桥热电有限公司	22	8	20	28	78	B
600267.SH	海正药业	海正药业（杭州）有限公司	18	10	20	30	78	B
600277.SH	亿利洁能	亿利洁能科技（乐陵）有限公司	18	10	20	30	78	B
600298.SH	安琪酵母	安琪酵母（滨州）有限公司	18	10	20	30	78	B
600303.SH	曙光股份	丹东黄海汽车有限责任公司	18	10	20	30	78	B
600380.SH	健康元	焦作金冠嘉华电力有限公司	18	10	20	30	78	B
600409.SH	三友化工	唐山三友远达纤维有限公司	18	10	20	30	78	B
600409.SH	三友化工	唐山三友化工股份有限公司	18	10	20	30	78	B
600409.SH	三友化工	青海五彩碱业有限公司	18	10	20	30	78	B
600418.SH	江淮汽车	四川江淮汽车有限公司	18	10	20	30	78	B
600419.SH	天润乳业	新疆天润生物科技股份有限公司	18	10	20	30	78	B
600425.SH	青松建化	巴州青松绿原建材有限责任公司	18	10	20	30	78	B

代码	名称（简称）	被参控公司/母公司	在线监测系统得分	排污许可系统得分	监督性监测系统得分	环境违法处罚系统得分	企业环境绩效总得分	评分等级
600469.SH	风神股份	风神轮胎股份有限公司	20	8	20	30	78	B
600497.SH	驰宏锌锗	彝良驰宏矿业有限公司	20	10	20	28	78	B
600566.SH	济川药业	济川药业集团有限公司	18	10	20	30	78	B
600585.SH	海螺水泥	全椒海螺水泥有限责任公司	20	8	20	30	78	B
600585.SH	海螺水泥	贵阳海螺盘江水泥有限责任公司	18	10	20	30	78	B
600585.SH	海螺水泥	池州海螺水泥股份有限公司	18	10	20	30	78	B
600585.SH	海螺水泥	安徽怀宁海螺水泥有限公司	18	10	20	30	78	B
600585.SH	海螺水泥	巢湖海螺水泥有限责任公司	18	10	20	30	78	B
600585.SH	海螺水泥	龙陵海螺水泥有限责任公司	18	10	20	30	78	B
600600.SH	青岛啤酒	青岛啤酒武威有限责任公司	18	10	20	30	78	B
600600.SH	青岛啤酒	北京青岛啤酒三环有限公司	18	10	20	30	78	B
600600.SH	青岛啤酒	青岛啤酒（成都）有限公司	18	10	20	30	78	B
600600.SH	青岛啤酒	青岛啤酒（福州）有限公司	18	10	20	30	78	B
600600.SH	青岛啤酒	山东绿兰莎啤酒有限公司	18	10	20	30	78	B
600635.SH	大众公用	徐州源泉污水处理有限公司	18	10	20	30	78	B
600678.SH	四川金顶	四川金顶（集团）股份有限公司	18	10	20	30	78	B
600691.SH	阳煤化工	阳煤平原化工有限公司	20	8	20	30	78	B
600703.SH	三安光电	天津三安光电有限公司	18	10	20	30	78	B
600720.SH	祁连山	青海祁连山水泥有限公司	20	8	20	30	78	B
600720.SH	祁连山	漳县祁连山水泥有限公司	22	6	20	30	78	B
600724.SH	宁波富达	宁波科环新型建材股份有限公司	20	8	20	30	78	B
600726.SH	*ST 华源	哈尔滨热电有限责任公司	18	10	20	30	78	B
600727.SH	鲁北化工	山东鲁北化工股份有限公司	18	10	20	30	78	B
600737.SH	中粮糖业	中粮屯河新源糖业有限公司	20	8	20	30	78	B
600784.SH	鲁银投资	鲁银集团禹城羊绒纺织有限公司	20	8	20	30	78	B

代码	名称（简称）	被参控公司/母公司	在线监测系统得分	排污许可系统得分	监督性监测系统得分	环境违法处罚系统得分	企业环境绩效总得分	评分等级
600795.SH	国电电力	国电石嘴山第一发电有限公司	20	8	20	30	78	B
600795.SH	国电电力	国电铜陵发电有限公司	20	8	20	30	78	B
600795.SH	国电电力	国电内蒙古晶阳能源有限公司	18	10	20	30	78	B
600801.SH	华新水泥	重庆华新参天水泥有限公司	18	10	20	30	78	B
600801.SH	华新水泥	贵州水城瑞安水泥有限公司	18	10	20	30	78	B
600801.SH	华新水泥	华新水泥股份有限公司	18	10	20	30	78	B
600802.SH	福建水泥	福建省海峡水泥股份有限公司	18	10	20	30	78	B
600881.SH	亚泰集团	吉林亚泰水泥有限公司	22	6	20	30	78	B
600887.SH	伊利股份	张北伊利乳业有限责任公司	18	10	20	30	78	B
600887.SH	伊利股份	辽宁伊利乳业有限责任公司	18	10	20	30	78	B
600887.SH	伊利股份	济源伊利乳业有限责任公司	18	10	20	30	78	B
600987.SH	航民股份	杭州航民美时达印染有限公司	18	10	20	30	78	B
601118.SH	海南橡胶	江城嘉禾橡胶有限责任公司	18	10	20	30	78	B
601168.SH	西部矿业	内蒙古双利矿业有限公司	18	10	20	30	78	B
601200.SH	上海环境	上海友联竹园第一污水处理投资发展有限公司	18	10	20	30	78	B
601200.SH	上海环境	青岛环境再生能源有限公司	18	10	20	30	78	B
601311.SH	骆驼股份	骆驼集团襄阳蓄电池有限公司	18	10	20	30	78	B
601330.SH	绿色动力	蚌埠绿色动力再生能源有限公司	18	10	20	30	78	B
601339.SH	百隆东方	余姚百利特种纺织染整有限公司	22	6	20	30	78	B
601600.SH	中国铝业	遵义铝业股份有限公司	18	10	20	30	78	B
601678.SH	滨化股份	山东滨化热力有限责任公司	20	8	20	30	78	B
601991.SH	大唐发电	山西大唐国际云冈热电有限责任公司	18	10	20	30	78	B
601991.SH	大唐发电	马鞍山当涂发电有限公司	18	10	20	30	78	B
601991.SH	大唐发电	辽宁大唐国际锦州热电有限责任公司	20	8	20	30	78	B

代码	名称（简称）	被参控公司/母公司	在线监测系统得分	排污许可系统得分	监督性监测系统得分	环境违法处罚系统得分	企业环境绩效总得分	评分等级
601991.SH	大唐发电	大唐绥化热电有限公司	20	8	20	30	78	B
601991.SH	大唐发电	江苏大唐国际如皋热电有限责任公司	24	4	20	30	78	B
601992.SH	金隅集团	赞皇金隅水泥有限责任公司	18	10	20	30	78	B
601992.SH	金隅集团	北京金隅琉水环保科技有限公司	20	8	20	30	78	B
601992.SH	金隅集团	冀东海德堡（扶风）水泥有限公司	18	10	20	30	78	B
603055.SH	台华新材	台华高新染整（嘉兴）有限公司	20	8	20	30	78	B
603077.SH	和邦生物	四川和邦生物科技股份有限公司	20	8	20	30	78	B
603079.SH	圣达生物	浙江新银象生物工程有限公司	18	10	20	30	78	B
603260.SH	合盛硅业	新疆西部天富合盛热电有限公司	18	10	20	30	78	B
603558.SH	健盛集团	浙江俏尔婷婷服饰有限公司	18	10	20	30	78	B
603568.SH	伟明环保	苍南玉苍伟明环保能源有限公司	18	10	20	30	78	B
603568.SH	伟明环保	玉环伟明环保能源有限公司	18	10	20	30	78	B
603589.SH	口子窖	安徽口子酒业股份有限公司	18	10	20	30	78	B
603603.SH	博天环境	绵竹博华水务有限公司	18	10	20	30	78	B
603609.SH	禾丰牧业	濮阳禾丰食品有限公司	18	10	20	30	78	B
603683.SH	晶华新材	浙江晶鑫特种纸业有限公司	18	10	20	30	78	B
603977.SH	国泰集团	江西新余国泰特种化工有限责任公司	18	10	20	30	78	B
000401.SZ	冀东水泥	冀东水泥阿巴嘎旗有限责任公司	20	9.5	20	28	77.5	B
000932.SZ	华菱钢铁	湖南华菱湘潭钢铁有限公司	18	9.5	20	30	77.5	B
002144.SZ	宏达高科	宏达高科控股股份有限公司	18	9.5	20	30	77.5	B
300702.SZ	天宇股份	浙江天宇药业股份有限公司	22	7.5	20	28	77.5	B
600023.SH	浙能电力	浙江浙能绍兴滨海热电有限责任公司	18	9.5	20	30	77.5	B
600023.SH	浙能电力	浙江浙能嘉兴发电有限公司	18	9.5	20	30	77.5	B
600273.SH	嘉化能源	浙江嘉化能源化工股份有限公司	18	9.5	20	30	77.5	B
600795.SH	国电电力	浙江浙能乐清发电有限责任公司	18	9.5	20	30	77.5	B

代码	名称（简称）	被参控公司/母公司	在线监测系统得分	排污许可系统得分	监督性监测系统得分	环境违法处罚系统得分	企业环境绩效总得分	评分等级
601992.SH	金隅集团	鞍山冀东水泥有限责任公司	18	9.5	20	30	77.5	B
002479.SZ	富春环保	常州市新港热电有限公司	22	7	20	28	77	B
600585.SH	海螺水泥	芜湖海螺水泥有限公司	18	9	20	30	77	B
002748.SZ	世龙实业	江西世龙实业股份有限公司	22	4.5	20	30	76.5	B
600079.SH	人福医药	湖北竹溪人福药业有限责任公司	20	6.5	20	30	76.5	B
000012.SZ	南玻 A	东莞南玻太阳能玻璃有限公司	16	10	20	30	76	B
000027.SZ	深圳能源	深圳能源集团股份有限公司	18	8	20	30	76	B
000035.SZ	中国天楹	莒南天楹环保能源有限公司	16	10	20	30	76	B
000401.SZ	冀东水泥	临澧冀东水泥有限公司	18	8	20	30	76	B
000401.SZ	冀东水泥	冀东水泥（烟台）有限责任公司	18	8	20	30	76	B
000401.SZ	冀东水泥	内蒙古冀东水泥有限责任公司	24	4	20	28	76	B
000513.SZ	丽珠集团	珠海保税区丽珠合成制药有限公司	16	10	20	30	76	B
000525.SZ	红太阳	安徽国星生物化学有限公司	22	4	20	30	76	B
000539.SZ	粤电力 A	广东惠州平海发电厂有限公司	16	10	20	30	76	B
000539.SZ	粤电力 A	广东电力发展股份有限公司	16	10	20	30	76	B
000539.SZ	粤电力 A	广东粤电靖海发电有限公司	16	10	20	30	76	B
000544.SZ	中原环保	中原环保郑州上街水务有限公司	16	10	20	30	76	B
000589.SZ	贵州轮胎	贵州轮胎股份有限公司	16	10	20	30	76	B
000590.SZ	启迪古汉	启迪古汉集团衡阳中药有限公司	16	10	20	30	76	B
000596.SZ	古井贡酒	安徽古井贡酒股份有限公司	16	10	20	30	76	B
000599.SZ	青岛双星	青岛双星轮胎工业有限公司	16	10	20	30	76	B
000615.SZ	京汉股份	湖北金环新材料科技有限公司	16	10	20	30	76	B
000672.SZ	上峰水泥	铜陵上峰水泥股份有限公司	16	10	20	30	76	B
000703.SZ	恒逸石化	浙江逸盛石化有限公司	16	10	20	30	76	B
000703.SZ	恒逸石化	浙江恒逸聚合物有限公司	16	10	20	30	76	B

代码	名称（简称）	被参控公司/母公司	在线监测系统得分	排污许可系统得分	监督性监测系统得分	环境违法处罚系统得分	企业环境绩效总得分	评分等级
000729.SZ	燕京啤酒	燕京惠泉啤酒（抚州）有限公司	16	10	20	30	76	B
000751.SZ	锌业股份	葫芦岛锌业股份有限公司	16	10	20	30	76	B
000756.SZ	新华制药	新华制药（寿光）有限公司	16	10	20	30	76	B
000786.SZ	北新建材	泰山石膏（襄阳）有限公司	16	10	20	30	76	B
000789.SZ	万年青	江西锦溪水泥有限公司	18	8	20	30	76	B
000826.SZ	启迪桑德	桦南桑德净源水务有限公司	16	10	20	30	76	B
000826.SZ	启迪桑德	大冶桑德清波水务有限公司	16	10	20	30	76	B
000826.SZ	启迪桑德	荆门桑德夏家湾水务有限公司	16	10	20	30	76	B
000826.SZ	启迪桑德	重庆绿能新能源有限公司	16	10	20	30	76	B
000877.SZ	天山股份	新疆和静天山水泥有限责任公司	20	6	20	30	76	B
000883.SZ	湖北能源	湖北能源东湖燃机热电有限公司	18	8	20	30	76	B
000883.SZ	湖北能源	新疆楚星能源发展有限公司	16	10	20	30	76	B
000895.SZ	双汇发展	湖北武汉双汇食品有限公司	16	10	20	30	76	B
000910.SZ	大亚圣象	大亚木业（江西）有限公司	16	10	20	30	76	B
000930.SZ	中粮生化	安徽中粮生化燃料酒精有限公司	16	10	20	30	76	B
000930.SZ	中粮生化	吉林燃料乙醇有限责任公司	18	8	20	30	76	B
000933.SZ	神火股份	河南神火兴隆矿业有限责任公司	16	10	20	30	76	B
000939.SZ	*ST 凯迪	监利县凯迪绿色能源开发有限公司	16	10	20	30	76	B
000939.SZ	*ST 凯迪	谷城县凯迪绿色能源开发有限公司	16	10	20	30	76	B
000939.SZ	*ST 凯迪	祁阳县凯迪绿色能源开发有限公司	18	8	20	30	76	B
000939.SZ	*ST 凯迪	临澧县凯迪绿色能源开发有限公司	16	10	20	30	76	B
000939.SZ	*ST 凯迪	南陵县凯迪绿色能源开发有限公司	20	6	20	30	76	B
000939.SZ	*ST 凯迪	汪清凯迪绿色能源开发有限公司	20	6	20	30	76	B
000951.SZ	中国重汽	中国重汽集团济南卡车股份有限公司	18	10	20	28	76	B
000983.SZ	西山煤电	山西兴能发电有限责任公司	16	10	20	30	76	B

代码	名称（简称）	被参控公司/母公司	在线监测系统得分	排污许可系统得分	监督性监测系统得分	环境违法处罚系统得分	企业环境绩效总得分	评分等级
002001.SZ	新和成	上虞新和成生物化工有限公司	16	10	20	30	76	B
002004.SZ	华邦健康	上虞颖泰精细化工有限公司	20	6	20	30	76	B
002042.SZ	华孚时尚	浙江社标纤维有限公司	16	10	20	30	76	B
002078.SZ	太阳纸业	山东太阳宏河纸业有限公司	16	10	20	30	76	B
002080.SZ	中材科技	泰山玻璃纤维有限公司	16	10	20	30	76	B
002092.SZ	中泰化学	新疆中泰化学阜康能源有限公司	18	8	20	30	76	B
002110.SZ	三钢闽光	福建泉州闽光钢铁有限责任公司	16	10	20	30	76	B
002125.SZ	湘潭电化	靖西湘潭电化科技有限公司	16	10	20	30	76	B
002217.SZ	合力泰	山东合力泰化工有限公司	16	10	20	30	76	B
002233.SZ	塔牌集团	惠州塔牌水泥有限公司	18	8	20	30	76	B
002233.SZ	塔牌集团	梅州金塔水泥有限公司	16	10	20	30	76	B
002365.SZ	永安药业	潜江永安药业股份有限公司	18	8	20	30	76	B
002378.SZ	章源钨业	崇义章源钨业股份有限公司	16	10	20	30	76	B
002394.SZ	联发股份	江苏联发环保新能源有限公司	16	10	20	30	76	B
002422.SZ	科伦药业	山东科伦药业有限公司	16	10	20	30	76	B
002461.SZ	珠江啤酒	河北珠江啤酒有限公司	16	10	20	30	76	B
002535.SZ	林州重机	林州重机林钢钢铁有限公司	20	8	20	28	76	B
002538.SZ	司尔特	安徽省司尔特肥业股份有限公司	16	10	20	30	76	B
002571.SZ	德力股份	安徽德力日用玻璃股份有限公司	16	10	20	30	76	B
002594.SZ	比亚迪	比亚迪精密制造有限公司	16	10	20	30	76	B
002608.SZ	江苏国信	江苏国信协联燃气热电有限公司	18	8	20	30	76	B
002616.SZ	长青集团	沂水长青环保能源有限公司	16	10	20	30	76	B
002742.SZ	三圣股份	辽源市百康药业有限责任公司	16	10	20	30	76	B
002783.SZ	凯龙股份	湖北晋煤金楚化肥有限责任公司	22	4	20	30	76	B
002946.SZ	新乳业	河北新希望天香乳业有限公司	16	10	20	30	76	B

代码	名称（简称）	被参控公司/母公司	在线监测系统得分	排污许可系统得分	监督性监测系统得分	环境违法处罚系统得分	企业环境绩效总得分	评分等级
300070.SZ	碧水源	十堰京水环境科技有限公司	16	10	20	30	76	B
300070.SZ	碧水源	北京碧海环境科技有限公司	16	10	20	30	76	B
300070.SZ	碧水源	吉林市碧水源环保科技有限公司	16	10	20	30	76	B
300070.SZ	碧水源	宝丰县碧水源水处理有限公司	16	10	20	30	76	B
300262.SZ	巴安水务	郓城县天源污水处理有限公司	16	10	20	30	76	B
300388.SZ	国祯环保	兰考国祯水务运营有限公司	16	10	20	30	76	B
300388.SZ	国祯环保	云南国祯环保科技有限责任公司	16	10	20	30	76	B
300388.SZ	国祯环保	即墨市污水处理有限公司	16	10	20	30	76	B
300664.SZ	鹏鹞环保	周口鹏鹞水务有限公司	16	10	20	30	76	B
300692.SZ	中环环保	夏津县中环水务有限公司	16	10	20	30	76	B
600008.SH	首创股份	青岛首创瑞海水务有限公司	16	10	20	30	76	B
600008.SH	首创股份	恩施首创水务有限公司	16	10	20	30	76	B
600011.SH	华能国际	华能重庆两江燃机发电有限责任公司	16	10	20	30	76	B
600011.SH	华能国际	华能沾化热电有限公司	18	8	20	30	76	B
600021.SH	上海电力	上海外高桥第二发电有限责任公司	18	8	20	30	76	B
600021.SH	上海电力	盐城热电有限责任公司	16	10	20	30	76	B
600023.SH	浙能电力	浙江浙能镇海燃气热电有限责任公司	18	8	20	30	76	B
600027.SH	华电国际	华电章丘发电有限公司	18	10	20	28	76	B
600027.SH	华电国际	华电滕州新源热电有限公司	18	10	20	28	76	B
600027.SH	华电国际	华电漯河发电有限公司	16	10	20	30	76	B
600027.SH	华电国际	华电宁夏灵武发电有限公司	18	8	20	30	76	B
600028.SH	中国石化	中国石化青岛炼油化工有限责任公司	18	8	20	30	76	B
600059.SH	古越龙山	浙江古越龙山绍兴酒股份有限公司	16	10	20	30	76	B
600064.SH	南京高科	南京高科水务有限公司	24	10	12	30	76	B
600066.SH	宇通客车	郑州宇通客车股份有限公司	16	10	20	30	76	B

代码	名称（简称）	被参控公司/母公司	在线监测系统得分	排污许可系统得分	监督性监测系统得分	环境违法处罚系统得分	企业环境绩效总得分	评分等级
600104.SH	上汽集团	上汽通用五菱汽车股份有限公司	16	10	20	30	76	B
600117.SH	西宁特钢	西宁特殊钢股份有限公司	18	8	20	30	76	B
600126.SH	杭钢股份	凤阳县富春紫光污水处理有限公司	16	10	20	30	76	B
600133.SH	东湖高新	武汉市阳逻污水处理有限公司	16	10	20	30	76	B
600156.SH	华升股份	湖南华升洞庭麻业有限公司	16	10	20	30	76	B
600157.SH	永泰能源	郑州裕中能源有限责任公司	20	6	20	30	76	B
600160.SH	巨化股份	浙江晋巨化工有限公司	18	8	20	30	76	B
600187.SH	国中水务	太原豪峰污水处理有限公司	16	10	20	30	76	B
600187.SH	国中水务	东营国中环保科技有限公司	16	10	20	30	76	B
600196.SH	复星医药	锦州奥鸿药业有限责任公司	16	10	20	30	76	B
600220.SH	江苏阳光	江苏阳光璜塘热电有限公司	18	8	20	30	76	B
600282.SH	南钢股份	南京钢铁有限公司	18	8	20	30	76	B
600308.SH	华泰股份	安徽华泰林浆纸有限公司	16	10	20	30	76	B
600308.SH	华泰股份	东营华泰化工集团有限公司	18	8	20	30	76	B
600309.SH	万华化学	万华化学（宁波）热电有限公司	16	10	20	30	76	B
600323.SH	瀚蓝环境	创冠环保（廊坊）有限公司	16	10	20	30	76	B
600340.SH	华夏幸福	固安九通基业公用事业有限公司	16	10	20	30	76	B
600367.SH	红星发展	贵州红星发展股份有限公司	16	10	20	30	76	B
600389.SH	江山股份	南通江山农药化工股份有限公司	16	10	20	30	76	B
600396.SH	*ST 金山	辽宁华电铁岭发电有限公司	18	8	20	30	76	B
600429.SH	三元股份	河北三元食品有限公司	16	10	20	30	76	B
600429.SH	三元股份	北京三元食品股份有限公司	16	10	20	30	76	B
600438.SH	通威股份	通威太阳能（合肥）有限公司	16	10	20	30	76	B
600449.SH	宁夏建材	乌海赛马水泥有限责任公司	20	8	20	28	76	B
600460.SH	士兰微	成都士兰半导体制造有限公司	24	10	12	30	76	B

代码	名称（简称）	被参控公司/母公司	在线监测系统得分	排污许可系统得分	监督性监测系统得分	环境违法处罚系统得分	企业环境绩效总得分	评分等级
600461.SH	洪城水业	温州洪城水业环保有限公司	16	10	20	30	76	B
600509.SH	天富能源	新疆天富能源股份有限公司	18	8	20	30	76	B
600529.SH	山东药玻	山东省药用玻璃股份有限公司	16	10	20	30	76	B
600549.SH	厦门钨业	福建省长汀金龙稀土有限公司	16	10	20	30	76	B
600559.SH	老白干酒	河北衡水老白干酒业股份有限公司	16	10	20	30	76	B
600569.SH	安阳钢铁	安阳钢铁股份有限公司	18	10	20	28	76	B
600572.SH	康恩贝	江西珍视明药业有限公司	16	10	20	30	76	B
600585.SH	海螺水泥	巴中海螺水泥有限公司	16	10	20	30	76	B
600585.SH	海螺水泥	安徽海螺水泥股份有限公司	18	10	20	28	76	B
600585.SH	海螺水泥	安徽宣城海螺水泥有限公司	16	10	20	30	76	B
600585.SH	海螺水泥	分宜海螺水泥有限责任公司	18	8	20	30	76	B
600585.SH	海螺水泥	宿州海螺水泥有限责任公司	16	10	20	30	76	B
600597.SH	光明乳业	光明乳业（德州）有限公司	16	10	20	30	76	B
600600.SH	青岛啤酒	青岛啤酒（薛城）有限公司	16	10	20	30	76	B
600623.SH	华谊集团	上海杜邦农化有限公司	16	10	20	30	76	B
600626.SH	申达股份	上海新纺联汽车内饰有限公司	16	10	20	30	76	B
600635.SH	大众公用	徐州大众水务运营有限公司	16	10	20	30	76	B
600660.SH	福耀玻璃	重庆万盛浮法玻璃有限公司	16	10	20	30	76	B
600720.SH	祁连山	甘谷祁连山水泥有限公司	22	4	20	30	76	B
600720.SH	祁连山	成县祁连山水泥有限公司	18	8	20	30	76	B
600737.SH	中粮糖业	中粮梁河糖业有限公司	22	4	20	30	76	B
600744.SH	华银电力	大唐湘潭发电有限责任公司	18	8	20	30	76	B
600758.SH	红阳能源	辽宁沈煤红阳热电有限公司	16	10	20	30	76	B
600779.SH	水井坊	四川水井坊股份有限公司	16	10	20	30	76	B
600795.SH	国电电力	山西漳电国电王坪发电有限公司	16	10	20	30	76	B

代码	名称（简称）	被参控公司/母公司	在线监测系统得分	排污许可系统得分	监督性监测系统得分	环境违法处罚系统得分	企业环境绩效总得分	评分等级
600795.SH	国电电力	国电克拉玛依发电有限公司	16	10	20	30	76	B
600801.SH	华新水泥	华新水泥（昭通）有限公司	18	8	20	30	76	B
600801.SH	华新水泥	云南华新东骏水泥有限公司	18	8	20	30	76	B
600810.SH	神马股份	神马实业股份有限公司	16	10	20	30	76	B
600864.SH	哈投股份	哈尔滨哈投投资股份有限公司	18	8	20	30	76	B
600881.SH	亚泰集团	亚泰集团伊通水泥有限公司	16	10	20	30	76	B
600886.SH	国投电力	国投钦州发电有限公司	16	10	20	30	76	B
600887.SH	伊利股份	内蒙古金海伊利乳业有限责任公司	16	10	20	30	76	B
600887.SH	伊利股份	内蒙古金山乳业有限责任公司	16	10	20	30	76	B
600929.SH	湖南盐业	湖南省湘衡盐化有限责任公司	18	10	20	28	76	B
600971.SH	恒源煤电	安徽恒力电业有限责任公司	16	10	20	30	76	B
601200.SH	上海环境	上海金山环境再生能源有限公司	16	10	20	30	76	B
601200.SH	上海环境	漳州环境再生能源有限公司	16	10	20	30	76	B
601208.SH	东材科技	四川东材科技集团股份有限公司	16	10	20	30	76	B
601311.SH	骆驼股份	骆驼集团华南蓄电池有限公司	26	10	10	30	76	B
601330.SH	绿色动力	乳山绿色动力再生能源有限公司	16	10	20	30	76	B
601636.SH	旗滨集团	绍兴旗滨玻璃有限公司	16	10	20	30	76	B
601718.SH	际华集团	际华三五四三针织服饰有限公司	16	10	20	30	76	B
601766.SH	中国中车	中车长春轨道客车股份有限公司	16	10	20	30	76	B
601966.SH	玲珑轮胎	德州玲珑轮胎有限公司	16	10	20	30	76	B
601991.SH	大唐发电	河北大唐国际王滩发电有限责任公司	20	8	20	28	76	B
601991.SH	大唐发电	福建大唐国际宁德发电有限责任公司	18	8	20	30	76	B
601991.SH	大唐发电	广东大唐国际潮州发电有限责任公司	16	10	20	30	76	B
601991.SH	大唐发电	宁夏大唐国际大坝发电有限责任公司	20	6	20	30	76	B
603077.SH	和邦生物	乐山和邦农业科技有限公司	16	10	20	30	76	B

代码	名称（简称）	被参控公司/母公司	在线监测系统得分	排污许可系统得分	监督性监测系统得分	环境违法处罚系统得分	企业环境绩效总得分	评分等级
603077.SH	和邦生物	四川顺城盐品股份有限公司	20	8	20	28	76	B
603086.SH	先达股份	山东先达农化股份有限公司	16	10	20	30	76	B
603156.SH	养元饮品	河北养元智汇饮品股份有限公司	16	10	20	30	76	B
603165.SH	荣晟环保	浙江荣晟环保纸业股份有限公司	16	10	20	30	76	B
603188.SH	亚邦股份	连云港市赛科废料处置有限公司	16	10	20	30	76	B
603225.SH	新凤鸣	桐乡市中维化纤有限公司	16	10	20	30	76	B
603238.SH	诺邦股份	杭州诺邦无纺股份有限公司	16	10	20	30	76	B
603299.SH	苏盐井神	江苏瑞洪盐业有限公司	18	10	20	28	76	B
603568.SH	伟明环保	温州伟明环保能源有限公司	16	10	20	30	76	B
603568.SH	伟明环保	温州永强垃圾发电有限公司	16	10	20	30	76	B
603588.SH	高能环境	宁波大地化工环保有限公司	16	10	20	30	76	B
603609.SH	禾丰牧业	北票市宏发食品有限公司	16	10	20	30	76	B
603650.SH	彤程新材	彤程化学（中国）有限公司	16	10	20	30	76	B
603685.SH	晨丰科技	景德镇市宏亿电子科技有限公司	16	10	20	30	76	B
603817.SH	海峡环保	福建榕北海峡环保有限公司	16	10	20	30	76	B
603903.SH	中持股份	襄城中州水务污水处理有限公司	16	10	20	30	76	B
603980.SH	吉华集团	杭州吉华江东化工有限公司	18	10	20	28	76	B
000930.SZ	中粮生化	黄龙食品工业有限公司	16	9.5	20	30	75.5	B
000933.SZ	神火股份	新疆神火煤电有限公司	16	9.5	20	30	75.5	B
002422.SZ	科伦药业	四川新开元制药有限公司	18	7.5	20	30	75.5	B
002479.SZ	富春环保	浙江清园生态热电有限公司	18	7.5	20	30	75.5	B
300408.SZ	三环集团	潮州三环（集团）股份有限公司	18	7.5	20	30	75.5	B
600023.SH	浙能电力	浙江浙能中煤舟山煤电有限责任公司	16	9.5	20	30	75.5	B
600023.SH	浙能电力	浙江浙能台州第二发电有限责任公司	16	9.5	20	30	75.5	B
600027.SH	华电国际	华电淄博热电有限公司	16	9.5	20	30	75.5	B

代码	名称（简称）	被参控公司/母公司	在线监测系统得分	排污许可系统得分	监督性监测系统得分	环境违法处罚系统得分	企业环境绩效总得分	评分等级
600028.SH	中国石化	中国石化扬子石油化工有限公司	18	9.5	20	28	75.5	B
600028.SH	中国石化	中韩（武汉）石油化工有限公司	16	9.5	20	30	75.5	B
600056.SH	中国医药	天方药业有限公司	16	9.5	20	30	75.5	B
600585.SH	海螺水泥	昆明海螺水泥有限公司	16	9.5	20	30	75.5	B
600585.SH	海螺水泥	四川南威水泥有限公司	16	9.5	20	30	75.5	B
601088.SH	中国神华	神华国华（舟山）发电有限责任公司	16	9.5	20	30	75.5	B
601991.SH	大唐发电	浙江大唐乌沙山发电有限责任公司	16	9.5	20	30	75.5	B
000933.SZ	神火股份	河南神火发电有限公司	16	9	20	30	75	B
600985.SH	淮北矿业	淮北申皖发电有限公司	20	5	20	30	75	B
000789.SZ	万年青	江西玉山万年青水泥有限公司	20	4.5	20	30	74.5	B^-
600098.SH	广州发展	佛山恒益发电有限公司	16	8.5	20	30	74.5	B^-
600483.SH	福能股份	福建省南平新南针有限公司	16	8.5	20	30	74.5	B^-
000012.SZ	南玻A	成都南玻玻璃有限公司	16	8	20	30	74	B^-
000027.SZ	深圳能源	国电深能四川华蓥山发电有限公司	14	10	20	30	74	B^-
000027.SZ	深圳能源	满洲里达赉湖热电有限公司	18	6	20	30	74	B^-
000035.SZ	中国天楹	太和县天楹环保能源有限公司	14	10	20	30	74	B^-
000037.SZ	深南电A	深圳南山热电股份有限公司	16	8	20	30	74	B^-
000050.SZ	深天马A	上海中航光电子有限公司	14	10	20	30	74	B^-
000059.SZ	华锦股份	盘锦北方沥青股份有限公司	14	10	20	30	74	B^-
000338.SZ	潍柴动力	潍柴动力股份有限公司	14	10	20	30	74	B^-
000401.SZ	冀东水泥	内蒙古伊东冀东水泥有限公司	18	6	20	30	74	B^-
000401.SZ	冀东水泥	冀东水泥璧山有限责任公司	14	10	20	30	74	B^-
000422.SZ	ST宜化	内蒙古华电乌达热电有限公司	16	8	20	30	74	B^-
000488.SZ	晨鸣纸业	吉林晨鸣纸业有限责任公司	16	8	20	30	74	B^-
000510.SZ	金路集团	四川岷江电化有限公司	14	10	20	30	74	B^-

代码	名称（简称）	被参控公司/母公司	在线监测系统得分	排污许可系统得分	监督性监测系统得分	环境违法处罚系统得分	企业环境绩效总得分	评分等级
000532.SZ	华金资本	东营中拓水质净化有限公司	30	10	20	14	74	B^-
000539.SZ	粤电力A	广东国华粤电台山发电有限公司	16	8	20	30	74	B^-
000539.SZ	粤电力A	湛江电力有限公司	16	8	20	30	74	B^-
000543.SZ	皖能电力	安徽钱营孜发电有限公司	14	10	20	30	74	B^-
000545.SZ	金浦钛业	南京钛白化工有限责任公司	14	10	20	30	74	B^-
000552.SZ	靖远煤电	靖煤集团白银热电有限公司	18	6	20	30	74	B^-
000600.SZ	建投能源	河北建投沙河发电有限责任公司	14	10	20	30	74	B^-
000600.SZ	建投能源	河北国华沧东发电有限责任公司	16	8	20	30	74	B^-
000623.SZ	吉林敖东	吉林敖东洮南药业股份有限公司	14	10	20	30	74	B^-
000655.SZ	金岭矿业	喀什金岭球团有限公司	16	8	20	30	74	B^-
000683.SZ	远兴能源	河南中源化学股份有限公司	18	6	20	30	74	B^-
000690.SZ	宝新能源	广东宝丽华电力有限公司	14	10	20	30	74	B^-
000695.SZ	滨海能源	国华能源发展（天津）有限公司	18	6	20	30	74	B^-
000700.SZ	模塑科技	沈阳道达汽车饰件有限公司	14	10	20	30	74	B^-
000725.SZ	京东方A	成都京东方光电科技有限公司	14	10	20	30	74	B^-
000726.SZ	鲁泰A	鲁丰织染有限公司	14	10	20	30	74	B^-
000729.SZ	燕京啤酒	燕京啤酒内蒙古金川有限公司	14	10	20	30	74	B^-
000729.SZ	燕京啤酒	北京燕京啤酒股份有限公司	30	10	20	14	74	B^-
000729.SZ	燕京啤酒	燕京啤酒（桂林漓泉）股份有限公司	14	10	20	30	74	B^-
000735.SZ	罗牛山	海南罗牛山食品集团有限公司	14	10	20	30	74	B^-
000739.SZ	普洛药业	浙江普洛康裕制药有限公司	14	10	20	30	74	B^-
000753.SZ	漳州发展	漳州东墩污水处理有限公司	14	10	20	30	74	B^-
000786.SZ	北新建材	广安北新建材有限公司	14	10	20	30	74	B^-
000789.SZ	万年青	江西赣州南方万年青水泥有限公司	16	8	20	30	74	B^-
000807.SZ	云铝股份	云南文山铝业有限公司	14	10	20	30	74	B^-

代码	名称（简称）	被参控公司/母公司	在线监测系统得分	排污许可系统得分	监督性监测系统得分	环境违法处罚系统得分	企业环境绩效总得分	评分等级
000826.SZ	启迪桑德	昌邑紫光水业有限公司	14	10	20	30	74	B^-
000826.SZ	启迪桑德	兰陵兰清环保能源有限公司	14	10	20	30	74	B^-
000826.SZ	启迪桑德	长阳桑德水务有限公司	14	10	20	30	74	B^-
000826.SZ	启迪桑德	巨鹿县聚力环保有限公司	14	10	20	30	74	B^-
000826.SZ	启迪桑德	宜昌桑德三峡水务有限公司	14	10	20	30	74	B^-
000826.SZ	启迪桑德	崇阳天清水务有限公司	14	10	20	30	74	B^-
000875.SZ	吉电股份	通化市恒泰热力有限公司	14	10	20	30	74	B^-
000877.SZ	天山股份	新疆天山水泥股份有限公司	16	8	20	30	74	B^-
000895.SZ	双汇发展	漯河双汇肉业有限公司	14	10	20	30	74	B^-
000929.SZ	兰州黄河	天水黄河嘉酿啤酒有限公司	14	10	20	30	74	B^-
000930.SZ	中粮生化	中粮生化能源（龙江）有限公司	16	8	20	30	74	B^-
000932.SZ	华菱钢铁	衡阳华菱钢管有限公司	18	6	20	30	74	B^-
000939.SZ	*ST 凯迪	安仁县凯迪绿色能源开发有限公司	16	8	20	30	74	B^-
000939.SZ	*ST 凯迪	蕲春县凯迪绿色能源开发有限公司	14	10	20	30	74	B^-
000939.SZ	*ST 凯迪	赤壁凯迪绿色能源开发有限公司	16	8	20	30	74	B^-
000999.SZ	华润三九	深圳华润九新药业有限公司	30	10	20	14	74	B^-
001896.SZ	豫能控股	鹤壁鹤淇发电有限责任公司	16	8	20	30	74	B^-
002034.SZ	旺能环境	兰溪旺能环保能源有限公司	14	10	20	30	74	B^-
002034.SZ	旺能环境	监利旺能环保能源有限公司	14	10	20	30	74	B^-
002042.SZ	华孚时尚	九江标新纤维有限公司	14	10	20	30	74	B^-
002078.SZ	太阳纸业	山东太阳纸业股份有限公司	14	10	20	30	74	B^-
002092.SZ	中泰化学	新疆富丽达纤维有限公司	18	10	16	30	74	B^-
002092.SZ	中泰化学	新疆中泰矿冶有限公司	14	10	20	30	74	B^-
002092.SZ	中泰化学	新疆华泰重化工有限责任公司	20	8	16	30	74	B^-
002101.SZ	广东鸿图	四维尔丸井（广州）汽车零部件有限公司	14	10	20	30	74	B^-

代码	名称（简称）	被参控公司/母公司	在线监测系统得分	排污许可系统得分	监督性监测系统得分	环境违法处罚系统得分	企业环境绩效总得分	评分等级
002134.SZ	天津普林	天津普林电路股份有限公司	14	10	20	30	74	B^-
002163.SZ	中航三鑫	中航三鑫太阳能光电玻璃有限公司	14	10	20	30	74	B^-
002206.SZ	海利得	浙江海利得新材料股份有限公司	14	10	20	30	74	B^-
002225.SZ	濮耐股份	濮阳濮耐高温材料（集团）股份有限公司	14	10	20	30	74	B^-
002342.SZ	巨力索具	保定巨力供热有限公司	14	10	20	30	74	B^-
002355.SZ	兴民智通	咸宁兴民钢圈有限公司	14	10	20	30	74	B^-
002409.SZ	雅克科技	响水雅克化工有限公司	30	10	20	14	74	B^-
002423.SZ	中原特钢	河南中原特钢装备制造有限公司	14	10	20	30	74	B^-
002440.SZ	闰土股份	浙江迪邦化工有限公司	14	10	20	30	74	B^-
002455.SZ	百川股份	南通百川新材料有限公司	14	10	20	30	74	B^-
002460.SZ	赣锋锂业	江西赣锋锂业股份有限公司	14	10	20	30	74	B^-
002483.SZ	润邦股份	沾化绿威生物能源有限公司	20	10	14	30	74	B^-
002521.SZ	齐峰新材	淄博欧木特种纸业有限公司	30	10	20	14	74	B^-
002578.SZ	闽发铝业	福建省闽发铝业股份有限公司	14	10	20	30	74	B^-
002596.SZ	海南瑞泽	肇庆市金岗水泥有限公司	18	6	20	30	74	B^-
002608.SZ	江苏国信	江苏国信靖江发电有限公司	16	8	20	30	74	B^-
002616.SZ	长青集团	鱼台长青环保能源有限公司	16	8	20	30	74	B^-
002650.SZ	加加食品	衡阳华亚玻璃制品有限公司	14	10	20	30	74	B^-
002672.SZ	东江环保	东莞市虎门绿源水务有限公司	14	10	20	30	74	B^-
002693.SZ	双成药业	海南双成药业股份有限公司	14	10	20	30	74	B^-
002696.SZ	百洋股份	海南佳德信食品有限公司	14	10	20	30	74	B^-
002749.SZ	国光股份	四川润尔科技有限公司	14	10	20	30	74	B^-
002805.SZ	丰元股份	山东丰元化学股份有限公司	14	10	20	30	74	B^-
002895.SZ	川恒股份	贵州川恒化工股份有限公司	14	10	20	30	74	B^-
002913.SZ	奥士康	奥士康精密电路（惠州）有限公司	14	10	20	30	74	B^-

代码	名称（简称）	被参控公司/母公司	在线监测系统得分	排污许可系统得分	监督性监测系统得分	环境违法处罚系统得分	企业环境绩效总得分	评分等级
002915.SZ	中欣氟材	浙江中欣氟材股份有限公司	14	10	20	30	74	B^-
002942.SZ	新农股份	浙江新农化工股份有限公司	16	8	20	30	74	B^-
300006.SZ	莱美药业	重庆莱美隆宇药业有限公司	14	10	20	30	74	B^-
300055.SZ	万邦达	吉林省固体废物处理有限责任公司	14	10	20	30	74	B^-
300070.SZ	碧水源	秦皇岛碧水源环境科技有限公司	14	10	20	30	74	B^-
300070.SZ	碧水源	益阳国开碧水源水务有限公司	14	10	20	30	74	B^-
300111.SZ	向日葵	浙江向日葵光能科技股份有限公司	14	10	20	30	74	B^-
300158.SZ	振东制药	山西振东制药股份有限公司	14	10	20	30	74	B^-
300172.SZ	中电环保	江苏联丰环保产业发展有限公司	14	10	20	30	74	B^-
300187.SZ	永清环保	衡阳永清环保能源有限公司	14	10	20	30	74	B^-
300194.SZ	福安药业	福安药业集团重庆博圣制药有限公司	14	10	20	30	74	B^-
300194.SZ	福安药业	广安凯特制药有限公司	14	10	20	30	74	B^-
300233.SZ	金城医药	山东金城医药化工有限公司	14	10	20	30	74	B^-
300256.SZ	星星科技	浙江星星科技股份有限公司	14	10	20	30	74	B^-
300334.SZ	津膜科技	东营津膜环保科技有限公司	14	10	20	30	74	B^-
300388.SZ	国祯环保	故城国祯污水处理有限公司	14	10	20	30	74	B^-
300388.SZ	国祯环保	东至国祯水处理有限公司	14	10	20	30	74	B^-
300388.SZ	国祯环保	东莞市万江区天地信达水务有限公司	14	10	20	30	74	B^-
300388.SZ	国祯环保	淮北蓝海水处理有限公司	14	10	20	30	74	B^-
300498.SZ	温氏股份	肇庆大华农生物药品有限公司	14	10	20	30	74	B^-
300554.SZ	三超新材	南京三超新材料股份有限公司	30	10	20	14	74	B^-
300692.SZ	中环环保	寿县清源水务有限公司	14	10	20	30	74	B^-
300692.SZ	中环环保	宁阳清源水务有限公司	14	10	20	30	74	B^-
300692.SZ	中环环保	全椒县清源水务有限公司	14	10	20	30	74	B^-
300692.SZ	中环环保	兰考县荣华水业有限公司	14	10	20	30	74	B^-

代码	名称（简称）	被参控公司/母公司	在线监测系统得分	排污许可系统得分	监督性监测系统得分	环境违法处罚系统得分	企业环境绩效总得分	评分等级
300739.SZ	明阳电路	九江明阳电路科技有限公司	14	10	20	30	74	B^-
300765.SZ	新诺威	石药集团新诺威制药股份有限公司	16	8	20	30	74	B^-
600008.SH	首创股份	安阳首创水务有限公司	14	10	20	30	74	B^-
600008.SH	首创股份	临沂首创水务有限公司	14	10	20	30	74	B^-
600008.SH	首创股份	临沂首创博瑞水务有限公司	14	10	20	30	74	B^-
600008.SH	首创股份	黄石伊高水务有限公司	14	10	20	30	74	B^-
600010.SH	包钢股份	包钢集团固阳矿山有限公司	14	10	20	30	74	B^-
600011.SH	华能国际	华能安源发电有限责任公司	16	10	20	28	74	B^-
600011.SH	华能国际	华能上海燃机发电有限责任公司	16	8	20	30	74	B^-
600011.SH	华能国际	华能上海石洞口发电有限责任公司	16	8	20	30	74	B^-
600011.SH	华能国际	华能新华发电有限责任公司	14	10	20	30	74	B^-
600011.SH	华能国际	华能伊春热电有限公司	16	8	20	30	74	B^-
600011.SH	华能国际	华能太原东山燃机热电有限责任公司	16	8	20	30	74	B^-
600019.SH	宝钢股份	广州 JFE 钢板有限公司	30	10	20	14	74	B^-
600021.SH	上海电力	江苏阚山发电有限公司	20	8	20	26	74	B^-
600023.SH	浙能电力	宁夏枣泉发电有限责任公司	16	8	20	30	74	B^-
600027.SH	华电国际	杭州华电江东热电有限公司	14	10	20	30	74	B^-
600027.SH	华电国际	华电潍坊发电有限公司	16	8	20	30	74	B^-
600028.SH	中国石化	中国石化长城能源化工有限公司	14	10	20	30	74	B^-
600031.SH	三一重工	三一汽车制造有限公司	30	10	20	14	74	B^-
600038.SH	中直股份	惠阳航空螺旋桨有限责任公司	14	10	20	30	74	B^-
600069.SH	银鸽投资	漯河银鸽生活纸产有限公司	14	10	20	30	74	B^-
600070.SH	浙江富润	浙江富润印染有限公司	14	10	20	30	74	B^-
600098.SH	广州发展	广东红海湾发电有限公司	16	8	20	30	74	B^-
600103.SH	青山纸业	福建省青山纸业股份有限公司	16	8	20	30	74	B^-

代码	名称（简称）	被参控公司/母公司	在线监测系统得分	排污许可系统得分	监督性监测系统得分	环境违法处罚系统得分	企业环境绩效总得分	评分等级
600104.SH	上汽集团	上汽依维柯红岩商用车有限公司	14	10	20	30	74	B^-
600104.SH	上汽集团	上汽大众汽车有限公司	14	10	20	30	74	B^-
600116.SH	三峡水利	重庆市万州区供热有限公司	16	10	20	28	74	B^-
600123.SH	兰花科创	山西华润大宁能源有限公司	14	10	20	30	74	B^-
600129.SH	太极集团	西南药业股份有限公司	14	10	20	30	74	B^-
600141.SH	兴发集团	内蒙古腾龙生物精细化工有限公司	14	10	20	30	74	B^-
600167.SH	联美控股	沈阳国润低碳热力有限公司	14	10	20	30	74	B^-
600227.SH	圣济堂	贵州赤天化桐梓化工有限公司	18	6	20	30	74	B^-
600231.SH	凌钢股份	凌源钢铁股份有限公司	14	10	20	30	74	B^-
600232.SH	金鹰股份	浙江金鹰股份有限公司	14	10	20	30	74	B^-
600251.SH	冠农股份	国投新疆罗布泊钾盐有限责任公司	14	10	20	30	74	B^-
600256.SH	广汇能源	新疆广汇新能源有限公司	16	8	20	30	74	B^-
600277.SH	亿利洁能	亿利洁能科技（武威）有限公司	14	10	20	30	74	B^-
600300.SH	维维股份	徐州维维金澜食品有限公司	14	10	20	30	74	B^-
600340.SH	华夏幸福	廊坊市荣华建设投资开发有限公司	14	10	20	30	74	B^-
600352.SH	浙江龙盛	绍兴市上虞金冠化工有限公司	14	10	20	30	74	B^-
600356.SH	恒丰纸业	牡丹江恒丰纸业股份有限公司	14	10	20	30	74	B^-
600362.SH	江西铜业	江西铜业集团银山矿业有限责任公司	14	10	20	30	74	B^-
600375.SH	华菱星马	安徽星马专用汽车有限公司	14	10	20	30	74	B^-
600449.SH	宁夏建材	宁夏中宁赛马水泥有限公司	20	4	20	30	74	B^-
600483.SH	福能股份	福建晋江天然气发电有限公司	14	10	20	30	74	B^-
600509.SH	天富能源	新疆天富垃圾焚烧发电有限责任公司	14	10	20	30	74	B^-
600519.SH	贵州茅台	贵州茅台酒股份有限公司	14	10	20	30	74	B^-
600528.SH	中铁工业	中铁轨道交通装备有限公司	14	10	20	30	74	B^-
600567.SH	山鹰纸业	福建省联盛纸业有限责任公司	16	8	20	30	74	B^-

代码	名称（简称）	被参控公司/母公司	在线监测系统得分	排污许可系统得分	监督性监测系统得分	环境违法处罚系统得分	企业环境绩效总得分	评分等级
600567.SH	山鹰纸业	浙江山鹰纸业有限公司	14	10	20	30	74	B^-
600572.SH	康恩贝	贵州拜特制药有限公司	14	10	20	30	74	B^-
600578.SH	京能电力	内蒙古京泰发电有限责任公司	14	10	20	30	74	B^-
600585.SH	海螺水泥	乾县海螺水泥有限责任公司	14	10	20	30	74	B^-
600585.SH	海螺水泥	梁平海螺水泥有限责任公司	16	8	20	30	74	B^-
600585.SH	海螺水泥	文山海螺水泥有限公司	14	10	20	30	74	B^-
600585.SH	海螺水泥	重庆海螺水泥有限责任公司	16	10	20	28	74	B^-
600585.SH	海螺水泥	盈江县允罕水泥有限责任公司	14	10	20	30	74	B^-
600585.SH	海螺水泥	保山海螺水泥有限责任公司	14	10	20	30	74	B^-
600585.SH	海螺水泥	贵州六矿瑞安水泥有限公司	14	10	20	30	74	B^-
600585.SH	海螺水泥	湖南海螺水泥有限公司	16	8	20	30	74	B^-
600600.SH	青岛啤酒	青岛啤酒汉中有限责任公司	14	10	20	30	74	B^-
600600.SH	青岛啤酒	深圳青岛啤酒朝日有限公司	30	10	20	14	74	B^-
600600.SH	青岛啤酒	青岛啤酒（甘肃）农垦股份有限公司	14	10	20	30	74	B^-
600601.SH	方正科技	珠海方正科技高密电子有限公司	14	10	20	30	74	B^-
600616.SH	金枫酒业	上海石库门酿酒有限公司	14	10	20	30	74	B^-
600664.SH	哈药股份	哈药集团股份有限公司	14	10	20	30	74	B^-
600691.SH	阳煤化工	阳煤集团深州化工有限公司	14	10	20	30	74	B^-
600692.SH	亚通股份	上海华润大东船务有限公司	18	10	16	30	74	B^-
600720.SH	祁连山	酒钢（集团）宏达建材有限责任公司	16	8	20	30	74	B^-
600720.SH	祁连山	夏河祁连山安多水泥有限公司	14	10	20	30	74	B^-
600720.SH	祁连山	文县祁连山水泥有限公司	18	6	20	30	74	B^-
600722.SH	金牛化工	河北金牛旭阳化工有限公司	14	10	20	30	74	B^-
600737.SH	中粮糖业	中粮（唐山）糖业有限公司	14	10	20	30	74	B^-
600741.SH	华域汽车	上海中国弹簧制造有限公司	30	10	20	14	74	B^-

代码	名称（简称）	被参控公司/母公司	在线监测系统得分	排污许可系统得分	监督性监测系统得分	环境违法处罚系统得分	企业环境绩效总得分	评分等级
600750.SH	江中药业	江中药业股份有限公司	14	10	20	30	74	B^-
600758.SH	红阳能源	灯塔市红阳热电有限公司	16	8	20	30	74	B^-
600795.SH	国电电力	国电哈密煤电开发有限公司	16	8	20	30	74	B^-
600795.SH	国电电力	国电电力酒泉发电有限公司	14	10	20	30	74	B^-
600795.SH	国电电力	国电蚌埠发电有限公司	14	10	20	30	74	B^-
600795.SH	国电电力	国电宿州第二热电有限公司	16	8	20	30	74	B^-
600801.SH	华新水泥	华新水泥（恩施）有限公司	16	8	20	30	74	B^-
600801.SH	华新水泥	华新水泥（长阳）有限公司	14	10	20	30	74	B^-
600801.SH	华新水泥	华新水泥重庆涪陵有限公司	14	10	20	30	74	B^-
600801.SH	华新水泥	华新水泥（阳新）有限公司	14	10	20	30	74	B^-
600801.SH	华新水泥	华新水泥（房县）有限公司	16	8	20	30	74	B^-
600802.SH	福建水泥	福建省永安金银湖水泥有限公司	16	8	20	30	74	B^-
600802.SH	福建水泥	福建安砂建福水泥有限公司	16	8	20	30	74	B^-
600846.SH	同济科技	平乡县瑞盈环境科技有限公司	14	10	20	30	74	B^-
600874.SH	创业环保	天津静海创业水务有限公司	14	10	20	30	74	B^-
600876.SH	洛阳玻璃	洛玻集团龙门玻璃有限责任公司	14	10	20	30	74	B^-
600881.SH	亚泰集团	亚泰集团铁岭水泥有限公司	14	10	20	30	74	B^-
600886.SH	国投电力	国投伊犁能源开发有限公司	16	8	20	30	74	B^-
600887.SH	伊利股份	杜尔伯特伊利乳业有限责任公司	14	10	20	30	74	B^-
600887.SH	伊利股份	阜新伊利乳品有限责任公司	14	10	20	30	74	B^-
600887.SH	伊利股份	林甸伊利乳业有限责任公司	20	10	14	30	74	B^-
600962.SH	国投中鲁	富平中鲁果蔬汁有限公司	14	10	20	30	74	B^-
600982.SH	宁波热电	金华宁能热电有限公司	14	10	20	30	74	B^-
600983.SH	惠而浦	惠而浦（中国）股份有限公司	14	10	20	30	74	B^-
600997.SH	开滦股份	唐山中浩化工有限公司	16	10	20	28	74	B^-

代码	名称（简称）	被参控公司/母公司	在线监测系统得分	排污许可系统得分	监督性监测系统得分	环境违法处罚系统得分	企业环境绩效总得分	评分等级
601015.SH	陕西黑猫	陕西黑猫焦化股份有限公司	14	10	20	30	74	B^-
601101.SH	昊华能源	鄂尔多斯市昊华国泰化工有限公司	14	10	20	30	74	B^-
601138.SH	工业富联	富泰华精密电子（郑州）有限公司	14	10	20	30	74	B^-
601199.SH	江南水务	江阴市恒通排水设施管理有限公司	14	10	20	30	74	B^-
601200.SH	上海环境	上海环城再生能源有限公司	14	10	20	30	74	B^-
601600.SH	中国铝业	抚顺铝业有限公司	14	10	20	30	74	B^-
601606.SH	长城军工	安徽神剑科技股份有限公司	30	10	20	14	74	B^-
601636.SH	旗滨集团	漳州旗滨玻璃有限公司	14	10	20	30	74	B^-
601636.SH	旗滨集团	株洲醴陵旗滨玻璃有限公司	14	10	20	30	74	B^-
601689.SH	拓普集团	四川迈高汽车部件有限公司	14	10	20	30	74	B^-
601777.SH	力帆股份	重庆力帆乘用车有限公司	14	10	20	30	74	B^-
601969.SH	海南矿业	海南矿业股份有限公司	14	10	20	30	74	B^-
601991.SH	大唐发电	山西大唐国际运城发电有限责任公司	16	8	20	30	74	B^-
601992.SH	金隅集团	邯郸涉县金隅水泥有限公司	14	10	20	30	74	B^-
601992.SH	金隅集团	邢台金隅咏宁水泥有限公司	14	10	20	30	74	B^-
601992.SH	金隅集团	左权金隅水泥有限公司	14	10	20	30	74	B^-
601992.SH	金隅集团	涿鹿金隅水泥有限公司	14	10	20	30	74	B^-
601996.SH	丰林集团	安徽池州丰林木业有限公司	14	10	20	30	74	B^-
603077.SH	和邦生物	四川武骏特种玻璃制品有限公司	14	10	20	30	74	B^-
603337.SH	杰克股份	杰克缝纫机股份有限公司	14	10	20	30	74	B^-
603385.SH	惠达卫浴	惠达卫浴股份有限公司	18	6	20	30	74	B^-
603386.SH	广东骏亚	广东骏亚电子科技股份有限公司	14	10	20	30	74	B^-
603520.SH	司太立	浙江司太立制药股份有限公司	30	10	20	14	74	B^-
603601.SH	再升科技	宣汉正原微玻纤有限公司	14	10	20	30	74	B^-
603609.SH	禾丰牧业	沈阳华康肉禽有限公司	14	10	20	30	74	B^-

代码	名称（简称）	被参控公司/母公司	在线监测系统得分	排污许可系统得分	监督性监测系统得分	环境违法处罚系统得分	企业环境绩效总得分	评分等级
603612.SH	索通发展	索通发展股份有限公司	14	10	20	30	74	B^-
603861.SH	白云电器	东芝白云真空开关管（锦州）有限公司	14	10	20	30	74	B^-
000539.SZ	粤电力A	深圳市广前电力有限公司	16	7.5	20	30	73.5	B^-
000546.SZ	金圆股份	青海互助金圆水泥有限公司	14	9.5	20	30	73.5	B^-
002004.SZ	华邦健康	盐城南方化工有限公司	30	9.5	20	14	73.5	B^-
002513.SZ	蓝丰生化	宁夏蓝丰精细化工有限公司	14	9.5	20	30	73.5	B^-
600011.SH	华能国际	华能湖南岳阳发电有限责任公司	16	7.5	20	30	73.5	B^-
600585.SH	海螺水泥	广西凌云通鸿水泥有限公司	14	9.5	20	30	73.5	B^-
600720.SH	祁连山	民和祁连山水泥有限公司	14	9.5	20	30	73.5	B^-
600795.SH	国电电力	国电内蒙古东胜热电有限公司	14	9.5	20	30	73.5	B^-
600801.SH	华新水泥	华新水泥（鹤峰）民族建材有限公司	16	7.5	20	30	73.5	B^-
600881.SH	亚泰集团	亚泰集团哈尔滨水泥（阿城）有限公司	16	7.5	20	30	73.5	B^-
600929.SH	湖南盐业	江西九二盐业有限责任公司	14	9.5	20	30	73.5	B^-
601600.SH	中国铝业	贵州华锦铝业有限公司	16	7.5	20	30	73.5	B^-
601865.SH	福莱特	福莱特玻璃集团股份有限公司	16	7.5	20	30	73.5	B^-
601991.SH	大唐发电	大唐国际发电股份有限公司	16	7.5	20	30	73.5	B^-
600011.SH	华能国际	华能洛阳热电有限责任公司	18	5	20	30	73	B^-
600023.SH	浙能电力	浙江浙能嘉华发电有限公司	14	9	20	30	73	B^-
600789.SH	鲁抗医药	山东鲁抗生物制造有限公司	18	5	20	30	73	B^-
601899.SH	紫金矿业	瓮福紫金化工股份有限公司	18	5	20	30	73	B^-
002332.SZ	仙琚制药	浙江仙琚制药股份有限公司	16	6.5	20	30	72.5	B^-
600585.SH	海螺水泥	遵义海螺盘江水泥有限责任公司	18	8.5	16	30	72.5	B^-
601992.SH	金隅集团	岚县金隅水泥有限公司	14	8.5	20	30	72.5	B^-
603693.SH	江苏新能	江苏国信盐城生物质发电有限公司	18	4.5	20	30	72.5	B^-
000012.SZ	南玻A	宜昌南玻硅材料有限公司	30	10	20	12	72	B^-

代码	名称（简称）	被参控公司/母公司	在线监测系统得分	排污许可系统得分	监督性监测系统得分	环境违法处罚系统得分	企业环境绩效总得分	评分等级
000035.SZ	中国天楹	福州天楹环保能源有限公司	12	10	20	30	72	B^-
000401.SZ	冀东水泥	冀东水泥重庆合川有限责任公司	12	10	20	30	72	B^-
000420.SZ	吉林化纤	吉林奇峰化纤股份有限公司	14	8	20	30	72	B^-
000488.SZ	晨鸣纸业	武汉晨鸣乾能热电有限责任公司	16	6	20	30	72	B^-
000488.SZ	晨鸣纸业	山东晨鸣纸业集团股份有限公司	14	8	20	30	72	B^-
000525.SZ	红太阳	南京红太阳生物化学有限责任公司	14	10	20	28	72	B^-
000539.SZ	粤电力 A	茂名臻能热电有限公司	14	8	20	30	72	B^-
000539.SZ	粤电力 A	湛江中粤能源有限公司	14	8	20	30	72	B^-
000600.SZ	建投能源	承德龙新热力有限责任公司	12	10	20	30	72	B^-
000612.SZ	焦作万方	焦作煤业集团赵固（新乡）能源有限责任公司	14	10	20	28	72	B^-
000698.SZ	沈阳化工	沈阳石蜡化工有限公司	14	8	20	30	72	B^-
000723.SZ	美锦能源	唐钢美锦（唐山）煤化工有限公司	30	10	20	12	72	B^-
000761.SZ	本钢板材	本钢板材股份有限公司	12	10	20	30	72	B^-
000767.SZ	漳泽电力	山西漳电大唐热电有限公司	12	10	20	30	72	B^-
000767.SZ	漳泽电力	山西漳泽电力股份有限公司	14	8	20	30	72	B^-
000792.SZ	*ST 盐湖	青海盐湖海纳化工有限公司	14	8	20	30	72	B^-
000815.SZ	美利云	中冶美利云产业投资股份有限公司	14	8	20	30	72	B^-
000876.SZ	新希望	山东新希望六和集团有限公司	20	4	20	28	72	B^-
000877.SZ	天山股份	叶城天山水泥有限责任公司	18	8	16	30	72	B^-
000930.SZ	中粮生化	中粮生化能源（衡水）有限公司	14	8	20	30	72	B^-
000958.SZ	东方能源	石家庄良村热电有限公司	14	8	20	30	72	B^-
001896.SZ	豫能控股	鹤壁丰鹤发电有限责任公司	14	8	20	30	72	B^-
002004.SZ	华邦健康	江苏常隆农化有限公司	14	8	20	30	72	B^-
002042.SZ	华孚时尚	江苏标尚纤维有限公司	14	8	20	30	72	B^-

代码	名称（简称）	被参控公司/母公司	在线监测系统得分	排污许可系统得分	监督性监测系统得分	环境违法处罚系统得分	企业环境绩效总得分	评分等级
002054.SZ	德美化工	濮阳市中炜精细化工有限公司	12	10	20	30	72	B⁻
002068.SZ	黑猫股份	济宁黑猫炭黑有限责任公司	12	10	20	30	72	B⁻
002092.SZ	中泰化学	新疆中泰化学托克逊能化有限公司	14	8	20	30	72	B⁻
002099.SZ	海翔药业	台州市前进化工有限公司	12	10	20	30	72	B⁻
002126.SZ	银轮股份	浙江银轮机械股份有限公司	12	10	20	30	72	B⁻
002155.SZ	湖南黄金	湖南辰州矿业有限责任公司	12	10	20	30	72	B⁻
002170.SZ	芭田股份	贵州芭田生态工程有限公司	12	10	20	30	72	B⁻
002326.SZ	永太科技	滨海永太科技有限公司	30	10	20	12	72	B⁻
002390.SZ	信邦制药	贵州信邦制药股份有限公司	12	10	20	30	72	B⁻
002422.SZ	科伦药业	四川科伦药业股份有限公司	14	8	20	30	72	B⁻
002511.SZ	中顺洁柔	中顺洁柔（云浮）纸业有限公司	14	8	20	30	72	B⁻
002511.SZ	中顺洁柔	浙江中顺纸业有限公司	16	10	16	30	72	B⁻
002562.SZ	兄弟科技	江苏兄弟维生素有限公司	14	8	20	30	72	B⁻
002601.SZ	龙蟒佰利	襄阳龙蟒钛业有限公司	14	10	20	28	72	B⁻
002616.SZ	长青集团	广东长青（集团）满城热电有限公司	14	8	20	30	72	B⁻
002737.SZ	葵花药业	葵花药业集团（唐山）生物制药有限公司	12	10	20	30	72	B⁻
002942.SZ	新农股份	江苏新农化工有限公司	30	8	20	14	72	B⁻
600011.SH	华能国际	洛阳阳光热电有限公司	14	8	20	30	72	B⁻
600011.SH	华能国际	山东华能莱芜热电有限公司	16	8	20	28	72	B⁻
600023.SH	浙能电力	浙能阿克苏热电有限公司	14	8	20	30	72	B⁻
600028.SH	中国石化	中国石化青岛石油化工有限责任公司	14	8	20	30	72	B⁻
600069.SH	银鸽投资	河南银鸽实业投资股份有限公司	14	8	20	30	72	B⁻
600075.SH	新疆天业	天伟化工有限公司	14	8	20	30	72	B⁻
600098.SH	广州发展	广州珠江电力有限公司	14	8	20	30	72	B⁻
600141.SH	兴发集团	宜都兴发化工有限公司	12	10	20	30	72	B⁻

代码	名称（简称）	被参控公司/母公司	在线监测系统得分	排污许可系统得分	监督性监测系统得分	环境违法处罚系统得分	企业环境绩效总得分	评分等级
600167.SH	联美控股	沈阳浑南热力有限责任公司	12	10	20	30	72	B^-
600183.SH	生益科技	生益电子股份有限公司	12	10	20	30	72	B^-
600308.SH	华泰股份	河北华泰纸业有限公司	14	8	20	30	72	B^-
600396.SH	*ST 金山	沈阳华润热电有限公司	14	8	20	30	72	B^-
600396.SH	*ST 金山	沈阳金山能源股份有限公司	14	8	20	30	72	B^-
600408.SH	ST 安泰	山西安泰集团股份有限公司	14	8	20	30	72	B^-
600419.SH	天润乳业	沙湾盖瑞乳业有限责任公司	14	10	20	28	72	B^-
600425.SH	青松建化	库车青松水泥有限责任公司	16	6	20	30	72	B^-
600425.SH	青松建化	克州青松水泥有限责任公司	14	8	20	30	72	B^-
600426.SH	华鲁恒升	山东华鲁恒升化工股份有限公司	18	8	16	30	72	B^-
600509.SH	天富能源	新疆天富阳光生物科技有限公司	30	8	20	14	72	B^-
600578.SH	京能电力	内蒙古京能康巴什热电有限公司	14	8	20	30	72	B^-
600578.SH	京能电力	内蒙古京能盛乐热电有限公司	30	8	20	14	72	B^-
600585.SH	海螺水泥	隆安海螺水泥有限责任公司	12	10	20	30	72	B^-
600585.SH	海螺水泥	英德海螺水泥有限责任公司	20	10	12	30	72	B^-
600585.SH	海螺水泥	邵阳市云峰新能源科技有限公司	12	10	20	30	72	B^-
600586.SH	金晶科技	山东海天生物化工有限公司	14	8	20	30	72	B^-
600660.SH	福耀玻璃	福耀集团通辽有限公司	20	2	20	30	72	B^-
600660.SH	福耀玻璃	福耀玻璃工业集团股份有限公司	16	6	20	30	72	B^-
600691.SH	阳煤化工	沧州正元化肥有限公司	12	10	20	30	72	B^-
600740.SH	山西焦化	山西焦化股份有限公司	14	8	20	30	72	B^-
600801.SH	华新水泥	华新水泥（襄阳）有限公司	14	8	20	30	72	B^-
600801.SH	华新水泥	华新水泥（赤壁）有限公司	14	10	20	28	72	B^-
600801.SH	华新水泥	武汉武钢华新水泥有限责任公司	30	8	20	14	72	B^-
600802.SH	福建水泥	福建永安建福水泥有限公司	16	6	20	30	72	B^-

代码	名称（简称）	被参控公司/母公司	在线监测系统得分	排污许可系统得分	监督性监测系统得分	环境违法处罚系统得分	企业环境绩效总得分	评分等级
600809.SH	山西汾酒	山西杏花村汾酒厂股份有限公司	24	10	8	30	72	B^-
600819.SH	耀皮玻璃	天津耀皮玻璃有限公司	30	8	20	14	72	B^-
600844.SH	丹化科技	通辽金煤化工有限公司	18	4	20	30	72	B^-
600863.SH	内蒙华电	内蒙古上都发电有限责任公司	14	8	20	30	72	B^-
600966.SH	博汇纸业	江苏博汇纸业有限公司	30	8	4	30	72	B^-
601088.SH	中国神华	河北国华定州发电有限责任公司	12	10	20	30	72	B^-
601088.SH	中国神华	绥中发电有限责任公司	12	10	20	30	72	B^-
601179.SH	中国西电	西安西电开关电气有限公司	16	10	20	26	72	B^-
601678.SH	滨化股份	中海沥青股份有限公司	14	10	20	28	72	B^-
601991.SH	大唐发电	河北大唐国际丰润热电有限责任公司	14	8	20	30	72	B^-
601991.SH	大唐发电	河北大唐国际唐山热电有限责任公司	12	10	20	30	72	B^-
601991.SH	大唐发电	河北大唐国际张家口热电有限责任公司	14	8	20	30	72	B^-
601992.SH	金隅集团	沁阳市金隅水泥有限公司	14	8	20	30	72	B^-
603079.SH	圣达生物	浙江圣达生物药业股份有限公司	14	8	20	30	72	B^-
603456.SH	九洲药业	浙江瑞博制药有限公司	14	8	20	30	72	B^-
603599.SH	广信股份	安徽东至广信农化有限公司	16	6	20	30	72	B^-
603612.SH	索通发展	嘉峪关索通炭材料有限公司	12	10	20	30	72	B^-
000422.SZ	ST 宜化	湖北宜化化工股份有限公司	16	7.5	20	28	71.5	B^-
000930.SZ	中粮生化	中粮生化能源（公主岭）有限公司	12	9.5	20	30	71.5	B^-
000939.SZ	*ST 凯迪	庐江县凯迪绿色能源开发有限公司	16	5.5	20	30	71.5	B^-
002493.SZ	荣盛石化	海南逸盛石化有限公司	14	7.5	20	30	71.5	B^-
002716.SZ	金贵银业	郴州市金贵银业股份有限公司	14	7.5	20	30	71.5	B^-
600011.SH	华能国际	华能北京热电有限责任公司	12	9.5	20	30	71.5	B^-
600023.SH	浙能电力	浙江浙能镇海发电有限责任公司	14	7.5	20	30	71.5	B^-
600028.SH	中国石化	中国石化海南炼油化工有限公司	14	7.5	20	30	71.5	B^-

代码	名称（简称）	被参控公司/母公司	在线监测系统得分	排污许可系统得分	监督性监测系统得分	环境违法处罚系统得分	企业环境绩效总得分	评分等级
600126.SH	杭钢股份	宁波钢铁有限公司	14	7.5	20	30	71.5	B^-
600308.SH	华泰股份	日照华泰纸业有限公司	16	5.5	20	30	71.5	B^-
600585.SH	海螺水泥	弋阳海螺水泥有限责任公司	18	7.5	16	30	71.5	B^-
600801.SH	华新水泥	华新金龙水泥（郧县）有限公司	16	5.5	20	30	71.5	B^-
600886.SH	国投电力	天津国投津能发电有限公司	12	9.5	20	30	71.5	B^-
600586.SH	金晶科技	滕州金晶玻璃有限公司	14	7	20	30	71	B^-
000401.SZ	冀东水泥	吴堡冀东特种水泥有限公司	16	4.5	20	30	70.5	B^-
600735.SH	新华锦	青岛中绵针织有限公司	14	6.5	20	30	70.5	B^-
000401.SZ	冀东水泥	冀东水泥重庆江津有限责任公司	14	10	20	26	70	B^-
000401.SZ	冀东水泥	辽阳冀东水泥有限公司	20	10	10	30	70	B^-
000600.SZ	建投能源	衡水恒兴发电有限责任公司	10	10	20	30	70	B^-
000600.SZ	建投能源	河北衡丰发电有限责任公司	10	10	20	30	70	B^-
000612.SZ	焦作万方	焦作万方铝业股份有限公司	14	8	20	28	70	B^-
000623.SZ	吉林敖东	吉林敖东工业园公用资产管理有限公司	10	10	20	30	70	B^-
000630.SZ	铜陵有色	金隆铜业有限公司	10	10	20	30	70	B^-
000709.SZ	河钢股份	河北钢铁集团滦县司家营铁矿有限公司	26	10	20	14	70	B^-
000709.SZ	河钢股份	唐山中厚板材有限公司	14	10	20	26	70	B^-
000792.SZ	*ST 盐湖	青海盐湖镁业有限公司	14	6	20	30	70	B^-
000826.SZ	启迪桑德	淮南淮清环保有限公司	14	10	16	30	70	B^-
000877.SZ	天山股份	哈密天山水泥有限责任公司	12	8	20	30	70	B^-
000878.SZ	云南铜业	易门铜业有限公司	26	10	20	14	70	B^-
000933.SZ	神火股份	河南有色汇源铝业有限公司	30	10	20	10	70	B^-
000952.SZ	广济药业	湖北广济药业股份有限公司	16	4	20	30	70	B^-
001896.SZ	豫能控股	新乡中益发电有限公司	14	6	20	30	70	B^-
002020.SZ	京新药业	上虞京新药业有限公司	14	6	20	30	70	B^-

代码	名称（简称）	被参控公司/母公司	在线监测系统得分	排污许可系统得分	监督性监测系统得分	环境违法处罚系统得分	企业环境绩效总得分	评分等级
002099.SZ	海翔药业	台州市振港染料化工有限公司	10	10	20	30	70	B^-
002152.SZ	广电运通	赣州中联环保科技开发有限公司	30	8	20	12	70	B^-
002258.SZ	利尔化学	湖南比德生化科技股份有限公司	26	10	20	14	70	B^-
002435.SZ	长江润发	上海益威实业有限公司	16	8	20	26	70	B^-
002653.SZ	海思科	四川海思科制药有限公司	14	6	20	30	70	B^-
002742.SZ	三圣股份	重庆三圣实业股份有限公司	12	8	20	30	70	B^-
300158.SZ	振东制药	山西振东泰盛制药有限公司	18	2	20	30	70	B^-
600008.SH	首创股份	淮南市顺通污水处理有限责任公司	18	10	12	30	70	B^-
600028.SH	中国石化	扬子石化-巴斯夫有限责任公司	18	2	20	30	70	B^-
600062.SH	华润双鹤	湖南省湘中制药有限公司	16	8	16	30	70	B^-
600188.SH	兖州煤业	山东华聚能源股份有限公司	14	6	20	30	70	B^-
600188.SH	兖州煤业	兖州煤业榆林能化有限公司	16	8	16	30	70	B^-
600292.SH	远达环保	朝阳远达环保水务有限公司	10	10	20	30	70	B^-
600295.SH	鄂尔多斯	内蒙古鄂尔多斯热电有限责任公司	26	10	20	14	70	B^-
600356.SH	恒丰纸业	湖北恒丰纸业有限责任公司	14	6	20	30	70	B^-
600360.SH	华微电子	吉林华微电子股份有限公司	10	10	20	30	70	B^-
600396.SH	*ST 金山	白音华金山发电有限公司	14	6	20	30	70	B^-
600425.SH	青松建化	新疆青松建材化工（集团）股份有限公司	16	4	20	30	70	B^-
600531.SH	豫光金铅	河南豫光金铅股份有限公司	12	8	20	30	70	B^-
600578.SH	京能电力	河北涿州京源热电有限责任公司	12	8	20	30	70	B^-
600585.SH	海螺水泥	阳春海螺水泥有限责任公司	10	10	20	30	70	B^-
600585.SH	海螺水泥	临夏海螺水泥有限责任公司	14	6	20	30	70	B^-
600596.SH	新安股份	镇江江南化工有限公司	30	10	16	14	70	B^-
600623.SH	华谊集团	上海申星化工有限公司	26	10	20	14	70	B^-
600642.SH	申能股份	申能吴忠热电有限责任公司	14	6	20	30	70	B^-

代码	名称（简称）	被参控公司/母公司	在线监测系统得分	排污许可系统得分	监督性监测系统得分	环境违法处罚系统得分	企业环境绩效总得分	评分等级
600726.SH	*ST 华源	中国华电集团哈尔滨发电有限公司	10	10	20	30	70	B⁻
600761.SH	安徽合力	安徽合力股份有限公司	26	10	20	14	70	B⁻
600790.SH	轻纺城	会稽山绍兴酒股份有限公司	16	10	14	30	70	B⁻
600795.SH	国电电力	国电建投内蒙古能源有限公司	14	6	20	30	70	B⁻
600795.SH	国电电力	国电大武口热电有限公司	16	4	20	30	70	B⁻
600801.SH	华新水泥	华新水泥（剑川）有限公司	14	6	20	30	70	B⁻
600801.SH	华新水泥	华新水泥（云龙）有限公司	14	6	20	30	70	B⁻
600801.SH	华新水泥	华新水泥（红河）有限公司	18	4	20	28	70	B⁻
600801.SH	华新水泥	华新水泥（秭归）有限公司	12	8	20	30	70	B⁻
600801.SH	华新水泥	华新水泥（宜昌）有限公司	14	6	20	30	70	B⁻
600871.SH	石化油服	中石化中原石油工程有限公司	14	10	20	26	70	B⁻
600886.SH	国投电力	国投北部湾发电有限公司	10	10	20	30	70	B⁻
600886.SH	国投电力	徐州华润电力有限公司	26	10	20	14	70	B⁻
600989.SH	宝丰能源	宁夏宝丰能源集团股份有限公司	26	4	10	30	70	B⁻
601002.SH	晋亿实业	晋亿实业股份有限公司	14	10	20	26	70	B⁻
601216.SH	君正集团	内蒙古北方蒙西发电有限责任公司	14	8	20	28	70	B⁻
601233.SH	桐昆股份	嘉兴石化有限公司	22	10	8	30	70	B⁻
601600.SH	中国铝业	中铝宁夏能源集团有限公司	16	8	20	26	70	B⁻
601898.SH	中煤能源	内蒙古中煤蒙大新能源化工有限公司	14	6	20	30	70	B⁻
601899.SH	紫金矿业	新疆天龙矿业股份有限公司	12	8	20	30	70	B⁻
601991.SH	大唐发电	辽宁大唐国际沈抚热力有限责任公司	10	10	20	30	70	B⁻
601991.SH	大唐发电	辽宁调兵山煤矸石发电有限责任公司	12	8	20	30	70	B⁻
603538.SH	美诺华	浙江燎原药业股份有限公司	26	10	20	14	70	B⁻
603612.SH	索通发展	嘉峪关索通预焙阳极有限公司	10	10	20	30	70	B⁻
603903.SH	中持股份	焦作中持水务有限公司	20	10	10	30	70	B⁻

代码	名称（简称）	被参控公司/母公司	在线监测系统得分	排污许可系统得分	监督性监测系统得分	环境违法处罚系统得分	企业环境绩效总得分	评分等级
000789.SZ	万年青	江西三环水泥有限公司	16	3.5	20	30	69.5	C
600011.SH	华能国际	华能海南发电股份有限公司	14	5.5	20	30	69.5	C
600691.SH	阳煤化工	山西阳煤丰喜泉稷能源有限公司	14	5.5	20	30	69.5	C
601088.SH	中国神华	国华徐州发电有限公司	26	9.5	20	14	69.5	C
000930.SZ	中粮生化	中粮生化能源（榆树）有限公司	12	7	20	30	69	C
600881.SH	亚泰集团	亚泰集团哈尔滨水泥有限公司	14	5	20	30	69	C
600889.SH	南京化纤	南京法伯耳纺织有限公司	14	5	20	30	69	C
000401.SZ	冀东水泥	米脂冀东水泥有限公司	16	4.5	20	28	68.5	C
000709.SZ	河钢股份	唐钢青龙炉料有限公司	12	6.5	20	30	68.5	C
300575.SZ	中旗股份	江苏中旗科技股份有限公司	30	6.5	20	12	68.5	C
601011.SH	宝泰隆	宝泰隆新材料股份有限公司	14	4.5	20	30	68.5	C
000027.SZ	深圳能源	库尔勒新隆热力有限责任公司	8	10	20	30	68	C
000027.SZ	深圳能源	东莞深能源樟洋电力有限公司	14	6	20	28	68	C
000050.SZ	深天马 A	上海天马微电子有限公司	24	10	20	14	68	C
000539.SZ	粤电力 A	广东惠州天然气发电有限公司	8	10	20	30	68	C
000789.SZ	万年青	江西于都南方万年青水泥有限公司	16	6	16	30	68	C
000825.SZ	太钢不锈	天津太钢天管不锈钢有限公司	8	10	20	30	68	C
000877.SZ	天山股份	洛浦天山水泥有限责任公司	8	10	20	30	68	C
000877.SZ	天山股份	喀什天山水泥有限责任公司	8	10	20	30	68	C
000910.SZ	大亚圣象	大亚木业（茂名）有限公司	8	10	20	30	68	C
000930.SZ	中粮生化	宿州中粮生物化学有限公司	16	10	12	30	68	C
002034.SZ	旺能环境	湖州南太湖环保能源有限公司	20	10	8	30	68	C
002066.SZ	瑞泰科技	瑞泰科技股份有限公司	8	10	20	30	68	C
002092.SZ	中泰化学	新疆新冶能源化工股份有限公司	8	10	20	30	68	C
002250.SZ	联化科技	联化科技（盐城）有限公司	30	4	20	14	68	C

代码	名称（简称）	被参控公司/母公司	在线监测系统得分	排污许可系统得分	监督性监测系统得分	环境违法处罚系统得分	企业环境绩效总得分	评分等级
002304.SZ	洋河股份	江苏洋河酒厂股份有限公司	8	10	20	30	68	C
002326.SZ	永太科技	浙江永太科技股份有限公司	26	10	20	12	68	C
002332.SZ	仙琚制药	浙江省仙居县阳光生物制品有限公司	30	8	20	10	68	C
002391.SZ	长青股份	江苏长青农化股份有限公司	16	10	12	30	68	C
002408.SZ	齐翔腾达	淄博齐翔腾达化工股份有限公司	26	8	20	14	68	C
002493.SZ	荣盛石化	浙江盛元化纤有限公司	8	10	20	30	68	C
600011.SH	华能国际	华能沁北发电有限责任公司	10	8	20	30	68	C
600011.SH	华能国际	华能巢湖发电有限责任公司	26	8	20	14	68	C
600011.SH	华能国际	华能渑池热电有限责任公司	26	8	20	14	68	C
600019.SH	宝钢股份	武汉钢铁有限公司	22	10	6	30	68	C
600027.SH	华电国际	河北华电石家庄鹿华热电有限公司	8	10	20	30	68	C
600028.SH	中国石化	中国石化北海炼化有限责任公司	18	10	10	30	68	C
600100.SH	同方股份	淮安同方水务有限公司	20	10	8	30	68	C
600123.SH	兰花科创	山西兰花丹峰化工股份有限公司	12	10	20	26	68	C
600167.SH	联美控股	沈阳新北热电有限责任公司	14	6	20	28	68	C
600226.SH	瀚叶股份	河北圣雪大成制药有限责任公司	14	8	16	30	68	C
600256.SH	广汇能源	甘肃宏汇能源化工有限公司	8	10	20	30	68	C
600308.SH	华泰股份	山东华泰纸业股份有限公司	20	8	10	30	68	C
600581.SH	八一钢铁	新疆八一钢铁股份有限公司	8	10	20	30	68	C
600585.SH	海螺水泥	扶绥新宁海螺水泥有限责任公司	8	10	20	30	68	C
600585.SH	海螺水泥	兴安海螺水泥有限责任公司	8	10	20	30	68	C
600585.SH	海螺水泥	贵定海螺盘江水泥有限责任公司	8	10	20	30	68	C
600585.SH	海螺水泥	赣州海螺水泥有限责任公司	10	8	20	30	68	C
600585.SH	海螺水泥	水城海螺盘江水泥有限责任公司	8	10	20	30	68	C
600720.SH	祁连山	永登祁连山水泥有限公司	18	10	10	30	68	C

代码	名称（简称）	被参控公司/母公司	在线监测系统得分	排污许可系统得分	监督性监测系统得分	环境违法处罚系统得分	企业环境绩效总得分	评分等级
600737.SH	中粮糖业	新疆四方实业股份有限公司	18	6	14	30	68	C
600795.SH	国电电力	河北邯郸热电股份有限公司	14	8	20	26	68	C
600801.SH	华新水泥	华新水泥（武穴）有限公司	10	8	20	30	68	C
600863.SH	内蒙华电	包头东华热电有限公司	8	10	20	30	68	C
600886.SH	国投电力	铜山华润电力有限公司	30	8	20	10	68	C
601058.SH	赛轮轮胎	沈阳亨通能源有限公司	8	10	20	30	68	C
601991.SH	大唐发电	内蒙古大唐国际再生资源开发有限公司	24	10	20	14	68	C
601991.SH	大唐发电	大庆龙唐供热有限公司	8	10	20	30	68	C
601991.SH	大唐发电	甘肃大唐国际连城发电有限责任公司	8	10	20	30	68	C
601991.SH	大唐发电	辽宁大唐国际沈东热电有限责任公司	8	10	20	30	68	C
603456.SH	九洲药业	浙江九洲药业股份有限公司	8	10	20	30	68	C
000825.SZ	太钢不锈	山西太钢不锈钢股份有限公司	14	9.5	14	30	67.5	C
600011.SH	华能国际	华能营口仙人岛热电有限责任公司	10	7.5	20	30	67.5	C
000401.SZ	冀东水泥	冀东水泥铜川有限公司	8	10	20	28	66	C
000422.SZ	ST 宜化	青海宜化化工有限责任公司	22	10	20	14	66	C
000539.SZ	粤电力 A	广东粤电大埔发电有限公司	6	10	20	30	66	C
000571.SZ	*ST 大洲	内蒙古牙克石五九煤炭（集团）有限责任公司	22	10	20	14	66	C
000600.SZ	建投能源	河北建投宣化热电有限责任公司	24	8	20	14	66	C
000600.SZ	建投能源	国电承德热电有限公司	22	10	20	14	66	C
000703.SZ	恒逸石化	浙江恒逸高新材料有限公司	22	10	20	14	66	C
000789.SZ	万年青	江西瑞金万年青水泥有限责任公司	22	10	20	14	66	C
000877.SZ	天山股份	若羌天山水泥有限责任公司	18	8	10	30	66	C
000877.SZ	天山股份	克州天山水泥有限责任公司	6	10	20	30	66	C
000939.SZ	*ST 凯迪	郑州煤炭工业（集团）杨河煤业有限公司	14	10	20	22	66	C
000939.SZ	*ST 凯迪	洪雅凯迪绿色能源开发有限公司	8	8	20	30	66	C

代码	名称（简称）	被参控公司/母公司	在线监测系统得分	排污许可系统得分	监督性监测系统得分	环境违法处罚系统得分	企业环境绩效总得分	评分等级
000939.SZ	*ST 凯迪	蚌埠市凯迪绿色能源开发有限公司	6	10	20	30	66	C
000939.SZ	*ST 凯迪	江陵县凯迪绿色能源开发有限公司	6	10	20	30	66	C
000939.SZ	*ST 凯迪	淮南市凯迪绿色能源开发有限公司	6	10	20	30	66	C
000951.SZ	中国重汽	中国重汽集团济南桥箱有限公司	22	10	20	14	66	C
000970.SZ	中科三环	天津三环乐喜新材料有限公司	30	8	14	14	66	C
000983.SZ	西山煤电	古交西山发电有限公司	14	6	16	30	66	C
002002.SZ	鸿达兴业	内蒙古中谷矿业有限责任公司	22	10	20	14	66	C
002013.SZ	中航机电	贵州枫阳液压有限责任公司	6	10	20	30	66	C
002068.SZ	黑猫股份	太原黑猫炭黑有限责任公司	22	10	20	14	66	C
002225.SZ	濮耐股份	濮阳市濮耐功能材料有限公司	6	10	20	30	66	C
002233.SZ	塔牌集团	广东塔牌集团股份有限公司	6	10	20	30	66	C
002798.SZ	帝欧家居	景德镇欧神诺陶瓷有限公司	6	10	20	30	66	C
300180.SZ	华峰超纤	上海华峰超纤材料股份有限公司	6	10	20	30	66	C
300267.SZ	尔康制药	湖南尔康明胶有限公司	22	10	20	14	66	C
300721.SZ	怡达股份	吉林怡达化工有限公司	6	10	20	30	66	C
600011.SH	华能国际	华能国际电力股份有限公司	12	4	20	30	66	C
600011.SH	华能国际	华能罗源发电有限责任公司	6	10	20	30	66	C
600063.SH	皖维高新	安徽皖维高新材料股份有限公司	14	8	14	30	66	C
600126.SH	杭钢股份	襄阳富春紫光污水处理有限公司	16	10	10	30	66	C
600132.SH	重庆啤酒	湖南重庆啤酒国人有限责任公司	6	10	20	30	66	C
600188.SH	兖州煤业	兖矿集团唐村实业有限公司	6	10	20	30	66	C
600307.SH	酒钢宏兴	新疆昕昊达矿业有限责任公司	8	8	20	30	66	C
600307.SH	酒钢宏兴	甘肃酒钢集团宏兴钢铁股份有限公司	10	8	20	28	66	C
600308.SH	华泰股份	东营华泰清河实业有限公司	16	10	10	30	66	C
600351.SH	亚宝药业	亚宝药业集团股份有限公司	14	10	14	28	66	C

代码	名称（简称）	被参控公司/母公司	在线监测系统得分	排污许可系统得分	监督性监测系统得分	环境违法处罚系统得分	企业环境绩效总得分	评分等级
600380.SH	健康元	深圳市海滨制药有限公司	6	10	20	30	66	C
600396.SH	*ST 金山	阜新金山煤矸石热电有限公司	6	10	20	30	66	C
600449.SH	宁夏建材	宁夏赛马水泥有限公司	8	8	20	30	66	C
600461.SH	洪城水业	萍乡市洪城水业环保有限责任公司	14	10	12	30	66	C
600578.SH	京能电力	京能（赤峰）能源发展有限公司	8	8	20	30	66	C
600585.SH	海螺水泥	北流海螺水泥有限责任公司	8	10	20	28	66	C
600720.SH	祁连山	陇南祁连山水泥有限公司	14	2	20	30	66	C
600795.SH	国电电力	国电新疆红雁池发电有限公司	8	8	20	30	66	C
600801.SH	华新水泥	华新水泥（黄石）有限公司	6	10	20	30	66	C
600863.SH	内蒙华电	内蒙古丰电能源发电有限责任公司	6	10	20	30	66	C
600864.SH	哈投股份	黑龙江岁宝热电有限公司	18	4	20	24	66	C
600881.SH	亚泰集团	长春亚泰热力有限责任公司	6	10	20	30	66	C
600960.SH	渤海汽车	滨州渤海活塞有限公司	16	10	10	30	66	C
601001.SH	大同煤业	同煤大唐塔山煤矿有限公司	6	10	20	30	66	C
601088.SH	中国神华	神华四川能源有限责任公司	8	8	20	30	66	C
601718.SH	际华集团	辽宁际华三五二三特种装备有限公司	6	10	20	30	66	C
601991.SH	大唐发电	天津大唐国际盘山发电有限责任公司	6	10	20	30	66	C
603693.SH	江苏新能	江苏国信如东生物质发电有限公司	8	8	20	30	66	C
002099.SZ	海翔药业	浙江海翔药业股份有限公司	10	5.5	20	30	65.5	C
002513.SZ	蓝丰生化	江苏蓝丰生物化工股份有限公司	22	9.5	20	14	65.5	C
600737.SH	中粮糖业	营口长宜热力有限公司	6	9.5	20	30	65.5	C
000789.SZ	万年青	江西万年青水泥股份有限公司	10	4.5	20	30	64.5	C
600642.SH	申能股份	上海申能崇明发电有限公司	12	2.5	20	30	64.5	C
000422.SZ	ST 宜化	宜昌宜化太平洋热电有限公司	8	6	20	30	64	C
000683.SZ	远兴能源	锡林郭勒苏尼特碱业有限公司	22	8	20	14	64	C

代码	名称（简称）	被参控公司/母公司	在线监测系统得分	排污许可系统得分	监督性监测系统得分	环境违法处罚系统得分	企业环境绩效总得分	评分等级
000692.SZ	惠天热电	沈阳市第二热力供暖公司	6	10	20	28	64	C
000731.SZ	四川美丰	四川美丰化工科技有限责任公司	24	10	16	14	64	C
000756.SZ	新华制药	山东新华制药股份有限公司	14	8	16	26	64	C
000767.SZ	漳泽电力	山西临汾热电有限公司	22	8	20	14	64	C
000822.SZ	山东海化	山东海化盛兴热电有限公司	8	6	20	30	64	C
000826.SZ	启迪桑德	瑞安紫光水业有限公司	16	10	8	30	64	C
000898.SZ	鞍钢股份	鞍钢集团朝阳钢铁有限公司	8	8	20	28	64	C
000932.SZ	华菱钢铁	湖南华菱涟源钢铁有限公司	20	10	20	14	64	C
002001.SZ	新和成	浙江春晖环保能源股份有限公司	22	8	20	14	64	C
002087.SZ	新野纺织	河南新野纺织股份有限公司	20	10	20	14	64	C
002109.SZ	兴化股份	陕西延长石油兴化化工有限公司	20	10	20	14	64	C
002128.SZ	露天煤业	通辽霍林河坑口发电有限责任公司	26	4	20	14	64	C
002136.SZ	安纳达	安徽安纳达钛业股份有限公司	22	10	20	12	64	C
002258.SZ	利尔化学	利尔化学股份有限公司	22	10	20	12	64	C
002608.SZ	江苏国信	扬州第二发电有限责任公司	20	10	20	14	64	C
300090.SZ	盛运环保	桐庐盛运环保电力有限公司	20	10	20	14	64	C
300185.SZ	通裕重工	山东省禹城市新园热电有限公司	22	8	20	14	64	C
300664.SZ	鹏鹞环保	萧县鹏鹞污水处理有限公司	18	10	6	30	64	C
600011.SH	华能国际	华能榆社发电有限责任公司	22	8	20	14	64	C
600027.SH	华电国际	河北华电石家庄热电有限公司	12	8	20	24	64	C
600395.SH	盘江股份	贵州盘江精煤股份有限公司	22	10	20	12	64	C
600399.SH	ST 抚钢	抚顺特殊钢股份有限公司	24	10	20	10	64	C
600470.SH	六国化工	安徽六国化工股份有限公司	20	10	20	14	64	C
600526.SH	*ST 菲达	衢州市清泰环境工程有限公司	20	10	20	14	64	C
600585.SH	海螺水泥	淮北矿业相山水泥有限责任公司	20	10	20	14	64	C

代码	名称（简称）	被参控公司/母公司	在线监测系统得分	排污许可系统得分	监督性监测系统得分	环境违法处罚系统得分	企业环境绩效总得分	评分等级
600789.SH	鲁抗医药	山东鲁抗中和环保科技有限公司	20	10	20	14	64	C
600793.SH	宜宾纸业	宜宾纸业股份有限公司	6	8	20	30	64	C
601088.SH	中国神华	神华准格尔能源有限责任公司	20	10	20	14	64	C
601212.SH	白银有色	甘肃厂坝有色金属有限责任公司	6	8	20	30	64	C
601918.SH	新集能源	中煤新集能源股份有限公司	8	6	20	30	64	C
601991.SH	大唐发电	重庆大唐国际石柱发电有限责任公司	6	8	20	30	64	C
600795.SH	国电电力	国电电力朝阳热电有限公司	6	7.5	20	30	63.5	C
601088.SH	中国神华	浙江国华浙能发电有限公司	20	9.5	20	14	63.5	C
600011.SH	华能国际	华能鹤岗发电有限公司	26	5	20	12	63	C
600623.SH	华谊集团	双钱集团（重庆）轮胎有限公司	8	4.5	20	30	62.5	C
601992.SH	金隅集团	陵川金隅水泥有限公司	14	8.5	10	30	62.5	C
000035.SZ	中国天楹	启东天楹环保能源有限公司	18	10	20	14	62	C
000413.SZ	东旭光电	四川旭虹光电科技有限公司	24	10	14	14	62	C
000525.SZ	红太阳	重庆华歌生物化学有限公司	20	10	20	12	62	C
000543.SZ	皖能电力	皖能铜陵发电有限公司	20	8	20	14	62	C
000545.SZ	金浦钛业	徐州钛白化工有限责任公司	18	10	20	14	62	C
000600.SZ	建投能源	河北西柏坡发电有限责任公司	18	10	20	14	62	C
000600.SZ	建投能源	建投邢台热电有限责任公司	6	8	20	28	62	C
000629.SZ	攀钢钒钛	攀钢集团钛业有限责任公司	18	10	20	14	62	C
000692.SZ	惠天热电	沈阳惠天热电股份有限公司	18	10	20	14	62	C
000778.SZ	新兴铸管	新兴铸管股份有限公司	18	10	20	14	62	C
000895.SZ	双汇发展	唐山双汇食品有限责任公司	22	6	20	14	62	C
002004.SZ	华邦健康	陕西汉江药业集团股份有限公司	18	10	20	14	62	C
002010.SZ	传化智联	浙江传化合成材料有限公司	18	10	20	14	62	C
002332.SZ	仙琚制药	浙江天台药业有限公司	6	6	20	30	62	C

代码	名称（简称）	被参控公司/母公司	在线监测系统得分	排污许可系统得分	监督性监测系统得分	环境违法处罚系统得分	企业环境绩效总得分	评分等级
002534.SZ	杭锅股份	江西乐浩综合利用电业有限公司	6	6	20	30	62	C
300090.SZ	盛运环保	济宁中科环保电力有限公司	18	10	20	14	62	C
300119.SZ	瑞普生物	湖北龙翔药业科技股份有限公司	18	10	20	14	62	C
600011.SH	华能国际	华能济宁运河发电有限公司	24	8	20	10	62	C
600027.SH	华电国际	石家庄华电供热集团有限公司	18	10	20	14	62	C
600149.SH	ST 坊展	廊坊市广炎供热有限责任公司	18	10	20	14	62	C
600187.SH	国中水务	国中（秦皇岛）污水处理有限公司	10	10	12	30	62	C
600252.SH	中恒集团	广西梧州制药（集团）股份有限公司	12	10	10	30	62	C
600277.SH	亿利洁能	神华亿利能源有限责任公司	22	8	20	12	62	C
600483.SH	福能股份	华润电力（六枝）有限公司	6	8	20	28	62	C
600578.SH	京能电力	山西京玉发电有限责任公司	20	8	20	14	62	C
600578.SH	京能电力	国电电力大同发电有限责任公司	20	8	20	14	62	C
600737.SH	中粮糖业	中粮屯河乌什果蔬制品有限公司	16	10	6	30	62	C
600792.SH	云煤能源	师宗煤焦化工有限公司	22	10	16	14	62	C
600801.SH	华新水泥	华新水泥（迪庆）有限公司	10	10	12	30	62	C
600801.SH	华新水泥	华新水泥（大冶）有限公司	18	10	20	14	62	C
601088.SH	中国神华	内蒙古亿利化学工业有限公司	22	8	20	12	62	C
601989.SH	中国重工	武昌船舶重工集团有限公司	18	10	20	14	62	C
601991.SH	大唐发电	山西大唐国际临汾热电有限责任公司	20	8	20	14	62	C
603385.SH	惠达卫浴	唐山达丰焦化有限公司	24	10	20	8	62	C
000027.SZ	深圳能源	国电织金发电有限公司	18	8	20	14	60	C
000605.SZ	渤海股份	新乐市诚润污水处理有限公司	16	10	20	14	60	C
000709.SZ	河钢股份	邯钢集团邯宝钢铁有限公司	16	10	20	14	60	C
000778.SZ	新兴铸管	拜城县峰峰煤焦化有限公司	18	10	20	12	60	C
000822.SZ	山东海化	山东海化股份有限公司	18	10	20	12	60	C

代码	名称（简称）	被参控公司/母公司	在线监测系统得分	排污许可系统得分	监督性监测系统得分	环境违法处罚系统得分	企业环境绩效总得分	评分等级
000930.SZ	中粮生化	中粮生物化学（安徽）股份有限公司	16	10	20	14	60	C
000930.SZ	中粮生化	广西中粮生物质能源有限公司	18	6	6	30	60	C
002002.SZ	鸿达兴业	内蒙古蒙华海勃湾发电有限责任公司	20	8	20	12	60	C
002083.SZ	孚日股份	高密万仁热电有限公司	10	6	20	24	60	C
002114.SZ	罗平锌电	云南罗平锌电股份有限公司	16	10	20	14	60	C
002145.SZ	中核钛白	安徽金星钛白（集团）有限公司	20	10	16	14	60	C
002538.SZ	司尔特	贵州路发实业有限公司	16	10	20	14	60	C
002601.SZ	龙蟒佰利	四川龙蟒钛业股份有限公司	20	10	20	10	60	C
002648.SZ	卫星石化	平湖石化有限责任公司	22	8	16	14	60	C
002672.SZ	东江环保	江西东江环保技术有限公司	16	10	20	14	60	C
600027.SH	华电国际	华电国际电力股份有限公司	10	6	16	28	60	C
600111.SH	北方稀土	甘肃稀土新材料股份有限公司	24	10	20	6	60	C
600586.SH	金晶科技	山东金晶科技股份有限公司	18	10	20	12	60	C
600676.SH	交运股份	上海英提尔交运汽车零部件有限公司	20	10	20	10	60	C
600691.SH	阳煤化工	石家庄柏坡正元化肥有限公司	20	8	20	12	60	C
600795.SH	国电电力	国电库车发电有限公司	18	8	20	14	60	C
600846.SH	同济科技	枣庄市同安水务有限公司	14	10	6	30	60	C
600851.SH	海欣股份	南京海欣丽宁长毛绒有限公司	20	10	16	14	60	C
600866.SH	星湖科技	广东肇庆星湖生物科技股份有限公司	20	6	20	14	60	C
601918.SH	新集能源	中煤新集阜阳矿业有限公司	16	10	20	14	60	C
000009.SZ	中国宝安	宜宾金石新材料科技有限公司	14	10	20	14	58	C⁻
000009.SZ	中国宝安	广州市新豪精密五金制品有限公司	14	10	20	14	58	C⁻
000027.SZ	深圳能源	深能保定发电有限公司	14	10	20	14	58	C⁻
000422.SZ	ST 宜化	湖北宜化肥业有限公司	14	10	20	14	58	C⁻
000600.SZ	建投能源	邢台国泰发电有限责任公司	14	10	20	14	58	C⁻

代码	名称（简称）	被参控公司/母公司	在线监测系统得分	排污许可系统得分	监督性监测系统得分	环境违法处罚系统得分	企业环境绩效总得分	评分等级
000826.SZ	启迪桑德	淮安紫光水业有限公司	14	10	4	30	58	C^-
000912.SZ	泸天化	四川泸天化股份有限公司	14	10	20	14	58	C^-
000928.SZ	中钢国际	中钢设备（呼伦贝尔）水务有限公司	14	10	20	14	58	C^-
000933.SZ	神火股份	国电民权发电有限公司	16	8	20	14	58	C^-
002034.SZ	旺能环境	荆州旺能环保能源有限公司	14	10	20	14	58	C^-
002034.SZ	旺能环境	汕头市澄海洁源垃圾发电厂有限公司	14	10	20	14	58	C^-
002075.SZ	沙钢股份	江苏沙钢集团淮钢特钢股份有限公司	16	8	20	14	58	C^-
002092.SZ	中泰化学	新疆美克化工股份有限公司	14	10	20	14	58	C^-
002124.SZ	天邦股份	新余艾格菲畜牧有限公司	14	10	20	14	58	C^-
002422.SZ	科伦药业	伊犁川宁生物技术有限公司	20	8	16	14	58	C^-
002448.SZ	中原内配	南京飞燕活塞环股份有限公司	16	10	20	12	58	C^-
300702.SZ	天宇股份	临海天宇药业有限公司	14	10	20	14	58	C^-
600059.SH	古越龙山	绍兴女儿红酿酒有限公司	26	10	12	10	58	C^-
600160.SH	巨化股份	浙江巨化股份有限公司	18	8	20	12	58	C^-
600293.SH	三峡新材	湖北三峡新型建材股份有限公司	14	10	20	14	58	C^-
600298.SH	安琪酵母	安琪酵母（崇左）有限公司	14	10	20	14	58	C^-
600298.SH	安琪酵母	安琪酵母（伊犁）有限公司	16	8	20	14	58	C^-
600328.SH	兰太实业	阿拉善经济开发区污水处理有限责任公司	14	10	20	14	58	C^-
600425.SH	青松建化	伊犁青松南岗建材有限责任公司	14	10	4	30	58	C^-
600452.SH	涪陵电力	重庆市蓬威石化有限责任公司	14	10	20	14	58	C^-
600508.SH	上海能源	上海大屯能源股份有限公司	16	10	20	12	58	C^-
600516.SH	方大炭素	方大喜科墨（江苏）针状焦科技有限公司	14	10	20	14	58	C^-
600578.SH	京能电力	内蒙古岱海发电有限责任公司	14	10	20	14	58	C^-
600578.SH	京能电力	内蒙古京隆发电有限责任公司	16	8	20	14	58	C^-
600595.SH	*ST 中孚	大唐林州热电有限责任公司	16	8	20	14	58	C^-

代码	名称（简称）	被参控公司/母公司	在线监测系统得分	排污许可系统得分	监督性监测系统得分	环境违法处罚系统得分	企业环境绩效总得分	评分等级
600758.SH	红阳能源	沈阳焦煤股份有限公司	14	10	20	14	58	C^-
600863.SH	内蒙华电	内蒙古大唐国际托克托发电有限责任公司	14	10	20	14	58	C^-
600863.SH	内蒙华电	内蒙古丰泰发电有限公司	16	8	20	14	58	C^-
600874.SH	创业环保	杭州天创水务有限公司	14	10	20	14	58	C^-
600966.SH	博汇纸业	山东博汇纸业股份有限公司	14	10	20	14	58	C^-
600985.SH	淮北矿业	临涣焦化股份有限公司	14	10	20	14	58	C^-
600997.SH	开滦股份	迁安中化煤化工有限责任公司	20	10	20	8	58	C^-
600997.SH	开滦股份	唐山中润煤化工有限公司	20	10	20	8	58	C^-
601168.SH	西部矿业	青海西豫有色金属有限公司	14	10	20	14	58	C^-
601200.SH	上海环境	上海阳晨排水运营有限公司	14	10	20	14	58	C^-
601666.SH	平煤股份	平顶山天安煤业股份有限公司	16	10	20	12	58	C^-
601699.SH	潞安环能	山西潞安焦化有限责任公司	14	10	20	14	58	C^-
601898.SH	中煤能源	中煤鄂尔多斯能源化工有限公司	20	6	20	12	58	C^-
601918.SH	新集能源	中煤新集刘庄矿业有限公司	14	10	20	14	58	C^-
603823.SH	百合花	百合花集团股份有限公司	14	10	20	14	58	C^-
000630.SZ	铜陵有色	张家港联合铜业有限公司	14	9.5	20	14	57.5	C^-
000953.SZ	*ST 河化	广西河池化工股份有限公司	14	9.5	20	14	57.5	C^-
002262.SZ	恩华药业	江苏恩华药业股份有限公司	18	5.5	20	14	57.5	C^-
600188.SH	兖州煤业	陕西未来能源化工有限公司	16	7.5	20	14	57.5	C^-
600328.SH	兰太实业	中盐青海昆仑碱业有限公司	14	9.5	20	14	57.5	C^-
000422.SZ	ST 宜化	贵州宜化化工有限责任公司	14	8	20	14	56	C^-
000488.SZ	晨鸣纸业	江西晨鸣纸业有限责任公司	22	8	14	12	56	C^-
000600.SZ	建投能源	河北西柏坡第二发电有限责任公司	12	10	20	14	56	C^-
000826.SZ	启迪桑德	包头鹿城水务有限公司	14	10	20	12	56	C^-
000939.SZ	*ST 凯迪	益阳市凯迪绿色能源开发有限公司	14	8	20	14	56	C^-

代码	名称（简称）	被参控公司/母公司	在线监测系统得分	排污许可系统得分	监督性监测系统得分	环境违法处罚系统得分	企业环境绩效总得分	评分等级
000990.SZ	诚志股份	陕西长青能源化工有限公司	14	10	20	12	56	C^-
002068.SZ	黑猫股份	唐山黑猫炭黑有限责任公司	14	10	20	12	56	C^-
002098.SZ	浔兴股份	上海浔兴拉链制造有限公司	14	8	20	14	56	C^-
002099.SZ	海翔药业	盐城市瓯华化学工业有限公司	14	10	20	12	56	C^-
002163.SZ	中航三鑫	海南中航特玻材料有限公司	14	8	20	14	56	C^-
002321.SZ	华英农业	河南华英农业发展股份有限公司	16	10	20	10	56	C^-
002479.SZ	富春环保	浙江富春江环保热电股份有限公司	14	8	20	14	56	C^-
002496.SZ	辉丰股份	江苏辉丰生物农业股份有限公司	18	10	16	12	56	C^-
002661.SZ	克明面业	延津县克明面业有限公司	14	10	20	12	56	C^-
600011.SH	华能国际	华能平凉发电有限责任公司	14	8	20	14	56	C^-
600019.SH	宝钢股份	武汉平煤武钢联合焦化有限公司	24	6	20	6	56	C^-
600028.SH	中国石化	中国石化仪征化纤有限责任公司	14	10	20	12	56	C^-
600028.SH	中国石化	中国石化催化剂有限公司	30	10	8	8	56	C^-
600063.SH	皖维高新	内蒙古蒙维科技有限公司	16	6	20	14	56	C^-
600235.SH	民丰特纸	民丰特种纸股份有限公司	14	10	20	12	56	C^-
600295.SH	鄂尔多斯	鄂尔多斯市鄂尔多斯双欣电力有限公司	22	4	20	10	56	C^-
600378.SH	天科股份	中昊晨光化工研究院有限公司	14	10	20	12	56	C^-
600449.SH	宁夏建材	乌海市西水水泥有限责任公司	14	8	20	14	56	C^-
600513.SH	联环药业	江苏联环药业股份有限公司	18	6	20	12	56	C^-
600780.SH	通宝能源	山西阳光发电有限责任公司	16	8	20	12	56	C^-
600789.SH	鲁抗医药	山东鲁抗医药股份有限公司	18	4	20	14	56	C^-
600808.SH	马钢股份	盛隆化工有限公司	14	10	20	12	56	C^-
600812.SH	华北制药	河北华药环境保护研究所有限公司	14	10	20	12	56	C^-
601600.SH	中国铝业	中国铝业股份有限公司	14	8	20	14	56	C^-
601600.SH	中国铝业	山西中铝华润有限公司	16	6	20	14	56	C^-

代码	名称（简称）	被参控公司/母公司	在线监测系统得分	排污许可系统得分	监督性监测系统得分	环境违法处罚系统得分	企业环境绩效总得分	评分等级
601699.SH	潞安环能	山西天脊潞安化工有限公司	14	8	20	14	56	C^-
601898.SH	中煤能源	中煤平朔集团有限公司	14	10	20	12	56	C^-
603456.SH	九洲药业	江苏瑞科医药科技有限公司	18	10	14	14	56	C^-
600801.SH	华新水泥	重庆华新盐井水泥有限公司	16	7.5	20	12	55.5	C^-
000600.SZ	建投能源	国电河北龙山发电有限责任公司	12	8	20	14	54	C^-
000877.SZ	天山股份	新疆阜康天山水泥有限责任公司	12	8	20	14	54	C^-
000983.SZ	西山煤电	山西西山热电有限责任公司	10	10	20	14	54	C^-
600027.SH	华电国际	河北华电石家庄裕华热电有限公司	8	8	12	26	54	C^-
600141.SH	兴发集团	湖北泰盛化工有限公司	14	6	20	14	54	C^-
600438.SH	通威股份	通威（海南）水产食品有限公司	10	10	20	14	54	C^-
600500.SH	中化国际	江苏扬农化工集团有限公司	18	10	14	12	54	C^-
600863.SH	内蒙华电	内蒙古国华准格尔发电有限责任公司	14	6	20	14	54	C^-
600874.SH	创业环保	天津创业环保集团股份有限公司	26	10	4	14	54	C^-
600997.SH	开滦股份	开滦能源化工股份有限公司	22	10	14	8	54	C^-
601225.SH	陕西煤业	陕西陕煤黄陵矿业有限公司	14	10	20	10	54	C^-
601600.SH	中国铝业	山西华圣铝业有限公司	10	10	4	30	54	C^-
601600.SH	中国铝业	中铝中州铝业有限公司	16	10	20	8	54	C^-
600028.SH	中国石化	中国石化上海高桥石油化工有限公司	14	9.5	20	10	53.5	C^-
601216.SH	君正集团	鄂尔多斯市君正能源化工有限公司	16	5.5	20	12	53.5	C^-
601899.SH	紫金矿业	巴彦淖尔紫金有色金属有限公司	18	7.5	20	8	53.5	C^-
000767.SZ	漳泽电力	中铝山西新材料有限公司	8	10	20	14	52	C^-

代码	名称（简称）	被参控公司/母公司	在线监测系统得分	排污许可系统得分	监督性监测系统得分	环境违法处罚系统得分	企业环境绩效总得分	评分等级
000818.SZ	航锦科技	航锦科技股份有限公司	20	10	8	14	52	C^-
002496.SZ	辉丰股份	盐城新宇辉丰环保科技有限公司	10	10	20	12	52	C^-
600004.SH	白云机场	广州白云国际机场股份有限公司	14	10	14	14	52	C^-
600028.SH	中国石化	中国石化上海石油化工股份有限公司	22	10	10	10	52	C^-
600123.SH	兰花科创	山西兰花煤化工有限责任公司	14	10	20	8	52	C^-
600230.SH	沧州大化	沧州大化 TDI 有限责任公司	8	10	20	14	52	C^-
600808.SH	马钢股份	马鞍山钢铁股份有限公司	14	6	20	12	52	C^-
600889.SH	南京化纤	江苏金羚纤维素纤维有限公司	16	10	12	14	52	C^-
601212.SH	白银有色	白银有色集团股份有限公司	16	4	20	12	52	C^-
601898.SH	中煤能源	陕西延长中煤榆林能源化工有限公司	16	8	20	8	52	C^-
601991.SH	大唐发电	大唐河北发电有限公司	14	8	20	10	52	C^-
601991.SH	大唐发电	山西大唐国际神头发电有限责任公司	14	8	20	10	52	C^-
000877.SZ	天山股份	溧阳天山水泥有限公司	16	7.5	20	8	51.5	C^-
000933.SZ	神火股份	河南神火煤电股份有限公司	10	7	20	14	51	C^-
601600.SH	中国铝业	中铝集团山西交口兴华科技股份有限公司	12	9	20	10	51	C^-
000767.SZ	漳泽电力	秦皇岛秦热发电有限责任公司	8	8	20	14	50	C^-
000860.SZ	顺鑫农业	北京顺鑫农业股份有限公司	6	10	20	14	50	C^-
600079.SH	人福医药	宜昌三峡制药有限公司	14	4	20	12	50	C^-
600187.SH	国中水务	国水（马鞍山）污水处理有限公司	16	10	10	14	50	C^-
600489.SH	中金黄金	河南中原黄金冶炼厂有限责任公司	14	4	20	12	50	C^-
600691.SH	阳煤化工	阳煤集团寿阳化工有限责任公司	6	10	20	14	50	C^-

代码	名称（简称）	被参控公司/母公司	在线监测系统得分	排污许可系统得分	监督性监测系统得分	环境违法处罚系统得分	企业环境绩效总得分	评分等级
601898.SH	中煤能源	中天合创能源有限责任公司	12	8	20	10	50	C^-
601958.SH	金钼股份	金堆城钼业股份有限公司	6	10	20	14	50	C^-
000600.SZ	建投能源	河北建投任丘热电有限责任公司	8	7.5	20	14	49.5	D
600096.SH	云天化	呼伦贝尔金新化工有限公司	14	5.5	20	10	49.5	D
600123.SH	兰花科创	山西兰花科技创业股份有限公司	12	9.5	16	12	49.5	D
600010.SH	包钢股份	内蒙古包钢还原铁有限责任公司	16	10	10	12	48	D
600027.SH	华电国际	天津华电南疆热电有限公司	8	10	16	14	48	D
600236.SH	桂冠电力	贵州兴义电力发展有限公司	6	10	20	12	48	D
600575.SH	皖江物流	淮南矿业集团发电有限责任公司	12	6	20	10	48	D
600731.SH	湖南海利	海利贵溪化工农药有限公司	14	10	10	14	48	D
601005.SH	重庆钢铁	重庆钢铁股份有限公司	14	8	20	6	48	D
601088.SH	中国神华	神华神东电力有限责任公司	8	6	20	14	48	D
601600.SH	中国铝业	山西华兴铝业有限公司	8	8	20	12	48	D
600019.SH	宝钢股份	宝山钢铁股份有限公司	12	5.5	20	10	47.5	D
601991.SH	大唐发电	大唐清苑热电有限公司	6	7.5	20	14	47.5	D
601699.SH	潞安环能	山西潞安环能五阳弘峰焦化有限公司	14	3	20	10	47	D
000983.SZ	西山煤电	山西西山煤气化有限责任公司	6	8	20	12	46	D
002737.SZ	葵花药业	葵花药业集团湖北武当有限公司	14	10	8	14	46	D
600028.SH	中国石化	上海赛科石油化工有限责任公司	16	8	8	14	46	D
600578.SH	京能电力	内蒙古华宁热电有限公司	14	10	8	14	46	D
002597.SZ	金禾实业	安徽金禾实业股份有限公司	14	8	8	14	44	D

代码	名称（简称）	被参控公司/母公司	在线监测系统得分	排污许可系统得分	监督性监测系统得分	环境违法处罚系统得分	企业环境绩效总得分	评分等级
600997.SH	开滦股份	承德中滦煤化工有限公司	8	10	20	6	44	D
002470.SZ	金正大	金正大诺泰尔化学有限公司	14	10	4	14	42	D
600010.SH	包钢股份	内蒙古包钢庆华煤化工有限公司	14	6	10	12	42	D
601216.SH	君正集团	内蒙古君正化工有限责任公司	10	8	10	14	42	D
601989.SH	中国重工	武汉重工铸锻有限责任公司	14	6	10	12	42	D
601991.SH	大唐发电	大唐武安发电有限公司	6	8	20	8	42	D
603980.SH	吉华集团	江苏吉华化工有限公司	14	10	6	12	42	D
601600.SH	中国铝业	包头铝业有限公司	14	7	10	10	41	D
000630.SZ	铜陵有色	铜陵有色金属集团股份有限公司	14	8	6	12	40	D
002034.SZ	旺能环境	台州旺能环保能源有限公司	14	10	4	12	40	D
600461.SH	洪城水业	江西洪城水业环保有限公司	12	10	6	12	40	D
600691.SH	阳煤化工	山西阳煤丰喜肥业（集团）有限责任公司	10	8	8	12	38	E
600028.SH	中国石化	中国石油化工股份有限公司	8	3.5	20	6	37.5	E
000627.SZ	天茂集团	内蒙古包钢钢联股份有限公司	6	8	6	6	26	E
601857.SH	中国石油	中国石油天然气股份有限公司	10	2.5	4	6	22.5	E

表 C.2　不属于重点排污单位企业环境绩效评价得分情况统计表

代码	名称（简称）	被参控公司/母公司	在线监测系统得分	排污许可系统得分	监督性监测系统得分	环境违法处罚系统得分	企业环境绩效总得分	评分等级
600073.SH	上海梅林	上海正广和饮用水有限公司	30	10	20	30	90	A
600887.SH	伊利股份	乌鲁木齐伊利食品有限责任公司	30	10	20	30	90	A
000960.SZ	锡业股份	云南锡业股份有限公司	30	10	20	30	90	A
002664.SZ	长鹰信质	信质电机（长沙）有限公司	30	10	20	30	90	A
000779.SZ	三毛派神	兰州三毛实业股份有限公司	30	10	20	30	90	A
002728.SZ	特一药业	台山市新宁制药有限公司	30	10	20	30	90	A
002129.SZ	中环股份	天津中环半导体股份有限公司	30	10	20	30	90	A
600129.SH	太极集团	太极集团重庆桐君阁药厂有限公司	30	10	20	30	90	A
600008.SH	首创股份	广元首创水务有限公司	30	10	20	30	90	A
000423.SZ	东阿阿胶	新疆和田阿华阿胶有限公司	30	10	20	30	90	A
002092.SZ	中泰化学	新疆天泰纤维有限公司	30	10	20	30	90	A
600327.SH	大东方	无锡神龙汽车销售服务有限公司	30	10	20	30	90	A
002304.SZ	洋河股份	江苏双沟酒类运营有限公司	30	10	20	30	90	A
002091.SZ	江苏国泰	江苏国泰盐城污水处理有限公司	30	10	20	30	90	A
600584.SH	长电科技	江苏长电科技股份有限公司	30	10	20	30	90	A
002422.SZ	科伦药业	河南科伦药业有限公司	30	10	20	30	90	A
300459.SZ	金科文化	浙江金科文化产业股份有限公司	30	10	20	30	90	A
000921.SZ	海信家电	海信（山东）冰箱有限公司	30	10	20	30	90	A
000880.SZ	潍柴重机	潍柴重机股份有限公司	30	10	20	30	90	A
000729.SZ	燕京啤酒	燕京啤酒（驻马店）有限公司	30	10	20	30	90	A
000413.SZ	东旭光电	福州东旭光电科技有限公司	30	10	20	30	90	A
600552.SH	凯盛科技	蚌埠国显科技有限公司	30	10	20	30	90	A

代码	名称（简称）	被参控公司/母公司	在线监测系统得分	排污许可系统得分	监督性监测系统得分	环境违法处罚系统得分	企业环境绩效总得分	评分等级
000630.SZ	铜陵有色	铜陵有色金属集团铜冠新技术有限公司	30	10	20	30	90	A
600691.SH	阳煤化工	阳煤化工股份有限公司	30	10	20	30	90	A
600600.SH	青岛啤酒	青岛啤酒（韶关）有限公司	30	10	20	30	90	A
600887.SH	伊利股份	齐齐哈尔伊利乳业有限责任公司	30	10	20	30	90	A
300497.SZ	富祥股份	山东潍坊奥通药业有限公司	30	10	20	28	88	A
002100.SZ	天康生物	新疆天康食品有限责任公司	30	8	20	30	88	A
600600.SH	青岛啤酒	北京五星青岛啤酒有限公司	26	10	20	30	86	A
002588.SZ	史丹利	史丹利化肥遂平有限公司	26	10	20	30	86	A
600664.SH	哈药股份	哈药集团世一堂中药饮片有限责任公司	26	10	20	30	86	A
600674.SH	川投能源	四川川投能源股份有限公司	26	10	20	30	86	A
000601.SZ	韶能股份	广东韶能集团股份有限公司	26	10	20	30	86	A
300080.SZ	易成新能	河南易成新能源股份有限公司	26	10	20	30	86	A
002311.SZ	海大集团	睢县豫粮海鼎饲料有限公司	26	10	20	30	86	A
600600.SH	青岛啤酒	青岛啤酒（洛阳）有限公司	26	10	20	30	86	A
002040.SZ	南京港	南京港扬州石化仓储有限公司	26	8	20	30	84	B^+
002588.SZ	史丹利	史丹利化肥宁陵有限公司	24	10	20	30	84	B^+
603477.SH	振静股份	四川振静股份有限公司	26	8	20	30	84	B^+
600021.SH	上海电力	国家电投集团江苏电力有限公司	24	10	20	30	84	B^+
000605.SZ	渤海股份	天津市润达环境治理服务有限公司	24	10	20	30	84	B^+
002476.SZ	宝莫股份	山东宝莫生物化工股份有限公司	24	10	20	30	84	B^+
000830.SZ	鲁西化工	山东聊城鲁西化工第五化肥有限公司	26	10	20	28	84	B^+
600540.SH	新赛股份	新疆乌苏新赛油脂有限公司	24	10	20	30	84	B^+
002307.SZ	北新路桥	新疆生产建设兵团交通建设有限公司	24	10	20	30	84	B^+
300437.SZ	清水源	洛阳同生水务有限公司	24	10	20	30	84	B^+
600985.SH	淮北矿业	淮北矿业集团投资有限公司	24	10	20	30	84	B^+

代码	名称（简称）	被参控公司/母公司	在线监测系统得分	排污许可系统得分	监督性监测系统得分	环境违法处罚系统得分	企业环境绩效总得分	评分等级
600802.SH	福建水泥	福建省建福南方水泥有限公司	24	10	20	30	84	B^+
600736.SH	苏州高新	苏州高新污水处理有限公司	24	10	20	30	84	B^+
000895.SZ	双汇发展	郑州双汇食品有限公司	24	10	20	30	84	B^+
600132.SH	重庆啤酒	重庆啤酒股份有限公司	24	10	20	30	84	B^+
000630.SZ	铜陵有色	铜陵有色股份凤凰山矿业有限公司	24	10	20	30	84	B^+
601012.SH	隆基股份	隆基绿能科技股份有限公司	24	10	20	30	84	B^+
000768.SZ	中航飞机	中航飞机汉中航空零组件制造有限公司	22	10	20	30	82	B^+
600008.SH	首创股份	九江首创利池环保有限公司	22	10	20	30	82	B^+
000525.SZ	红太阳	南京红太阳股份有限公司	22	10	20	30	82	B^+
600720.SH	祁连山	古浪祁连山水泥有限公司	22	10	20	30	82	B^+
600008.SH	首创股份	安庆首创水务有限责任公司	22	10	20	30	82	B^+
601678.SH	滨化股份	山东滨化燃料有限公司	22	10	20	30	82	B^+
000531.SZ	穗恒运 A	广州恒运东区热力有限公司	22	10	20	30	82	B^+
600008.SH	首创股份	成都陡沟河污水处理有限责任公司	22	10	20	30	82	B^+
300388.SZ	国祯环保	望江国祯水务有限公司	22	10	20	30	82	B^+
300070.SZ	碧水源	汕头市碧水源环境科技有限公司	22	10	20	30	82	B^+
600207.SH	安彩高科	河南省海川电子玻璃有限公司	22	10	20	30	82	B^+
600703.SH	三安光电	福建晶安光电有限公司	22	10	20	30	82	B^+
000729.SZ	燕京啤酒	福建燕京惠泉啤酒福鼎有限公司	22	10	20	30	82	B^+
600196.SH	复星医药	苏州二叶制药有限公司	22	10	20	30	82	B^+
601717.SH	郑煤机	郑州煤矿机械集团股份有限公司	22	10	20	30	82	B^+
601225.SH	陕西煤业	陕西有色榆林铁路运销公司	22	10	20	30	82	B^+
601600.SH	中国铝业	中铝矿业有限公司	22	10	20	28	80	B^+
603260.SH	合盛硅业	合盛硅业股份有限公司	30	10	10	30	80	B^+
600438.SH	通威股份	四川永祥新材料有限公司	20	10	20	30	80	B^+

代码	名称（简称）	被参控公司/母公司	在线监测系统得分	排污许可系统得分	监督性监测系统得分	环境违法处罚系统得分	企业环境绩效总得分	评分等级
000858.SZ	五粮液	四川省宜宾五粮液集团财务有限公司	20	10	20	30	80	B^+
600290.SH	华仪电气	国家电投集团宁夏落石滩风力发电有限公司	20	10	20	30	80	B^+
600425.SH	青松建化	塔城南岗建材有限责任公司	20	10	20	30	80	B^+
002582.SZ	好想你	好想你健康食品股份有限公司	20	10	20	30	80	B^+
600008.SH	首创股份	屏山首创水务有限责任公司	20	10	20	30	80	B^+
002539.SZ	云图控股	应城市新都化工塑业有限公司	20	10	20	30	80	B^+
300692.SZ	中环环保	桐城市清源水务有限公司	20	10	20	30	80	B^+
300637.SZ	扬帆新材	江西扬帆新材料有限公司	20	10	20	30	80	B^+
000729.SZ	燕京啤酒	沈阳燕京啤酒有限公司	20	10	20	30	80	B^+
002132.SZ	恒星科技	河南恒星科技股份有限公司	20	10	20	30	80	B^+
000729.SZ	燕京啤酒	燕京啤酒（湘潭）有限公司	20	10	20	30	80	B^+
000826.SZ	启迪桑德	讷河启润环保有限公司	20	10	20	30	80	B^+
002424.SZ	贵州百灵	贵州百灵企业集团和仁堂药业有限公司	20	10	20	30	80	B^+
601058.SH	赛轮轮胎	赛轮金宇集团（香港）有限公司	22	8	20	30	80	B^+
000848.SZ	承德露露	郑州露露饮料有限公司	20	10	20	30	80	B^+
600121.SH	郑州煤电	郑煤集团（河南）白坪煤业有限公司	20	10	20	30	80	B^+
000939.SZ	*ST 凯迪	德安县凯迪绿色能源开发有限公司	22	7.5	20	30	79.5	B
600845.SH	宝信软件	东北特殊钢集团股份有限公司	18	10	20	30	78	B
002701.SZ	奥瑞金	中粮包装控股有限公司	18	10	20	30	78	B
600585.SH	海螺水泥	兴业葵阳海螺水泥有限责任公司	20	8	20	30	78	B
000672.SZ	上峰水泥	博乐市上峰水泥有限公司	18	10	20	30	78	B
002539.SZ	云图控股	嘉施利（宁陵）化肥有限公司	18	10	20	30	78	B
600795.SH	国电电力	国电泰州发电有限公司	18	10	20	30	78	B
600673.SH	东阳光	宜昌东阳光长江药业股份有限公司	22	6	20	30	78	B

代码	名称（简称）	被参控公司/母公司	在线监测系统得分	排污许可系统得分	监督性监测系统得分	环境违法处罚系统得分	企业环境绩效总得分	评分等级
000939.SZ	*ST 凯迪	崇阳凯迪生物质发电有限公司	18	10	20	30	78	B
600126.SH	杭钢股份	开化富春紫光水务有限公司	18	10	20	30	78	B
000939.SZ	*ST 凯迪	松滋市凯迪生物质发电有限公司	18	10	20	30	78	B
000848.SZ	承德露露	河北承德露露股份有限公司	18	10	20	30	78	B
000729.SZ	燕京啤酒	河北燕京玻璃制品有限公司	18	10	20	30	78	B
601677.SH	明泰铝业	河南明泰铝业股份有限公司	18	10	20	30	78	B
300080.SZ	易成新能	河南易成环保科技有限公司	20	10	20	28	78	B
000709.SZ	河钢股份	河钢承德钒钛新材料有限公司	18	10	20	30	78	B
601200.SH	上海环境	洛阳环洛再生能源有限公司	18	10	20	30	78	B
600781.SH	辅仁药业	辅仁药业集团医药有限公司	18	10	20	30	78	B
600121.SH	郑州煤电	郑州煤电股份有限公司	18	10	20	30	78	B
601158.SH	重庆水务	重庆市三峡水务有限责任公司	20	10	20	28	78	B
601158.SH	重庆水务	重庆市渝东水务有限公司	18	10	20	30	78	B
002477.SZ	*ST 雏鹰	雏鹰农牧集团股份有限公司	20	8	20	30	78	B
600378.SH	天科股份	黎明化工研究设计院有限责任公司	18	10	20	30	78	B
600801.SH	华新水泥	华新水泥（丽江）有限公司	20	7	20	30	77	B
600688.SH	上海石化	上海化学工业区发展有限公司	16	10	20	30	76	B
002418.SZ	康盛股份	中植一客成都汽车有限公司	16	10	20	30	76	B
002511.SZ	中顺洁柔	中顺洁柔（四川）纸业有限公司	16	10	20	30	76	B
600801.SH	华新水泥	华新水泥（富民）有限公司	18	8	20	30	76	B
002539.SZ	云图控股	嘉施利（平原）化肥有限公司	16	10	20	30	76	B
600886.SH	国投电力	国投哈密风电有限公司	16	10	20	30	76	B
000767.SZ	漳泽电力	山西漳泽电力河曲新能源有限公司	16	10	20	30	76	B
000767.SZ	漳泽电力	山西漳电同达热电有限公司	16	10	20	30	76	B
600160.SH	巨化股份	巨化集团财务有限责任公司	16	10	20	30	76	B

代码	名称（简称）	被参控公司/母公司	在线监测系统得分	排污许可系统得分	监督性监测系统得分	环境违法处罚系统得分	企业环境绩效总得分	评分等级
000598.SZ	兴蓉环境	成都市兴蓉再生能源有限公司	18	10	20	28	76	B
603866.SH	桃李面包	成都市桃李食品有限公司	16	10	20	30	76	B
600559.SH	老白干酒	承德乾隆醉酒业有限责任公司	16	10	20	30	76	B
000651.SZ	格力电器	格力电器（郑州）有限公司	16	10	20	30	76	B
002701.SZ	奥瑞金	河南元阳食品有限公司	16	10	20	30	76	B
600023.SH	浙能电力	浙江镇海联合发电有限公司	16	10	20	30	76	B
601118.SH	海南橡胶	海南天然橡胶产业集团金橡有限公司	18	10	20	28	76	B
000729.SZ	燕京啤酒	燕京啤酒（山东无名）股份有限公司	16	10	20	30	76	B
600089.SH	特变电工	特变电工能源建设有限公司	18	8	20	30	76	B
600248.SH	延长化建	陕西延长石油化建股份有限公司	16	10	20	30	76	B
600597.SH	光明乳业	黑龙江省光明松鹤乳品有限责任公司	16	10	20	30	76	B
600129.SH	太极集团	重庆西南药业销售有限公司	18	6.5	20	30	74.5	B^-
600515.SH	海航基础	三亚凤凰国际机场货运有限公司	14	10	20	30	74	B^-
000826.SZ	启迪桑德	保山桑德环境工程有限公司	14	10	20	30	74	B^-
000401.SZ	冀东水泥	冀东水泥黑龙江有限公司	18	6	20	30	74	B^-
600011.SH	华能国际	华能青岛热电有限公司	16	8	20	30	74	B^-
002630.SZ	华西能源	华西能源张掖生物质发电有限公司	14	10	20	30	74	B^-
000826.SZ	启迪桑德	南昌桑德象湖水务有限公司	14	10	20	30	74	B^-
600008.SH	首创股份	呼和浩特首创春华水务有限责任公司	14	10	20	30	74	B^-
601718.SH	际华集团	咸阳际华新三零印染有限公司	30	10	20	14	74	B^-
002946.SZ	新乳业	四川新希望奶牛养殖有限公司	14	10	20	30	74	B^-
600321.SH	ST 正源	四川鸿腾源实业有限公司	14	10	20	30	74	B^-
600539.SH	ST 狮头	太原狮头水泥股份有限公司	14	10	20	30	74	B^-
300425.SZ	环能科技	宜宾市南溪区四通水务投资有限公司	14	10	20	30	74	B^-
000826.SZ	启迪桑德	富裕桑德佳源水务有限公司	14	10	20	30	74	B^-

代码	名称（简称）	被参控公司/母公司	在线监测系统得分	排污许可系统得分	监督性监测系统得分	环境违法处罚系统得分	企业环境绩效总得分	评分等级
601966.SH	玲珑轮胎	山东玲珑橡胶科技有限公司	14	10	20	30	74	B^-
000826.SZ	启迪桑德	开封浦华紫光水业有限公司	14	10	20	30	74	B^-
000677.SZ	恒天海龙	恒天海龙股份有限公司	14	10	20	30	74	B^-
002056.SZ	横店东磁	杞县东磁新能源有限公司	14	10	20	30	74	B^-
300190.SZ	维尔利	江苏维尔利环保科技有限公司	14	10	20	30	74	B^-
000789.SZ	万年青	江西兴国南方万年青水泥有限公司	16	8	20	30	74	B^-
600362.SH	江西铜业	江西铜业股份有限公司	14	10	20	30	74	B^-
601898.SH	中煤能源	河北中煤旭阳焦化有限公司	14	10	20	30	74	B^-
000703.SZ	恒逸石化	浙江巴陵恒逸已内酰胺有限责任公司	14	10	20	30	74	B^-
002061.SZ	浙江交科	浙江江山化工有限公司	14	10	20	30	74	B^-
000572.SZ	*ST 海马	海马新能源汽车有限公司	14	10	20	30	74	B^-
002701.SZ	奥瑞金	湖北奥瑞金饮料工业有限公司	14	10	20	30	74	B^-
600585.SH	海螺水泥	湖南益阳海螺水泥有限责任公司	16	8	20	30	74	B^-
601088.SH	中国神华	神华北电胜利能源有限公司	30	10	20	14	74	B^-
600755.SH	厦门国贸	福建三钢国贸有限公司	14	10	20	30	74	B^-
002304.SZ	洋河股份	贵州贵酒包装有限公司	14	10	20	30	74	B^-
300172.SZ	中电环保	贵阳中电环保科技有限公司	14	10	20	30	74	B^-
600132.SH	重庆啤酒	重庆啤酒宜宾有限责任公司	14	10	20	30	74	B^-
000625.SZ	长安汽车	重庆长安跨越车辆有限公司	14	10	20	30	74	B^-
600845.SH	宝信软件	金川集团信息与自动化工程有限公司	14	10	20	30	74	B^-
000967.SZ	盈峰环境	阜南绿色东方环保有限公司	14	10	20	30	74	B^-
601225.SH	陕西煤业	陕西黄陵二号煤矿有限公司	14	10	20	30	74	B^-
600420.SH	现代制药	青海制药（集团）有限责任公司	14	9.5	20	30	73.5	B^-
600969.SH	郴电国际	中国水电建设集团圣达水电有限公司	12	10	20	30	72	B^-
600008.SH	首创股份	临猗首创水务有限责任公司	18	10	14	30	72	B^-

代码	名称（简称）	被参控公司/母公司	在线监测系统得分	排污许可系统得分	监督性监测系统得分	环境违法处罚系统得分	企业环境绩效总得分	评分等级
000825.SZ	太钢不锈	山西太钢不锈钢钢管有限公司	20	10	14	28	72	B⁻
002535.SZ	林州重机	林州重机铸锻有限公司	30	10	20	12	72	B⁻
600019.SH	宝钢股份	武汉钢铁集团财务有限责任公司	16	6	20	30	72	B⁻
002562.SZ	兄弟科技	江西兄弟医药有限公司	14	8	20	30	72	B⁻
300199.SZ	翰宇药业	甘肃成纪生物药业有限公司	12	10	20	30	72	B⁻
002054.SZ	德美化工	绍兴柯桥德美化工有限公司	22	10	10	30	72	B⁻
600006.SH	东风汽车	东风汽车股份有限公司	16	5.5	20	30	71.5	B⁻
601666.SH	平煤股份	中国平煤神马集团财务有限责任公司	26	10	20	14	70	B⁻
600188.SH	兖州煤业	兖州煤业鄂尔多斯能化有限公司	26	10	20	14	70	B⁻
600795.SH	国电电力	国电电力酒泉热力有限公司	10	10	20	30	70	B⁻
600212.SH	江泉实业	山东华宇合金材料有限公司	16	8	16	30	70	B⁻
002122.SZ	*ST 天马	成都天马铁路轴承有限公司	16	4	20	30	70	B⁻
002650.SZ	加加食品	郑州加加味业有限公司	10	10	20	30	70	B⁻
600595.SH	*ST 中孚	林州市林丰铝电有限责任公司	12	7	20	30	69	C
000597.SZ	东北制药	东北制药集团供销有限公司	12	10	16	30	68	C
600801.SH	华新水泥	华新贵州顶效特种水泥有限公司	8	10	20	30	68	C
600167.SH	联美控股	国惠环保新能源有限公司	8	10	20	30	68	C
600466.SH	蓝光发展	成都迪康药业股份有限公司	24	10	20	14	68	C
000068.SZ	华控赛格	迁安市华控环境投资有限责任公司	24	10	20	14	68	C
000601.SZ	韶能股份	韶能集团韶关市日升生物质发电有限公司	10	8	20	30	68	C
600115.SH	东方航空	东方航空食品投资有限公司	6	10	20	30	66	C
002012.SZ	凯恩股份	浙江凯恩特种纸业有限公司	6	10	20	30	66	C
000601.SZ	韶能股份	张家界市桑梓综合利用发电厂有限责任公司	22	8	20	14	64	C

代码	名称（简称）	被参控公司/母公司	在线监测系统得分	排污许可系统得分	监督性监测系统得分	环境违法处罚系统得分	企业环境绩效总得分	评分等级
300381.SZ	溢多利	河南利华制药有限公司	22	8	20	14	64	C
300437.SZ	清水源	濮阳同生中宇水务有限公司	22	10	20	12	64	C
600971.SH	恒源煤电	安徽省皖北煤电集团财务有限公司	18	10	20	14	62	C
600801.SH	华新水泥	重庆华新地维水泥有限公司	8	4	20	30	62	C
600714.SH	金瑞矿业	重庆庆龙精细锶盐化工有限公司	18	10	20	14	62	C
600350.SH	山东高速	山东高速环保科技有限公司	16	10	20	14	60	C
000717.SZ	韶钢松山	宝钢特钢韶关有限公司	22	8	20	8	58	C^-
601991.SH	大唐发电	开滦（集团）蔚州矿业有限责任公司	14	10	20	12	56	C^-
000778.SZ	新兴铸管	新兴铸管新疆控股集团有限公司	14	8	20	14	56	C^-
002109.SZ	兴化股份	陕西兴化化学股份有限公司	14	9.5	20	12	55.5	C^-
600320.SH	振华重工	上海振华重工（集团）股份有限公司	14	10	20	10	54	C^-
000421.SZ	南京公用	华润电力唐山丰润有限公司	8	10	20	14	52	C^-
601001.SH	大同煤业	大同煤矿集团财务有限责任公司	8	6	8	10	32	E

附录 D

表 D.1 按地级市分类的企业环境绩效得分情况统计表

地级市	企业个数/家	平均值	标准差	最小值	最大值
乐昌市	1	90.00	0.00	90	90
楚雄彝族自治州	1	90.00	0.00	90	90
黔东南苗族侗族自治州	1	90.00	0.00	90	90
广元市	2	88.00	2.83	86	90
六安市	4	86.50	2.52	84	90
亳州市	9	86.44	5.55	76	90
临沧市	1	86.00	0.00	86	86
凉山彝族自治州	1	86.00	0.00	86	86
厦门市	9	86.00	6.25	74	90
宁国市	1	86.00	0.00	86	86
湘西土家族苗族自治州	1	86.00	0.00	86	86
聊城市	9	86.00	3.67	80	90
威海市	6	85.67	5.57	76	90
柳州市	3	85.33	8.08	76	90
金华市	18	84.97	5.89	74	90
长沙市	10	84.60	3.66	74	90
佛山市	5	84.50	6.95	74.5	90
大连市	8	84.50	4.54	78	90
南充市	4	84.00	1.63	82	86
双鸭山市	1	84.00	0.00	84	84
西双版纳傣族自治州	1	84.00	0.00	84	84
深圳市	36	83.72	6.33	66	90
驻马店市	4	83.38	6.18	75.5	90
塔城地区	5	83.20	8.32	72	90
苏州市	15	83.17	5.96	57.5	90
永州市	4	83.00	5.03	76	88
鄂州市	2	83.00	1.41	82	84
随州市	2	83.00	1.41	82	84
南平市	3	82.83	7.82	74.5	90
韶关市	8	82.75	12.00	58	90
丹东市	3	82.67	6.43	78	90
安顺市	3	82.67	7.02	76	90
江门市	9	82.67	5.39	74	90
烟台市	10	82.40	6.10	74	90
菏泽市	6	82.33	3.88	76	86

地级市	企业个数/家	平均值	标准差	最小值	最大值
宿迁市	7	82.29	8.75	68	90
郴州市	8	82.19	6.30	71.5	90
无锡市	14	82.14	5.02	74	90
芜湖市	15	82.07	4.44	76	88
合肥市	32	82.05	5.86	66	90
中山市	4	82.00	5.66	78	90
博尔塔拉蒙古自治州	4	82.00	6.32	76	90
铜仁市	2	82.00	0.00	82	82
龙岩市	6	81.83	6.34	73	90
湖州市	13	81.73	5.45	68	90
汕头市	6	81.67	8.92	58	90
珠海市	4	81.50	7.72	74	90
安庆市	7	81.43	4.43	76	90
湘潭市	7	81.36	4.64	76	90
连云港市	3	81.33	7.57	76	90
南宁市	6	81.25	5.74	72	90
红河哈尼族彝族自治州	5	81.20	7.56	70	86
惠州市	12	81.17	7.70	68	90
广州市	19	81.16	8.93	52	90
株洲市	5	81.10	5.79	74	90
云浮市	4	81.00	6.22	72	86
吴忠市	4	81.00	9.59	70	90
忻州市	2	81.00	7.07	76	86
绥化市	2	81.00	4.24	78	84
鸡西市	2	81.00	1.41	80	82
昆明市	10	80.95	5.33	75.5	90
宁波市	22	80.82	5.96	71.5	90
清远市	3	80.67	9.02	72	90
石嘴山市	6	80.67	6.89	70	90
日照市	3	80.50	9.26	71.5	90
宣城市	6	80.33	4.27	76	86
上饶市	10	80.25	9.03	64.5	90
周口市	2	80.00	5.66	76	84
孝感市	1	80.00	0.00	80	80
宁德市	3	80.00	3.46	76	82
昭通市	4	80.00	4.73	76	86
来宾市	1	80.00	0.00	80	80
桐乡市	1	80.00	0.00	80	80
白山市	1	80.00	0.00	80	80
阳江市	2	80.00	14.14	70	90
通化市	3	79.83	5.20	74	84

地级市	企业个数/家	平均值	标准差	最小值	最大值
嘉兴市	34	79.75	7.86	56	90
齐齐哈尔市	7	79.71	5.82	74	90
镇江市	6	79.67	3.29	70	86
绍兴市	23	79.57	7.55	58	90
泉州市	11	79.55	3.95	74	86
兰州市	8	79.50	8.55	68	90
长春市	12	79.50	8.22	66	90
天津市	33	79.48	8.76	48	90
和田地区	3	79.33	11.02	68	90
九江市	12	79.25	5.56	69.5	86
乐山市	10	79.20	4.14	72	84
德阳市	5	79.20	9.90	60	90
达州市	5	79.20	4.82	74	84
荆门市	7	79.14	3.02	76	84
普洱市	2	79.00	1.41	78	80
泰安市	4	79.00	6.22	74	88
湛江市	6	79.00	5.48	72	86
盘锦市	2	79.00	7.07	74	84
莆田市	2	79.00	1.41	78	80
辽源市	2	79.00	4.24	76	82
青岛市	14	78.89	7.08	70.5	90
开封市	7	78.86	6.60	74	90
眉山市	5	78.80	9.23	66	90
舟山市	4	78.75	7.53	74	90
泰州市	6	78.67	5.47	72	86
德州市	16	78.59	5.35	64	89.5
杭州市	55	78.57	7.02	56	90
廊坊市	11	78.55	4.67	62	84
衢州市	16	78.53	6.16	58	86
福州市	12	78.50	7.24	66	90
黄石市	12	78.50	8.11	62	90
蚌埠市	11	78.36	8.55	60	90
南通市	16	78.34	6.03	62	90
东营市	12	78.33	7.56	66	90
文山壮族苗族自治州	6	78.33	3.44	74	82
宝鸡市	7	78.29	8.78	56	90
渭南市	6	78.25	3.34	74	81.5
淮北市	14	78.21	6.35	58	90
温州市	12	78.13	5.43	64	86
襄阳市	13	78.12	7.38	66	90
郑州市	23	78.09	5.53	66	86

地级市	企业个数/家	平均值	标准差	最小值	最大值
丽水市	3	78.00	12.00	66	90
伊春市	2	78.00	4.24	74	82
天水市	5	78.00	5.83	72	86
定西市	1	78.00	0.00	78	78
广安市	3	78.00	6.93	74	86
抚州市	4	78.00	4.00	76	84
武威市	3	78.00	4.00	74	82
河源市	1	78.00	0.00	78	78
衡水市	12	78.00	7.03	70	90
邵阳市	4	77.88	8.05	70	86
上海市	67	77.87	10.57	46	90
大庆市	7	77.71	6.97	68	86
辽阳市	7	77.71	4.82	70	84
咸宁市	13	77.69	5.90	70	90
南京市	23	77.67	7.70	58	90
临沂市	11	77.64	5.50	70	90
鞍山市	1	77.50	0.00	77.5	77.5
焦作市	10	77.40	11.04	54	90
贵阳市	13	77.35	7.94	60	90
昌吉回族自治州	18	77.31	6.39	54	88
七台河市	2	77.25	12.37	68.5	86
常德市	5	77.20	7.43	66	84
赤峰市	5	77.20	6.42	66	82
徐州市	23	77.20	7.53	57.5	90
洛阳市	15	77.13	5.33	68	86
济南市	9	77.11	9.00	60	90
岳阳市	7	77.07	5.47	66	88
西安市	8	77.06	10.42	50	88.5
武汉市	25	77.02	10.18	42	90
丽江市	1	77.00	0.00	77	77
吐鲁番市	4	77.00	9.59	68	90
曲靖市	9	77.00	6.20	60	87.5
池州市	6	77.00	5.02	72	86
衡阳市	8	77.00	4.13	74	86
锦州市	4	77.00	2.58	74	80
赣州市	13	76.88	7.72	66	90
台州市	37	76.78	9.57	40	90
滨州市	13	76.77	4.57	66	82
常州市	6	76.75	12.77	51.5	88
中卫市	5	76.70	4.41	72	84
德宏傣族景颇族自治州	3	76.67	3.06	74	80

地级市	企业个数/家	平均值	标准差	最小值	最大值
西宁市	9	76.67	3.95	66	84
许昌市	3	76.67	1.15	76	78
成都市	24	76.65	5.69	66	90
新余市	7	76.57	7.34	58	90
乌鲁木齐市	11	76.55	8.87	56	90
潍坊市	21	76.52	9.22	60	90
百色市	3	76.50	2.25	73.5	80
阜新市	4	76.50	8.54	66	86
海东市	3	76.33	4.91	73.5	82
临颍县	1	76.00	0.00	76	76
佳木斯市	1	76.00	0.00	76	76
克拉玛依市	1	76.00	0.00	76	76
南昌市	12	76.00	12.02	40	86
四平市	1	76.00	0.00	76	76
娄底市	4	76.00	6.32	64	86
张家界市	2	76.00	11.31	64	88
揭阳市	1	76.00	0.00	76	76
漯河市	6	76.00	3.35	72	80
遂宁市	2	76.00	2.83	74	78
钦州市	1	76.00	0.00	76	76
呼和浩特市	16	75.75	5.71	58	86
巴中市	2	75.75	0.35	75.5	76
潮州市	2	75.75	0.35	75.5	76
南阳市	5	75.60	4.15	64	82
吉林市	10	75.60	5.87	66	86
通辽市	5	75.60	7.95	64	90
三明市	4	75.50	4.43	72	82
十堰市	8	75.50	11.43	46	90
抚顺市	4	75.50	6.81	64	82
保山市	3	75.33	2.31	74	78
商丘市	9	75.33	9.21	51	86
茂名市	3	75.33	9.45	68	86
营口市	4	75.25	10.65	65.5	88
海口市	11	75.05	9.58	54	90
重庆市	44	75.01	8.63	48	90
泸州市	4	75.00	8.54	58	86
阜阳市	8	75.00	8.28	58	90
淄博市	17	74.91	7.20	58	88
咸阳市	8	74.88	7.59	55.5	84
东莞市	7	74.86	5.00	68	82
哈尔滨市	10	74.85	7.19	66	86

地级市	企业个数/家	平均值	标准差	最小值	最大值
滁州市	7	74.71	11.98	44	90
延边朝鲜族自治州	3	74.67	4.16	70	78
攀枝花市	3	74.67	6.11	62	82
济宁市	20	74.65	7.17	56	90
遵义市	4	74.63	2.36	72.5	78
宜宾市	8	74.50	7.84	58	88
恩施土家族苗族自治州	3	74.50	1.32	73.5	76
漳州市	4	74.50	1.00	74	76
马鞍山市	12	74.50	10.30	50	90
安阳市	10	74.45	7.10	58	90
大同市	13	74.31	14.04	32	90
淮安市	8	74.25	10.14	58	86
银川市	8	74.25	5.80	66	80
宜昌市	24	74.23	9.11	50	90
三亚市	1	74.00	0.00	74	74
哈密市	1	74.00	0.00	74	74
喀什地区	4	74.00	5.89	68	82
张掖市	1	74.00	0.00	74	74
汕尾市	1	74.00	0.00	74	74
牡丹江市	1	74.00	0.00	74	74
玉林市	3	74.00	8.08	66	78
甘南藏族自治州	1	74.00	0.00	74	74
白城市	1	74.00	0.00	74	74
葫芦岛市	6	74.00	8.64	52	84
金昌市	1	74.00	0.00	74	74
阿坝藏族羌族自治州	1	74.00	0.00	74	74
锡林郭勒盟	6	73.92	6.39	64	86
唐山市	31	73.84	9.66	52	90
铜陵市	12	73.83	11.88	40	90
黄冈市	7	73.71	5.98	62	84
新乡市	6	73.67	8.62	56	86
大理白族自治州	3	73.33	5.77	70	80
濮阳市	8	73.25	6.30	64	84
景德镇市	7	73.21	6.45	62	78
枣庄市	8	73.13	9.80	56	90
保定市	14	73.11	7.37	47.5	84
沈阳市	24	73.08	6.67	58	90
铜川市	2	73.00	11.31	66	80
阳泉市	2	73.00	19.80	56	90
鹤壁市	2	73.00	1.41	72	74
北京市	27	72.91	15.58	22.5	90

地级市	企业个数/家	平均值	标准差	最小值	最大值
平顶山市	7	72.86	5.62	58	82
平凉市	3	72.67	9.87	56	82
汉中市	3	72.67	6.11	62	82
梅州市	5	72.40	6.23	66	80
淮南市	10	72.40	10.84	48	90
儋州市	3	72.33	1.44	71.5	74
荆州市	7	72.29	5.26	58	78
临汾市	4	72.00	9.38	62	90
怀化市	1	72.00	0.00	72	72
本溪市	1	72.00	0.00	72	72
绵阳市	6	72.00	6.12	62	84
肇庆市	4	72.00	4.90	60	80
莱芜市	1	72.00	0.00	72	72
邢台市	9	72.00	6.56	58	84
酒泉市	2	72.00	2.83	70	74
宿州市	7	71.71	6.41	62	84
六盘水市	6	71.67	8.33	62	84
阿克苏地区	9	71.56	8.07	60	86
铁岭市	4	71.50	4.43	66	76
朝阳市	6	71.25	7.12	63.5	80
承德市	7	71.14	13.03	44	84
太原市	15	71.03	7.62	46	82
张家口市	6	71.00	6.28	56	80
桂林市	2	71.00	4.24	68	74
盐城市	22	70.98	10.99	42	90
海西蒙古族藏族自治州	6	70.92	7.31	57.5	82
巴音郭楞蒙古自治州	7	70.57	4.96	58	78
伊犁哈萨克自治州	12	70.50	7.55	58	84
鄂尔多斯市	25	70.08	9.03	50	90
临夏回族自治州	1	70.00	0.00	70	70
嘉峪关市	5	70.00	3.85	66	74
玉溪市	1	70.00	0.00	70	70
萍乡市	2	70.00	4.24	66	74
陇南市	4	70.00	5.89	64	76
榆林市	10	69.85	11.31	48	86
北海市	4	69.50	8.23	60	80
扬州市	9	69.06	9.32	54	84
克孜勒苏柯尔克孜自治州	2	69.00	4.24	66	72
梧州市	2	69.00	9.90	62	76
沧州市	6	68.58	10.83	49.5	86
阿拉善盟	2	68.50	9.19	58	79

地级市	企业个数/家	平均值	标准差	最小值	最大值
黔西南布依族苗族自治州	5	68.30	13.60	48	87.5
信阳市	2	68.00	14.14	56	80
益阳市	3	68.00	5.77	56	74
河池市	2	67.75	8.84	57.5	78
晋中市	5	67.60	7.56	50	78
白银市	4	67.50	12.27	52	84
邯郸市	9	66.78	11.50	42	84
秦皇岛市	5	66.50	8.25	50	78
巴彦淖尔市	5	66.30	15.27	42	82
长治市	6	66.17	11.18	47	82
石家庄市	18	66.00	7.78	52	78
黔南布依族苗族自治州	5	65.60	9.86	42	74
晋城市	6	64.33	10.24	49.5	80
延安市	2	64.00	11.31	54	74
乌海市	6	63.67	9.44	42	76
乌拉特前旗	2	63.00	16.97	48	78
崇左市	2	63.00	1.41	58	68
鹤岗市	1	63.00	0.00	63	63
迪庆藏族自治州	1	62.00	0.00	62	62
呼伦贝尔市	4	61.88	9.68	49.5	74
包头市	7	61.57	21.05	26	86
朔州市	4	61.50	8.79	52	76
鹰潭市	2	61.00	12.73	48	74
运城市	7	60.79	10.76	38	74
宜春市	1	60.00	0.00	60	60
毕节市	1	60.00	0.00	60	60
吕梁市	5	59.90	8.89	48	72.5
乌兰察布市	6	59.67	6.42	46	74
三门峡市	2	59.00	14.14	50	68
自贡市	1	56.00	0.00	56	56

表 D.2 重点企业环境绩效平均得分地区分布统计表

地级市	平均分
七台河市	77.25
三明市	75.50
三门峡市	59.00
上海市	78.28
上饶市	80.25
东莞市	74.86
东营市	77.82
中卫市	76.70
中山市	82.00
临夏回族自治州	70.00
临汾市	72.00
临沂市	78.40
临沧市	86.00
丹东市	82.67
丽水市	84.00
乌兰察布市	59.67
乌拉特前旗	63.00
乌海市	63.67
乌鲁木齐市	76.00
乐山市	79.43
乐昌市	90.00
九江市	79.69
云浮市	81.00
亳州市	86.44
伊春市	78.00
伊犁哈萨克自治州	70.00
佛山市	84.50
佳木斯市	76.00
保定市	72.88
保山市	76.00
信阳市	68.00
儋州市	72.33
克孜勒苏柯尔克孜自治州	69.00
克拉玛依市	76.00
六安市	86.50
六盘水市	71.67
兰州市	78.00

地级市	平均分
凉山彝族自治州	86.00
包头市	61.57
北京市	72.40
北海市	69.50
十堰市	75.50
南京市	77.17
南充市	84.00
南宁市	81.25
南平市	82.83
南昌市	76.18
南通市	78.34
南阳市	75.60
博尔塔拉蒙古自治州	83.33
厦门市	87.50
双鸭山市	84.00
台州市	76.78
合肥市	82.05
吉林市	75.60
吐鲁番市	77.00
吕梁市	59.90
吴忠市	81.00
周口市	80.00
呼伦贝尔市	61.88
呼和浩特市	75.87
和田地区	74.00
咸宁市	78.00
咸阳市	77.92
哈密市	74.00
哈尔滨市	73.56
唐山市	74.79
商丘市	71.67
喀什地区	74.00
嘉兴市	79.74
嘉峪关市	70.00
四平市	76.00
塔城地区	81.00
大同市	78.00
大庆市	77.71
大理白族自治州	73.33
大连市	85.43
天水市	79.50

地级市	平均分
天津市	79.00
太原市	70.73
威海市	85.67
娄底市	76.00
宁国市	86.00
宁德市	79.00
宁波市	81.05
安庆市	81.50
安阳市	74.92
安顺市	82.67
定西市	78.00
宜宾市	72.00
宜昌市	74.07
宜春市	60.00
宝鸡市	78.29
宣城市	80.33
宿州市	73.33
宿迁市	81.00
岳阳市	77.07
崇左市	63.00
巴中市	75.75
巴彦淖尔市	66.30
巴音郭楞蒙古自治州	70.57
常州市	77.30
常德市	77.20
平凉市	72.67
平顶山市	73.33
广元市	86.00
广安市	78.00
广州市	81.11
廊坊市	78.55
延安市	54.00
延边朝鲜族自治州	74.67
开封市	80.00
张家口市	74.00
张家界市	88.00
徐州市	77.20
德宏傣族景颇族自治州	76.67
德州市	78.77
德阳市	79.20
忻州市	86.00

地级市	平均分
怀化市	72.00
恩施土家族苗族自治州	74.50
惠州市	81.17
成都市	77.03
扬州市	67.19
承德市	66.50
抚州市	78.00
抚顺市	75.50
揭阳市	76.00
攀枝花市	74.67
文山壮族苗族自治州	78.33
新乡市	73.67
新余市	76.57
无锡市	80.83
日照市	80.50
昆明市	80.44
昌吉回族自治州	76.91
昭通市	80.00
晋中市	67.60
晋城市	64.33
普洱市	79.00
景德镇市	73.21
曲靖市	77.00
朔州市	61.50
朝阳市	71.25
本溪市	72.00
来宾市	80.00
杭州市	78.45
枣庄市	73.13
柳州市	85.33
株洲市	81.10
桂林市	71.00
桐乡市	80.00
梅州市	72.40
梧州市	69.00
楚雄彝族自治州	90.00
榆林市	68.50
武威市	76.00
武汉市	77.23
毕节市	60.00
永州市	83.00

地级市	平均分
汉中市	68.00
汕头市	81.60
汕尾市	74.00
江门市	81.75
池州市	77.00
沈阳市	73.24
沧州市	66.70
河池市	67.75
河源市	78.00
泉州市	79.30
泰安市	79.00
泰州市	78.80
泸州市	75.00
洛阳市	75.55
济南市	77.11
济宁市	74.58
海东市	76.33
海口市	74.95
海西蒙古族藏族自治州	70.92
淄博市	74.91
淮北市	77.77
淮南市	72.40
淮安市	74.25
深圳市	83.72
清远市	80.67
温州市	78.13
渭南市	78.25
湖州市	81.73
湘潭市	81.58
湘西土家族苗族自治州	86.00
湛江市	79.00
滁州市	74.71
滨州市	76.33
漯河市	76.00
漳州市	74.50
潍坊市	76.18
潮州市	75.75
濮阳市	74.57
烟台市	83.33
焦作市	77.40
牡丹江市	74.00

地级市	平均分
玉林市	72.00
玉溪市	70.00
珠海市	81.50
甘南藏族自治州	74.00
白城市	74.00
白山市	80.00
白银市	67.50
百色市	76.50
益阳市	65.00
盐城市	70.07
盘锦市	79.00
眉山市	80.00
石嘴山市	80.80
石家庄市	66.00
福州市	76.80
秦皇岛市	66.50
红河哈尼族彝族自治州	81.20
绍兴市	79.91
绥化市	81.00
绵阳市	72.00
聊城市	86.25
肇庆市	72.00
自贡市	56.00
舟山市	78.75
芜湖市	82.07
苏州市	83.19
茂名市	75.33
荆州市	71.33
荆门市	79.14
莆田市	79.00
莱芜市	72.00
菏泽市	82.33
萍乡市	70.00
营口市	75.25
葫芦岛市	74.00
蚌埠市	77.20
衡水市	78.00
衡阳市	77.00
衢州市	79.12
襄阳市	78.67
西双版纳傣族自治州	84.00

地级市	平均分
西宁市	77.06
西安市	76.42
许昌市	76.67
贵阳市	77.75
赣州市	77.13
赤峰市	77.20
辽源市	79.00
辽阳市	77.71
达州市	79.20
运城市	58.92
连云港市	81.33
迪庆藏族自治州	62.00
通化市	79.83
通辽市	75.60
遂宁市	76.00
遵义市	74.63
邢台市	71.75
邯郸市	66.78
邵阳市	77.88
郑州市	77.56
郴州市	82.19
鄂尔多斯市	70.08
鄂州市	83.00
酒泉市	74.00
重庆市	74.94
金华市	84.97
钦州市	76.00
铁岭市	71.50
铜仁市	82.00
铜川市	73.00
铜陵市	71.20
银川市	74.25
锡林郭勒盟	73.90
锦州市	77.00
镇江市	79.67
长春市	79.50
长沙市	84.00
长治市	66.17
阜新市	76.50
阜阳市	75.14
阳江市	80.00

地级市	平均分
阳泉市	56.00
阿克苏地区	71.56
阿坝藏族羌族自治州	74.00
阿拉善盟	68.50
陇南市	70.00
随州市	83.00
青岛市	78.23
鞍山市	77.50
韶关市	90.00
马鞍山市	74.50
驻马店市	75.50
鸡西市	81.00
鹤壁市	73.00
鹤岗市	63.00
鹰潭市	48.00
黄冈市	73.71
黄石市	78.50
黔东南苗族侗族自治州	90.00
黔南布依族苗族自治州	65.60
黔西南布依族苗族自治州	68.38
齐齐哈尔市	79.33
龙岩市	81.83

表 D.3 非重点企业环境绩效平均得分地区分布统计表

地级市	平均分
三亚市	74.00
上海市	71.50
东营市	84.00
临沂市	70.00
临颍县	76.00
丽水市	66.00
丽江市	77.00
乌鲁木齐市	78.00
乐山市	78.67
九江市	78.38
伊犁哈萨克自治州	76.00
保定市	76.00
保山市	74.00
兰州市	90.00
北京市	86.00
南京市	83.00
南昌市	74.00
博尔塔拉蒙古自治州	78.00
厦门市	74.00
呼和浩特市	74.00
和田地区	90.00
咸宁市	76.00
咸阳市	65.75
哈尔滨市	80.00
唐山市	60.00
商丘市	82.67
嘉兴市	80.00
塔城地区	84.67
大同市	54.00
大连市	78.00
天水市	72.00
天津市	87.00
太原市	73.00
孝感市	80.00
宁德市	82.00
宁波市	76.00
安庆市	81.33

地级市	平均分
安阳市	73.75
宜宾市	77.00
宜昌市	78.00
宿州市	62.00
宿迁市	90.00
常州市	74.00
平顶山市	70.00
广元市	90.00
广州市	82.00
延安市	74.00
开封市	78.00
张家口市	56.00
张家界市	64.00
张掖市	74.00
德州市	76.00
忻州市	76.00
成都市	76.00
扬州市	84.00
承德市	77.33
无锡市	90.00
昆明市	83.00
昌吉回族自治州	84.00
杭州市	80.67
榆林市	82.00
武威市	82.00
武汉市	72.00
汉中市	82.00
汕头市	82.00
江门市	90.00
沈阳市	72.00
沧州市	78.00
泉州市	82.00
泰州市	78.00
洛阳市	81.50
济宁市	76.00
海口市	76.00
淮北市	84.00
湘潭市	80.00
滨州市	82.00
潍坊市	78.00
濮阳市	64.00

地级市	平均分
烟台市	74.00
玉林市	78.00
益阳市	74.00
盐城市	90.00
眉山市	74.00
石嘴山市	80.00
福州市	87.00
绍兴市	72.00
聊城市	84.00
苏州市	83.00
荆州市	78.00
蚌埠市	90.00
衢州市	76.00
襄阳市	71.50
西宁市	73.50
西安市	79.00
贵阳市	76.00
赣州市	74.00
运城市	72.00
邢台市	74.00
郑州市	78.43
鄂尔多斯市	70.00
酒泉市	70.00
重庆市	75.31
金昌市	74.00
铜陵市	87.00
锡林郭勒盟	74.00
长沙市	90.00
阜阳市	74.00
阳泉市	90.00
青岛市	81.33
韶关市	75.50
驻马店市	86.00
鹰潭市	74.00
黔西南布依族苗族自治州	68.00
齐齐哈尔市	80.00

表 D.4　按上市公司代码汇总的企业环境绩效得分情况统计表

代码	名称（简称）	被参控公司/母公司	在线监测系统得分	排污许可系统得分	监督性监测系统得分	环境违法处罚系统得分	企业环境绩效总得分	评分等级
300134.SZ	大富科技	深圳市大富科技股份有限公司	30.00	10.00	20.00	30.00	90.00	A
600073.SH	上海梅林	上海梅林正广和股份有限公司	30.00	10.00	20.00	30.00	90.00	A
000021.SZ	深科技	深圳长城开发科技股份有限公司	30.00	10.00	20.00	30.00	90.00	A
000028.SZ	国药一致	国药集团一致药业股份有限公司	30.00	10.00	20.00	30.00	90.00	A
000043.SZ	中航善达	中航善达股份有限公司	30.00	10.00	20.00	30.00	90.00	A
000045.SZ	深纺织 A	深圳市纺织（集团）股份有限公司	30.00	10.00	20.00	30.00	90.00	A
000528.SZ	柳工	广西柳工机械股份有限公司	30.00	10.00	20.00	30.00	90.00	A
000559.SZ	万向钱潮	万向钱潮股份有限公司	30.00	10.00	20.00	30.00	90.00	A
000800.SZ	一汽轿车	一汽轿车股份有限公司	30.00	10.00	20.00	30.00	90.00	A
000880.SZ	潍柴重机	潍柴重机股份有限公司	30.00	10.00	20.00	30.00	90.00	A
000921.SZ	海信家电	海信家电集团股份有限公司	30.00	10.00	20.00	30.00	90.00	A
000957.SZ	中通客车	中通客车控股股份有限公司	30.00	10.00	20.00	30.00	90.00	A
000962.SZ	东方钽业	宁夏东方钽业股份有限公司	30.00	10.00	20.00	30.00	90.00	A
002003.SZ	伟星股份	浙江伟星实业发展股份有限公司	30.00	10.00	20.00	30.00	90.00	A
002005.SZ	*ST 德豪	广东德豪润达电气股份有限公司	30.00	10.00	20.00	30.00	90.00	A
002025.SZ	航天电器	贵州航天电器股份有限公司	30.00	10.00	20.00	30.00	90.00	A
002032.SZ	苏泊尔	浙江苏泊尔股份有限公司	30.00	10.00	20.00	30.00	90.00	A
002051.SZ	中工国际	中工国际工程股份有限公司	30.00	10.00	20.00	30.00	90.00	A
002084.SZ	海鸥住工	广州海鸥住宅工业股份有限公司	30.00	10.00	20.00	30.00	90.00	A
002086.SZ	ST 东海洋	山东东方海洋科技股份有限公司	30.00	10.00	20.00	30.00	90.00	A
002091.SZ	江苏国泰	江苏国泰国际集团股份有限公司	30.00	10.00	20.00	30.00	90.00	A
002131.SZ	利欧股份	利欧集团股份有限公司	30.00	10.00	20.00	30.00	90.00	A

代码	名称（简称）	被参控公司/母公司	在线监测系统得分	排污许可系统得分	监督性监测系统得分	环境违法处罚系统得分	企业环境绩效总得分	评分等级
002273.SZ	水晶光电	浙江水晶光电科技股份有限公司	30.00	10.00	20.00	30.00	90.00	A
002284.SZ	亚太股份	浙江亚太机电股份有限公司	30.00	10.00	20.00	30.00	90.00	A
002349.SZ	精华制药	精华制药集团股份有限公司	30.00	10.00	20.00	30.00	90.00	A
002399.SZ	海普瑞	深圳市海普瑞药业集团股份有限公司	30.00	10.00	20.00	30.00	90.00	A
002437.SZ	誉衡药业	哈尔滨誉衡药业股份有限公司	30.00	10.00	20.00	30.00	90.00	A
002507.SZ	涪陵榨菜	重庆市涪陵榨菜集团股份有限公司	30.00	10.00	20.00	30.00	90.00	A
002532.SZ	新界泵业	新界泵业集团股份有限公司	30.00	10.00	20.00	30.00	90.00	A
002615.SZ	哈尔斯	浙江哈尔斯真空器皿股份有限公司	30.00	10.00	20.00	30.00	90.00	A
002626.SZ	金达威	厦门金达威集团股份有限公司	30.00	10.00	20.00	30.00	90.00	A
002643.SZ	万润股份	中节能万润股份有限公司	30.00	10.00	20.00	30.00	90.00	A
002664.SZ	长鹰信质	长鹰信质科技股份有限公司	30.00	10.00	20.00	30.00	90.00	A
002725.SZ	跃岭股份	浙江跃岭股份有限公司	30.00	10.00	20.00	30.00	90.00	A
002728.SZ	特一药业	特一药业集团股份有限公司	30.00	10.00	20.00	30.00	90.00	A
002738.SZ	中矿资源	中矿资源集团股份有限公司	30.00	10.00	20.00	30.00	90.00	A
002755.SZ	奥赛康	北京奥赛康药业股份有限公司	30.00	10.00	20.00	30.00	90.00	A
002863.SZ	今飞凯达	浙江今飞凯达轮毂股份有限公司	30.00	10.00	20.00	30.00	90.00	A
002868.SZ	绿康生化	绿康生化股份有限公司	30.00	10.00	20.00	30.00	90.00	A
002940.SZ	昂利康	浙江昂利康制药股份有限公司	30.00	10.00	20.00	30.00	90.00	A
300102.SZ	乾照光电	厦门乾照光电股份有限公司	30.00	10.00	20.00	30.00	90.00	A
300136.SZ	信维通信	深圳市信维通信股份有限公司	30.00	10.00	20.00	30.00	90.00	A
300268.SZ	佳沃股份	佳沃农业开发股份有限公司	30.00	10.00	20.00	30.00	90.00	A
300401.SZ	花园生物	浙江花园生物高科股份有限公司	30.00	10.00	20.00	30.00	90.00	A
300452.SZ	山河药辅	安徽山河药用辅料股份有限公司	30.00	10.00	20.00	30.00	90.00	A
300459.SZ	金科文化	浙江金科文化产业股份有限公司	30.00	10.00	20.00	30.00	90.00	A
300699.SZ	光威复材	威海光威复合材料股份有限公司	30.00	10.00	20.00	30.00	90.00	A

代码	名称（简称）	被参控公司/母公司	在线监测系统得分	排污许可系统得分	监督性监测系统得分	环境违法处罚系统得分	企业环境绩效总得分	评分等级
600166.SH	福田汽车	北汽福田汽车股份有限公司	30.00	10.00	20.00	30.00	90.00	A
600177.SH	雅戈尔	雅戈尔集团股份有限公司	30.00	10.00	20.00	30.00	90.00	A
600216.SH	浙江医药	浙江医药股份有限公司	30.00	10.00	20.00	30.00	90.00	A
600238.SH	ST 椰岛	海南椰岛（集团）股份有限公司	30.00	10.00	20.00	30.00	90.00	A
600327.SH	大东方	无锡商业大厦大东方股份有限公司	30.00	10.00	20.00	30.00	90.00	A
600330.SH	天通股份	天通控股股份有限公司	30.00	10.00	20.00	30.00	90.00	A
600498.SH	烽火通信	烽火通信科技股份有限公司	30.00	10.00	20.00	30.00	90.00	A
600535.SH	天士力	天士力医药集团股份有限公司	30.00	10.00	20.00	30.00	90.00	A
600552.SH	凯盛科技	凯盛科技股份有限公司	30.00	10.00	20.00	30.00	90.00	A
600584.SH	长电科技	江苏长电科技股份有限公司	30.00	10.00	20.00	30.00	90.00	A
600680.SH	*ST 上普	上海山崎电路板有限公司	30.00	10.00	20.00	30.00	90.00	A
600686.SH	金龙汽车	厦门金龙汽车集团股份有限公司	30.00	10.00	20.00	30.00	90.00	A
600872.SH	中炬高新	中炬高新技术实业（集团）股份有限公司	30.00	10.00	20.00	30.00	90.00	A
601127.SH	小康股份	重庆小康工业集团股份有限公司	30.00	10.00	20.00	30.00	90.00	A
601238.SH	广汽集团	广州汽车集团股份有限公司	30.00	10.00	20.00	30.00	90.00	A
601968.SH	宝钢包装	上海宝钢包装股份有限公司	30.00	10.00	20.00	30.00	90.00	A
603020.SH	爱普股份	爱普香料集团股份有限公司	30.00	10.00	20.00	30.00	90.00	A
603043.SH	广州酒家	广州酒家集团股份有限公司	30.00	10.00	20.00	30.00	90.00	A
603198.SH	迎驾贡酒	安徽迎驾贡酒股份有限公司	30.00	10.00	20.00	30.00	90.00	A
603228.SH	景旺电子	深圳市景旺电子股份有限公司	30.00	10.00	20.00	30.00	90.00	A
603288.SH	海天味业	佛山市海天调味食品股份有限公司	30.00	10.00	20.00	30.00	90.00	A
603345.SH	安井食品	福建安井食品股份有限公司	30.00	10.00	20.00	30.00	90.00	A
603730.SH	岱美股份	上海岱美汽车内饰件股份有限公司	30.00	10.00	20.00	30.00	90.00	A
603766.SH	隆鑫通用	隆鑫通用动力股份有限公司	30.00	10.00	20.00	30.00	90.00	A
603938.SH	三孚股份	唐山三孚硅业股份有限公司	30.00	10.00	20.00	30.00	90.00	A

代码	名称（简称）	被参控公司/母公司	在线监测系统得分	排污许可系统得分	监督性监测系统得分	环境违法处罚系统得分	企业环境绩效总得分	评分等级
000779.SZ	三毛派神	兰州三毛实业股份有限公司	30.00	10.00	20.00	30.00	90.00	A
000908.SZ	景峰医药	湖南景峰医药股份有限公司	30.00	10.00	20.00	30.00	90.00	A
000913.SZ	钱江摩托	浙江钱江摩托股份有限公司	30.00	10.00	20.00	30.00	90.00	A
002050.SZ	三花智控	浙江三花智能控制股份有限公司	30.00	10.00	20.00	30.00	90.00	A
300254.SZ	仟源医药	山西仟源医药集团股份有限公司	30.00	10.00	20.00	30.00	90.00	A
600379.SH	宝光股份	陕西宝光真空电器股份有限公司	30.00	10.00	20.00	30.00	90.00	A
603259.SH	药明康德	无锡药明康德新药开发股份有限公司	30.00	10.00	20.00	30.00	90.00	A
603379.SH	三美股份	浙江三美化工股份有限公司	30.00	10.00	20.00	30.00	90.00	A
002424.SZ	贵州百灵	贵州百灵企业集团制药股份有限公司	29.96	10.00	20.00	30.00	89.96	A
600521.SH	华海药业	浙江华海药业股份有限公司	29.96	9.96	20.00	29.88	89.80	A
600346.SH	恒力股份	恒力石化股份有限公司	29.83	9.91	20.00	30.00	89.74	A
002526.SZ	山东矿机	山东矿机集团股份有限公司	30.00	9.50	20.00	30.00	89.50	A
600176.SH	中国巨石	中国巨石股份有限公司	29.24	10.00	20.00	30.00	89.24	A
002067.SZ	景兴纸业	浙江景兴纸业股份有限公司	29.77	9.42	20.00	30.00	89.19	A
300433.SZ	蓝思科技	蓝思科技股份有限公司	29.12	10.00	20.00	30.00	89.12	A
000786.SZ	北新建材	北新集团建材股份有限公司	29.03	9.86	20.00	30.00	88.90	A
600742.SH	一汽富维	长春一汽富维汽车零部件股份有限公司	30.00	8.89	20.00	30.00	88.89	A
600594.SH	益佰制药	贵州益佰制药股份有限公司	28.96	9.83	20.00	30.00	88.79	A
002734.SZ	利民股份	利民化工股份有限公司	29.25	9.50	20.00	30.00	88.75	A
600418.SH	江淮汽车	安徽江淮汽车集团股份有限公司	28.64	10.00	20.00	30.00	88.64	A
000651.SZ	格力电器	珠海格力电器股份有限公司	28.35	10.00	20.00	30.00	88.35	A
000935.SZ	四川双马	四川双马水泥股份有限公司	30.00	8.00	20.00	30.00	88.00	A
002100.SZ	天康生物	天康生物股份有限公司	30.00	8.00	20.00	30.00	88.00	A
600332.SH	白云山	广州白云山医药集团股份有限公司	30.00	8.00	20.00	30.00	88.00	A
600805.SH	悦达投资	江苏悦达投资股份有限公司	30.00	8.00	20.00	30.00	88.00	A

代码	名称（简称）	被参控公司/母公司	在线监测系统得分	排污许可系统得分	监督性监测系统得分	环境违法处罚系统得分	企业环境绩效总得分	评分等级
002918.SZ	蒙娜丽莎	蒙娜丽莎集团股份有限公司	30.00	8.00	20.00	30.00	88.00	A
600875.SH	东方电气	东方电气股份有限公司	27.70	10.00	20.00	30.00	87.70	A
002294.SZ	信立泰	深圳信立泰药业股份有限公司	30.00	7.69	20.00	30.00	87.69	A
600781.SH	辅仁药业	辅仁药业集团制药股份有限公司	27.64	10.00	20.00	30.00	87.64	A
600540.SH	新赛股份	新疆赛里木现代农业股份有限公司	27.60	10.00	20.00	30.00	87.60	A
603889.SH	新澳股份	浙江新澳纺织股份有限公司	27.47	10.00	20.00	30.00	87.47	A
601727.SH	上海电气	上海电气集团股份有限公司	27.29	10.00	20.00	30.00	87.29	A
000100.SZ	TCL 集团	TCL 集团股份有限公司	27.23	10.00	20.00	30.00	87.23	A
000960.SZ	锡业股份	云南锡业股份有限公司	27.66	9.53	20.00	30.00	87.19	A
603797.SH	联泰环保	广东联泰环保股份有限公司	27.05	10.00	20.00	30.00	87.05	A
600375.SH	华菱星马	华菱星马汽车（集团）股份有限公司	26.90	10.00	20.00	30.00	86.90	A
300199.SZ	翰宇药业	深圳翰宇药业股份有限公司	26.40	10.00	20.00	30.00	86.40	A
600572.SH	康恩贝	浙江康恩贝制药股份有限公司	26.28	10.00	20.00	30.00	86.28	A
000625.SZ	长安汽车	重庆长安汽车股份有限公司	27.21	10.00	20.00	28.87	86.08	A
600987.SH	航民股份	浙江航民股份有限公司	26.06	10.00	20.00	30.00	86.06	A
000418.SZ	小天鹅 A	无锡小天鹅股份有限公司	26.00	10.00	20.00	30.00	86.00	A
000568.SZ	泸州老窖	泸州老窖股份有限公司	26.00	10.00	20.00	30.00	86.00	A
000635.SZ	英力特	宁夏英力特化工股份有限公司	26.00	10.00	20.00	30.00	86.00	A
000650.SZ	仁和药业	仁和药业股份有限公司	26.00	10.00	20.00	30.00	86.00	A
000652.SZ	泰达股份	天津泰达股份有限公司	26.00	10.00	20.00	30.00	86.00	A
000713.SZ	丰乐种业	合肥丰乐种业股份有限公司	26.00	10.00	20.00	30.00	86.00	A
000727.SZ	华东科技	南京华东电子信息科技股份有限公司	26.00	10.00	20.00	30.00	86.00	A
000799.SZ	酒鬼酒	酒鬼酒股份有限公司	26.00	10.00	20.00	30.00	86.00	A
002140.SZ	东华科技	东华工程科技股份有限公司	26.00	10.00	20.00	30.00	86.00	A
002185.SZ	华天科技	天水华天科技股份有限公司	26.00	10.00	20.00	30.00	86.00	A

代码	名称（简称）	被参控公司/母公司	在线监测系统得分	排污许可系统得分	监督性监测系统得分	环境违法处罚系统得分	企业环境绩效总得分	评分等级
002255.SZ	海陆重工	苏州海陆重工股份有限公司	26.00	10.00	20.00	30.00	86.00	A
002311.SZ	海大集团	广东海大集团股份有限公司	26.00	10.00	20.00	30.00	86.00	A
002384.SZ	东山精密	苏州东山精密制造股份有限公司	26.00	10.00	20.00	30.00	86.00	A
002428.SZ	云南锗业	云南临沧鑫圆锗业股份有限公司	26.00	10.00	20.00	30.00	86.00	A
002604.SZ	*ST 龙力	山东龙力生物科技股份有限公司	26.00	10.00	20.00	30.00	86.00	A
300009.SZ	安科生物	安徽安科生物工程（集团）股份有限公司	30.00	6.00	20.00	30.00	86.00	A
300082.SZ	奥克股份	辽宁奥克化学股份有限公司	26.00	10.00	20.00	30.00	86.00	A
300121.SZ	阳谷华泰	山东阳谷华泰化工股份有限公司	26.00	10.00	20.00	30.00	86.00	A
300363.SZ	博腾股份	重庆博腾制药科技股份有限公司	26.00	10.00	20.00	30.00	86.00	A
300673.SZ	佩蒂股份	佩蒂动物营养科技股份有限公司	26.00	10.00	20.00	30.00	86.00	A
600316.SH	洪都航空	江西洪都航空工业股份有限公司	26.00	10.00	20.00	30.00	86.00	A
600400.SH	红豆股份	江苏红豆实业股份有限公司	26.00	10.00	20.00	30.00	86.00	A
600401.SH	退市海润	海润光伏科技股份有限公司	26.00	10.00	20.00	30.00	86.00	A
600482.SH	中国动力	中国船舶重工集团动力股份有限公司	26.00	10.00	20.00	30.00	86.00	A
600501.SH	航天晨光	航天晨光股份有限公司	26.00	10.00	20.00	30.00	86.00	A
600674.SH	川投能源	四川川投能源股份有限公司	26.00	10.00	20.00	30.00	86.00	A
600746.SH	江苏索普	江苏索普化工股份有限公司	26.00	10.00	20.00	30.00	86.00	A
600894.SH	广日股份	广州广日股份有限公司	26.00	10.00	20.00	30.00	86.00	A
600900.SH	长江电力	中国长江电力股份有限公司	26.00	10.00	20.00	30.00	86.00	A
601117.SH	中国化学	中国化学工程股份有限公司	26.00	10.00	20.00	30.00	86.00	A
601599.SH	鹿港文化	江苏鹿港文化股份有限公司	26.00	10.00	20.00	30.00	86.00	A
603105.SH	芯能科技	浙江芯能光伏科技股份有限公司	26.00	10.00	20.00	30.00	86.00	A
603308.SH	应流股份	安徽应流机电股份有限公司	26.00	10.00	20.00	30.00	86.00	A
603810.SH	丰山集团	江苏丰山集团股份有限公司	26.00	10.00	20.00	30.00	86.00	A
002286.SZ	保龄宝	保龄宝生物股份有限公司	26.00	10.00	20.00	30.00	86.00	A

代码	名称（简称）	被参控公司/母公司	在线监测系统得分	排污许可系统得分	监督性监测系统得分	环境违法处罚系统得分	企业环境绩效总得分	评分等级
300239.SZ	东宝生物	包头东宝生物技术股份有限公司	26.00	10.00	20.00	30.00	86.00	A
600600.SH	青岛啤酒	青岛啤酒股份有限公司	26.03	9.99	20.00	29.91	85.94	A
002056.SZ	横店东磁	横店集团东磁股份有限公司	25.93	10.00	20.00	30.00	85.93	A
600707.SH	彩虹股份	彩虹显示器件股份有限公司	25.92	10.00	20.00	30.00	85.92	A
603588.SH	高能环境	北京高能时代环境技术股份有限公司	26.87	9.00	20.00	30.00	85.87	A
002442.SZ	龙星化工	龙星化工股份有限公司	25.76	10.00	20.00	30.00	85.76	A
600668.SH	尖峰集团	浙江尖峰集团股份有限公司	26.85	8.72	20.00	30.00	85.57	A
600673.SH	东阳光	广东东阳光科技控股股份有限公司	27.00	8.50	20.00	30.00	85.50	A
000060.SZ	中金岭南	深圳市中金岭南有色金属股份有限公司	26.00	9.50	20.00	30.00	85.50	A
600488.SH	天药股份	天津天药药业股份有限公司	26.00	9.50	20.00	30.00	85.50	A
601607.SH	上海医药	上海医药集团股份有限公司	26.16	9.28	20.00	30.00	85.44	A
002701.SZ	奥瑞金	奥瑞金科技股份有限公司	25.43	10.00	20.00	30.00	85.43	A
000531.SZ	穗恒运 A	广州恒运企业集团股份有限公司	25.41	10.00	20.00	30.00	85.41	A
000963.SZ	华东医药	华东医药股份有限公司	25.50	9.83	20.00	30.00	85.33	A
600062.SH	华润双鹤	华润双鹤药业股份有限公司	25.57	9.82	19.78	30.00	85.17	A
300106.SZ	西部牧业	新疆西部牧业股份有限公司	25.03	10.00	20.00	30.00	85.03	A
002594.SZ	比亚迪	比亚迪股份有限公司	25.03	10.00	20.00	30.00	85.03	A
002588.SZ	史丹利	史丹利农业集团股份有限公司	25.00	10.00	20.00	30.00	85.00	A
603225.SH	新凤鸣	新凤鸣集团股份有限公司	24.98	10.00	20.00	30.00	84.98	B^-
000999.SZ	华润三九	华润三九医药股份有限公司	29.65	10.00	20.00	25.30	84.95	B^-
002463.SZ	沪电股份	沪士电子股份有限公司	24.84	10.00	20.00	30.00	84.84	B^+
600985.SH	淮北矿业	淮北矿业控股股份有限公司	26.53	9.62	20.00	28.67	84.81	B^+
300080.SZ	易成新能	河南易成新能源股份有限公司	25.00	10.00	20.00	29.67	84.67	B^+
600303.SH	曙光股份	辽宁曙光汽车集团股份有限公司	24.60	10.00	20.00	30.00	84.60	B^+
002938.SZ	鹏鼎控股	鹏鼎控股（深圳）股份有限公司	24.60	10.00	20.00	30.00	84.60	B^+

代码	名称（简称）	被参控公司/母公司	在线监测系统得分	排污许可系统得分	监督性监测系统得分	环境违法处罚系统得分	企业环境绩效总得分	评分等级
300476.SZ	胜宏科技	胜宏科技（惠州）股份有限公司	24.43	10.00	20.00	30.00	84.43	B^+
600703.SH	三安光电	三安光电股份有限公司	24.33	10.00	20.00	30.00	84.33	B^+
600635.SH	大众公用	上海大众公用事业（集团）股份有限公司	24.32	10.00	20.00	30.00	84.32	B^+
600796.SH	钱江生化	浙江钱江生物化学股份有限公司	24.22	10.00	20.00	30.00	84.22	B^+
000423.SZ	东阿阿胶	东阿阿胶股份有限公司	24.11	10.00	20.00	30.00	84.11	B^+
002171.SZ	楚江新材	安徽楚江科技新材料股份有限公司	24.10	10.00	20.00	30.00	84.10	B^+
000030.SZ	富奥股份	富奥汽车零部件股份有限公司	24.00	10.00	20.00	30.00	84.00	B^+
000782.SZ	美达股份	广东新会美达锦纶股份有限公司	24.00	10.00	20.00	30.00	84.00	B^+
000823.SZ	超声电子	广东汕头超声电子股份有限公司	24.00	10.00	20.00	30.00	84.00	B^+
002040.SZ	南京港	南京港股份有限公司	26.00	8.00	20.00	30.00	84.00	B^+
002307.SZ	北新路桥	新疆北新路桥集团股份有限公司	24.00	10.00	20.00	30.00	84.00	B^+
002387.SZ	维信诺	维信诺科技股份有限公司	24.00	10.00	20.00	30.00	84.00	B^+
002476.SZ	宝莫股份	山东宝莫生物化工股份有限公司	24.00	10.00	20.00	30.00	84.00	B^+
002486.SZ	嘉麟杰	上海嘉麟杰纺织品股份有限公司	24.00	10.00	20.00	30.00	84.00	B^+
002629.SZ	*ST 仁智	浙江仁智股份有限公司	24.00	10.00	20.00	30.00	84.00	B^+
002674.SZ	兴业科技	兴业皮革科技股份有限公司	24.00	10.00	20.00	30.00	84.00	B^+
300197.SZ	铁汉生态	深圳市铁汉生态环境股份有限公司	24.00	10.00	20.00	30.00	84.00	B^+
300405.SZ	科隆股份	辽宁科隆精细化工股份有限公司	24.00	10.00	20.00	30.00	84.00	B^+
600110.SH	诺德股份	诺德投资股份有限公司	24.00	10.00	20.00	30.00	84.00	B^+
600210.SH	紫江企业	上海紫江企业集团股份有限公司	24.00	10.00	20.00	30.00	84.00	B^+
600313.SH	农发种业	中农发种业集团股份有限公司	26.00	8.00	20.00	30.00	84.00	B^+
600518.SH	ST 康美	康美药业股份有限公司	24.00	10.00	20.00	30.00	84.00	B^+
600736.SH	苏州高新	苏州新区高新技术产业股份有限公司	24.00	10.00	20.00	30.00	84.00	B^+
600783.SH	鲁信创投	鲁信创业投资集团股份有限公司	24.00	10.00	20.00	30.00	84.00	B^+
600976.SH	健民集团	健民药业集团股份有限公司	24.00	10.00	20.00	30.00	84.00	B^+

代码	名称（简称）	被参控公司/母公司	在线监测系统得分	排污许可系统得分	监督性监测系统得分	环境违法处罚系统得分	企业环境绩效总得分	评分等级
600990.SH	四创电子	安徽四创电子股份有限公司	24.00	10.00	20.00	30.00	84.00	B^+
603027.SH	千禾味业	千禾味业食品股份有限公司	24.00	10.00	20.00	30.00	84.00	B^+
603033.SH	三维股份	浙江三维橡胶制品股份有限公司	24.00	10.00	20.00	30.00	84.00	B^+
603477.SH	振静股份	四川振静股份有限公司	26.00	8.00	20.00	30.00	84.00	B^+
603558.SH	健盛集团	浙江健盛集团股份有限公司	24.00	10.00	20.00	30.00	84.00	B^+
603639.SH	海利尔	海利尔药业集团股份有限公司	30.00	6.00	20.00	28.00	84.00	B^+
603669.SH	灵康药业	灵康药业集团股份有限公司	26.00	8.00	20.00	30.00	84.00	B^+
603968.SH	醋化股份	南通醋酸化工股份有限公司	24.00	10.00	20.00	30.00	84.00	B^+
300132.SZ	青松股份	福建青松股份有限公司	24.00	10.00	20.00	30.00	84.00	B^+
601012.SH	隆基股份	隆基绿能科技股份有限公司	24.00	10.00	20.00	30.00	84.00	B^+
300388.SZ	国祯环保	安徽国祯环保节能科技股份有限公司	23.92	10.00	20.00	30.00	83.92	B^+
000833.SZ	粤桂股份	广西粤桂广业控股股份有限公司	23.87	10.00	20.00	30.00	83.87	B^+
000739.SZ	普洛药业	普洛药业股份有限公司	23.83	10.00	20.00	30.00	83.83	B^+
600207.SH	安彩高科	河南安彩高科股份有限公司	25.58	8.21	20.00	30.00	83.79	B^+
600295.SH	鄂尔多斯	内蒙古鄂尔多斯资源股份有限公司	28.61	8.81	20.00	26.37	83.79	B^+
002461.SZ	珠江啤酒	广州珠江啤酒股份有限公司	23.73	10.00	20.00	30.00	83.73	B^+
600156.SH	华升股份	湖南华升股份有限公司	23.71	10.00	20.00	30.00	83.71	B^+
600300.SH	维维股份	维维食品饮料股份有限公司	23.69	10.00	20.00	30.00	83.69	B^+
600677.SH	航天通信	航天通信控股集团股份有限公司	24.00	9.50	20.00	30.00	83.50	B^+
002709.SZ	天赐材料	广州天赐高新材料股份有限公司	24.71	10.00	20.00	28.71	83.42	B^+
600741.SH	华域汽车	华域汽车系统股份有限公司	30.00	10.00	20.00	23.40	83.40	B^+
000153.SZ	丰原药业	安徽丰原药业股份有限公司	23.39	10.00	20.00	30.00	83.39	B^+
600321.SH	ST 正源	正源控股股份有限公司	23.33	10.00	20.00	30.00	83.33	B^+
600511.SH	国药股份	国药集团药业股份有限公司	24.84	8.48	20.00	30.00	83.33	B^+
002129.SZ	中环股份	天津中环半导体股份有限公司	23.24	10.00	20.00	30.00	83.24	B^+

代码	名称（简称）	被参控公司/母公司	在线监测系统得分	排污许可系统得分	监督性监测系统得分	环境违法处罚系统得分	企业环境绩效总得分	评分等级
600475.SH	华光股份	无锡华光锅炉股份有限公司	24.95	8.17	20.00	30.00	83.13	B^+
000878.SZ	云南铜业	云南铜业股份有限公司	25.29	8.83	20.00	28.99	83.10	B^+
600597.SH	光明乳业	光明乳业股份有限公司	23.08	10.00	20.00	30.00	83.08	B^+
000544.SZ	中原环保	中原环保股份有限公司	23.02	10.00	20.00	30.00	83.02	B^+
002125.SZ	湘潭电化	湘潭电化科技股份有限公司	22.81	10.00	20.00	30.00	82.81	B^+
601330.SH	绿色动力	绿色动力环保集团股份有限公司	22.80	10.00	20.00	30.00	82.80	B^+
600887.SH	伊利股份	内蒙古伊利实业集团股份有限公司	22.91	10.00	19.84	30.00	82.75	B^+
000037.SZ	深南电 A	深圳南山热电股份有限公司	23.60	9.13	20.00	30.00	82.73	B^+
601689.SH	拓普集团	宁波拓普集团股份有限公司	22.73	10.00	20.00	30.00	82.73	B^+
000725.SZ	京东方 A	京东方科技集团股份有限公司	22.72	10.00	20.00	30.00	82.72	B^+
600486.SH	扬农化工	江苏扬农化工股份有限公司	24.00	8.70	20.00	30.00	82.70	B^+
000601.SZ	韶能股份	广东韶能集团股份有限公司	24.34	9.44	20.00	28.92	82.70	B^+
600352.SH	浙江龙盛	浙江龙盛集团股份有限公司	22.70	10.00	20.00	30.00	82.70	B^+
601717.SH	郑煤机	郑州煤矿机械集团股份有限公司	22.59	10.00	20.00	30.00	82.59	B^+
600460.SH	士兰微	杭州士兰微电子股份有限公司	26.77	10.00	15.69	30.00	82.46	B^+
600549.SH	厦门钨业	厦门钨业股份有限公司	22.46	10.00	20.00	30.00	82.46	B^+
000902.SZ	新洋丰	新洋丰农业科技股份有限公司	22.86	10.00	20.00	29.43	82.29	B^+
002250.SZ	联化科技	联化科技股份有限公司	27.71	8.07	20.00	26.50	82.28	B^+
000413.SZ	东旭光电	东旭光电科技股份有限公司	28.33	10.00	18.33	25.56	82.22	B^+
600962.SH	国投中鲁	国投中鲁果汁股份有限公司	22.19	10.00	20.00	30.00	82.19	B^+
000875.SZ	吉电股份	吉林电力股份有限公司	23.55	8.59	20.00	30.00	82.14	B^+
002539.SZ	云图控股	成都云图控股股份有限公司	22.07	10.00	20.00	30.00	82.07	B^+
002688.SZ	金河生物	金河生物科技股份有限公司	25.71	6.29	20.00	30.00	82.00	B^+
000592.SZ	平潭发展	中福海峡（平潭）发展股份有限公司	22.00	10.00	20.00	30.00	82.00	B^+
000768.SZ	中航飞机	中航飞机股份有限公司	22.00	10.00	20.00	30.00	82.00	B^+

代码	名称（简称）	被参控公司/母公司	在线监测系统得分	排污许可系统得分	监督性监测系统得分	环境违法处罚系统得分	企业环境绩效总得分	评分等级
002073.SZ	软控股份	软控股份有限公司	22.00	10.00	20.00	30.00	82.00	B^+
002112.SZ	三变科技	三变科技股份有限公司	26.00	10.00	16.00	30.00	82.00	B^+
002194.SZ	*ST 凡谷	武汉凡谷电子技术股份有限公司	30.00	2.00	20.00	30.00	82.00	B^+
002216.SZ	三全食品	三全食品股份有限公司	22.00	10.00	20.00	30.00	82.00	B^+
002246.SZ	北化股份	四川北方硝化棉股份有限公司	24.00	10.00	20.00	28.00	82.00	B^+
002370.SZ	亚太药业	浙江亚太药业股份有限公司	22.00	10.00	20.00	30.00	82.00	B^+
002646.SZ	青青稞酒	青海互助青稞酒股份有限公司	22.00	10.00	20.00	30.00	82.00	B^+
002950.SZ	奥美医疗	奥美医疗用品股份有限公司	22.00	10.00	20.00	30.00	82.00	B^+
300068.SZ	南都电源	浙江南都电源动力股份有限公司	22.00	10.00	20.00	30.00	82.00	B^+
300072.SZ	三聚环保	北京三聚环保新材料股份有限公司	30.00	10.00	12.00	30.00	82.00	B^+
300145.SZ	中金环境	南方中金环境股份有限公司	22.00	10.00	20.00	30.00	82.00	B^+
300758.SZ	七彩化学	鞍山七彩化学股份有限公司	22.00	10.00	20.00	30.00	82.00	B^+
600051.SH	宁波联合	宁波联合集团股份有限公司	24.00	8.00	20.00	30.00	82.00	B^+
600153.SH	建发股份	厦门建发股份有限公司	22.00	10.00	20.00	30.00	82.00	B^+
600168.SH	武汉控股	武汉三镇实业控股股份有限公司	22.00	10.00	20.00	30.00	82.00	B^+
600197.SH	伊力特	新疆伊力特实业股份有限公司	22.00	10.00	20.00	30.00	82.00	B^+
600283.SH	钱江水利	钱江水利开发股份有限公司	22.00	10.00	20.00	30.00	82.00	B^+
600370.SH	三房巷	江苏三房巷实业股份有限公司	24.00	8.00	20.00	30.00	82.00	B^+
600392.SH	盛和资源	盛和资源控股股份有限公司	22.00	10.00	20.00	30.00	82.00	B^+
600507.SH	方大特钢	方大特钢科技股份有限公司	22.00	10.00	20.00	30.00	82.00	B^+
600573.SH	惠泉啤酒	福建省燕京惠泉啤酒股份有限公司	22.00	10.00	20.00	30.00	82.00	B^+
600614.SH	*ST 鹏起	鹏起科技发展股份有限公司	22.00	10.00	20.00	30.00	82.00	B^+
601579.SH	会稽山	会稽山绍兴酒股份有限公司	22.00	10.00	20.00	30.00	82.00	B^+
601633.SH	长城汽车	长城汽车股份有限公司	26.00	10.00	16.00	30.00	82.00	B^+
603026.SH	石大胜华	山东石大胜华化工集团股份有限公司	22.00	10.00	20.00	30.00	82.00	B^+

代码	名称（简称）	被参控公司/母公司	在线监测系统得分	排污许可系统得分	监督性监测系统得分	环境违法处罚系统得分	企业环境绩效总得分	评分等级
603113.SH	金能科技	金能科技股份有限公司	22.00	10.00	20.00	30.00	82.00	B^+
603369.SH	今世缘	江苏今世缘酒业股份有限公司	22.00	10.00	20.00	30.00	82.00	B^+
603920.SH	世运电路	广东世运电路科技股份有限公司	22.00	10.00	20.00	30.00	82.00	B^+
300583.SZ	赛托生物	山东赛托生物科技股份有限公司	22.00	10.00	20.00	30.00	82.00	B^+
002435.SZ	长江润发	长江润发医药股份有限公司	24.31	9.19	20.00	28.37	81.86	B^+
601899.SH	紫金矿业	紫金矿业集团股份有限公司	23.83	9.11	20.00	28.91	81.85	B^+
601989.SH	中国重工	中国船舶重工股份有限公司	26.79	9.75	19.36	25.93	81.82	B^+
002019.SZ	亿帆医药	亿帆医药股份有限公司	21.81	10.00	20.00	30.00	81.81	B^+
603799.SH	华友钴业	浙江华友钴业股份有限公司	24.25	7.52	20.00	30.00	81.77	B^+
603609.SH	禾丰牧业	辽宁禾丰牧业股份有限公司	25.76	6.01	20.00	30.00	81.76	B^+
002172.SZ	澳洋健康	江苏澳洋健康产业股份有限公司	23.63	8.00	20.00	30.00	81.63	B^+
603260.SH	合盛硅业	合盛硅业股份有限公司	25.54	10.00	16.68	29.41	81.62	B^+
600340.SH	华夏幸福	华夏幸福基业股份有限公司	21.60	10.00	20.00	30.00	81.60	B^+
600803.SH	新奥股份	新奥生态控股股份有限公司	21.57	10.00	20.00	30.00	81.57	B^+
002440.SZ	闰土股份	浙江闰土股份有限公司	23.03	8.49	20.00	30.00	81.53	B^+
002859.SZ	洁美科技	浙江洁美电子科技股份有限公司	24.00	7.50	20.00	30.00	81.50	B^+
600493.SH	凤竹纺织	福建凤竹纺织科技股份有限公司	22.00	9.50	20.00	30.00	81.50	B^+
603733.SH	仙鹤股份	仙鹤股份有限公司	21.48	10.00	20.00	30.00	81.48	B^+
000685.SZ	中山公用	中山公用事业集团股份有限公司	21.43	10.00	20.00	30.00	81.43	B^+
000605.SZ	渤海股份	渤海水业股份有限公司	24.74	10.00	20.00	26.66	81.40	B^+
600309.SH	万华化学	万华化学集团股份有限公司	21.36	10.00	20.00	30.00	81.36	B^+
000059.SZ	华锦股份	北方华锦化学工业股份有限公司	21.30	10.00	20.00	30.00	81.30	B^+
002737.SZ	葵花药业	葵花药业集团股份有限公司	22.35	10.00	19.53	29.38	81.25	B^+
300498.SZ	温氏股份	温氏食品集团股份有限公司	23.60	7.60	20.00	30.00	81.20	B^+
600021.SH	上海电力	上海电力股份有限公司	22.59	9.05	20.00	29.54	81.17	B^+

代码	名称（简称）	被参控公司/母公司	在线监测系统得分	排污许可系统得分	监督性监测系统得分	环境违法处罚系统得分	企业环境绩效总得分	评分等级
000510.SZ	金路集团	四川金路集团股份有限公司	21.17	10.00	20.00	30.00	81.17	B^+
300233.SZ	金城医药	山东金城医药集团股份有限公司	21.11	10.00	20.00	30.00	81.11	B^+
300026.SZ	红日药业	天津红日药业股份有限公司	21.04	10.00	20.00	30.00	81.04	B^+
601138.SH	工业富联	富士康工业互联网股份有限公司	20.89	10.00	20.00	30.00	80.89	B^+
600623.SH	华谊集团	上海华谊集团股份有限公司	22.28	8.57	20.00	29.98	80.83	B^+
000830.SZ	鲁西化工	鲁西化工集团股份有限公司	21.05	10.00	20.00	29.78	80.83	B^+
000488.SZ	晨鸣纸业	山东晨鸣纸业集团股份有限公司	22.14	9.25	19.86	29.57	80.81	B^+
000895.SZ	双汇发展	河南双汇投资发展股份有限公司	21.38	9.87	20.00	29.49	80.75	B^+
603386.SH	广东骏亚	广东骏亚电子科技股份有限公司	20.74	10.00	20.00	30.00	80.74	B^+
300497.SZ	富祥股份	江西富祥药业股份有限公司	22.71	8.54	20.00	29.46	80.71	B^+
002001.SZ	新和成	浙江新和成股份有限公司	24.22	6.91	20.00	29.58	80.70	B^+
600433.SH	冠豪高新	广东冠豪高新技术股份有限公司	22.40	8.20	20.00	30.00	80.60	B^+
000425.SZ	徐工机械	徐工集团工程机械股份有限公司	22.16	8.43	20.00	30.00	80.59	B^+
000672.SZ	上峰水泥	甘肃上峰水泥股份有限公司	21.27	9.26	20.00	30.00	80.53	B^+
600795.SH	国电电力	国电电力发展股份有限公司	24.22	8.22	20.00	28.08	80.51	B^+
601865.SH	福莱特	福莱特玻璃集团股份有限公司	22.13	8.34	20.00	30.00	80.47	B^+
600420.SH	现代制药	上海现代制药股份有限公司	20.80	9.64	20.00	30.00	80.45	B^+
600497.SH	驰宏锌锗	云南驰宏锌锗股份有限公司	20.61	10.00	20.00	29.82	80.44	B^+
002493.SZ	荣盛石化	荣盛石化股份有限公司	21.90	8.49	20.00	30.00	80.39	B^+
600409.SH	三友化工	唐山三友化工股份有限公司	20.36	10.00	20.00	30.00	80.36	B^+
000990.SZ	诚志股份	诚志股份有限公司	25.42	10.00	20.00	24.85	80.27	B^+
002012.SZ	凯恩股份	浙江凯恩特种材料股份有限公司	20.35	9.86	20.00	30.00	80.20	B^+
603568.SH	伟明环保	浙江伟明环保股份有限公司	20.08	10.00	20.00	30.00	80.08	B^+
000911.SZ	*ST 南糖	南宁糖业股份有限公司	25.88	10.00	14.18	30.00	80.06	B^+
002237.SZ	恒邦股份	山东恒邦冶炼股份有限公司	20.09	10.00	20.00	29.95	80.05	B^+

代码	名称（简称）	被参控公司/母公司	在线监测系统得分	排污许可系统得分	监督性监测系统得分	环境违法处罚系统得分	企业环境绩效总得分	评分等级
600267.SH	海正药业	浙江海正药业股份有限公司	21.04	8.99	20.00	30.00	80.03	B^+
300070.SZ	碧水源	北京碧水源科技股份有限公司	20.02	10.00	20.00	30.00	80.02	B^+
000550.SZ	江铃汽车	江铃汽车股份有限公司	20.00	10.00	20.00	30.00	80.00	B^+
000576.SZ	广东甘化	江门甘蔗化工厂（集团）股份有限公司	24.00	6.00	20.00	30.00	80.00	B^+
000737.SZ	ST 南风	南风化工集团股份有限公司	20.00	10.00	20.00	30.00	80.00	B^+
000758.SZ	中色股份	中国有色金属建设股份有限公司	20.00	10.00	20.00	30.00	80.00	B^+
000858.SZ	五粮液	宜宾五粮液股份有限公司	20.00	10.00	20.00	30.00	80.00	B^+
002064.SZ	华峰氨纶	浙江华峰氨纶股份有限公司	20.00	10.00	20.00	30.00	80.00	B^+
002132.SZ	恒星科技	河南恒星科技股份有限公司	20.00	10.00	20.00	30.00	80.00	B^+
002182.SZ	云海金属	南京云海特种金属股份有限公司	22.00	10.00	20.00	28.00	80.00	B^+
002210.SZ	*ST 飞马	深圳市飞马国际供应链股份有限公司	20.00	10.00	20.00	30.00	80.00	B^+
002582.SZ	好想你	好想你健康食品股份有限公司	20.00	10.00	20.00	30.00	80.00	B^+
002695.SZ	煌上煌	江西煌上煌集团食品股份有限公司	20.00	10.00	20.00	30.00	80.00	B^+
300088.SZ	长信科技	芜湖长信科技股份有限公司	20.00	10.00	20.00	30.00	80.00	B^+
300596.SZ	利安隆	天津利安隆新材料股份有限公司	20.00	10.00	20.00	30.00	80.00	B^+
300637.SZ	扬帆新材	浙江扬帆新材料股份有限公司	20.00	10.00	20.00	30.00	80.00	B^+
600022.SH	山东钢铁	山东钢铁股份有限公司	20.00	10.00	20.00	30.00	80.00	B^+
600190.SH	锦州港	锦州港股份有限公司	20.00	10.00	20.00	30.00	80.00	B^+
600195.SH	中牧股份	中牧实业股份有限公司	24.00	6.00	20.00	30.00	80.00	B^+
600201.SH	生物股份	金宇生物技术股份有限公司	20.00	10.00	20.00	30.00	80.00	B^+
600290.SH	华仪电气	华仪电气股份有限公司	20.00	10.00	20.00	30.00	80.00	B^+
600319.SH	亚星化学	潍坊亚星化学股份有限公司	20.00	10.00	20.00	30.00	80.00	B^+
600331.SH	宏达股份	四川宏达股份有限公司	20.00	10.00	20.00	30.00	80.00	B^+
600618.SH	氯碱化工	上海氯碱化工股份有限公司	20.00	10.00	20.00	30.00	80.00	B^+
600873.SH	梅花生物	梅花生物科技集团股份有限公司	22.50	7.50	20.00	30.00	80.00	B^+

代码	名称（简称）	被参控公司/母公司	在线监测系统得分	排污许可系统得分	监督性监测系统得分	环境违法处罚系统得分	企业环境绩效总得分	评分等级
601106.SH	中国一重	中国第一重型机械股份公司	20.00	10.00	20.00	30.00	80.00	B^+
601618.SH	中国中冶	中国冶金科工股份有限公司	20.00	10.00	20.00	30.00	80.00	B^+
603876.SH	鼎胜新材	江苏鼎胜新能源材料股份有限公司	20.00	10.00	20.00	30.00	80.00	B^+
300054.SZ	鼎龙股份	湖北鼎龙控股股份有限公司	20.00	10.00	20.00	30.00	80.00	B
600888.SH	新疆众和	新疆众和股份有限公司	20.00	10.00	20.00	30.00	80.00	B
600982.SH	宁波热电	宁波热电股份有限公司	19.92	10.00	20.00	30.00	79.92	B
000695.SZ	滨海能源	天津滨海能源发展股份有限公司	20.92	8.92	20.00	30.00	79.84	B
601058.SH	赛轮轮胎	赛轮集团股份有限公司	21.75	8.04	20.00	30.00	79.79	B
600726.SH	*ST 华源	华电能源股份有限公司	20.65	9.11	20.00	30.00	79.76	B
002106.SZ	莱宝高科	深圳莱宝高科技股份有限公司	19.66	10.00	20.00	30.00	79.66	B
000050.SZ	深天马 A	天马微电子股份有限公司	20.06	10.00	20.00	29.43	79.49	B
000959.SZ	首钢股份	北京首钢股份有限公司	20.14	9.26	20.00	30.00	79.40	B
600273.SH	嘉化能源	浙江嘉化能源化工股份有限公司	19.77	9.57	20.00	30.00	79.34	B
601015.SH	陕西黑猫	陕西黑猫焦化股份有限公司	21.03	8.24	20.00	30.00	79.27	B
601606.SH	长城军工	安徽长城军工股份有限公司	28.25	10.00	20.00	21.00	79.25	B
603520.SH	司太立	浙江司太立制药股份有限公司	30.00	10.00	20.00	19.23	79.23	B
600802.SH	福建水泥	福建水泥股份有限公司	20.09	9.12	20.00	30.00	79.21	B
601678.SH	滨化股份	滨化集团股份有限公司	19.95	9.44	20.00	29.78	79.17	B
000807.SZ	云铝股份	云南铝业股份有限公司	21.56	10.00	17.61	30.00	79.17	B
300194.SZ	福安药业	福安药业（集团）股份有限公司	19.21	9.91	20.00	30.00	79.12	B
600132.SH	重庆啤酒	重庆啤酒股份有限公司	19.11	10.00	20.00	30.00	79.11	B
600008.SH	首创股份	北京首创股份有限公司	19.40	10.00	19.64	30.00	79.04	B
601200.SH	上海环境	上海环境集团股份有限公司	19.02	10.00	20.00	29.98	79.00	B
000937.SZ	冀中能源	冀中能源股份有限公司	20.00	9.00	20.00	30.00	79.00	B
601339.SH	百隆东方	百隆东方股份有限公司	20.73	8.23	20.00	30.00	78.96	B

代码	名称（简称）	被参控公司/母公司	在线监测系统得分	排污许可系统得分	监督性监测系统得分	环境违法处罚系统得分	企业环境绩效总得分	评分等级
002815.SZ	崇达技术	崇达技术股份有限公司	19.89	10.00	19.05	30.00	78.94	B
600744.SH	华银电力	大唐华银电力股份有限公司	19.92	8.99	20.00	30.00	78.91	B
002672.SZ	东江环保	东江环保股份有限公司	19.54	10.00	20.00	29.33	78.87	B
600157.SH	永泰能源	永泰能源股份有限公司	22.09	6.70	20.00	30.00	78.79	B
600876.SH	洛阳玻璃	洛阳玻璃股份有限公司	18.76	10.00	20.00	30.00	78.76	B
600121.SH	郑州煤电	郑州煤电股份有限公司	18.70	10.00	20.00	30.00	78.70	B
600220.SH	江苏阳光	江苏阳光股份有限公司	21.47	8.64	20.00	28.59	78.70	B
000729.SZ	燕京啤酒	北京燕京啤酒股份有限公司	24.05	10.00	19.79	24.84	78.68	B
600724.SH	宁波富达	宁波富达股份有限公司	20.62	8.00	20.00	30.00	78.62	B
000546.SZ	金圆股份	金圆环保股份有限公司	18.87	9.72	20.00	30.00	78.59	B
600367.SH	红星发展	贵州红星发展股份有限公司	18.41	10.00	20.00	30.00	78.41	B
601158.SH	重庆水务	重庆水务集团股份有限公司	19.86	10.00	20.00	28.55	78.41	B
600298.SH	安琪酵母	安琪酵母股份有限公司	21.27	9.88	20.00	27.23	78.38	B
600483.SH	福能股份	福建福能股份有限公司	20.03	8.37	20.00	29.95	78.35	B
600559.SH	老白干酒	河北衡水老白干酒业股份有限公司	18.31	10.00	20.00	30.00	78.31	B
300664.SZ	鹏鹞环保	鹏鹞环保股份有限公司	19.85	10.00	18.45	30.00	78.30	B
000949.SZ	新乡化纤	新乡化纤股份有限公司	22.00	6.29	20.00	30.00	78.29	B
002946.SZ	新乳业	新希望乳业股份有限公司	18.26	10.00	20.00	30.00	78.26	B
600133.SH	东湖高新	武汉东湖高新集团股份有限公司	18.25	10.00	20.00	30.00	78.25	B
002391.SZ	长青股份	江苏长青农化股份有限公司	20.39	10.00	17.85	30.00	78.24	B
000848.SZ	承德露露	河北承德露露股份有限公司	18.19	10.00	20.00	30.00	78.19	B
300692.SZ	中环环保	安徽中环环保科技股份有限公司	18.17	10.00	20.00	30.00	78.17	B
603188.SH	亚邦股份	江苏亚邦染料股份有限公司	18.67	10.00	20.00	29.47	78.14	B
000596.SZ	古井贡酒	安徽古井贡酒股份有限公司	18.06	10.00	20.00	30.00	78.06	B
000016.SZ	深康佳A	康佳集团股份有限公司	18.00	10.00	20.00	30.00	78.00	B

代码	名称（简称）	被参控公司/母公司	在线监测系统得分	排污许可系统得分	监督性监测系统得分	环境违法处罚系统得分	企业环境绩效总得分	评分等级
000705.SZ	浙江震元	浙江震元股份有限公司	18.00	10.00	20.00	30.00	78.00	B
000966.SZ	长源电力	国电长源电力股份有限公司	20.00	8.00	20.00	30.00	78.00	B
000982.SZ	*ST 中绒	宁夏中银绒业股份有限公司	18.00	10.00	20.00	30.00	78.00	B
002202.SZ	金风科技	新疆金风科技股份有限公司	18.00	10.00	20.00	30.00	78.00	B
002330.SZ	得利斯	山东得利斯食品股份有限公司	22.00	6.00	20.00	30.00	78.00	B
002333.SZ	*ST 罗普	苏州罗普斯金铝业股份有限公司	18.00	10.00	20.00	30.00	78.00	B
002386.SZ	天原集团	宜宾天原集团股份有限公司	22.00	6.00	20.00	30.00	78.00	B
002477.SZ	*ST 雏鹰	雏鹰农牧集团股份有限公司	20.00	8.00	20.00	30.00	78.00	B
002579.SZ	中京电子	惠州中京电子科技股份有限公司	18.00	10.00	20.00	30.00	78.00	B
002600.SZ	领益智造	广东领益智造股份有限公司	18.00	10.00	20.00	30.00	78.00	B
002603.SZ	以岭药业	石家庄以岭药业股份有限公司	18.00	10.00	20.00	30.00	78.00	B
300218.SZ	安利股份	安徽安利材料科技股份有限公司	18.00	10.00	20.00	30.00	78.00	B
300481.SZ	濮阳惠成	濮阳惠成电子材料股份有限公司	18.00	10.00	20.00	30.00	78.00	B
600078.SH	澄星股份	江苏澄星磷化工股份有限公司	18.00	10.00	20.00	30.00	78.00	B
600161.SH	天坛生物	北京天坛生物制品股份有限公司	18.00	10.00	20.00	30.00	78.00	B
600182.SH	S 佳通	佳通轮胎股份有限公司	18.00	10.00	20.00	30.00	78.00	B
600469.SH	风神股份	风神轮胎股份有限公司	20.00	8.00	20.00	30.00	78.00	B
600566.SH	济川药业	湖北济川药业股份有限公司	18.00	10.00	20.00	30.00	78.00	B
600678.SH	四川金顶	四川金顶（集团）股份有限公司	18.00	10.00	20.00	30.00	78.00	B
600727.SH	鲁北化工	山东鲁北化工股份有限公司	18.00	10.00	20.00	30.00	78.00	B
600784.SH	鲁银投资	鲁银投资集团股份有限公司	20.00	8.00	20.00	30.00	78.00	B
601677.SH	明泰铝业	河南明泰铝业股份有限公司	18.00	10.00	20.00	30.00	78.00	B
603055.SH	台华新材	浙江台华新材料股份有限公司	20.00	8.00	20.00	30.00	78.00	B
603589.SH	口子窖	安徽口子酒业股份有限公司	18.00	10.00	20.00	30.00	78.00	B
603603.SH	博天环境	博天环境集团股份有限公司	18.00	10.00	20.00	30.00	78.00	B

代码	名称（简称）	被参控公司/母公司	在线监测系统得分	排污许可系统得分	监督性监测系统得分	环境违法处罚系统得分	企业环境绩效总得分	评分等级
603683.SH	晶华新材	上海晶华胶粘新材料股份有限公司	18.00	10.00	20.00	30.00	78.00	B
603977.SH	国泰集团	江西国泰集团股份有限公司	18.00	10.00	20.00	30.00	78.00	B
600845.SH	宝信软件	上海宝信软件股份有限公司	17.98	10.00	20.00	30.00	77.98	B
600810.SH	神马股份	神马实业股份有限公司	22.14	10.00	20.00	25.82	77.96	B
000035.SZ	中国天楹	中国天楹股份有限公司	18.88	10.00	20.00	29.06	77.94	B
603077.SH	和邦生物	四川和邦生物科技股份有限公司	19.56	8.18	20.00	29.97	77.71	B
601233.SH	桐昆股份	桐昆集团股份有限公司	22.49	10.00	15.21	30.00	77.70	B
300172.SZ	中电环保	中电环保股份有限公司	17.68	10.00	20.00	30.00	77.68	B
000513.SZ	丽珠集团	丽珠医药集团股份有限公司	18.09	9.58	20.00	30.00	77.67	B
600438.SH	通威股份	通威股份有限公司	18.49	10.00	20.00	29.13	77.62	B
000698.SZ	沈阳化工	沈阳化工股份有限公司	18.97	8.62	20.00	30.00	77.59	B
002083.SZ	孚日股份	孚日集团股份有限公司	19.01	9.15	20.00	29.40	77.56	B
600929.SH	湖南盐业	湖南盐业股份有限公司	18.55	9.86	20.00	29.13	77.54	B
002521.SZ	齐峰新材	齐峰新材料股份有限公司	27.36	9.12	20.00	21.04	77.52	B
600362.SH	江西铜业	江西铜业股份有限公司	17.52	10.00	20.00	30.00	77.52	B
002144.SZ	宏达高科	宏达高科控股股份有限公司	18.00	9.50	20.00	30.00	77.50	B
000543.SZ	皖能电力	安徽省皖能股份有限公司	22.06	9.49	20.00	25.92	77.47	B
000929.SZ	兰州黄河	兰州黄河企业股份有限公司	17.46	10.00	20.00	30.00	77.46	B
600023.SH	浙能电力	浙江浙能电力股份有限公司	18.23	9.11	20.00	30.00	77.34	B
600419.SH	天润乳业	新疆天润乳业股份有限公司	17.55	10.00	20.00	29.78	77.33	B
600098.SH	广州发展	广州发展集团股份有限公司	19.03	8.35	20.00	29.80	77.18	B
600196.SH	复星医药	上海复星医药（集团）股份有限公司	17.13	10.00	20.00	30.00	77.13	B
600642.SH	申能股份	申能股份有限公司	20.07	7.82	20.00	29.04	76.93	B
601311.SH	骆驼股份	骆驼集团股份有限公司	23.09	10.00	13.83	30.00	76.92	B
600846.SH	同济科技	上海同济科技实业股份有限公司	17.60	10.00	19.30	30.00	76.90	B

代码	名称（简称）	被参控公司/母公司	在线监测系统得分	排污许可系统得分	监督性监测系统得分	环境违法处罚系统得分	企业环境绩效总得分	评分等级
600187.SH	国中水务	黑龙江国中水务股份有限公司	19.60	10.00	18.85	28.45	76.90	B
002004.SZ	华邦健康	华邦生命健康股份有限公司	20.24	8.99	20.00	27.63	76.86	B
600569.SH	安阳钢铁	安阳钢铁股份有限公司	19.24	9.61	20.00	28.00	76.85	B
600380.SH	健康元	健康元药业集团股份有限公司	16.82	10.00	20.00	30.00	76.82	B
002562.SZ	兄弟科技	兄弟科技股份有限公司	18.10	8.68	20.00	30.00	76.78	B
600117.SH	西宁特钢	西宁特殊钢股份有限公司	18.37	8.37	20.00	30.00	76.74	B
600129.SH	太极集团	重庆太极实业（集团）股份有限公司	16.99	9.64	20.00	30.00	76.63	B
600737.SH	中粮糖业	中粮屯河糖业股份有限公司	18.78	8.61	19.22	30.00	76.61	B
000726.SZ	鲁泰 A	鲁泰纺织股份有限公司	16.55	10.00	20.00	30.00	76.55	B
002748.SZ	世龙实业	江西世龙实业股份有限公司	22.00	4.50	20.00	30.00	76.50	B
600585.SH	海螺水泥	安徽海螺水泥股份有限公司	17.96	9.50	19.68	29.29	76.43	B
002054.SZ	德美化工	广东德美精细化工集团股份有限公司	17.35	10.00	18.95	30.00	76.30	B
000723.SZ	美锦能源	山西美锦能源股份有限公司	25.73	10.00	20.00	20.53	76.26	B
000629.SZ	攀钢钒钛	攀钢集团钒钛资源股份有限公司	22.22	8.62	20.00	25.34	76.18	B
300739.SZ	明阳电路	深圳明阳电路科技股份有限公司	18.20	10.00	17.90	30.00	76.10	B
002110.SZ	三钢闽光	福建三钢闽光股份有限公司	16.08	10.00	20.00	30.00	76.08	B
600429.SH	三元股份	北京三元食品股份有限公司	16.02	10.00	20.00	30.00	76.02	B
601118.SH	海南橡胶	海南天然橡胶产业集团股份有限公司	18.00	10.00	20.00	28.02	76.02	B
000589.SZ	贵州轮胎	贵州轮胎股份有限公司	16.00	10.00	20.00	30.00	76.00	B
000590.SZ	启迪古汉	启迪古汉集团股份有限公司	16.00	10.00	20.00	30.00	76.00	B
000598.SZ	兴蓉环境	成都市兴蓉环境股份有限公司	18.00	10.00	20.00	28.00	76.00	B
000599.SZ	青岛双星	青岛双星股份有限公司	16.00	10.00	20.00	30.00	76.00	B
000615.SZ	京汉股份	京汉实业投资集团股份有限公司	16.00	10.00	20.00	30.00	76.00	B
000883.SZ	湖北能源	湖北能源集团股份有限公司	16.84	9.16	20.00	30.00	76.00	B
000967.SZ	盈峰环境	盈峰环境科技集团股份有限公司	16.00	10.00	20.00	30.00	76.00	B

代码	名称（简称）	被参控公司/母公司	在线监测系统得分	排污许可系统得分	监督性监测系统得分	环境违法处罚系统得分	企业环境绩效总得分	评分等级
002080.SZ	中材科技	中材科技股份有限公司	16.00	10.00	20.00	30.00	76.00	B
002217.SZ	合力泰	合力泰科技股份有限公司	16.00	10.00	20.00	30.00	76.00	B
002365.SZ	永安药业	潜江永安药业股份有限公司	18.00	8.00	20.00	30.00	76.00	B
002394.SZ	联发股份	江苏联发纺织股份有限公司	16.00	10.00	20.00	30.00	76.00	B
002418.SZ	康盛股份	浙江康盛股份有限公司	16.00	10.00	20.00	30.00	76.00	B
002783.SZ	凯龙股份	湖北凯龙化工集团股份有限公司	22.00	4.00	20.00	30.00	76.00	B
300262.SZ	巴安水务	上海巴安水务股份有限公司	16.00	10.00	20.00	30.00	76.00	B
300437.SZ	清水源	河南清水源科技股份有限公司	23.20	10.00	20.00	22.80	76.00	B
600064.SH	南京高科	南京高科股份有限公司	24.00	10.00	12.00	30.00	76.00	B
600066.SH	宇通客车	郑州宇通客车股份有限公司	16.00	10.00	20.00	30.00	76.00	B
600089.SH	特变电工	特变电工股份有限公司	18.00	8.00	20.00	30.00	76.00	B
600248.SH	延长化建	陕西延长石油化建股份有限公司	16.00	10.00	20.00	30.00	76.00	B
600282.SH	南钢股份	南京钢铁股份有限公司	18.00	8.00	20.00	30.00	76.00	B
600323.SH	瀚蓝环境	瀚蓝环境股份有限公司	16.00	10.00	20.00	30.00	76.00	B
600389.SH	江山股份	南通江山农药化工股份有限公司	16.00	10.00	20.00	30.00	76.00	B
600529.SH	山东药玻	山东省药用玻璃股份有限公司	16.00	10.00	20.00	30.00	76.00	B
600626.SH	申达股份	上海申达股份有限公司	16.00	10.00	20.00	30.00	76.00	B
600688.SH	上海石化	中国石化上海石油化工股份有限公司	16.00	10.00	20.00	30.00	76.00	B
601208.SH	东材科技	四川东材科技集团股份有限公司	16.00	10.00	20.00	30.00	76.00	B
601766.SH	中国中车	中国中车股份有限公司	16.00	10.00	20.00	30.00	76.00	B
603086.SH	先达股份	山东先达农化股份有限公司	16.00	10.00	20.00	30.00	76.00	B
603156.SH	养元饮品	河北养元智汇饮品股份有限公司	16.00	10.00	20.00	30.00	76.00	B
603165.SH	荣晟环保	浙江荣晟环保纸业股份有限公司	16.00	10.00	20.00	30.00	76.00	B
603238.SH	诺邦股份	杭州诺邦无纺股份有限公司	16.00	10.00	20.00	30.00	76.00	B
603299.SH	苏盐井神	江苏苏盐井神股份有限公司	18.00	10.00	20.00	28.00	76.00	B

代码	名称（简称）	被参控公司/母公司	在线监测系统得分	排污许可系统得分	监督性监测系统得分	环境违法处罚系统得分	企业环境绩效总得分	评分等级
603650.SH	彤程新材	彤程新材料集团股份有限公司	16.00	10.00	20.00	30.00	76.00	B
603685.SH	晨丰科技	浙江晨丰科技股份有限公司	16.00	10.00	20.00	30.00	76.00	B
603817.SH	海峡环保	福建海峡环保集团股份有限公司	16.00	10.00	20.00	30.00	76.00	B
603866.SH	桃李面包	桃李面包股份有限公司	16.00	10.00	20.00	30.00	76.00	B
000751.SZ	锌业股份	葫芦岛锌业股份有限公司	16.00	10.00	20.00	30.00	76.00	B
002378.SZ	章源钨业	崇义章源钨业股份有限公司	16.00	10.00	20.00	30.00	76.00	B
002571.SZ	德力股份	安徽德力日用玻璃股份有限公司	16.00	10.00	20.00	30.00	76.00	B
600779.SH	水井坊	四川水井坊股份有限公司	16.00	10.00	20.00	30.00	76.00	B
002601.SZ	龙蟒佰利	龙蟒佰利联集团股份有限公司	22.94	10.00	20.00	23.04	75.98	B
300187.SZ	永清环保	永清环保股份有限公司	15.82	10.00	20.00	30.00	75.82	B
601992.SH	金隅集团	北京金隅集团股份有限公司	17.04	9.47	19.29	30.00	75.80	B
600449.SH	宁夏建材	宁夏建材集团股份有限公司	19.37	7.55	20.00	28.84	75.76	B
600070.SH	浙江富润	浙江富润股份有限公司	15.71	10.00	20.00	30.00	75.71	B
600886.SH	国投电力	国投电力控股股份有限公司	19.45	9.13	20.00	27.03	75.61	B
000027.SZ	深圳能源	深圳能源集团股份有限公司	19.56	8.47	20.00	27.55	75.58	B
600864.SH	哈投股份	哈尔滨哈投投资股份有限公司	18.00	7.83	20.00	29.74	75.57	B
600509.SH	天富能源	新疆天富能源股份有限公司	18.26	8.22	20.00	29.07	75.55	B
601966.SH	玲珑轮胎	山东玲珑轮胎股份有限公司	15.53	10.00	20.00	30.00	75.53	B
002538.SZ	司尔特	安徽省司尔特肥业股份有限公司	17.50	10.00	20.00	28.00	75.50	B
300408.SZ	三环集团	潮州三环（集团）股份有限公司	18.00	7.50	20.00	30.00	75.50	B
600056.SH	中国医药	中国医药健康产业股份有限公司	16.00	9.50	20.00	30.00	75.50	B
002608.SZ	江苏国信	江苏国信股份有限公司	20.53	8.57	20.00	26.34	75.44	B
000012.SZ	南玻 A	中国南玻集团股份有限公司	25.16	9.81	20.00	20.34	75.31	B
600104.SH	上汽集团	上海汽车集团股份有限公司	15.19	10.00	20.00	30.00	75.19	B
600011.SH	华能国际	华能国际电力股份有限公司	19.28	7.09	20.00	28.80	75.17	B

代码	名称（简称）	被参控公司/母公司	在线监测系统得分	排污许可系统得分	监督性监测系统得分	环境违法处罚系统得分	企业环境绩效总得分	评分等级
002092.SZ	中泰化学	新疆中泰化学股份有限公司	18.71	8.59	18.49	29.37	75.16	B
600720.SH	祁连山	甘肃祁连山水泥集团股份有限公司	19.02	8.03	18.09	30.00	75.14	B
002078.SZ	太阳纸业	山东太阳纸业股份有限公司	15.10	10.00	20.00	30.00	75.10	B
001896.SZ	豫能控股	河南豫能控股股份有限公司	17.36	7.64	20.00	30.00	75.00	B
002535.SZ	林州重机	林州重机集团股份有限公司	22.51	8.50	20.00	23.98	74.99	B^-
601636.SH	旗滨集团	株洲旗滨集团股份有限公司	14.94	10.00	20.00	30.00	74.94	B^-
000731.SZ	四川美丰	四川美丰化工股份有限公司	24.00	10.00	18.18	22.73	74.91	B^-
600881.SH	亚泰集团	吉林亚泰（集团）股份有限公司	17.19	7.48	20.00	30.00	74.67	B^-
600801.SH	华新水泥	华新水泥股份有限公司	17.20	8.54	19.93	28.96	74.63	B^-
000401.SZ	冀东水泥	唐山冀东水泥股份有限公司	17.31	8.24	19.72	29.27	74.54	B^-
002042.SZ	华孚时尚	华孚时尚股份有限公司	14.70	9.54	20.00	30.00	74.24	B^-
600664.SH	哈药股份	哈药集团股份有限公司	14.20	10.00	20.00	30.00	74.20	B^-
000826.SZ	启迪桑德	启迪桑德环境资源股份有限公司	16.53	10.00	19.27	28.40	74.20	B^-
603079.SH	圣达生物	浙江圣达生物药业股份有限公司	15.41	8.70	20.00	30.00	74.11	B^-
600141.SH	兴发集团	湖北兴发化工集团股份有限公司	14.87	9.84	20.00	29.35	74.06	B^-
002616.SZ	长青集团	广东长青（集团）股份有限公司	15.37	8.68	20.00	30.00	74.05	B^-
600059.SH	古越龙山	浙江古越龙山绍兴酒股份有限公司	17.10	10.00	19.12	27.80	74.02	B^-
000338.SZ	潍柴动力	潍柴动力股份有限公司	14.00	10.00	20.00	30.00	74.00	B^-
000532.SZ	华金资本	珠海华金资本股份有限公司	30.00	10.00	20.00	14.00	74.00	B^-
000552.SZ	靖远煤电	甘肃靖远煤电股份有限公司	18.00	6.00	20.00	30.00	74.00	B^-
000572.SZ	*ST 海马	海马汽车集团股份有限公司	14.00	10.00	20.00	30.00	74.00	B^-
000655.SZ	金岭矿业	山东金岭矿业股份有限公司	16.00	8.00	20.00	30.00	74.00	B^-
000677.SZ	恒天海龙	恒天海龙股份有限公司	14.00	10.00	20.00	30.00	74.00	B^-
000690.SZ	宝新能源	广东宝丽华新能源股份有限公司	14.00	10.00	20.00	30.00	74.00	B^-
000700.SZ	模塑科技	江南模塑科技股份有限公司	14.00	10.00	20.00	30.00	74.00	B^-

代码	名称（简称）	被参控公司/母公司	在线监测系统得分	排污许可系统得分	监督性监测系统得分	环境违法处罚系统得分	企业环境绩效总得分	评分等级
000735.SZ	罗牛山	罗牛山股份有限公司	14.00	10.00	20.00	30.00	74.00	B^-
000753.SZ	漳州发展	福建漳州发展股份有限公司	14.00	10.00	20.00	30.00	74.00	B^-
002061.SZ	浙江交科	浙江交通科技股份有限公司	14.00	10.00	20.00	30.00	74.00	B^-
002101.SZ	广东鸿图	广东鸿图科技股份有限公司	14.00	10.00	20.00	30.00	74.00	B^-
002134.SZ	天津普林	天津普林电路股份有限公司	14.00	10.00	20.00	30.00	74.00	B^-
002206.SZ	海利得	浙江海利得新材料股份有限公司	14.00	10.00	20.00	30.00	74.00	B^-
002342.SZ	巨力索具	巨力索具股份有限公司	14.00	10.00	20.00	30.00	74.00	B^-
002355.SZ	兴民智通	兴民智通（集团）股份有限公司	14.00	10.00	20.00	30.00	74.00	B^-
002409.SZ	雅克科技	江苏雅克科技股份有限公司	30.00	10.00	20.00	14.00	74.00	B^-
002423.SZ	中原特钢	中原特钢股份有限公司	14.00	10.00	20.00	30.00	74.00	B^-
002455.SZ	百川股份	江苏百川高科新材料股份有限公司	14.00	10.00	20.00	30.00	74.00	B^-
002460.SZ	赣锋锂业	江西赣锋锂业股份有限公司	14.00	10.00	20.00	30.00	74.00	B^-
002483.SZ	润邦股份	江苏润邦重工股份有限公司	20.00	10.00	14.00	30.00	74.00	B^-
002578.SZ	闽发铝业	福建省闽发铝业股份有限公司	14.00	10.00	20.00	30.00	74.00	B^-
002596.SZ	海南瑞泽	海南瑞泽新型建材股份有限公司	18.00	6.00	20.00	30.00	74.00	B^-
002630.SZ	华西能源	华西能源工业股份有限公司	14.00	10.00	20.00	30.00	74.00	B^-
002693.SZ	双成药业	海南双成药业股份有限公司	14.00	10.00	20.00	30.00	74.00	B^-
002696.SZ	百洋股份	百洋产业投资集团股份有限公司	14.00	10.00	20.00	30.00	74.00	B^-
002749.SZ	国光股份	四川国光农化股份有限公司	14.00	10.00	20.00	30.00	74.00	B^-
002895.SZ	川恒股份	贵州川恒化工股份有限公司	14.00	10.00	20.00	30.00	74.00	B^-
002913.SZ	奥士康	奥士康科技股份有限公司	14.00	10.00	20.00	30.00	74.00	B^-
002915.SZ	中欣氟材	浙江中欣氟材股份有限公司	14.00	10.00	20.00	30.00	74.00	B^-
300006.SZ	莱美药业	重庆莱美药业股份有限公司	14.00	10.00	20.00	30.00	74.00	B^-
300055.SZ	万邦达	北京万邦达环保技术股份有限公司	14.00	10.00	20.00	30.00	74.00	B^-
300111.SZ	向日葵	浙江向日葵光能科技股份有限公司	14.00	10.00	20.00	30.00	74.00	B^-

代码	名称（简称）	被参控公司/母公司	在线监测系统得分	排污许可系统得分	监督性监测系统得分	环境违法处罚系统得分	企业环境绩效总得分	评分等级
300190.SZ	维尔利	维尔利环保科技集团股份有限公司	14.00	10.00	20.00	30.00	74.00	B^-
300256.SZ	星星科技	浙江星星科技股份有限公司	14.00	10.00	20.00	30.00	74.00	B^-
300334.SZ	津膜科技	天津膜天膜科技股份有限公司	14.00	10.00	20.00	30.00	74.00	B^-
300425.SZ	环能科技	环能科技股份有限公司	14.00	10.00	20.00	30.00	74.00	B^-
300554.SZ	三超新材	南京三超新材料股份有限公司	30.00	10.00	20.00	14.00	74.00	B^-
300765.SZ	新诺威	石药集团新诺威制药股份有限公司	16.00	8.00	20.00	30.00	74.00	B^-
600031.SH	三一重工	三一重工股份有限公司	30.00	10.00	20.00	14.00	74.00	B^-
600038.SH	中直股份	中航直升机股份有限公司	14.00	10.00	20.00	30.00	74.00	B^-
600103.SH	青山纸业	福建省青山纸业股份有限公司	16.00	8.00	20.00	30.00	74.00	B^-
600116.SH	三峡水利	重庆三峡水利电力（集团）股份有限公司	16.00	10.00	20.00	28.00	74.00	B^-
600227.SH	圣济堂	贵州圣济堂医药产业股份有限公司	18.00	6.00	20.00	30.00	74.00	B^-
600232.SH	金鹰股份	浙江金鹰股份有限公司	14.00	10.00	20.00	30.00	74.00	B^-
600251.SH	冠农股份	新疆冠农果茸股份有限公司	14.00	10.00	20.00	30.00	74.00	B^-
600515.SH	海航基础	海航基础设施投资集团股份有限公司	14.00	10.00	20.00	30.00	74.00	B^-
600519.SH	贵州茅台	贵州茅台酒股份有限公司	14.00	10.00	20.00	30.00	74.00	B^-
600528.SH	中铁工业	中铁高新工业股份有限公司	14.00	10.00	20.00	30.00	74.00	B^-
600539.SH	ST 狮头	太原狮头水泥股份有限公司	14.00	10.00	20.00	30.00	74.00	B^-
600567.SH	山鹰纸业	山鹰国际控股股份公司	14.68	9.32	20.00	30.00	74.00	B^-
600601.SH	方正科技	方正科技集团股份有限公司	14.00	10.00	20.00	30.00	74.00	B^-
600616.SH	金枫酒业	上海金枫酒业股份有限公司	14.00	10.00	20.00	30.00	74.00	B^-
600692.SH	亚通股份	上海亚通股份有限公司	18.00	10.00	16.00	30.00	74.00	B^-
600722.SH	金牛化工	河北金牛化工股份有限公司	14.00	10.00	20.00	30.00	74.00	B^-
600750.SH	江中药业	江中药业股份有限公司	14.00	10.00	20.00	30.00	74.00	B^-
600755.SH	厦门国贸	厦门国贸集团股份有限公司	14.00	10.00	20.00	30.00	74.00	B^-
600983.SH	惠而浦	惠而浦（中国）股份有限公司	14.00	10.00	20.00	30.00	74.00	B^-

代码	名称（简称）	被参控公司/母公司	在线监测系统得分	排污许可系统得分	监督性监测系统得分	环境违法处罚系统得分	企业环境绩效总得分	评分等级
601101.SH	昊华能源	北京昊华能源股份有限公司	14.00	10.00	20.00	30.00	74.00	B^-
601199.SH	江南水务	江苏江南水务股份有限公司	14.00	10.00	20.00	30.00	74.00	B^-
601777.SH	力帆股份	力帆实业（集团）股份有限公司	14.00	10.00	20.00	30.00	74.00	B^-
601969.SH	海南矿业	海南矿业股份有限公司	14.00	10.00	20.00	30.00	74.00	B^-
601996.SH	丰林集团	广西丰林木业集团股份有限公司	14.00	10.00	20.00	30.00	74.00	B^-
603337.SH	杰克股份	杰克缝纫机股份有限公司	14.00	10.00	20.00	30.00	74.00	B^-
603601.SH	再升科技	重庆再升科技股份有限公司	14.00	10.00	20.00	30.00	74.00	B^-
002805.SZ	丰元股份	山东丰元化学股份有限公司	14.00	10.00	20.00	30.00	74.00	B^-
600231.SH	凌钢股份	凌源钢铁股份有限公司	14.00	10.00	20.00	30.00	74.00	B^-
603861.SH	白云电器	广州白云电器设备股份有限公司	14.00	10.00	20.00	30.00	74.00	B^-
000539.SZ	粤电力 A	广东电力发展股份有限公司	14.98	8.98	20.00	30.00	73.96	B^-
600226.SH	瀚叶股份	浙江瀚叶股份有限公司	17.09	8.77	18.06	30.00	73.92	B^-
000623.SZ	吉林敖东	吉林敖东药业集团股份有限公司	13.92	10.00	20.00	30.00	73.92	B^-
603903.SH	中持股份	中持水务股份有限公司	17.55	10.00	16.13	30.00	73.68	B^-
002225.SZ	濮耐股份	濮阳濮耐高温材料（集团）股份有限公司	13.51	10.00	20.00	30.00	73.51	B^-
000683.SZ	远兴能源	内蒙古远兴能源股份有限公司	19.86	7.39	20.00	26.26	73.51	B^-
600027.SH	华电国际	华电国际电力股份有限公司	18.01	8.41	18.58	28.48	73.48	B^-
603385.SH	惠达卫浴	惠达卫浴股份有限公司	20.04	7.36	20.00	26.07	73.47	B^-
002511.SZ	中顺洁柔	中顺洁柔纸业股份有限公司	15.11	9.11	19.12	30.00	73.34	B^-
600516.SH	方大炭素	方大炭素新材料科技股份有限公司	20.54	10.00	20.00	22.80	73.34	B^-
600396.SH	*ST 金山	沈阳金山能源股份有限公司	15.08	8.11	20.00	30.00	73.19	B^-
600356.SH	恒丰纸业	牡丹江恒丰纸业股份有限公司	14.00	9.15	20.00	30.00	73.15	B^-
002170.SZ	芭田股份	深圳市芭田生态工程股份有限公司	13.13	10.00	20.00	30.00	73.13	B^-
002942.SZ	新农股份	浙江新农化工股份有限公司	22.36	8.00	20.00	22.73	73.09	B^-
600596.SH	新安股份	浙江新安化工集团股份有限公司	29.27	10.00	16.73	16.93	72.93	B^-

代码	名称（简称）	被参控公司/母公司	在线监测系统得分	排污许可系统得分	监督性监测系统得分	环境违法处罚系统得分	企业环境绩效总得分	评分等级
300158.SZ	振东制药	山西振东制药股份有限公司	15.11	7.79	20.00	30.00	72.90	B^-
000792.SZ	*ST 盐湖	青海盐湖工业股份有限公司	16.02	6.73	20.00	30.00	72.75	B^-
600969.SH	郴电国际	湖南郴电国际发展股份有限公司	12.70	10.00	20.00	30.00	72.70	B^-
603612.SH	索通发展	索通发展股份有限公司	12.64	10.00	20.00	30.00	72.64	B^-
600660.SH	福耀玻璃	福耀玻璃工业集团股份有限公司	16.23	6.36	20.00	30.00	72.59	B^-
600069.SH	银鸽投资	河南银鸽实业投资股份有限公司	14.00	8.51	20.00	30.00	72.51	B^-
002326.SZ	永太科技	浙江永太科技股份有限公司	27.25	10.00	20.00	15.22	72.47	B^-
600292.SH	远达环保	国家电投集团远达环保股份有限公司	12.42	10.00	20.00	30.00	72.42	B^-
600212.SH	江泉实业	山东江泉实业股份有限公司	16.96	8.48	16.96	30.00	72.40	B^-
002099.SZ	海翔药业	浙江海翔药业股份有限公司	15.55	6.86	20.00	29.87	72.28	B^-
601991.SH	大唐发电	大唐国际发电股份有限公司	17.41	8.33	20.00	26.48	72.22	B^-
000939.SZ	*ST 凯迪	凯迪生态环境科技股份有限公司	15.62	8.84	20.00	27.73	72.19	B^-
002332.SZ	仙琚制药	浙江仙琚制药股份有限公司	15.90	6.44	20.00	29.80	72.14	B^-
601718.SH	际华集团	际华集团股份有限公司	14.71	10.00	20.00	27.42	72.13	B^-
600126.SH	杭钢股份	杭州钢铁股份有限公司	14.46	7.63	19.95	30.00	72.04	B^-
000761.SZ	本钢板材	本钢板材股份有限公司	12.03	10.00	20.00	30.00	72.03	B^-
000420.SZ	吉林化纤	吉林化纤股份有限公司	14.00	8.00	20.00	30.00	72.00	B^-
000815.SZ	美利云	中冶美利云产业投资股份有限公司	14.00	8.00	20.00	30.00	72.00	B^-
000876.SZ	新希望	新希望六和股份有限公司	20.00	4.00	20.00	28.00	72.00	B^-
000958.SZ	东方能源	国家电投集团东方新能源股份有限公司	14.00	8.00	20.00	30.00	72.00	B^-
002155.SZ	湖南黄金	湖南黄金股份有限公司	12.00	10.00	20.00	30.00	72.00	B^-
002650.SZ	加加食品	加加食品集团股份有限公司	12.00	10.00	20.00	30.00	72.00	B^-
600075.SH	新疆天业	新疆天业股份有限公司	14.00	8.00	20.00	30.00	72.00	B^-
600408.SH	ST 安泰	山西安泰集团股份有限公司	14.00	8.00	20.00	30.00	72.00	B^-
600426.SH	华鲁恒升	山东华鲁恒升化工股份有限公司	18.00	8.00	16.00	30.00	72.00	B^-

代码	名称（简称）	被参控公司/母公司	在线监测系统得分	排污许可系统得分	监督性监测系统得分	环境违法处罚系统得分	企业环境绩效总得分	评分等级
600740.SH	山西焦化	山西焦化股份有限公司	14.00	8.00	20.00	30.00	72.00	B⁻
600809.SH	山西汾酒	山西杏花村汾酒厂股份有限公司	24.00	10.00	8.00	30.00	72.00	B⁻
600819.SH	耀皮玻璃	上海耀皮玻璃集团股份有限公司	30.00	8.00	20.00	14.00	72.00	B⁻
600844.SH	丹化科技	丹化化工科技股份有限公司	18.00	4.00	20.00	30.00	72.00	B⁻
601179.SH	中国西电	中国西电电气股份有限公司	16.00	10.00	20.00	26.00	72.00	B⁻
603599.SH	广信股份	安徽广信农化股份有限公司	16.00	6.00	20.00	30.00	72.00	B⁻
002126.SZ	银轮股份	浙江银轮机械股份有限公司	12.00	10.00	20.00	30.00	72.00	B⁻
002390.SZ	信邦制药	贵州信邦制药股份有限公司	12.00	10.00	20.00	30.00	72.00	B⁻
600183.SH	生益科技	广东生益科技股份有限公司	12.00	10.00	20.00	30.00	72.00	B⁻
000952.SZ	广济药业	湖北广济药业股份有限公司	17.54	4.38	20.00	30.00	71.92	B⁻
603538.SH	美诺华	宁波美诺华药业股份有限公司	24.85	10.00	20.00	17.07	71.92	B⁻
600308.SH	华泰股份	山东华泰纸业股份有限公司	16.58	8.53	16.60	30.00	71.71	B⁻
000930.SZ	中粮生化	中粮生物化学（安徽）股份有限公司	16.71	8.86	19.74	26.39	71.70	B⁻
600188.SH	兖州煤业	兖州煤业股份有限公司	22.82	9.09	19.78	19.97	71.66	B⁻
600691.SH	阳煤化工	阳煤化工股份有限公司	17.81	9.37	18.94	25.44	71.56	B⁻
600425.SH	青松建化	新疆青松建材化工（集团）股份有限公司	15.82	6.76	18.93	30.00	71.51	B⁻
002716.SZ	金贵银业	郴州市金贵银业股份有限公司	14.00	7.50	20.00	30.00	71.50	B⁻
600006.SH	东风汽车	东风汽车股份有限公司	16.00	5.50	20.00	30.00	71.50	B⁻
300090.SZ	盛运环保	安徽盛运环保（集团）股份有限公司	18.99	10.00	20.00	22.40	71.40	B⁻
000877.SZ	天山股份	新疆天山水泥股份有限公司	15.11	8.66	19.41	28.21	71.39	B⁻
600307.SH	酒钢宏兴	甘肃酒钢集团宏兴钢铁股份有限公司	14.49	8.76	20.00	28.09	71.34	B⁻
000703.SZ	恒逸石化	恒逸石化股份有限公司	19.19	10.00	20.00	22.13	71.32	B⁻
000910.SZ	大亚圣象	大亚圣象家居股份有限公司	11.16	10.00	20.00	30.00	71.16	B⁻
000951.SZ	中国重汽	中国重汽集团济南卡车股份有限公司	19.96	10.00	20.00	21.13	71.09	B⁻
002233.SZ	塔牌集团	广东塔牌集团股份有限公司	11.39	9.68	20.00	30.00	71.07	B⁻

代码	名称（简称）	被参控公司/母公司	在线监测系统得分	排污许可系统得分	监督性监测系统得分	环境违法处罚系统得分	企业环境绩效总得分	评分等级
600256.SH	广汇能源	广汇能源股份有限公司	12.02	8.99	20.00	30.00	71.01	B⁻
000983.SZ	西山煤电	山西西山煤电股份有限公司	18.14	9.16	19.46	24.21	70.97	B⁻
000525.SZ	红太阳	南京红太阳股份有限公司	19.13	9.24	20.00	22.52	70.89	B⁻
000612.SZ	焦作万方	焦作万方铝业股份有限公司	14.00	8.80	20.00	28.00	70.80	B⁻
000932.SZ	华菱钢铁	湖南华菱钢铁股份有限公司	18.83	8.62	20.00	23.35	70.80	B⁻
002742.SZ	三圣股份	重庆三圣实业股份有限公司	12.41	8.21	20.00	30.00	70.62	B⁻
600735.SH	新华锦	山东新华锦国际股份有限公司	14.00	6.50	20.00	30.00	70.50	B⁻
002020.SZ	京新药业	浙江京新药业股份有限公司	14.00	6.00	20.00	30.00	70.00	B⁻
002122.SZ	*ST 天马	天马轴承集团股份有限公司	16.00	4.00	20.00	30.00	70.00	B⁻
002152.SZ	广电运通	广州广电运通金融电子股份有限公司	30.00	8.00	20.00	12.00	70.00	B⁻
002653.SZ	海思科	海思科医药集团股份有限公司	14.00	6.00	20.00	30.00	70.00	B⁻
600360.SH	华微电子	吉林华微电子股份有限公司	10.00	10.00	20.00	30.00	70.00	B⁻
600531.SH	豫光金铅	河南豫光金铅股份有限公司	12.00	8.00	20.00	30.00	70.00	B⁻
600761.SH	安徽合力	安徽合力股份有限公司	26.00	10.00	20.00	14.00	70.00	B⁻
600790.SH	轻纺城	浙江中国轻纺城集团股份有限公司	16.00	10.00	14.00	30.00	70.00	B⁻
600871.SH	石化油服	中石化石油工程技术服务股份有限公司	14.00	10.00	20.00	26.00	70.00	B⁻
600989.SH	宝丰能源	宁夏宝丰能源集团股份有限公司	26.00	4.00	10.00	30.00	70.00	B⁻
601002.SH	晋亿实业	晋亿实业股份有限公司	14.00	10.00	20.00	26.00	70.00	B⁻
603693.SH	江苏新能	江苏省新能源开发股份有限公司	13.93	5.92	20.00	30.00	69.85	C
600167.SH	联美控股	联美量子股份有限公司	12.35	8.28	20.00	29.14	69.77	C
600096.SH	云天化	云南云天化股份有限公司	19.68	8.16	20.00	21.83	69.67	C
002648.SZ	卫星石化	浙江卫星石化股份有限公司	21.06	8.94	17.88	21.53	69.41	C
000009.SZ	中国宝安	中国宝安集团股份有限公司	19.55	10.00	20.00	19.55	69.10	C
000933.SZ	神火股份	河南神火煤电股份有限公司	15.58	8.84	20.00	24.62	69.04	C
600111.SH	北方稀土	中国北方稀土（集团）高科技股份有限公司	25.53	10.00	20.00	13.38	68.91	C

代码	名称（简称）	被参控公司/母公司	在线监测系统得分	排污许可系统得分	监督性监测系统得分	环境违法处罚系统得分	企业环境绩效总得分	评分等级
600395.SH	盘江股份	贵州盘江精煤股份有限公司	22.95	9.52	20.00	16.28	68.75	C
300702.SZ	天宇股份	浙江天宇药业股份有限公司	18.40	8.62	20.00	21.71	68.73	C
000545.SZ	金浦钛业	金浦钛业股份有限公司	15.76	10.00	20.00	22.97	68.73	C
600019.SH	宝钢股份	宝山钢铁股份有限公司	18.78	6.84	19.90	23.18	68.70	C
300575.SZ	中旗股份	江苏中旗科技股份有限公司	30.00	6.50	20.00	12.00	68.50	C
601011.SH	宝泰隆	宝泰隆新材料股份有限公司	14.00	4.50	20.00	30.00	68.50	C
601088.SH	中国神华	中国神华能源股份有限公司	18.77	9.06	20.00	20.34	68.17	C
600578.SH	京能电力	北京京能电力股份有限公司	18.71	8.62	19.02	21.80	68.15	C
000825.SZ	太钢不锈	山西太钢不锈钢股份有限公司	13.40	9.67	15.31	29.77	68.15	C
002304.SZ	洋河股份	江苏洋河酒厂股份有限公司	8.07	10.00	20.00	30.00	68.07	C
000068.SZ	华控赛格	深圳华控赛格股份有限公司	24.00	10.00	20.00	14.00	68.00	C
000597.SZ	东北制药	东北制药集团股份有限公司	12.00	10.00	16.00	30.00	68.00	C
002066.SZ	瑞泰科技	瑞泰科技股份有限公司	8.00	10.00	20.00	30.00	68.00	C
600100.SH	同方股份	同方股份有限公司	22.57	10.00	15.72	19.70	67.99	C
600466.SH	蓝光发展	四川蓝光发展股份有限公司	24.00	10.00	20.00	14.00	68.00	C
600581.SH	八一钢铁	新疆八一钢铁股份有限公司	8.00	10.00	20.00	30.00	68.00	C
002408.SZ	齐翔腾达	淄博齐翔腾达化工股份有限公司	26.00	8.00	20.00	14.00	68.00	C
601168.SH	西部矿业	西部矿业股份有限公司	15.98	10.00	20.00	21.93	67.91	C
000912.SZ	泸天化	四川泸天化股份有限公司	16.67	10.00	20.00	21.13	67.80	C
000789.SZ	万年青	江西万年青水泥股份有限公司	15.49	6.49	19.60	26.13	67.71	C
002513.SZ	蓝丰生化	江苏蓝丰生物化工股份有限公司	19.79	9.50	20.00	18.42	67.71	C
002145.SZ	中核钛白	中核华原钛白股份有限公司	21.75	10.00	17.17	18.67	67.59	C
601225.SH	陕西煤业	陕西煤业股份有限公司	17.91	10.00	20.00	19.58	67.49	C
600851.SH	海欣股份	上海海欣集团股份有限公司	22.62	9.61	17.05	18.18	67.46	C
002010.SZ	传化智联	传化智联股份有限公司	18.00	10.00	20.00	19.37	67.37	C

代码	名称（简称）	被参控公司/母公司	在线监测系统得分	排污许可系统得分	监督性监测系统得分	环境违法处罚系统得分	企业环境绩效总得分	评分等级
000756.SZ	新华制药	山东新华制药股份有限公司	14.54	8.54	17.08	27.08	67.24	C
600874.SH	创业环保	天津创业环保集团股份有限公司	22.95	10.00	12.94	21.08	66.97	C
000600.SZ	建投能源	河北建投能源投资股份有限公司	16.14	8.84	20.00	21.97	66.95	C
600971.SH	恒源煤电	安徽恒源煤电股份有限公司	18.37	10.00	20.00	18.57	66.94	C
002258.SZ	利尔化学	利尔化学股份有限公司	22.35	10.00	20.00	14.47	66.82	C
600863.SH	内蒙华电	内蒙古蒙电华能热电股份有限公司	15.25	8.70	20.00	22.81	66.76	C
600586.SH	金晶科技	山东金晶科技股份有限公司	16.20	9.03	20.00	21.45	66.68	C
603456.SH	九洲药业	浙江九洲药业股份有限公司	11.52	9.51	18.77	26.73	66.53	C
002479.SZ	富春环保	浙江富春江环保热电股份有限公司	17.94	7.93	20.00	20.53	66.40	C
000422.SZ	ST 宜化	湖北宜化化工股份有限公司	17.33	8.59	20.00	20.40	66.32	C
000571.SZ	*ST 大洲	新大洲控股股份有限公司	22.00	10.00	20.00	14.00	66.00	C
000970.SZ	中科三环	北京中科三环高技术股份有限公司	30.00	8.00	14.00	14.00	66.00	C
002013.SZ	中航机电	中航工业机电系统股份有限公司	6.00	10.00	20.00	30.00	66.00	C
002798.SZ	帝欧家居	帝欧家居股份有限公司	6.00	10.00	20.00	30.00	66.00	C
300180.SZ	华峰超纤	上海华峰超纤材料股份有限公司	6.00	10.00	20.00	30.00	66.00	C
300267.SZ	尔康制药	湖南尔康制药股份有限公司	22.00	10.00	20.00	14.00	66.00	C
300721.SZ	怡达股份	江苏怡达化学股份有限公司	6.00	10.00	20.00	30.00	66.00	C
600115.SH	东方航空	中国东方航空股份有限公司	6.00	10.00	20.00	30.00	66.00	C
600351.SH	亚宝药业	亚宝药业集团股份有限公司	14.00	10.00	14.00	28.00	66.00	C
600960.SH	渤海汽车	渤海汽车系统股份有限公司	16.00	10.00	10.00	30.00	66.00	C
600277.SH	亿利洁能	亿利洁能股份有限公司	22.35	8.24	20.00	15.35	65.94	C
002068.SZ	黑猫股份	江西黑猫炭黑股份有限公司	15.80	10.00	20.00	20.08	65.88	C
600966.SH	博汇纸业	山东博汇纸业股份有限公司	23.00	8.87	11.00	23.00	65.87	C
600378.SH	天科股份	四川天一科技股份有限公司	15.75	10.00	20.00	19.86	65.61	C
600160.SH	巨化股份	浙江巨化股份有限公司	17.64	8.45	20.00	19.02	65.11	C

代码	名称（简称）	被参控公司/母公司	在线监测系统得分	排污许可系统得分	监督性监测系统得分	环境违法处罚系统得分	企业环境绩效总得分	评分等级
600063.SH	皖维高新	安徽皖维高新材料股份有限公司	14.85	7.78	15.93	26.55	65.11	C
600236.SH	桂冠电力	广西桂冠电力股份有限公司	14.46	8.94	20.00	21.52	64.92	C
000767.SZ	漳泽电力	山西漳泽电力股份有限公司	13.11	9.27	20.00	22.41	64.79	C
000898.SZ	鞍钢股份	鞍钢股份有限公司	8.00	8.00	20.00	28.00	64.00	C
002087.SZ	新野纺织	河南新野纺织股份有限公司	20.00	10.00	20.00	14.00	64.00	C
002128.SZ	露天煤业	内蒙古霍林河露天煤业股份有限公司	26.00	4.00	20.00	14.00	64.00	C
002136.SZ	安纳达	安徽安纳达钛业股份有限公司	22.00	10.00	20.00	12.00	64.00	C
300185.SZ	通裕重工	通裕重工股份有限公司	22.00	8.00	20.00	14.00	64.00	C
300381.SZ	溢多利	广东溢多利生物科技股份有限公司	22.00	8.00	20.00	14.00	64.00	C
600399.SH	ST 抚钢	抚顺特殊钢股份有限公司	24.00	10.00	20.00	10.00	64.00	C
600470.SH	六国化工	安徽六国化工股份有限公司	20.00	10.00	20.00	14.00	64.00	C
600526.SH	*ST 菲达	浙江菲达环保科技股份有限公司	20.00	10.00	20.00	14.00	64.00	C
600793.SH	宜宾纸业	宜宾纸业股份有限公司	6.00	8.00	20.00	30.00	64.00	C
002470.SZ	金正大	金正大生态工程集团股份有限公司	16.38	10.00	13.54	23.54	63.46	C
002002.SZ	鸿达兴业	鸿达兴业股份有限公司	21.08	9.08	20.00	13.08	63.24	C
000692.SZ	惠天热电	沈阳惠天热电股份有限公司	17.89	10.00	20.00	15.23	63.12	C
600758.SH	红阳能源	辽宁红阳能源投资股份有限公司	14.58	9.85	20.00	18.64	63.07	C
002422.SZ	科伦药业	四川科伦药业股份有限公司	18.77	8.10	17.22	18.87	62.96	C
601600.SH	中国铝业	中国铝业股份有限公司	15.64	8.65	19.04	19.35	62.68	C
601918.SH	新集能源	中煤新集能源股份有限公司	10.22	7.27	20.00	24.93	62.42	C
002109.SZ	兴化股份	陕西兴化化学股份有限公司	18.72	9.89	20.00	13.57	62.18	C
002124.SZ	天邦股份	天邦食品股份有限公司	14.81	10.00	20.00	17.22	62.03	C
600595.SH	*ST 中孚	河南中孚实业股份有限公司	14.54	7.64	20.00	19.82	62.00	C
002534.SZ	杭锅股份	杭州锅炉集团股份有限公司	6.00	6.00	20.00	30.00	62.00	C
600149.SH	ST 坊展	廊坊发展股份有限公司	18.00	10.00	20.00	14.00	62.00	C

代码	名称（简称）	被参控公司/母公司	在线监测系统得分	排污许可系统得分	监督性监测系统得分	环境违法处罚系统得分	企业环境绩效总得分	评分等级
600252.SH	中恒集团	广西梧州中恒集团股份有限公司	12.00	10.00	10.00	30.00	62.00	C
600714.SH	金瑞矿业	青海金瑞矿业发展股份有限公司	18.00	10.00	20.00	14.00	62.00	C
600792.SH	云煤能源	云南煤业能源股份有限公司	22.00	10.00	16.00	14.00	62.00	C
300119.SZ	瑞普生物	天津瑞普生物技术股份有限公司	18.00	10.00	20.00	14.00	62.00	C
000778.SZ	新兴铸管	新兴铸管股份有限公司	17.15	9.33	20.00	15.39	61.87	C
600293.SH	三峡新材	湖北三峡新型建材股份有限公司	15.47	10.00	20.00	16.35	61.82	C
601666.SH	平煤股份	平顶山天安煤业股份有限公司	18.98	10.00	20.00	12.60	61.58	C
002034.SZ	旺能环境	旺能环境股份有限公司	16.20	10.00	13.65	21.10	60.95	C
600123.SH	兰花科创	山西兰花科技创业股份有限公司	15.00	9.85	18.79	17.31	60.95	C
600997.SH	开滦股份	开滦能源化工股份有限公司	17.85	10.00	18.70	14.34	60.89	C
600328.SH	兰太实业	内蒙古兰太实业股份有限公司	15.54	8.85	20.00	16.46	60.85	C
600889.SH	南京化纤	南京化纤股份有限公司	17.00	9.05	14.90	19.81	60.76	C
000709.SZ	河钢股份	河钢股份有限公司	16.39	9.96	20.00	14.37	60.72	C
000822.SZ	山东海化	山东海化股份有限公司	17.87	9.95	20.00	12.24	60.06	C
002114.SZ	罗平锌电	云南罗平锌电股份有限公司	16.00	10.00	20.00	14.00	60.00	C
600350.SH	山东高速	山东高速股份有限公司	16.00	10.00	20.00	14.00	60.00	C
600676.SH	交运股份	上海交运集团股份有限公司	20.00	10.00	20.00	10.00	60.00	C
600866.SH	星湖科技	广东肇庆星湖生物科技股份有限公司	20.00	6.00	20.00	14.00	60.00	C
002163.SZ	中航三鑫	中航三鑫股份有限公司	14.00	8.28	20.00	16.21	58.49	C⁻
601898.SH	中煤能源	中国中煤能源股份有限公司	15.35	8.68	20.00	14.17	58.20	C⁻
000717.SZ	韶钢松山	广东韶钢松山股份有限公司	22.00	8.00	20.00	8.00	58.00	C⁻
000928.SZ	中钢国际	中钢国际工程技术股份有限公司	14.00	10.00	20.00	14.00	58.00	C⁻
002075.SZ	沙钢股份	江苏沙钢股份有限公司	16.00	8.00	20.00	14.00	58.00	C⁻
002448.SZ	中原内配	中原内配集团股份有限公司	16.00	10.00	20.00	12.00	58.00	C⁻
600452.SH	涪陵电力	重庆涪陵电力实业股份有限公司	14.00	10.00	20.00	14.00	58.00	C⁻

代码	名称（简称）	被参控公司/母公司	在线监测系统得分	排污许可系统得分	监督性监测系统得分	环境违法处罚系统得分	企业环境绩效总得分	评分等级
600508.SH	上海能源	上海大屯能源股份有限公司	16.00	10.00	20.00	12.00	58.00	C^-
603823.SH	百合花	百合花集团股份有限公司	14.00	10.00	20.00	14.00	58.00	C^-
600079.SH	人福医药	人福医药集团股份公司	15.80	4.75	20.00	17.39	57.94	C^-
600808.SH	马钢股份	马鞍山钢铁股份有限公司	15.73	6.68	20.00	15.12	57.53	C^-
000953.SZ	*ST 河化	广西河池化工股份有限公司	14.00	9.50	20.00	14.00	57.50	C^-
002262.SZ	恩华药业	江苏恩华药业股份有限公司	18.00	5.50	20.00	14.00	57.50	C^-
600789.SH	鲁抗医药	山东鲁抗医药股份有限公司	18.04	4.17	20.00	14.81	57.02	C^-
601699.SH	潞安环能	山西潞安环保能源开发股份有限公司	14.00	8.91	20.00	13.58	56.49	C^-
002098.SZ	浔兴股份	福建浔兴拉链科技股份有限公司	14.00	8.00	20.00	14.00	56.00	C^-
002321.SZ	华英农业	河南华英农业发展股份有限公司	16.00	10.00	20.00	10.00	56.00	C^-
002661.SZ	克明面业	克明面业股份有限公司	14.00	10.00	20.00	12.00	56.00	C^-
600235.SH	民丰特纸	民丰特种纸股份有限公司	14.00	10.00	20.00	12.00	56.00	C^-
600513.SH	联环药业	江苏联环药业股份有限公司	18.00	6.00	20.00	12.00	56.00	C^-
600780.SH	通宝能源	山西通宝能源股份有限公司	16.00	8.00	20.00	12.00	56.00	C^-
600812.SH	华北制药	华北制药股份有限公司	14.00	10.00	20.00	12.00	56.00	C^-
002496.SZ	辉丰股份	江苏辉丰生物农业股份有限公司	17.58	10.00	16.21	12.00	55.79	C^-
601212.SH	白银有色	白银有色集团股份有限公司	13.43	5.03	20.00	16.63	55.09	C^-
600320.SH	振华重工	上海振华重工（集团）股份有限公司	14.00	10.00	20.00	10.00	54.00	C^-
600500.SH	中化国际	中化国际（控股）股份有限公司	18.00	10.00	14.00	12.00	54.00	C^-
601800.SH	中国交建	中国交通建设股份有限公司	14.00	10.00	20.00	10.00	54.00	C^-
600028.SH	中国石化	中国石油化工股份有限公司	12.84	6.28	18.93	15.89	53.94	C^-
603980.SH	吉华集团	浙江吉华集团股份有限公司	15.33	10.00	10.67	17.33	53.33	C^-
600489.SH	中金黄金	中金黄金股份有限公司	15.00	4.38	20.00	13.13	52.51	C^-
000421.SZ	南京公用	南京公用发展股份有限公司	8.00	10.00	20.00	14.00	52.00	C^-
000818.SZ	航锦科技	航锦科技股份有限公司	20.00	10.00	8.00	14.00	52.00	C^-

代码	名称（简称）	被参控公司/母公司	在线监测系统得分	排污许可系统得分	监督性监测系统得分	环境违法处罚系统得分	企业环境绩效总得分	评分等级
600004.SH	白云机场	广州白云国际机场股份有限公司	14.00	10.00	14.00	14.00	52.00	C^-
600230.SH	沧州大化	沧州大化股份有限公司	8.00	10.00	20.00	14.00	52.00	C^-
601216.SH	君正集团	内蒙古君正能源化工集团股份有限公司	13.54	6.65	16.16	13.97	50.32	C^-
000860.SZ	顺鑫农业	北京顺鑫农业股份有限公司	6.00	10.00	20.00	14.00	50.00	C^-
601958.SH	金钼股份	金堆城钼业股份有限公司	6.00	10.00	20.00	14.00	50.00	C^-
600575.SH	皖江物流	安徽皖江物流（集团）股份有限公司	12.00	6.00	20.00	10.00	48.00	D
600731.SH	湖南海利	湖南海利化工股份有限公司	14.00	10.00	10.00	14.00	48.00	D
601005.SH	重庆钢铁	重庆钢铁股份有限公司	14.00	8.00	20.00	6.00	48.00	D
000630.SZ	铜陵有色	铜陵有色金属集团股份有限公司	14.95	8.23	8.74	14.73	46.65	D
600010.SH	包钢股份	内蒙古包钢钢联股份有限公司	14.63	7.61	10.85	13.52	46.61	D
601001.SH	大同煤业	大同煤业股份有限公司	7.18	7.63	12.90	18.17	45.88	D
002597.SZ	金禾实业	安徽金禾实业股份有限公司	14.00	8.00	8.00	14.00	44.00	D
600461.SH	洪城水业	江西洪城水业股份有限公司	12.57	10.00	7.14	13.82	43.53	D
000627.SZ	天茂集团	天茂实业集团股份有限公司	6.00	8.00	6.00	6.00	26.00	E
601857.SH	中国石油	中国石油天然气股份有限公司	10.10	2.57	4.16	6.24	23.07	E

附录 E

表 E.1　红榜：得分为 90 分的上市公司名单

代码	名称（简称）	被参控公司/母公司	在线监测系统得分	排污许可系统得分	监督性监测系统得分	环境违法处罚系统得分	企业环境绩效总得分	评分等级
000009.SZ	中国宝安	深圳市贝特瑞新能源材料股份有限公司	30	10	20	30	90	A
000021.SZ	深科技	深圳长城开发精密技术有限公司	30	10	20	30	90	A
000028.SZ	国药一致	国药集团致君（深圳）制药有限公司	30	10	20	30	90	A
000028.SZ	国药一致	深圳万乐药业有限公司	30	10	20	30	90	A
000037.SZ	深南电 A	深南电（中山）电力有限公司	30	10	20	30	90	A
000043.SZ	中航善达	深圳市正章干洗有限公司	30	10	20	30	90	A
000045.SZ	深纺织 A	深圳市盛波光电科技有限公司	30	10	20	30	90	A
000100.SZ	TCL 集团	武汉华星光电技术有限公司	30	10	20	30	90	A
000413.SZ	东旭光电	上海申龙客车有限公司	30	10	20	30	90	A
000425.SZ	徐工机械	徐州徐工液压件有限公司	30	10	20	30	90	A
000488.SZ	晨鸣纸业	寿光美伦纸业有限责任公司	30	10	20	30	90	A
000528.SZ	柳工	广西柳工机械股份有限公司	30	10	20	30	90	A
000531.SZ	穗恒运 A	广州恒运热电（D）厂有限责任公司	30	10	20	30	90	A
000546.SZ	金圆股份	江西新金叶实业有限公司	30	10	20	30	90	A
000559.SZ	万向钱潮	万向通达股份公司	30	10	20	30	90	A
000596.SZ	古井贡酒	安徽龙瑞玻璃有限公司	30	10	20	30	90	A
000601.SZ	韶能股份	韶能集团新丰旭能生物质发电有限公司	30	10	20	30	90	A
000605.SZ	渤海股份	天津市润达金源水务有限公司	30	10	20	30	90	A

代码	名称（简称）	被参控公司/母公司	在线监测系统得分	排污许可系统得分	监督性监测系统得分	环境违法处罚系统得分	企业环境绩效总得分	评分等级
000625.SZ	长安汽车	长安福特汽车有限公司	30	10	20	30	90	A
000630.SZ	铜陵有色	合肥铜冠国轩铜材有限公司	30	10	20	30	90	A
000651.SZ	格力电器	格力电器（合肥）有限公司	30	10	20	30	90	A
000698.SZ	沈阳化工	沈阳化工股份有限公司	30	10	20	30	90	A
000725.SZ	京东方 A	福州京东方光电科技有限公司	30	10	20	30	90	A
000729.SZ	燕京啤酒	燕京啤酒（通辽）有限责任公司	30	10	20	30	90	A
000729.SZ	燕京啤酒	燕京啤酒（浙江仙都）有限公司	30	10	20	30	90	A
000739.SZ	普洛药业	浙江普洛得邦制药有限公司	30	10	20	30	90	A
000786.SZ	北新建材	湖北北新建材有限公司	30	10	20	30	90	A
000786.SZ	北新建材	北新集团建材股份有限公司	30	10	20	30	90	A
000786.SZ	北新建材	北新建材（嘉兴）有限公司	30	10	20	30	90	A
000800.SZ	一汽轿车	一汽轿车股份有限公司	30	10	20	30	90	A
000826.SZ	启迪桑德	宜昌桑德环保科技有限公司	30	10	20	30	90	A
000826.SZ	启迪桑德	明光桑德康清环保有限公司	30	10	20	30	90	A
000830.SZ	鲁西化工	山东聊城鲁西硝基复肥有限公司	30	10	20	30	90	A
000830.SZ	鲁西化工	山东聊城鲁西化工第六化肥有限公司	30	10	20	30	90	A
000877.SZ	天山股份	吐鲁番天山水泥有限责任公司	30	10	20	30	90	A
000878.SZ	云南铜业	楚雄滇中有色金属有限责任公司	30	10	20	30	90	A
000895.SZ	双汇发展	上海双汇大昌有限公司	30	10	20	30	90	A
000908.SZ	景峰医药	上海景峰制药有限公司	30	10	20	30	90	A
000908.SZ	景峰医药	贵州景诚制药有限公司	30	10	20	30	90	A
000913.SZ	钱江摩托	浙江钱江摩托股份有限公司	30	10	20	30	90	A
000930.SZ	中粮生化	中粮融氏生物科技有限公司	30	10	20	30	90	A

代码	名称（简称）	被参控公司/母公司	在线监测系统得分	排污许可系统得分	监督性监测系统得分	环境违法处罚系统得分	企业环境绩效总得分	评分等级
000957.SZ	中通客车	中通客车控股股份有限公司	30	10	20	30	90	A
000962.SZ	东方钽业	宁夏东方钽业股份有限公司	30	10	20	30	90	A
000990.SZ	诚志股份	南京诚志清洁能源有限公司	30	10	20	30	90	A
000999.SZ	华润三九	华润三九医药股份有限公司	30	10	20	30	90	A
000999.SZ	华润三九	华润三九（郴州）制药有限公司	30	10	20	30	90	A
002003.SZ	伟星股份	浙江伟星实业发展股份有限公司	30	10	20	30	90	A
002004.SZ	华邦健康	山东福尔有限公司	30	10	20	30	90	A
002005.SZ	*ST 德豪	蚌埠三颐半导体有限公司	30	10	20	30	90	A
002025.SZ	航天电器	贵州航天电器股份有限公司	30	10	20	30	90	A
002032.SZ	苏泊尔	武汉苏泊尔炊具有限公司	30	10	20	30	90	A
002050.SZ	三花智控	浙江三花智能控制股份有限公司	30	10	20	30	90	A
002050.SZ	三花智控	浙江三花制冷集团有限公司	30	10	20	30	90	A
002051.SZ	中工国际	邳州市中工水务有限责任公司	30	10	20	30	90	A
002084.SZ	海鸥住工	广州海鸥住宅工业股份有限公司	30	10	20	30	90	A
002086.SZ	ST 东海洋	山东东方海洋科技股份有限公司	30	10	20	30	90	A
002129.SZ	中环股份	天津中环领先材料技术有限公司	30	10	20	30	90	A
002131.SZ	利欧股份	利欧集团股份有限公司	30	10	20	30	90	A
002171.SZ	楚江新材	清远楚江铜业有限公司	30	10	20	30	90	A
002273.SZ	水晶光电	浙江水晶光电科技股份有限公司	30	10	20	30	90	A
002284.SZ	亚太股份	安吉亚太制动系统有限公司	30	10	20	30	90	A
002326.SZ	永太科技	佛山手心制药有限公司	30	10	20	30	90	A
002349.SZ	精华制药	精华制药集团南通有限公司	30	10	20	30	90	A
002399.SZ	海普瑞	深圳市海普瑞药业集团股份有限公司	30	10	20	30	90	A

代码	名称（简称）	被参控公司/母公司	在线监测系统得分	排污许可系统得分	监督性监测系统得分	环境违法处罚系统得分	企业环境绩效总得分	评分等级
002399.SZ	海普瑞	深圳市天道医药有限公司	30	10	20	30	90	A
002424.SZ	贵州百灵	贵州百灵企业集团制药股份有限公司	30	10	20	30	90	A
002435.SZ	长江润发	海南海灵化学制药有限公司	30	10	20	30	90	A
002437.SZ	誉衡药业	山西普德药业有限公司	30	10	20	30	90	A
002442.SZ	龙星化工	焦作龙星化工有限责任公司	30	10	20	30	90	A
002461.SZ	珠江啤酒	广西珠江啤酒有限公司	30	10	20	30	90	A
002463.SZ	沪电股份	沪士电子股份有限公司	30	10	20	30	90	A
002507.SZ	涪陵榨菜	重庆市垫江县坪山榨菜食品有限公司	30	10	20	30	90	A
002507.SZ	涪陵榨菜	四川省惠通食业有限责任公司	30	10	20	30	90	A
002532.SZ	新界泵业	新界泵业集团股份有限公司	30	10	20	30	90	A
002538.SZ	司尔特	亳州司尔特生态肥业有限公司	30	10	20	30	90	A
002539.SZ	云图控股	嘉施利（宜城）化肥有限公司	30	10	20	30	90	A
002615.SZ	哈尔斯	浙江哈尔斯真空器皿股份有限公司	30	10	20	30	90	A
002626.SZ	金达威	厦门金达威维生素有限公司	30	10	20	30	90	A
002643.SZ	万润股份	中节能万润股份有限公司	30	10	20	30	90	A
002672.SZ	东江环保	惠州东江威立雅环境服务有限公司	30	10	20	30	90	A
002672.SZ	东江环保	深圳市龙岗区东江工业废物处置有限公司	30	10	20	30	90	A
002701.SZ	奥瑞金	湖北奥瑞金包装有限公司	30	10	20	30	90	A
002725.SZ	跃岭股份	浙江跃岭股份有限公司	30	10	20	30	90	A
002737.SZ	葵花药业	葵花药业集团（冀州）有限公司	30	10	20	30	90	A
002737.SZ	葵花药业	葵花药业集团（衡水）得菲尔有限公司	30	10	20	30	90	A
002738.SZ	中矿资源	江西东鹏新材料有限责任公司	30	10	20	30	90	A
002755.SZ	奥赛康	南京海润医药有限公司	30	10	20	30	90	A

代码	名称（简称）	被参控公司/母公司	在线监测系统得分	排污许可系统得分	监督性监测系统得分	环境违法处罚系统得分	企业环境绩效总得分	评分等级
002863.SZ	今飞凯达	浙江今飞凯达轮毂股份有限公司	30	10	20	30	90	A
002868.SZ	绿康生化	绿康生化股份有限公司	30	10	20	30	90	A
002938.SZ	鹏鼎控股	鹏鼎控股（深圳）股份有限公司	30	10	20	30	90	A
002940.SZ	昂利康	浙江昂利康制药股份有限公司	30	10	20	30	90	A
300068.SZ	南都电源	界首市南都华宇电源有限公司	30	10	20	30	90	A
300070.SZ	碧水源	天津市碧水源环境科技有限公司	30	10	20	30	90	A
300102.SZ	乾照光电	厦门乾照光电股份有限公司	30	10	20	30	90	A
300134.SZ	大富科技	深圳市大富科技股份有限公司	30	10	20	30	90	A
300134.SZ	大富科技	安徽省大富光电科技有限公司	30	10	20	30	90	A
300136.SZ	信维通信	伊高得表面处理（深圳）有限公司	30	10	20	30	90	A
300199.SZ	翰宇药业	深圳翰宇药业股份有限公司	30	10	20	30	90	A
300233.SZ	金城医药	山东汇海医药化工有限公司	30	10	20	30	90	A
300254.SZ	仟源医药	山西仟源医药集团股份有限公司	30	10	20	30	90	A
300268.SZ	佳沃股份	青岛国星食品股份有限公司	30	10	20	30	90	A
300388.SZ	国祯环保	亳州国祯污水处理有限公司	30	10	20	30	90	A
300388.SZ	国祯环保	涡阳国祯污水处理有限公司	30	10	20	30	90	A
300401.SZ	花园生物	杭州下沙生物科技有限公司	30	10	20	30	90	A
300433.SZ	蓝思科技	蓝思科技股份有限公司	30	10	20	30	90	A
300452.SZ	山河药辅	安徽山河药用辅料股份有限公司	30	10	20	30	90	A
300476.SZ	胜宏科技	胜华电子（惠阳）有限公司	30	10	20	30	90	A
300692.SZ	中环环保	安庆市清源水务有限公司	30	10	20	30	90	A
300699.SZ	光威复材	威海拓展纤维有限公司	30	10	20	30	90	A
600021.SH	上海电力	上海申能临港燃机发电有限公司	30	10	20	30	90	A

代码	名称（简称）	被参控公司/母公司	在线监测系统得分	排污许可系统得分	监督性监测系统得分	环境违法处罚系统得分	企业环境绩效总得分	评分等级
600027.SH	华电国际	韶关市坪石发电厂有限公司（B厂）	30	10	20	30	90	A
600062.SH	华润双鹤	浙江新赛科药业有限公司	30	10	20	30	90	A
600073.SH	上海梅林	上海梅林食品有限公司	30	10	20	30	90	A
600098.SH	广州发展	广州珠江天然气发电有限公司	30	10	20	30	90	A
600104.SH	上汽集团	上汽通用汽车有限公司	30	10	20	30	90	A
600111.SH	北方稀土	全南包钢晶环稀土有限公司	30	10	20	30	90	A
600126.SH	杭钢股份	象山富春紫光污水处理有限公司	30	10	20	30	90	A
600141.SH	兴发集团	湖北吉星化工集团有限责任公司	30	10	20	30	90	A
600156.SH	华升股份	湖南华升株洲雪松有限公司	30	10	20	30	90	A
600166.SH	福田汽车	北京宝沃汽车有限公司	30	10	20	30	90	A
600166.SH	福田汽车	北京福田戴姆勒汽车有限公司	30	10	20	30	90	A
600176.SH	中国巨石	巨石集团有限公司	30	10	20	30	90	A
600177.SH	雅戈尔	嵊州雅戈尔毛纺织有限公司	30	10	20	30	90	A
600216.SH	浙江医药	浙江医药股份有限公司	30	10	20	30	90	A
600238.SH	ST 椰岛	海南椰岛酒业发展有限公司	30	10	20	30	90	A
600273.SH	嘉化能源	浙江嘉化新材料有限公司	30	10	20	30	90	A
600277.SH	亿利洁能	亿利洁能科技（沂水）有限公司	30	10	20	30	90	A
600277.SH	亿利洁能	亿利洁能科技（广饶）有限公司	30	10	20	30	90	A
600295.SH	鄂尔多斯	内蒙古鄂尔多斯资源股份有限公司	30	10	20	30	90	A
600298.SH	安琪酵母	安琪酵母（柳州）有限公司	30	10	20	30	90	A
600303.SH	曙光股份	安徽安凯福田曙光车桥有限公司	30	10	20	30	90	A
600303.SH	曙光股份	辽宁曙光汽车集团股份有限公司	30	10	20	30	90	A
600309.SH	万华化学	宁波榭北热电有限公司	30	10	20	30	90	A

代码	名称（简称）	被参控公司/母公司	在线监测系统得分	排污许可系统得分	监督性监测系统得分	环境违法处罚系统得分	企业环境绩效总得分	评分等级
600330.SH	天通股份	浙江嘉康电子股份有限公司	30	10	20	30	90	A
600330.SH	天通股份	天通控股股份有限公司	30	10	20	30	90	A
600346.SH	恒力股份	恒力石化（大连）有限公司	30	10	20	30	90	A
600375.SH	华菱星马	安徽华菱汽车有限公司	30	10	20	30	90	A
600379.SH	宝光股份	陕西宝光真空电器股份有限公司	30	10	20	30	90	A
600380.SH	健康元	焦作健康元生物制品有限公司	30	10	20	30	90	A
600418.SH	江淮汽车	安徽江淮汽车集团股份有限公司	30	10	20	30	90	A
600418.SH	江淮汽车	安徽江淮安驰汽车有限公司	30	10	20	30	90	A
600460.SH	士兰微	杭州士兰集成电路有限公司	30	10	20	30	90	A
600489.SH	中金黄金	中国黄金集团江西金山矿业有限公司	30	10	20	30	90	A
600489.SH	中金黄金	湖北三鑫金铜股份有限公司	30	10	20	30	90	A
600498.SH	烽火通信	藤仓烽火光电材料科技有限公司	30	10	20	30	90	A
600521.SH	华海药业	浙江华海药业股份有限公司	30	10	20	30	90	A
600535.SH	天士力	天津天士力圣特制药有限公司	30	10	20	30	90	A
600540.SH	新赛股份	博乐市正大钙业有限公司	30	10	20	30	90	A
600549.SH	厦门钨业	厦门钨业股份有限公司	30	10	20	30	90	A
600559.SH	老白干酒	曲阜孔府家酒业有限公司	30	10	20	30	90	A
600572.SH	康恩贝	浙江金华康恩贝生物制药有限公司	30	10	20	30	90	A
600572.SH	康恩贝	江西康恩贝中药有限公司	30	10	20	30	90	A
600594.SH	益佰制药	贵州益佰制药股份有限公司	30	10	20	30	90	A
600597.SH	光明乳业	天津光明梦得乳品有限公司	30	10	20	30	90	A
600597.SH	光明乳业	武汉光明乳品有限公司	30	10	20	30	90	A
600600.SH	青岛啤酒	青岛啤酒（荣成）有限公司	30	10	20	30	90	A

代码	名称（简称）	被参控公司/母公司	在线监测系统得分	排污许可系统得分	监督性监测系统得分	环境违法处罚系统得分	企业环境绩效总得分	评分等级
600600.SH	青岛啤酒	青岛啤酒（黄石）有限公司	30	10	20	30	90	A
600600.SH	青岛啤酒	青岛啤酒（日照）有限公司	30	10	20	30	90	A
600600.SH	青岛啤酒	青岛啤酒（厦门）有限公司	30	10	20	30	90	A
600600.SH	青岛啤酒	青岛啤酒上海松江制造有限公司	30	10	20	30	90	A
600600.SH	青岛啤酒	青岛啤酒（济南）有限公司	30	10	20	30	90	A
600600.SH	青岛啤酒	青岛啤酒（珠海）有限公司	30	10	20	30	90	A
600600.SH	青岛啤酒	青岛啤酒（连云港）有限公司	30	10	20	30	90	A
600600.SH	青岛啤酒	青岛啤酒上海闵行有限公司	30	10	20	30	90	A
600600.SH	青岛啤酒	青岛啤酒（滕州）有限公司	30	10	20	30	90	A
600600.SH	青岛啤酒	青岛啤酒（长沙）有限公司	30	10	20	30	90	A
600623.SH	华谊集团	上海华谊集团华原化工有限公司	30	10	20	30	90	A
600623.SH	华谊集团	上海试四化学品有限公司	30	10	20	30	90	A
600673.SH	东阳光	乳源东阳光氟有限公司	30	10	20	30	90	A
600673.SH	东阳光	乳源东阳光电化厂	30	10	20	30	90	A
600673.SH	东阳光	乳源瑶族自治县东阳光化成箔有限公司	30	10	20	30	90	A
600680.SH	*ST 上普	上海山崎电路板有限公司	30	10	20	30	90	A
600686.SH	金龙汽车	厦门金龙联合汽车工业有限公司	30	10	20	30	90	A
600707.SH	彩虹股份	彩虹（合肥）液晶玻璃有限公司	30	10	20	30	90	A
600737.SH	中粮糖业	中粮屯河额敏番茄制品有限公司	30	10	20	30	90	A
600741.SH	华域汽车	华域视觉科技（上海）有限公司	30	10	20	30	90	A
600742.SH	一汽富维	长春富维安道拓汽车饰件系统有限公司	30	10	20	30	90	A
600781.SH	辅仁药业	开封制药（集团）有限公司	30	10	20	30	90	A
600795.SH	国电电力	国电宿迁热电有限公司	30	10	20	30	90	A

代码	名称（简称）	被参控公司/母公司	在线监测系统得分	排污许可系统得分	监督性监测系统得分	环境违法处罚系统得分	企业环境绩效总得分	评分等级
600796.SH	钱江生化	海宁东山热电有限公司	30	10	20	30	90	A
600801.SH	华新水泥	湖南华新湘钢水泥有限公司	30	10	20	30	90	A
600801.SH	华新水泥	华新水泥（恩平）有限公司	30	10	20	30	90	A
600872.SH	中炬高新	广东厨邦食品有限公司	30	10	20	30	90	A
600874.SH	创业环保	天津津宁创环水务有限公司	30	10	20	30	90	A
600874.SH	创业环保	文登创业水务有限公司	30	10	20	30	90	A
600875.SH	东方电气	东方电气集团东方汽轮机有限公司	30	10	20	30	90	A
600887.SH	伊利股份	成都伊利乳业有限责任公司	30	10	20	30	90	A
600887.SH	伊利股份	宁夏伊利乳业有限责任公司	30	10	20	30	90	A
600887.SH	伊利股份	浙江伊利乳业有限公司	30	10	20	30	90	A
600887.SH	伊利股份	广东伊利乳业有限责任公司	30	10	20	30	90	A
600985.SH	淮北矿业	安徽省亳州煤业有限公司	30	10	20	30	90	A
600985.SH	淮北矿业	淮北矿业股份有限公司	30	10	20	30	90	A
600987.SH	航民股份	杭州航民热电有限公司	30	10	20	30	90	A
601127.SH	小康股份	东风小康汽车有限公司	30	10	20	30	90	A
601138.SH	工业富联	鸿富锦精密电子（天津）有限公司	30	10	20	30	90	A
601238.SH	广汽集团	广州汽车集团乘用车有限公司	30	10	20	30	90	A
601311.SH	骆驼股份	湖北金洋冶金股份有限公司	30	10	20	30	90	A
601607.SH	上海医药	广东天普生化医药股份有限公司	30	10	20	30	90	A
601689.SH	拓普集团	浙江拓为汽车部件有限公司	30	10	20	30	90	A
601727.SH	上海电气	上海电气电站设备有限公司	30	10	20	30	90	A
601727.SH	上海电气	上海锅炉厂有限公司	30	10	20	30	90	A
601899.SH	紫金矿业	紫金矿业集团股份有限公司	30	10	20	30	90	A

代码	名称（简称）	被参控公司/母公司	在线监测系统得分	排污许可系统得分	监督性监测系统得分	环境违法处罚系统得分	企业环境绩效总得分	评分等级
601968.SH	宝钢包装	河北宝钢制罐北方有限公司	30	10	20	30	90	A
601968.SH	宝钢包装	上海宝翼制罐有限公司	30	10	20	30	90	A
601989.SH	中国重工	大连船舶重工集团有限公司	30	10	20	30	90	A
601989.SH	中国重工	山西平阳重工机械有限责任公司	30	10	20	30	90	A
601989.SH	中国重工	青岛北海船舶重工有限责任公司	30	10	20	30	90	A
601991.SH	大唐发电	浙江大唐国际绍兴江滨热电有限责任公司	30	10	20	30	90	A
603020.SH	爱普股份	爱普香料集团股份有限公司	30	10	20	30	90	A
603043.SH	广州酒家	广州酒家集团利口福食品有限公司	30	10	20	30	90	A
603198.SH	迎驾贡酒	安徽迎驾贡酒股份有限公司	30	10	20	30	90	A
603228.SH	景旺电子	深圳市景旺电子股份有限公司	30	10	20	30	90	A
603259.SH	药明康德	上海合全药业股份有限公司	30	10	20	30	90	A
603288.SH	海天味业	佛山市海天（高明）调味食品有限公司	30	10	20	30	90	A
603345.SH	安井食品	福建安井食品股份有限公司	30	10	20	30	90	A
603379.SH	三美股份	浙江三美化工股份有限公司	30	10	20	30	90	A
603386.SH	广东骏亚	龙南骏亚电子科技有限公司	30	10	20	30	90	A
603558.SH	健盛集团	贵州鼎盛服饰有限公司	30	10	20	30	90	A
603588.SH	高能环境	阳新鹏富矿业有限公司	30	10	20	30	90	A
603730.SH	岱美股份	舟山岱美汽车零部件有限公司	30	10	20	30	90	A
603766.SH	隆鑫通用	隆鑫通用动力股份有限公司	30	10	20	30	90	A
603797.SH	联泰环保	汕头市联泰苏北水务有限公司	30	10	20	30	90	A
603797.SH	联泰环保	广东联泰环保股份有限公司	30	10	20	30	90	A
603889.SH	新澳股份	浙江厚源纺织股份有限公司	30	10	20	30	90	A
603938.SH	三孚股份	唐山三孚硅业股份有限公司	30	10	20	30	90	A

表 E.2 黑榜：得分低于 60 分的上市公司名单

代码	名称（简称）	被参控公司/母公司	在线监测系统得分	排污许可系统得分	监督性监测系统得分	环境违法处罚系统得分	企业环境绩效总得分	评分等级
000717.SZ	韶钢松山	宝钢特钢韶关有限公司	22	8	20	8	58	C^-
603823.SH	百合花	百合花集团股份有限公司	14	10	20	14	58	C^-
601918.SH	新集能源	中煤新集刘庄矿业有限公司	14	10	20	14	58	C^-
601898.SH	中煤能源	中煤鄂尔多斯能源化工有限公司	20	6	20	12	58	C^-
601699.SH	潞安环能	山西潞安焦化有限责任公司	14	10	20	14	58	C^-
601666.SH	平煤股份	平顶山天安煤业股份有限公司	16	10	20	12	58	C^-
601200.SH	上海环境	上海阳晨排水运营有限公司	14	10	20	14	58	C^-
601168.SH	西部矿业	青海西豫有色金属有限公司	14	10	20	14	58	C^-
600997.SH	开滦股份	唐山中润煤化工有限公司	20	10	20	8	58	C^-
600997.SH	开滦股份	迁安中化煤化工有限责任公司	20	10	20	8	58	C^-
600985.SH	淮北矿业	临涣焦化股份有限公司	14	10	20	14	58	C^-
600966.SH	博汇纸业	山东博汇纸业股份有限公司	14	10	20	14	58	C^-
600874.SH	创业环保	杭州天创水务有限公司	14	10	20	14	58	C^-
600863.SH	内蒙华电	内蒙古丰泰发电有限公司	16	8	20	14	58	C^-
600863.SH	内蒙华电	内蒙古大唐国际托克托发电有限责任公司	14	10	20	14	58	C^-
600758.SH	红阳能源	沈阳焦煤股份有限公司	14	10	20	14	58	C^-
600595.SH	*ST 中孚	大唐林州热电有限责任公司	16	8	20	14	58	C^-
600578.SH	京能电力	内蒙古京隆发电有限责任公司	16	8	20	14	58	C^-
600578.SH	京能电力	内蒙古岱海发电有限责任公司	14	10	20	14	58	C^-
600516.SH	方大炭素	方大喜科墨（江苏）针状焦科技有限公司	14	10	20	14	58	C^-
600508.SH	上海能源	上海大屯能源股份有限公司	16	10	20	12	58	C^-
600452.SH	涪陵电力	重庆市蓬威石化有限责任公司	14	10	20	14	58	C^-

代码	名称（简称）	被参控公司/母公司	在线监测系统得分	排污许可系统得分	监督性监测系统得分	环境违法处罚系统得分	企业环境绩效总得分	评分等级
600425.SH	青松建化	伊犁青松南岗建材有限责任公司	14	10	4	30	58	C^-
600328.SH	兰太实业	阿拉善经济开发区污水处理有限责任公司	14	10	20	14	58	C^-
600298.SH	安琪酵母	安琪酵母（伊犁）有限公司	16	8	20	14	58	C^-
600298.SH	安琪酵母	安琪酵母（崇左）有限公司	14	10	20	14	58	C^-
600293.SH	三峡新材	湖北三峡新型建材股份有限公司	14	10	20	14	58	C^-
600160.SH	巨化股份	浙江巨化股份有限公司	18	8	20	12	58	C^-
600059.SH	古越龙山	绍兴女儿红酿酒有限公司	26	10	12	10	58	C^-
300702.SZ	天宇股份	临海天宇药业有限公司	14	10	20	14	58	C^-
002448.SZ	中原内配	南京飞燕活塞环股份有限公司	16	10	20	12	58	C^-
002422.SZ	科伦药业	伊犁川宁生物技术有限公司	20	8	16	14	58	C^-
002124.SZ	天邦股份	新余艾格菲畜牧有限公司	14	10	20	14	58	C^-
002092.SZ	中泰化学	新疆美克化工股份有限公司	14	10	20	14	58	C^-
002075.SZ	沙钢股份	江苏沙钢集团淮钢特钢股份有限公司	16	8	20	14	58	C^-
002034.SZ	旺能环境	汕头市澄海洁源垃圾发电厂有限公司	14	10	20	14	58	C^-
002034.SZ	旺能环境	荆州旺能环保能源有限公司	14	10	20	14	58	C^-
000933.SZ	神火股份	国电民权发电有限公司	16	8	20	14	58	C^-
000928.SZ	中钢国际	中钢设备（呼伦贝尔）水务有限公司	14	10	20	14	58	C^-
000912.SZ	泸天化	四川泸天化股份有限公司	14	10	20	14	58	C^-
000826.SZ	启迪桑德	淮安紫光水业有限公司	14	10	4	30	58	C^-
000600.SZ	建投能源	邢台国泰发电有限责任公司	14	10	20	14	58	C^-
000422.SZ	ST 宜化	湖北宜化肥业有限公司	14	10	20	14	58	C^-
000027.SZ	深圳能源	深能保定发电有限公司	14	10	20	14	58	C^-
000009.SZ	中国宝安	广州市新豪精密五金制品有限公司	14	10	20	14	58	C^-
000009.SZ	中国宝安	宜宾金石新材料科技有限公司	14	10	20	14	58	C^-
600328.SH	兰太实业	中盐青海昆仑碱业有限公司	14	9.5	20	14	57.5	C^-

代码	名称（简称）	被参控公司/母公司	在线监测系统得分	排污许可系统得分	监督性监测系统得分	环境违法处罚系统得分	企业环境绩效总得分	评分等级
600188.SH	兖州煤业	陕西未来能源化工有限公司	16	7.5	20	14	57.5	C^-
002262.SZ	恩华药业	江苏恩华药业股份有限公司	18	5.5	20	14	57.5	C^-
000953.SZ	*ST 河化	广西河池化工股份有限公司	14	9.5	20	14	57.5	C^-
000630.SZ	铜陵有色	张家港联合铜业有限公司	14	9.5	20	14	57.5	C^-
000778.SZ	新兴铸管	新兴铸管新疆控股集团有限公司	14	8	20	14	56	C^-
601991.SH	大唐发电	开滦（集团）蔚州矿业有限责任公司	14	10	20	12	56	C^-
603456.SH	九洲药业	江苏瑞科医药科技有限公司	18	10	14	14	56	C^-
601898.SH	中煤能源	中煤平朔集团有限公司	14	10	20	12	56	C^-
601699.SH	潞安环能	山西天脊潞安化工有限公司	14	8	20	14	56	C^-
601600.SH	中国铝业	山西中铝华润有限公司	16	6	20	14	56	C^-
601600.SH	中国铝业	中国铝业股份有限公司	14	8	20	14	56	C^-
600812.SH	华北制药	河北华药环境保护研究所有限公司	14	10	20	12	56	C^-
600808.SH	马钢股份	盛隆化工有限公司	14	10	20	12	56	C^-
600789.SH	鲁抗医药	山东鲁抗医药股份有限公司	18	4	20	14	56	C^-
600780.SH	通宝能源	山西阳光发电有限责任公司	16	8	20	12	56	C^-
600513.SH	联环药业	江苏联环药业股份有限公司	18	6	20	12	56	C^-
600449.SH	宁夏建材	乌海市西水水泥有限责任公司	14	8	20	14	56	C^-
600378.SH	天科股份	中昊晨光化工研究院有限公司	14	10	20	12	56	C^-
600295.SH	鄂尔多斯	鄂尔多斯市鄂尔多斯双欣电力有限公司	22	4	20	10	56	C^-
600235.SH	民丰特纸	民丰特种纸股份有限公司	14	10	20	12	56	C^-
600063.SH	皖维高新	内蒙古蒙维科技有限公司	16	6	20	14	56	C^-
600028.SH	中国石化	中国石化催化剂有限公司	30	10	8	8	56	C^-
600028.SH	中国石化	中国石化仪征化纤有限责任公司	14	10	20	12	56	C^-
600019.SH	宝钢股份	武汉平煤武钢联合焦化有限公司	24	6	20	6	56	C^-
600011.SH	华能国际	华能平凉发电有限责任公司	14	8	20	14	56	C^-

代码	名称（简称）	被参控公司/母公司	在线监测系统得分	排污许可系统得分	监督性监测系统得分	环境违法处罚系统得分	企业环境绩效总得分	评分等级
002661.SZ	克明面业	延津县克明面业有限公司	14	10	20	12	56	C^-
002496.SZ	辉丰股份	江苏辉丰生物农业股份有限公司	18	10	16	12	56	C^-
002479.SZ	富春环保	浙江富春江环保热电股份有限公司	14	8	20	14	56	C^-
002321.SZ	华英农业	河南华英农业发展股份有限公司	16	10	20	10	56	C^-
002163.SZ	中航三鑫	海南中航特玻材料有限公司	14	8	20	14	56	C^-
002099.SZ	海翔药业	盐城市瓯华化学工业有限公司	14	10	20	12	56	C^-
002098.SZ	浔兴股份	上海浔兴拉链制造有限公司	14	8	20	14	56	C^-
002068.SZ	黑猫股份	唐山黑猫炭黑有限责任公司	14	10	20	12	56	C^-
000990.SZ	诚志股份	陕西长青能源化工有限公司	14	10	20	12	56	C^-
000939.SZ	*ST 凯迪	益阳市凯迪绿色能源开发有限公司	14	8	20	14	56	C^-
000826.SZ	启迪桑德	包头鹿城水务有限公司	14	10	20	12	56	C^-
000600.SZ	建投能源	河北西柏坡第二发电有限责任公司	12	10	20	14	56	C^-
000488.SZ	晨鸣纸业	江西晨鸣纸业有限责任公司	22	8	14	12	56	C^-
000422.SZ	ST 宜化	贵州宜化化工有限责任公司	14	8	20	14	56	C^-
002109.SZ	兴化股份	陕西兴化化学股份有限公司	14	9.5	20	12	55.5	C^-
600801.SH	华新水泥	重庆华新盐井水泥有限公司	16	7.5	20	12	55.5	C^-
600320.SH	振华重工	上海振华重工（集团）股份有限公司	14	10	20	10	54	C^-
601600.SH	中国铝业	中铝中州铝业有限公司	16	10	20	8	54	C^-
601600.SH	中国铝业	山西华圣铝业有限公司	10	10	4	30	54	C^-
601225.SH	陕西煤业	陕西陕煤黄陵矿业有限公司	14	10	20	10	54	C^-
600997.SH	开滦股份	开滦能源化工股份有限公司	22	10	14	8	54	C^-
600874.SH	创业环保	天津创业环保集团股份有限公司	26	10	4	14	54	C^-
600863.SH	内蒙华电	内蒙古国华准格尔发电有限责任公司	14	6	20	14	54	C^-
600500.SH	中化国际	江苏扬农化工集团有限公司	18	10	14	12	54	C^-
600438.SH	通威股份	通威（海南）水产食品有限公司	10	10	20	14	54	C^-

代码	名称（简称）	被参控公司/母公司	在线监测系统得分	排污许可系统得分	监督性监测系统得分	环境违法处罚系统得分	企业环境绩效总得分	评分等级
600141.SH	兴发集团	湖北泰盛化工有限公司	14	6	20	14	54	C^-
600027.SH	华电国际	河北华电石家庄裕华热电有限公司	8	8	12	26	54	C^-
000983.SZ	西山煤电	山西西山热电有限责任公司	10	10	20	14	54	C^-
000877.SZ	天山股份	新疆阜康天山水泥有限责任公司	12	8	20	14	54	C^-
000600.SZ	建投能源	国电河北龙山发电有限责任公司	12	8	20	14	54	C^-
601899.SH	紫金矿业	巴彦淖尔紫金有色金属有限公司	18	7.5	20	8	53.5	C^-
601216.SH	君正集团	鄂尔多斯市君正能源化工有限公司	16	5.5	20	12	53.5	C^-
600028.SH	中国石化	中国石化上海高桥石油化工有限公司	14	9.5	20	10	53.5	C^-
000421.SZ	南京公用	华润电力唐山丰润有限公司	8	10	20	14	52	C^-
601991.SH	大唐发电	山西大唐国际神头发电有限责任公司	14	8	20	10	52	C^-
601991.SH	大唐发电	大唐河北发电有限公司	14	8	20	10	52	C^-
601898.SH	中煤能源	陕西延长中煤榆林能源化工有限公司	16	8	20	8	52	C^-
601212.SH	白银有色	白银有色集团股份有限公司	16	4	20	12	52	C^-
600889.SH	南京化纤	江苏金羚纤维素纤维有限公司	16	10	12	14	52	C^-
600808.SH	马钢股份	马鞍山钢铁股份有限公司	14	6	20	12	52	C^-
600230.SH	沧州大化	沧州大化 TDI 有限责任公司	8	10	20	14	52	C^-
600123.SH	兰花科创	山西兰花煤化工有限责任公司	14	10	20	8	52	C^-
600028.SH	中国石化	中国石化上海石油化工股份有限公司	22	10	10	10	52	C^-
600004.SH	白云机场	广州白云国际机场股份有限公司	14	10	14	14	52	C^-
002496.SZ	辉丰股份	盐城新宇辉丰环保科技有限公司	10	10	20	12	52	C^-
000818.SZ	航锦科技	航锦科技股份有限公司	20	10	8	14	52	C^-
000767.SZ	漳泽电力	中铝山西新材料有限公司	8	10	20	14	52	C^-
000877.SZ	天山股份	溧阳天山水泥有限公司	16	7.5	20	8	51.5	C^-
601600.SH	中国铝业	中铝集团山西交口兴华科技股份有限公司	12	9	20	10	51	C^-
000933.SZ	神火股份	河南神火煤电股份有限公司	10	7	20	14	51	C^-

代码	名称（简称）	被参控公司/母公司	在线监测系统得分	排污许可系统得分	监督性监测系统得分	环境违法处罚系统得分	企业环境绩效总得分	评分等级
601958.SH	金钼股份	金堆城钼业股份有限公司	6	10	20	14	50	C^-
601898.SH	中煤能源	中天合创能源有限责任公司	12	8	20	10	50	C^-
600691.SH	阳煤化工	阳煤集团寿阳化工有限责任公司	6	10	20	14	50	C^-
600489.SH	中金黄金	河南中原黄金冶炼厂有限责任公司	14	4	20	12	50	C^-
600187.SH	国中水务	国水（马鞍山）污水处理有限公司	16	10	10	14	50	C^-
600079.SH	人福医药	宜昌三峡制药有限公司	14	4	20	12	50	C^-
000860.SZ	顺鑫农业	北京顺鑫农业股份有限公司	6	10	20	14	50	C^-
000767.SZ	漳泽电力	秦皇岛秦热发电有限责任公司	8	8	20	14	50	C^-
600123.SH	兰花科创	山西兰花科技创业股份有限公司	12	9.5	16	12	49.5	D
600096.SH	云天化	呼伦贝尔金新化工有限公司	14	5.5	20	10	49.5	D
000600.SZ	建投能源	河北建投任丘热电有限责任公司	8	7.5	20	14	49.5	D
601600.SH	中国铝业	山西华兴铝业有限公司	8	8	20	12	48	D
601088.SH	中国神华	神华神东电力有限责任公司	8	6	20	14	48	D
601005.SH	重庆钢铁	重庆钢铁股份有限公司	14	8	20	6	48	D
600731.SH	湖南海利	海利贵溪化工农药有限公司	14	10	10	14	48	D
600575.SH	皖江物流	淮南矿业集团发电有限责任公司	12	6	20	10	48	D
600236.SH	桂冠电力	贵州兴义电力发展有限公司	6	10	20	12	48	D
600027.SH	华电国际	天津华电南疆热电有限公司	8	10	16	14	48	D
600010.SH	包钢股份	内蒙古包钢还原铁有限责任公司	16	10	10	12	48	D
601991.SH	大唐发电	大唐清苑热电有限公司	6	7.5	20	14	47.5	D
600019.SH	宝钢股份	宝山钢铁股份有限公司	12	5.5	20	10	47.5	D
601699.SH	潞安环能	山西潞安环能五阳弘峰焦化有限公司	14	3	20	10	47	D
600578.SH	京能电力	内蒙古华宁热电有限公司	14	10	8	14	46	D
600028.SH	中国石化	上海赛科石油化工有限责任公司	16	8	8	14	46	D
002737.SZ	葵花药业	葵花药业集团湖北武当有限公司	14	10	8	14	46	D

代码	名称（简称）	被参控公司/母公司	在线监测系统得分	排污许可系统得分	监督性监测系统得分	环境违法处罚系统得分	企业环境绩效总得分	评分等级
000983.SZ	西山煤电	山西西山煤气化有限责任公司	6	8	20	12	46	D
600997.SH	开滦股份	承德中滦煤化工有限公司	8	10	20	6	44	D
002597.SZ	金禾实业	安徽金禾实业股份有限公司	14	8	8	14	44	D
603980.SH	吉华集团	江苏吉华化工有限公司	14	10	6	12	42	D
601991.SH	大唐发电	大唐武安发电有限公司	6	8	20	8	42	D
601989.SH	中国重工	武汉重工铸锻有限责任公司	14	6	10	12	42	D
601216.SH	君正集团	内蒙古君正化工有限责任公司	10	8	10	14	42	D
600010.SH	包钢股份	内蒙古包钢庆华煤化工有限公司	14	6	10	12	42	D
002470.SZ	金正大	金正大诺泰尔化学有限公司	14	10	4	14	42	D
601600.SH	中国铝业	包头铝业有限公司	14	7	10	10	41	D
600461.SH	洪城水业	江西洪城水业环保有限公司	12	10	6	12	40	D
002034.SZ	旺能环境	台州旺能环保能源有限公司	14	10	4	12	40	D
000630.SZ	铜陵有色	铜陵有色金属集团股份有限公司	14	8	6	12	40	D
600691.SH	阳煤化工	山西阳煤丰喜肥业（集团）有限责任公司	10	8	8	12	38	E
600028.SH	中国石化	中国石油化工股份有限公司	8	3.5	20	6	37.5	E
601001.SH	大同煤业	大同煤矿集团财务有限责任公司	8	6	8	10	32	E
000627.SZ	天茂集团	内蒙古包钢钢联股份有限公司	6	8	6	6	26	E
601857.SH	中国石油	中国石油天然气股份有限公司	10	2.5	4	6	22.5	E